代 序

以改革创新精神奋力开创新型工业化发展新局面

——中国工业和信息化发展系列蓝皮书

近年来，在党中央、国务院的正确领导下，经过全行业的共同努力，我国工业和信息化保持持续健康发展。工业经济总体规模持续扩大，综合实力明显增强，产业结构调整取得新进展，企业创新能力不断提升，信息化和工业化融合深入推进。工业和信息化发展有力地带动了国内其他产业的创新发展，在促进国民经济增长、调整优化经济结构、扩大城乡就业以及改善人民生活质量等方面发挥了巨大作用，推动了我国工业化、信息化、城镇化、农业现代化进程。

当前，我国工业和信息化发展已经进入到新阶段，国内外环境正在发生广泛而深刻的变化，既有难得的机遇和有利条件，也面临着诸多可以预见和难以预见的困难、风险和挑战。去年底的中央经济工作会议和今年的全国“两会”，对今年经济工作作出了全面部署，强调要坚持稳中求进工作总基调，把改革创新贯穿于经济社会发展各个领域各个环节，切实提高经济发展质量和效益，促进经济持续健康发展、社会和谐稳定。工业和信息化系统要认真学习、深刻领会和全面贯彻落实党中央、国务院决策部署，紧紧围绕“稳中求进、改革创新”的核心要求，着力激发市场主体活力，着力强化创新驱动，着力推进两化深度融合，不断在转型升级、提质增效上迈出新步伐，努力保持工业和信息化持续健康发展，奋力开创新型工业化事业发展新局面。

一是要以深化改革激发市场活力。按照中央部署要求，以使市场在资源配置中起决定性作用和更好发挥政府作用为核心，处理好政府与市场的关系，积极推进重点领域和关键环节改革取得实质性进展，释放改革红利，激发市场主体活力。

当前的重点，是要加快深化行政审批制度改革，转变政府职能，创新管理方式，鼓励引导民间资本进一步进入电信、军工等领域，推动清理和废除对非公有制经济各种形式的不合理规定。同时，认真履行行业管理职责，积极主动作为，及时反映行业、企业情况和诉求，协调推进国有企业、财税、金融、资源性产品价格等领域改革，强化产业对外合作，推动制造业扩大对外开放。要注重加强组织领导，加强调查研究，加强督促检查，严格落实责任，细化完善方案和措施，确保工业和信息化领域改革开好局、起好步。

二是要以扩大内需增强发展内生动力。坚持把优化供给和培育需求结合起来，扩大消费需求，改善供给质量，优化投资结构，使工业发展建立在内需持续扩大的基础上。要着力提高工业产品供给水平，加强质量品牌建设，优化工业产品供给，满足居民对大宗耐用消费品及新兴消费领域产品的需求。要大力培育发展信息消费，支持4G加快发展，全面推进三网融合，鼓励移动互联网新技术新业务发展，加快移动智能终端、智能电视、北斗导航终端、智能语音软件研发应用和电子商务发展，抓好信息消费试点市和智慧城市试点。高度重视解决小微企业发展面临的困难和问题，狠抓政策完善和落实，切实减轻企业负担，进一步激发民间投资活力。同时，充分利用“两个市场、两种资源”，落实好各项政策，巩固和扩大国际市场份额，积极开拓海外市场

三是要以调整优化结构提升发展质量和效益。坚持进退并举、有保有压，加快调整产业结构，提升产业素质和竞争优势。改造提升传统产业方面，要加强企业技术改造，提高并严格执行能耗、环保和安全等行业准入标准，着力化解产能严重过剩矛盾，加快淘汰落后产能，推进企业兼并重组，强化工业节能减排，加快航空、卫星及应用、轨道交通、海洋工程、智能制造等领域重大技术装备研制和技术开发。发展壮大战略性新兴产业方面，要推动健全完善体制机制，着力突破关键核心技术，强化市场培育，在新一代移动通信、集成电路、物联网、大数据、先进制造、新材料等方面赶超先进，引领未来产业发展。同时，要大力促进制造业与服务业融合发展，开展制造业服务化试点示范，加快发展工业设计、现代物流、信息技术服务等面向工业的生产性服务业。

四是要以创新驱动提升产业核心竞争力。坚持把创新驱动作为新型工业化发展的原动力，紧紧抓住增强自主创新这个关键环节，协调推进科技体制改革，促

The Blue Book on the Development of Industry in China(2013–2014)

2013–2014年中国工业发展

蓝皮书

中国电子信息产业发展研究院　编　著

主　编 / 罗　文

副主编 / 宋显珠　　王　鹏

人　民　出　版　社

责任编辑：邵永忠

图书在版编目（CIP）数据

2013 ~ 2014 年中国工业发展蓝皮书 / 罗文 主编；
中国电子信息产业发展研究院 编著．—— 北京：人民出版社，2014.6
ISBN 978-7-01-013584-7

Ⅰ．① 2… Ⅱ．①罗… ②中… Ⅲ．①工业发展－白皮
书－中国－ 2013 ~ 2014 Ⅳ．① F424

中国版本图书馆 CIP 数据核字（2014）第 103233 号

2013–2014年中国工业发展蓝皮书
2013–2014NIAN ZHONGGUO GONGYE FAZHAN LANPISHU

中国电子信息产业发展研究院　编著
罗　文　主编

人民出版社 出版发行
（100706　北京市东城区隆福寺街 99 号）

北京艺辉印刷有限公司印刷　新华书店经销

2014 年 6 月第 1 版　2014 年 6 月第 1 次印刷
开本：787 毫米 ×1092 毫米　16 开　印张：37.75
字数：633 千字

ISBN 978-7-01-013584-7　定价：168.00 元

邮购地址　100706　北京市东城区隆福寺街 99 号
人民东方图书销售中心　电话（010）65250042　65289539

进科技与经济紧密结合，推动我国工业向全球价值链高端跃升。当前，要加快健全技术创新市场导向机制，强化企业创新主体地位，落实促进企业创新的财税政策，推动扩大研发费用加计扣除范围，研究实施设备加速折旧政策，改进财政补助方式，鼓励企业设立研发机构，推动建设企业主导的产业创新联盟。要依托国家科技重大专项、重大创新发展工程和应用示范工程，结合实施工业强基工程，加大技术攻关力度，力争在信息技术、智能制造、节能环保、节能与新能源汽车等领域，突破一批重大关键核心技术和共性技术，推进科技成果转化和产业化，加快新技术新产品新工艺研发应用，抢占产业发展制高点。

五是要以两化深度融合提升发展层次和水平。适应新科技革命和产业变革趋势和要求，积极营造良好环境，汇聚政策资源，激发企业行业内在动力，促进信息网络技术广泛深入应用。要尽快建立和推广企业两化融合管理体系标准，发布两化融合管理体系基本要求和实施指南，选择部分企业开展贯标试点。要促进信息技术与制造业融合创新，推进智能制造生产模式的集成应用，开发工业机器人等智能基础制造装备和成套装备，推进智能装备、工业软件在石化、机械加工等行业示范应用。要加强重点领域智能监测监管体系建设，提高重点高危行业安全生产水平、重点行业能源利用智能化水平。同时，要加快信息网络基础设施建设，全面落实“宽带中国”战略，大力发展信息技术产业，切实维护网络与信息安全，为两化融合提供有力支撑和保障。

推进工业和信息化转型升级、提质增效、科学发展，既是当前紧迫性的中心工作，也是长期性艰巨任务。工业和信息化系统要更加紧密地团结在以习近平同志为总书记的党中央周围，坚持走新型工业化道路，以改革创新精神，求真务实，开拓进取，狠抓落实，不断以良好成效在建设工业强国征程中迈出坚定步伐，为全面建成小康社会、实现中华民族伟大复兴中国梦做出新的更大贡献。

工业和信息化部部长

2014 年 5 月 4 日

前言

2013年11月，党的十八届三中全会提出全面深化改革的决定，进行了完善经济制度、构建现代市场体系、转变政府职能等重大战略部署，工业发展也站在了又一个新的历史起点上。在当前复杂多变的形势下，工业仍然是调结构、稳增长的主战场。中国工业不论从产业规模、生产能力，还是从国际贸易、开放水平上看，都已经在世界上名列前茅。打造中国经济“升级版”，工业承担着重要使命。打造中国经济“升级版”，核心是要在稳增长中提高质量和效益，提高科技创新对经济增长的贡献率，推动产业向中高端升级，实现进中求好。打造中国经济“升级版”，必须打造中国工业“升级版”，加快转型升级步伐，不断增强工业的核心竞争力和可持续发展能力。

一

工业在我国经济30多年高速增长过程中一直发挥着重要的推动作用，工业较快发展仍将是保证我国经济在今后一个较长时期内继续保持较快增长的重要基础，必须倍加关注。“十二五”以来，国内外宏观环境、经济形势和发展条件发生较大变化，给我国工业发展带来了一系列影响和挑战。

从国际看，全球经济和产业发展环境深刻变化，国际产业竞争加剧，对我国工业转型升级带来严峻挑战。一是新技术突破和新技术革命正在孕育。业内普遍认为，信息技术和制造业融合，加上新材料、新能源、生物等多领域的突破，将引发新一轮产业变革。特别是3D打印、能源互联网、大数据等几大技术领域的突破和广泛应用，不断推动制造业向网络化、智能化、定制化、绿色化和服务化转型。同时，商业模式创新不断，成为技术创新成果市场化的加速器。苹果、阿里巴巴等著名公司就是从商业模式创新中获益的典范。对于我国工业发展来说，应加强前瞻部署，强化创新能力建设，突破产业化瓶颈，在新一轮技术和产业革命中争取率先取得突破并产生协同效应，掌握发展主动权。

二是国际金融危机的深层次影响持续显现。当前，世界经济虽然出现了一些积极变化，但国际金融危机的深层次影响仍在持续，世界经济复苏不确定性、复杂性加大。欧盟27国工业生产自2012年以来一直处于下滑区间。《欧盟2013竞争力报告》指出，欧盟各国投资依然在低位徘徊，能源价格高企对工业来说不堪重负，不少企业面临融资困难，工业增加值不尽如人意。2013年4月世贸组织发布的年度报告显示，2012年世界贸易增速为2.0%，是1981年以来的最低值。受国际金融危机延续影响，发达国家进口需求疲弱、产业结构深度调整，2013年中国出口形势依然严峻，我国工业发展的市场空间、出口模式等持续受到挑战。

三是国际产业发展比较优势正在发生动态变化。受劳动力、土地等要素价格上涨、人民币升值等因素影响，长期支撑我国工业快速发展的低成本优势趋于减弱。一方面，在中低端制造领域，印度、巴西、越南等新兴市场国家对国际直接投资的分流效应越来越明显。另一方面，中高端制造领域向发达国家回流的“逆转移”趋势也已初现端倪。2012年美国麻省理工大学对105家美国有海外生产经营背景的企业的调查显示，有14%表示将把某些生产线迁回美国。在大数据、新能源等若干新兴领域，发达国家先入为主，部分新兴产业链已呈雏形。如不能尽快培育以知识产权、品牌、商业模式等为核心的新竞争优势，我国工业发展将面临巨大挑战。

从国内看，资源环境和要素成本约束日益突出，稳增长、调结构、促改革的任务更为紧迫。一是工业经济面临的不稳定不确定因素增多。总体看，工业经济运行基本平稳，但生产增速趋缓、市场需求不旺、投资增速继续回落，工业发展形势仍然不容乐观。根据公布的数据，2013年，我国规模以上工业增加值增长9.7%，增速较2012年下降0.3个百分点，整体呈趋缓态势；工业生产者出厂价格指数和购进价格指数自2012年以来持续为负，显示市场需求持续不足；全年工业投资增长17.8%，增速较2012年下降2.2个百分点，投资增速逐步回落。总体来看，工业经济虽未出现大的起伏，但保持稳定增长难度加大。

二是生态文明建设对工业转型升级提出了更高要求。当前，我国工业发展方式还比较粗放，能源资源消耗大、产出效率低、环境污染严重。特别是我国还处在工业化、城镇化加速时期，能源资源消耗刚性需求还将进一步增加。同时，随着能源资源刚性需求持续上升，生态环境约束进一步加剧。2013年，我国相当一部分城市出现严重雾霾天气，中央高度重视，9月国务院印发了《大气污染防治行动计划》(国发〔2013〕37 号),将综合采取多种手段,集中力量解决京津冀、长三角、珠三角等重点区域空气污染问题。走绿色低碳的发展路子是实现我国工业可持续发展的客观要求,也是落实十八大、十八届三中全会关于加快生态文明建设要求的重要举措。

三是政府职能转变和简政放权,为激发市场主体发展活力和创造力带来了重大契机。深化改革是加快转变经济发展方式的关键,其核心是处理好政府和市场的关系。十八大以来,新一届政府多次召开国务院常务会议等重要会议,明确提出最大限度减少政府对生产经营活动、一般投资项目和资质资格等的许可、审批,先后取消和下放了 133 项行政审批事项。这一方面是向市场、社会放权,减少对微观事务的干预,为转型提供“源头活水”;另一方面也是要改善宏观管理,增强政府服务能力,严格事后监管,营造有利于转型升级的宏观环境。当然,虽然很多项目不需要国家层面的审批,但一些热点领域的投资项目亦要注意不能盲目和避免过热,各地还是要根据现有基础和发展条件,着力打造自己的特色优势产业。

二

打造中国经济和工业的“升级版”,走中国特色新型工业化道路,促进中国工业由大变强,是十八大、十八届三中全会赋予我们的重大而艰巨的任务。完成这一任务,应把握以下几个重大问题。

第一,挖掘改革红利,促进工业转型升级。十八届三中全会要求各领域全面深化改革,为工业经济持续健康发展提供了新的改革红利。要坚持进行工业转型升级的配套改革和制度安排,坚持完善促进中国特色新型工业化的体制机制。建设统一开放、竞争有序的市场体系,使市场在资源配置中起决定性作用。发挥社会主义市场经济体制优势,提高宏观调控科学性和政府治理有效性。注重企业自主合法经营,鼓励公平竞争,注重激励创新,避免规模盲目扩张,更加重视资源节约、环境保护以及生产、产品安全。切实转变政府职能,深化行政体制改革,创新行政管理方式,增强政府公信力和执行力,建设法治政府和服务型政府。通过制定完善的政策法规制度,在政府有效调控和监管下,着力营造公平有序的市场竞争环境,实现共同发展。

第二,加强顶层设计,实施工业强国战略。加强战略谋划,以国家意志推进工业强国进程。夯实工业发展的“基础能力”，提升基础材料、基础零部件、基础工艺、基础制造装备等研发、设计和制造能力。组织产业关键和共性技术攻关，在整合现有科研资源的基础上，加强重点领域关键和共性技术的研发。支持企业实施品牌战略，鼓励管理创新和商业模式创新，提升“中国制造”软实力和在全球市场上的竞争力。积极培养高端产业创新人才和技能人才，创新支持方式，在若干重点领域培养更多高层次的行业领军人才。

第三，因地制宜发展，注重区域协调平衡。从经济发展要求看，大多数地区都要走工业化道路，但由于各地区的条件不同，并不都适合于发展所有的行业，有些地区甚至并不适合发展工业。各地在发展过程中必须高度重视发展工业对资源环境的影响，防止资源的掠夺性开发和对生态环境造成不可逆转的破坏。同时，转型升级至少包括企业、产业和区域经济三个层次。在这三个层次中，企业的转型升级是基础性的，建议通过系统性的政策调整，切实为企业发展和转型升级创造良好的环境。

第四，推动两化深度融合，提振信息消费需求。当前，信息消费正在引燃投资和消费需求的增长热潮。到2015年，3G用户数将超过4.5亿，宽带用户数将达到3.7亿，互联网网民超过8亿。预计2012—2015年四年，我国互联网信息服务消费和数字内容消费规模将累计达到2.5万亿元以上。下一步，应加快实施《“宽带中国”战略及实施方案》，以加快建设光纤宽带网络、新一代移动通信网络和下一代互联网为着力点，加快4G商用发展。加快实施《信息化和工业化深度融合专项行动计划》，推动智能制造生产模式的集成应用，发展网络制造新型生产方式。鼓励智能终端产品创新发展，增强电子基础产业创新能力，提升软件业支撑服务水平，丰富信息消费内容，提升信息产品、服务、内容的有效供给水平。

第五，发展现代服务业，实现先进制造业与现代服务业“双轮驱动”。从国际经验看，制造业的发展与不断升级往往是决定服务业能否快速发展的决定性因素，制造业的发展与升级也是生产性服务业发展的基础。同时，要按照“市场化、专业化、社会化、国际化”的发展方向，大力发展面向工业生产的现代服务业。注重发展工业设计和研发服务，发展制造业物流、信息服务及外包、节能环保和安全生产服务，并注重制造服务化，以先进制造业和现代服务业的“双轮驱动”，大力推进工业转型升级发展。

三

基于对上述工业经济和社会发展中一些重大问题的思考，赛迪智库研究编撰了《2013—2014 年中国工业发展蓝皮书》。本书从打造中国经济和工业“升级版”的角度，系统剖析了我国工业发展的成就与问题，总结归纳了对我国有一定借鉴价值的主要发达国家的工业转型经验，并结合当前国内外经济形势，深入探讨了我国工业应当如何转型升级。全书分为综合篇、行业篇、企业篇、产业篇和国际篇共 5 个部分。

综合篇，从工业发展质量、工业结构调整、工业技术创新、信息化与工业化融合、工业节能减排、军民融合式发展、工业安全生产等领域进行专题分析，研究探讨了这些领域 2013 年取得的进展与成就、2014 年面临的形势以及未来发展的趋势展望。

行业篇，从装备制造业、原材料工业、消费品工业、电子信息制造业和软件产业等行业进行专题分析，研究探讨了各自领域 2013 年整体发展状况、重点政策解析、重点行业发展状况、区域发展情况、重点企业发展状况，以及 2014 年发展环境及趋势展望。

企业篇，从中小企业的角度，探讨分析了 2013 年取得的进展与成就、重点政策解析，以及 2014 年面临的形势和未来发展的趋势展望。

产业篇，从战略性新兴产业的角度，探讨分析了 2013 年取得的进展与成就、重点政策解析，以及 2014 年面临的形势和未来发展的趋势展望。

国际篇，从全球角度，分析了世界制造业发展综述、主要发达经济体工业发展动态、主要新兴经济体的制造业发展动态、重点行业发展动态，以及世界制造业发展趋势展望。

深化改革好风借力，转型升级扬帆当时。面对世情、国情的深刻变化，中国工业面临千载难逢的机遇和前所未有的挑战。我们既要倍加珍惜、始终坚持、不断发展长期以来取得的成果和经验，也应勇敢正视、经常反省、认真解决发展中积累的各种矛盾和问题，以百折不挠的意志和兼收并蓄的智慧推动工业转型和经济升级。我们坚信，只要我们以科学发展观等科学理论为指导，严格落实国家规划和政策，坚定信心、砥砺勇气、坚持不懈、攻坚克难，就一定能早日打造出让世人再次瞩目的中国经济“升级版”的辉煌。

目 录

行 业 篇

企 业 篇

产业篇

国际篇

综 合 篇

第一章 工业经济运行

一、2013 年工业经济运行情况分析

（一）工业生产增速整体保持平稳

2013 年，全国规模以上工业增加值累计同比增长 9.7%，累计增速连续三个月保持在该水平，较上半年加快 0.4 个百分点，较 2012 年下降 0.3 个百分点。12 月份，规模以上工业增加值同比增长 9.7%，增速比上月下降 0.3 个百分点，已经持续两个月下降且进入个位数的增长区间。从环比看，12 月份，工业增加值比上月环比增长 0.71%，比上月减少 0.03 个百分点，环比折年率为 8.9%。

（二）工业投资增速有所放缓

2013 年以来工业投资增速呈现“V”字形走势，整体仍保持在 16% 以上的中高速增长区间。2013 年，工业投资 181864 亿元，增长 17.8%，增速比 1—11 月回落 0.1 个百分点，较 2012 年全年下降 2.2 个百分点，低于同期全国固定资产投资增速 1.8 个百分点。其中，采矿业投资增长 10.9%，增速比 1—11 月回落 1.1 个百分点；电力、热力、燃气及水的生产和供应业同比增长 18.4%，增速较 1—11 月加快 0.7 个百分点。占工业比重最大的制造业投资持续 2 个月呈回落态势，本期再度下降 0.1 个百分点至 18.5%。

（三）工业品出口保持小幅增长

2013 年，工业企业实现出口交货值 113471 亿元，同比增长 5.0%，增速比 1—11 月加快 0.4 个百分点，较 2012 年全年下降 2.1 个百分点。12 月份，工业企业

实现出口交货值10672亿元，同比增长5.8%，增速与上月持平。工业品出口交货值虽然保持小幅增长，但增速的回落显示出外需仍然不足。

（四）工业生产领域延续通缩态势

从PPI和PPIRM的走势来看，工业生产领域依然延续通缩态势。2013年12月份，我国工业生产者价格同比下降幅度仍较大。12月份，工业生产者出厂价格同比下降1.36%，降幅仅比上月收窄0.06个百分点。2013年1—12月，工业生产者出厂价格同比下降1.9%,降幅呈逐渐收窄趋势。工业生产者购进价格方面，12月份同比下降1.4%，降幅较上月收窄0.06个点，累计同比下降2%，降幅基本与上月累计值持平。

（五）主要行业增加值增速有所回落

2013年12月，上游的非金属矿物、黑色金属、电力热力生产和供应业等行业增加值增速均出现回落，这与上游价格下跌较多、产能普遍过剩有关。中游的通用设备、电器机械、交通运输设备等行业增加值增速均出现回落，计算机通信行业略有回升。下游的汽车行业增速依然较快，纺织行业回落较快。整体看，主要行业增加值增速比上月有所回落。

（六）工业企业利润水平整体向好

2013年，全国规模以上工业企业实现利润总额62831亿元，比2012年同期增长12.2%，增速比1—11月回落1.0个百分点，但较2012年全年大幅提升6.9个百分点。利润总额中，主营活动利润达到62201.3亿元，比上年增长4.0%，增速比1—11月份回落0.4个百分点，比2012年全年下降2.0个百分点。2013年1—12月，以利润总额计算的利润率与以主营活动利润计算的利润率的差距自2013年初以来逐步收窄，到本期已基本一致。

二、2014年工业经济运行趋势展望

（一）全球经济温和回暖，发达国家与新兴经济体走势进一步分化

一是发达国家有望延续复苏态势，成为全球经济回暖的主要支撑。美国

2013 年前三季度经济持续复苏，制造业活动已达到 2011 年 6 月以来最高位，制造业 PMI 达 56.4；同时就业市场在过去 14 个月强劲复苏，失业率一直低于 8%。IMF 最新一期的《世界经济展望》中，预测 2014 年美国经济增长为 2.6%，表明未来美国经济将进一步向好。欧债危机爆发以来，欧洲经济形势持续低迷。进入 2013 年第二季度，整体开始改善，并在第三季度延续了这一回暖趋势，特别是主要经济体德国和英国表现良好，欧洲经济已经基本走出萎缩局面。随着欧洲各国财政金融改革等方案的明确，经济增长信心将进一步增强。日本经济出现政策性复苏，景气有望持续。受出口低迷影响，2013 年三季度日本国内生产总值的年化增速为 1.9%，较前两个季度降幅明显。但是内需依然表现较好，营业税税率上调计划导致居民提前消费，消费的前景依然比较乐观。与此同时，得益于 2013年年初推出的10.3万亿日元经济刺激方案,公共投资的驱动作用也显著增强。2013 年 12 月末，日本政府宣布将在 2014 年 6 月出台新的经济增长策略，以实现企业收益扩大、薪资上涨、就业增加的良性循环，经济景气有望持续。

二是新兴经济体增速放缓，金融系统风险加大。自 2013 年以来，新兴经济体经济增速普遍放缓，IMF 等研究机构均下调了俄罗斯、印度、巴西、中国等国 2014 年增速预测。特别是美国量化宽松政策退出预期增强短期内将加大新兴市场的金融风险。由于近期美国经济持续向好，量化宽松政策退出的可能性在进一步增强。尽管美联储已经表示仍旧维持现行利率和 850 亿美元的量化宽松规模不变，但市场对美联储近期可能缩减购债规模的预期正在增强。量化宽松政策的退出将引起国际资本流动，大量资金将从新兴市场国家回流到美国，从而导致金融市场发生波动，进一步加剧了新兴经济体经济下行风险。

三是工业绿色转型趋势将更加突出。随着以绿色环保为主要特征的新兴产业的发展，新能源、新材料、生物医药、低碳环保、新一代信息技术等新领域快速兴起。从产业发展层面看，世界主要经济体继续大力发展可再生能源和节能环保产业。美国设定 2020 年实现可再生能源发电量较 2012 年翻一番的目标，欧盟提出 2050 年实现能源消费 100% 可再生的解决方案，我国也积极推动节能环保产业加快发展。从技术发展层面看，各国家和各地区为了抢占新一轮技术创新的制高点，不断加强对可再生能源技术、能效技术的研发投入。未来工业绿色转型的趋势将更加突出。

（二）我国经济增长的动力趋弱，工业经济下行压力加大

投资趋缓的可能性在加大。受国家主导的基础设施建设和补库存的推动，2013年三季度以来工业投资增长有所回暖，但这种回升主要是受短周期影响，整体看工业投资增速较2011年和2012年已经有了明显下滑。房地产投资方面，虽然增速仍保持在20%左右的相对高位，但受房地产调控影响，未来房地产投资扩张空间有限。此外，我国固定资产投资占GDP比重不断增长，自2006年以来目前已经连续七年超过50%，2012年甚至高达72.2%，投资率也处于47.8%的高位。不管采用何种标准来看，这样的投资规模和增速都无法持续，在经济结构调整的过程中，投资的比重趋向收缩。总的来看，2014年投资增长趋缓的可能性在加大，预计工业固定资产投资增速约为16.0%，较2013年下降1.8个百分点。

消费短期难以出现明显提振。受中央八项规定和厉行勤俭节约的影响，餐饮业消费受到较大影响。考虑到国家持续严格的房地产调控措施，且市场供需矛盾依然突出，导致房地产消费将存在一定不确定性。汽车、家电等耐用品消费在没有刺激政策出台的情况下较难有快速增长。受环境问题影响，多地可能会出台更加严格的汽车限制政策。在此背景下，2014年消费将延续总体平稳增长态势，难以明显提振，预计全年社会消费品零售总额增速约为13.0%，较2013年下降0.1个百分点。

出口形势难以乐观。一方面，发达国家贸易保护主义倾向加强，各种非贸易壁垒层出不穷，外贸环境日趋复杂。另一方面，受美元走强、日本实行超常宽松货币政策、欧元区降息等因素的影响，近来人民币升值幅度较大，使得我国企业的出口交货值和利润均受到较大影响。调查显示，到2013年10月底人民币年内升值幅度已达到2%，对于家电、电子信息等利润率普遍在4%至5%左右的行业来说，利润已经被侵蚀过半。再加之生产要素成本不断上升，我国劳动密集型中低端制造业的优势正在逐步丧失，一些跨国公司已将生产基地转移至越南等国家和地区。从长期来看，外贸环境的日趋复杂一定程度上倒逼出口企业进行转型，实现逐渐由低端制造向上升级的步伐，但企业转型仍需较长过程，短期内难以实现。面临日趋复杂的外贸环境，2014年我国出口形势仍不容乐观，预计工业出口交货值增速约为5.0%，与2013年基本持平。

综合来看，2014年我国工业经济增长将继续面临较大下行压力。考虑到宏观经济政策的刺激效应，同时2013年的工业经济一直处于低位调整状态，预计

2014 年规模以上工业增速将在 9.5% 左右。

（三）受各种因素影响，工业各行业运行仍将延续分化态势

分行业看，一方面，受资源能源环境约束、产能过剩等因素影响，钢铁、建材等重化工业的调整阵痛将无法避免，短期内将增加这些行业的下行压力；纺织、电子等出口导向型行业受新兴经济体需求萎缩、外贸环境日趋复杂等方面的影响，行业发展与企业经营也将面临严峻挑战。另一方面，各行业中均有一些绿色环保、创新驱动型的子行业异军突起，形成新的经济增长点。

装备工业。我国装备工业总体已进入中速增长阶段。受固定投资增速下滑、内需低迷、经营成本上涨等因素的影响，强劲复苏的几率不大。2014 年，船舶市场供需矛盾短期内难以得到根本性改观，汽车消费依旧受到较多制约，智能制造、节能环保装备行业将成为新的增长点，预计装备工业将保持稳中微降。

原材料工业。近期，在保障房、城市轨道交通等基础设施建设的带动下，国内对钢铁、水泥产品的需求将有一定回升，但受制于产能过剩、成本高位运行的冲击，原材料工业的生产增速和盈利能力难以有明显改善。预计 2014 年原材料工业整体将继续保持低速增长。

消费品工业。受需求大幅下滑影响，2013 年消费品工业生产增速明显回落。2014 年，由于国内消费市场难以明显提振，出口形势难言乐观，医药、轻工等行业增长将与 2013 年基本持平。纺织行业受国内外棉花价差问题影响，仍有明显的下行压力。预计 2014 年我国消费品工业的整体增速将略有放缓。

电子信息产业。新一代信息技术加快发展，云计算、物联网、智慧城市等领域有望成为拉动产业增长的新动力。但我国电子信息产业仍然面临着国际市场欲振乏力和国内经济转型升级压力。展望 2014 年，电子信息产业增长将与 2013 年基本持平。

（四）东部地区工业增速稳中微降，中西部地区延续较快增长态势

东部地区。东部地区受综合成本上升和外贸不振等不利因素影响，工业增长下行压力较大，转型发展形势严峻。由于工业化、城镇化程度较高，投资动力在不断趋弱，2013 年以来，东部地区固定资产投资增速下滑趋势明显。需要看到的是，目前新的改革红利正在形成，将为东部沿海地区新一轮带来新机遇。上海自

贸区的设立突破了原有的发展模式，通过直接对接国际市场实现动力转换并为周边区域经济的发展带来辐射效应。综合考虑多种因素，预计2014年东部地区工业生产增势将呈稳中微降的态势，全年规模以上工业增加值同比增长8.5%左右。

中部和西部地区。在产业转移和工业化、城镇化加速发展的推动下，中西部地区固定资产投资将保持较快增长。2013年，中西部投资增速一直高于全国平均增速。“丝绸之路经济带”的提出，也将促进沿线区域贸易、产业等各领域的合作发展。预计2014年中西部地区规模以上工业增加值将分别同比增长10.3%和11.4%左右。

第二章　工业发展质量

一、工业发展质量基本理论

（一）工业发展质量的概念

1. 工业发展质量的提出

改革开放30多年来，我国经济发展取得了显著成绩，2012年GDP达到51.9万亿元，目前已经成为世界第二经济大国[1]。在经济高速增长的过程中，工业对经济增长的贡献率长期处于较高水平，20世纪90年代，始终保持在55%以上，1994年曾一度高达62.6%，21世纪以来虽有所降低，但仍保持在40%以上，2011年达到44.7%。2012年，我国工业继续保持平稳较快增长，全年全部工业增加值达到20.0万亿元，比2011年增长7.7%，对经济增长的贡献率为40.6%，规模以上工业增加值比2011年增长10.0%。

从工业化进程来看，中国社会科学院《中国工业化进程报告》指出，2005年中国已经进入工业化中期阶段，从一个农业经济大国转变为工业经济大国。该报告同时也指出，目前我国是一个工业经济大国，但还称不上是工业经济强国。为加快走中国特色新型工业化道路的步伐，进一步调整和优化经济结构、促进工业转型升级，实现我国工业由大到强，2011年12月30日，国务院印发了《工业转型升级规划（2011—2015年）》，这是改革开放以来由国务院发布实施的第一个针对整个工业的中长期规划。为加快我国经济结构战略性调整，保障经济平稳运行，2012年12月的中央经济工作会议明确指出，2013年要以提高经济增长

[1] 根据世界银行统计数据，2010年中国GDP超越日本成为全球第二大经济体，2012年美国、中国和日本GDP分别为15.68万亿、8.36万亿和5.96万亿美元，中国GDP总量继续保持全球第二。

质量和效益为中心。党的十八届三中全会进一步明确提出，要完善发展成果考核评价体系，纠正单纯以经济增长速度评定政绩的偏向，加大资源消耗、环境损害、生态效益、产能过剩、科技创新、安全生产、新增债务等指标的权重，更加重视劳动就业、居民收入、社会保障、人民健康状况。该报告认为，工业作为发展实体经济的主战场，提高工业经济发展质量和效益，对于中国经济的持续稳定增长具有重要作用。

然而，在我国工业规模快速扩大的同时，一些深层次的质量问题逐渐显露，如工业生产效率和效益不高，具有国际影响力的领军企业不多，关键核心技术自给率不足等。特别是资源束缚压力日益严峻，环境承载能力难以为继，原有的高消耗、高污染、低质量、低效益的发展模式已经无法满足可持续发展的要求。从国际来看，工业的绿色可持续发展始终受到很多工业化先行国家的重视，20 世纪 90 年代，英美等国家提出的绿色 GDP、绿色经济等，其最终目的都是为了规范经济发展路径，保障经济的可持续发展。2011 年 10 月，联合国工业发展组织发布了《2011 年工业发展报告》，重点考虑了工业能效水平，并从工业能力、制造业出口能力、对全球制造业增加值的影响、对世界制成品贸易的影响、工业化强度和出口质量共 6 个方面构建了工业竞争力指数（CIP），对 2005 年和 2009 年 118 个国家和地区的工业竞争力指数进行了测算，研究结果显示，我国工业竞争力从 2005 年的第 6 名升至 2009 年的第 5 名，整体实力位居全球前列。从国内来看，我国学者针对经济可持续发展也进行了大量研究，如王永瑜和郭立平（2010）将经济体系与资源环境置于同一个系统之内，对“绿色经济”模型的构建理论、模拟方法等若干理论与方法问题进行了深入研究。中国社会科学院工业经济研究所课题组（2011）从剖析工业绿色转型升级面临的体制机制障碍入手，绘制了中国工业绿色转型升级的路线图，通过详细分析工业绿色转型的成本收益，提出了促进工业绿色转型升级的机制创新和政策支撑体系的相关对策建议。向书坚和郑瑞坤（2013）两位学者根据生态经济系统物质流动的原理与绿色经济的关系，构建了中国绿色经济发展指数，并通过实际数据测算得出结论认为，中国绿色经济发展处于低水平发展阶段，目前的绿色经济发展尚不具有典型绿色经济的性质。

从官方发布的报告来看，近几年明显增多，特别是关于综合发展、创新发展等方面的报告不断问世。为了引导各地区可持续发展、改变长期以来以 GDP 高增长为目标的发展模式，2011 年国家统计局科研所发布了《2010 年地区综合发展指数报告》，从经济发展、民生改善、社会发展、生态建设和科技创新五个方面对 2000—2010 年各地区综合发展指数（CDI）进行了测算，不仅给出了各地区的综合排名，也指出了其优势和不足。测算结果表明，2000—2010 年我国各地区的综合发展指数呈稳步提升态势，东部地区的综合发展指数明显高于其他地区，而西部地区综合发展指数的增长速度最快，2010 年各地区综合发展指数比上年均有所提高。为落实党的十八大报告提出的“实施创新驱动发展战略”精神，客观反映我国建设创新型国家过程中的创新能力，2013 年国家统计局社科文司发布了《中国创新指数（CII）研究》报告，构建了评价创新能力的指标体系，并结合实际数据对 2005—2011 年中国创新指数（China Innovation Index，CII）及 4 个分指数（创新环境指数、创新投入指数、创新产出指数和创新成效指数）进行了初步测算。测算结果表明，2005 年以来我国工业创新能力不断提升，在创新的环境、投入、产出和成效四个方面均取得了明显进展。2013 年 9 月，国家统计局经济景气监测中心联合北京师范大学、西南财经大学等研究机构的专家学者，发布《2013 中国绿色发展指数报告——区域比较》，该报告构建了由经济增长绿化度、资源环境承载潜力和政府支持力度三部分构成的绿色发展指数，得到的测算结果表明，参与测算的 30 个省市中有 17 个绿色发展水平在全国平均线以下，分地区看，东部 10 省市中有 7 排在全国前 10 位，绿色发展优势较明显；西部 11 个省市中有 3 个排在全国前 10 位，3 个位居后 10 位，资源环境表现较为突出；中部 6 省市中有 4 个排在 20 位之后，表现最好的江西也仅排在全国第 16 位，相对缺乏优势；东北三省排名均在 20 位之后，绿色发展水平有待改善。

综合来看，仅仅关注增长速度的发展模式已经无法满足可持续发展的要求，关注以质量和效益为核心的综合发展水平尤为重要。从中国经济发展所面临的形势看，当前亟需构建一套科学合理的指标体系，来客观反映和评价工业发展的质量，引导并推动工业结构优化升级，实现发展方式的根本性转变。提高工业发展质量是中国加快工业转型升级，走中国特色新型工业化道路的根本要求，是中国经济实现持久健康发展的重要保障。

2. 概念及内涵

通过对已有文献的研究可以看到，工业发展质量与绿色经济都关注经济发展过程中的生态效益。但是，通过细致的研究和对比，本书认为，工业发展质量的内涵更为丰富。从构成要素来看，发展是指事物由小到大、由简单到复杂、由低级到高级的变化过程，质量是指事物的优劣程度，而工业则渗透到国民经济的各个领域，因此，工业发展质量不仅仅关注经济发展的生态效益，还要关注结构、创新、民生等多个方面。

赛迪智库认为，工业发展质量是指一定时期内一个国家或地区工业发展的优劣状态。具体来看，工业发展质量是在保持合理增长速度的前提下，更加重视增长的效益，不仅包括规模扩张，还包括结构优化、技术创新、资源节约、环境改善、两化融合、惠及民生等诸多方面。现阶段其内涵主要体现在以下六个方面：

第一，速度和效益有机统一。工业发展要以一定的增长速度为基础，这对于尚处在工业化加速发展阶段的国家尤为重要。然而，片面追求增长速度，将导致资源难以支撑、环境难以承载、产业结构失衡等一系列严重问题，甚至影响到工业乃至国民经济整体的可持续发展。效益是工业实现良性循环和健康发展的关键。因此，实现速度和效益的有机统一，是提升工业发展质量的着力点和关键点。

第二，结构持续调整和优化。工业结构反映了生产要素在行业、企业、地区之间的配置状况和工业的总体发展水平。工业结构的优化升级是工业发展质量提升的重要体现。提高工业发展质量，必须要统筹处理好劳动密集型产业和资本技术密集型产业、重化工业与轻工业、大企业大集团与中小企业、东部地区与中西部地区、国有经济与非国有经济等重要关系。

第三，技术创新能力不断提高。工业发展质量的一个重要方面是产业技术创新能力不断提高。提高产业技术创新能力，是走内涵式发展道路和推动工业转型升级的根本要求。当前，技术创新能力不强已成为制约我国工业发展的重要瓶颈。提高工业发展质量，要求加大科研投入、加快技术进步、加强科技成果产业化，不断提高产业技术创新能力。

第四，资源节约和环境友好。实现工业经济与资源环境的和谐发展，是缓解资源约束矛盾的根本出路，是减轻环境污染的有效途径，是提高经济效益的重要措施。提升工业发展质量，必须提高资源的集约和综合利用水平，有效控制污染物排放，在资源节约、环境友好的基础上，增强工业可持续发展能力。

第五，两化融合不断深化。以信息化带动工业化，以工业化促进信息化，是走新型工业化道路的内在要求。信息技术、信息产品、信息资源、信息化标准等信息化要素，在工业技术、工业产品、工业装备、工业管理、工业基础设施、市场环境等各个层面的渗透与融合，可以大大提升企业的生产、经营和管理水平，从而提升工业的效益和发展质量，加快推进工业经济发展方式转变。

第六，人力资源结构优化和待遇提升。我国是一个人口大国，拥有丰富的高素质人才和劳动力资源。经济增长从主要依靠物质资源投入向主要依靠充分利用人力资源优势转变是走中国特色新型工业化道路的应有之义。提高工业发展的质量，既要充分依托我国在人才和劳动力资源方面的巨大优势，同时，还要着眼于解决广大人民群众的就业问题，并不断提高我国工业从业人员的工资报酬水平，使企业职工能够分享工业发展的成果。

（二）工业发展质量的评价意义

党的十八大明确提出了关于全面深化改革的战略部署，为认真贯彻落实这一战略，十八届中央委员会第三次全体会议通过了《中共中央关于全面深化改革若干重大问题的决定》(以下简称《决定》)。《决定》明确提出要完善发展成果考核评价体系，纠正单纯以经济增长速度评定政绩的偏向，加大资源消耗、环境损害、生态效益、产能过剩、科技创新、安全生产、新增债务等指标的权重，更加重视劳动就业、居民收入、社会保障、人民健康状况。结合实际情况来看，本书认为，“十二五”时期，我国工业发展不能也不应追求过高的增速，而应将重点放在优化产业结构，着力提高发展的质量和效益上。加强对工业发展质量的评价和研究，是推进工业转型升级的重要基础性工作之一，也是深入贯彻落实十八届三中全会相关精神的重要实践性工作之一，对我国国民经济的健康平稳增长具有重要意义。

第一，研究和评价工业发展质量是科学衡量工业转型升级效果的迫切需要。加快工业转型升级已成为推进我国经济结构调整和发展方式转变的重大举措。工业转型升级主要体现在自主创新、结构优化、两化深度融合、绿色低碳等诸多方面，其核心目标就是要实现工业发展质量的不断提升。然而，单一的指标难以准确、客观衡量转型升级的效果，当前亟需构建一套能够全面准确衡量工业发展质量和效益的指标体系，引导各地政府和企业走内生增长、集约高效的发展道路。

第二，研究和评价工业发展质量是正确引导地方工业实现科学发展的有效手段。长期以来，规模、速度等指标多被用来考核某一行业或地区工业发展效果，不仅形成了普遍重视产值和增速的情况，还造成了资源浪费、环境污染、竞争力不强等深层次问题。加强对工业发展质量和效益的评价，有利于引导各级政府通过加大创新投入、优化产业结构、推进节能减排等措施，下更大工夫优化产业结构，改善工业整体素质，提高可持续发展能力，引导地方将工作重心转移到发展方式转变上来。

第三，研究和评价工业发展质量是准确把握工业经济运行规律的内在要求。加强对工业发展质量的评价，有利于我们全面分析工业经济运行的中长期特点、趋势和影响因素，有利于深刻剖析工业经济发展中的深层次问题和矛盾，准确把握工业经济运行的客观规律，进而研究提出各地工业发展的定位和目标任务，充分发挥政府的调控、规制、监管、服务职能，强化规划、标准、政策的引导作用，更加积极主动地开展工作，提高决策的科学性与合理性。

（三）工业发展质量的研究思路和基本原则

1. 研究思路

党的十八届三中全会指出，要完善发展成果考核评价体系，纠正单纯以经济增长速度评定政绩的偏向，加大资源消耗、环境损害、生态效益、产能过剩、科技创新、安全生产、新增债务等指标的权重。《国民经济和社会发展第十二个五年规划纲要》明确提出，要“弱化对经济增长速度的评价考核，强化对结构优化、民生改善、资源节约、环境保护、基本公共服务和社会管理等目标任务完成情况的综合评价考核”。为深入贯彻落实这些国家宏观经济发展要求，更好地满足《工业转型升级规划（2011—2015 年）》提出的“坚持把提高发展的质量和效益作为转型升级的中心任务”等基本要求，以构建工业发展质量评价指标体系为途径，以科学监测我国工业经济的发展质量，准确分析工业经济运行实力与潜力为目标，实现工业发展方式转变，工业结构整体优化提升。

评价指标体系的构建需要认真研究、不断尝试和逐步完善，必须在明确工业发展质量内涵的基础上，选取能够反映现阶段我国工业发展水平和能力的指标，对数据进行处理，并对初步测算结果进行分析与验证，然后根据验证结果再对指标体系进行必要的修改和调整，确立适合我国国情和工业化发展阶段的评价指标体系，最终用于全国及地方省市的工业发展质量评价。

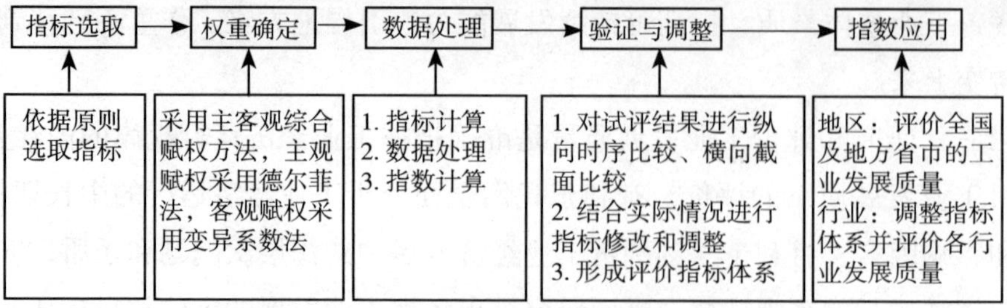

图2-1　中国工业发展质量研究思路

指标选取。首先应根据工业发展质量的基本内涵，确定评价指标体系的基本框架和主要内容，并按内在逻辑要求选择重要而有代表性的指标组成初步的指标框架体系。在确立指标框架体系的基础上，按照系统性、可比性、可测度、可扩展的原则，选取具体指标。为保证评价结果的准确性和客观性，本书所需数据全部来源于国家统计局等权威机构发布的统计年鉴和研究报告。

权重确定。采用主客观综合赋权法，主观赋权法选用德尔菲法，客观赋权法选用变异系数法，这样不仅能够充分挖掘数据本身的统计意义，也能够充分利用数据指标的经济意义。主客观综合赋权法，能够客观、公正、科学地反映各指标所占权重，具有较高的可信度。为便于逐年之间的比较，采用2005—2012年主客观权重的平均值作为统一权重。

数据处理。首先计算无法直接获取的二级指标，如R&D经费投入强度、主要污染物排放强度等。对于截面指数，将所有指标进行无量纲化处理，利用无量纲化数据和确定的权重，得到地方省市的工业发展质量截面指数；对于时序指数，将所有指标换算为以2005年为基期的增长率指标，然后进行加权，得到全国及地方省市工业发展质量时序指数。

验证与调整。指标体系确定后，对全国及地方省市的工业发展质量进行试评。利用试评结果对工业发展质量进行纵向时序分析和横向截面比较，并结合全国及地方省市的实际情况，发现指标体系存在的问题，对指标体系进行修改和调试，直至形成科学、全面、准确的评价指标体系。

指数应用。利用调整后的指标体系，对全国及地方省市的工业发展质量进行评价。通过分析评价结果，发现我国及各省市工业发展过程中存在的问题，并据此提出促进工业发展质量提升的对策建议。针对行业的实际情况，对部分不适合指标和不可获得指标进行剔除，得到适用于行业之间比较的评价指标体系，并利用实际数据评价行业发展质量。

2. 基本原则

（1）研究的指导原则

以科学发展为主题，以加快转变经济发展方式为主线，坚定不移地走好中国特色新型工业化道路。紧紧围绕新型工业化道路的内涵和《工业转型升级规划（2011—2015 年）》的主要目标，在保证一定增长速度的前提下，工业应实现更具效益的增长，结构不断调整和优化，技术创新能力不断提升，资源环境不断改善，信息化与工业化不断深度融合，人力资源优势得到更加充分的发挥。

（2）指标的选取原则

指标的选择，首先应根据工业发展质量的基本内涵，确定评价指标体系的基本框架和主要内容，并按内在逻辑要求选择具有代表性的指标。同时，以指标数据的可获得性为前提并保证评价结果的客观性，指标数据应全部来源于统计年鉴或权威机构发布的研究报告。

（3）体系的构建原则

构建评价指标体系是开展工业发展质量评价工作的关键环节。针对工业发展质量的内涵和特征，在构建评价指标体系的过程中，要遵循以下四个原则。

第一，系统性原则。工业发展质量涉及经济、社会、生态等诸多方面，但评价指标体系不可能无所不包，只有那些真正能够直接反映工业发展质量内在要求的要素才能被纳入到指标体系之中。同时，评价指标体系不应是一些指标和数据的简单堆砌与组合，而应当是一个安排科学、结构合理、逻辑严谨的有机整体。

第二，可比性原则。指标的选择必须充分考虑到不同地区在产业结构、自然条件等方面的差异，尽可能选取具有共性的综合指标，并且代表不同经济涵义、不同量纲的指标，在经过无量纲化处理后，可以相互比较。考虑到总量指标不具备可比性，指标选择应尽量采用均量指标，兼顾采用总量指标；尽量采用普适性指标，兼顾采用特殊指标。

第三，可测度原则。要求所选择的指标应充分考虑到数据的可获得性和指标量化的难易程度，定量与定性相结合，既能全面反映工业发展质量的各种内涵，又能最大限度地利用统计资料和有关规范标准，采取各种直接的或间接的计算方法能够加以量化，否则就会失去指标本身的含义和使用价值。

第四，可扩展原则。指标的选取要突出现阶段工业发展的战略导向，构建出符合工业转型升级、两化深度融合等新形势新要求的指标体系。同时，由于受统计指标、数据来源等多种因素制约，建立评价指标体系不宜过分强调它的完备性。对于暂时无法纳入本评价体系的指标，要根据实际需要和可能，逐渐补充和完善。

（四）工业发展质量评价指标体系

1. 概念及作用

工业发展质量评价指标，是指能够反映工业经济发展质量和效益等多方面的各项具体数据。这些数据按照一定的目的和方式进行组织而形成的指标集合，构成了工业发展质量评价指标体系，它能够比较科学、全面、客观地向人们提供工业发展质量的相关信息。

工业发展质量评价指标体系，能够反映我国工业经济与社会发展的健康程度，能够指导我国走好新型工业化道路，有利于我国国民经济的持续稳定增长。

工业发展质量评价指标体系具有多种功能和用途，具体作用有以下三点：

第一，具有描述与评价的功能，可以将工业经济的发展质量利用相关的指标进行具体描述，使工业经济可持续发展的现状一目了然。

第二，具有监测和预警的功能，可以监测战略目标的完成情况和政策实施的效果，为防止经济、社会和资源环境危害的产生，提供预警信息。

第三，具有引导和约束的功能，对于各地区的工业发展具有一定的导向作用，可以与周边类似省份互设标杆进行比较。

总之，工业发展质量评价指标体系提供了评价工业经济与社会、资源、环境等之间关系的量化工具。为了实现工业经济可持续发展的目标，我国有必要利用好这一工具，对工业发展的过程进行监测和评价、指导和监督、规范和约束。当然，工业发展阶段和水平是动态变化的，其评判标准不是一成不变的，工业发展质量评价指标体系的内容也将与时俱进。

2. 框架设计

评价指标体系的框架设计，必须建立在准确理解和把握工业发展质量内涵的基础上。根据对工业发展质量内涵的理解和指标选取的基本原则，本书初步建立了由速度效益、结构调整、技术创新、资源环境、两化融合、人力资源共 6 大类、20 项具体指标组成的评价指标体系。

表 2-1 中国工业发展质量评价指标体系

总指标	一级指标	二级指标
工业发展质量	速度效益	工业增加值增速
		工业总资产贡献率
		工业成本费用利润率
		工业主营业务收入利润率
	结构调整	高技术产业占比
		500强企业占比
		规上小企业主营业务收入增速
		工业制成品出口占比
	技术创新	工业R&D经费投入强度
		工业R&D人员投入强度
		单位R&D经费的发明专利数
		工业新产品占比
	资源环境	单位工业增加值能耗
		主要污染物排放强度
		工业固体废物综合利用率
		工业污染治理投资强度
	两化融合	电子信息产业占比
		互联网普及率
	人力资源	工业职工平均工资增速
		工业全员劳动生产率

需要说明的是，由于工业发展质量的内涵十分丰富，涉及领域较多，并且关于工业发展质量的研究尚处在探索阶段，目前社会各界对如何评价工业发展质量也还没有形成统一的认识。因此，构建评价指标体系是一项需要不断探索和长期实践，且极富挑战性的工作。与 2012 年中国工业发展质量蓝皮书相比，本蓝皮书受数据来源所限和发展条件变化等因素影响，我们对部分指标做了调整，由原来的 22 项指标调整为 20 项指标。原 22 项具体指标请参见《中国工业发展质量蓝皮书 2012》。

（五）工业发展质量的评价方法与数据来源

1. 指数构建方法

统计指数是综合反映由多种因素组成的经济现象在不同时间和空间条件下平均变动的相对数(徐国祥,2005)。从不同的角度,可以对统计指数进行不同的分类:按照所反映现象的特征不同，可以分为质量指标指数和数量指标指数；按照所反映现象的范围不同，可分为个体指数和总指数;按照所反映对象的对比性质不同,可分为动态指数和静态指数。

本书通过构建工业发展质量时序指数来反映全国及地方省市工业发展质量历年的时序变化情况，旨在进行自我评价；通过构建工业发展质量截面指数来反映地方省市工业发展质量在某一时点上的截面比较情况，旨在进行对比评价。在评价各行业时，我们拟采用截面指数来衡量各产业的发展质量，待数据库补充完整之后再构建时序指数。按照统计指数的分类，工业发展质量时序指数即为动态指数中的定基指数，工业发展质量截面指数即为静态指数，并在上述过程中计算了速度效益、结构调整等六个方面的分类指数，即个体指数。

（1）时序指数的构建

首先，计算 2005—2012 年 30 个省（区、市）各项指标的增速（已经是增速的指标不再计算）；然后，将增速调整为以 2005 年为基期；最后，加权求和得到各地区工业发展质量时序指数及分类指数。

（2）截面指数的构建

首先，按照公式（1）将 2005—2012 年 30 个省（区、市）的原始指标进行无量纲化处理；然后，按照公式（2）和（3）进行加权求和，分别得到各地区工业发展质量截面指数和分类指数。

$$X'_{ijt}=\frac{X_{ijt}-\min\{X_{jt}\}}{\max\{X_{jt}\}-\min\{X_{jt}\}}\quad t=2005,2006,\cdots,2012 \quad (1)$$

$$IDQI_{it}=\frac{\sum_{j=1}^{20}X'_{ijt}W_j}{\sum_{j=1}^{20}W_j}\quad t=2005,2006,\cdots,2012 \quad (2)$$

$$I_{it}=\frac{\sum X'_{ijt}W_j}{\sum W_j}\quad t=2005, 2006, \cdots, 2012\quad(3)$$

公式（1）至（3）中，i 代表 30 个省（区、市），i=1, 2, …, 30，j 代表 20 项三级指标，j=1, 2, …, 20，X_{ijt} 代表 t 年 i 省 j 指标，$\max\{X_{jt}\}$ 和 $\min\{X_{jt}\}$ 分别代表 t 年 j 指标的最大值和最小值，X'_{ijt} 代表 t 年 i 省 j 指标的无量纲化指标值，I_{it} 代表 t 年 i 省的分类指数，$IDQI_{it}$ 代表 t 年 i 省的工业发展质量截面指数，W_j 代表 j 指标的权重。

需要说明的是，因为全国工业发展质量无需做截面比较，因此全国工业发展质量指数是时序指数。

2. 权重确定方法

在指标体系的评价过程中，权重的确定是一项十分重要的内容，因为权重直接关系到评价结果的准确性与可靠性。从统计学上来看，权重确定一般分为主观赋权法和客观赋权法，前者一般包括德尔菲法（Delphi Method）、层次分析法（The Analytic Hierarchy Process，简称 AHP）等，后者一般包括主成分分析法、变异系数法、离差及均方差法等。主观赋权法的优点在于能够充分利用专家对于各指标的内涵及其相互之间关系的经验判断，并且简便易行，但存在因评价主体偏好不同有时会有较大差异这一缺陷；客观赋权法的优点在于不受人的主观因素的影响，能够充分挖掘指标数据本身所蕴含的信息，但存在有时会弱化指标的内涵及其现实意义这一缺陷。为避免主观赋权法的经验性较强以及客观赋权法的数据依赖性较强，本书利用德尔菲法和变异系数法进行主客观综合赋权的方法。选择变异系数法的原因在于，从评价体系中的各项指标来看，差异越大的指标越重要，因为它更能反映出各地区工业发展质量的差异，如果全国各省市的某个指标没有多大差别，则没有必要再将其作为一项衡量的指标，所以对差异越大的指标要赋予更大的权重（曾五一和庄赞，2003）。

权重的测算过程如下，首先按照公式（4）计算各项指标的变异系数，然后按照公式（5）和（6）计算各项指标的客观权重，最后利用由德尔菲法得到的主观权重和由变异系数法得到的客观权重进行平均，得到各项指标的最终权重。

$$V_{jt}=\frac{\sigma_{jt}}{\bar{X}_{jt}}\quad t=2005, 2006, \cdots, 2012\quad(4)$$

$$W_{jt}=\frac{V_{jt}}{\sum_{j=1}^{20}V_{jt}} \quad t=2005, 2006, \cdots, 2012 \quad (5)$$

$$W_{j}=\sum_{t=2005}^{2012}W_{jt}\Big/6 \quad t=2005, 2006, \cdots, 2012 \quad (6)$$

V_{jt}代表t年j指标的变异系数，σ_{jt}代表t年j指标的标准差，$\bar{X}_{jt}$代表t年j指标的均值，W_{jt}代表t年j指标的权重，W_j代表j指标的最终权重。

3. 数据来源与说明

本书所使用的数据全部来源于国家统计局发布的历年《中国统计年鉴》、《中国科技统计年鉴》、《中国高技术产业统计年鉴》、《中国工业经济统计年鉴》、各地的统计年鉴以及工信部发布的《中国电子信息产业统计年鉴》、《1949—2009中国电子信息产业统计》和中国互联网络信息中心（CNNIC）定期发布的《中国互联网络发展状况调查统计报告》。

（1）研究对象

由于西藏部分指标缺失，故未参与评价，本书也不含港澳台地区，最终研究对象为全国及30个省（区、市）。

（2）指标说明

由于统计年鉴中没有公布2010—2012年的单位工业增加值能耗数据，为保证工业发展质量时序指数在历年之间具有可比性，我们利用各地历年统计年鉴中的工业增加值指数、工业增加值和工业能耗数据，计算得到2005—2012年30个省（区、市）以2005年为不变价的单位工业增加值能耗，其中2012年全国的工业能耗是按照2005—2011年工业能耗占总能耗的平均比重估算得到。

为保证时序指数能够真实反映走势情况，在全员劳动生产率和主要污染物排放强度两项指标计算过程中涉及到的工业增加值均调整为2005年不变价；单位R&D经费支出利用王玲和Szirmai（2008）提出的R&D价格指数进行平减，该指数由固定资产投资价格指数和消费者价格指数进行合成，权重各取0.5；500强企业占比这一指标，在衡量全国工业发展质量时是指世界500强企业中的中国企业数量所占比重，在衡量地方省市工业发展质量时是指中国企业联合会和中国企业家协会联合发布的历年中国制造业企业500强各省数量所占比重。

此外，由于单位工业增加值能耗和主要污染物排放强度均为逆向指标，我们取其倒数以便于统一分析，如单位工业增加值能耗表示每万元工业产出所消耗的能源量，取倒数后代表单位能耗的产出水平，即转为正向指标。

二、我国工业发展质量指数走势分析

（一）全国工业发展质量指数走势分析

利用本报告所构建的评价指标体系，根据主客观综合赋权法，按照时序指数计算方法，得到2005—2012年全国工业发展质量指数及分类指数，结果见表2-2。根据表2-2中最后一行绘制全国工业发展质量指数走势图，结果见图2-2。需要说明的是，由于全国工业发展质量无需作截面比较，因此该指数就是时序指数。

结合表2-2和图2-2，2005—2012年，全国工业发展质量指数呈上升趋势，从2005年的100.0上升至2012年的188.8，年均增速为9.5%，表明自2005年以来，我国工业发展质量有较明显的提升。

从走势看，自2005年以来，我国工业生产虽有一定起伏，但总体保持较快增长。2006年和2007年规模以上工业延续了前几年的高速增长态势，增速分别达到16.6%和18.5%；随后，受国际金融危机的巨大冲击，2008年规模以上工业增加值增速明显下滑，2009年年初降至3.8%。随后，党中央国务院通过采取保增长、扩内需和调结构等一系列卓有成效的宏观经济政策，推出大规模投资计划、十大产业调整和振兴规划等措施，工业经济增长速度停止下滑，2009年6月份规模以上工业重回两位数增长，当年升至11%，2010年进一步提升至15.7%。2011年，我国规模以上工业继续保持较快增长，同比增长13.9%。2012年虽然有所下滑，但从全球范围来看，在欧美债务危机持续发酵的影响下，世界经济复苏乏力，我国规模以上工业仍然保持了两位数增长，达到10.0%，增速依然领跑全球。

从规模看，2012年，我国全部工业实现增加值20.0万亿元，比2005年增加12.2万亿元，年均增速高达10.9%，远高于全球主要发达经济体和新兴经济体国家。2013年上半年，我国工业继续保持较快增长，全部工业完成增加值10.2万亿元，比上年增长7.3%，规模以上工业增加值同比增长9.3%。2012年全年471种工业产品中有345种产品产量比上年增长，220多种产品产量居全球首位。

从国际看，经过“十一五”时期的大发展，我国工业国际竞争力显著增强。

2010年，我国制造业实现增加值达到1.955万亿美元，占全球制造业增加值的比重高达19.8%，超过美国成为世界第一制造业大国[1]。同年，我国国内生产总值超过日本，跃升为世界第二大经济体[2]。2012年，我国经济总量仍然稳居世界第二位，但与美国GDP差距缩小至7.3万亿美元，而领先日本的优势进一步扩大至2.4万亿美元。毫无疑问，占国民经济近40%的工业，为我国在全球经济中地位的不断提升起到了积极的推动作用。

表2-2　2005—2012年全国工业发展质量指数及分类指数

	2005	2006	2007	2008	2009	2010	2011	2012	2005—2012年均增速
速度效益	100.0	107.2	119.1	115.0	119.3	139.5	140.2	136.1	4.5
结构调整	100.0	116.1	134.4	149.1	167.2	196.1	220.7	246.3	13.7
技术创新	100.0	105.8	116.0	120.4	141.9	136.5	152.9	168.9	7.8
资源环境	100.0	127.3	133.5	134.0	135.1	136.7	120.4	129.2	3.7
两化融合	100.0	111.6	129.1	152.1	172.9	197.9	214.4	233.9	12.9
人力资源	100.0	110.4	123.8	135.7	147.1	162.3	190.4	209.4	11.1
工业发展质量指数	100.0	114.1	127.2	135.2	148.3	163.1	174.0	188.8	9.5

数据来源：赛迪智库。

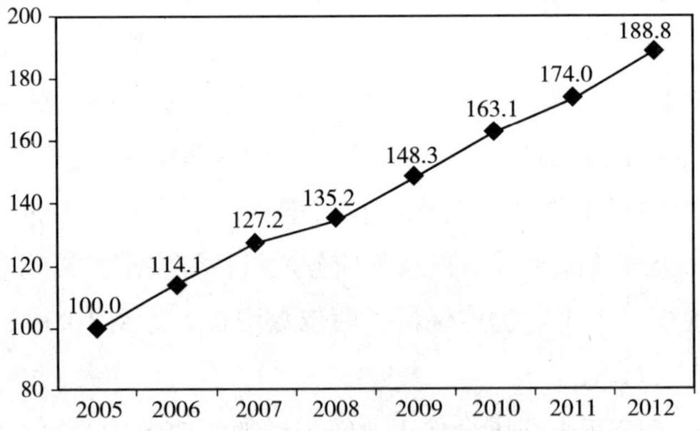

图2-2　2005—2012年全国工业发展质量指数

数据来源：赛迪智库。

[1] 根据IHS环球透视（IHS Global Insight）经济咨询机构数据，2010年美国制造业增加值为1.952万亿美元，占全球制造业的19.4%。

[2] 根据世界银行统计数据，2010年美国国内生产总值为14.59万亿美元，中国为5.93万亿美元，日本为5.46万亿美元。

从出口看，我国工业产品出口竞争力不断提升。近些年来，我国工业产品的出口结构不断优化，中高端工业品的国际竞争力持续增强。2012 年，我国规模以上工业出口交货值达到 10.7 万亿元，比 2005 年增加 5.9 万亿元，同比名义增长 122.7%。其中，装备制造业出口交货值为 6.9 万亿元，占 65.0%，比 2005 年提高了 6.3 个百分点。在部分领域中，电工电器、高精密机床、工程机械等行业的部分成套设备以及高附加值的产品已经占有较高比重。

综合来看，自 2005 年以来我国工业发展成就显著，工业经济总量不断攀升，发展质量同步提升。

（二）全国工业发展质量分类指数分析

1. 分类指数走势及其对总指数的影响

（1）评价结果分析

2005—2012 年，全国工业发展质量的六个分类指数整体呈上升趋势，其中，结构调整指数、两化融合指数和人力资源指数快速增长，年均增速分别高达 13.7%、12.9% 和 11.1%；技术创新指数增长较快，年均增速为 7.8%；速度效益指数和资源环境指数增长相对较慢，年均增速仅为 4.5% 和 3.7%。

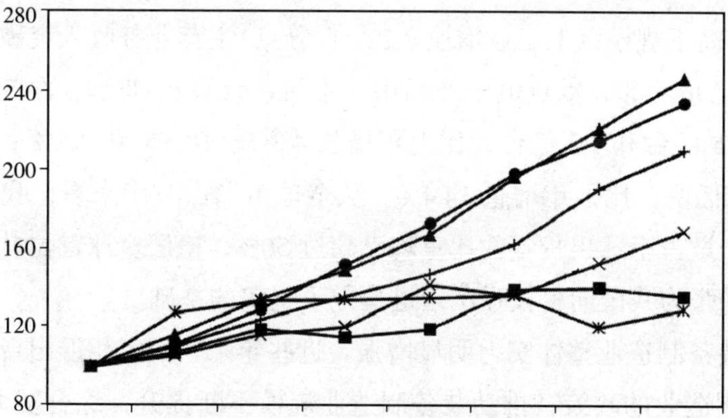

图2-3　2005—2012年全国工业发展质量分类指数

数据来源：赛迪智库。

从分类指数对总指数的影响看，与2005年相比，2012年六个分类指数对工业发展质量指数增长的贡献率和拉动作用差异较大（见表2-3）。其中，结构调整指数对工业发展质量指数增长的贡献率最高，达到46.9%，拉动41.6个百分点；两化融合指数和技术创新指数对工业发展质量指数增长的贡献率较高，分别为18.1%和13.5%，分别拉动16.0个百分点和12.0个百分点；人力资源指数、速度效益指数和资源环境指数对工业发展质量指数增长的贡献率相对较低，仅为8.8%、6.5%和6.3%，仅拉动7.8个、5.7个和5.6个百分点。

表2-3　六个分类指数对总指数增长的贡献率和拉动

	速度效益指数	结构调整指数	技术创新指数	资源环境指数	两化融合指数	人力资源指数	合计
贡献率（%）	6.5	46.9	13.5	6.3	18.1	8.8	100.0
拉动（百分点）	5.7	41.6	12.0	5.6	16.0	7.8	88.8

数据来源：赛迪智库。

（2）原因分析

①结构调整

近几年，我国工业在结构调整方面取得显著成效。

首先，高技术制造业规模不断扩大。2012年，高技术制造业增加值比上年增长12.2%，高于规模以上工业增速2.2个百分点；主营业务收入突破10万亿元，达到10.2万亿元。部分重点电子产品中，手机、计算机和彩电的产量分别达到11.8亿部、3.5亿台和1.3亿台，比上年增长4.3%、10.5%和4.8%；集成电路产量达到823.1亿块，比上年增长14.4%。从全球市场占有率来看，我国手机、计算机和彩电产量占全球出货量的比重均已超过50%，稳居全球首位。高技术产业规模的不断扩张为我国向科技强国迈进奠定了坚实的基础。

其次，装备制造业整体实力明显增强。近些年来，国家相继出台了一系列加快振兴装备制造业的政策，推动装备制造业规模不断提升，综合实力显著提升。同时，我国在重大技术装备的自主化方面也有了明显进步，特别是特高压输变电设备、百万吨乙烯成套装备等重大技术装备已经实现了自主制造。又如，我国钢铁产业炼钢主体设备的90%已经实现了国产化，具备了全流程自主设计以及自主集成建设千万吨级现代化钢铁基地的能力。

最后，工业企业组织结构不断优化。自2005年以来，国家大力推进兼并重组，鼓励企业之间实现强强联合，有条件的地区正加快实现上下游一体化经营。从兼并重组情况来看，截至2012年底，中央企业已整合到116家，比2007年初减少了40家。2012年，前10家钢铁企业的集中度为46.1%，比2005年提高10.7个百分点；2012年，汽车销量排名前十位的企业集团销量合计为1686.3万辆，比上年增长5.2%，高于全行业增速0.9个百分点，占汽车销售总量的87.3%，比上年提高0.7个百分点。从中小企业情况来看，第二次全国经济普查结果显示，截至2008年底，我国共有中小型工业企业数量达到190万户，占全部工业企业的比重高达99.8%；从业人员达1亿人，占全部工业企业的比重达到83.6%；全年主营业务收入为36.3万亿元，占全部工业的比重达到67.8%。国家统计局数据显示，2011年全国规模以上中小型工业企业30.9万户，占全部规模以上企业的94.8%；规模以上中小工业企业从业人员5903.5万人，占全部规模以上工业企业从业人员总量的64.4%；完成工业总产值48.8万亿元，占全部规模以上企业工业总产值的57.8%。由此可见，当前中小企业已经成为支撑我国国民经济和社会发展的重要力量，在促进经济增长、保障就业稳定等方面发挥着不可替代的作用。

②两化融合

近几年，我国在两化融合方面取得较大进展，互联网基础设施、电子信息产业等都有明显突破。

第一，从互联网基础设施方面来看，2012年互联网宽带接入用户为17518.3万户，比上年增加2518.1万户，互联网宽带接入端口达到26835.5万个；移动电话普及率由2005年的30.2部/百人增加到82.6部/百人。特别是我国网民规模实现跨越增长，2008年我国网民规模已跃升全球第一，到2012年底，我国网民规模达到5.64亿，全年共计新增网民5090万人。与此同时，我国手机网民数量快速增长。数据显示，2012年我国手机网民数量为4.2亿，年增长率达18.1%，远超网民整体增幅。此外，网民中使用手机上网的比例也继续提升，由69.3%上升至74.5%。互联网普及率从2005年的8.5%大幅提升至2012年的42.1%，增长了近4倍。

第二，从电子信息产业的发展来看，规模方面，2012年，我国电子信息产业销售收入超过10万亿元，达到11.0万亿元，比2011年增长15.0%以上；其中，规模以上制造业实现收入8.5万亿元，比2011年增长13.0%；软件业收入

2.5万亿元，比上年增长28.5%。2012年，我国规模以上电子信息制造业增加值比2011年增长12.1%，高于同期规模以上工业增加值增速2.1个百分点；规模以上电子信息产业的销售产值达到8.5万亿元，比上年增长12.6%。效益方面，总体来看整体效益逐步好转。2012年，我国规模以上电子信息制造业实现利润总额3506亿元，比上年增长6.2%；销售利润率达到4.1%，比2011年回落0.3个百分点。从全年走势看，电子信息产业整体的效益呈逐步好转态势，一季度、上半年、前三季度及全年的利润总额增速分别为–22.3%、–14.0%、–6.5%和6.2%；四个季度的累计利润率分别为2.5%、3.1%、3.2%和4.1%，整体呈不断提高走势；四个季度的累计亏损面分别为31.0%、25.6%、23.0%和19.0%，整体呈持续缩小态势。从电子信息产业内部来看，整体的效益结构有一定改善，内资企业的效益贡献率有所加大，贡献的收入和利润占比分别达到29.4%和42.7%，比上年提高1.1个和1.8个百分点，内资企业的利润率为6.0%，高于电子信息制造业平均水平1.9个百分点；小型企业的发展活力也不断增强，收入和利润的全年增速分别达到23.3%和16.6%，高于全行业平均水平13.8个和17.5个百分点。

进出口方面，从总量来看电子信息产业的外贸总额有小幅增长，2012年电子信息产品进出口总额1.2万亿美元，比上年增长5.1%，占全国进出口总额的30.7%。其中，电子信息产品出口6980亿美元，比上年增长5.6%，占全国外贸出口总额的34.1%；电子信息产品进口4888亿美元，比上年增长4.5%，占全国外贸进口总额的26.9%。从电子信息产业对外贸易结构来看，全行业的贸易结构趋于优化，2012年我国电子信息产品出口中的一般贸易出口稳步增长，出口额1229亿美元，比上年增长2.8%，增速高于加工贸易3.4个百分点；内资企业出口所占比重有所提升，全年出口额达到1550亿美元，占比22.2%，比2011年提高3.5个百分点。从地区分布来看，部分中西部省市电子信息产品的出口增势比较突出，如四川、河南、重庆和山西等，增速分别达到50.8%、184.8%、155.7%和236.7%。

③技术创新

第一，从创新产出来看，近些年来我国工业企业专利数量不断攀升，其中规模以上工业企业专利申请数从2004年的64569件增加至2012年的489945件，年均增速高达28.8%；大中型工业企业专利申请数由2005年的55271件增加至2011年的265612件，年均增速高达29.9%，其中发明专利数由18292件增加至

97822件，年均增速高达32.2%。2012年，规模以上工业企业有效发明专利数为277196件。从国际上来看，2012年，我国通过《专利合作条约》(PCT)申请的专利国际申请量1.9926万件，较上年增长14.0%，排名仍稳居世界第四位。专利数量的持续增长，反映出我国工业自主创新能力和水平日益提高。同时，我国重点领域原始创新能力不断提升，例如，采用国产处理器和软件的神威蓝光千万亿次计算机技术水平已经居国际先进水平，新一代移动通信网加快推进，TD-LTE-Advanced成为第四代两大国际移动通信标准之一。

第二，从创新投入来看，2012年，我国规模以上工业企业研究与试验发展(R&D)经费支出7200.6亿元，比2004年增加6096.2亿元，年均增长26.4%；2011年大中型工业企业R&D经费支出达5030.7亿元，比2005年增加3780.4亿元，年均增长26.1%。2012年，规模以上工业企业R&D经费支出与主营业务收入之比达到0.77%，比2004年提升了0.21个百分点；科技机构经费支出达到5233.4亿元，比2004年增加4391.8亿元，年均增长25.7%；新产品开发经费支出为7998.5亿元，比2004年增加7032.8亿元，年均增速达到30.2%。从技术获取和技术改造情况来看，2012年，我国规模以上工业企业的引进技术经费支出、消化吸收经费支出、购买国内技术经费支出和技术改造经费支出分别为393.9亿元、156.8亿元、201.7亿元和4161.8亿元。

④人力资源

自2005年以来，我国工业在科技人力资源方面保持稳定增长，科技人力投入不断增加，科技队伍进一步壮大。2012年，我国规模以上工业企业R&D人员全时当量为224.6万人年，比2004年增加了170.4万人年，年均增速达到19.4%。2012年，规模以上工业企业科技机构人员数达到226.8万，比2004年增加了162.4万，年均增速达到17.0%。

⑤速度效益和资源环境

从本书的评价结果看，虽然速度效益和资源环境自2005年以来增速相对较慢，贡献率相对较低，但仍取得较大进展。

速度效益方面，从规模和速度来看，2012年，我国全部工业实现增加值将近20万亿元，比2005年增加12.2万亿元，年均增长10.9%。全国规模以上工业增加值增速达到10.0%，继续呈快速增长态势。从经济效益来看，2012年规模以上工业企业总资产贡献率为15.1%，资产负债率为58.0%，流动资产周转次数为

2.6 次 / 年，工业成本费用利润率为 7.1%，产品销售率为 98.0%。2012 年规模以上工业企业实现主营业务收入 92.9 万亿元，实现利润 6.2 万亿元。2012 年，规模以上工业企业每百元主营业务收入中的成本为 84.8 元，主营业务收入利润率为 6.1%。

资源环境方面，自 2005 年以来，我国主要工业行业能耗显著下降，污染物排放明显下降，环境明显改善。首先，高耗能行业增速减缓，节能减排取得明显成效。近些年来，国家对高耗能行业的过快增长进行了严格控制，使其在国民经济中的比重有所下降。与此同时，六大高耗能行业为我国的节能减排做出了较大贡献。据测算，仅“十一五”期间，六大高耗能行业的累计节能就达到 4 亿吨标准煤，对全社会节能的贡献率超过 60%。其次，环境污染治理投资力度不断增大。国家通过采取一系列政策措施，拓宽了环境污染治理资金的来源渠道，特别是在重点治理领域的投入力度不断加大。2012 年，全国环境污染治理投资总额达到 8253.5 亿元，占 GDP 的比重达到 1.6%，比 2011 年提高了 0.1 个百分点。再次，主要污染物排放总量得到控制。2012 年全国化学需氧量排放量 2423.7 万吨，较上年下降 76.1 万吨；二氧化硫排放量 2117.6 万吨，较上年下降 100.3 万吨。最后，工业废物综合利用率提高。2012 年工业固体废物综合利用率为 52.1%，比上年提高 1.1 个百分点。

综合来看，自 2005 年以来，我国工业取得了较大成绩，结构持续调整和优化，两化融合不断深化，技术创新能力明显提升，人力资源素质和待遇明显改善，速度效益有所提升，资源环境束缚压力有一定缓解。

2. 分类指数影响因素分析

为清楚地看到影响全国工业发展质量分类指数的内部因素，本报告计算了 20 项指标对各自所属分类指数的贡献率和拉动，计算结果见表 2-4。

从 2005 年到 2012 年，全国工业发展质量的六个分类中，结构调整指数、两化融合指数和人力资源指数快速增长，结构调整指数主要是由 500 强企业占比和规上小企业主营业务收入的强劲增长推动，贡献率分别为 52.3% 和 32.7%，分别拉动 7.2 个和 4.5 个百分点。两化融合指数主要是由互联网普及率的快速提升推动，贡献率高达 93.7%，拉动 12.1 个百分点。人力资源指数主要是由工业就业人员平均工资的快速增长推动，贡献率高达 76.4%，拉动 8.5 个百分点。

表 2-4　20 项指标对分类指数的贡献率和拉动

二级指标	三级指标	贡献率（%）	拉动（百分点）
速度效益	工业增加值增速	65.9	3.0
	工业总资产贡献率	16.4	0.7
	工业成本费用利润率	8.0	0.4
	工业主营业务收入利润率	9.7	0.4
	合计	100.0	4.5
结构调整	高技术产业占比	1.1	0.1
	500强企业占比	52.3	7.2
	规上小企业主营业务收入增速	32.7	4.5
	工业制成品出口占比	14.0	1.9
	合计	100.0	13.7
技术创新	R&D经费投入强度	1.7	0.1
	R&D人员投入强度	61.1	4.8
	单位R&D经费支出的发明专利数	43.8	3.4
	工业新产品占比	–6.6	–0.5
	合计	100.0	7.8
资源环境	单位工业增加值能耗	31.6	1.2
	主要污染物排放强度	77.2	2.9
	工业固体废物综合利用率	6.4	0.2
	工业污染治理投资强度	–15.2	–0.6
	合计	100.0	3.7
两化融合	电子信息产业占比	6.3	0.8
	互联网普及率	93.7	12.1
	合计	100.0	12.9
人力资源	工业职工平均工资增速	76.4	8.5
	工业全员劳动生产率	23.6	2.6
	合计	100.0	11.1

资料来源：赛迪智库。

技术创新指数较快增长，主要是由 R&D 人员投入强度和单位 R&D 经费支出的发明专利数较快增长推动，对技术创新指数增长的贡献率分别为 61.1% 和 43.8%，分别拉动 4.8 个和 3.4 个百分点。但工业新产品占比出现下降，对技术创新指数增长的贡献率为 –6.6%，向下拉动 0.5 个百分点，抑制了技术创新指数的增长。

速度效益指数和资源环境指数增长相对较慢，前者的提升主要源于工业增加值的快速增长，但工业成本费用利润率和工业主营业务收入利润率增长相对较慢，对速度效益指数的贡献率相对较低，均不足 10%。后者的提升主要源于主要污染物排放强度和单位工业增加值能耗的显著下降，但工业固体废物综合利用率提升速度较慢，且工业污染治理投资强度出现下滑，对资源环境指数的贡献率为 –15.2%，向下拉动 0.6 个百分点，抑制了资源环境指数的增长。

三、我国重点行业发展质量分析

（一）指标体系的构建与指标选取

行业与地区是衡量经济发展的两个不同维度，因此在评价地区工业发展质量的 20 个指标中，有部分指标并不适用于行业评价。例如，衡量地区工业发展质量的结构调整类指标便不适用于行业比较。同时考虑到指标体系的可比性、可获取性等原则，资源环境、两化融合和人力资源的大部分指标较难收集，且受行业自身特点影响，对于行业之间的比较意义有限。因此，本书为力求突出行业之间的差异性和特色性，选取地区工业发展质量评价指标体系中的速度效益和技术创新两大类共计 8 项指标，对 2012 年全国各工业行业发展质量进行评价。考虑到 2011 年国家统计局将工业细分行业调整为 41 个，但开采辅助活动、其他采矿业和废弃资源综合利用业 3 个行业的部分指标缺失，故最终参与评价的行业共计 38 个。具体评价指标如下表所示。

表 2–5　2012 年 38 个工业行业速度效益、技术创新类指标

	速度效益				技术创新			
	工业增加值增速（%）	总资产贡献率（%）	工业成本费用利润率（%）	工业主营业务收入利润率（%）	工业R&D经费投入强度（%）	工业R&D人员投入强度（%）	单位R&D经费的发明专利数（件/万元）	工业新产品占比（%）
总计	10.00	15.11	7.11	6.66	0.77	2.42	24.47	11.89
煤炭开采和洗选业	9.80	16.09	11.98	11.18	0.46	0.89	4.54	3.26
石油和天然气开采业	3.20	36.78	64.19	34.71	0.74	3.08	7.29	0.14
黑色金属矿采选业	20.60	22.06	14.81	12.93	0.07	0.34	44.71	0.41

（续表）

	速度效益				技术创新			
	工业增加值增速（%）	总资产贡献率（%）	工业成本费用利润率（%）	工业主营业务收入利润率（%）	工业R&D经费投入强度（%）	工业R&D人员投入强度（%）	单位R&D经费的发明专利数（件/万元）	工业新产品占比（%）
有色金属矿采选业	15.30	26.27	16.39	13.93	0.39	0.68	3.57	6.16
非金属矿采选业	10.20	25.62	10.41	9.14	0.18	0.55	15.74	1.24
农副食品加工业	13.60	20.76	6.55	6.14	0.26	0.80	17.67	3.84
食品制造业	11.80	21.88	9.82	8.99	0.55	1.28	20.83	5.33
酒、饮料和精制茶制造业	12.50	24.78	13.78	11.83	0.59	1.57	12.42	7.89
烟草制品业	9.30	84.98	29.81	14.15	0.26	1.94	27.78	18.27
纺织业	12.20	15.94	6.24	5.88	0.43	0.98	14.48	10.46
纺织服装、服饰业	7.20	18.64	7.11	6.62	0.32	0.69	13.13	7.33
皮革、毛皮、羽毛及其制品和制鞋业	7.70	22.99	7.90	7.29	0.24	0.38	15.89	5.44
木材加工和木、竹、藤、棕、草制品业	12.40	26.73	7.86	7.20	0.18	0.51	28.09	3.15
家具制造业	11.20	17.84	7.37	6.83	0.26	0.72	26.64	5.13
造纸和纸制品业	8.80	11.81	6.49	6.19	0.61	1.25	12.70	9.00
印刷和记录媒介复制业	10.10	16.26	9.53	8.77	0.54	1.30	24.57	8.14
文教、工美、体育和娱乐用品制造业	10.90	18.72	6.15	5.77	0.33	0.97	26.46	5.73
石油加工、炼焦和核燃料加工业	6.30	23.81	0.81	0.76	0.21	1.61	9.75	4.42
化学原料和化学制品制造业	11.70	13.72	6.41	6.08	0.82	3.23	22.16	11.62
医药制造业	14.50	18.73	11.99	10.76	1.63	5.57	31.94	16.89
化学纤维制造业	13.10	9.20	4.08	4.02	0.94	3.10	12.63	21.34
橡胶和塑料制品业	10.10	15.59	6.93	6.49	0.72	2.03	18.97	9.69
非金属矿物制品业	11.20	16.59	8.52	7.82	0.37	1.12	23.22	4.05

（续表）

	速度效益				技术创新			
	工业增加值增速（%）	总资产贡献率（%）	工业成本费用利润率（%）	工业主营业务收入利润率（%）	工业R&D经费投入强度（%）	工业R&D人员投入强度（%）	单位R&D经费的发明专利数（件/万元）	工业新产品占比（%）
黑色金属冶炼和压延加工业	9.50	7.68	2.36	2.37	0.88	2.50	7.40	10.61
有色金属冶炼和压延加工业	13.20	11.79	4.39	4.26	0.66	2.89	11.99	9.67
金属制品业	12.20	15.49	6.75	6.34	0.64	1.89	24.42	8.15
通用设备制造业	8.40	13.90	7.60	7.19	1.25	3.96	24.63	16.50
专用设备制造业	8.90	12.89	8.01	7.47	1.48	4.95	32.27	18.04
汽车制造业	8.40	17.71	8.93	8.43	1.11	4.26	13.10	28.55
铁路、船舶、航空航天和其他运输设备制造业	4.60	8.36	6.15	5.87	2.18	4.90	14.54	27.71
电气机械和器材制造业	9.70	13.25	6.62	6.27	1.29	3.85	35.07	21.63
计算机、通信和其他电子设备制造业	12.10	11.09	4.71	4.54	1.51	4.53	43.79	27.65
仪器仪表制造业	12.60	15.06	9.39	8.65	1.86	6.06	38.84	20.79
其他制造业	7.00	12.39	6.57	6.20	0.93	1.98	25.20	8.36
金属制品、机械和设备修理业	11.60	7.40	5.34	5.11	0.55	3.19	36.01	7.49
电力、热力生产和供应业	5.00	7.88	5.34	5.21	0.09	0.94	94.90	0.37
燃气生产和供应业	11.70	10.17	9.98	9.51	0.06	0.27	16.99	1.75
水的生产和供应业	4.50	3.38	5.30	5.54	0.26	0.53	24.24	1.05

资料来源：《中国统计年鉴2013》，赛迪智库。

（二）38个行业发展质量评价

由于行业之间存在差异，因此权重的确定不宜有明显差距。与地区评价不同，本部分行业发展质量评价的8个指标取等权，通过计算截面指数来综合判断各行业的效益和创新水平。

需要说明的是，由于行业发展特点不同，因此行业之间的部分指标并不具有绝对可比性。行业比较旨在找出相对差距，排名并不是最终目的。根据行业发展质量的评价指标体系，利用等权处理方式，计算 2012 年全国工业 38 个行业发展质量指数及分类指数，得到结果见表 2-6。

表 2-6　2012 年 38 个工业行业发展质量截面指数、分类指数及排名

	指数			排名		
	速度效益	技术创新	发展质量	速度效益	技术创新	发展质量
煤炭开采和洗选业	12.73	5.24	17.97	12	35	32
石油和天然气开采业	30.12	10.59	40.71	1	20	6
黑色金属矿采选业	22.60	5.97	28.58	3	30	13
有色金属矿采选业	20.12	5.50	25.62	4	33	16
非金属矿采选业	13.41	3.48	16.89	9	37	33
农副食品加工业	13.25	5.90	19.15	10	32	28
食品制造业	13.82	9.73	23.54	8	24	20
酒、饮料和精制茶制造业	16.59	10.58	27.17	5	21	14
烟草制品业	27.53	16.10	43.63	2	12	4
纺织业	11.34	9.74	21.08	18	23	23
纺织服装、服饰业	8.61	6.93	15.54	31	28	34
皮革、毛皮、羽毛及其制品和制鞋业	10.04	5.35	15.39	24	34	35
木材加工和木、竹、藤、棕、草制品业	13.95	5.93	19.88	7	31	26
家具制造业	11.49	7.49	18.97	17	27	29
造纸和纸制品业	8.43	10.50	18.94	32	22	30
印刷和记录媒介复制业	11.60	11.47	23.07	15	19	21
文教、工美、体育和娱乐用品制造业	10.78	8.71	19.49	19	25	27
石油加工、炼焦和核燃料加工业	5.36	6.51	11.87	35	29	37

（续表）

	指数			排名		
	速度效益	技术创新	发展质量	速度效益	技术创新	发展质量
化学原料和化学制品制造业	10.75	18.46	29.21	20	10	12
医药制造业	16.36	31.99	48.34	6	4	2
化学纤维制造业	9.85	21.88	31.73	25	9	11
橡胶和塑料制品业	10.14	13.98	24.12	23	17	19
非金属矿物制品业	11.89	8.10	19.99	14	26	25
黑色金属冶炼和压延加工业	6.08	14.77	20.85	34	14	24
有色金属冶炼和压延加工业	10.47	14.54	25.00	21	15	17
金属制品业	11.55	13.34	24.89	16	18	18
通用设备制造业	9.05	25.06	34.11	30	8	10
专用设备制造业	9.44	30.29	39.74	27	5	7
汽车制造业	10.36	28.64	39.00	22	7	8
铁路、船舶、航空航天和其他运输设备制造业	4.70	36.12	40.83	36	2	5
电气机械和器材制造业	9.36	28.78	38.14	28	6	9
计算机、通信和其他电子设备制造业	9.73	35.38	45.11	26	3	3
仪器仪表制造业	13.14	37.04	50.18	11	1	1
其他制造业	7.25	15.41	22.66	33	13	22
金属制品、机械和设备修理业	9.14	16.86	26.01	29	11	15
电力、热力生产和供应业	4.51	14.22	18.73	37	16	31
燃气生产和供应业	12.18	2.54	14.72	13	38	36
水的生产和供应业	3.58	4.95	8.52	38	36	38

资料来源：赛迪智库。

整体来看，2012 年，全国 38 个工业行业中，工业发展质量排在前 5 位的分别是仪器仪表制造业、医药制造业、计算机通信和其他电子设备制造业、烟草制品业、铁路船舶航空航天和其他运输设备制造业，工业发展质量指数分别为 50.18、48.34、45.11、43.63 和 40.83。除烟草制品业以外，其他 4 个行业发展质量较高主要是得益于较高的技术创新水平，技术创新指数处于全国前 4 位。而烟草制品业则是凭借较高的效益水平支撑其较高的发展质量。需要说明的是，医药制造业的综合实力较强，技术创新指数位于各行业第 4 位，速度效益位于第 6 位，也印证了其高技术产业的战略地位。

位于 38 个行业发展质量后 5 位的行业分别是水的生产和供应业、石油加工炼焦和核燃料加工业、燃气生产和供应业、皮革毛皮羽毛及其制品和制鞋业、纺织服装服饰业，工业发展质量指数分别为 8.52、11.87、14.72、15.39 和 15.54。从分类指数来看，这些行业的速度效益指数和技术创新指数均位于各行业下游水平，仅燃气生产和供应业的速度效益指数排在 38 个行业的第 13 位。

从行业分布特点来看，计算机、仪器仪表、医药等高端制造业的发展质量较好，而石化、电力等传统高耗能行业表现较差，纺织服装等劳动密集型产业的发展质量也表现不佳，表明我国传统行业正面临严峻的挑战。

四、提高我国工业发展质量的几点思考

党的十八届三中全会部署了全面深化改革的系统任务，规划了全面深化改革的总目标，确立了全面深化改革的路线图。各项改革中，经济领域改革仍是重点，多项经济改革措施也应运而生，其中涉及 IPO 发行体制改革、金融支持自贸区、地方国企改革、政绩考核机制等多项热点。当前以及未来一段时期内，释放制度红利和经济发展活力将成为各项政策制定的重要目的。

（一）进一步激发市场活力

李克强总理在 2013 年夏季达沃斯论坛开幕式讲话中强调，中国经济要实现长期持续健康发展，必须依靠改革和开放，并且改革和开放都必须坚持市场化的道路。政府将通过市场化改革提高资源配置的效率。中国仍然处于工业化进程当中，工业仍然发展很快，同时中国的工业生产能力相当大的比重是为世界市场服

务的。在市场化方面，中国的改革取得了很大的成绩，但是中国仍然需要进一步加强方方面面的改革，以提高中国资源配置的效率。

1. 推动利率市场化

市场化改革的一个关键是利率市场化。2013 年 7 月，中国人民银行发布了《关于进一步推进利率市场化改革的通知》，指出自 2013 年 7 月 20 日起全面放开金融机构贷款利率管制，取消金融机构贷款利率 0.7 倍的下限。全面放开贷款利率管制，金融机构可以采取有区别的定价策略，进一步降低企业融资成本、促使金融机构提高服务水平，加大对企业的支持力度、更好地优化资源配置，有利于发挥对实体经济的支持作用，促进经济结构调整和转型升级。

2013 年 9 月 29 日，央行货币政策委员会第三季度例会表示，进一步推进利率市场化改革，充分发挥市场机制的基础性作用有效配置资源。可以预计，国内利率市场化的步伐将不断加快，重点是建立市场利率定价自律机制、开展贷款基础利率报价工作、推进同业存单发行与交易。

2. 减少政府对企业生产经营活动的直接干预

2013 年 5 月 15 日、7 月 22 日、9 月 25 日，国务院分别发文取消和下放 117 项、50 项、75 项行政审批项目。截至 2013 年 10 月，新一届政府取消和下放的行政审批事项已达 242 项，激发市场和社会活力的成效正在显现。2013 年，国务院还下发了《关于严格控制新设行政许可的通知》。新一届政府以行政审批制度改革为突破口，努力营造公平竞争、打破分割、优胜劣汰的市场环境。预计未来政府部门将更加注重运用市场的办法，推动消化过剩产能，防止盲目建设，推进发展方式的转变，促进产业升级。通过减少核准和行政审批事项，使企业在更大程度上拥有投资决策权，把投资引向能够促进经济结构调整的领域。

3. 打破市场分割与垄断

2013 年以来，发改委相继对液晶面板、白酒、奶粉、黄金饰品等行业进行了反垄断调查。2013 年 8 月，对合生元等 6 家乳粉生产企业的价格垄断行为处以 6.69 亿元的罚款。国家发改委价格监督检查与反垄断局表示，石油、电信、汽车、银行都在调查视野之内。我国石油、电信、银行等行业的企业间虽然也有竞争，但很不充分，特别是成品油市场，市场供求关系对价格的形成作用是缺失的。这种由权力构成的市场，实际上形成了一种寡头垄断，消费者要支付更高的成本，企业也没有动力改进经营管理，提高企业竞争力。未来，我国反垄断的重点将逐步转向这些行政权力控制下的垄断，不断深化体制改革，推动市场竞争，减少对消费者利益造成的损害。

（二）坚定不移地推进结构调整

结构调整是新时期我国工业面临的首要任务，也是决定中国经济能否顺利转型的关键举措。虽然我们很早就认识到了结构调整的必要性，也出台了若干政策，但收效不大。当前，国外环境迫使我们必须要坚定不移地走结构调整的道路。未来，工业经济政策的重点都将围绕结构调整展开，以推动我国从制造业大国向制造业强国转变。

1. 抑制产能过剩

产能过剩是我国工业企业面临的一大难题。产能过剩导致企业开工不足，资源闲置浪费。产品产销率下降，库存增加，成本上升，企业利润率严重下降、亏损额大幅增加。2009 年以来，国家发改委、工信部等政府部门先后出台了多项政策，抑制部分行业产能过剩和盲目重复建设。钢铁、水泥、平板玻璃、电解铝、船舶五大行业成为当前化解产能过剩矛盾的突破口。由国家发改委、工信部制定的《化解产能过剩矛盾总体方案》已经完成。未来将不再过分强化行政审批的作用，主要采取市场化调控的方法，企业只要达到环保、节能等标准的，就允许生产。多年来，国家一直在采取行政审批的办法限制钢铁、水泥等行业的产能扩张。实际上，多数产能过剩行业的企业都是未经审批就建立的，审批制的效果不佳。人们越来越倾向于利用市场手段自发调节产能。不过，钢铁、水泥等行业能为地方创造很多税收和就业，如果没有对地方官员考核机制等其他配套改革，市场这只无形的手能否真正发挥作用还有待观察。

另外，国家还将在淘汰落后产能方面给予更多的资金支持。如中央财政将继续采取专项转移支付方式对经济欠发达地区淘汰落后产能工作给予奖励，重点维护企业职工的利益和社会稳定。

2. 强化品质提升

2009 年工信部发布了《关于加强工业产品质量工作的指导意见》，指出我国工业产品重大质量安全事件仍时有发生，产品质量水平不高已成为制约我国工业经济平稳较快发展的突出问题。婴幼儿奶粉质量不过关一直是国内消费者关注的热点问题。国产乳粉品牌在和外资品牌竞争中，一直处于劣势。2013年，食品药品监督管理总局、工信部等九部委联合发布了《关于进一步加强婴幼儿配方乳粉质量安全工作的意见》，提出参照药品管理办法严格管理等六项工作重点。未来，我国工业产品将继续在提高技术含量、品牌价值、加强质量监管、建立行业诚信体系、强化企业主体责任等方面出台一系列政策措施。

3. 大力推动企业兼并重组

兼并重组是推动优化产业结构、提高市场集中度和抑制产能过剩的重要手段。2010年，国务院发布了《关于促进企业兼并重组的意见》，提出以汽车、钢铁、水泥、机械制造、电解铝、稀土等行业为重点，推动优势企业实施强强联合、跨地区兼并重组。2013年，工信部等部门联合发布了《关于加快推进重点行业企业兼并重组的指导意见》，明确以汽车、钢铁、水泥、船舶、电解铝、稀土、电子信息、医药等行业为重点，努力培育一批具有自主品牌和较强国际竞争力的大型企业集团。未来，兼并重组在产业结构调整中将发挥更大作用，国家还将为推进兼并重组制定出台更多财税、金融和产业政策。

4. 培育新的经济增长点

当前是中国经济结构战略性转型的关键时期，面对经济下行，压力加大的不利局面，培育新的经济增长点是保持经济平稳增长和顺利转型的重要途径。2008年全球金融危机爆发后，世界各国都在进行经济结构调整，中国也作出了发展战略性新兴产业的重要决策。2009年通过了《国务院关于加快培育和发展战略性新兴产业的决定》，提出加快培育和发展以重大技术突破、重大发展需求为基础的战略性新兴产业，对于推进产业结构升级和经济发展方式转变，提升我国自主发展能力和国际竞争力，促进经济社会可持续发展，具有重要意义，明确重点发展节能环保、新一代信息技术、生物、高端装备制造、新能源、新材料和新能源汽车七个产业。随后，全国各省市纷纷出台相关政策，培育发展当地战略性新兴产业。未来，各地仍将在这七大产业方面继续出台有关政策，不断壮大战略性新兴产业的规模。

除了这七大战略性新兴产业外，生产性服务、养老服务、健康医疗、文化传媒等行业也具有较大的市场需求，都有可能成为扩大内需、支撑经济发展的新动力。如2013年8月，国务院印发了《关于加快发展养老服务业的若干意见》（国发〔2013〕35号），提出加快发展养老服务业的总体要求，将发展养老服务业作为拓展消费需求、稳定经济增长的重要手段。未来，国家在这些领域还将出台一系列政策，支持这些产业的发展。

此外，城镇化已经成为扩大内需、决定中国经济未来走势最大的潜力所在。城镇化的核心是人的城镇化，能否通过政策引导和财政刺激继续拉动中国城镇化进程、有序推进农业转移人口市民化是当前政府的重要任务。未来，国家将会通过包括户籍、土地、财税在内的制度改革以及加强公共服务能力建设，释放内需潜力。

（三）保持经济平稳增长

在中国坚定推进经济结构调整过程中，保持经济的平稳增长是必要条件。如果改革导致经济出现大的波动，那必将对整个国民经济和人民的日常生活产生重大影响。对不合理的产业结构进行调整，抑制产能过剩，必然会降低经济发展的速度，而新兴产业也不会很快成为经济增长的主要动力，经济增速降低难以避免，有必要采取适当的短期刺激政策，缓解人们的过度担心，减少结构调整付出的代价。

1. 主动降低增长速度

2013 年上半年，我国 GDP 同比增速为 7.6%，为 2012 年以来的最低值，同时 2013 年 6 月进出口增速同比都出现了下降。主要经济指标下行使得人们对中国经济增长的持续性产生了疑虑，中央制定的稳增长目标遇到了挑战，许多人迫切希望中央政府重新加大投资力度，运用宽松货币政策来给市场增加活力。李克强总理提出，中国经济总量比过去明显增大，目前又进入了转型发展的阶段，潜在增长力有所下降，经济增长由高速转为中高速是符合发展规律的。7.5% 左右的增速与过去中国两位数增长相比是慢了一些，但从世界范围来看，仍然是世界主要经济体当中的高速度。中央政府最终没有推出大规模刺激性政策。可以预计，在中央政府主动降低经济增长速度的方针指引下，类似 2008 年 4 万亿投资的政策难以再现。

2. 适当运用短期刺激政策

主动降低经济增长速度并不等于对经济的下滑放任不管。李克强总理提出，总量经济调控的下限是“就业和稳增长”，上限是“通货膨胀”。可以预计，如果我国经济下滑引起失业率大幅提高，经济增速低于可容忍的下限，为了保证社会稳定，中央还是会出台短期稳定措施。如在货币政策方面，货币市场会出现短期波动，既不能放松银根，也不收紧银根，重点是通过盘活存量、用好增量来支持实体经济发展和结构调整。财政政策方面，将坚持不扩大赤字，通过调整支出结构，压缩行政开支，加快支出进度，尤其是加大对中西部地区结构调整和保障民生的支持，对小微企业实行税收优惠。另外，在2013年上半年经济持续下滑的背景下，国务院发布了《关于改革铁路投融资体制加快推进铁路建设的意见》，提出加快推进铁路建设对于加快工业化和城镇化进程、带动相关产业发展、拉动投资合理增长，都具有不可替代的重要作用。此外，国务院还部署进一步加大力度推进保障性安居工程建设，以达到促消费、调结构的目的。不过这些做法无助于深层次问题的解决，提高经济发展质量还需要靠调结构。

（四）更加重视节能环保

随着人们对工业文明认识的不断加深，绿色、低碳的发展理念日益被人们所接受。与发达经济国家不同的是，我国正处于工业化中期阶段，工业化的任务尚未完成。在此期间，如何正确处理传统工业增长方式与环境保护之间的矛盾成为摆在人们面前及需要解决的问题。一系列严重的环境污染与生态灾难事件，促使人们必须正视我国严峻的环境安全问题。建设生态文明成为社会发展的必然趋势，未来将放在更加突出的位置。

1. 制定更加严格的环保标准

2013年入冬以来，我国中东部大部地区雾霾频发，雾霾日数普遍在5天以上，华北地区尤为严重。其中，北京地区1月1日至4月10日的100天里，雾霾日数有46天，较常年同期偏多5.5倍，为近60年最多。这其中既有气候本身的原因，也与人们的生产生活活动有关。持续的雾霾天气严重损害了人们的身体健康，社会各界纷纷提议政府部门采取措施改变这一状况。

2013年9月12日，国务院发布《大气污染防治行动计划》，提出到2017年，全国地级及以上城市可吸入颗粒物浓度要比2012年下降10%以上。行动计划首次将细颗粒物纳入约束性指标，并将环境质量是否改善纳入官员考核体系之中。如果没有完成年度目标任务，监察机关将依法依纪追究有关单位和人员的责任。随后，钢铁大省河北公布了《河北省大气污染防治行动计划实施方案》，宣布未来5年内把钢铁产能削减6000万吨。北京市则推出了《五年清洁空气行动计划》，提出 84 项具体举措，到 2017 年 PM2.5 浓度下降四分之一以上，年均浓度在 90 微克每立方米左右。

在大气行动计划之外，环保部正在会同相关部委编写《水污染防治行动计划》和《农村环境整治行动计划》。未来，为了治理环境污染，国家将在部委联动、行政问责、产业准入、企业监管、税收政策、能源结构等方面出台一系列政策，加大环境保护力度，确保人民群众身体健康和正常生活。

2. 加大环保产业资金支持

2013 年 8 月，国务院印发了《关于加快发展节能环保产业的意见》，明确未来节能环保产业产值年均增速在 15% 以上。到 2015 年，节能环保产业总产值达到 4.5 万亿元，成为国民经济新的支柱产业。《意见》提出，一是加大中央预算内投资和中央财政节能减排专项资金对节能环保产业的投入，继续安排国有资本经营预算支出支持重点企业实施节能环保项目；二是拓展投融资渠道，大力发展绿色信贷，按照风险可控、商业可持续的原则，加大对节能环保项目的支持力度；三是加快制定实施鼓励余热余压余能发电及背压热电、可再生能源发展的上网和价格政策等。

资金是制约节能环保产业发展的一个瓶颈。未来，国家有关部门还将从金融财税等方面进一步推出具体工作细则，包括安排财政资金支持和引导节能环保产业发展、支持符合条件的节能环保企业上市融资等。

3. 加快推进资源性产品价格改革

资源性产品包括水、能源、矿产、土地四大类产品，涉及电力、成品油、天然气等多个领域。长期以来，我国资源性产品的价格较低，造成企业始终摆脱不了粗放型增长模式，经济增长靠资源大量消耗来支撑，造成了极大的浪费，同时也对环境造成了极大的破坏。中国政府一直在努力推动资源性产品价格改革。2011 年，国家发改委出台了《关于居民生活用电试行阶梯电价的指导意见》。2012 年《政府工作报告》提出，在全国范围实施原油、天然气资源税从价计征改革，出台营业税改征增值税试点方案。党的十八大报告提出“深化资源性产品价格和税费改革，建立反映市场供求和资源稀缺程度、体现生态价值和代际补偿的资源有偿使用制度和生态补偿制度”。提高资源性产品价格，可以发挥价格机制对促进节约资源的作用，促使人们减少不必要的消费。合理制定资源性产品价格政策，发挥价格杠杆的调节作用，促进产业结构、增长方式的调整。未来，国家还将加快推进资源性产品价格改革，提高能源资源利用效率，增强我国的可持续发展能力。

（五）加快信息化建设

信息技术在我国工业化过程中发挥的作用日益显著，传统工业的升级改造与战略性新兴产业都离不开信息技术的支撑。以数字化、智能化、个性化为代表的新工业革命更需要通过信息技术来实现。信息技术在扩大内需、促进我国经济结构调整中也起着重要的作用。因此，加快信息化建设始终是未来一段时间推动我国工业发展的重要手段。

1. 扩大信息消费规模

2013 年国务院相继发布了《关于促进信息消费扩大内需的若干意见》和《关于印发宽带中国战略及实施方案的通知》。信息消费被认为是能够有效拉动需求、催生新的经济增长点、促进消费升级、产业转型和民生改善的一项重要举措。《意见》中所指出的新型信息消费包括智能手机、平板电脑、智能电视、IPTV 终端 4 类新型信息产品和移动互联网接入服务、信息内容服务、软件应用服务 3 类新型信息服务。随着新一代互联网、云计算、大数据、物联网等快速发展，各种新型信息产品和信息服务还在不断涌现。当前，信息消费呈现网络化、数据化、碎片化特征。智能手机的广泛普及是扩大信息消费规模的重要推动力。预计到 2015 年，信息消费规模将超过 3.2 万亿元，年均增长 20% 以上，带动相关行业新增产出超过 1.2 万亿元，其中基于互联网的新型信息消费规模达到 2.4 万亿元，年均增长 30% 以上。网络基础设施是推动信息消费的必要条件，“宽带中国”战略的实施和 4G 牌照的发放将大大缓解信息消费的瓶颈。未来，国家将进一步出台鼓励信息消费的相关政策，推动网络基础设施建设，提升信息消费安全保障能力，使其成为扩大内需重要推动力。

2. 深入推进两化融合

2012 年，信息化与工业化融合成果展览会成功召开，重点行业与区域两化融合水平评估全面展开，试点示范和重点项目不断推进，我国工业各行业两化融合向更深层次拓展，一系列推动两化融合的产业发展政策正在发挥重要影响。其中，智能制造和在线服务得到大力推广，产业链协同在大型企业得到普遍应用，面向中小企业的信息化公共服务体系开始建立，新一代信息技术应用模式不断创新，这些都在促进我国从制造大国向制造强国转变。

在两化融合发展水平评估方面，工信部经过多年摸索与总结，于2012年发布了区域两化融合发展水平评估指标体系及评估方法、区域两化融合发展水平评估指标体系解释说明，开始着手对区域两化融合发展水平进行评估。未来，各地区两化融合水平评估将逐渐展开，尤其是国家级两化融合试验区水平评估与经验总结还将对全国两化融合推进工作产生重要影响。

两化融合应用方面，2013年工信部发布了《信息化和工业化深度融合专项行动计划》，提出将采取八项行动加以推进，即企业"两化"融合管理体系标准建设和推广行动、企业"两化"深度融合示范推广行动、中小企业"两化"融合能力提升行动、电子商务和物流信息化集成创新行动、重点领域智能化水平提升行动、智能制造生产模式培育行动、互联网与工业融合创新行动、信息产业支撑服务能力提升行动。习近平在辽宁考察时强调，要把推动信息化和工业化深度融合落实到具体行业、具体产业、具体产品上。可以预计，未来两化融合政策重点将进一步推动具体应用。

（六）继续鼓励技术创新

在现代产业体系中，企业利润的高低主要取决于企业在该行业中所处的产业链位置和创造的价值。如果企业都集中在低加工度部门，新创造的附加值较低，那么企业获得的利润就极为有限，导致企业积累不足，无法进行再投入，最终被长期锁定在较低的加工度层次和行业中，从而影响一国工业结构的转型升级。要改变这一状况，必须依靠技术创新，实现低附加值向高附加值产业升级。未来，不论是发展新一代信息技术产业还是推动节能减排、化解产能过剩，都离不开技术创新的支持和推动。因此，技术创新始终是我国工业转型升级的重要支撑。

1. 选择重点领域进行突破

装备制造业是整个工业的基础行业，装备制造业与工业中各产业关联度都很大，在整个制造业链条中起着承上启下的作用，因此需要高度重视并加强对装备制造业技术创新的引导和支持，推进装备制造业技术革新和优化整合。

随着3D打印逐渐为人们所熟知，增材制造技术日益受到人们的重视。欧美发达国家纷纷制定了发展和推动增材制造技术的国家战略和规划。传统制造设备将逐渐被新型生产设备所取代，我国将更加重视发展数字化、智能化装备。与高端装备制造业相关的融资信贷政策、财税扶持政策将会进一步增加和细化。

随着国家对环保的重视程度增加，对新能源汽车开发的支持力度将会进一步加强。新一轮推广政策将以激发企业技术创新和推动市场的积极性为重点。试点城市的范围会不断扩大，更加重视充电设施建设布局和网络化建设，更加重视基础研究和共性技术关键技术的功关，例如动力电池、动力蓄电池等。

此外，4G、卫星导航等领域都将是政策扶持的重点。

2. 加强技术创新体系建设

虽然以企业为主体的创新体系已成为人们的共识，但是在实际运作过程中，政产学研合作创新的良性运行机制始终未能有效建立起来。当今，单靠个别企业或科研单位很难取得重大科研突破，合作创新、组建产业联盟是取得成果的重要方式。未来政策将会继续鼓励企业开展协同创新，充分发挥产业联盟的作用，落实各项支持政策，推动产业链协调发展。通过联合攻关、合作开发等形式，依靠上下游企业联动，了解市场热点，分析工艺和技术解决方案，保证产品和技术创新不被边缘化。

3. 进一步强化技术标准与知识产权工作

2012 年以来，工信部接连出台了《关于印发〈工业和信息化部 2012 年标准化重点工作〉的通知》和《关于印发〈技术标准体系提升工程实施方案〉的通知》。标准是知识产权建设的重要内容，也是实现技术创新的重要手段。标准竞争已成为企业建立核心竞争力的一个重要途径。专利权与标准的结合是社会科学技术、经济活动发展的必然结果，特别是在高科技行业中更为明显。随着政府管理部门对知识产权工作的日益重视，迫切需要加快建立适应产业发展需要的技术标准体系，带动标准技术水平的整体提升，支撑工业的健康发展。未来，加强重要技术标准制定，支撑工业转型升级已成为政府部门的一项长期工作。

第三章　工业结构调整

工业化的过程是一个工业结构演变和产业结构升级的过程。从世界工业化国家工业结构演变的历史规律看，工业结构的合理化和高级化始终是工业结构演进的重要方向。我国的工业结构从新中国成立初期到现在经过了几十年的发展变化，基本上反映出我国工业化的阶段性特征。进入新世纪以来，在国家产业政策、规划等的引导和大力推动下，我国工业结构主动调整的步伐加快，取得了一系列积极的进展，主要表现在工业结构上，以重工业为主导，能源和原材料工业呈高速增长态势，高新技术产业快速发展，占比不断提升，同时，工业结构的高级化带动生产性服务业需求大幅增长。工业化中后期重化工业加速发展的阶段性特征决定了这一时期对能源资源的消耗也是巨大的，这一阶段也是工业结构调整和转型的重要时期。

2013 年是实施“十二五”规划承前启后的一年，国家高度重视工业结构调整与产业升级，从产业组织、行业准入、淘汰落后、产业布局、技术改造和创新等方面颁布了多项政策措施。在延续性政策和新政策的推动下，我国在工业行业结构、技术和产品结构、组织结构及布局结构等调整优化方面取得了积极成效。2014 年，我国产业升级仍然面临着诸多机遇与挑战，要牢牢抓住新一轮工业革命和新兴产业发展给我国工业结构调整带来的历史性机遇，大力培育发展高技术制造业和战略性新兴产业，加快推动传统产业转型升级，提升工业技术水平和自主创新能力，努力培育一批具有国际竞争力的优强企业，优化工业空间布局，打造中国工业经济升级版。

一、2013 年我国工业结构调整取得的主要进展

2013 年我国工业结构调整取得了积极成效。行业结构方面，通过大力发展战略性新兴产业和生产性服务业，调控钢铁等产能过剩行业投资过快增长，使工业行业结构得到调整优化；技术和产品结构方面，技改投资持续增长、企业技术实力不断增强，同时一批技术成果也得到了产业化；组织结构方面，国家出台政策促进企业兼并重组，重点行业集中度进一步提高，我国 500 强企业实力明显增强；布局结构方面，工业投资逐步向中西部地区倾斜，中西部地区承接产业转移步伐加快，产业层次有了明显提升。

（一）工业行业结构

1. 战略性新兴产业发展进入快轨道

战略性新兴产业规模和总量发展迅速。在政府一系列政策措施的推动下，节能环保、新一代信息技术、生物产业、新能源、新能源汽车、高端装备制造业和新材料等七大战略性新兴产业得到了快速发展，部分领域产业规模位居世界首位。2012 年节能环保产业总产值接近 3 万亿元，年均增速保持在 15% 以上，预计到 2015 年总产值将达到 4.5 万亿元，成为国民经济新的支柱产业[1]。2011 年，我国核电、风电生产总量分别达到 872 亿千瓦时、741 亿千瓦时。其中，2011 年新增风力发电装机总量达到 1800 万千瓦，超过美国、印度和欧盟，成为世界上风电设备制造大国和风电装机容量最多的国家。光伏产业发展很快，太阳能电池市场份额占全球 1/3，是世界最大的太阳能电池生产国。2012 年底，光纤宽带网络和 3G 网络已覆盖全国所有城镇，行政村通宽带比例达到 87.9%；2013 年 6 月底，互联网普及率达 44.1%。TD-LTE 技术标准和研发产业化取得不断进展，IPv6 小规模商用试点稳步推进。三网融合试点范围不断扩大，覆盖到 31 个省（区、市）的 54 个地区（城市）。截至 2013 年 6 月，我国电子商务整体市场规模达到 5 万亿元，电信基础设施投资 1297 亿元，TD-LTE 规模技术试验城市扩大到 15 个，

[1] 数据来源：2013年8月1日国务院印发《关于加快发展节能环保产业的意见》（国发〔2013〕30号）。

产业链薄弱环节取得突破，LTE 终端质量达到国际先进水平[1]。物联网已开始在智能物流、交通、智能电网、安防、环境监测等领域应用，初步形成了完整的产业链。2004—2009 年医药制造业平均增速约为 23.8%，远远超过美国、日本、欧盟增长水平。全球首个 KUBio 模块化生物制药工厂落户武汉，将成为全球领先的生物抗体生产基地。生物农药、生物肥料、燃料乙醇、生物柴油、生物基材料等许多新产品、新行业快速发展。高端装备制造业已经建立了比较完善的产业体系，初步形成了相对完整的产业链和一定的产业规模，综合国际竞争力日益提高，形成了产业发展的良好基础。

2. 钢铁等产能过剩行业投资增速有所放缓

2013 年以来，国家采取了一系列政策措施化解产能过剩矛盾。2013 年 4 月下旬，国家发改委、工业和信息化部联合发布了《关于防止产能过剩矛盾进一步加剧的通知》（发改产业〔2013〕773 号），对钢铁、水泥、电解铝、平板玻璃等产能过剩行业新增投资叫停，对上述行业投资过热的情况有所抑制，使其固定资产投资增幅明显回落，产能扩张速度逐步放缓。

钢铁行业方面，2012 年全国钢铁行业固定资产投资额为 6584 亿元，同比增长 2.97%，增幅相较 2011 年回落了 12.54 个百分点。从 2013 年前三个季度的钢铁行业固定资产投资累计增速来看（如图 3–1），除 3 月份投资增幅较大外，4 月到 9 月整体呈现增速逐渐放缓的趋势。

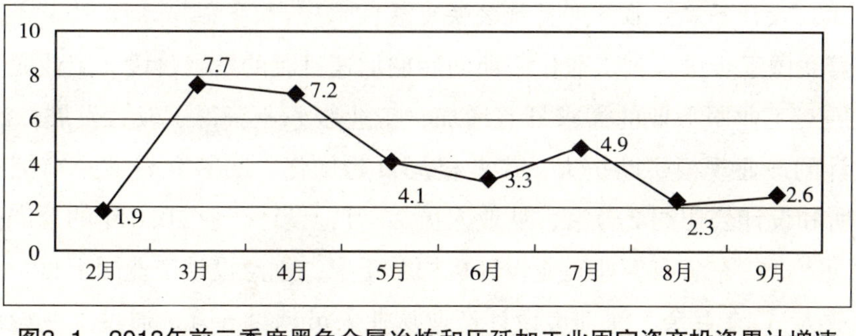

图3–1　2013年前三季度黑色金属冶炼和压延加工业固定资产投资累计增速

有色行业方面，2012 年，我国 10 种有色金属产量为 3691 万吨，同比增长 9.3%，增幅回落了 1.3 个百分点。其中，精炼铜、原铝、铅、锌产量分别为 606 万吨、1988 万吨、465 万吨、485 万吨，同比增长分别为 10.8%、13.2%、9.3%、–5.6%，

[1] 数据来源：工信部网站。

除原铝外，其他品种增幅均出现回落。2013 年上半年，电解铝产量为 1058 万吨，增长 7.9%，同比下降了 1.8 个百分点。从固定资产投资方面看，2013 年前三个季度有色金属冶炼和压延加工业固定资产投资累计增速整体呈现稳中放缓的趋势，尤其是在 4—9 月较为明显。

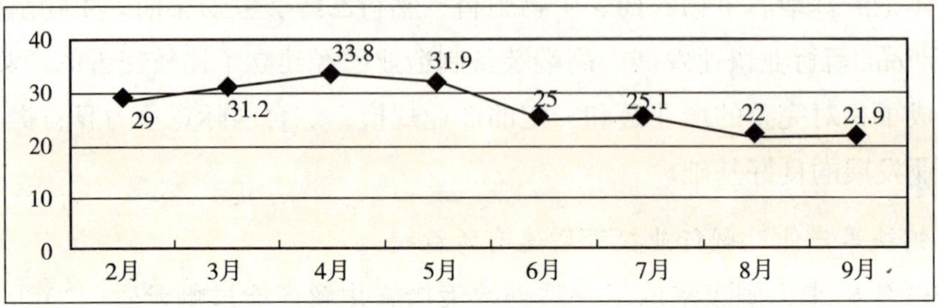

图3–2　2013年前三季度有色金属冶炼和压延加工业固定资产投资累计增速

2013 年上半年，建材工业完成固定资产投资 5422 亿元，同比增长 13.9%，增速较 2012 年同期回落了 5.5 个百分点，且低于上半年工业投资增速 2.3 个百分点。从建材工业各子行业固定资产投资增速变化情况看，建材工业结构调整步伐加快趋势明显。其中，产能过剩明显的水泥和平板玻璃行业投资转为负增长，分别降低 9.4% 和 3.2%。而能耗低、污染物排放少、附加值相对较高的石材开采加工、轻质建材、技术玻璃、玻纤及制品、玻纤增强复合材料等行业投资增长较快，增速分别为 23.6%、27.8%、35.3%、27.1%、43.7% [1]，均高于建材工业投资增速。

3. 工业设计等工业服务业持续较快发展

随着我国逐步进入到工业化中期向后期加速过渡的发展阶段，工业尤其是制造业发展对工业服务业的需求日益增加，工业服务业获得了较大发展。2013 年工业设计的产业规模不断扩大，产业格局日趋优化。2009 年，北京市拥有各类设计院所和设计公司约 2 万家，从业人员 25 万，设计产业 2010 年的总产值约为 1000 亿元 [2]，广东省有专业工业设计机构数千家，创意设计产业园上百个，工业设计从业人员 10 万余，深圳市设计产业从业人员超过 6 万，通过工业设计带来的产业附加值超过千亿 [3]。环渤海、长三角、珠三角等地区依托其雄厚的经济实力，推动当地工业设计产业集群带的形成与发展。目前电子商务、通信增值服务、软件、互联网信息服务、现代物流等工业服务业已经成为我国国民经济新的增长点，对

[1]　数据来源：工业和信息化部2013年上半年建材工业经济运行情况。
[2]　数据来源：北京市经济和信息化委员会提供。
[3]　数据来源：中国机械工程学会工业设计分会，统计范围包括工业设计、文化艺术设计等相关设计产业。

保持我国经济平稳较快发展做出了贡献。其中，2012年软件行业业务收入达到24794亿元[1]，相较2010年增长了80%以上[2]。同时，北京、上海、广州等城市在做好规划与明确定位的基础之上，发展形成了一批具有当地特色的工业服务业产业集群，如北京以信息技术产业为中心的中关村科技园区，上海以信息服务、研发服务和微电子设计为主的张江高科技园区等。工业服务业的发展反映了我国工业结构升级的趋势。

（二）技术和产品结构

1. 技术改造投资保持增长态势

工业技术改造投资量稳步提升。根据国家统计数据，2013年1—5月，我国工业完成技术改造投资2.3万亿元，比2012年同期增长21.7%，虽然增速比2012年降低了3.8个百分点，仍保持了增长态势，并高于工业固定资产投资5.3个百分点。技术改造投资占比上升。2013年1—5月，技术改造投资占工业投资的比重达到42.2%，同比提高1.9个百分点[3]。分地区看，中西部地区技术改造投资增速快于东部。根据统计数据，2012年1—9月，中部地区技术改造投资1.5万亿元，增长26.7%；西部地区技术改造投资7998.7亿元，增长24.1%；东部地区技术改造投资2.2万亿元，增长18.8%。

2. 企业技术创新实力不断增强

近年来，国家高度重视发挥企业在技术创新中的主体作用。2012年以来，政府采取了一系列举措，如通过深化科技体制改革、规划引导、支持企业建设研发中心、支持企业参与国家科研项目、鼓励以企业为主导建立产学研联盟、优质科技资源与企业共享等方式，进一步夯实企业技术创新的主体地位，增强企业技术创新实力。2012年我国研究与试验发展（R&D）经费支出10240亿元，比2011年增长17.9%，占国内生产总值的1.97%，其中企业R&D经费支出占到75%以上。累计建设国家工程研究中心130个，国家工程实验室128个，国家认定企业技术中心达到887家，省级企业技术中心达到8137家。2012年共签订技术合同28.2万项，技术合同成交金额6437.1亿元，同比增长35.1%[4]。

---

[1] 数据来源：《电子信息产业统计年鉴：综合篇2012》。
[2] 数据来源：《电子信息产业统计年鉴：综合篇2011》。
[3] 数据来源：工业和信息化部2013年上半年工业运行报告。
[4] 数据来源：2012年国民经济和社会发展统计公报。

3. 一批先进技术成果得到推广应用

2012 年以来，国家科技重大专项进展顺利，数控机床、油气开发等专项取得了一批先进的技术成果，部分技术成果已在实际生产中得到使用，为企业带来巨大的经济效益。数控重型曲轴铣车复合加工机床、大型高速龙门五轴加工中心、8 万吨模锻压力机等一批具有自主知识产权的先进数控机床研制成功，带动提升了我国加工技术水平和精度，为航天、航空、造船、钢铁、核电、石化、汽车、轨道交通等行业的发展提供了有力支撑。如 2013 年，四川普什宁江机床有限公司与某汽车配套企业签订合同金额达亿元的重型车用变速器壳体生产线订单，该生产线所使用的设备主要来自国家科技重大专项中数控机床专项“精密卧式加工中心”的课题研究成果。此外，航天、航空、汽车、发电设备、船舶等重点行业大型企业集团纷纷开展数字化综合集成技术开发与应用示范，示范企业产品质量、工艺和管理创新能力得到明显提升。

（三）组织结构

1. 企业兼并重组较为活跃

投中集团统计显示，2013 年，我国并购市场宣布交易的数量为 5233 起，披露金额的案例数量为 4496 起，交易额为 3328.51 亿美元，交易金额达近年来最高值[1]。

从 2013 年我国并购市场完成交易的数量的行业分布来看，位居前三位的为制造业、能源及矿产、金融行业，完成交易的案例数量分别为 337、259、245 起，所占比重分别为 16.3%、12.5%、11.8%，累计占比约为 40.6%。从交易的金额来看，能源及矿产、金融、食品饮料行业位居前三位，并购金额分别为 411.47、198.87、121.77 亿美元，所占比重分别为 30.7%、14.9%、9.1%，累计占比约为 54.7%。

我国企业海外并购势头强劲。2002—2012 年，我国企业的海外并购规模增长超过 200 倍。2012 年，我国企业海外并购实现成功的案例为 455 起，实际交易金额为 426.2 亿美元，其中直接投资金额为 268 亿美元，占比为 63%；通过境外融资进行并购的金额为 158 亿美元，占比为 37%[2]。

[1] 数据来源：http：//research.chinaventure.com.cn/report_813.html。
[2] 数据来源：商务部，2013年1–6月我国对外投资和经济合作情况。

2. 重点行业集中度进一步提高

2013年工信部、国家发改委、国资委等12个部委联合发布的《关于加快推进重点行业企业兼并重组的指导意见》（工信部联产业〔2013〕16号）提出，推进汽车、钢铁、水泥、船舶、电解铝、稀土、电子信息、医药等重点行业的企业兼并重组。

（1）水泥行业

2012年，水泥行业企业兼并重组案例共61起，其中40%集中在西南地区，整合产能1.5亿吨。截至2012年底，前10家大型水泥集团熟料产能已占全国的48.93%，水泥产量占全国的31%，熟料产能达1亿吨以上的有2家。2013年上半年，水泥行业企业的兼并重组的数量、强度不断增加，主要表现为区域市场的整合，跨区域的强强企业之间的联合不断出现。

2013年水泥行业较大的并购案例有：2013年，华新水泥有限公司以4.2亿元收购湖北华祥水泥有限公司70%的股权，同时以9943.7万元收购湖北华祥水泥鄂州有限公司70%的股权，使湖北华祥及华祥鄂州成为华新水泥的控股子公司。山东中联水泥以30亿元收购山东申丰水泥集团股权，实现了依托战略平台首次产业并购。中材集团与安徽海螺集团签署战略合作协议，将充分发挥双方优势，共同开拓海外市场等。

（2）稀土行业

稀土素有“工业维生素”之称。我国稀土资源基本分南北两部分。北方为轻稀土资源，主要集中在包头白云鄂博特、四川冕宁等地区；南方为中重稀土资源，分布在江西、广东、广西、福建、湖南等地区。但是，我国稀土行业散、乱、差，不但对环境造成了极大的破坏，并造成极大浪费。兼并重组是改变我国稀土行业开采方式粗放、资源严重浪费现状的一种重要手段。2012年，国家加强了对稀土的监管，开展环保核查和行业准入工作，6月，正式实施稀土专用发票，8月，成立稀土交易平台，9月，对稀土资源实施战略性紧缩。中央企业和地方政府积极主导推进稀土整合工作，并购交易活动表现较为活跃。全年兼并重组交易数量为34起，交易金额为37.8亿元[1]。2012年稀土行业企业兼并重组事件中，目的在于发展下游稀土新材料以及应用产品的有19起，占全部并购数量的56%。目前，我国稀土行业已基本形成了以包钢集团、中国五矿、中铝公司、广东稀土、赣州

[1] 资料来源：企业兼并重组公共信息服务平台。

稀土和厦门钨业等6家企业为主导的行业发展格局。

2013年稀土行业较有影响的并购案例有：2013年以来，赣州稀土集团有限公司与龙南县锴升有色金属有限公司正式签订投资合作协议，由赣州稀土集团控股60%股权，龙南锴升持有40%股权。7月，赣州稀土集团与赣州龙南龙钇重稀土科技股份有限公司正式签订并购协议。至此，赣州稀土集团已经并购重组了5个赣州市的稀土企业，使该地区的资源集中度得到了进一步提升。2013年8月，广晟有色收购德庆兴邦88%的股权、清远嘉禾44.5%的股权、瑶岭矿业61.464%的股权。

（3）电解铝行业

当前我国电解铝行业呈现产业组织结构不合理、产业集中度不高、企业小而分散等特点，而产业集中度低导致资源配置效率不高，重复建设问题严重。据工业和信息化部统计数据，2012年底我国电解铝产能已超过2765万吨，产能利用率仅为72%。2013年1—6月份，电解铝的在建产能约有1000万吨，行业亏损6.7亿元，企业大面积亏损。2012年的企业亏损面超过了30%。

电解铝行业并购的主要形式为纵向并购，主要目的是为了降低电力成本。由于生产电解铝过程中消耗电力成本占比较大，而国内西部地区电力资源丰富，生产成本相对低廉，电解铝企业兼并重组的目标多分布在西北地区。

（4）医药行业

2012年，我国医药制造行业兼并重组较为活跃，根据中国企业兼并重组研究中心、北京产权交易所、上海产权交易所、重庆产权交易所的数据，兼并重组事件89起，除国有资产无偿划拨和集团内吸收合并外，披露的交易金额达到161.85亿元。从细分行业来看，化学药、中药和生物药三个行业的交易数量分别为29、11和12起，交易额分别为69.83、14.83和15.13亿元。行业整合力量主要为国资企业，在交易金额前十大并购中，有7个涉及到国有企业[1]。

2013年以来医药行业较大的并购案例有：上海复星医药以2.22亿美元收购以色列Alma Laser Ltd.；深圳迈瑞生物医疗电子股份有限公司以1.05亿美元收购ZONATRE医疗系统集团公司；华润三九医药股份有限公司以5.83亿元收购桂林天河药业股份有限公司；乐普（北京）医疗器械股份有限公司以3.9亿元收购河南新帅克制药股份有限公司等。

[1] 资料来源：工业和信息化部产业政策司。

（5）互联网行业

近年来，互联网行业的并购案大幅增加。2012 年阿里巴巴集团以 179.29 亿港元收购阿里巴巴网络 26.55% 股权，使其私有化退市，成为当年互联网并购的第一大案例。优酷网和土豆网以 100% 换股的方式合作，成立优酷土豆集团，这是我国资本市场首次强强合作。

2013 年以来互联网的并购达到近十年来的最高水平，较为重大的并购案例有：百度以 19 亿美元收购 91 无线，以 3.7 亿美元收购 PPS 视频，以 3000 万美元收购移动安全公司 TrustGo 的 100% 股权；阿里巴巴以 5.86 亿美元收购新浪微博 18% 的股份，以 2.94 亿美元收购高德 28% 的股份，以 8000 万美元收购移动应用服务平台友盟；浙报传媒以 34.9 亿元收购盛大边锋网络及浩方等。

3. 中国 500 强企业实力增强

从企业的发展实力来看，我国企业的规模不断壮大。2013 年，中国企业 500 强的上榜门槛已提高至 198.67 亿，比 2012 年提高了 23.6 亿元，500 强企业的资产总和达到 150.98 万亿元，营业收入超过 1000 亿元的企业达 123 家。

2013 年财富发布的世界 500 强企业中，我国（包括台湾）上榜企业数量达 95 家，位居第二。在 2013 年新上榜的所有 31 家企业中，中国共有 18 家，其中大陆地区为 16 家，新上榜企业的数量在所有国家和地区中排名第一，而且上榜企业的收入、排名等各项指标都表现良好。从上榜企业的排名变化来看，在 2013 年上榜企业的前十名中，我国企业共有 3 家。在我国所有上榜的 95 家企业中，只有 13 家企业的排名下降、3 家企业持平，其他 79 家企业排名均有不同程度的上升[1]。这表明我国企业的全球综合竞争力日趋增强。

（四）布局结构

近年来，随着产业转移相关引导政策的出台和落实，以及中西部地区投资环境的改善，东部地区以及国际资本、技术、人才等生产要素向中西部流动的速度加快。2013 年以来，产业向中西部地区转移的趋势更为明显，不仅促进了中西部地区的产业聚集和产业发展，而且促进了东部地区产业结构水平的提升，为我国产业转型和产业空间布局优化创造了条件。

[1] 数据来源：财富中文网。

1. 工业投资逐步向中西部地区流动

为了适应国际国内市场发展的需要和产业发展的规律，降低企业生产成本，重塑产业竞争优势，开发中西部地区的消费市场，许多企业开始将生产线搬迁到劳动力更为丰富、要素成本更低、市场空间较大的中西部地区，由此开启了我国新一轮的产业转移。这一轮的产业转移主要表现为中西部地区的投资力度不断加大、经济增长速度持续上升，东部地区大量的农副食品加工业、饮料制造业、纺织业、金属制品业、非金属矿物制品业等开始往人口、资源和市场较为集中的中西部省区转移，使得中西部地区的工业增加值保持快速增长。据统计，2013 年上半年，我国西部 12 个省、自治区和直辖市的工业投资平均增长速度比 2012 年同期增长了 22.7%，而中部 6 省的工业投资平均增长速度也达到了 23.6%，分别比东部沿海 12 个省市的平均增长速度高出了 4.1 和 5.0 个百分点。

表 3–1　2013 年上半年各地区固定资产投资增长速度（%）

东部地区		中部地区		西部地区	
北京	7.8	山西	24.9	四川	20.2
天津	19.3	安徽	21.7	重庆	17.7
河北	19.7	江西	22.0	贵州	29.4
辽宁	21.1	河南	23.5	云南	28.9
黑龙江	26.5	湖北	24.7	西藏	40.4
吉林	25.0	湖南	23.6	陕西	24.5
上海	15.7			甘肃	27.4
江苏	20.1			青海	28.2
浙江	22.0			宁夏	26.9
福建	24.1			新疆	24.0
山东	20.0			广西	22.9
广东	17.0			内蒙古	18.2
海南	27.1				

资料来源：国家统计局。

2. 中西部地区工业快速增长

近年来，随着中西部地区交通、电力、能源等基础设施建设不断完善和城镇化进程的持续推进，许多产业开始向中西部地区转移，使得中西部欠发达地区的工业经济有了较快发展。中西部地区的产业也逐步由过去以劳动密集型为主的低附加值的产业向不断发挥劳动力和资源优势的资本和技术密集型产业转变，逐步形成了以纺织、机械、能源、化工、建材等传统产业和以新能源、新材料、航空航天、电子信息、装备制造等战略性新兴产业共同发展的现代产业体系。

2013 年，产业转移使中西部地区的工业发展进入快速增长阶段，推动了产业结构的优化和经济发展方式的转变。2013 年上半年，西部 12 个省、自治区、直辖市的规上工业增加值比 2012 年同期增长了 12.67%，中部 6 省的规上工业增加值增长速度达到了 11.68%，东北三省的规模以上工业增加值增长速度也达到了 10.13%，分别比东部沿海 12 个省市的平均水平高出了 2.78、1.79 和 0.24 个百分点。由此可见，随着产业转移的推进和布局的优化，中西部地区经济得到快速发展，已经逐渐成为支撑我国经济增长的重要力量。

表 3–2　2013 年上半年各地区规模以上工业增加值增速（亿元，%）

东部地区		中部地区		西部地区	
北京	8.5	山西	10.8	四川	11.9
天津	12.8	安徽	14.5	重庆	13.8
河北	11.3	江西	12.7	贵州	13.9
辽宁	10.7	河南	11.1	云南	13.6
黑龙江	8.4	湖北	10.7	西藏	15.1
吉林	11.3	湖南	10.3	陕西	13.0
上海	4.8			甘肃	12.4
江苏	11.3			青海	11.4
浙江	8.9			宁夏	11.0
福建	13.2			新疆	11.4
山东	11.3			广西	12.9
广东	9.1			内蒙古	11.6
海南	7.7				

资料来源：国家统计局。

3. 产业转移层次有了明显提升

产业转移不仅对于中西部欠发达地区的经济发展具有重要意义，而且对东部发达地区产业升级和结构调整也十分重要，是优化产业空间布局、工业转型升级和提高国民经济综合竞争力的关键。

从东部发达地区来看，产业转移既是调整产业结构的重要手段，也是承接国际高端产业的必要前提。东部沿海省市紧密围绕传统制造业转移和升级、培育和发展新兴产业、提升服务业规模和效率三条主线，采取了“腾笼换鸟”等一系列措施，逐步转移和淘汰了一些高能耗、高污染、劳动密集型的制造业，从而为承接国际高端产业转移，发展电子信息、高端装备制造、海洋工程、生物科技、航空航天、新材料等高新技术产业以及金融、科技、节能环保等现代服务业赢得了空间，有力地促进了东部沿海地区产业结构的改善、产业技术创新能力的提升和工业转型升级。2013 年第一季度，广东省三次产业结构的比例为 4.6 : 46.9 : 48.5,第三产业所占比重比2012年同期提升了1.0个百分点,比2012年全年提高2.3个百分点，产业转移使得广东的产业结构更趋合理。

从中西部欠发达地区来看，承接产业转移是转变经济发展方式、实现经济跨越式发展的重要途径。近年来，广大中西部地区不断改善招商引资环境，加强技术创新投入力度，发挥自身的资源和市场优势，为承接国外和东部沿海地区产业、技术的转移创造条件，在高端装备制造、特色纺织、生物科技、新能源、新材料等领域引进了一系列重大项目，为中西部地区的转型跨越发展奠定了坚实的基础。截至目前，中西部地区已经成为承接东部产业转移的重要基地，初步形成了成都和重庆的电子信息产业集群、成都和西安的航空产业集群、兰州的石油化工产业集群、郑州的装备制造产业集群等一系列现代产业集群，为中西部地区的产业转型和跨越发展奠定了基础。

二、2013 年我国工业结构调整重点政策解析

2013 年是国家政策出台较多的一年，涉及产业组织、行业准入、淘汰落后、产业布局和技术改造等方面，在推动我国工业结构调整中起到了重要的作用。

（一）产业组织政策

近年来，我国为推进企业兼并重组，促进企业做大做强，提高产业集中度，已经出台了一系列的政策。工业和信息化部、商务部、财政部、人力资源和社会保障部等部门纷纷出台相关的配套政策和文件。到目前为止，我国在企业兼并重组方面已形成了一套较为完整的政策体系，其中既包括国家层面的政策，也包括地方层面的政策。

2013 年 1 月 22 日，工业和信息化部、国家发改委、国资委等 12 个部委联合发布了《关于加快推进重点行业企业兼并重组的指导意见》（工信部联产业

〔2013〕16号，以下简称《指导意见》）。

1. 以产业结构调整为主线

我国推进企业兼并重组的目的是推动企业做大做强，培育大企业大集团，提高企业的国际竞争力，但是并不是要把所有企业做大，而是为不同所有制的企业营造公平竞争的环境，促进企业的优胜劣汰，使得大中小企业协调发展，形成结构合理、有效竞争、规范有序的市场竞争格局，从而促进产业结构的调整。国发27号文，国家“十二五”规划纲要、工业转型升级规划（2011—2015年）、《指导意见》等文件中都提出要以钢铁、汽车、水泥等行业为重点推进企业的兼并重组。这些行业具有一个共同的特点，就是属于规模经济行业。从这些行业的组织结构来看，产业集中度较低、企业较小且较分散，缺乏龙头企业，并且产能过剩、重复建设等问题严重。如2012年钢铁行业的产业集中度为43%，产能利用率仅为72%。对于规模经济行业来说，通过兼并重组，不但可提高产业集中度，还可促进企业的规模化经营，提高企业竞争力，培育一批大企业大集团，促进产业结构的调整。

2. 对不同行业进行分类指导

不同行业的发展情况各不相同，《指导意见》针对汽车、钢铁、水泥、船舶、电解铝、稀土、电子信息、医药等重点行业的发展目标和重点任务进行分类指导，针对各行业自身特点和发展趋势，以及企业实际情况，分别提出各行业的产业集中度与龙头企业规模指标，可谓是“定时、定量、定目标”。如提出到2015年，前10家钢铁企业集团产业集中度将达到60%左右，而前10家水泥企业产业集中度达到35%；前10家整车企业产业集中度达到90%，形成3—5家具有核心竞争力的大型汽车企业集团。《指导意见》对不同行业甚至是同一行业内的不同类型企业提出了不同的兼并重组方式。例如，汽车整车企业重点推动横向兼并重组，实现规模化发展；汽车零部件企业重点推进其与下游整车企业的战略合作，实现专业化分工和协作化生产；大型汽车企业与相关服务企业兼并重组，实现制造业和服务业融合发展；电子信息行业重点支持龙头骨干企业开展产业链整合，提高整体竞争实力；稀土行业重点推进大企业兼并重组，实现资源整合，提高产业集中度。

3. 重点支持行业龙头企业的兼并重组

大型企业在资金、技术水平、人力资源等方面具有一定优势，在产业发展中具有引领作用。企业兼并重组有利于强化大企业在行业中的地位，提高整个产业的竞争实力，从而带动整个产业的发展。因此，各重点行业的大型龙头企业成为兼并重组的重点支持对象。如国发 27 号文提出，推动优势企业实施强强联合、跨地区兼并重组、境外并购和投资合作。《指导意见》中提出，支持大型汽车企业通过兼并重组向服务领域延伸；重点支持大型钢铁企业开展跨地区、跨所有制兼并重组；重点支持优势骨干水泥企业开展跨地区、跨所有制兼并重组；积极推进以大型骨干造船企业为龙头的跨地区、跨行业、跨所有制的兼并重组；对于电解铝行业，支持具有经济、技术和管理优势的企业兼并重组落后企业；对于稀土行业，支持大企业以资本为纽带，通过联合、兼并、重组等方式，大力推进资源整合；对电子信息行业，支持龙头骨干企业开展并购，大力推动产业链整合，提高产业链管理及运作水平，强化产业链整体竞争力等。

4. 鼓励民营资本积极参与重组

民营经济是社会主义市场经济的重要组成部分，是我国经济社会发展的重要基础，在促进经济发展、调整产业结构、扩大社会就业、拉动居民消费等方面发挥着不可或缺的作用。国发 27 号文提出，鼓励和支持民营企业参与竞争性领域国有企业改革、改制和改组；放宽民营资本的准入，切实向民营资本开放法律法规未禁入的行业和领域，并放宽在股权比例等方面的限制。加快垄断行业改革，鼓励民营资本通过兼并重组等方式进入垄断行业的竞争性业务领域，支持民营资本进入基础设施、公共事业、金融服务和社会事业相关领域。《关于印发鼓励和引导民营企业积极开展境外投资的实施意见的通知》（发改外资〔2012〕1905 号）提出，鼓励有条件、有实力的民营企业“走出去”进行境外投资，提升我国民营企业的国际化经营水平。

5. 政府营造良好环境和做好管理服务

政府在企业兼并重组中的作用，是营造良好的政策环境，完善相关的政策措施，同时，完善企业兼并重组服务管理体系，消除制约企业兼并重组的体制机制障碍，规范行政行为。国发 27 号文提出，改进对兼并重组的管理和服务，具体包括做好信息咨询服务，加强风险监控，维护公平竞争和国家安全。《指导意见》的制定不仅依据“十二五”规划纲要、工业转型升级规划等政策文件，并且在制定过程中征求了国家各部门、地方相关部门、行业协会、专家学者以及相关企业等的意见，在营造环境和做好管理服务两个方面提出了更加明确和具体的要求，并对地方政府提出了具体的要求。如在营造良好环境方面，一是要坚持市场化运作，充分尊重企业意愿，充分调动企业积极性，引导和激励企业自愿自主开展兼并重组。二是认真清理、修订、废止各种不利于企业兼并重组的政策、规定和做法，尤其要坚决取消各地自行出台的限制外地企业对本地区企业实施兼并重组的规定。三是积极探索跨区域企业兼并重组的地区间利益共享机制。

（二）行业准入政策

截至 2013 年 10 月，工业领域已制定发布 43 部行业准入条件，其中包括 2008 年由国家发改委转入工业和信息化部的 13 个行业准入条件。工业和信息化部成立以来，共计发布符合行业准入管理的公告 42 批次，2013 年共发布建筑防水卷材、二硫化碳、铸造行业、铝行业、光伏制造行业等 5 个行业准入条件，配套管理暂行办法涉及建筑防水卷材、合成氨、废旧轮胎综合方面共 3 部。（详见表 3–3）

表 3–3　2013 年行业准入条件及管理暂行办法

序号	规范名称	所属领域	依据	规范对象	发布时间	备注
1	建筑防水卷材行业准入条件（2013年第3号）	原材料工业	《中华人民共和国产品质量法》、《中华人民共和国清洁生产促进法》等法律法规和产业政策	建筑防水卷材项目	2013.2.4	本准入条件所称建筑防水卷材是指改性沥青类防水卷材和聚氯乙烯（PVC）、热塑性聚烯烃（TPO）类高分子防水卷材。
2	工业和信息化部关于印发建筑防水卷材行业准入公告管理暂行办法的通知（工信部原〔2013〕19号）	原材料工业	《建筑防水卷材行业准入条件》	建筑防水卷材生产线所属企业	2013.2.4	

（续表）

序号	规范名称	所属领域	依据	规范对象	发布时间	备注
3	工业和信息化部关于印发《废旧轮胎综合利用行业准入公告管理暂行办法》的通知（工信部〔2013〕86号）	节能与综合利用		废旧轮胎综合利用企业	2013.4.2	第五条同一个企业法人拥有多个位于不同地址的厂区或生产车间的，每个厂区或生产车间需要单独填写《申请书》，并在申请准入审查时同时提交。
4	二硫化碳行业准入条件（2013年第19号）	原材料工业	法律法规和产业政策	二硫化碳生产企业（生产装置）	2013.4.17	
5	工业和信息化部关于印发合成氨行业准入公告管理暂行办法的通知（工信部原〔2013〕111号）	原材料工业	《合成氨行业准入条件》（工业和信息化部2012年第64号公告）	合成氨生产企业和生产线	2013.5.8	
6	铸造行业准入条件（2013年第26号）	装备工业		铸造企业	2013.5.20	
7	铝行业规范条件（2013年第36号）	原材料工业		铝土矿、氧化铝、电解铝及再生铝企业	2013.7.24	原《铝行业准入条件》（2007年第64号公告）同时废止
8	光伏制造行业规范条件	电子信息业	《国务院关于促进光伏产业健康发展的若干意见》（国发〔2013〕24号）和国家有关法律法规及产业政策		2013.9.17	原《多晶硅行业准入条件》（工联电子〔2010〕第137号）同时废止

资料来源：赛迪智库。

2013年10月前工信部出台的7部行业准入条件及公告管理暂行办法中，《建筑防水卷材行业准入条件》及其公告管理暂行办法、《二硫化碳行业准入条件》、《铸造行业准入条件》是2013年最新发布的内容，《废旧轮胎综合利用行业准入公告管理暂行办法》是基于2012年《轮胎翻新行业准入条件》和《废轮胎综合利用行业准入条件》发布的操作性规范，《合成氨行业准入公告暂行办法》是基于 2012 年《合成氨行业准入条件》发布的操作性规范，《铝行业规范条件》是在 2007 年《铝行业准入条件》基础上所做的修改与完善。

截至 2013 年 10 月，2013 年工信部发布的行业准入条件和公告管理暂行办法主要集中在原材料工业领域，此外还涉及节能与综合利用、装备工业等领域。不难看出，行业准入管理已经由传统工业中具有典型“两高一资”特征的行业，逐步向其他相关领域辐射。这种变化趋势，一方面跟党的十八大以来坚持绿色发展、大力推进生态文明建设的要求密切相关，另一方面，也是工业领域加快推动结构调整、进一步化解过剩产能、防范低水平重复建设、推动工业领域可持续发展的必然要求。

（三）治理产能过剩政策

针对 2012 年以来出现的产能严重过剩情况，2013 年中央经济工作会议指出，将化解产能过剩矛盾作为 2013 年结构调整的一项重点工作。一年来，围绕遏制产能过剩行业盲目扩张问题，以及如何完善化解产能过剩的政策体系，建立有效化解产能过剩的长效机制问题，国务院、国家发改委、工信部等相关部门出台了有针对性的政策措施。

1.《关于坚决遏制产能严重过剩行业盲目扩张的通知》

党中央、国务院高度重视产能过剩问题，中央经济工作会议把化解钢铁、水泥、电解铝、平板玻璃、船舶等行业产能过剩矛盾作为 2013 年的工作重点。为此，2013 年 5 月 10 日，国家发改委、工业和信息化部联合发布了《关于坚决遏制产能严重过剩行业盲目扩张的通知》（发改产业〔2013〕892 号），防止产能过剩矛盾进一步加剧，为制定《化解产能过剩矛盾总体方案》赢得时间。

该通知提出四方面的要求：一是充分认识遏制严重过剩产能的重要性和紧迫性。要求各地方提高认识，切实把思想和行动统一到中央的决策部署上来，科学论证产业布局，依法依规履行项目建设手续，坚决遏制钢铁、水泥等产能过剩行业的盲目扩张。二是严禁核准产能严重过剩行业新增产能项目。要求加强产能过剩行业的项目管理，不得以任何名义核准、备案严重过剩行业新增产能项目，国土、环保等部门不得办理土地供应、环评审批等相关业务，金融机构不予提供任何形式的授信支持。三是坚决停建产能严重过剩行业违规在建项目。要求地方人民政府立即对违规在建项目进行认真清理，对未批先建、边批边建、越权核准的违规项目，尚未开工的不准开工，正在建设的项目要停止建设；国土部门要依法停止土地供应，环保部门要强化环境监管，金融部门不提供任何形式的新增授信支持，对已经发放的贷款要采取妥善措施保障合法债权安全。四是加强领导，严格监督检查。要求各级人民政府对本地区遏制产能严重过剩行业盲目扩张负总责，切实加强组织领导和监督检查。对未按要求停建的违规在建项目，予以严肃查处，并追究相关责任人的责任。对违反国家土地、环保法律法规和信贷政策、产业政策以及本通知规定，继续违规核准、备案新增产能项目以及向违规项目发放贷款、供应土地和通过环评审批的机构和人员，按照中办发〔2009〕25号文的有关要求和规定进行问责，予以严肃处理。

2.《关于化解产能严重过剩矛盾的指导意见》

2013年10月6日，国务院发布了《关于化解产能严重过剩矛盾的指导意见》（国发〔2013〕41号），全面部署化解产能严重过剩矛盾工作。作为化解产能过剩矛盾的核心政策文件，《指导意见》指出坚持以转变发展方式为主线，把化解产能严重过剩矛盾作为产业结构调整的重点，按照尊重规律、分业施策、多管齐下、标本兼治的总原则，立足当前，着眼长远，着力加强宏观调控和市场监管，坚决遏制产能盲目扩张；着力发挥市场机制作用，完善配套政策，“消化一批、转移一批、整合一批、淘汰一批”过剩产能；着力创新体制机制，加快政府职能转变，建立化解产能严重过剩矛盾长效机制，推进产业转型升级。

（1）化解产能严重过剩矛盾的目标

《指导意见》提出明确的目标，即通过5年努力，化解产能严重过剩矛盾工作取得重要进展。一是产能规模基本合理。钢铁、水泥、电解铝、平板玻璃、船舶等行业产能总量与环境承载力、市场需求、资源保障相适应，空间布局与区域经济发展相协调，产能利用率达到合理水平。二是发展质量明显改善。兼并重组取得实质性进展，产能结构得到优化；清洁生产和污染治理水平显著提高，资源综合利用水平明显提升；经济效益实现好转，盈利水平回归合理，行业平均负债率保持在风险可控范围内，核心竞争力明显增强。三是长效机制初步建立。公平竞争的市场环境得到完善，企业市场主体作用充分发挥。过剩行业产能预警体系和监督机制基本建立，资源要素价格、财税体制、责任追究制度等重点领域改革取得重要进展。

（2）化解产能过剩的政策框架

坚决遏制产能盲目扩张。严禁建设新增产能项目，分类妥善处理在建违规项目。

清理整顿建成违规产能。依据行政许可法、土地管理法、环境保护法等法律法规，以及能源消耗总量控制指标、产业结构调整指导目录、行业规范和准入条件、环保标准等要求，加强对建成违规产能的规范管理，对工艺装备落后、产品质量不合格、能耗及排放不达标的项目，列入淘汰落后年度任务加快淘汰。

淘汰和退出落后产能。2015年底前，淘汰炼铁1500万吨、炼钢1500万吨、水泥（熟料及粉磨能力）1亿吨、平板玻璃2000万重量箱。"十三五"期间，结合产业发展实际和环境承载力，通过提高能源消耗、污染物排放标准，严格执行特别排放限值要求，加大执法处罚力度，加快淘汰一批落后产能。对产能严重过剩行业项目建设，实施等量或减量置换，在京津冀、长三角、珠三角等环境敏感区域，实施减量置换。鼓励各地积极探索政府引导、企业自愿、市场化运作的产能置换指标交易，形成淘汰落后与发展先进的良性互动机制。

调整优化产业结构。促进行业内优势企业跨地区整合过剩产能，支持兼并重组企业，整合内部资源，优化技术、产品结构，压缩过剩产能。支持跨地区产能置换，引导国内有效产能向优势企业和更具比较优势的地区集中，推动形成分工合理、优势互补、各具特色的区域经济和产业发展格局。

努力开拓国内市场需求。适应工业化、城镇化、信息化、农业现代化深入推进的需要，挖掘国内市场潜力，着力改善需求结构，消化部分过剩产能。

积极拓展对外发展空间。鼓励企业积极参加各类贸易促进活动，创新国际贸易方式，拓展对外工程承包市场，培育"中国建设"国际品牌，巩固扩大国际市场。鼓励优势企业以多种方式"走出去"，扩大对外投资合作，优化制造产地分布，消化国内产能。

增强企业创新驱动发展动力。着力构建以企业为主体、市场为导向、产学研相结合的技术创新体系，集中精力突破、掌握一批关键共性技术。深化国有企业改革，引导国有资本从产能严重过剩行业向战略性新兴产业和公共事业领域转移。

建立长效机制。深化投资体制改革，强化事中和事后纵横协管。加强对产能严重过剩行业动态监测分析，建立产能过剩信息预警机制。切实减少对企业生产经营活动的行政干预，保障各种所有制经济依法平等使用生产要素、公平参与市场竞争、同等受到法律保护，营造公平环境。推进资源税改革和环境保护税立法。

理顺资源、要素价格的市场形成机制，完善差别化价格政策，提高产业准入的能耗、物耗、水耗和生态环保标准，切实发挥市场配置资源的基础性作用。

（四）淘汰落后产能政策

1. 坚持淘汰落后产能政策的贯彻执行

通过建立组织协调和推进实施体系、奖励政策措施、计划下达、企业名单公告、监督、考核，推动淘汰落后产能顺利开展，并对政策体系进行完善。一是推动落后产能淘汰。2012 年 12 月 21 日，工业和信息化部发布了《关于做好彻底拆除已停产落后设备工作的通知》（工信厅产业函〔2012〕966 号），要求地方政府做好列入公告，但因涉及职工安置、资产抵押、债权债务纠纷等问题，尚未彻底拆除的落后设备的拆除工作；12 月 24 日，电监会、工业和信息化部联合发布了《关于进一步加强电力节能减排监管做好淘汰落后产能工作的通知》（电监稽查〔2012〕41 号），提出加强对淘汰落后产能企业的电力监管，做好停限电工作，防止落后产能“死灰复燃”。2013 年 3—6 月，工业和信息化部、能源局、煤矿安全监察局发布了《关于做好 2013 年煤炭行业淘汰落后产能工作的通知》（国能煤炭〔2013〕145 号）、《关于下达 2013 年 19 个工业行业淘汰落后产能目标任务的通知》（工信部产业〔2013〕102 号）、《关于下达 2013 年电力行业淘汰落后产能目标任务的通知》（国能电力〔2013〕247 号），向各省、自治区、直辖市人民政府及新疆生产建设兵团下达了 21 个工业行业、煤炭行业、电力行业 2013 年淘汰落后产能的目标任务，要求各地将目标任务分解到市、县，落实到具体企业和生产线，在当地媒体上发布公告，并采取有效措施，确保 2013 年 12 月底前全部拆除列入公告名单内企业的落后生产线。4 月，淘汰落后产能工作部际协调小组对各地 2012 年淘汰落后产能工作进行了考核。7—9 月，工业和信息化部分三批公布了《2013 年工业行业淘汰落后产能企业名单》（工业和信息化部公告 2013 年第 35 号、2013 年第 44 号、2013 年第 46 号）。二是将铅酸蓄电池和再生铅列入淘汰落后产能重点行业。2013 年 3 月 12 日，工业和信息化部、环境保护部、商务部、国家发改委、财政部联合发布了《关于促进铅酸蓄电池和再生铅产业规范发展的意见》（工信部联节〔2013〕92 号），明确将铅酸蓄电池和再生铅列入国家淘汰落后产能重点行业，要求立即开展淘汰开口式普通铅酸蓄电池生产能力，加强铅污染防治和资源循环利用，促进铅酸蓄电池和再生铅行业规范有序发展。

三是加大淘汰落后产能力度。2013 年 10 月 6 日，国务院发布了《关于化解产能严重过剩矛盾的指导意见》(国发〔2013〕41 号)，对化解产能严重过剩矛盾工作进行部署，并要求加大淘汰落后产能力度，2015 年前再淘汰炼铁 1500 万吨、炼钢 1500 万吨、水泥（熟料及粉磨能力）1 亿吨、平板玻璃 2000 万重量箱。

表 3-4　2012—2013 年中央层面发布的淘汰落后产能主要政策文件

序号	发布时间	发布部门	政策名称
1	2012年1月9日	工业和信息化部、财政部、国家能源局	关于报送2012年淘汰落后产能目标计划和申报中央财政奖励资金有关工作的通知（工信厅联产业〔2012〕8号）
2	2012年4月11日	工业和信息化部	关于下达2012年19个工业行业淘汰落后产能目标任务的通知（工信部产业〔2012〕159号）
3	2012年4月14日	国家能源局	关于做好2012年煤炭行业淘汰落后产能工作的通知（国能煤炭〔2012〕107号）
4	2012年5月11日	工业和信息化部、环境保护部	铅蓄电池行业准入条件（工业和信息化部、环境保护部公告2012年第18号）
5	2012年5月23日	国土资源部、国家发改委	关于发布实施《限制用地项目目录（2012年本）》和《禁止用地项目目录2012年本》的通知
6	2012年5月25日	工业和信息化部	关于进一步检查2012年淘汰落后产能企业项目的通知（工信厅产业函〔2012〕400号）
7	2012年6月28日	工业和信息化部	关于进一步落实2012年淘汰落后产能目标任务的通知（工信厅产业〔2012年135号）
8	2012年6月26日	工业和信息化部	2012年工业行业淘汰落后产能企业名单（第一批）（2012年第26号）
9	2012年6月28日	工业和信息化部	关于进一步落实2012年淘汰落后产能目标任务的通知（工信厅产业〔2012〕135号）
10	2012年8月29日	工业和信息化部	2012年工业行业淘汰落后产能企业名单（第二批）（2012年第39号）
11	2012年11月29日	工业和信息化部、财政部	关于报送2013年工业行业淘汰落后产能目标计划和申报中央财政奖励资金有关工作的通知（工信厅联产业函〔2013〕907号）

（续表）

序号	发布时间	发布部门	政策名称
12	2012年12月21日	工业和信息化部	关于做好彻底拆除已停产落后设备工作的通知（工信厅产业函〔2012〕966号）
13	2012年12月24日	电监会、工业和信息化部	关于进一步加强电力节能减排监管做好淘汰落后产能工作的通知（电监稽查〔2012〕41号）
14	2013年3月12日	工业和信息化部、环境保护部、商务部、国家发改委、财政部	关于促进铅酸蓄电池和再生铅产业规范发展的意见（工信部联节〔2013〕92号）
15	2013年3月18日	能源局、煤矿安全监察局	关于做好2013年煤炭行业淘汰落后产能工作的通知（国能煤炭〔2013〕145号）
16	2013年4月2日	工业和信息化部	关于下达2013年19个工业行业淘汰落后产能目标任务的通知（工信部产业〔2013〕102号）
17	2013年6月24日	国家能源局	关于下达2013年电力行业淘汰落后产能目标任务的通知（国能电力〔2013〕247号）
18	2013年7月18日	工业和信息化部	2013年工业行业淘汰落后产能企业名单（第一批）（工业和信息化部公告2013年第35号）
19	2013年8月26日	工业和信息化部	2013年工业行业淘汰落后产能企业名单（第二批）（工业和信息化部公告2013年第44号）
20	2013年9月9日	工业和信息化部	2013年工业行业淘汰落后产能企业名单（第三批）（工业和信息化部公告2013年第46号）

数据来源：赛迪智库。

2. 加大产能严重过剩行业淘汰落后产能力度

2013 年 10 月 6 日，国务院发布了《关于化解产能严重过剩矛盾的指导意见》（国发〔2013〕41 号），全面部署化解产能严重过剩矛盾工作，对淘汰落后产能工作提出了新的要求。一是将清理整顿后仍未达标的建成违规产能列入淘汰落后产能年度任务予以淘汰。《指导意见》要求依据行政许可法、土地管理法、环境保护法等法律法规，以及能源消耗总量控制指标、产业结构调整指导目录、行业规范和准入条件、环保标准等要求，加强对建成违规产能的规范管理，对工艺装备落后、产品质量不合格、能耗及排放不达标的项目，列入淘汰落后年度任务加快淘汰。二是多淘汰一批落后产能。分解落实年度目标，在提前一年完成“十二五”钢铁、电解铝、水泥、平板玻璃等重点行业淘汰落后产能目标任务基础上，通过提高财政奖励标准，落实等量或减量置换方案等措施，鼓励地方提高淘汰落后产能标准，2015 年底前淘汰炼铁 1500 万吨、炼钢 1500 万吨、水泥（熟料及粉磨能力）1 亿吨、平板玻璃 2000 万重量箱。“十三五”期间，结合产业发展实际和环境承载力，通过提高能源消耗、污染物排放标准，严格执行特别排放限值要求，加大执法处罚力度，加快淘汰一批落后产能。三是建立产能等量或减量置换制度。对产能严重过剩行业项目建设，实施等量或减量置换，在京津冀、长三角、珠三角等环境敏感区域，实施减量置换。鼓励各地积极探索政府引导、企业自愿、市场化运作的产能置换指标交易，形成淘汰落后与发展先进的良性互动机制。

3. 将铅酸蓄电池和再生铅列入国家淘汰落后产能重点行业

近年来，我国铅酸蓄电池和再生铅行业快速发展，成为全球铅酸蓄电池生产、消费和出口大国。由于部分企业规模小、工艺技术落后，污染治理水平低，导致铅污染事件频发，严重威胁群众健康，影响社会稳定。为此，2013 年 3 月 12 日，工业和信息化部、环保部、商务部、国家发改委、财政部联合发布了《关于促进铅酸蓄电池和再生铅产业规范发展的意见》（工信部联节〔2013〕92 号），明确把铅酸蓄电池和再生铅行业作为国家淘汰落后产能的重点行业，立即淘汰开口式普通铅酸蓄电池生产能力，并于 2015 年底前淘汰未通过环境保护核查、不符合准入条件的落后生产能力。同时，加大财政资金支持力度。2012—2015 年，中央财政淘汰落后产能奖励资金对全国范围内的铅酸蓄电池企业淘汰落后产能予以支持。加大中央财政清洁生产专项资金支持力度，重点支持符合准入条件、排放达标的企业运用先进节能环保技术改造现有生产能力。

（五）产业布局政策

1.《产业转移指导目录（2012 年本）》

为深入贯彻党中央和国务院关于完善产业的政策措施，进一步推进产业在区域间的有序转移，加快工业转型升级，促进东中西产业协调发展，2012 年 7 月 26 日，工业和信息化部发布了《产业转移指导目录（2012 年本）》。该指导目录着眼于解决产业转移过程中出现的项目承接地之间盲目竞争、产业项目重复建设、产业无序流动和落后生产能力转移等问题，是落实国家区域发展战略、针对区域工业经济发展所提出的一项具有指导性的产业政策，对于建设和完善东中西部地区良性互动、分工合理、特色鲜明、优势互补的现代产业体系，促进区域工业经济健康、协调和可持续发展具有重要意义。

《产业转移指导目录（2012年本）》制定工作中把握的原则，一是坚持国家区域发展战略与地方发展需求相结合，既体现了全国主体功能区规划和区域发展战略的原则导向，又充分考虑了地方发展的需求，与各地“十二五”规划进行了衔接。二是坚持现有产业基础和比较优势相结合，既结合各地现有的产业基础，又考虑了各地在资源、区位、物流条件、劳动力和土地成本、产业配套能力等方面的比较优势，合理地确定各地区优先发展的产业。三是坚持产业分工与区域协作相结合，既注重区域特色优势，又兼顾区域间的分工和区域内的合作，力图使一个产业链能够在相邻区域内得到完整的配置，各地区的优势能够在产业链分工中得到较好发挥。四是坚持政府引导与市场机制相结合，即充分体现政府对产业发展方向的积极引导，不干预具体的产业转移项目，尊重和发挥市场对资源配置的主体地位，推进现有产能的布局调整和优化。

《产业转移指导目录（2012年本）》一方面针对国家区域战略确定的东北、东部、中部和西部四大区域进行了分类指导，分别明确了四大区域的产业发展方向，另一方面按照省（区、市）分行业提出承接发展的重点，并明确落实到具体的产业带或产业园区（集聚区），进一步突出了各地的特色优势。《产业转移指导目录（2012年本）》重点按照15个行业，对31个省（区、市）重点承接的产业实施分类指导，共提出了111个承接产业转移、加快产业发展的区带（园区），以及2537条承接发展的产业条目。

在未来相当长一段时期内，工业和信息化部将联合其他部委，着力协调和推进土地、环保、能源、信贷等政策与《产业转移指导目录（2012年本）》形成一致取向，通过政策的协同配合，支持重点地区的特色优势产业加快发展，促进我国产业整体竞争力的提升。

2.《产业转移指导目录（2012年本）》系列解读

为更好地贯彻和落实《产业转移指导目录（2012年本）》，工业和信息化部产业政策司于2013年1月14日在其网站上公开发布了《产业转移指导目录（2012年本）》的系列解读。“解读”针对性强、重点突出，对于各省、自治区、直辖市理解、把握和贯彻《产业转移指导目录（2012年本）》具有重要的意义。

针对东北地区，《〈转移目录〉解读》指出，东北地区要依托现有的10个承接产业转移的载体，加快传统优势产业转型升级步伐，完善以装备制造业为基础的现代产业体系，建成面向东北亚地区和俄罗斯开放的重要门户，打造具有国际竞争力的装备制造业基地、国家新型原材料基地、重要的技术研发与创新基地，实现东北老工业基地全面振兴的目标。

针对东部地区，《〈转移目录〉解读》提出，东部地区要利用36个承接产业转移的载体，率先实现产业转型升级，积极承接国际高端产业转移，推动传统产业向中西部地区转移；要依托雄厚的产业基础和相对完善的市场机制，建设有全球影响力的先进制造业基地，成为我国先进制造业的先行区、参与经济全球化的主体区，建设全国科技创新与技术研发基地。

针对中部地区，《〈转移目录〉解读》提出，中部地区要发挥好太原城市群、皖江城市带承接产业转移示范区、鄱阳湖生态经济区、中原经济区、武汉城市圈、环长株潭城市群等21个承接产业转移主要载体的功能，加快承接国际和东部发达地区的产业转移，不断提升中部地区的自主创新能力和产业技术水平，建立现代产业体系，建设成为全国重要的高新技术产业、装备制造业、原材料产业和农产品加工基地，以及区域性科技创新基地，实现中部崛起的战略目标。

针对西部地区，《〈转移目录〉解读》提出，西部地区要进一步发挥呼包鄂榆、成渝、黔中地区等9个国家层面的重点开发区域的资源优势，利用成渝经济区、关中—天水经济区、滇中经济区、黔中地区等11个重点经济区的产业基础，发挥44个重点承接产业转移载体的功能，按照科学发展观要求把握资源开发和生态保护的关系，大力实施优势资源转化战略，加快沿边开发开放，建设国家重要的能源化工、资源精深加工、新材料和绿色食品基地，以及区域性的高技术产业和先进制造业基地。

3. 产业转移项目产业政策符合性认定试点工作方案

为了贯彻落实国家产业政策，化解产能过剩矛盾，探索严把产业政策闸门，截断落后产能转移路径的方式方法，防范落后产能转移，2013年5月20日，工业和信息化部印发了《产业转移项目产业政策符合性认定试点工作方案》（工信厅产业〔2013〕89号），开展产业转移项目产业政策符合性认定试点工作。《产业转移项目产业政策符合性认定试点工作方案》对试点工作的主要任务、相关要求、申请条件、试点时间等提出了具体要求。试点工作既是转变政府职能、强化产业政策工作为地方经济服务能力的重要探索，也是推动国家产业政策贯彻落实的一项重要实践。试点工作的主要任务是以产业转移项目为切入点，坚决防范落后产能转移，探索建立产业政策符合性认定工作的机制和程序，创造产业政策和土地、财税、金融、环保等政策协同配合的沟通渠道和接口，总结形成具有推广价值的工作经验。试点工作由工业和信息化部产业政策司负责，参加试点工作的单位采取自愿申请、综合平衡的方法确定，试点时间为期一年。

4. 开展了产业转移对接活动

为了进一步优化产业布局，促进结构调整，防止落后产能和低端工艺、装备、技术向中西部地区转移，工业和信息化部于2011年开始分别于新疆乌鲁木齐、河南郑州、甘肃兰州政府共同组织了一系列产业转移对接活动。2013年6月20—24日，在兰州投资贸易洽谈会期间，工业和信息化部与甘肃省人民政府在兰州共同主办了“甘肃省承接产业转移系列对接活动”，包括甘肃省承接产业转移系列对接活动签约仪式、甘肃省投资环境说明会暨甘肃省新型工业化产业示范基地承接项目推介会、部属高校产学研项目对接会以及国家有关行业协会对口帮扶项目洽谈。本次产业转移对接活动，甘肃省政府请甘肃省工业和信息化委员会对兰洽会拟签约的工业项目和产业转移对接活动拟签约的产业转移承接项目进行了产业政策符合性认定，剔除了一批产能严重过剩行业的项目，有关行业组织和行业协会与甘肃省86个县区结成帮扶对子，对县区特色产业进行了调研考察，实地进行了帮扶项目洽谈，这是对扶贫开发模式的创新。

（六）技术改造和创新政策

1.《“十二五”国家自主创新能力建设规划》

2012年至2013年上半年，中央有关部门发布了多个领域的科技发展“十二五”规划，其中最重要的是国务院发布的《“十二五”国家自主创新能力建设规划》（以下简称《规划》）。自主创新能力不强是制约我国产业技术水平提升的主要因素之一。国家从提升自主创新能力抓起，把科技创新作为提高社会生产力和综合国力的战略支撑，通过规划加强自主创新能力建设的顶层设计，加强创新薄弱环节，解决制约创新能力建设的核心问题，营造鼓励创新的法律政策环境，提升创新主体的发展能力和创新水平，实现技术的更新换代，以此来促进产业技术的升级。《规划》第四节提出要增强农业、制造业、战略性新兴产业、现代服务业及能源产业和综合交通运输等重点产业的创新能力，提出各产业创新能力建设的重点。其中，有关增强制造业创新能力事项要以制造业结构调整和优化升级必需的基础工艺、基础材料、基础元器件、关键零部件和软件系统为重点，加强制造业共性技术平台建设，依托共性技术平台，带动提升促进制造业升级的技术水平，并通过深入推进信息化和工业化融合，以信息技术促进产业技术升级。此外，《规划》重视产业技术升级关键环节——企业创新能力的建设，重点支持企业创新基础能力的建设、研发机构的建设及中小企业创新服务体系的建设，进一步深化企业主导的产学研合作，并依托国家科技计划、人才振兴计划及产学研合作项目等培养产业创新紧缺人才，打造一批具有专业化、国际化、复合型工程技术创新能力和水平的人才队伍。这些举措将有助于解决企业科研资源不足、创新基础设施薄弱、创新技术人才缺乏等问题，促进企业加大研发创新力度，并通过有自主知识产权的新技术、新工艺改进提升生产能力。

2.《关于强化企业技术创新主体地位全面提升企业创新能力的意见》

产业技术升级关键在企业。企业技术创新能力不足、缺乏有自主知识产权和核心技术是我国产业技术实力不强的重要原因之一。企业技术创新能力长期以来未能得到有效提升，一个主要因素是企业一直未能成为创新决策、研发投入、科研组织和成果应用的主体，仍存在较多阻碍企业创新的体制机制问题。中共中央、国务院力求通过新一轮科技体制改革消除体制机制障碍，发布了《关于深化科技体制改革加快国家创新体系建设的意见》。为落实新一轮科技体制改革精神，进一步夯实企业技术创新的主体地位，国务院办公厅发布了《关于强化企业技术创新主体地位全面提升企业创新能力的意见》（国办发〔2013〕8号），从企业研发投入、产学研合作、企业创新环境建设等方面提出明确的目标和要求，这些目标和要求的达成将逐步缓解企业研发投入低、产学研合作主导地位不突出、科研资源供给不足等影响企业创新的问题。《意见》针对央企、国企缺乏创新动力，中小企业缺乏创新资金支持等问题，对症下药，一方面提出要建立健全国有企业技术创新的经营业绩考核制度，另一方面提出通过中小企业发展专项资金、技改资金、创新基金及信贷政策等加大对中小企业创新和技术升级的支持力度，逐渐激发各类企业主体的创新活力。此外，《意见》从研发组织、资源配置、科研计划设计和安排等方面提出强化企业技术创新主体地位的政策措施，如要以企业为主导建立并发展产业技术创新战略联盟、行业领军企业与转制院所构建产业共性技术研发基地、面向企业打造技术创新服务平台、国家科技计划项目征集和指南编制要充分听取企业专家的意见、产业化目标明确的重大科技项目由有条件的企业牵头组织实施等，这一系列政策措施不仅体现了对企业技术创新行为的尊重和鼓励，同时也将有助于真正发挥企业技术创新的主体性作用。

3.《关于进一步鼓励和引导民间资本进入科技创新领域的意见》

科技投入不足也是制约我国产业技术水平提升的重要因素之一。长期以来，我国 R&D 经费支出占 GDP 的比重一直低于世界平均水平，即使 2012 年 R&D 占 GDP 比重达到 1.97% 的历史最高点，但与世界平均水平相比仍有 0.2 个百分点以上的差距，与欧美发达国家的差距更是在 1 个百分点以上，很多领域科研缺乏足够的资金支持。导致科研投入强度偏低的主要原因是缺乏多元化的科技投资渠道。目前，我国科技投资来源主要是政府和企业，其他方面投入较低。如根据 2012 年国家统计年鉴数据测算，2011 年除政府、企业以外的 R&D 经费仅占 4.4%，比 2004 年降低近 9 个百分点，科技部鼓励和引导民间资本进入科技创新领域，就是多元化科技投资渠道建设的一项重要举措。《关于进一步鼓励和引导民间资本进入科技创新领域的意见》从鼓励民营企业参与国家科研计划、促进提升民营企业持续科研创新能力、拓宽民营资本进入科研创新领域的渠道、营造有利于民营企业创新创业的环境等方面，鼓励和引导民间资本进入科研创新领域。其中，最重要的措施是国家科技项目向民营企业、民营资本进一步放开。一是鼓励民营企业直接参与国家科研项目。二是鼓励民营企业参与国家科研计划的制定和管理。三是鼓励民间资本投资科技成果转化和产业化项目。这些措施的顺利落实将使民营企业、民营资本与国内最先进的科研成果有效接轨并从中受益，从而激励更多民间资本投向科技创新。

三、2014 年我国工业结构调整面临的形势

从世界工业化发展的历史看，在工业结构不断调整和优化的过程中，技术的变革、需求的牵引、市场的竞争和要素的国际化均对工业结构调整产生了深远的影响。其中，技术创新既是历次工业革命的推动者，也是工业结构调整的重要驱动力；由消费结构升级带动的需求结构升级代表着工业结构优化升级的方向，引

导工业结构向技术更加进步、产品不断升级、服务功能更为完善的方向发展；公开透明的市场竞争环境促进了企业间的优胜劣汰，从微观层面加速推动了工业结构调整；要素价格的市场化和资源配置的国际化为工业结构调整不断增添新的动力。当前，我国工业结构调整的技术条件、需求环境已经具备，由新一轮深化改革驱动的市场竞争、要素保障条件即将形成。工业结构调整面临难得的机遇。同时，我们也要正视可能影响工业结构调整的不利因素，准确把握当前的形势。

（一）机遇

1. 新工业革命为我国工业结构调整带来历史契机

随着分布式能源、3D 打印、智能制造等新兴技术的兴起，欧美等发达国家已开始在第三次工业革命中积极布局，全球工业布局和产业结构变动开始呈现一些新的趋势。英国《经济学人》杂志指出：第三次工业革命将会改变商品的制造方式以及改变就业格局，并会对全球制造业产生巨大推动作用。首先，以工业机器人为代表的新型智能装备将在极大程度上减少劳动力的需求，制造业的就业群体将逐渐转向制造业服务化领域，这将会加速我国二、三产业之间的结构调整与优化过程。其次，能源互联网等的出现有利于改变传统的生产方式，实现资源能源高效清洁循环利用，有助于缓解我国资源能源约束的压力，为传统制造企业的转型升级提供了重要的机会。最后，新能源、新材料、生物技术和新一代信息技术创新发展的步伐加快，为我国产业结构调整和产业升级创造了良好的技术环境，为我国实现由“工业大国”向“工业强国”的转变提供了新的契机。

2. 宏观政策趋稳为我国工业结构调整营造良好环境

国际金融危机爆发后，我国经济增速骤然下滑，为此党中央、国务院及时果断决策，启动 4 万亿元资金、实施积极的财政政策和适度宽松的货币政策等一系列刺激性计划，有效地遏制了国际金融危机对我国经济产生的不利影响。如今，我国经济发展已经进入新的历史阶段，经济潜在增长率放缓，投资对拉动经济增长的动力正在逐步减弱，需要更加注重依靠转型升级、扩大内需、科技创新来带动经济增长。在此种形势下，国家在统筹考虑稳增长、调结构与促改革的基础上，已经连续三年确定实施积极的财政政策和稳健的货币政策目标，宏观政策趋于稳定，这一方面能够使工业经济的运行保持在合理的区间，使市场有着较为稳定的预期；另一方面在经济运行保持在合理范围内的同时，有利于以转变经济发展方式为主线，以调整结构为重点，促进经济结构调整和产业转型升级。国家保持宏观政策的稳定，不再将注意力集中在GDP增长上，而是更加注重质量效益的提升与新经济增长点的培育，这将会为推动我国经济发展方式转变、从根本上增强经济发展的内生动力创造积极条件。

3. 全面深化改革为我国工业结构调整增添动力

党的十八届三中全会审议通过了《中共中央关于全面深化改革若干重大问题的决定》，提出经济体制改革是我国全面深化改革的重点，核心问题是要处理好政府和市场之间的关系，使市场在资源配置中起决定性作用和更好发挥政府作用。这一论述指明了我们全面深化改革的前进方向和清晰路径，为工业结构调整的推进增添了新的动力。一是发挥市场在资源配置中的决定性作用，激发市场主体的发展活力和创造力。对于商品价格来说，要求消除政府的直接管制或者干预，应当依据市场、资源稀缺程度等对资源进行合理定价；对于垄断行业来说，要求通过民营经济市场准入、营造公平竞争的市场规则等方式提高行业效率和企业竞争活力。二是在尊重市场规律的同时更好地发挥政府的作用。政府应当以简政放权为目标，在切实转变政府职能、深化行政体制改革、创新行政管理方式、增强政府公信力和执行力、建设法治政府和服务型政府等方面下大气力，健全宏观调控体系，全面正确履行政府职能，优化政府组织结构，提高科学管理水平。全面深化改革不仅将提高政府的治理能力，更重要的是为实体经济持续健康发展注入新的活力和动力。

（二）挑战

1. 全球经济增长的不确定性给工业结构调整带来不稳定因素

国际金融危机过后，其影响呈现长期化趋势，世界经济增长的不稳定不确定因素增多，全球经济将在较长时间内处于艰难的调整期。可以说，世界经济增长的不确定性导致政府宏观调控的难度加大。在欧美经济复苏疲弱的背景下，以中国为首的新兴经济体增速亦出现不同程度的放缓，同时国家内部面临一定程度的通胀压力。一方面，主权债务危机并未解除，欧洲经济难以乐观。主权债务危机爆发后，欧盟等发达经济体和新兴经济体的经济增速都出现了相当程度的回落。欧美等国和地区消费信心持续下滑、失业率居高不下、经济政策陷入两难境地，短期内经济的前景黯淡，难以出现强劲复苏的势头。如德国央行将德国经济增长预期下调至0.3%，德国经济的走弱不仅不利于其他国家经济的复苏，而且会削弱德国救助欧元区国家的意愿，进一步加剧欧债危机的不确定性。这将严重影响我国工业发展的出口模式、市场空间、技术能力等传统优势局面。另一方面，发达国家极度宽松货币政策及赤字财政的必然退场，将可能对国际资金流动态势形成微妙影响，推动国际流动性从发展中国家涌向发达经济体。如果这一金融潮涌能够被正确引导，可能会使对发展中经济体的冲击得到有效控制，同时对发达经济体形成积极的推动效应，从而有效抵消其对全球经济可能带来的负面效应。否则，不仅不能使发达国家走出困境，而且会导致新兴经济体的经济增速受到严重冲击，从而让世界经济增长的唯一现存动力也面临大幅减速的危险[1]。

2. 发达国家再工业化加大我国制造业战略转型难度

近两年来，美国、欧盟以及日本等发达国家相继实施“再工业化”战略，重振本国制造业，争夺未来产业竞争制高点。如美国在2011年和2012年分别出台“先进制造业伙伴计划”和“总统美国制造业复兴计划”，加强对本国先进制造业研发成果的转化。在上述政策的指导下，以美国为主的发达国家制造业开始表现出积极的发展势头，不仅制造部门就业机会出现增长，而且企业回流现象明显。如体育用品制造商阿迪达斯、福特汽车、玩具生产商等已先后将他们全部或部分产品制造从中国转回到美国，带动增加就业岗位40万左右。按照波士顿咨询公司的预测，未来将有15%的美国企业从中国“回流”到美国本土。发达国家逐渐全面推行的以3D打印、数字制造、工业机器人等高端制造业为主的再工业化，将使我国制造业面临更加艰巨的竞争：一是随着外部需求的下滑，我国出口制造业可能会受到较大的冲击，企业面临较大的生存考验；二是制造业资本等向发达国家回流，必然会增加国内就业压力，影响我国产业结构转型；三是与发达国家之间的差距可能会进一步扩大，由于发达国家在关键技术、产业标准等方面具有领先优势并可能加大对我国的技术壁垒，使得发达国家制造业始终处于全球产业价值链的高端，我国制造业低端锁定的模式难以摆脱。

3. 新兴经济体与我国的产业竞争进一步加剧

一直以来，我国制造业的竞争力明显高于其他新兴经济体，不仅在发达国家的市场上拥有较高份额，而且在发展中国家的市场上占据一定优势，如2011年，

[1] 李正信，《美国要实现3%快速增长谈何容易》，《经济日报》。

我国出口到印度、巴西、俄罗斯的出口额分别为319亿美元、490亿美元、500亿美元，占其工业品进口额比重达到28%、19%、18%。然而，由于我国日渐上升的劳动力成本与资源能源价格等要素影响，发达国家在经济持续低迷时期将更多的资本、技术、人才投向了巴西、印度等新兴经济体国家，使得我国工业发展的竞争优势逐步减弱，尤其是在低端产业领域。一方面，新兴经济体对我国的贸易保护主义日渐活跃。由于新兴经济体与我国均处于工业化中后期的发展阶段，制造业同质化较为严重，尤其是全球经济形势持续低迷，全球贸易保护主义抬头，新兴经济体对我国产品的贸易救济调查和贸易摩擦不断增多。如2012年我国遭遇的贸易救济调查中大部分来自新兴经济体，仅纺织品行业就有3起来自新兴经济体；同时世界贸易组织报告显示，在1995年至2010年期间，印度对我国的反倾销调查数量已经远远超过欧美，在其发起的反倾销调查案件数量上我国居首位。另一方面，新兴经济体在一定程度上的低成本优势也使其成为产业转移的焦点地区，对我国引进外商高端制造业和高端服务业投资构成竞争压力。

四、2014年我国工业结构调整趋势展望

2014年，世界经济在动荡中继续保持复苏的态势，这为我国的工业结构调整和转型升级带来了良好的机遇，使我国的工业结构调整取得了积极进展，为工业经济保持持续、快速、健康发展奠定了坚实的基础。但是，从目前产业结构调整的情况来看，我国工业结构调整仍然面临着产能过剩、创新能力不强、特色竞争优势不明显、可持续发展能力不足等一系列需要关注的问题。

（一）重点行业企业兼并重组将更为活跃

2014年，从总体上来看，我国企业兼并重组的数量和交易金额将进一步增加，有望超过2013年。一是由于企业兼并重组政策体系将进一步完善。针对目前企业兼并重组中遇到的问题，如税收负担较重、融资难等，国家和地方将根据企业实际需求对现有的政策做进一步的修正和完善，或出台新的政策，这将使我国企业兼并重组政策体系进一步完善。二是跨区域、跨所有制兼并重组有望取得实质性的突破。政府目前致力于清除各种体制机制方面的障碍，为企业创造更加公平的环境。在未来一年内，各种不合理的规定将逐步减少，不同区域、不同所有制

企业之间的兼并重组数量将增加。在整合大潮中，各行业的骨干企业或龙头企业将发挥重要引领作用。三是民营企业的兼并重组将提速。2005年,国家出台了“非公36条”，5年之后又发布了“新36条”。之后，为落实“新36条”，各相关部委陆续出台了一系列促进民营资本投资的具体措施，这必将推动民营企业更加积极地参与并购活动。四是我国将进一步加快走出去进行海外并购的步伐。世界经济发展仍比较缓慢，我国企业将抓住这一有利时机，加快走出去的步伐。

（二）淘汰落后任务难度加大，等量和减量置换制度将逐步完善

“十二五”期间我国仍处于工业化加速发展阶段，转型升级和节能减排任务十分繁重。2013年9月国务院印发的《大气污染防治行动计划》（国发〔2013〕37号）和10月发布的《关于化解产能严重过剩矛盾的指导意见》（国发〔2013〕41号），均对淘汰落后产能工作提出了新的要求。2015年底前再淘汰炼铁1500万吨、炼钢1500万吨、水泥（熟料及粉磨能力）1亿吨、平板玻璃2000万重量箱。“十三五”期间，结合产业发展实际和环境承载力，通过提高能源消耗、污染物排放标准，严格执行特别排放限值要求，加大执法处罚力度，加快淘汰一批落后产能。同时，部分地区和行业淘汰落后产能难度也将加大，涉及部分省份的重点行业，甚至涉及欠发达地区的支柱性产业，淘汰落后与经济发展的矛盾更为凸显。为此,2013年10月6日,国务院发布了《关于化解产能严重过剩矛盾的指导意见》（国发〔2013〕41号）,明确要求产能严重过剩行业项目建设须制定产能置换方案，实施等量或减量置换，在京津冀、长三角、珠三角等环境敏感区域，实施减量置换。落后产能等量或减量机制有望在2014年逐步建立和完善，中西部地区，尤其是欠发达地区的淘汰与发展的关系将进一步得到理顺，落后产能工作将进入一个崭新的阶段。

（三）中西部地区承接产业转移的门槛将有适当提高

近年来，中西部地区承接产业转移的计划性和选择性有所增强。许多地方政府开始依据国家政策以及当地资源和环境情况制定详细的产业发展规划，以此来指导和规范招商引资活动，使得各地的产业发展目标和思路更为清晰、更加科学。产业发展规划的制定，在一定程度上提高了企业的准入门槛和标准，为杜绝盲目招商引资活动提供了政策依据，使得过去可以大力引进发展的企业和扶持培养的

产业可能由于不符合环境限制、资源禀赋和支持政策而被“拒之门外”。我国产业转移既有寻求更廉价的资源要素和更广阔的市场空间的动力，也有产业承接地比较优势逐渐减弱、资源环境约束逐渐加大、产业选择更加严格的阻力，使得我国产业转移更加复杂化，给我国产业转移造成了巨大的挑战。面对这种形势和挑战，各地政府应当坚持深化改革和体制创新，准确把握产业发展规律和当地经济社会发展实际，科学合理地定位各地的产业发展目标，进而推进产业的合理、有序转移，实现东、中、西产业的互动发展。

（四）国家对产能过剩、环境污染治理力度加大，将加快产业技术升级的步伐

近两年，钢铁、水泥、船舶、平板玻璃等传统产业及太阳能光伏、风电设备等部分新兴产业出现的严重产能过剩问题，以及华北、华东地区出现的严重雾霾天气引起中央对产能过剩、空气污染的高度重视，因而进一步加大了对产能过剩和环境污染等问题的治理力度。一方面通过淘汰落后产能、严控新增落后产能、鼓励先进产能的方式化解过剩产能；另一方面严格环境、生态破坏执法，关停严重污染环境、破坏生态的企业，同时向企业推广绿色节能技术、设备和工艺，鼓励企业绿色发展。这一方面将倒逼企业技术升级，从而避免设备被关停淘汰，丧失市场竞争力，另一方面将对企业应用先进的节能环保的生产技术、设备、工艺形成正向激励，在提高能效环保水平的同时，实现产业技术升级。国家这两大举措的深入及力度的不断加大，将对产能落后的企业造成巨大的压力，同时也将为想要技术升级的企业提供巨大的动力，这在2014年会更加明显。如果2014年经济下行压力减小，企业生存环境转好，出于对未来可持续发展的考虑，会有更多企业抓住国家这一轮政策机遇，加速转型升级，从而使我国产业技术升级的步伐不断加快。

（五）多领域技术交叉融合将加速新兴产业各领域技术创新

在战略性新兴产业各个领域，技术存在一定的交叉，上、中、下游相关产业技术创新存在重叠，产业链协同创新日益增强。目前，战略性新兴产业七大领域技术的交叉融合不断加快，技术呈现群体突破发展态势，特别是新一代信息技术的推广应用，促进了制造业、节能环保、新能源、生物医药、新材料等技术与信

息化技术的深度融合。信息技术与制造技术的有机结合，使3D打印成为现实并在逐步试验、应用和推广，将进一步提高制造业的智能化、数字化、网络化、柔性化和服务化水平。制造技术与材料技术的协调创新，将进一步提高产品的性能，提高技术集成度，加快推动新型传感器、数控装备、自动控制系统、精密加工等核心领域的技术突破。增材技术、高性能碳纤材料、信息技术、高端装备技术等的深度融合，将引发航空、高端装备等领域设计理念、生产制造、物流供应乃至商业模式的革命性变革，部分关键领域有望取得新突破。

第四章　工业技术创新

一、2013 年我国工业技术创新取得的主要进展

2013 年全球经济进入深度转型的调整期，是我国贯彻落实党的十八大精神的开局之年，也是“十二五”规划承前启后的关键一年。如何实现稳中求进、快速复苏？实施创新驱动战略已成为我国今后经济发展的重要举措。

我国政府通过走“新型工业化道路”、大力发展战略性新兴产业、推进工业化和信息化融合发展、协调实体经济与虚拟经济的关系、加快实施“走出去”战略等措施推动工业转型升级，使我国工业的整体竞争力不断提升、产业结构不断优化，形成一批包括原材料、消费品、装备制造、电子信息产业在内的优势主导产业。本土大型跨国公司脱颖而出、民营企业迅速发展，工业创新能力持续提高。

（一）工业技术创新情况

加强创新能力建设是加快转变经济发展方式的重要支撑。当前经济、产业的竞争已前移到科技进步和创新能力的竞争，特别是随着我国工业化迅速推进，劳动力、原材料和环境保护等成本持续上升，经济社会发展面临的资源能源和生态环境约束压力进一步加大，迫切需要依靠创新实现转型发展。我国经济总量已跃居世界第二位，主要产业面临由大转强的艰巨任务，迫切需要以提高经济增长质量和效益为中心，强化创新驱动，加快实现产业结构优化升级和经济发展方式转变。

1. 增强重点产业持续创新能力成为社会共识

为指导全社会加强自主创新能力建设，加快推进创新型国家建设，2013 年 1 月 15 日国务院印发了《“十二五”国家自主创新能力建设规划》（国发〔2013〕

4 号）。该规划是我国历史上第一部系统部署加强自主创新能力建设的规划和指导性文件，对贯彻落实国家创新驱动发展战略具有重要意义。该规划从创新基础条件建设、重点领域创新能力、创新主体实力、区域创新能力布局、创新环境等五个方面，明确了到“十二五”末要达到的具体目标。其中包括，企业技术创新主体地位进一步强化，大中型工业企业研发投入占主营业务收入比例达到 1.5%，一批创新型企业进入世界 500 强；建成若干一流科研机构，创新能力和研究成果进入世界同类科研机构前列；建设一批高水平研究型大学，一批优势学科达到世界一流水平，关键核心技术的有效供给能力明显提升等。此外，提升制造业和战略性新兴产业的创新能力也是“十二五”时期的发展重点。详见表 4–1、表 4–2。

表 4–1 “十二五”制造业创新能力建设重点

1	装备制造 机械基础零部件、基础工艺、高端仪器仪表、先进实用农机装备、煤机装备、海洋技术装备等设计、实验及检测，制造信息化、快速制造和再制造。
2	船舶 散货船、油船、集装箱船等传统船型升级换代，船用中低速柴油机、船用电站，高技术船舶、绿色船舶设计制造，数字化船型设计数据库。
3	汽车 高效内燃机、高效传动与驱动、材料与结构轻量化、整车优化、普通混合动力、汽车节能技术等研发试验平台。
4	钢铁 新一代钢铁可循环流程工艺技术，高性能、高质量及升级换代关键钢材品种。
5	有色金属 高效、低耗、低污染新型冶炼、共伴生矿高效利用、矿山尾矿综合利用、有色金属短流程低能耗加工等技术与装备。
6	石化 大型特大型石化技术装备。
7	建材 无机非金属材料、非金属矿精深加工及节能减排、资源综合利用。
8	轻工 新型电池、农用新型塑料、酶制剂、食品加工、节能环保电光源、绿色智能家电。
9	纺织 高新技术纤维和新一代功能性、差别化纤维，高效节能纺纱、织造和印染以及产业用纺织品。

资料来源：《“十二五”国家自主创新能力建设规划》。

表 4-2 “十二五”时期战略性新兴产业创新能力建设重点

1	节能环保 高效节能、低耗零排、环境安全、资源循环利用。
2	新一代信息技术 新一代无线通信、卫星移动通信、下一代广播电视网、下一代互联网、云计算、物联网、新型显示技术、半导体照明，信息技术服务。
3	生物 新药创制、高性能诊疗设备，合成生物与先进生物制造，医药、重要农作物及畜禽、微生物菌（毒）种等基因资源信息库。
4	高端装备制造 航空产品、卫星载荷研制，智能控制系统、高档数控机床、轨道交通装备、深海运载和探测技术装备、深部矿产资源探测装备。
5	新能源 新一代核电装备、大型风电机组系统集成及零部件设计试验平台，新型太阳能发电、智能电网、下一代生物燃料、大规模储能。
6	新材料 新型功能材料、先进结构材料、高性能复合材料、分离膜材料、有机硅材料、纳米材料、共性基础材料。
7	新能源汽车 插电式混合动力汽车、纯电动汽车、燃料电池汽车、车用动力电池、驱动电机、动力总成、管理控制系统。

资料来源：《“十二五”国家自主创新能力建设规划》。

自党的十八大提出创新驱动战略以来，全社会积极落实创新驱动战略，不断加大推进力度。近年来，我国全社会研发（R&D）支出年均增长 20% 以上，目前已突破 1 万亿元，其中企业占 74%。

技术研发投入保持较快增长。2012 年我国全社会 R&D 经费投入总量突破万亿元，达 10298.4 亿元，比 2011 年增加 1611.4 亿元，增长 18.5%；R&D 经费投入强度为 1.98%，比 2011 年的 1.84% 提高 0.14 个百分点，再创历史新高。按照汇率计算，我国 R&D 经费投入总量目前位居世界第三，R&D 经费投入强度在新兴发展国家中居领先地位，与发达国家的差距正在逐步缩小，我国科技投入大国地位进一步巩固。

中高端制造业成为 R&D 投入的重点。从产业部门看，2012 年工业企业 R&D 经费投入额达到 7200.6 亿元，制造业，特别是中高端制造业成为 R&D 投入的重点。经费投入超过 200 亿元的行业大类有 10 个，分别是化学原料和化学制品制造业、医药业、黑色金属冶炼和压延加工业、有色金属冶炼和压延加工业、通用设备制造业、专用设备制造业、汽车制造业、铁路船舶航空航天和其他设备制造业、电气机械和器材制造业，以及计算机通信和其他电子设备制造业。这10个行业的研发费用占全部规模以上工业企业的比重达73.9%，其中计算机通信和其他电子设备制造业的R&D经费投入更是超过了1000亿元。2012年分行业规模以上工业企业R&D经费情况如表4-3所示。

表4-3　2012年分行业规模以上工业企业R&D经费情况

行业	经费投入（亿元）	投入强度（%）	行业	经费投入（亿元）	投入强度（%）
合计	**7200.6**	**0.77**	石油加工、炼焦和核燃料加工业	81.6	0.21
采矿业	298.0	0.45	化学原料和化学制品制造业	554.7	0.82
煤炭开采和洗选业	157.9	0.46	医药制造业	283.3	1.63
石油和天然气开采业	86.2	0.74	化学纤维制造业	63.4	0.94
黑色金属矿采选业	6.1	0.07	橡胶和塑料制品业	173.0	0.72
有色金属矿采选业	22.1	0.39	非金属矿物制品业	162.5	0.37
非金属矿采选业	7.7	0.18	黑色金属冶炼和压延加工业	627.9	0.88
制造业	**6850.5**	**0.85**	有色金属冶炼和压延加工业	271.1	0.66
农副食品加工业	135.7	0.26	金属制品业	187.3	0.64
食品制造业	86.9	0.55	通用设备制造业	472.0	1.24
酒、饮料和精制茶制造业	80.1	0.59	专用设备制造业	425.0	1.48
			汽车制造业	572.9	1.12
烟草制品业	19.8	0.26	铁路、船舶、航空航天和其他运输设备制造业	342.8	2.15
纺织业	138.0	0.43			
纺织服装、服饰业	55.6	0.32	电气机械和器材制造业	704.3	1.29
皮革、毛皮、羽毛及其制品和制鞋业	27.5	0.24	计算机、通信和其他电子设备制造业	1064.8	1.51
木材加工和木、竹、藤、棕、草制品业	18.7	0.18	仪器仪表制造业	124.1	1.86
家具制造业	14.5	0.25	**电力、热力、燃气及水生产和供应业**	**52.1**	**0.09**
造纸和纸制品业	75.8	0.61			
印刷和记录媒介复制业	24.4	0.54	电力、热力生产和供应业	46.8	0.09
文教、工美、体育和娱乐用品制造业	33.9	0.33	燃气生产和供应业	2.0	0.06
			水的生产和供应业	3.0	0.26

数据来源：2012年全国科技经费投入统计公报。

2. 技术产品创新不断激发新的消费需求

随着全球范围内信息技术创新步伐不断加快，信息领域新产品、新服务、新业态大量涌现，不断激发新的消费需求，成为日益活跃的消费热点。2013 年 8 月 15 日，国务院印发了《关于促进信息消费扩大内需的若干意见》(国发〔2013〕32 号)，指出要以科技创新为支撑，围绕挖掘消费潜力、增强供给能力、激发市场活力、改善消费环境，大力丰富信息消费内容，鼓励智能终端产品创新发展和增强电子基础产业创新能力。

鼓励智能终端产品创新发展。面向移动互联网、云计算、大数据等热点，加快实施智能终端产业化工程，支持研发智能手机、智能电视等终端产品，促进终端与服务一体化发展。支持数字家庭智能终端研发及产业化，大力推进数字家庭示范应用和数字家庭产业基地建设。鼓励整机企业与芯片、器件、软件企业协作，研发各类新型信息消费电子产品。支持电信、广电运营单位和制造企业通过定制、集中采购等方式开展合作，带动智能终端产品竞争力提升，夯实信息消费的产业基础。

增强电子基础产业创新能力。实施平板显示工程，推动平板显示产业做大做强，加快推进新一代显示技术突破，完善产业配套能力。以重点整机和信息化应用为牵引，依托国家科技计划（基金、专项）和重大工程，大力提升集成电路设计、制造工艺技术水平。支持地方探索发展集成电路的融资改革模式，利用现有财政资金渠道，鼓励和支持有条件的地方政府设立集成电路产业投资基金，引导社会资金投资集成电路产业，有效解决集成电路制造企业融资瓶颈。支持智能传感器及系统核心技术的研发和产业化。

3. 行业共性技术和重点关键技术有力地支撑和促进了产业结构的优化升级

行业共性技术研究取得了阶段性成果，有力支撑了行业调结构、转方式的向好势头。目前，我国 280 马力大功率轮式拖拉机实现了批量生产。机床新品纷呈，向数控、精密、高效及大型化方向发展，为航空航天、军工等重要领域提供了装备支撑。新能源、混合动力汽车已广泛试用，燃料电池汽车技术位居世界先进水平，并且建立了车用电池、电机、整车和技术设施的检测能力。铸、锻、热、焊等基础制造工艺技术取得了长足进步，普通级数控机床的加工精度有了大幅提高，超精密加工、特种加工可达到纳米级精度。如有色金属行业在铝板带热连轧技术、建材行业中的玻璃纤维年产 12 万吨超大型池窑和全氧燃烧技术的应用、FT-1000

CPU 芯片在“天河一号”高性能计算机的应用、先进芯片电子设计自动化（EDA）工具平台完成试点应用，填补了国产 EDA 工具的多项空白。

通过组织实施国家重大科技专项，重点关键技术取得突破，促进了产业结构的优化升级。“核高基”专项安排的核心电子器件一批关键技术在航天工程和武器装备中得到应用，基础软件产品部分领域形成了相对成熟的产业生态链。“新一代宽带无线移动通信网”专项安排的 TD-SCDMA 形成了以国内企业为核心的完整产业链，产业链上下游已有 200 多家中外企业，TD-LTE 已在 6 个城市启动规模技术试验。“高档数控机床与基础制造装备”专项研制完成了 3.6 万吨黑色金属垂直挤压机等十多种具备国际先进水平的重型装备等。

（二）工业质量品牌情况

从世界主要经济强国的发展经验来看，建立以质量品牌为核心的竞争力，是从工业大国向工业强国迈进的科学发展道路；从国内经济发展来看，提升质量品牌更是满足当前需求、拉动和创造新需求的保障和动力；而从工业经济发展来看，提升质量品牌则是促进转型升级、提高发展质量的关键环节。2013 年，我国工业化进程取得了举世瞩目的成就，质量品牌建设成效明显。

1. 质量品牌已成为化解产能过剩、拉动经济增长的重要动力

在工业转型升级过程中，尤其在改善民生逐渐成为我国政府的执政理念的背景下，质量品牌越来越受到全社会的重视。质量品牌是生产力的要素之一，是物质和文化的结晶。企业间的竞争最终表现为品牌的优劣。不断提升产品质量，创新产品品种，不仅可以满足用户和消费者要求，而且能够创造和拉动消费，成为拉动经济增长的动力之一。产能过剩是当前我国工业经济存在的一个深层次结构性问题，提高产品质量还可以有效化解这一矛盾。提高产品质量，可以使过剩行业的产能获得提升、改造，创造出更加符合要求的产品和服务，进而增加有效供给。由此可见，没有产品质量就没有消费，没有消费就没有内需拉动，没有内需拉动就没有经济增长。

推进质量品牌战略力度持续加大。我国加大对质量品牌建设的重视程度，工作推进力度持续增强，并逐步构建起长链条、广覆盖、严标准的工业质量品牌监管体系和运行机制。尤其在食品、药品等关系国计民生的行业，我国出台相关政策文件加大科研投入、提高产品质量；同时加强市场监管与引导工作，培育自有

品牌和提升品牌价值。为引导地方政府进一步加强质量工作，强化质量安全责任，提升质量总体水平，2013 年 6 月 7 日国务院办公厅印发了《质量工作考核办法的通知》（国办发〔2013〕47 号）。我国出口的纺织、轻工、机电产品总体物美价廉，颇受欢迎，并且涌现出一批具有国际竞争力的知名品牌，拥有一定的市场占有率。以家电行业为例，在超越了等离子、液晶显示的技术门槛之后，我国的家电产品又恢复了在欧盟和美国的市场占有率。再如，我国动车组机车的技术、装备、服务，不仅出口到发展中国家，甚至出口到美国、欧盟。此外，我国的神六、神七、神八都取得了举世瞩目的成绩，"中国航天"已经成为中国工业的品牌之一。

2. 工业产品质量技术水平明显提升

我国工业产品质量不断提升，不仅满足了国民经济和社会发展需要，在国际市场上的竞争力也进一步增强。钢铁、有色金属、石化和建材等主要原材料产品的技术标准和实物质量基本与国际水平接轨；航天、发电、高速列车等重大装备研发生产实现自主化，工程机械、通用装备的质量与可靠性不断提高，与国际先进水平的差距进一步减小；轻工、纺织、家电等消费类产品实现按国际标准组织生产，质量档次不断提高，新产品层出不穷，市场竞争力明显增强；第三代移动通信、数字音视频、基础软件等信息技术产品的主要功能和性能达到或接近国际同类产品水平。

综合分析表明，我国工业产品质量技术水平得到了明显提升，具体表现为：

——电子信息行业。很多产品不仅生产规模在全球首屈一指，而且产品的质量和技术水平也达到国际先进水平。平板高清电视机、台式 PC 机、笔记本电脑、电话机、传真机等日常生活办公电子信息产品，一次性合格率都在 90% 以上；移动通信基站、数字程控电话交换机、服务器、处理器、存储器等网络通信设备质量相对比较稳定；手机、集成电路、光伏电源、光器件、光通信设备、半导体分立器件、接插件、低高频段 RFID 设备等电子信息产品的质量和技术水平有明显提升，为国家信息化建设和实现"两化"融合做出了积极贡献。

——装备行业。近年来我国汽车产业实现了快速发展，目前已经成为世界第一大汽车生产国和消费国，我国汽车整车产品的生产技术和工艺水平已经达到世界水平。我国起重机制造业部分大、中型骨干企业的部分产品已达到国际先进甚至领先水平，起重机械企业已经有能力对现有技术进行自主创新，研发出符合国内外市场需求的个性化产品。我国起重机械行业的产品种类已超过 1000 个，并不断有新的起重机械设备问世。在电机电器、内燃机等产品领域也取得了积极效果，产品质量技术水平有明显提升。这是最近几年我国启动“制造业信息化工程”等工程、鼓励应用先进制造技术取得的可喜进展。

——机械行业。长期以来困扰我国工业发展的数控机床方面，在国家数控机床专项的推动下，10 米数控桥式龙门车铣复合加工机床、承重 500 吨的超重型卧式镗车床等一批重大新产品研制成功，填补了国内性能复杂装备制造技术的空白，能够初步满足国内需求，市场占有率不断提高；工程机械在可靠性、外观造型、表面质量、技术配置等方面与国际先进水平的差距逐渐缩小；国产全喂入式联合收割机基本上解决了谷物收获机所存在的损失、破碎、行走、可靠性差等质量问题，具有较好适用性。用于机动车的缸内直喷、高压共轨、涡轮增压等内燃机节能技术以及 DCT 等高效变速器技术得到越来越普遍的应用。

——建材行业。水泥工业全面掌握了大型新型干法水泥先进生产技术，达到或接近世界先进水平；玻璃工业生产线日益大型化，掌握了大型浮法玻璃先进生产技术，玻璃纤维工业 12 万吨超大型无碱玻璃纤维池窑拉丝及全氧燃烧技术达到国际领先水平。

3. 新产品质量、产品安全性能得到了加强

在国家创新战略指引下，以企业为主体的产学研技术创新体系的建设速度加快，我国工业领域各行业都涌现出一批技术创新成果和新产品，如新能源汽车、新型工程机械、新型内燃机、新型农用机械、高性能计算机、智能手机、高清智能电视、生态功能型纺织服装、具有低碳环保功能的新型建筑材料、新型染料中间体、生物化肥、新型环保农药、改性化工建材以及一大批新型元器件、新型部件、新型配件、新型材料等，产品质量和产品安全性能得到大幅提升，不但提高了人民群众的物质文化生活质量，还有力地促进了产业升级，提高了产业质量技术水平。

随着行业质量监管的不断加强以及企业质量安全意识的不断提高，我国工业产品的质量和安全性能不断稳步提升，由质量问题引发的安全事故呈逐年下降趋势，行业质量安全水平明显好转。有关调查发现，目前工业领域极少发生因产品质量问题导致的人身安全事故，说明经过多年来的不懈努力，包括“3C”认证在内的我国工业各行业的质量安全工作已取得较大的进展。

有关调查表明，我国工业各行业近年来在共性技术研发方面取得了一定的进

展，如集成电路工艺技术是“十一五”期间国家重大专项之一，已经取得一批成果，大大提升了我国集成电路的工艺技术水平；装备制造业共性技术开发也取得了积极成果；机械行业的关键零部件研发与生产取得明显进展，我国已能生产出世界顶级水平的核电垫片密封件，改变了我国密封垫长期受制于人的局面；高端液压件批量生产，实现了零的突破。又如检测技术，有部分实验室正在开展研究，通过改进常规检测技术提高工作效率和检测精度，但目前未见有成果展示。有害物质检测也是近年来为适应国际上关于改善环境的要求而开展的检测技术研究，已形成强制性标准。

总体上看，我国工业质量品牌水平依然亟需提高。当前，我国很多企业在产业链中还没有话语权，主要是受制于产品开发和质量品牌环节。工业企业要加快转型升级，就要破除发展障碍，释放发展空间，通过开发产品、培育品牌、提升质量、降低成本，提高工业增加值率，推动工业企业实现集约高效的健康发展。

（三）工业知识产权和标准情况

1. 实施知识产权战略有力支撑了创新型国家建设

我国知识产权拥有量实现跨越式增长，知识产权运用效益显著提高。继2010年超过日本后，2011年我国知识产权拥有量又超过美国（美国为50.3582万件）。2013年，我国发明专利申请达82.5万件，成为全球第一大发明专利申请国。之前，我国已经拥有全球最多的实用新型、工业品外观设计申请。企业专利数量的迅速扩张铸就了我国世界专利大国的辉煌。国际专利申请跃居全球第四位。

不断深化知识产权，与产业政策有效衔接。工信部在《工业转型升级“十二五”规划》等20余个产业发展规划中，明确提出知识产权有关要求和措施，通过产业振兴和技术改造专项资金支持拥有自主知识产权的工业企业进行技术改造，促进企业技术创新。截至2012年6月，电子信息等9大产业专利申请总量达到475万余件，比2011年同期增长24.4%；2012年战略性新兴产业发明专利授权量突破6万件，同比增长27.07%，有力助推工业转型升级，支撑产业发展。

全面加强行业标准管理。实施“核高基”等4个科技重大专项的知识产权管理，有效提升产业科研效率，实现了“高档数控机床”、“大飞机”、“嵌入式CPU”等核心技术的关键突破，取得良好经济和社会效益。加强标准中知识产权管理，引导企业积极参与国际标准制定。2012 年，我国通信企业向 ITU、3GPP、IETF 等国际标准组织提交提案超过 8000 件，《机床电气设备及控制系统安全》等标准获 IEC 国际标准立项，我国自主技术成为国际标准的数量不断增加。

2. 一大批运用知识产权制度实现创新发展的优势企业脱颖而出

我国知识产权拥有量实现跨越式增长，知识产权运用效益显著提高，全国人均发明专利拥有量提前实现“十二五”规划目标。商标累计申请量和有效注册量持续保持世界第一，全球 500 强品牌增至 23 个。作品、软件著作权登记量创历史新高。在航空航天、下一代移动通信、数控机床、超大规模计算机等技术领域实现重要突破，取得了一批核心知识产权。5 年间中国提交的国际标准提案被发布为正式国际标准的达 135 个。发明专利实施率逐年增长。版权产业增加值已占国民生产总值 6% 以上，植物新品种、地理标志产品成为带动农业发展和提高农民收入的重要支柱。南通家纺、中山灯饰等一批特色产业集群通过高效运用知识产权持续快速发展，华为、中兴、腾讯等一大批熟练运用知识产权制度实现创新发展的优势企业脱颖而出，知识产权促进产业、企业转型发展效果明显。

发明专利已成为企业创新发展的风向标。2013 年，我国企业虽然遭遇国内外市场竞争压力及经济不确定因素，但创新踊跃、专利结构优化、更加注重发明专利质量是不争的事实。2013 年上半年国内企业发明专利授权量排名前十的企业名单中，这一特点表现得鲜明而突出。在此次发布的排名中，华为技术有限公司以 898 件发明专利授权量继续保持领先地位，中兴通讯股份有限公司以 846 件发明专利授权量居第二名。这两家依托技术创新成功“走出去”的企业，自 2010 年以来一直轮流“坐庄”，高居国内企业发明专利授权量排名前列。华为公司近 10 年投入的专利研发费用达 1300 亿元；中兴通讯则在国内企业中率先尝试发明专利资产经营，开创了中国通信企业向跨国通信巨头进行专利许可的先河。华为公司与中兴公司始终占据着国内企业发明专利授权量排名的前端，是企业重视与着力实施知识产权战略、全面增强创新能力、更加注重创新的质量和效益的集中体现。

3. 通过提升标准整体水平支撑产业转型升级的能力

优化和完善了标准化工作机制。相关部门开展了《工业和信息化部标准化管理办法》、《行业标准化制修订管理办法》、《行业标准化技术组织管理办法》、《国际标准化管理办法》等相关管理文件的研究与制修订工作。

启动了技术标准体系建设方案的编制工作。重点研究分析了石化、化工、机械、轻工、电子、通信等19个行业和工程建设、节能与综合利用、安全生产3个综合性领域的标准体系、国际标准转化、国际标准水平对比分析等方面的情况。

标准化经费向重点项目倾斜。优先保障重要标准制修订工作的开展，对重大关键技术标准预研和标准战略研究等给予重点支持，对行业标准复审工作给予一定补助。

积极支持国内有实力的企业参与国际标准制定。以国际标准提案为核心，鼓励、支持国内有实力的企业积极参与国际标准制定，争取国际标准制定的主导权，占据产业和技术竞争的制高点；支持在国际标准化组织中担任技术委员会主席/副主席职务，承担国际标准化技术机构秘书处的工作。

我国制定的通信标准被广泛认可。自主创新的TD-SCDMA 3G发展取得了可喜成绩，在我国实现规模商用的过程中，我国通信企业的科技创新实力与低成本制造规模优势得到进一步增强，中国通信行业的国际竞争力得到大幅提升。

二、2013年我国工业技术创新重点政策解析

（一）重点政策出台背景及主要内容

2013年，为贯彻落实国民经济“十二五”规划和工业转型升级规划，深化经济体制改革和科技体制改革，坚实国家科技、信息基础设施建设，加快建设以企业为主体、产学研相结合的产业创新体系，我国相继出台了多项政策文件，为引导企业提升技术创新能力、优化企业技术创新环境提供了有力支撑。

1.《关于强化企业技术创新主体地位，全面提升企业创新能力的意见》

强化企业技术创新的主体地位，促进科技与经济紧密结合是深化科技体制改革的中心任务。2013年1月，国务院出台了《关于强化企业技术创新主体地位，全面提升企业创新能力的意见》（国办发〔2013〕8号）（以下简称《企业创新意见》），全面部署企业创新能力提升目标和重点任务，是对党的十八大提出实施创新驱动战略和全国科技大会精神以及中央6号文件[1]的具体落实。

近年来，我国科技快速发展，企业创新能力不断增强，由企业牵头攻克了一

[1] 中央6号文件：2012年9月23日，中共中央、国务院出台了《关于深化科技体制改革 加快国家创新体系建设的意见》。

系列重大关键技术，为产业升级和结构调整提供了有力支撑，一批具有国际竞争力的企业特别是高新技术企业不断涌现，以企业为主体、产学研相结合的创新体系初步形成。但是，总体上看，我国企业的创新能力仍然不足，突出表现为：一是企业研发中心数量少、规模小、创新能力弱。据统计，2011 年，我国规模以上工业企业中设立研发机构的仅占全部规模以上企业的 7.8%，其中大中型工业企业中设立研发机构的占全部大中型工业企业的 19.8%[1]。二是企业的研发投入强度明显不足。2011 年，我国大中型工业企业研发投入仅占当年主营业务收入的 0.93%，远低于主要发达国家的 2.5%—4% 的水平。三是企业的创新主体地位仍未真正确立，特别是在国家科技计划项目立项、实施、评审的全过程中，还是由专家和政府主导，没有真正发挥企业了解市场、了解行业的优势，也没有真正反映企业的创新需求。

为有效解决上述问题，切实提升我国企业的创新能力，2013 年，国务院出台了《企业创新意见》，旨在进一步强化企业的技术创新主体地位，促进科技与经济结合，实质性地深化我国科技体制改革。与中央 6 号文件的目标一致，《企业创新意见》也明确提出了两阶段的目标：到 2015 年，基本形成以企业为主体、市场为导向、产学研相结合的技术创新体系；到 2020 年，企业主导产业技术研发创新的体制机制更加完善，企业创新能力大幅度提升，形成一批创新型领军企业，带动经济发展方式转变实现重大进展。

《企业创新意见》从着力提升企业自主创新能力、大力推进产学研用紧密结合、积极引导创新资源向企业集聚和营造企业技术创新的良好环境四个方面部署任务、出台举措，强化企业的主体地位。《企业创新意见》明确提出了多项与企业、产业直接相关的任务举措，真正体现产学研结合、以“产”为主，突出了技术创新对产业发展的引领支撑作用。为提升企业在国家科技计划项目中的参与程度，《企业创新意见》提出了“国家科技计划项目征集和指南编制要充分听取企业专家的意见，产业化目标明确的重大科技项目由有条件的企业牵头组织实施”；为加强企业研发中心的建设，提出“引导企业围绕市场需求和长远发展，建立研发机构”；为培育发展战略性新兴产业的创新链，指出“建立健全按产业发展重大需求部署创新链的科研运行机制和政策导向，推进新技术、新材料、新工艺、新模式、高端装备等的集成应用，实施国家高技术产业化示范项目、国家科技成

[1] 数据来源：http：//www.qstheory.cn/kj/kyzt/201306/t20130624_242573.htm。

果转化引导基金、国家重大科技成果转化项目、国家文化科技创新工程等，大力培育发展战略性新兴产业”；为提高产业共性技术的供给能力，提出“针对重点行业和技术领域特点和需求，在钢铁、有色金属、装备制造、建材、纺织、煤炭、电力、油气、新能源与可再生能源、电子信息、生物医药、化工、轻工、现代农业、现代服务业等产业，依托骨干转制院所、行业特色高等学校和行业领军企业，通过体制机制创新，整合相关科研资源，推动建设一批产业共性技术研发基地，加强共性技术研发和成果推广扩散”等。

2.《国家重大科技基础设施建设中长期规划（2012—2030）》

重大科技基础设施是为探索未知世界、发现自然规律、实现技术变革提供极限研究手段的大型复杂科学研究系统，是突破科学前沿、解决经济社会发展和国家安全重大科技问题的物质技术基础，也是国家创新体系的重要组成部分和物质依托。当今，全球正在孕育新一轮科技革命和产业革命，重大科技基础设施在科技变革和加速发展过程中的基础性、前瞻性、战略性作用日渐突出，美国、欧盟、日本等发达经济体纷纷推出科学目标宏大、创新性突出、技术水平高的设施长远发展规划，同时，印度、巴西和韩国等新兴国家也积极跟上，作出类似部署，这些新形势给我国重大科技基础设施建设带来了新的机遇与挑战。长期以来，我国重大科技基础设施建设存在着规模小、数量少、缺乏系统性布局与前瞻性、技术水平不高等一系列问题。为此，2013 年 2 月，国务院印发了《国家重大科技基础设施建设中长期规划（2012—2030 年）》（国发〔2013〕8 号）（以下简称《科技基础设施规划》）。作为我国历史上第一部系统部署国家重大科技基础设施中长期建设和发展的指导性文件，《科技基础设施规划》秉承远近结合的原则，分别对未来 20 年科技基础设施的发展方向和路径进行了描绘，并对“十二五”期间国家急需建设的重点任务进行了部署，对深入贯彻《国家中长期科学和技术发展规划纲要（2006—2020 年）》、加快落实创新驱动发展战略和全面建设创新型国家具有重要意义。

《科技基础设施规划》明确提出到 2030 年基本建成布局完整、技术先进、运行高效、支撑有力的重大科技基础设施体系，并瞄准科技前沿研究和国家重大战略需求，根据重大科技基础设施发展的国际趋势和国内基础，以能源、生命、地球系统与环境、材料、粒子物理和核物理、空间和天文、工程技术等 7 个学科领域为重点，从预研、新建、推进和提升四个层面逐步完善重大科技基础设施体系。

同时，针对“十二五”时期我国科技发展急需、具有相对优势和科技突破先兆显现的领域，优先安排了海底科学观测网、高能同步辐射光源验证装置、加速器驱动嬗变研究装置、综合极端条件实验装置、强流重离子加速器、高效低碳燃气轮机试验装置、高海拔宇宙线观测站、未来网络实验设施、空间环境地面模拟装置、转化医学研究设施、中国南极天文台、精密重力测量研究设施、大型低速风洞、上海光源线站工程、模式动物表型与遗传研究设施、地球系统数值模拟器等16项重大科技基础设施建设任务。

伴随《科技基础设施规划》中16项重点建设任务的陆续推进，我国重大科技设施总体水平将不断提升，并对我国科技前沿研发能力提高和新兴产业的培育发挥积极的促进作用，最终使我国重大科技基础设施总体技术达到国际先进水平。同时，在建设和运行过程中所衍生出的大量新技术、新工艺和新装备，也将为培育我国战略性新兴产业和促进产业转型升级提供强大驱动。

3.《“十二五”国家重大创新基地建设规划》

深化科技体制改革的中心任务是解决科技与经济的结合，其中需要重点突破的两大问题，一是如何建立企业为主体的技术创新体系，二是如何解决创新资源的分散、重复、封闭和低效等问题。在2013年的国办发8号文件中明确部署了强化企业技术创新主体地位的目标和任务，为了有效解决创新资源分布的问题，科学合理优化部署建设国家重大创新基地，科技部、国家发改委联合出台了《“十二五”国家重大创新基地建设规划》（国科发计〔2013〕381号）（以下简称《创新基地建设规划》）。《创新基地建设规划》同时也是贯彻落实全国科技创新大会精神、深化科技体制改革、建设国家创新体系的重要举措。

国家重大创新基地是指以实现国家战略目标为宗旨，以促进创新链各个环节紧密衔接、实现重大创新、加速成果转化与扩散为目标，设施先进、人才优秀、运转高效、具有国际一流水平的新型创新组织。改革开放以来，我国已陆续建成包括国家重点实验室、国家工程（技术）研究中心等在内的多层次的创新载体，有效地促进了科学技术研究、工程化、产业化各个环节的连通协同，支撑了国家创新体系的建设。但是，我国现有创新载体和创新驱动模式中仍存在着创新链各环节相互脱节、创新载体相对封闭、创新资源分散、创新要素流动和聚集机制不完善等薄弱环节，制约着产业的升级发展和国家创新能力的提升。

针对上述薄弱环节，《创新基地建设规划》明确了创新基地建设的功能和定位、指导思想、建设原则与目标、总体部署与重点领域等6方面内容，指出“十二五”期间要试点建设15—20个国家重大创新基地，到2020年，在试点建设工作取得经验的基础上，围绕国家中长期科技发展规划要求确定的重点领域和优先主题开展布局，建成一批国家重大创新基地。《创新基地建设规划》要求在5个层面部署建设国家重大创新基地，包括建设基础性、公共性国家重大创新基地，建设面向重点工程的国家重大创新基地，建设面向农业的国家重大创新基地，建设面向新兴产业的国家重大创新基地和建设面向传统产业的国家创新基地。同时，《创新基地建设规划》提出国家重大创新基地的三种主要建设模式：一是在计量科学、农业机械等创新资源较为集聚的领域，一家为主，多家参与；二是在海洋资源、新能源汽车等领域，多家共建；三是在移动通信等创新资源较为分散的领域，以联盟形式组建。

国家重大创新基地主要围绕行业关键共性技术的长期稳定供给、发挥企业的创新主体作用和有力推进国家科研机构和高等学校的协同创新，依托现有的各类创新载体建设，通过体制机制创新，促进创新链相关创新载体的纵向和横向协同与集成，充分发挥现有创新载体的优势，有效地解决当前困扰我国科技创新的资源分散、重复、封闭、低效等问题。

4.《关于2013年深化经济体制改革重点工作的意见》

改革开放已走过三十多年，我国逐渐步入改革的深水区和攻坚期，面临的形势错综复杂，改革任务艰巨紧迫，必须将深化经济体制改革放在更加突出的位置。党的十八大报告中明确提出：深化改革是加快转变经济发展方式的关键。经济体制改革的核心问题是处理好政府和市场的关系，必须更加尊重市场规律，更好地发挥政府的作用。2013年5月18日，国务院发布了《关于2013年深化经济体制改革重点工作的意见》（以下简称《经济体制改革意见》），为2013年的经济体制改革工作指明了方向。2013年5月底，2013年全国经济体制改革工作会议召开，按照《经济体制改革意见》的总体要求，部署了2013年经济体制改革的四个着力点，即推动经济转型、不断改善民生、促进社会公正、激发市场主体活力。

《经济体制改革意见》对2013年深化经济体制改革提出的总体要求是：“正确处理好政府与市场、政府与社会的关系，处理好加强顶层设计与尊重群众首创精神的关系，处理好增量改革与存量优化的关系，处理好改革创新与依法行政的关系，处理好改革、发展、稳定的关系，确保改革顺利有效推进。”《经济体制改革意见》分别从深入推进行政体制改革、加快推进财税体制、金融体制、投融资体制、资源性商品价格等领域改革、积极推动基本民生保障制度、城镇化和统筹城乡相关改革等七个方面部署了年度重点改革任务；对已经部署正在推进的改革工作，提出了继续深化的要求，主要包括推进国有企业改革、深化开放性经济体制改革、加快教育、文化、医药卫生等社会事业各项改革、完善科技创新体制机制和深化收入分配制度等五个方面的工作。

改革开放是中国经济社会发展进步的动力和活力之源，经济体制改革是中国改革任务的重中之重，需要长期深入贯彻执行，不断摸索、不断前进。随着《经济体制改革意见》的发布实施，以及之后“经济体制改革工作部际联席会议制度”等一系列工作的落实，2013 年，我国经济体制改革迈出了实质性步伐，有利于进一步正确处理政府与市场的关系、顺应市场规律、真正发挥市场配置资源的基础性作用。

5.《国家高新技术产业开发区“十二五”发展规划纲要》

1988 年，我国建设了第一个高新技术产业开发区（以下简称“高新区”）——“北京新技术产业实验区”（后来的“中关村自主创新示范区”）。20 多年来，国家高新区坚持改革开放和自主创新，积极推进科技与经济的结合、市场与政府的结合、中央与地方的结合，创新资源迅速聚集，创新成果大量涌现。到 2014 年 1 月初，国家高新区增至 114 家，区域布局得到了进一步优化，在我国经济发展和科技创新中的支柱性地位日益显现。但是，当前存在的企业自主创新能力不强、缺乏核心技术、商业模式滞后、高新技术产业竞争力较弱、投融资体系尚不健全等问题制约着我国高新区的进一步成长。为应对日趋严峻的国际科技产业竞争和国内发展方式转变，2013 年 1 月，科技部发布了《国家高新技术产业开发区“十二五”发展规划纲要》（国科发高〔2013〕23 号）（以下简称《高新区规划》），站在更高的起点上，规划部署“十二五”时期高新区的建设目标和任务。

《高新区规划》提出了我国高新区发展的目标：到 2015 年，国家高新区要显著提高自主创新能力，经济继续保持较快增长，产业结构要进一步优化，努力实现“四个提升”——自主创新能力提升、产业竞争力提升、引领辐射力提升和国际影响力提升。《高新区规划》还部署了九大重点任务，主要包括：一是加快创新体系建设，提升企业自主创新能力；二是大力培育发展战略性新兴产业，占据竞争制高点；三是加快发展现代服务业，促进传统产业升级；四是完善全链条孵化体系，促进企业做大做强；五是巩固人才高地优势，努力打造人才特区；六是完善科技金融体系，改善企业融资环境；七是坚持开放合作发展，提高园区国际化水平；八是加强分类指导，促进园区特色发展；九是坚持以人为本，促进科学和谐发展。

《高新区规划》是落实《国家中长期科学和技术发展规划纲要（2006—2020年）》的重要指导性文件，对于“十二五”时期积极发挥我国高新区在经济发展、产业转型升级、建设创新型国家中的引领、支撑、辐射、带动作用具有重要意义。《高新区规划》提出了许多新思路新任务，如支持企业从单个企业创新向协同创新转变，建设产业技术开发研究院，承载产业培育、技术研发、技术转移、成果转化、企业衍生和人才培养等多种功能，以及大力发展支撑产业整体性发展、商业模式创新的平台性企业等，是新时期落实创新驱动发展战略的重要举措。

6.《“宽带中国”战略及实施方案》

经历了2008年全球金融危机后，各国对高速宽带网络在推动国家信息化发展、实现发展方式转变、促进经济复苏方面的战略性作用达成了共识，纷纷出台推动本国宽带网络建设发展的战略。根据ITU统计，到2012年2月，全球已有110个国家和经济体发布了宽带战略，另有22个国家级经济体近期计划发布[1]。我国在2011年就提出了以加快国家宽带建设为目标的“宽带中国战略”，并在《“十二五”国家战略性新兴产业发展规划》中将宽带中国工程列为20大工程之一，提出到“十二五”末，城市和农村家庭分别实现20兆和4兆以上宽带接入能力，以及推动IPv6实现规模商用、三网融合全面推广等目标任务。2013年8月，国务院公布了《“宽带中国”战略及实施方案》（国发〔2013〕31号），首次从国家层面将宽带网络定位为我国经济发展的战略性公共基础设施，意味着“宽带中国”从单一部门的行动计划正式上升为国家战略。

根据《“宽带中国”战略及实施方案》提出的目标，到2015年，初步建成适应经济社会发展需要的下一代国家信息集成设施；到2020年，我国宽带网络集成设施发展水平与发达国家之间的差距大幅缩小，国民充分享受宽带带来的经济增长、服务便利和发展机遇。为实现此目标，国务院还制定了“宽带中国”战略的技术路线和发展时间表，总体分三个阶段：第一阶段为全面提速阶段（至2013年底），重点加强光纤网络和3G网络建设，提高宽带网络接入速率，改善

[1] 数据来源：http：//news.xinhuanet.com/info/2013-07/10/c_132528096.htm。

和提升用户上网体验；第二阶段为推广普及阶段（2014 年至 2015 年），重点在继续推进宽带网络提速的同时，加快扩大宽带网络覆盖范围和规模，深化应用普及；第三阶段为优化升级阶段（2016 年至 2020 年），重点推进宽带网络优化和技术演进升级，宽带网络服务质量、应用水平和宽带产业支撑能力达到世界先进水平。《"宽带中国"战略及实施方案》还相应提出了五项重点任务：一是推进区域宽带网络协调发展，二是加快宽带网络优化升级，三是提高宽带网络应用水平，四是促进宽带网络产业链不断完善，五是增强宽带网络安全保障能力。

（二）政策主要特点分析

2013 年是我国全面落实党的十八大"创新驱动发展"战略的开局之年，也是工业转型升级的攻坚时期。中共中央、国务院及各部委相继出台落实政策，不断优化我国工业技术创新的政策环境和体制机制。这些政策措施具有显著的阶段性特征，主要体现为深化科技体制改革、突出技术创新与工业转型升级的协调、进一步强化企业技术创新主体地位、强调商业模式创新与技术创新的协同互动、更加重视知识产权保护以及加大基础设施保障力度。

1. 紧紧围绕"深化科技体制改革"这一中心

2012 年 7 月召开全国科技创新大会，拉起了新一轮科技体制改革的大幕。2012 年 9 月，中共中央、国务院出台了《关于深化科技体制改革 加快国家创新体系建设的意见》（中发〔2012〕6 号），对下一步深化科技体制改革做出重大部署。2013 年，我国科技政策仍然紧紧围绕深化科技体制改革这一中心，强化企业技术创新主体地位，着力推动科技与经济紧密结合，落实创新驱动战略，加快建设创新型国家。2013 年 7 月，习近平总书记在视察中国科学院时特别强调："科技兴则民族兴，科技强则国家强"，"深化科技体制改革，增强科技创新活力，集中力量推进科技创新，真正把创新驱动发展战略落到实处"。2013 年，深化科技体制改革已进入了实质性推进阶段。为落实中央 6 号文件，国家出台了一系列政策措施，在深化科技体制改革方面进行了实质性探索，包括：2013 年 1 月，国务院发布了《关于强化企业技术创新主体地位，全面提升企业创新能力的意见》（国办发〔2013〕8 号）；2013 年 3 月，科技部、国家发改委联合出台了《"十二五"国家重大创新基地建设规划》（国科发计〔2013〕381 号）；启动了《促进科技成果转化法》的修订工作；起草了《国家科技金融战略框架》等。

2. 突出技术创新与工业转型升级的协调

工业是实体经济的主体，是国民经济的主导力量，是推动我国经济增长的主要动力。国际金融危机暴露出发达国家实体经济发展的软肋，因此，党中央、国务院更加强调壮大实体经济，高度重视工业发展。2012 年 1 月，国务院发布了《工业转型升级规划（2011—2015 年）》（国发〔2011〕47 号），突出强调发挥企业主体的作用，将增强自主创新能力作为工业转型升级的中心环节和成败的关键来对待。

2013 年，我国在完善技术创新政策、优化创新环境的过程中，突出了技术创新与工业转型升级这一现阶段发展重点任务的衔接与协调。首先，强调企业技术创新主体地位。在《工业转型升级规划（2011—2015 年）》中，强调支持企业真正成为技术创新的主体是增强自主创新能力的首项任务。在已出台的各项政策文件中，几乎都强调了企业的创新主体地位，通过营造环境、加大支持，进一步释放企业创新活力，推动工业转型升级。其次，着力建设产业创新体系。在《工业转型升级规划（2011—2015 年）》中，健全产业创新体系的任务包括：健全共性技术研发体制机制，建设产业技术开发平台和技术创新服务平台，推动建立产业创新联盟等工作。在 2013 年出台的《科技基础设施规划》、《创新基地建设规划》等文件中，对产业创新平台和产业创新联盟的建设任务有所部署，与工业转型升级的要求一致。最后，加强知识产权的保护和能力培育。实施知识产权战略是《工业转型升级规划（2011—2015 年）》中增强自主创新能力建设的重要内容。2013 年，我国出台了《2013 年国家知识产权战略实施推进计划》、《工业知识产权管理与评估指南》等一系列关于加强知识产权保护、培育企业知识产权能力的政策文件，这些举措与落实《工业转型升级规划（2011—2015 年）》异曲同工。

3. 进一步强化企业技术创新主体地位

企业是市场主体，也是技术创新主体。2013 年出台的多项政策文件中，都突出了企业的主体地位这一核心内容。首先，针对当前我国企业创新能力不强、核心技术缺乏，企业技术创新主体地位尚未确立等突出问题，2013 年我国出台的《关于强化企业技术创新主体地位，全面提升企业创新能力的意见》和《“十二五”国家重大创新基地建设规划》等政策文件中，围绕加强企业的技术创新主体作用及提高服务创新主体的水平，系统性地提出了各项措施，其中不乏推进科研项目经费后补助、国有企业研发投入是同利润、国家科技计划的征集和编制充分听取企业专家的意见等新举措。其次，企业掌握了知识产权，相当于掌握了利润的分配权。在《2013年国家知识产权战略实施推进计划》和《工业知识产权管理与评估指南》等知识产权领域的相关政策中，也突出强调了企业作为知识产权创造、运用的主体，着力加强企业知识产权能力的培育。第三，在经济体制改革的相关政策中，提出核心任务就是理顺政府与市场的关系，企业是市场的主体，因此就要理顺政府和企业的关系。围绕这一核心，政府出台了包括创造公平的市场经济环境、继续深化国有企业改革、加大对小微企业的扶持力度等举措。

4. 强调商业模式创新和技术创新的协同互动

党的十八大首次提出实施创新驱动发展战略，其中特别强调了加强技术集成和商业模式创新。商业模式创新与技术创新的融合互动已经成为现阶段我国推动创新驱动发展的战略重点。但是，总体来看，当前我国企业对于商业模式创新的积极性不足，大部分企业重视技术创新忽视商业模式的创新，商业模式创新的水平较低，还停留于跟踪模仿阶段，缺少实质性内容，消费需求脱节严重，企业商业模式创新与技术创新尚未实现协同互动发展。

在2013年我国出台的多项政策文件中，都贯彻了党的十八大的精神，提出鼓励支持企业的商业模式创新。例如，《关于强化企业技术创新主体地位，全面提升企业创新能力的意见》中明确提出了要发展现代服务业，通过联盟加强商业模式创新和管理创新；在《"十二五"国家自主创新能力建设规划》中，提出支持商业模式创新是增强战略性新兴产业创新能力的重要任务之一；《国家高新技术产业开发区"十二五"发展规划纲要》明确指出，大力扶持支撑产业整体性发展、商业模式创新的平台性企业，以及提高孵化器运营机构的服务能力和管理水平，鼓励其在服务空间、服务对象、服务手段和商业模式创新等方面开展创新业务。

5. 加大基础设施保障力度

国家的基础设施是经济发展的基石和保障，在我国实现工业化城镇化现代化的进程中，基础设施发挥着不可替代的作用。新时期，我国基础设施建设发展站在新的高度，更加强调科技基础设施、信息基础设施对经济发展和科技进步的支撑和保障。

在国务院出台的《关于强化企业技术创新主体地位，全面提升企业创新能力的意见》中，强调要向企业开放高等院校、科研院所的科研设施和仪器设备等，重点解决科技资源的共享问题，同时还提出要解决制约产业升级的重大制造装备、关键零部件、基础原材料、基础工艺及高端分析检测仪器设备等难题，提高我国科技基础设施的建设水平和服务能力。2013 年，我国第一部系统部署国家重大科技基础设施的规划《国家重大科技基础设施建设中长期规划（2012—2030 年）》发布，进一步突出科技基础设施建设在我国总体发展战略中的基础性、前瞻性和战略性作用，力图通过科学系统地规划科技基础设施建设，提升科技水平，加强人才队伍培养，有力地支撑国家创新体系建设和落实创新驱动发展战略。2013 年 8 月，国务院公布了《"宽带中国"战略及实施方案》，从战略性基础设施的角度定义了宽带网络在国民经济发展中的重要作用。通过"宽带中国"战略的实施，大力建设和发展宽带网络基础设施，提高产业技术能力和应用服务水平，进一步发挥宽带网络对促进信息消费、产业升级、转变经济发展方式的独特作用。

三、2014 年我国工业技术创新面临的形势

（一）国际形势

在金融危机爆发 5 年后，全球经济逐渐走出谷底，经历着缓慢的复苏过程。2013 年，世界经济增长分化趋势明显，欧美等发达经济体呈现增长态势，而以"金砖四国"为代表的新兴经济体增长速度开始放缓，全球经济复苏仍面临较大不确定性。同时，全球技术创新环境也呈现出新的特征：主要国家依然延续自金融危机爆发以来部署的创新战略，强调创新在经济复苏过程中的引擎作用；随着各国创新活动的不断升级，创新系统的开放性与协同性特征也更加凸显；新兴经济体对全球经济的贡献不断加大，在全球创新版图中的位置也被重新定义；创新活动密集发生的新兴产业领域，日益成为各国争夺的战略高地，贸易保护主义不断升温；知识产权作为技术创新的重要保障和激励制度，美国、欧盟等国家和地区纷纷顺应新形势，修改和完善知识产权法律制度，着重强调知识产权在技术创新活动中的地位作用。

1. 技术创新成为全球经济复苏的重要动力

自 2008 年金融危机爆发以来，全球主要经济体发展陷入困境，各国纷纷加强技术创新战略部署，陆续出台促进技术创新的政策措施，力图通过技术创新占领未来竞争的制高点，实现经济的平稳复苏。5 年来，创新战略和政策的实施效

果不断显现，不仅加快发达国家的“再工业化”进程和制造业的回归，如美国福特汽车、卡特彼勒、通用电气等制造业公司的生产线已陆续回归美国本土，同时也推动技术创新活动日益活跃，多领域交叉融合不断深化，新一轮技术革命和产业革命加速到来。例如，在3D打印、页岩气等新兴领域中，随着技术、生产工艺和商业模式的不断成熟，一些国家的产业发展已初具规模。在欧美国家，3D打印技术已被用于消费电子、航空和汽车制造等领域，以较低的成本、较高的效率完成小批量定制部件生产，实现复杂精细的造型。在页岩气领域，美国更是走在了全球的前列。通过水平井和水力压裂技术的不断成熟，美国页岩气最早实现了大规模开采，至2012年，页岩气产量已占到天然气总产量的近40%，根本上改变了美国的能源供应结构。

可见，技术创新战略政策在帮助发达国家走出危机阴霾的过程中发挥了重要的引擎作用。2013年，创新依然是各个国家经济复兴的强大支撑。欧盟委员会在2013年7月公布了总额高达220亿欧元的“联合技术计划”，指出通过加大产业技术研发力度，提高欧盟产业竞争力。2013年9月在中国大连召开的夏季达沃斯论坛主题就是“创新：势在必行”，传递出各个国家意图抓住创新来恢复经济持续稳健发展的信息。

2. 新兴经济体引发全球创新格局调整

2011年5月，世界银行在华盛顿发布了《2011全球发展地平线——多极化：新的全球经济》，指出新兴市场国家的整体经济实力正在上升，对全球经济的贡献不断提高，这一趋势将打破美国为首的全球力量格局，重新定义全球经济结构。全球技术创新格局也出现了同样的变化趋势。美国国家情报委员会在2012年12月发布了《2030年全球趋势：不一样的世界》，其中也指出全球技术中心已经开始从西方向东方和南方转移。根据美国巴特尔研究所对全球2013年研发投资的预测，按照购买力平价美元计算，2013年，美国和欧洲占全球研发投资的份额将为28.3%和23.4%，分别比2011年降低1.3%和1.2%；亚洲所占份额则将由2011年的34.9%提高至37.1%（见表4–4）。在巴特尔研究所的预测中，2013年，中国和韩国的研发投资将分别位居第二和第五，印度、俄罗斯和巴西的排名也位列前十之内。

表 4-4 部分国家和地区研发支出占全球研发总支出比例

	2011年	2012年	2013年
美洲（21国家）	34.8%	34.3%	33.8%
美国	29.6%	29.0%	28.3%
亚洲（20国家）	34.9%	36.0%	37.1%
日本	11.2%	11.1%	10.8%
中国	12.7%	13.7%	14.7%
印度	2.8%	2.8%	3.0%
欧洲（34国家）	24.6%	24.0%	23.4%
其他（36国家）	5.7%	5.7%	5.7%

数据来源：巴特尔研究所，http：//www.battelle.org/。

由欧洲工商学院、美国康奈尔大学和世界知识产权组织合办的《2013 年全球创新指数报告（GII）》是一份覆盖了全球 142 个主要经济体、评价创新作为经济发展动力重要指标的报告。其中指出，当前全球的创新集散地正从发达国家向亚洲国家等新兴经济体转移，包括印度、中国、越南、马来西亚等在内的新兴经济体在投资研发发展方面的表现均优于其他发达国家。

近年来，新兴经济体卓越的创新表现也得益于政府制定了强大的研发计划，陆续出台鼓励创新的公共政策，使这些国家和地区的创新环境得到了明显改善，极大程度上活跃了技术创新活动。例如，朴槿惠在就任韩国总统时就强调了推进“创造经济”的国政目标，并成立“未来创造科学部”，以统领全国的科技政策与创新型经济建设，计划到 2017 年将 R&D 投入占 GDP 比重由 2011 年的 4% 提高到 5%。再如，印度政府也宣布将 2010—2020 年作为印度“创新十年”，并计划到 2017 年 R&D 投入占 GDP 比重由目前的 1% 提高至 2%[1]。新兴经济体已经成为全球创新体系中日益重要的组成部分，过去由美、日、欧主导的世界技术创新格局正在被改写，世界技术创新格局正朝着多极化的方向不断转变。

3. 新兴产业领域贸易保护主义不断升温

在金融危机阴霾的笼罩下，全球贸易保护在对象和形式上均出现了新的特征。新兴产业对一个国家产业结构提升、技术水平升级和充分吸收全球化带来的利益

[1] 数据来源：http：//www.stdaily.com/stdaily/content/2013-03/22/content_585191.htm。

至关重要，是各国竞相发展的重点领域。美、欧、日等发达国家和地区面对国内经济复苏缓慢、失业率居高不下和新兴经济体快速崛起、产业结构不断趋同的挑战，为争夺新兴产业的竞争优势，必将采取更加严苛的贸易保护措施，强化对绿色、新能源产业和电子信息产品的贸易保护。

2011 年 11 月，美国陆续对进口中国的太阳能电池、晶体硅光伏电池和应用级风电塔等中国清洁能源产品发起了“双反”调查。2012 年，美国再次对我国风电设备启动“双反”调查。2013 年 3 月，美国国会通过了《2013 财年综合继续拨款法案》，其中限制部分政府部门购买我国企业生产的信息系统和设备，并禁止政府颁发商业卫星对华出口许可证[1]。在欧洲市场,新兴领域的贸易保护主义也日益升温。欧盟在 2012 年 9 月发起对华光伏电池反倾销调查，在 2013 年 3 月展开对中国光伏玻璃的反倾销调查，并宣布对产自中国的光伏产品进行强制进口登记，中欧在光伏领域的贸易摩擦愈演愈烈。

据统计,从 2008 年 11 月至 2013 年 5 月,全球共实施了 3334 项贸易保护措施，其中，仅 2012 年 7 月到 2013 年 5 月就实施了 904 项；发达国家的援助措施和政府采购已占全部贸易保护措施的 26%，成为最重要的保护手段之一[2]。部分国家通过实行“产业政策”，包括进口替代、要求外资技术转移、金融支持等，来保护本国的新兴产业发展。如法国已将电动汽车可享受的环保奖金由最高额 5000 欧元提高至 7000 欧元，同时，政府还承诺在大型城市设立电动汽车充电柱，混合动力汽车还被纳入政府采购计划。

（二）国内形势

中国经济经过了 30 多年的两位数的高速增长，由人均 GDP 不足 300 美元起步，发展至 2012 年，人均 GDP 已超过 6000 美元，并在 2011 年超越了日本，成为仅次于美国的全球第二大经济体，进入中等偏上收入国家的行列。当前，中国处于高水平的经济增长阶段，特别是经历了国际金融危机的洗礼，未来经济的增长不能再依靠过去的低成本优势，单纯追求数量和规模的扩张，必须转向重质量和效益、重资源和生态、依靠创新驱动的内生增长道路，中国经济的转型升级正处于关键时期。2013 年是全面贯彻落实党的十八大精神的开局年，也是实

[1] 来源：http：//news.xinhuanet.com/politics/2013–03/29/c_115215126.htm。
[2] 数据来源：http：//news.xinhuanet.com/fortune/2013–08/23/c_125231609.htm。

施“十二五”规划承前启后的关键年。在这一年里，我国经济发展环境十分复杂，全面落实创新驱动政策、加快经济发展方式转变、促进产业结构调整、打造中国经济升级版，都成为摆在新一届政府面前的重大调整，正如李克强总理2013年9月在英国《金融时报》上发表的署名文章《中国将给世界传递持续发展的讯息》中所言，“必须统筹‘稳增长、调结构、促改革’”，以保持宏观经济的平稳运行。

1. 宏观调控稳中求进，创新驱动战略加快落实

2013年上半年，GDP增长速度呈现小幅回落，中国经济经历了阶段调整期。第一季度增速较2012年第四季度的7.9%回落至7.7%，而第二季度又下行至7.5%。

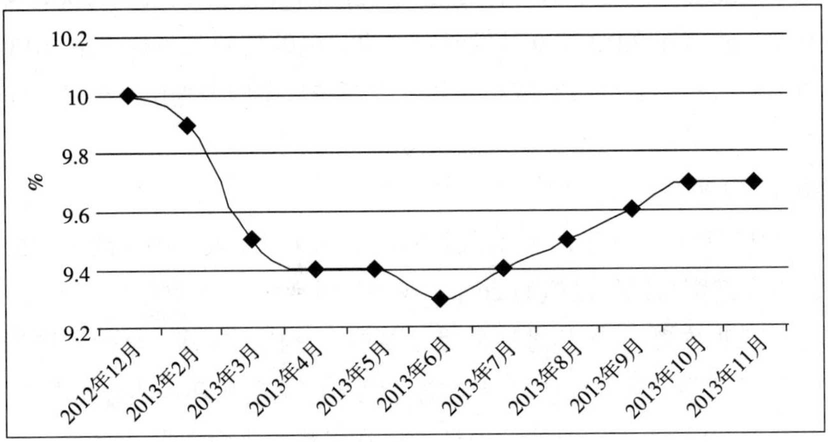

图4-1　2012年12月至2013年11月工业增加值累计增长

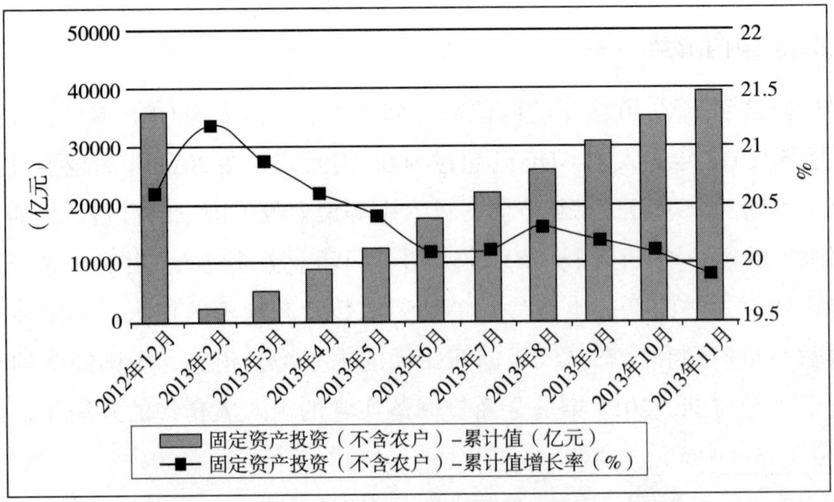

图4-2　2012年12月至2013年11月固定资产投资统计

到了第三季度，经济开始企稳回暖，进入 7、8 月以来，工业、投资、出口等均出现了止跌企稳的迹象，增强了市场信心。

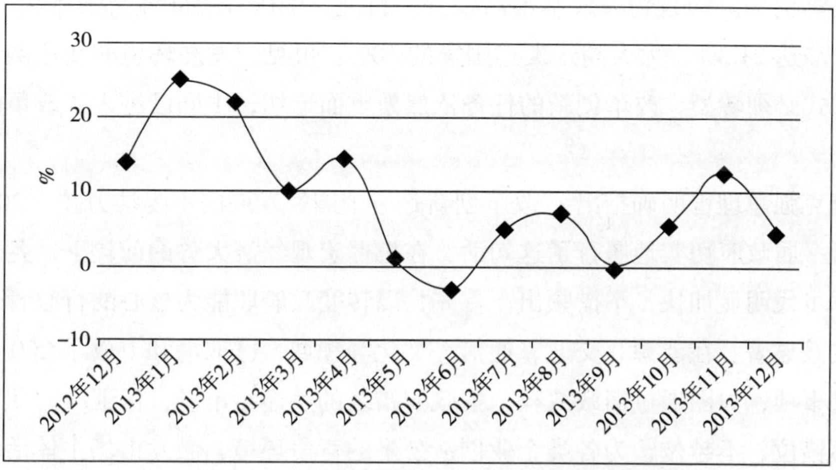

图4-3　2012年12月至2013年12月外贸出口增速

数据来源：赛迪智库。

面对 2013 年上半年经济发展的下行压力，新一届政府并没有再度出台大规模经济刺激计划，以通过短期刺激的方式迅速把经济增速推高，而是坚持稳中求进的总基调，以转变经济发展方式为主线，以调整经济结构为着力点，大力推进改革创新，综合施策，精准发力，出台了一系列“稳增长、调结构、促改革、惠民生”的政策措施，不断释放改革红利和内需潜力，激发市场活力，形成创新驱动的经济增长内生动力，提高了经济增长的质量和效益，推动下半年经济回归平稳，为进一步落实党的十八大提出的创新驱动发展战略提供了支撑基础。

2. 改革进一步深化，推动转变发展方式

改革开放以来，中国经济取得了举世瞩目的成绩。同时，经济发展的内部条件也发生新的变化。一是全球来看，我国并不具备资源方面的发展优势。多年来，土地、矿产、水等资源性生产要素的价格被低估，低成本无序开发使这些不可再生资源供给日趋紧张，资源不断枯竭的同时，来自生态环境的约束也更加强化。二是在“十二五”能源消费总量控制目标的压力下，能源消费刚性增长趋势与能源消费总量控制的矛盾不断加剧。2012 年，全国能源消费总量为 36.2 亿吨标准煤，同比增长3.9%[1]，是仅次于美国的全球第二大能源消费国。三是随着经济总量攀升、人口老龄化和劳动力供给增长放缓，中国的廉价劳动力优势快速削弱，人口红利逐渐消失。四是物流成本不断攀升，目前，中国社会物流总成本占GDP的比重已高达21.3%，大大高于发达国家的10%。可见，发展环境的变化倒逼我国发展方式必须转型，改革创新的任务依然繁重而迫切，中国已进入了改革的“深水区”。

李克强总理曾明确指出：“改革创新是一个国家发展的不竭动力。”[2]2013年，中国新一届政府切实地履行了这句话，在把握宏观经济大势的前提下，各个领域的改革步伐明显加快，举措频出。首先，以转变政府职能为核心的行政管理体制改革成效显著。在能源、交通、通信、文化等领域，已取消和下放了200多项行政审批事项，力图通过简政放权，把政府错装的手还给市场，保证政府职能不缺位、不错位、不越位，为各类企业创造公平的竞争环境，激发市场主体活力。其次，财政金融领域改革力度加大。扩大“营改增”试点范围向全国推开，2013年，以中小企业为主的小规模纳税人税负将明显减轻，对于大部分为服务业的小微企业暂免征收营业税和增值税，这一政策将惠及600万户小微企业；利率市场化进程明显加快，存款保险制度有望推出；在铁路等基础设施投融资体制、资源性产品价格、政府购买公共服务等领域也不断出台文件，加快改革步伐。最后，着力推动经济结构改革。再次强调发展混合所有制经济的思路，并在金融、石油、电力、铁路、电信、能源开发、公用事业和服务业等领域放宽市场准入，引导民间投资增长，为各类所有制企业提供更大的发展空间[3]。这些政策体现了中央稳增长、调结构、促改革的决心和力度。从2013年的宏观经济走势可以看到，一些政策的积极效应已经显现，而且随着时间的推移会日益显著。

3. 产业结构深度调整，打造中国经济升级版

工业领域产能过剩一直是困扰我国经济运行的突出矛盾，特别是2008年国际金融危机以来，外需疲软，国内市场相对有限，钢铁、电解铝、汽车、光伏等多个行业的产能过剩问题更加明显。2010年以来，我国抑制产能的工作取得初步成效，但部分行业的产能过剩仍然十分严重。据统计，2012年，中国电解铝

[1] 数据来源：http://www.in-en.com/article/html/energy_10181018521740568.html。
[2] 来源：http://finance.sina.com.cn/hy/20130911/181116733883.shtml。
[3] 来源：李克强：《以改革创新驱动中国经济长期持续健康发展——在第七届夏季达沃斯论坛上的致辞》，2013年9月11日。

产能过剩达到35%，水泥产能过剩达到28%，钢铁行业产能过剩达到21%，汽车产能过剩为12%；2013年一季度工业企业的产能利用率仅为78.2%，同比下降1.6个百分点，是2009年四季度以来的最低点，部分行业的产能利用率指标更低，如建材、铁路船舶等运输设备制造业、煤炭采选业产能利用率分别仅为72.5%、73.6%和74.9%[1]。值得警惕的是，我国部分战略性新兴产业，如太阳能光伏电池、风电设备等领域也出现了产能过剩的隐患。

2013年，产业结构调整任务艰巨而紧迫，一方面，国务院下决心出台通过大幅缩减行政审批事项，减少政府对行业的行政干预，以钢铁、电解铝、平板玻璃、水泥和船舶等五大行业为突破口的产能过剩治理方案；另一方面，新一届政府继续加快培育战略性新兴产业，加快推进产业结构转型调整，实现工业转型升级和经济发展提质增效。自国务院在2010年出台《关于加快培育和发展战略性新兴产业的决定》以来，战略性新兴产业发展势头强劲，逐渐成为国民经济的重要引领。2013年1—5月，通信设备制造、软件产业、医药制造业、医疗器械制造业的主营业务收入分别增长了27.59%、24.2%、19.8%、21.3%，领跑工业经济增长[2]。战略性新兴产业在我国工业领域中的支柱性地位正逐渐形成，是打造中国经济升级版的重要引领和驱动。

四、2014年我国工业技术创新趋势展望

（一）对2014年工业技术创新形势的基本判断

1. 全球技术创新渐趋活跃，抢占新一轮科技革命制高点竞争激烈

全球经济复苏过程中，数字通信、智能移动终端、计算机技术等产业技术创新成果层出不穷，成为专利申请与获得授权增长最快和最为集中的领域。大数据、智能制造、3D打印、页岩气、生物、新材料等诸多领域都孕育着新的技术突破，推动新兴业态产生。2014年新兴产业领域的技术竞争将更激烈，围绕关键、核心技术突破、前沿领域知识产权与技术标准布局以及产业链主导权控制的争抢将成为竞争焦点。

[1] 数据来源：http：//www.zhgpl.com/crn-webapp/mag/docDetail.jsp?coluid=0&docid=102650988&page=1。
[2] 数据来源：http：//www.stdaily.com/stdaily/content/2013-09/06/content_641222.htm。

2. 我国技术创新政策环境将进一步改善

2013年以来，国务院、有关部门以及各级地方政府集中出台了一批有助于改善创新环境的政策措施，激发企业自主创新的积极性、主动性和创造力。11月，党的十八届三中全会决定将深化科技体制改革作为建设统一开放、竞争有序的市场体系，发挥市场配置资源决定性作用的重要任务。紧紧围绕使市场在科技创新资源配置中起决定性作用的一系列政策将相继出台，科技创新政策环境将更加公平，科技创新活动将更有效率，科技创新对于社会生产力和综合国力的战略支撑作用将更加有效地发挥出来。

3. 我国研发投入强度继续保持高水平增长

2012年我国研发投入总量首次超过万亿元，研发投入强度（即研发投入占GDP的比重）从2007年的1.49%稳步提高到2012年的1.98%。我国R&D经费投入总量仍将继续保持高水平增长，2014年科技投入总量可能会有较大幅度提高，达到13000亿元以上。

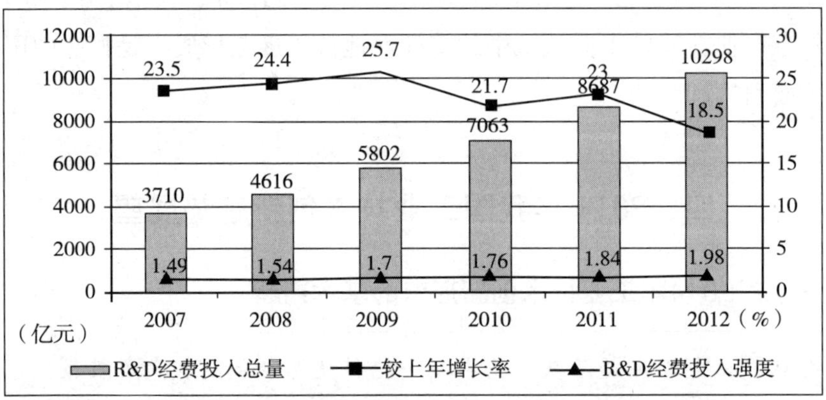

图4-4　2007—2012年我国研发投入总量、增长率及研发投入强度情况

数据来源：2007—2012年全国科技经费投入统计公报。

4. 企业技术创新主体地位进一步巩固

企业研发经费投入增长较快，已成为研发投入的主体。我国各类企业2012年R&D经费投入7842.2亿元，增长率达到19.2%，占全社会R&D经费的比重达76.2%，较之2011年比重提高约0.5%。2012年我国R&D经费中政府资金2221.4亿元，比2011年增长18%，这一增长率明显低于各类企业R&D经费投入增长速度。这表明，企业R&D经费投入主体地位继续巩固和强化。可以预见，2014年这种强劲增长态势将继续保持。

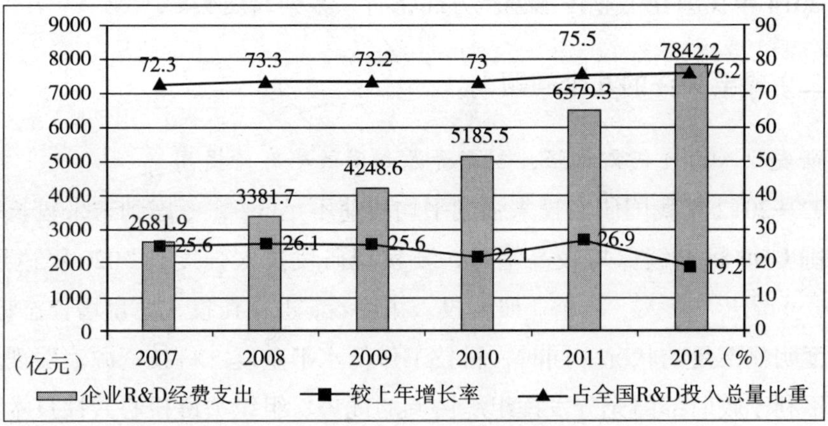

图4-5　2007—2012年我国企业R&D经费投入情况

数据来源：2007—2012年全国科技经费投入统计公报。

企业办研发机构数量有较大幅度增加。从历年来我国规模以上工业企业研发机构与人员变化趋势看，企业更加重视研发资源投入，创新基础更加坚实，创新活动日趋活跃,尤其是近年来投入力度显著加强。2014年这一趋势将会继续延续，企业技术创新工作的专业化水平将进一步提高。

表4-5　2004—2012部分年份我国规模以上工业企业办R&D机构情况与机构人员数量情况

年份	2004	2008	2009	2011	2012
企业办R&D机构（个）	17555	26177	29879	31320	46000
R&D机构人数（万人）	64.4	130.4	155.0	181.6	226.8

数据来源：2012年中国统计年鉴，国家统计局网站。

5. 我国工业技术创新产出将继续保持较大幅度增长

从新产品销售情况看，2012年全国规模以上工业企业实现新产品销售收入110529.8亿元，比2011年增长9.9%；其中新产品出口21894.2亿元，比2011年增长8.3%。2012年全国规模以上工业企业新产品销售收入占主营业务收入的比重为11.9%，与2011年基本持平。[1] 从关键核心技术突破看，2012年我国重大专项又取得一批标志性成果。随着创新驱动发展战略加快实施和科技体制改革深

[1]　数据来源：http：//www.gov.cn/gzdt/2013-09/26/content_2495168.htm。

入推进，国家对科技创新资源投入将持续加大，创新资源将得到更有效配置，这预示着2014年我国在工业技术创新方面将有一系列新突破。

（二）需要关注的几个问题

1. 研发投入力度仍需加强，创新资源利用效率有待提高

2002—2012年我国研发投入强度平均增速不足5%，考虑到未来较长一段时期内我国GDP将继续保持较高增速，要实现研发投入强度到2020年达到2.5%的目标，可谓压力巨大。从企业研发投入角度看，也存在投入总量增长态势良好、投入强度明显不足的状况。同时，科技工作低水平重复、科技资源浪费现象仍然严重，不利于政府部门充分发挥组织协调的优势、组织关键核心共性技术的协同攻关。

2. 知识产权对工业技术创新支撑作用未能有效发挥

我国知识产权中核心技术专利不多，国外专利申请与授权量仅类似于美国、日本等发达国家数十年以前的情况，海外商标注册数量同样是明显过少，且尚没有任何一家企业进入世界知名品牌前100名。我国每年技术贸易逆差在100亿美元以上，主要由于专利、专有技术许可进口。这充分表明，我国知识产权质量还有待提高，知识产权的价值还没有充分发挥，没有形成我国工业的国际竞争优势，知识产权与技术创新、工业转型升级间还没有建立起相互促进的良性循环。

3. 企业技术创新未能与商业模式创新、品牌培育有机融合

目前相当多的企业一味追求技术的先进性，忽视技术创新后创新成果的商品化、产业化以及品牌培育，致使产出的经济效益十分有限，且不能持续。表4–6表明，内资企业每元人民币研发投入所获得的新产品销售收入远低于外资企业，说明我国企业技术创新经济效益较为低下。

表4–6　2011年每元人民币研发投入所获得的新产品销售收入

类别	开发新产品经费（亿元）	新产品销售收入（亿元）	收入/投入
全行业平均水平	6846	100582	14.69
大中型企业	5697	88650	15.56
内资企业	4934	64550	13.08
外资企业	1213	26210	21.61

数据来源：中国统计年鉴2012。

（三）2014年我国工业技术创新的若干对策建议

1. 深化体制机制改革，充分发挥市场配置创新资源决定性作用

以发挥市场在创新资源配置中的决定性作用为导向，加强政府服务职能，深化科技管理体制机制。调整政府科技管理部门职能，打破部门分割局限，提高科技行政管理与公共服务效能，改组科技系统组织结构，解决多头管理、重复配置等问题，实现科技资源的优化配置和合理布局。建立满足市场需要取向的科技投入决策、评价机制，健全投融资体系，建立和完善政府、企业和社会资源共同投资的多元投入机制，建立关键共性技术合作研发机制，减少重复研发和趋同研发，节约和有效利用创新资源。

2. 加强绩效考核，建立健全地方技术创新评价体系

加强对各省市技术创新的绩效考核，建立健全科学规范的地方技术创新评价指标体系，围绕各地工业转型升级实际合理设置评价指标，将技术创新投入及产出的相关指标纳入各地经济发展水平的考核评价体系之中，通过技术创新水平提升促进工业转型升级步伐。

3. 营造良好政策氛围，激励企业加强技术创新力度

指导企业正确建立研发费用专门账户，更加有效地落实研发费用加计扣除政策。继续完善财税优惠政策，不断扩大研发投入优惠范围，将企业购买知识产权费用、申请和获得授权知识产权费用等纳入研发投入财税优惠政策适用范围；制定对自主创新产品的销售和出口，以及以经营收入进行再投资或科技研发的税收政策，充分激发企业的科技创新内在动力。加强对政府支持和补贴项目的监督和考核，强化对创新资源配置和利用效率的监管，严格对技术创新财税政策落实情况的检查工作。

4. 以市场为导向，增强融合式创新能力

增强多种创新模式融合能力。将技术创新成果转变为知识产权、进而形成产品竞争优势的同时，加强商业模式创新和品牌培育与推广，扩大品牌影响力，提升品牌附加值。增强集成创新和再创新能力。企业在强调增强自主创新能力取得自主知识产权的同时，应加大引进技术消化吸收和集成创新与再创新上的资金投入；加强技术创新和知识产权专业人才素质提升，加快消化吸收和应用专利技术速度，实现技术水平的快速赶超，抢抓有利市场时机。

第五章　两化深度融合

2013 年是我国两化融合取得重要进展的关键一年。国家政策强力推进两化融合，工业信息化基础设施建设加快，智能工业应用初步展开，区域两化融合发展水平评估取得重要进展，大型企业信息化集成应用和协同应用能力提升，新兴技术与工业发展不断融合，生产性服务业在两化融合中快速成长，两化融合推动工业绿色转型迈出坚实步伐，我国推进两化融合取得显著进展。同时也应看到，我国工业仍然大而不强，自主创新能力薄弱，产业结构不合理，发展质量和效益不高，面临的能源资源和环境约束加大，产业发展同质化，产品附加值低，技术水平不高，产能过剩，环境污染严重。2014 年，我国工业面临结构调整迫在眉睫，传统的发展模式难以为继，已经到了不得不依靠转型升级倒逼工业发展方式转变的关键时期，两化融合依然艰巨。展望 2014 年，各地落实国家政策的配套措施将大量实施，两化融合信息基础设施水平将明显提升，智能制造将成为行业发展热点，两化融合发展水平评估将向地市县延伸，企业两化融合加快向产业链协同应用演进，工业领域将涌现一批新产品新应用新服务，两化融合将加速推进，不断破解工业转型升级难题，促进工业持续健康发展。

一、2013 年我国两化深度融合取得的主要进展

2013 年，我国信息化与工业化加快深度融合步伐，国家及地方政策密集推出，两化融合信息基础设施水平明显提高，区域两化融合评估工作取得重要进展，新兴技术在工业应用领域快速扩大，生产性服务业在两化融合中支撑作用显著增强，

信息化对工业绿色转型起到有力的推动作用。

（一）国家及地方政府强力推进两化融合

2013 年，国家发布了一系列促进两化融合的政策措施，为两化深度融合营造了良好环境。2013 年 8 月 8 日，国务院印发了《关于促进信息消费扩大内需的若干意见》(国发〔2013〕32 号，以下简称《意见》)，明确提出要加快信息基础设施演进升级，增强信息产品供给能力，提升公共服务信息化水平，为提升制造业聚集区信息网络基础设施、增强电子信息产业支撑和服务能力提供了良好政策环境。8 月 17 日，国务院又印发了《“宽带中国”战略及实施方案》(国发〔2013〕31 号)，将加快宽带网络优化升级、提高宽带网络应用水平作为重点内容，为解决信息基础设施滞后制约两化融合向深度发展的问题提供了重要支撑。2013 年 9 月 5 日，针对制约工业转型升级的突出矛盾和问题，工信部制定了《信息化和工业化深度融合专项行动计划（2013—2018 年）》(以下简称《两化融合专项行动计划》)，提出了 8 项行动计划，务实推进两化融合重点工程，明确了推进两化深度融合的方向和突破口。

各地都在研究制定贯彻落实国家关于推进两化融合政策文件的实施方案，从公开信息看，上海、四川、山东、青海、湖南、甘肃等省市都在积极部署具体实施方案。上海市政府常务会议研究部署了《上海市贯彻落实〈国务院关于促进信息消费扩大内需的若干意见〉行动纲要（2014—2017 年）》，上海市经信委正牵头制定关于促进信息消费的实施意见。四川省在调研摸底的基础上，正在制定《关于大力推进信息化发展，促进信息消费的实施意见》。青海省通信管理局已牵头制定了《关于建设宽带青海促进信息消费的指导意见》，并于 2013 年 10 月 9 日召开专题研讨会。湖南省政府 2013 年 9 月 4 日组织召开促进信息消费工作座谈会，研究部署全省贯彻落实国务院关于促进信息消费和“宽带中国”战略及实施方案的相关工作。安徽省于 9 月 2 日完成了安徽省人民政府《关于促进信息消费扩大内需的实施意见》，并于 12 月 17 日出台了《信息化和工业化深度融合专项行动计划实施方案（2013—2018 年）》。

（二）两化融合信息基础设施水平明显提高

截至目前，“宽带普及提速”工程实施已两年多，全国宽带发展水平明显提升，工业企业信息化基础设施得到改善。截至 2013 年 11 月底，我国光纤用户总量达 3881.2 万户，占宽带用户比重提升至 20.6%；固定宽带接入用户总数达 1.88 亿户，4M 以上宽带接入用户占比达到 77.4%，中小企业宽带应用和产业基地宽带能力明显提升。随着“宽带中国”战略的实施，宽带网络建设进入全面提速阶段，截至 2013 年底，我国基础电信企业固定互联网宽带接入用户总数达 1.89 亿户。其中，2M 以上、4M 以上和 8M 以上宽带接入用户占宽带用户总数的比重分别达到 96.2%、78.8%、22.6%，比 2012 年分别提高 1.9、14.3、9.5 个百分点。

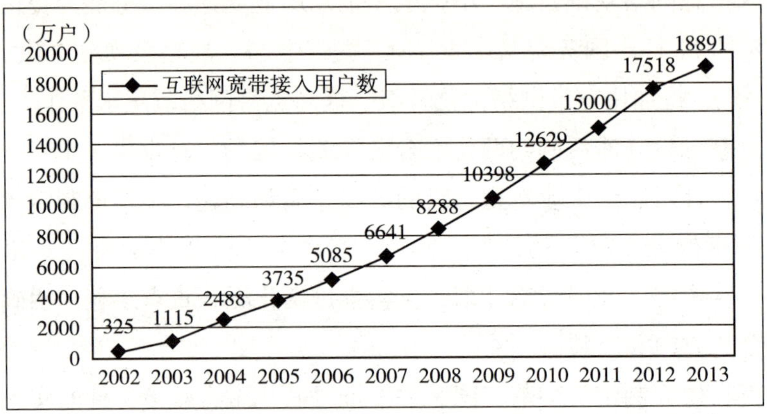

图5-1　2002—2013年我国固定互联网宽带接入用户数统计

数据来源：工业和信息化部网站，2014 年 1 月。

2013 年 10 月 14 日搜狐网等媒体发布了三大运营商的 4G 频段划分安排，中国移动、电信等运营商都在积极筹划 4G 网络建设。同一天，中国移动对外表示，工信部已正式批复同意中国移动在北京等全国 326 个城市开展 TD-LTE 扩大规模试验。中国移动已在广东、浙江和山东济南、青岛尝试进行 4G 预约或放号。2013 年 12 月 4 日，工信部向中国联通、中国电信、中国移动正式发放了 4G 牌照，此举标志着中国电信产业正式进入了 4G 时代。此外，2013 年 9 月 5 日，国家发改委、工信部等 14 个部门联合发布了《物联网专项行动计划》，为加快物联网基础设施建设、推动物联网在工业领域中的应用指明了方向。

（三）区域两化融合评估取得重要进展

2013 年，我国区域两化融合发展评估工作取得了阶段性成果。2013 年 1 月

15 日，在工信部信息化推进司指导下，中国电子信息产业发展研究院发布了《中国区域两化融合发展水平评估报告》。这是工信部首次开展全国性的区域两化融合评估工作。该报告对 2010 年和 2011 年全国区域两化融合发展水平进行了评估，并总结了当前我国两化融合发展的基本特点。评估结果显示：我国大部分省份两化融合发展水平均有所提高，两化融合发展总指数均有 5 个点以上的上升幅度，并在空间上表现出东部沿海高、西部地区低的差异性特征。从基础环境、工业应用和应用效益三类分指标来看，各省份两化融合发展基础环境呈现“东好西差”的特点；工业应用呈现“重工业基础较好的省份普遍较好”的特点；应用效益呈现“信息产业规模大，应用效益好”的特点。2013 年 12 月，中国电子信息产业发展研究院开展了第二次两化融合发展区域评估工作，在对全国 31 个省（自治区、直辖市）6500 多家企业的数据网上调查的基础上，对全国各省（自治区、直辖市）区域两化融合发展水平进行了评估分析，结果显示，全国两化融合指数达到 61.95，2012 年比 2011 年区域两化融合发展水平显著提升。从时间上看，2012 年，全国两化融合发展总指数由 2011 年的 59.07 提高到了 61.95，大部分省份两化融合发展总指数均比 2011 年有 3 个点以上的上升幅度，有 19 个省市综合指数增长量超过 2。综合指数值增长排名前 10 位依次的是江西、河北、浙江、广西、广东、北京、四川、湖南、上海、西藏。

（四）多地推进智慧工业园区建设

工业园区正在成为推进两化深度融合的重要载体。目前，上海、广西等地正大力推进智慧工业园区建设。2013 年 7 月，上海市经信委发布了《关于加快推进本市智慧园区建设的指导意见》（沪经信推〔2013〕410 号），以信息基础设施优化、开发管理精细化、功能服务专业化、产业发展智能化为建设目标，力争到“十二五”期末，建设 8—10 家公用信息通信网络高速泛在、精细管理高效惠企、功能应用高度集成、智慧产业高端集聚的示范性智慧园区。2013 年 8 月，广西发布了《广西推进实施两化深度融合专项行动方案》，提出未来 2—3 年打造一批两化融合示范智慧工业园区。截至 2013 年 6 月底，全国 106 个国家级高新区中有 34 个正在推进智慧园区建设[1]。

[1] 数据来源：http：//news.xinhuanet.com/fortune/2013-09/27/m_117540867.htm。

（五）智能工业成为各行业发展热点

2013年，以智能设计、智能制造、智能运营、智能管理、智能决策和智能产品为主要特征的智能工业初步发展，航空航天、飞机制造、汽车制造、电子制造等行业逐步开展智能制造以提升制造水平。

1. 3D打印技术创新和产业化进程加快

2012年12月14日工信部表示将推动3D打印产业化，2013年1月科技部着手研究制定3D打印相关战略，2013年3月中国首个3D打印机技术创新中心落户南京，这表明3D打印技术发展模式将迈出实质步伐。目前，航空航天领域已开始应用3D打印技术。中航集团采用3D打印技术成功研发了“钛合金大型复杂整体构件激光成形技术”，并运用该技术进行飞机零部件的生产，其产品是至今世界上能够打印的最大钛合金飞机零件。

2. 人工智能技术、工业机器人技术与制造技术加速融合

人工智能技术、工业机器人技术与制造技术正在加速融合，智能机器人的应用范围不断扩大。目前，工业机器人应用范围逐渐从汽车制造业向其他劳动密集型制造业推广，航空、电子制造等行业也已经开始采用智能机器人代替人工。2013年3月，OEM巨头富士康开始在自动化生产线上大量配备工业机器人。同时，作为支撑智能工业的核心关键技术，智能传感器发展迎来难得机遇。2013年2月，工信部、科技部、财政部、国家标准化管理委员会联合组织制定了《加快推进传感器及智能化仪器仪表产业发展行动计划》，推动传感器及智能仪器仪表行业创新、持续、协调发展。另外，我国国产的无人驾驶汽车技术研发不断取得突破，目前已完成了高速公路测试，并有望在2013年底实现城市道路测试。

3. 数字化工厂、智能工厂开始建设

2013年9月，西门子（中国）有限公司在成都建设的西门子工业自动化产品生产研发基地正式投产。该生产基地作为智能工厂的典型应用，将实现从设计到制造过程的高度数字化。

（六）新一代信息技术在工业领域的应用范围快速扩大

物联网、云计算、移动互联网等新一代信息技术在工业领域中的应用快速扩散，应用范围不断扩大，创新应用层出不穷，有力地推进了两化深度融合。

1. 工业云应用初步展开

随着云计算技术的逐渐成熟，工业云正在成为创新企业信息化服务模式的重要方式。2013 年以来，贵州省将工业云平台作为推进全省两化融合的重要手段。目前该平台已应用于国防工业和白酒业，提供产品和工艺设计、生产及装配管理、产品数据管理、供应链管理、销售及客户关系管理等一体化的综合信息化服务。9 月，贵州省基于该平台筹备建设“航空工业云”，为航空制造业提供研发设计、数据管理和工程服务等信息化服务。上汽集团、潍柴动力等大型企业也纷纷建设自有云平台，服务企业采购、生产、销售及售后等业务，并计划将工业云平台向全产业链进行横向纵向推广。面向中小企业的工业云平台开始推向市场。7 月，北京数码大方公司成功开发“中国工业软件云服务平台”。该平台通过整合云计算、物联网、移动互联网、创新设计与协同制造等技术，为中小企业提供研发设计、数据管理、协同营销等软件工具和数控编程、仿真分析、3D 打印等工程服务。

2. 工业互联网应用涌现新典型

互联网和工业融合不断深化，推动工业制造模式从大规模制造向个性化定制、按需制造、定制化众包生产等方向演进。截至 2013 年第三季度，家具、服装等行业涌现了一批个性化定制、按需生产的电子商务平台。曲美家具集团推出了 B8 家居电子商务平台，通过线上定制、线下体验的模式，实现个性化精准生产，满足年轻消费者追求个性时尚、量身定制的需求。青岛红领集团立足自身优势资源，通过构建基于电子商务的高级西装个性化量身定制平台 RCMTM（Red Collar Made To Measure），针对全球每张订单，从量体、设计、定制、生产到出厂一周之内完工，成功实现了个性化订单的工业化生产。爱定客定制平台也借助电子商务推出针对鞋类的个性化定制生产模式，实现精准营销。小米手机通过互联网集聚大量用户参与产品的开发和设计，将其需求直接映射到产品中，仅 2013 年上半年就已售出 703 万部小米智能手机，接近 2012 年全年 719 万台的销售总量；2013 年上半年收入为 132.7 亿元人民币，已超过了 2012 年全年收入 126.5 亿元人民币。互联网众包制造模式正成为网络与制造结合的新方向。

3. 信息技术创新应用热点纷呈

2013 年 3 月 8 日，国家重点食品质量安全追溯物联网应用示范工程项目启动。该项目利用物联网、云计算等技术对乳制品和白酒骨干企业进行质量追溯信息化改造，建设完善第三方食品安全监管平台，支持公众使用手机、互联网等多种方式实时在线查询产品真伪和质量信息。车联网在乘用车、商用车等领域得到越来越多的应用。一汽、广汽、吉利等企业积极抢占车联网平台制高点，纷纷与电信运营商签订战略合作协议，提供导航服务、信息服务、热线服务、车辆服务以及远程启动、远程锁车等智能控制功能和服务。2013 年 2 月，国内首个由车联网产业链上、中、下游企业代表共同发起和参与的车联网联盟组织成立，有利于营造健康、可持续发展的车联网产业链生态环境，将为消费者带来更加丰富的增值服务和应用体验。

（七）生产性服务业在两化融合中快速成长

现代物流、金融服务等生产性服务业利用信息技术加快自身现代化，工业设计、信息技术服务、信息咨询等生产性服务业快速壮大，信息技术外包、业务流程外包、知识流程外包等服务越来越专业化。2013 年 1—11 月，信息技术咨询服务、数据处理和运营服务收入增速分别达 26.8% 和 26.3%。

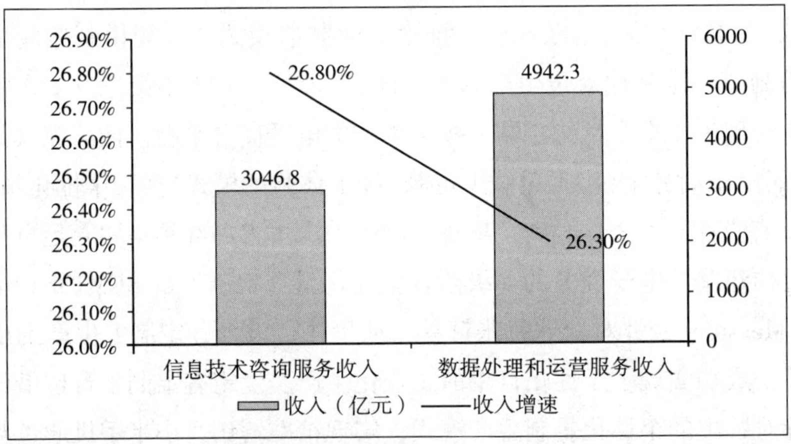

图5-2　2013年1—11月我国信息技术咨询服务、数据处理和运营服务收入情况

数据来源：工业和信息化部网站，2013 年 12 月。

2013 年 5 月 30 日，北京服务外包交易平台正式发布，以“两个大厅、一站服务”为核心的公共服务体系业已经建立。该平台是国内、乃至国际首家提供软件和信息服务外包交易的专业平台，将为交易双方提供专业的、全面的无缝隙全程交易与配套服务。该平台目前已经汇聚了 400 余家会员单位及 300 余服务外包上下游企业。

（八）大型企业信息化集成应用和协同应用取得新进展

2013年，许多大型石化、汽车企业在完成内部信息系统集成应用的基础上，整合产业链上下游资源，开展企业间的产业链协同应用。中石油、中石化、国家电网、国电集团、二商等集团型企业纷纷基于电子商务采购平台，实现企业间的信息流、物流和资金流的协同。截至9月底，中石化95%以上的生产经营所需物资实现了电子采购。这些物资涵盖化工原辅料、煤炭、钢材、机电设备等大宗和重要的通用物资。据中石化公布，截至5月底，中石化物资采购电子商务平台累计成交额突破1.5万亿元[1]。在汽车行业，一汽物流与一汽启明等IT企业合作，共同开发了支持整车物流和零部件物流的IT解决方案，构建了汽车物流供应链协同平台，支撑汽车零部件采购、汽车制造和销售等业务。目前该平台已与一汽集团的其他系统对接，实现了与上游物流订单的数据交换和下游物流承运商的电子对账结算。

（九）信息化推动工业绿色转型迈出坚实步伐

2013年，发展绿色经济、倡导低碳生活得到政府高度重视。国家相关政策措施陆续出台，推动工业安全生产和绿色发展步伐加快。在节能减排和绿色发展方面，2013年1月，国务院下发《关于转发发展改革委、住房城乡建设部绿色建筑行动方案的通知》（国办发〔2013〕1号）；2013年2月，国务院下发了《关于加强内燃机工业节能减排的意见》（国办发〔2013〕12号），工信部下发了《关于有色金属工业节能减排的指导意见》（工信部节〔2013〕56号）、《关于进一步加强通信业节能减排工作的指导意见》（工信部节〔2013〕48号）；2013年3月，工信部印发了《2013年工业节能与绿色发展专项行动实施方案》（工信部节〔2013〕95号），通过在电机、涉铅行业等重点行业开展专项行动，探索工业节能与绿色发展模式和实现途径。在安全生产方面，工信部下发了《关于加强民爆行业信息化建设有关安全管理的通知》（工信安函〔2013〕1号），强调要加强信息化技术研发过程中的安全性验证研究和对民爆企业信息化建设的专项监管。同时，一些高危行业企业积极利用信息化手段加强安全生产管理。如郑州煤炭工业集团利用"郑煤E矿山"管理系统，实时掌握煤矿企业"产、运、销"等环节信息，

[1] 数据来源：《中国石化报》，2013年5月24日。

对设备故障实现超前判断、超前处理，有效避免事故发生。

（十）行业主管部门加大推进两化融合

工业和信息化部作为两化融合的行业主管部门采取了一系列措施加大推动两化融合的力度。

一是制定和实施《专项行动计划》。根据苗圩部长的指示，组织部内相关司局、各地工信部门、各地电管局、部属研究机构等成立了起草组，开展了专项行动计划的研究和制定。2013 年 8 月 8 日，工信部召开了全系统电视电话会议，苗圩部长做了《牢记使命明确任务大力推进两化深度融合与工业转型升级》的动员。8 月 23 日，《信息化和工业化深度融合专项行动计划（2013—2018 年）》（工信部信〔2013〕317 号）正式印发。按照国务院领导同志指示和工信部苗圩部长的要求，2013 年 10 月 9 日批准了浙江省开展信息化和工业化深度融合国家示范区建设。在 2012 年工作基础上，赛迪智库组织编写的《2013 年度中国区域两化融合发展水平评估报告》于 2014 年 1 月在北京发布。

二是开展了“企业两化融合管理体系”标准建设工作。首先是建立了协同工作组织体系，成立了由苗圩部长任组长的工作领导小组，负责全面指导工作。成立了专家指导委员会，提供全方位的指导和咨询。成立了由电子一所等组成的联合工作组，负责各项具体工作和任务。2013 年 11 月 4 日，苗圩部长主持召开了领导小组第一次会议，听取了联合工作组的前期工作汇报及下一步工作计划。其次是编制完成两化融合管理体系（试行稿）。联合工作组在开展多轮次的专家论证、两批专项课题研究、大范围的企业调研等的基础上完成了两化融合管理体系（试行稿）。目前已经通过国标委立项并已着手研究成为国际标准的问题。最后是着手准备开展管理体系试点和宣传工作。确定了浙江省和部分重点企业作为首批试点推广单位。

三是推动融合创新。紧紧抓住新一轮科技革命和产业变革带来的机遇，推动融合创新。开展互联网与工业融合创新试点工作，确定了北京、山东等 16 个省市的工业云平台试点项目，召开了试点工作部署会，成立了专家指导委员会和工作组，对下一步工作进行了统筹部署和具体安排。依托国家两化融合评估服务平台，开通工业云创新行动服务系统。目前，北京市、内蒙古自治区两个地方的工业云平台已正式启动运行。以“互联网驱动制造业生态变革”、“发展网络制造新型生产方式”为主题，积极推进互联网与工业融合创新试点工作。开展电子商务集成创新试点工程。在大企业电子商务和供应链信息化提升、工业行业电子商务平台服务和商业模式创新、跨境电子商务平台建设与服务创新、移动电子商务应用和服务创新、产品信息追溯系统和服务平台建设等五个方面，确定了一批项目为2013年电子商务集成创新试点项目。此外，开展了对以往的两化融合试验区和示范企业典型经验进行总结和推广等项工作。形成了国家级两化融合试验区验收总结报告和示范企业总结报告。10月15日，召开工作会议，对以往两化融合试验区、两化深度融合示范企业等开展了经验交流和推广。

二、2013年我国两化深度融合重点政策解析

我国推进信息化与工业化融合还处于探索阶段，2013年，国家层面密集发布了一系列促进两化融合的政策措施，地方层面也出台了多项相关政策，为两化深度融合营造了良好环境。这里重点对国家层面的几项政策进行解析。

（一）《信息化和工业化深度融合专项行动计划（2013—2018年）》

2013年8月23日，工业和信息化部印发了《信息化和工业化深度融合专项行动计划（2013—2018年）》（工信部信〔2013〕317号）（以下简称《行动计划》），对今后五年推进我国两化深度融合具有重要指导意义。

1. 政策背景

党的十七大提出，要坚持走中国特色新型工业化道路，发展现代产业体系，大力推进信息化与工业化融合，促进工业由大变强。党的十八大又强调，要“坚持走中国特色新型工业化、信息化、城镇化、农业现代化道路，推动信息化和工业化深度融合，促进工业化、信息化、城镇化、农业现代化同步发展”。新一届政府成立后，李克强总理多次要求，要注重远近结合，进一步加大工作力度，充分发挥信息化在稳增长、调结构、促改革中的作用，切实把两化深度融合这篇文章做实做好，同时要求工业和信息化部短期内要进一步加快促进信息消费，拉动有效需求，催生新的经济增长点，带动消费升级、产业转型和民生改善，中长期要突出抓好两化深度融合，积极探索在工业化的同时推进信息化这个重要命题，充分利用信息技术的渗透性和带动性，有效发挥信息化在改造提升传统产业、培

育新兴业态中的作用，力争用5年左右的努力取得积极成效。

根据国务院领导同志的指示精神，工信部于2013年5月下发通知，在系统内开展信息化和工业化深度融合专题研究工作，对今后五年推动两化深度融合的工作思路、重点任务和政策措施进行研究，并形成行动计划。为落实该项工作，专门成立了行动计划起草组。起草组广泛开展了调研和研讨，并根据部领导、专家和地方等各方意见，对文稿不断进行修改完善，最终形成了该专项行动计划。

2. 工作重点

《行动计划》提出了总体思路、基本原则、主要目标，明确了8项行动计划，包括“企业两化融合管理体系”标准建设推广行动、企业两化深度融合示范推广行动、中小企业两化融合能力提升行动、电子商务和物流信息化集成创新行动、重点领域智能化水平提升行动、智能制造生产模式培育行动、互联网与工业融合创新行动、信息产业支撑服务能力提升行动。重点针对四个方面。

第一，引导企业自我提升，提高信息化条件下的企业竞争能力。一是开展企业两化融合管理体系建设。借鉴质量管理体系的方法，制定管理体系标准，完善第三方认定服务体系，引导企业运用管理体系标准，获取预期的信息化成效。二是继续开展试点示范。进一步完善工业企业两化融合评估手段，持续开展重点行业企业两化融合评估和优秀企业两化融合水平等级评定工作，推进评估对标，发挥示范效应，促进行业水平整体提升。三是继续实施中小企业信息化推进工程，完善面向中小微企业的信息化服务体系，不断降低中小微企业信息化应用门槛，增强中小微企业发展活力。

第二，立足现有基础，持续推动各专业领域两化融合向纵深发展。一是加快推进工业领域电子商务和物流信息化集成创新，深化电子商务应用，提高行业物流信息化和供应链协同水平，促进以第三方物流、电子商务平台为核心的新型生产性服务业发展，提高产业链整体效率。二是创新管理方式，在民爆、危化、食品、稀土、农药以及重点用能行业，充分运用信息化手段，强化监管监测能力，提升资源能源利用效率，实现绿色发展、安全发展。三是大力提高装备智能化水平，夯实工业发展的重要基础。结合工信部重大专项实施，在重点领域装备数控化、中高档数控机床发展和提升重大智能制造装备集成创新能力方面做出了安排。

第三，抢抓技术和产业革命机遇，适度开展前瞻性布局。鼓励发展网络制造新型生产方式，加快电子商务驱动的制造业生态变革，推进先进制造技术的创新应用和工业大数据集成应用，目的是要加快推进互联网与工业融合创新，促进工业全产业链、全价值链信息交互和集成协作，推动工业生产向数字化、网络化、智能化、柔性化和服务化转变，加快中国制造向中国创造转型升级。

第四，加强产用互动，提升信息产业支撑服务能力。建设下一代信息基础设施，实现电信运营商向综合信息服务商转变；推动技术成果产业化，提高电子信息产业链各环节配套能力；加强信息技术企业与工业企业的战略合作，完善信息化综合服务体系。

3. 关于《行动计划》政策措施的考虑

《行动计划》政策措施的提出主要考虑了六个方面。

一是加强组织领导。成立专项行动工作办公室，负责专项行动的实施督办和工作考核。组织开展年度检查与效果评估，并将评估结果作为督查考核和专项行动滚动调整的重要依据。各牵头单位进一步听取相关方面意见建议，细化任务，量化指标，明确时限，抓紧制定细化的方案和措施。各单位依据专项行动的总体要求，紧密结合实际，做好与相关领域专项行动的统筹协调和衔接工作，切实落实专项行动的目标和任务。

二是完善协调推进体系。推进两化深度融合是一项系统性的重大工程，需要各方面大力支持、积极参与和共同努力。着眼于我国社会主义现代化建设全局，建立统筹协调、分工合理、权责一致、运转高效的两化深度融合推进机制，整合政府、企业、行业和研究机构等各方力量，形成工作合力，推动两化深度融合的科学发展。工信部加强谋划布置，抓好任务实施，做好督办检查，形成工作闭环。加强对地方工作的指导，支持地方全面履职、获取资源、推进工作。加强部省合作，突出地方工信主管部门在区域两化深度融合推进工作中的组织作用。指导各地将两化深度融合推进工作与地方重点工作结合起来，进一步提高地方领导对两化深度融合工作的认识，支持建立由政府主要负责同志牵头的领导机制，推动两化深度融合纳入政府工作综合考核体系，确保任务落实。充分发挥行业协会、部属高校、第三方服务机构在政策制定、标准支撑、科技创新、评估对标和示范推广等方面的积极作用，形成全社会共同推进两化深度融合的良好氛围。

三是创新政府管理方式。加快转变政府职能，深化行政体制改革，是党中央、国务院作出的重大决策。李克强总理在国务院机构职能转变动员电视电话会议上的讲话中指出，转变政府职能，就是要解决好政府与市场、政府与社会的关系问题，通过简政放权，进一步发挥市场在资源配置中的基础性作用，激发市场主体的创造活力，增强经济发展的内生动力；就是要把政府工作重点转到创造良好发展环境、提供优质公共服务、维护社会公平正义上来。因此，在落实专项行动中，尊重市场规律，充分发挥企业的主体作用和市场配置资源的基础性作用，减少政府对企业生产经营活动的直接干预，清理和减少对各类企业、机构及其活动的非行政许可审批和资质资格许可。努力营造促进两化融合发展的良好环境，在加强政策引导、创新管理方式、改善公共服务上下功夫，推动政务公开，落实政务信息公开和公开招投标制度，打破各种行业性、地区性、经营性壁垒，促进企业公平竞争。鼓励公共信息资源社会化开发利用，创新公共服务提供方式，引导社会力量广泛参与。

四是加大资金政策支持。逐步健全以政府投入为引导、企业投入为主体、社会投入为重要渠道的多元化投融资体系。充分发挥财政资金杠杆作用，积极争取中央各有关部门支持，扩大两化深度融合专项资金规模。进一步整合利用好现有资源和手段，引导国家科技重大专项、技术改造专项、工业和信息化发展专项、中小企业发展资金等各类财政资金向本专项行动倾斜。地方主管部门充分发挥职能作用，积极争取地方党委政府加大政策和资金支持力度，争取设立两化融合专项资金，支持两化融合试点示范、重大项目和公共服务平台建设等重点工作。引导金融机构、社会资本参与专项行动，鼓励企业采用分期付款、设备租赁、技术服务投资等新融资模式推进项目建设。拓宽中小企业投融资渠道，不断强化企业的市场主体作用，进一步激发企业参与信息化建设的创新活力。

五是完善人才培养体系。随着工业转型升级步伐加快，人才队伍成为推进两化深度融合的重要力量，建设一支创新活跃、结构合理的两化融合人才队伍，成为当今时代发展和参与全球竞争的必然选择，也是两化深度融合专项行动计划顺利实施的必要保障。当前，我国两化融合人才存在结构不合理、人才培养与市场需求矛盾突出等问题，特别是复合型人才、实用型人才相对匮乏，严重阻碍了我国两化深度融合发展。为此，要高度重视两化融合人才队伍建设在推进两化深度融合中的关键性、全局性、根本性作用，政产学研各单位要共同关注两化融合人才培养和队伍建设问题。要在大中型企业全面普及企业首席信息官（CIO）制度，强化企业主要负责人推进信息化的领导责任，拓宽企业 CIO 经验交流渠道。部属高校要积极参与专项行动，提供战略研究和技术咨询。鼓励建设知识共享平台，开设两化融合网络公开课程。结合国家专业技术人才知识更新工程，支持企业和高校联合共建实训基地，开展实用人才培训。实施现代产业工人信息技能培训工程，加强对技校、中专、职高学生的信息技术教育，鼓励企业开展职工信息技能培训。

六是加强网络与信息安全保障。当今世界，网络空间主导权争夺日趋激烈，网络信息安全已经关乎国家利益和战略发展，世界主要国家围绕着信息获取、利用、控制的斗争日趋激烈，我国面临的国际信息安全环境更加复杂。同时，我国信息化与工业化深度融合背后的深层次安全矛盾越来越明显：基础信息网络和重要信息系统存在受制于人的风险，核心技术和关键装备方面依赖进口的局面短期难以改变，工业领域对信息网络的依赖性越来越强，病毒、木马等威胁加快向工业控制系统扩散，云计算、移动互联网、大数据等领域的新技术新应用不断带来新的信息安全问题，总体来看，我国面临的网络与信息安全形势异常严峻。因此，要注重提高两化融合形势下网络与信息安全管理能力和水平，深入推进网络信息安全评估、安全防护等工作。落实信息安全等级保护制度，加强对重要信息系统的安全管理检查。加强重点领域工业控制系统信息安全检查、监管和测评，实施安全风险和漏洞通报制度，及时发现安全漏洞和隐患，提升安全保障能力。加强新技术、新业务信息安全评估，强化信息产品和服务的信息安全检测和认证。结合专项行动，推广电子签名应用，加快推进网络信任体系建设。

（二）《信息化发展规划》

《信息化发展规划》是贯彻《国民经济和社会发展第十二个五年规划纲要》和党的十八大关于信息化发展战略部署的重要内容，是国民经济和社会发展规划体系的重要组成部分。《信息化发展规划》涉及到信息化与工业化融合的主要任务有三个：

一是促进工业领域信息化深度应用。《信息化发展规划》提出要围绕促进工业转型升级的要求，全方位、多层次推动信息技术在工业领域的覆盖渗透、应用集成和融合创新。推进信息技术在工业领域全面普及，推动综合集成应用和业务协同创新，加快制造业服务化进程，推广节能减排信息技术，建立两化融合服务支撑体系。

二是加快推进服务业信息化。《信息化发展规划》提出要适应服务业发展和居民消费结构升级的需要，深化信息技术在服务业的应用，积极培育新型服务业态，推动现代服务业发展。引导电子商务健康发展，提升物流信息化水平，提高服务业重点领域信息化水平。

三是积极提高中小企业信息化应用水平。《信息化发展规划》提出要完善中小企业信息化服务体系，为中小企业信息化建设提供支持与服务，推动中小企业在核心业务环节深化信息技术应用。

此外，2013 年 8 月 8 日，国务院印发了《关于促进信息消费扩大内需的若干意见》(国发〔2013〕32 号)，明确提出要加快信息基础设施演进升级，增强信息产品供给能力，提升公共服务信息化水平，为提升制造业聚集区信息网络基础设施、增强电子信息产业支撑和服务能力提供了良好政策环境。2013 年 8 月 17 日，国务院印发了《"宽带中国"战略及实施方案》(国发〔2013〕31 号)，将加快宽带网络优化升级、提高宽带网络应用水平作为重点内容，为解决信息基础设施滞后制约两化融合向深度发展的突出问题提供了重要支撑。

三、2014 年我国两化深度融合面临的形势

2013 年以来，世界经济持续缓慢复苏，以美、日为代表的发达国家经济形势在政策刺激下总体趋于好转，但依然存在高失业、高赤字等潜在风险因素；而发展中国家经济结构调整相对缓慢，资金流入减少，金融市场波动加剧，增长速度明显放缓。国际货币基金组织（IMF）在 10 月的《世界经济展望》中提出，2013 年全球经济呈趋稳复苏态势，发达经济体与发展中经济体呈分化走势，预计全年增长 2.9%；2014 年全球经济复苏步伐有望加快，预计增速将达到 3.6%，高于 2013 年和 2012 年的水平。发达经济体方面，IMF 预计 2013 年增长 1.2%，2014 年将达到 2% 左右，总体形势趋于好转。具体来看，美国经济取得了良好的内生性增长，就业状况逐步改善，房地产和汽车消费稳步恢复，2013 年的经济增速预计为 1.6%，2014 年有望增长 2.6%。日本经济在非常规宽松货币政策和刺激性财政政策的支撑下实现了较快增长，2014 年日本的经济刺激政策效应将有所缩减，但其内需市场仍呈向好局面，整体经济增速预计将维持在 1.5% 左右。欧盟正逐步走出债务危机引发的经济衰退，德国、法国、西班牙等国呈现出较为明显的回升态势，2013 年欧盟经济有望扭转下滑局面，实现正增长，而 2014 年将延续复苏态势。新兴经济体方面，2013 年以来，受结构调整滞后、资金流入

减少及金融市场震荡等因素影响，经济增速趋缓，研究机构纷纷下调了俄罗斯、印度、巴西、中国等国2013年和2014年的经济增长预期。据IMF预计，2013年新兴市场和发展中国家经济将增长4.5%，比2012年增速放缓0.4个百分点。

2013年以来，党中央、国务院坚持稳中求进工作总基调，全面统筹稳增长、调结构与促改革三者的关系，推出一系列释放内需潜力、化解过剩产能、减轻企业负担的政策措施，保障了国民经济的平稳运行。2014年，中央将继续坚持“稳中求进”的工作总基调，进一步加大力度调整产业结构，防控债务风险，提高对外开放水平，预计全年经济增速维持在7%—7.5%左右，国内经济长期向好的基本面没有改变。

2014年，我国工业经济发展的基本面是好的，仍有较大的发展空间和潜力，但是也要看到，工业大而不强，自主创新能力薄弱，产业结构不合理，发展质量和效益不高，处于价值链中低端，面临的能源资源和环境约束加大。有几组数据足以说明这些问题。2011年，我国申请国际专利合约数量相当于美国的1/3，95%的高档数控机床、85%的集成电路依赖进口[1]。各地在发展工业时，普遍存在产业发展同质化、产品附加值低、技术水平不高等问题，还造成了严重的产能过剩和环境污染问题。工业结构调整迫在眉睫，传统的发展模式难以为继，已经到了不得不依靠转型升级倒逼工业发展方式转变的关键时期。

推进工业结构调整，实现转型升级，需要有新思路、新模式、新途径。历史上，西方发达国家是先工业化后现代化。传统工业化道路虽然使得社会生产力得到极大的提高，但也付出了过大的能源资源消耗和环境破坏的代价。我国处在工业化进程中，正赶上了信息化发展的历史性机遇。我国没有时间也不允许再走西方的老路，必须走新型工业化道路，大力推进信息化和工业化深度融合。之所以如此，是因为两化融合为工业转型升级提供了有效途径，是解决节能环保、资源短缺、绿色低碳、循环再生等要素制约问题的根本出路。信息技术是当今创新最活跃、带动性最强、渗透性最广的领域。信息化不断引领生产方式的新变革，成为企业竞争力提升的内生动力。首先，伴随着信息网络技术的突破和扩散，柔性制造、网络制造、绿色制造、智能制造、全球制造日益成为生产方式变革的方向，正在加速构建新型工业生产体系。比如，3D打印技术融合了智能装备、软件、新材料、网络等科技成果，有可能成为先进制造业发展的引领性重大突破，将带

[1] 苗圩：《着力解决工业转型升级中的几个重大问题》，2013年11月27日，http://www.miit.gov.cn。

来工艺流程和制造模式的新变革。其次，两化融合正成为发展现代产业体系的重要途径。信息技术与能源、材料、生物和空间技术日益交叉、不断融合，催生了新兴业态的发展。电子商务、现代物流、工业设计、软件和信息服务等现代生产性服务发展步伐不断加快，成为制造业的"心脏"和"大脑"。比如，阿里巴巴创造了电子商务新业态，形成了基于互联网、移动通信等技术的商业生态模式，还带动了物流等线下业务的发展。再次，信息技术的广泛深入应用极大地提高企业研发创新的能力和效率，促进企业管理和商业模式创新。比如，波音公司通过构建全球化的研发和制造体系，实现了波音 787 在全球 30 多个国家、135 个地方、180 个供应商之间的协同研发和制造，成为研发制造效率最高的机型。宝钢通过构建全流程的管理体系，实现了信息流、物流、资金流的协同，产品交货时间、供应链管理水平等已居全球领先地位。最后，工业技术的不断进步与信息技术的广泛应用日益结合，提高了能源和资源的综合利用水平。据全球气候组织预测，到 2020 年，应用普及信息通信技术将帮助其他行业减少 78 亿吨二氧化碳排放，可减少全球约 15% 的碳排放。

还需要特别关注的是，2012 年以来，国内外兴起的"第三次工业革命"浪潮，实际上就是信息技术的发展和应用，特别是互联网（宽带）技术的发展和应用，与两化深度融合的发展方向是一致的，发生的领域是相同的。推进两化融合有利于我国抓住产业变革带来的机遇和挑战，抢占新一轮产业革命发展的制高点。因此，如果我国抓住信息化机遇，持之以恒地大力推进两化深度融合，完全可能走出一条新路，实现工业高水平发展。

总的来说，推进两化深度融合，既是未来破解工业转型升级难题、促进工业持续健康发展的现实需要，也是积极应对新一轮科技和产业革命、打造工业竞争新优势的战略选择。

四、2014 年我国两化深度融合趋势展望

2013 年，我国两化融合发展势态良好，成为工业结构优化升级的重要动力。展望 2014 年，各地落实国家政策的配套措施将大量实施，两化融合信息基础设施水平将明显提升，区域两化融合发展水平评估将向地市县延伸，两化融合将加快向产业链协同应用演进，产业自主创新能力将稳步提升，工业领域将涌现一批

新产品新应用新服务，生产性服务业的两化融合支撑能力将进一步增强。

（一）落实国家相关政策的配套措施将密集出台

为落实国家《关于促进信息消费扩大内需的若干意见》、《"宽带中国"战略及实施方案》，以及《信息化和工业化深度融合专项行动计划（2013—2018年）》，预计2014年，相关部委和各地方将陆续出台配套政策和措施，如"宽带中国"战略中亟需配套的支持中西部地区宽带网络政策措施、完善电信普遍服务补偿机制的财政政策等；信息消费领域，各地将开始制定产业规划和实施意见。据各地公开信息显示，中西部地区省市已开始筹划信息消费产业布局。湖南省于2013年9月初组织召开关于促进信息消费工作座谈会，要求加快起草政策文件、产业规划；甘肃省已开始制定全省信息消费总体规划，并将出台一系列配套政策；四川省开始制定《关于大力推进信息化发展促进信息消费的实施意见》。

（二）"宽带中国"建设将改善信息网络环境

"宽带中国"战略中明确提出，到2013年底，固定宽带用户超过2.1亿户，城市和农村家庭固定宽带普及率分别达到55%和20%。3G/LTE用户超过3.3亿户，用户普及率达到25%。行政村通宽带比例达到90%。城市地区宽带用户中20Mbps宽带接入能力覆盖比例达到80%，农村地区宽带用户中4Mbps宽带接入能力覆盖比例达到85%。城乡无线宽带网络覆盖水平明显提升，无线局域网基本实现城市重要公共区域热点覆盖。全国有线电视网络互联互通平台覆盖有线电视网络用户比例达到60%。预计2014年，各地将大力推进宽带提速以实现"宽带中国"战略目标。

（三）区域两化融合发展水平评估将向地市县延伸

2013年，我国区域两化融合发展评估工作取得了阶段性成果。在全国区域两化融合发展水平评估成功实施的影响下，许多省份希望将评估工作向地市一级延伸，有的省份已开展了对地市一级的试评估。2013年5—9月，安徽省构建了"区域两化融合发展水平评估——安徽省级平台"，开展了包括16个地市的两化融合发展水平评估工作，截至目前，调查企业已达500多家。新疆在区域两化融合发展水平评估指标体系的基础上，正在构建适合地市一级两化融合发展特点的指标体系、计算方法和样本选取模式。内蒙古、江苏、山西等省份也纷纷部署地市一级两化融合水平评估的相关工作。随着2013年全国区域两化融合发展水平评估结果的公布，预计在2014年，将有更多省份在此基础上筹备地市一级两化融合水平评估工作。同时，随着《两化融合专项行动计划》的实施，将有更多省份探索开展地市一级两化融合水平评估。

（四）两化融合将加快向产业链协同应用演进

2013年，大型企业信息化集成应用和协同应用能力继续提升，两化融合将加快向产业链协同应用演进。中石油、中石化、国家电网、国电集团、二商等一大批集团型企业纷纷基于电子商务采购平台，实现企业间的信息流、物流和资金流的协同。随着两化融合向更深层次拓展，产业链协同应用成为大型企业实现智能化、柔性化生产方式的重要途径。预计2014年，大型企业在内部集成的基础上，将进一步整合产业链上下游资源，开展企业间的产业链协同应用，打通上下游间各个环节，提高两化融合发展水平，实现产业链上企业竞争力的整体提升。

（五）产业自主创新能力将稳步提升

由国务院发展研究中心、中国企业评价协会发布的《中国企业自主创新评价报告（2013）》显示，高端制造、能源、电子信息、生物、节能环保5大行业中，被遴选入围的500家企业创新投入力度持续加大，研发经费投入占销售收入比重不断提高，5大行业中研发投入比重最高的是电子信息业，达到近4%，能源、生物产业为3%，高端制造、节能环保为2%左右。各行业专利授权数量和发明专利授权数量快速增长，截至2013年6月底，工业领域9大振兴产业专利公开总量达到514万件，同比增长29%，占全部专利申请总量的83%，装备制造产业、钢铁产业、电子信息产业的专利申请量增长显著。其中，电子信息技术产业专利最多，申请总量突破200万件，同比增长27%。

随着市场需求增加、行业竞争加剧以及新技术融合应用的逐渐深入，企业自主创新能力的提升有助于实现开拓新市场、提高产品质量、在行业领域中增强核心竞争力的经济目标。预计2014年，以信息网络、新能源和新材料为代表的新一轮技术创新将不断取得新突破，信息技术不断融入研发设计各个环节，创新研发手段，异地设计、敏捷制造、虚拟装配等网络化协同设计模式加快在各行业推广应用。围绕高档数控机床与基础制造装备、新一代宽带无线移动通信网信息、大型飞机等领域的国家科技重大专项深入实施，工业发展的核心技术、关键技术、共性技术和关键设备不断实现新突破，重大装备和产品制造的自主创新能力大幅提升。信息、生物科技等战略性产业关键技术超前部署，将促成核心技术的原始创新和先进产品的集成创新。

（六）工业领域将涌现一批新产品新应用新服务

移动互联网、大数据、云计算等新技术不断融入研发设计、生产制造、经营管理等环节，将不断创新制造业信息技术集成应用模式和信息化服务模式。中国软件、东软集团、浪潮齐鲁软件、太极股份四家企业成为首批特一级资质软件企业，标志着我国软件与信息技术服务企业的综合集成能力有了明显提升。在这些企业的带动下，预计 2014 年，工业软件领域有望涌现一批大型信息系统集成软件，满足企业日益增多的信息系统综合集成和产业链协同应用需求。同时，越来越多的工业企业将借助互联网和移动互联网平台整合分销渠道、优化供应链管理、强化客户服务体系。耦合二维码、条形码、位置服务的移动电子商务 O2O 应用将全面爆发。随着汽车等产业成熟度的快速提升，行业数据积累规模不断扩大，大数据挖掘正成为提高企业智慧水平的重要手段。

（七）生产性服务业的两化融合支撑能力将进一步增强

2013 年，电子商务对新一代信息技术的应用逐步扩大，新兴技术的应用为电子商务发展注入了新的活力。云计算海量、快速的处理能力成为电子商务快速发展不可或缺的力量，如天猫与阿里云、万网宣布联合推出聚石塔平台，率先以云计算为"塔基"，为天猫、淘宝平台上的电商及电商服务商提供 IT 基础设施和数据云服务。在 2012 年"双 11"网购促销节期间，聚石塔平台处理的订单比平时增长 20 倍，支持了 1.2 万家天猫商家和 17 万全网卖家的交易，其支持的各类事务处理达到数十亿级别，各类访问和查询达到数百亿级别。大数据也给电子商务行业带来革命性的影响，电子商务交易平台和网站等积极尝试对自有的海量数据进行深度挖掘和分析，通过应用大数据，为企业管理决策和精准营销提供服务。

同时，互联网金融展现出巨大的发展潜力。随着我国电子商务在发展模式、技术支撑和信用体系等方面的不断成熟，以电商为代表的互联网企业开始凭借技术、用户、数据等优势开展第三方支付、信贷、融资、理财产品销售等金融业务，将业务从互联网领域拓展到金融领域，互联网金融应运而生，并且展现出巨大的发展潜力。阿里巴巴、新浪、腾讯、京东等互联网企业在互联网金融领域表现十分活跃。2013 年 3 月，马云宣布成立筹划已久的阿里小微金融服务集团。2013 年 6 月，支付宝与天弘基金合作推出“增利宝——余额宝”。2013 年 7 月，阿里小额贷款与东证资管合作推出“阿里巴巴 1 号—10 号专项资产管理计划”获证监会批复，成为国内首支小额贷款资产证券化产品。近期，互联网金融产品和服务的推出更加频繁，东方财富网推出活期宝；腾讯与济安金信联袂推出首支互联网媒体发布的 A 股指数“腾安价值 100”，并计划推出与财付通合作、具备微信支付功能的腾讯微信 5.0 版本；新浪将上马“微银行”，提供投资理财、办理开销户、资金转账、汇款、账户查询、信用卡还款、挂失、客户咨询等覆盖几乎大部分银行常规柜台服务的金融服务。互联网金融通过将金融产品和服务电子商务化，不仅开创了一种崭新的商业模式，更为中小企业融资提供诸多便利，减轻了中小企业在信息技术与企业运营融合过程中融资难的顾虑。

预计 2014 年，生产性服务业仍将持续对云计算、移动互联网、物联网等新一代信息技术的创新应用，生产性服务业的服务水平与服务效率将进一步提升，以金融、电子商务为主的生产性服务业对工业企业的支撑作用将不断强化。

（八）行业主管部门将加大力度推进两化融合

2014 年，工业和信息化部将进一步落实两化融合作为立部之本和全系统共同的要求，扎实推进各项重点工作的开展。以贯彻落实《专项行动计划》为纲领，全面开展两化融合管理体系国家标准（试行）认定和推广工作；紧紧抓住新一轮科技革命和产业变革带来的机遇，持续推进互联网与工业融合创新试点和电子商务集成创新试点工程；深入开展两化深度融合试验区、重点行业整体提升等相关工作，进一步完善上下协同、运转高效的两化融合推进工作体系。

第一，全面开展“企业两化融合管理体系”国家标准（试行）认定推广工作。1. 开展试点和推广。一是开展管理体系企业贯标试点工作，研究制定试点办法，在不同行业和区域开展 500 家试点。二是开展管理体系企业认定的试点工作。在企业试点完成后，指导认定服务机构开展认定试点。三是充分依托地方工信主管部门、中企联、行业协会和两化融合评估咨询服务联盟等，开展宣贯、培训和交流推广等系列活动。2. 在试点推广过程中继续不断修订管理体系。动态组织开展企业调研和案例研究，深入挖掘企业两化融合推进的实践经验，持续跟踪和提炼企业两化融合管理体系典型案例。3. 健全覆盖全国的第三方管理体系认定服务体系。推动成立第三方认定管理组织，研究制定认定管理办法；推动各行业培育和建立一批第三方培训、咨询、认定服务机构；搭建咨询与认定的服务平台，对认定相关工作全流程规范化进行监督和管理。

第二，持续推进国家级两化深度融合试验区工作。以城市、区县及重点工业园区为主要载体，继续把区域作为推动全国两化深度融合的重要抓手。推动各省级政府开展省级两化深度融合试验区工作。继续做好国家级两化深度融合示范区建设工作。

第三，继续开展两化融合水平评估认定等相关工作。一是开展《评估规范》国际交流工作。大力宣传和推广应用评估规范，加强与国际标准化组织的沟通交流，提升评估规范国际知名度，推动评估规范成为国际标准。二是继续完善指标体系，开展区域两化融合发展水平评估工作，年底发布评估指数和评估报告。三是继续开展区域企业整体性评估工作。对 2013 年选择的 6 个地方的评估工作进行总结，选择 5 个左右的地方开展第二批整体性评估试点。四是依托两化融合评估咨询服务联盟，全面开展企业两化融合等级认定工作。

第四，推进互联网与工业融合创新工作。指导第一批工业云服务平台试点单位整合区域内相关服务力量和服务资源，全面梳理专业知识、行业规范、国家标准、设计模型等资源，完善服务平台和服务内容。组织开展交流互动、专业培训、成果应用展示、工业产品 3D 设计大赛等系列推广活动。有条件的试点省市成立和运营区域工业云体验中心。适时选择和确定第二批工业云平台试点。以“互联网驱动制造业生态变革”、“发展网络制造新型生产方式”为主题，大力推进互联网与工业融合创新试点工作。

第五，推进电子商务和物流信息化工作。一是组织 2014 年电子商务集成创新试点工程项目申报、评审和发布及 2013 年已批准试点项目的跟踪和总结工作。继续围绕大企业电子商务和供应链信息化提升等重点方向组织试点工作。二是指导举办两岸电子商务产业合作及交流会议，推动跨境电子商务项目交流与合作。三是支持市场化运作的物流信息平台进一步开展服务创新探索，并树立一批运行规范、成效较好的平台作为标杆。四是围绕电子商务、物流信息化持续开展动态监测和热点问题追踪研究。五是继续组织电子商务、物流信息化、旅游信息化相关经验交流及产业对接。

第六，继续开展重点行业综合提升工作。一是继续将航空工业两化深度融合提升工程作为行业综合提升的重点，加快形成航空工业对其他产业的辐射带动作用。二是适时选择纺织、食品等行业开展行业两化深度融合综合提升工作。三是继续深入推进棉纺织行业和仪器仪表行业的改造提升工作。四是组织行业间开展经验总结和交流等活动。

第七，开展企业首席信息官制度制定及推广工作。研究制定并发布企业首席信息官制度指南。成立首席信息官协会，并组建首席信息官地方分会和行业分会。通过创办“中国首席信息官”专刊等方式扩大沟通交流渠道，宣传推广企业首席信息官制度。

第六章　工业节能减排

一、2013 年我国工业节能减排取得的主要进展

（一）工业能源资源消费情况

1. 能源消费情况

回顾 2012 年，据国民经济和社会发展统计公报初步核算，全国能源消费总量 36.2 亿吨标准煤，比 2011 年增长 3.9%。其中，煤炭消费量增长 2.5%，原油消费量增长 6.0%，天然气消费量增长 10.2%，电力消费量增长 5.5%。全国万元国内生产总值能耗下降 3.6%。

工业仍然是全社会总能耗最重要的领域。据国家能源局发布的数据，2012 年，全社会用电量累计达 49591 亿千瓦时，同比增长 5.5%，其中，第一产业 1013 亿千瓦时，第二产业 36669 亿千瓦时，第三产业 5690 亿千瓦时。全国工业用电量为 36061 亿千瓦时，占全社会用电总量的 72.7%。其中，轻、重工业分别为 6083 亿千瓦时和 29978 亿千瓦时，分别占全社会用电总量的 12.3% 和 60.5%。第二产业用电量同比增长 3.9%，其中，轻工业同比增长 4.3%，重工业同比增长 3.8%，与 2010 年不同的是，2012 年轻工业用电增速高于重工业，相差 0.5 个百分点。

表 6–1　2013 年 1–8 月我国工业电力消耗情况

月度	2月	3月	4月	5月	6月	7月	8月
工业用电量（亿千瓦时）	2213	3117	3083	3223	3263	3609	3509
同比增长（%）	–17.02	3.23	7.66	4.67	5.69	8.1	12

（续表）

月度	2月	3月	4月	5月	6月	7月	8月
全社会用电量（亿千瓦时）	3374	4241	4165	4269	4384	4950	5103
同比增长（%）	-12.49	1.94	6.78	5.02	6.30	8.8	13.7
工业用电占社会用电比重（%）	65.59	73.50	74.02	75.50	74.43	72.91	68.76

数据来源：国家能源局。

2013年1—8月，全国全社会用电量累计35003亿千瓦时，同比增长6.8%。分产业看，第一产业用电量692亿千瓦时，同比下降0.5%；第二产业用电量25654亿千瓦时，增长6.3%；第三产业用电量4161亿千瓦时。2013年前八个月，我国工业用电量呈现持续平缓增长态势，由于工业经济增长趋向平稳，预计接下来的四个月将继续保持这种趋势。据中国电力企业联合会的预测，2013年，随着中国经济的稳定回升，电力需求将有所增长，预计全年电力消费增长速度比2012年增长6.5%—8.5%。

2013年1—8月，轻重工业用电量情况如表6-2所示：

表6-2 2013年1-8月轻重工业用电量

月度	2月	3月	4月	5月	6月	7月	8月
重工业用电量（亿千瓦时）	1825	2691	2541	2682	2705	3012	2907
同比增长（%）	-20.21	6.4	7.9	4.25	5.97	7.7	13.1
轻工业用电量（亿千瓦时）	388	426	541	541	559	596	601
同比增长（%）	2.22	-13.11	6.54	6.77	4.33	10.0	6.8

数据来源：国家能源局。

国家能源局公布的数据显示，2013年1—2月用电量都处于下降趋势，从3月开始，同比呈现正增长。重工业用电量占工业用电量的主导。2013年前八个月，轻重工业用电量同比都呈现正向增长趋势。这与2013年工业经济保持平稳增长现状相吻合。预计全年工业用电量也将呈现平稳正增长。

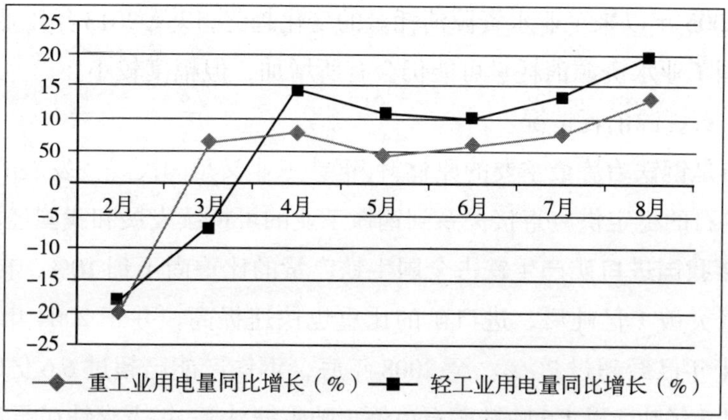

图6–1　2013年1—8月轻重工业用电量同比增长率对比

数据来源：国家能源局。

2. 资源消费情况

（1）水资源消耗情况

根据《2012 年国民经济和社会发展统计公报》，2012 年，水资源总量 28410 亿立方米。全年平均降水量 676 毫米。年底全国 422 座大型水库蓄水总量 2120 亿立方米，比 2011 年底多蓄水 164 亿立方米。全年总用水量 6110 亿立方米，与 2011 年基本持平。其中，生活用水增长 3.2%，工业用水下降 0.8%，农业用水下降 0.5%，生态补水增长 7.2%。万元国内生产总值用水量 129 立方米，比 2011 年下降 7.2%。万元工业增加值用水量 76 立方米，下降 8.0%。

“十一五”以来，工业耗水量及所占全国耗水量比重如下表所示：

表 6–3　2005—2011 年工业耗水量及占全国耗水量的比重

年份	工业耗水量（亿立方米）	占全国耗水量比重（%）
2005	278.24	9.4
2006	310.28	10.2
2007	332.42	11
2008	332.77	10.7
2009	318.66	10.1
2010	356.41	11.2
2011	354	11.1

数据来源：2005—2011 年中国水资源统计公报。

观察2005年以来工业水资源消耗量的变化趋势，以及2013年工业发展形势，2013年中国工业水资源消耗量可能仍会有所增加，但幅度较小。

（2）矿石资源消耗情况

铁矿石是钢铁冶炼最主要的原材料，钢铁工业又是国民经济发展的基础产业，因此，铁矿石的稳定供应直接关系到钢铁工业的可持续发展和我国经济的健康运行。1981年我国进口矿产生铁占全国生铁产量的比重尚不到10%，自1996年我国钢铁产量突破1亿吨后，进口矿的比重也快速提高，并于2004年超过50%，2009年上半年已经超过70%。至2008年底，钢铁产能已超过6.6亿吨，粗钢产量也已超过5亿吨。以1.6吨铁矿石冶炼1吨生铁计算，年需求铁矿石达7.5亿吨。2012年我国粗钢产量为7.17亿吨，占全球粗钢总产量的比例攀升至约45.1%。进口铁矿石7.43亿吨，占世界进口总量的61.7%。

世界上主要的工业国家人均钢材消费量峰值大体处于500—900公斤之内。如英国的人均钢材消费峰值为477公斤/年，美国人均钢材消费量峰值为690公斤/年，日本峰值为880公斤/年，德国峰值为625公斤/年。中国当前人均累计钢材消费量、人均GDP和城镇化率等指标均低于发达国家水平。由此判断，目前中国粗钢消费尚未达到顶点。随着我国工业化和城镇化进程的持续加快，以及重化工业在整体工业中的占比具有继续提高的倾向，“十二五”期间，我国人均钢材消费量以及需求总量还将继续提高，预计2015年总需求量可能会处于7亿—8亿吨之间。按1吨生铁大约需要1.6吨铁矿石比例预计，到2015年，我国铁矿石的需求量将处于11.2亿—12.2亿吨（60%—65%品位）之间。根据我国经济、人口的现状及其发展趋势，未来十年间，我国铁矿石的需求量仍会维持一个较高的水平，并有可能持续增长。

（二）工业节能减排进展

1. 工业节能进展

2013年，工业节能目标为单位工业增加值能耗下降5%以上，2012年工信部确定的工业节能目标为5%，这比2011年的4%的目标有所提高。2011年全国规模以上工业单位增加值能耗下降了3.49%，未完成工信部内部确定的4%目标。而2011年全国单位GDP能耗仅下降了2.01%，也没有达到3.5%的降幅目标。“十二五”期间节能形式十分严峻。2013年是“十二五”时期承上启下的一年，完成节能目标意义重大。

下面从五个方面，结合2013年前三季度情况分析工业节能进展情况。

（1）工业能源消费量大幅增加，单位工业增加值能耗降幅收窄

在工业经济稳中有升的背景下，三季度工业能源消费大幅增加。8月、9月，规模以上工业增加值同比分别增长10.4%和10.2%，连续两个月增速在两位数以上。以工业用电量为例，1—9月，全国工业用电量28198亿千瓦时，同比增长6.4%，增速较2012年同期提高3.5个百分点，工业用电量占全社会用电量的比重为71.5%，与2012年同期基本持平。前三季度，全国规模以上工业单位增加值能耗预计下降5%左右，基本达到了年度下降5%的预期目标。但是，从电力消费弹性系数（工业用电量增速与工业增加值增速之比）来看，由1—6月的0.52变为1—9月的0.67，单位工业增加值能耗降幅明显收窄。

（2）四大高载能行业节能和主要污染物减排压力持续增大

1—8月，钢铁、有色、化工和建材等四大高载能行业用电量均保持增长态势，同比增长4.8%，增速比2012年同期提高3.6个百分点。其中，建材、钢铁行业用电增速分别比2012年同期提高5.0和9.1个百分点。1—8月，四大高载能行业的电力消费弹性系数均小于1，说明行业单位工业增加值能耗均呈下降趋势，但与2012年同期水平相比，建材、钢铁行业电力消费弹性系数大幅提升，行业单位工业增加值能耗下降速度趋缓。

表6-4 2012年1—8月和2013年1—8月四大高载能行业电力消费弹性系数对比

四大高载能行业	2012年（1—8月）			2013年（1—8月）		
	工业增加值增速	用电量增速	电力消费弹性系数	工业增加值增速	用电量增速	电力消费弹性系数
化工	12.0%	6.1%	0.51	11.6%	4.9%	0.42
建材	11.7%	–0.3%	–0.03	11.3%	4.7%	0.42
钢铁	10.5%	–4.5%	–0.43	8.5%	4.6%	0.54
有色	13.2%	6.4%	0.48	13.8%	5.1%	0.37

数据来源：国家统计局、中国电力企业联合会。

1—9月，部分高载能产品产量同比快速增加，其中乙烯、水泥、平板玻璃、粗钢和10种有色金属产量增速分别比2012年同期提高9.3、2.2、15.3、6.3和2.7个百分点。高载能行业也是二氧化硫、氮氧化物等主要污染物产生和排放的重点

领域，产量保持快速增长造成污染物减排压力持续增大。

表 6–5　2012 年 1—9 月和 2013 年 1—9 月重点载能产品产量及增速对比

产品	2012年（1—9月）		2013年（1—9月）	
	产量	同比增速	产量	同比增速
乙烯	1106万吨	–2.9%	1179万吨	6.4%
水泥	159124万吨	6.7%	174834万吨	8.9%
平板玻璃	53859万重量箱	–4.0%	58000万重量箱	11.3%
粗钢	54234万吨	1.7%	58738万吨	8.0%
十种有色金属	2726万吨	7.1%	2969万吨	9.8%

数据来源：国家统计局。

（3）西部地区节能形势仍十分严峻

2013 年 1—8 月，西部全部省份的工业增加值增速均超过全国 9.5% 的平均水平。西部地区工业经济的高速增长主要依赖于重大项目支撑，已建成的一批煤化工、钢铁、有色、建材等项目产能在下半年逐步释放，这带来能源消耗的快速增长。1—8 月，新疆（31.9%）、重庆（13.2%）、云南（12.1%）和青海（11.6%）全社会用电量同比增长超过 10%，远高于 4.9% 的全国平均水平。1—7 月，重庆、云南、甘肃、青海、新疆的电力消费弹性系数均超过全国平均水平（0.6），表明这些省份的单位工业增加值能耗下降速度低于全国平均水平，尤其是青海、新疆的电力消费弹性系数超过 1，单位工业增加值能耗水平不降反升。根据国家发展改革委公布的《各地区 2013 年上半年节能目标完成情况晴雨表》，云南、新疆预警等级为一级，青海、宁夏预警等级为二级，西部地区节能形势仍然严峻。

表 6-6　2013 年 1—8 月各地区规模以上工业增加值增速

排名	地区	工业增加值增速（%）	排名	地区	工业增加值增速（%）
	全国	9.5	16	江苏	11.6
1	西藏	14	17	河南	11.5
2	贵州	13.9	18	河北	11.4
3	安徽	13.9	19	湖北	11.3
4	重庆	13.6	20	山东	11.1
5	陕西	13.2	21	湖南	11.0
6	福建	13.0	22	四川	11.0
7	天津	13.0	23	山西	10.7
8	广西	12.8	24	吉林	10.6
9	云南	12.4	25	辽宁	10.0
10	江西	12.4	26	广东	8.6
11	内蒙古	12.1	27	浙江	8.6
12	新疆	11.9	28	北京	8.3
13	宁夏	11.8	29	黑龙江	7.5
14	青海	11.6	30	海南	7.2
15	甘肃	11.6	31	上海	5.7

数据来源：国家统计局。

（4）结构性节能减排取得进展

淘汰落后产能工作按计划持续推进。工信部 7 — 9 月连续公告了三批工业行业淘汰落后产能企业名单，涉及炼铁、炼钢、焦炭、铁合金、电石、电解铝、铜冶炼、铅冶炼等 19 个工业行业，要求有关省（区、市）采取有效措施，力争列入公告名单内企业的落后产能按时关停，确保在年前彻底拆除淘汰。

节能环保产业发展环境日趋完善。解决节能环保问题，是我国调结构的一项重要而紧迫的任务。7 月，国务院发布了《关于金融支持经济结构调整和转型升级的指导意见》，要求严禁对产能严重过剩行业违规建设项目提供新增授信，对于节能环保产业要加大支持。8—9 月国务院连续发布了《关于加快发展节能环保产业的意见》和《大气污染防治行动计划》，提出了发展节能环保产业的目标和措施，明确了推进大气污染防治的办法，将有力地促进节能环保等战略性新兴产业发展和产业结构绿色升级。

（5）利用市场机制推动节能减排的措施不断出台

前三季度，节能减排的市场化长效机制不断完善。一是国家发展改革委、财政部、工业和信息化部、商务部、质检总局决定组织开展再制造产品“以旧换新”试点工作，以支持再制造产品的推广使用，促进再制造旧件回收，扩大再制造产品市场份额。二是财政部下发了关于继续开展新能源汽车推广应用工作的通知，公布了新一轮的补贴政策和补贴额度，这将有利于通过市场机制加快新能源汽车产业发展，推进节能减排，促进大气污染防治。三是国家发展改革委下发了关于调整可再生能源电价附加标准与环保电价有关事项的通知，提出支持可再生能源发展，鼓励燃煤发电企业进行脱硝、除尘改造，促进环境保护。

2. 工业减排进展

工业是废水、废气、固体废物产生和排放的主要领域，环保部 2013 年 3 月 27 日发布了《2011 年环境统计年报》，工业“三废”排放情况如下：

（1）总体情况

废水及主要污染物排放情况：2011 年，全国废水排放量 659.2 亿吨。其中，工业废水排放量 230.9 亿吨，占废水排放总量的 35.0%。全国废水中化学需氧量排放量 2499.9 万吨，其中工业废水中化学需氧量排放量 354.8 万吨，占化学需氧量排放总量的 14.2%。全国废水中氨氮排放量 260.4 万吨，其中工业废水氨氮排放量 28.1 万吨，占氨氮排放总量的 10.8%。

表 6-7　2005-2011 年全国废水及其主要污染物排放年际对比

年份	废水排放量（亿吨）		化学需氧量排放量（万吨）		氨氮排放量（万吨）	
	总量	工业	总量	工业	总量	工业
2005	524.5	243.1	1414.2	554.7	149.8	52.5
2006	536.8	240.2	1428.2	542.3	141.3	42.5
2007	556.8	246.6	1381.8	511.0	132.4	34.1
2008	571.7	241.7	1320.7	457.6	127.0	29.7
2009	589.7	234.5	1277.5	439.7	122.6	27.3
2010	617.3	237.5	1238.1	434.8	120.3	27.3
2011	659.2	230.9	2499.9	354.8	260.4	28.1

数据来源：《2005—2011 年环境统计年报》。

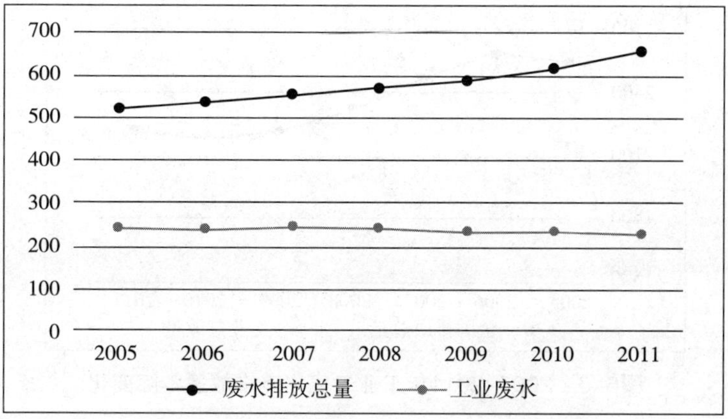

图6-2 2005-2011年工业废水排放量年际变化

数据来源:《2005—2011 年环境统计年报》。

由表 6-7 和图 6-2 可以看出,自 2005 年以来,全国废水排放量是不断增加的,但工业废水排放量呈现小幅度下降趋势,由此推断,2013 年我国工业废水排放总量不会显著增加。

废气及废气中主要污染物排放情况:2011 年,全国工业废气排放量 674509.3 亿立方米(标态)。全国二氧化硫排放量 2217.9 万吨。其中,工业二氧化硫排放量 2017.2 万吨,占全国二氧化硫排放总量的 91.0%。全国氮氧化物排放量 2404.3 万吨,其中,工业氮氧化物排放量 1729.7 万吨,占全国氮氧化物排放总量的 71.9%。全国烟(粉)尘排放量 1278.8 万吨,其中,工业烟(粉)尘排放量 1100.9 万吨,占全国烟(粉)尘排放总量的 86.1 %。

表 6-8 2005-2011 年工业废气主要污染物排放年际对比

年份	二氧化硫(万吨)		烟尘(万吨)		氨氮化物(万吨)	
	总量	工业	总量	工业	总量	工业
2005	2549.3	2168.4	1182.5	948.9		
2006	2588.8	2237.6	1088.8	864.5	1523.8	1136
2007	2468.1	2140	986.6	771.1	1643.4	1261.3
2008	2321.2	1991.3	901.6	670.7	1624.5	1250.5
2009	2214.4	1865.9	847.7	604.4	1692.7	1284.8
2010	2185.1	1864.4	829.1	603.2	1852.4	1465.6
2011	2217.9	2017.2	1278.8	1100.9	2404.3	1729.7

数据来源:《2005—2011 年环境统计年报》。

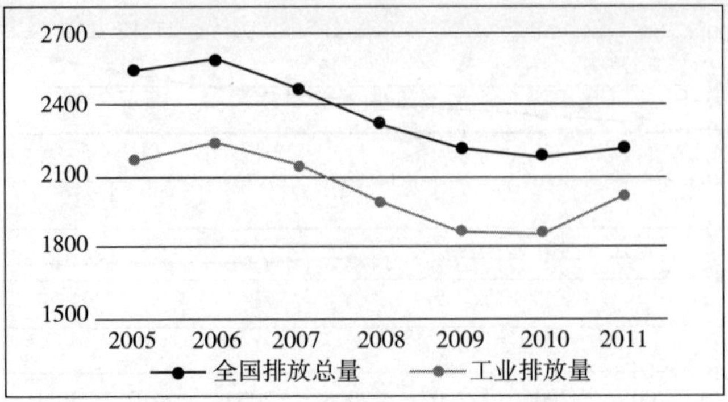

图6-3　2005-2011年工业二氧化硫排放量年际变化

数据来源:《2005—2011 年环境统计年报》。

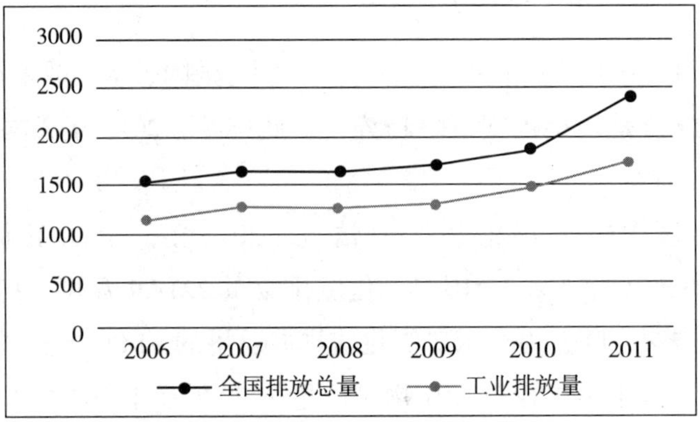

图6-4　2005-2011年工业氮氧化物排放量年际变化

数据来源:《2005—2011 年环境统计年报》。

由表 6-8、图 6-3、图 6-4 可以看出，自 2006 年以来，全国二氧化硫排放量总体呈下降趋势，2010 年之后稍有反弹。全国氮氧化物排放量呈逐年递增趋势，工业氮氧化物呈现相同的趋势。2013 年我国工业预计保持平稳较快增长，由此推断，2013 年工业二氧化硫排放量会稍有反弹，氮氧化物排放总量下降的可能性不大。

工业固废产生及处置情况:2011 年，全国一般工业固体废物产生量 32.3 亿吨，一般工业固体废物综合利用量 19.5 亿吨，一般工业固体废物贮存量 6.0 亿吨，一般工业固体废物处置量 7.0 亿吨，一般工业固体废物倾倒丢弃量 0.04 亿吨。全国工业危险废物产生量 3431.2 万吨，工业危险废物综合利用量 1773.1 万吨，工业危险废物贮存量 823.7 万吨，工业危险废物处置量 916.5 万吨，工业危险废物倾倒丢弃量 0.01 万吨。全国工业危险废物综合利用处置率达到 76.5%。

表 6–9　2005–2011 年全国工业固废产生及处理情况　单位：万吨

年份	产生量	排放量	综合利用量	贮存量	处置量
2005	134449	1655	76993	27876	31259
2006	151541	1302	92601	22398	42883
2007	175632	1197	110311	24119	41350
2008	190127	782	123482	21883	48291
2009	203943	710	138186	20929	47488
2010	240944	498	161772	23918	57264
2011	322772.3	433.3	195214.6	60424.3	70465.3

数据来源：《2005—2011 年环境统计年报》。

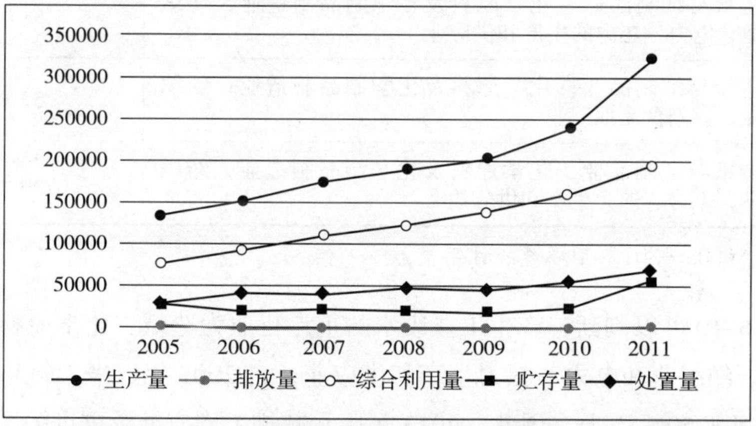

图6–5　2005–2011年工业固废产生及处理情况年际变化

数据来源：《2005—2011 年环境统计年报》。

由表 6–9、图 6–5 可以看出，全国工业固废产生量持续上升，预计 2013 年工业固废排放总量还会继续增长，但排放量存在减少可能性，综合利用量还会持续上升。

（2）重点行业情况

重点行业废水及主要污染物排放情况：2011 年，在调查统计的 41 个工业行业中，废水排放量位于前 4 位的行业依次为造纸与纸制品业，化学原料及化学制品制造业，纺织业，电力、热力生产和供应业，4 个行业的废水排放量 107.0 亿吨，占重点调查统计企业废水排放总量的50.3%。化学需氧量排放量位于前4位的行业依次为造纸与纸制品业、农副食品加工业、化学原料及化学制品制造业、纺织业，4个行业的化学需氧量排放量191.5万吨，占重点调查统计企业排放总量的59.5%。氨氮排放量位于前4位的行业依次为化学原料及化学制品制造业、造纸与纸制品业、农副食品加工业、纺织业，4个行业的氨氮排放量15.9万吨，占重点调查统计企业排放总量的60.6%。

表6–10 重点行业废水排放变化趋势

年份	废水排放位于前4位的行业	占重点调查统计企业废水排放量比重
2007	造纸业、化学原料及化学制品制造业、纺织业和电力业	52.0%
2008	造纸业、化学原料及化学制品制造业、纺织业、电力业	52.0%
2009	造纸与纸制品业，化学原料及化学制品制造业，纺织业，电力、热力的生产和供应业	51.6%
2010	造纸与纸制品业，化学原料及化学制品制造业，纺织业，农副食品加工业	51.5%
2011	造纸与纸制品业，化学原料及化学制品制造业，纺织业，电力、热力生产和供应业	50.3%

数据来源：《2005—2011年环境统计年报》。

由表6–10可以判断，产生工业废水的重点行业为造纸、化学原料及化学制品制造业、纺织业和电力、热力生产和供应业，自2007年以来，每年所占废水排放比重都在50%以上，因此，2013年废水减排工作应继续重点关注这四大行业。

重点行业废气及废气中污染物排放情况：2011年，调查统计的41个工业行业中，二氧化硫排放量位于前3位的行业依次为电力、热力生产和供应业，黑色金属冶炼及压延加工业，非金属矿物制品业，3个行业共排放二氧化硫1354.3万吨，占重点调查统计企业二氧化硫排放总量的71.4%。氮氧化物排放量位于前3位的行业依次为电力、热力生产和供应业，非金属矿物制品业，黑色金属冶炼及压延加工业，3个行业共排放氮氧化物1 471.3万吨，占重点调查统计企业氮氧化物排放总量的88.6%。烟(粉)尘排放量位于前3位的行业依次为非金属矿物制品业，电力、热力生产和供应业，黑色金属冶炼及压延加工业，3个行业共排放烟（粉）

尘700.9万吨，占重点调查统计企业烟（粉）尘排放量的68.2%。

表6–11 重点行业二氧化硫排放变化趋势

年份	二氧化硫排放前3位的行业	占工业行业二氧化硫排放量比重
2007	电力业、非金属矿物制品业、黑色金属冶炼业	75.7%
2008	电力、热力的生产及供应业、非金属矿物制品业、黑色金属冶炼及压延加工业	75.8%
2009	电力、热力的生产及供应业、黑色金属冶炼及压延加工业、非金属矿物制品业	74.6%
2010	电力热力的生产及供应业、黑色金属冶炼及压延加工业、非金属矿物制品业	73.0%
2011	电力、热力生产和供应业、黑色金属冶炼及压延加工业、非金属矿物制品业	71.4%

数据来源：《2005—2011年环境统计年报》。

由表6–11可以看到，自2007年以来，二氧化硫排放前三的行业始终是电力、热力生产和供应业、黑色金属冶炼及压延加工业、非金属矿物制品业，每年三大行业排放二氧化硫所占比重均在70%以上，因此，2013年二氧化硫减排工作应着重关注这三大重点行业。

表6–12 重点行业氮氧化物排放变化趋势

年份	氮氧化物排放前3位的行业	占工业行业氮氧化物排放量比重
2007	电力业、非金属矿物制品业、黑色金属冶炼业	79.2%
2008	电力、热力的生产和供应业、非金属矿物制品业、黑色金属冶炼及压延加工业	81.4%
2009	电力、热力的生产和供应业、非金属矿物制品业、黑色金属冶炼及压延加工业	81.9%
2010	电力热力的生产和供应业、非金属矿物制品业、黑色金属冶炼及压延加工业	83.5%
2011	电力、热力生产和供应业、非金属矿物制品业、黑色金属冶炼及压延加工业	88.6%

数据来源：《2005—2011年环境统计年报》。

由表 6-12 可以看出，自 2007 年以来，废气中氮氧化物污染物排放前三位的行业为电力、热力生产和供应业、非金属矿物制品业、黑色金属冶炼及压延加工业，每年所占工业排放总量的比重均在 80% 左右或以上，其中，电力行业所占比重最大。因此，2013 年氮氧化物减排要着重关注这三大行业，尤其是电力行业。

二、2013 年我国工业节能减排重点政策解析

（一）《工业领域应对气候变化行动方案（2012–2020）》

1. 政策背景

改革开放以来，我国工业快速发展，规模不断扩大，工业已经成为国民经济的重要组成部分，是推动经济增长的主要动力。2012 年，我国工业增加值达到 20 万亿元，占国内生产总值 38.5%。工业也是我国能源消耗及温室气体排放主要领域，我国工业部门能源消费与温室气体排放主要存在三大特点：一是工业能源消费比例偏高。我国工业能源消耗约占全社会总能源消耗的 70%，该比例在 OECD 国家仅为 1/3 左右。我国人均能源消费约为 OECD 国家人均水平的 40% 左右，但人均工业能耗却是欧盟和日本人均水平的 2/3 左右。二是我国温室气体排放面临巨大的国际减排压力，而工业是我国温室气体排放的主要领域。我国当前已经是温室气体排放大国，面临巨大的国际减排压力。如果要实现全球温升不超过 2 度的减排目标，全球温室气体排放需在 2015 年前后达到峰值，2050 年相对 2010 年减排 40%—50%。要达到这一目标，如果没有中国、印度等发展中大国参与是不可能实现的。三是高耗能行业是工业温室气体排放的主要部门。工业部门内部，能源消耗与温室气体排放主要集中在钢铁、建材、电力等高耗能行业。工业温室气体排放除了能源相关的排放之外，工业生产过程温室气体排放也占一定比例，工业生产过程二氧化碳、氧化亚氮、含氟气体等温室气体排放占全国非化石能源燃烧温室气体排放的 60% 以上，工业生产过程二氧化碳排放占全国二氧化碳排放的 10% 左右。

中国作为一个负责任的发展中国家，高度重视气候变化问题，把应对气候变化作为国家经济社会发展的重大战略，2009 年提出了到 2020 年我国单位国内生产总值二氧化碳排放比 2005 年下降 40%—45%，并作为约束性指标纳入国民经

济和社会发展中长期规划。党的十八大报告中也明确提出要加强生态文明建设，推进低碳发展。

在这一背景下，制定工业领域应对气候变化的总体方案，对贯彻落实《国民经济和社会发展第十二个五年规划纲要》、国务院《“十二五”工业转型规划》和《“十二五”控制温室气体排放工作方案》，统筹协调工业领域应对气候变化工作，明确应对气候变化的思路、目标和任务，全面提升应对气候变化能力，推动工业低碳发展，促进发展方式转变，具有重要意义。2012 年 12 月，工业和信息化部等四部委联合发布了《工业领域应对气候变化行动方案（2012 – 2020 年）》。

2. 主要目标与措施

一是提出我国工业领域应对气候变化的基本原则。在现有的技术条件下，降低工业领域的能源消耗和减少工业温室气体排放，会影响工业经济增长的速度。协调工业发展与应对气候变化的关系十分重要。为此，《方案》提出了工业领域应对气候变化的应坚持的四条基本原则：要坚持把应对气候变化作为实现工业转型升级的重要着力点；要坚持把提高能源利用效率作为应对气候变化的中心任务；坚持把技术进步作为应对气候变化的重要支撑；坚持把体制机制创新作为应对气候变化的重要保障。

二是明确了主要目标和具体目标。钢铁、建材等高耗能行业是工业温室气体排放的主要领域，为切实减少工业领域的温室气体排放，《方案》在明确我国工业领域 2012—2020 年应对气候变化的总体目标基础上，进一步明确了高耗能行业的具体目标：到 2015 年，全面落实国家温室气体排放控制目标，单位工业增加值二氧化碳排放量比 2010 年下降 21% 以上，钢铁、有色金属、石化、化工、建材、机械、轻工、纺织、电子信息等重点行业单位工业增加值二氧化碳排放量分别比 2010 年下降 18%、18%、18%、17%、18%、22%、20%、20%、18% 以上，主要工业品单位二氧化碳排放量稳步下降，工业碳生产力大幅提高。工业过程二氧化碳和氧化亚氮、氢氟碳化物、全氟化碳、六氟化硫等温室气体排放得到有效控制。产业结构进一步优化，战略性新兴产业快速发展，建设一批低碳产业示范园区和低碳工业示范企业，推广一批具有重大减排潜力的低碳技术和产品。重点用能企业温室气体排放计量监测体系基本建立，工业应对气候变化的体制机制与政策进一步完善。到 2020 年，单位工业增加值二氧化碳排放量比 2005 年下降 50% 左右，基本形成以低碳排放为特征的工业体系。

三是提出主要任务和重点工程。要完成以上目标,《方案》提出了关键要完成以下主要任务：其一，积极构建以低碳排放为特征的工业体系，包括调整优化产业结构和用能结构，强化从生产源头、生产过程到产品的碳排放管理。加快调整优化产业结构，严格控制高耗能产业过快增长。大力发展循环经济，推进工业清洁生产。其二，大力提升工业能效水平，包括围绕工业生产源头、过程和产品三个重点，实施工业能效提升计划。组织实施工业锅炉窑炉节能改造、内燃机系统节能、电机系统节能改造、余热余压回收利用、热电联产、工业副产煤气回收利用、企业能源管控中心建设、两化融合促进节能减排、节能产业培育等9大重点节能工程。其三，控制工业过程温室气体排放，通过原料替代、改善生产工艺、改进设备使用等措施减少工业过程温室气体排放。其四，加快工业低碳技术开发和推广应用。以先进适用技术和关键共性技术为重点，制定重大低碳技术推广实施方案，促进先进适用低碳新技术、新工艺、新设备和新材料的推广应用。鼓励重点行业推广应用低碳技术。其五，促进低碳工业产品生产和消费，包括完善主要耗能产品能耗限额和产品能效标准，加大高效节能家电、汽车、电机、照明产品等推广力度。促进企业开发低碳产品，倡导低碳消费。

《方案》提出把实施六大工程作为工业领域应对气候变化的重要抓手。一是工业重大低碳技术示范工程，在钢铁、建材、有色、石化和化工等重点行业，示范推广先进适用的重大低碳技术。二是工业过程温室气体排放控制示范工程，以水泥、钢铁、石灰、电石、己二酸、硝酸、化肥、制冷剂生产等为重点，推广示范一批原料替代、生产工艺改善、设备使用改进等温室气体排放控制技术，提高排放控制水平。三是高排放工业产品替代示范工程，在水泥、钢铁、化肥、石灰、电石等高排放产品中，推广示范具有重要推广价值的替代产品或工艺。四是工业碳捕集、利用与封存示范工程，在化工、水泥、钢铁等行业中实施碳捕集、利用与封存一体化示范工程。五是低碳产业园区建设试点示范工程，“十二五”期间，在工业领域力争培育和形成80个国家低碳产业示范园区。六是低碳企业试点示范工程，“十二五”期间培育500家示范企业。

3. 政策特点

工业是我国主要的能源消耗与温室气体排放部门，降低我国温室气体排放的关键在于降低工业领域的温室气体排放。但随着我国工业化和城镇化进程的深入发展，我国在未来一段时间内仍然面临着工业品的巨大需求，这基本上决定了我国工业领域应对气候变化工作的难度是非常大的。

但转变经济增长方式，推动工业绿色低碳发展，建设生态文明已经成为我国未来发展的重要战略任务。我国必须在推进工业发展的同时，实现工业的绿色低碳发展。《方案》为实现这一目标描述了一个清晰的路线图，将对未来我国工业领域的绿色低碳发展发挥重要指导作用。

（二）节能产品惠民工程

1. 政策背景

节能产品惠民工程是一项促进节能减排工作的财政补贴政策。该政策通过国家财政补贴的方式，激励节能产品的消费和推广，以降低终端用能产品的能源消耗，并同时实现扩大内需、促进产品和产业结构调整的目的。《节约能源法》第六十条规定：中央财政和省级地方财政安排节能专项资金，支持节能技术研究开发、节能技术和产品的示范与推广、重点节能工程的实施、节能宣传培训、信息服务和表彰奖励等。自 2007 年以来，财政部、国家发展和改革委员会、工业和信息化部等陆续启动了照明产品、节能空调、平板电视、电脑，以及电机、风机、水泵、汽车等产品的补贴推广工作。目前，已经形成家电、汽车、工业产品 3 大类 15 个品种数十万种型号的“节能产品惠民工程”推广体系，累计安排中央财政资金超过 400 亿元，出台实施细则 20 多项。节能产品惠民工程已经成为“稳增长、扩消费、促节能、惠民生”的重要政策平台。

我国是世界人口大国，也是家用电器、汽车以及工业品等终端用能产品的需求大国。据有关机构统计，我国照明产品、电视、冰箱、空调等家电年耗电量超过 4500 亿度，占居民用电总量的 80%。随着我国经济的快速增长，城镇化进程的快速推进，城乡居民消费正在加速升级，不仅家用电器需求量进一步增长，而且汽车等高端消费品的需求也呈现快速增长趋势。同时，我国是制造业第一大国，随着工业化进程的发展，电机、水泵、风机等工业产品的需求规模不断扩大。家电、汽车以及工业产品等终端用能产品消费需求的增长导致终端产品能耗快速增长。相比发达国家，我国高效节能产品国内市场占有率明显偏低，家电等终端用能产品的平均能源利用效率仅略高于发达国家 20 世纪 70—80 年代初的水平。例如全球耗电最大的机械产品——电机在我国的存量和增量都非常大，但我国电机平均能效水平相比发达国家落后 2—3 个百分点，电机系统能效水平落后 10%—

20%。电机能效水平每提高1个百分点，将产生巨大的节能量。因此，我国在生活消费、交通运输、工业生产的终端用能产品方面存在巨大节能潜力，提高终端用能产品的能效水平十分必要。

实施节能产品惠民工程有助于实现“稳增长、调结构、促发展”的目的。首先，扩大内需是当前“稳增长”的有效途径。我国的工业化和城镇化正在快速推进，家电、汽车、电机等工业产品的需求都在增长，实施节能产品惠民工程，推广高效节能产品，有利于把居民的消费潜力转化为现实消费需求，提高节能产品的消费,促进经济增长。其次,节能产品消费有利于推动产业升级和产业结构调整。一方面节能产品的消费会促使企业调整产品结构，提高能效标准和技术进步，进行产业升级。另一方面，节能环保等新兴产业已成为新的经济增长点和战略调整的制高点，大力发展节能环保产业对引领未来产业发展，提高产业竞争力十分重要,实施节能产品惠民工程可促进节能环保产业的发展,推动产业结构调整。最后，实施“节能产品惠民工程”，推广家电、汽车、电机等节能产品，有助于提高终端用能产品能效水平，促进高效节能产品替代低效产品，挖掘社会节能潜力，降低生活、交通、工业等领域的能效消耗，而且还有助于形成企业生产、消费者购买、全社会认同高效节能产品的良好社会氛围，提升全社会节能减排意识，推动我国加快构建资源节约、环境友好的生产方式和消费模式，增强可持续发展能力。

2. 主要目标与措施

节能产品惠民工程政策将量大面广、用能量大、节能潜力明显的高效节能产品纳入财政补贴推广范围。2009年，财政部、国家发展和改革委员会发布了《关于开展“节能产品惠民工程”的通知》。采取间接补贴的方式对消费者购买的能效达到1级或者2级的空调、冰箱、洗衣机、电机等10类产品实施财政补贴。补贴方式由中央财政对高效节能产品生产企业给予补贴，再由生产企业按补贴后的价格进行销售，并最终补贴给消费者。参与节能产品惠民工程的生产企业要在其推广产品和包装上按要求加施“节能产品惠民工程”标识和字样。当高效节能产品的市场份额达到一定规模后，国家不再对其补贴推广。

从2009年到2013年，我国组织实施了高效节能房间空调器、节能汽车、高效电机、平板电视、电冰箱、洗衣机、热水器、单元式空调和冷水机组、台式微型计算机、风机、水泵、压缩机、配电变压器等产品的推广工作，分别印发了《关于印发〈“节能产品惠民工程”高效节能房间空调推广实施细则〉的通知》、《“节能产品惠民工程”节能汽车（1.6升及以下乘用车）推广实施细则》和《节能产品惠民工程高效电机推广实施细则》等相关政策文件。截至2013年5月31日，共发布了10批高效节能空调推广目录、8批节能汽车推广目录、4批高效电机推广目录、5批高效节能平板电视推广目录、5批高效节能家用电冰箱推广目录、5批高效节能电动洗衣机推广目录、4批高效节能家用燃气热水器推广目录、5批高效节能太阳能热水器推广目录、4批高效节能空气源热泵热水器推广目录、3批高效节能单元式空调和冷水机组推广目录、4批高效节能台式微型计算机推广目录、2批高效节能容积式空气压缩机推广目录、2批高效节能清水离心泵推广目录，2批高效节能配电变压器推广目录。

3. 政策特点

从政策机制看，作为一项重要的节能政策措施，节能产品惠民工程发挥了财政补助、标准标识和节能监管的合力作用，不仅提高了终端用能产品效率、实现了节能，而且还引导企业生产和个人消费模式转变，形成不断淘汰低效产品、扩大高效产品市场占有率、提高产品整体能效的长效机制。在政策机制上具有创新性，主要表现在三个方面：一是中间环节少，推广效率高。高效节能产品产业集中度高，如目前推广的产品能效等级在1级或2级以上、企业具备一定生产规模和要求，由企业负责推广，有利于调动企业积极性，也可以利用企业现有的销售、结算、管理体系，提高推广效率。二是方便消费者，节约推广成本。与直接补助广大消费者相比，采取间接补助方式，按照补助后的价格进行销售，不增加消费者任何负担，操作简便，易于实施。三是责任明确，利于监管。生产企业是高效节能产品推广的责任主体，政府主要是采取严格措施加大监督检查和处罚力度，防止企业弄虚作假。

从推广的产品看，量大面广、节能潜力明显的用能产品是节能产品惠民工程推广的重点。根据产品总体能耗和市场需求等情况，逐步推广高效节能空调、冰箱、平板电视、电机等产品以及高效照明产品、节能与新能源汽车。为了鼓励企业研发、生产、销售高效节能产品，限制条件只是设置了能效等级、质量、售后服务等基本门槛，申请推广的企业和产品只要满足条件都可以参与，实现普惠。例如，我们对推广高效节能空调的企业只要求它是在中国境内合法注册、具有完备的产品销售、安装及用户信息管理系统，承诺一定的高效节能产品的推广数量。对产品提出了是自有品牌或具有合法的品牌使用权，能效指标达到国家能源效率标准规定的能效2级及以上，质量性能符合相关国家标准规定，价格符合实施规则中的最高限价，具有唯一可识别的产品条码序列号等基本要求。

从推广方式看，节能产品惠民工程是一项宏大的系统工程，涉及的节能产品种类多、型号广，整体上采取循序渐进、逐步扩大的方式推进。高效节能产品的市场价格一般较高，除了规模小、成本高的因素外，还有就是附加功能较多。企业把高效节能产品作为高端消费品。为了促使企业研发、生产符合大众消费要求的产品，让普通消费者都能够接受高效节能产品，根据目前市场零售价格及附加功能成本等因素对推广产品规定了最高指导价，企业申报的具体产品推广上限价格不得高于最高指导价。企业根据推广产品成本等因素合理确定推广上限价格，在享受财政补助后还可以再根据市场和企业自身的实际状况、消费者的承受力以及推动节能产品销售等各种因素以更优惠的价格销售给消费者。但实际零售价格与推广上限价格不应过分偏离，有较大差异的企业要作出解释，同时企业要保证所有推广产品的市场供应，不能出现推广产品断货、脱销。

从监督检查看，节能产品惠民工程顺利实施的关键是确保普通消费者能够以较低价格购买到高效节能产品，真正受惠于财政补助。为此，特别加强了对监督检查的要求：一是要求企业在推广产品的外包装和本体上加施“节能产品惠民工程”标识和字样，广大消费者可以根据国家公告的推广企业和产品进行监督。二是专门开发了“节能产品惠民工程”信息管理系统，要求企业将每台推广产品的规格型号、销售价格、发票号、安装地点、用户信息等及时录入。各级财政、节能主管部门可以根据权限了解当地高效节能产品推广的情况，对推广信息同步开展核查，并将核查结果及时反映给财政部、国家发展改革委。三是国家组织对推广产品的能效、质量、销售和安装情况等进行抽查，并将抽查结果向社会公告，使广大消费者获得对称信息。对于在日常检查和专项抽查中发现的推广企业提供虚假信息、推广产品能效不符合标准要求、推广价格高于企业承诺的推广价格减去财政补助、推广产品数量未达到规定规模等问题，视情节给予通报批评、扣除补助资金等处罚。情节严重的，取消其推广资格。

（三）关于加强内燃机工业节能减排的意见

1. 政策背景

内燃机是交通运输、工程机械、农业机械、渔业船舶、国防装备的主导动力设备。内燃机工业是重要的基础产业，经过多年发展，我国内燃机工业取得了长足进步，我国已成为全球内燃机生产和使用大国。2011 年，我国内燃机工业总产值 3700 亿元，年产量达到 7760 万台，总功率突破 14 亿千瓦。

从内燃机使用来说，内燃机是主要的燃油消耗装置，同时会污染环境。据统计，2010 年我国内燃机所消耗的燃油占全国燃油消耗总量的 60% 以上，当前我国燃油主要依靠进口，石油对外依赖度已经超过 50%，内燃机的大量燃油消耗直接关系到我国的能源安全。我国大城市有 80% 以上的一氧化碳、40% 以上的氮氧化合物和 20%—30% 的颗粒物来自内燃机驱动的机车，这些排放物会导致大气污染和雾霾的出现，提高内燃机用能效率有助于减轻对大气的污染。相比国际先进水平，虽然近年来我国内燃机行业自主创新能力不断增强，内燃机产品节能减排等技术水平有了很大提高，但我国内燃机产品在节能环保指标上仍有较大差距，关键核心技术欠缺，节能减排标准体系不健全，高能耗、高排放、低性能内燃机产品仍在广泛使用。据估计，我国的内燃机节能潜力在 10%—20%，可以说内燃机的节能有巨大的经济效益和能源安全意义。从生产来说，我国内燃机产量占全球总产量的 1/3，是全球最大的内燃机交易市场。但是内燃机水平距离国际先进水平还有相当的差距，而且内燃机工业低水平重复建设现象严重。因此亟需出台产业准入条例、油耗标准，加快老旧高排放产品淘汰，净化市场环境，解决产业升级问题。

2013 年 2 月，国务院发布《关于加强内燃机工业节能减排的意见》，明确了内燃机工业未来发展的主要目标，并通过实施市场准入、油耗标准和实施六大重点工程，切实加强和推进了内燃机工业的节能减排工作。《意见》将有助于推动内燃机产业的结构调整、行业技术存量提升以及最终实现全行业节能减排，并支持其他相关产业的节能。

2. 主要目标与措施

《意见》明确提出，到 2015 年，节能型内燃机产品占全社会内燃机产品保有量的 60%，与 2010 年相比，内燃机燃油消耗率降低 6%—10%，实现节约商品燃油 2000 万吨，减少二氧化碳排放 6200 万吨，减少氮氧化物排放 10%，采用替代燃料节约商品燃油 1500 万吨；培育一批汽车、工程机械用发动机等再制造重点企业；实现高效节能环保型内燃机主机及其零部件生产制造装备的国产化、大型化；建立内燃机产品节能减排政策法规和标准体系。

为达到上述主要目标,《意见》进一步明确了我国内燃机工业节能减排的重点领域,主要包括乘用车用发动机、轻微型车用柴油机、中重型商用车用柴油机、非道路移动机械用柴油机、船用柴油机、通用小型汽油机及摩托车用汽油机、关键部件产业化应用、排气后处理装置、内燃机制造过程节能、替代燃料内燃机产品研发、内燃机产品再制造等11个方面。

实施六大重点工程：一是压燃式内燃机高压燃油喷射系统示范工程。到2015年，新生产的车用柴油机全部应用高压燃油喷射系统，燃油消耗率比2010年降低5%—8%。二是点燃式内燃机缸内直喷燃油系统示范工程。到2015年，30%—40%新生产的车用汽油机产品应用缸内直喷燃油系统，燃油消耗率比2010年降低8%—10%。三是内燃机高效增压系统应用示范工程。到2015年，多缸柴油机增压技术普及率达90%以上，高效增压技术在车用柴油机上的应用比例达100%，在车用汽油机上的应用比例达30%以上。四是节能节材型小缸径多缸柴油机应用示范工程。到2015年，20%以上新生产的多功能型（微型）乘用车配套使用小缸径多缸柴油机，替代高耗能大缸径单缸柴油机50万台。五是替代燃料内燃机应用示范工程。到2015年，通过推广应用天然气单一燃料、双燃料及生物柴油内燃机，实现替代商品燃油1000万吨；通过推广应用甲醇燃料内燃机，实现替代商品燃油500万吨。六是船舶柴油机能量综合利用示范工程。到2015年，实现单船综合能效比2010年提高5%。

相应的配套政策措施包括：一是完善产业政策。制定出台内燃机制造企业准入条件，抑制落后产能扩张。制定落后内燃机产品评价规范和淘汰产品目录，加快淘汰高耗能、高排放内燃机产品。完善并严格执行机动车及发动机环保型核准制度、机动车污染物排放标准。发布内燃机节能产品推广目录，制定推广实施方案，加快推广应用先进节能内燃机产品。二是健全标准体系。制定内燃机产品燃油消耗限值及测量方法标准，明确燃油消耗率限定值、推荐值和目标值，达不到限值标准的内燃机产品不得生产、销售、使用。制定节能环保型内燃机产品技术标准，明确燃油消耗率及污染物排放技术指标，规范节能型产品分类。研究制定替代燃料内燃机产品技术标准和内燃机再制造工艺技术、产品质量、生产管理等标准，对替代燃料内燃机和再制造产品发展进行规范。开展行业能效对标活动，提高内燃机制造业能源利用效率。三是加强监督管理，确保各项管理措施、法规标准得到严格执行。四是加快技术创新体系建设，提高内燃机工业自主创新能力。

五是出台经济激励政策，推动高效内燃机的发展。

3. 政策特点

截至 2012 年底，我国内燃机市场保有量已经达到 2.955 亿台，其中，乘用车用汽油机和商用车用柴油机的合计保有量已达到 1.2 亿台。在内燃机保有量规模大的同时，我国内燃机在节能环保指标上与国际先进水平仍有较大差距。由于技术、标准、政策等多方面原因，导致很多高能耗、高排放、低性能内燃机产品仍在市场中广泛使用。此外，长期过低的市场准入门槛导致内燃机工业的产能过剩和低水平、低价竞争现象严重。

《意见》的发布不仅明确了我国内燃机工业节能减排的主要目标，而且指出了我国内燃机工业节能减排工作的重要领域、重点技术和重点任务，不仅有宏观的节能技术导向要求，更有具体的、阶段性节能目标。其中准入条件、油耗标准、六大重点工程是主要环节。准入条件使得整个内燃机工业的产业结构更加合理，将有效抑制盲目、低水平重复投资。分阶段的油耗标准有助于创造一个不断进步的环境，鼓励技术领先企业加大研发投入，带动行业节能技术不断提升。六大重点工程通过工程实施，解决目前行业存在的共性、掣肘及核心关键技术的掌握能力问题。

（四）《关于开展工业产品生态设计的指导意见》

所谓生态设计是指按照全生命周期的理念，在产品设计开发阶段系统考虑原材料选用、生产、销售、使用、回收、处理等环节对资源环境造成的影响，力求产品在全生命周期中最大限度降低资源消耗、尽可能少用或不用含有有毒有害物质的原材料，减少污染物产生和排放，从而实现环境保护的活动。

1. 政策背景

目前，我国工业占国民经济相当大的比重，是消耗资源、能源和产生排放污染物的主要领域。2012 年，我国工业能源消耗总量达到 26.5 亿吨标准煤，工业排放的化学需氧量、二氧化硫占全国的 14.0% 和 90.3%。同美国相比，我国制造业产值与其相仿，但能耗却是美国的 2.5 倍。总体而言，我国工业的发展方式仍然是比较粗放的，具有高消耗、高污染、高排放、低附加值的特征。党的十六大明确提出，工业发展要走一条科技含量高、经济效益好、资源消耗低、环境污染少、人力资源优势得到充分发挥的新型工业化道路。党的十八大报告中明确提出，把生态文明建设融入到经济建设、政治建设、文化建设和社会建设各个方面，加强生态文明建设。建立投入低、消耗少、产出高的新型工业体系，是当前我国工业实现转型升级和绿色低碳发展的重要任务。

工业是为全社会提供技术装备与产品的产业。装备与产品的生产过程包括资源和能源的投入，产品与废物的产出。生产什么样的产品，如何生产产品，从根本上决定了工业生产过程中的资源消耗和废物排放。而从全生命周期角度理解产品的制造过程，包括产品的设计、生产、包装、使用和回收等多个环节。其中设计环节是产品制造的首要环节，将基本决定产品制造的资源消耗和废物排放。在工业领域实施产品生态设计，可以从源头上减少资源的消耗和废物的排放。

从国际发展趋势来看，绿色低碳产品正在成为当前世界经济发展的重要趋势。21世纪以来，世界各国都把推动经济的绿色低碳发展作为未来经济增长和提高国际竞争力的重要战略。在产品制造方面，欧盟、日本、美国等发达国家和地区从20世纪80年代就开始了产品生态设计的实践，已经取得了一定的成绩。

从生态设计的作用来看，首先，生态设计是实现污染预防的重要措施。污染预防是改变“先污染后治理”发展方式的根本途径。研究表明，80%的资源消耗和环境影响取决于产品设计阶段。在设计阶段，充分考虑现有技术条件、原材料保障等因素，优化解决各个环节资源环境问题，可以最大限度实现资源节约，从源头减少环境污染。其次，生态设计是落实生产者责任延伸制度的要求。推行工业产品生态设计可以使企业在产品设计阶段就综合考虑污染预防措施，采用合理的结构和功能设计，选择绿色环保原材料和易于拆解、利用的部件，从而更好地履行产品回收、利用和最终处置的责任，实现经济、环境和社会效益的最大化，把生产者责任延伸制度落到实处。再次，生态设计是提升产品竞争力的迫切要求。在全球资源环境压力日益突出的情况下，提供绿色环保产品已成为国际潮流和趋势，迫切要求我国加快推进产品生态设计工作，开发、制造符合国际市场需求的绿色环保产品，提高产品的国际竞争力。最后，生态设计有利于绿色技术创新。生态设计作为先进设计理念，更注重应用先进资源节约和环境保护技术实现节能、节材、环保及资源综合利用等目标；同时，也对无毒无害或低毒低害的绿色材料、资源利用效率高和环境污染小的绿色制造技术等提出需求，推动相关技术的研发与推广应用。

2013年1月，工业和信息化部等三部委联合发布了《关于开展工业产品生态设计的指导意见》，标志着我国开始系统化地推进产品的生态设计。

2. 主要目标与措施

《指导意见》提出开展生态设计的主要思路：树立源头控制理念，以产品全生命周期资源科学利用和环境保护为目标，以技术进步和标准体系建设为支撑，开展工业产品生态设计试点，建立评价与监督相结合的产品生态设计推进机制，通过政策引导和市场推动，促进企业开展产品生态设计。

《指导意见》提出开展生态设计的主要目标：到 2015 年，初步建立政策引导与市场推动相结合的工业产品生态设计推进机制。生态设计推进工作有序展开，制定一批产品生态设计标准；初步建立生态设计产品评价和监督管理机制；开展产品生态设计试点，发布生态设计产品评价结果清单；开发、应用和推广一批无毒无害或低毒低害原材料（产品）以及清洁生产工艺技术。

为实现上述目标，《指导意见》提出重点完成以下任务：一是组织开展工业产品生态设计试点。制定生态设计评价实施细则，开展生态设计试点工作。在试点工作基础上，积累、总结相关经验，逐步拓展评价内容和试点产品范围。二是编制重点产品生态设计标准。提出产品生态设计标准体系框架，组织编制产品生态设计通则，研究制定生态设计标准。三是建立产品生态设计评价监督机制。研究制定产品生态设计评价管理制度，逐步规范产品生态设计评价管理工作。四是夯实生态设计基础，推进技术开发应用。逐步建立产品生态设计基础数据库；试行产品生命周期评价；研发一批绿色环保材料；推广易拆解、易分类的产品设计方案。

3. 政策特点

我国虽然是制造业大国，但相比发达国家而言，我国工业发展的历史是比较短的，工业设计的基础尚十分薄弱，当前主要工业产品的设计多是沿袭国外的经验。发展我国自己的工业设计能力，形成自身的设计特色，对我国实现从制造业大国向制造业强国的转变具有重要意义。

相比传统工业设计，生态设计是工业设计在可持续发展背景下的重要转型，对推进人与自然的和谐，实现可持续发展具有重要意义，也对形成产业的国际竞争力十分关键。我国适时发布《指导意见》，明确了未来我国生态设计的发展思路、主要目标、重点任务等，这实际是为我国生态设计的发展提供了一个清晰的路线图。

（五）百项能效标准推进进程

1. 政策背景

节能标准是企业实施节能管理的基础，也是政府实施节能政策、加强节能监管的依据。要把我国的节能工作建立在法制的基础上，必须建立完善的节能标准体系，以节能标准作为实施节能政策量化指标的依据。《节约能源法》中明确规定了强制性节能标准，同时提出要制定节能标准，建立完善的节能标准体系。

目前，我国有各类节能标准700多项，其中国家标准400多项，行业标准300多项，还有一定数量的地方节能标准。这些标准之间具有一定的内在联系，初步形成我国的节能标准体系。我国节能标准体系根据国家节能重点领域进行构建，主要包括综合基础类标准、用能产品能效标准、工业节能标准、建筑节能标准、交通运输节能标准和农业节能标准等子体系。工业节能标准体系可分为节能设计标准、能力平衡标准、能耗测试和计算标准、能源消耗限额标准、节能监测标准、用能设备经济运行标准、能源审计标准、高效节能产品及装置标准、节能综合管理与评价标准等。截至2013年8月，中国已制定发布了500多项工业节能方面的标准，其中国家标准200多项，行业标准近300项。200多项工业节能国家标准重点包括强制性的终端用能产品能效标准、强制性的单位产品能耗限额标准、基础性通用标准、重点工业用能设备或系统节能监测标准、重点工业用能设备经济运行标准、评价企业合理用能标准以及能源审计、能源管理体系、合同能源管理等其他节能管理方面的标准。

当前，我国节能标准体系建设还不完善，亟需加快建设。《“十二五”节能减排综合性工作方案》和《节能减排“十二五”规划》中明确提出要完善节能环保法律、法规和标准体系，加快节能环保标准体系建设。《工业节能“十二五”规划》中提出：发挥节能标准支撑作用。加快单位产品（工序）能耗限额标准制（修）订工作，扩大工业设备、家电照明和信息通信等领域产品能效标准实施范围；鼓励地方制定更加严格的单耗和能效地方标准；推动工业节能标准的国际协调和统一；加强节能产品认证和检测能力建设，强化节能产品认证；扩大节能产品能效标识范围，加大节能产品政府采购力度。

为推进我国节能标准体系建设，2012年6月，我国启动百项能效标准推进工程。百项能效标准推进工程将重点围绕高效节能产品推广、节能评估审查制度、万家企业节能低碳行动、绿色建筑行动、淘汰落后产能等一系列重点节能工作，在两年内发布100项节能标准。

2. 主要目标与措施

百项能效标准推进工程主要包括单位产品能耗限额标准、终端用能产品和设备能效标准，以及部分基础和管理标准。

在单位产品能耗限额标准方面：《节约能源法》第十六条规定，生产过程中耗能高的产品的生产单位，应当执行单位产品能耗限额标准。对超过单位产品能耗限额标准用能的生产单位，由管理节能工作的部门按照国务院规定的权限责令限期治理。单位产品能耗限额标准主要包括三个重要指标，第一个是单位产品能耗限额限定值，是单位产品能耗限额标准中的强制性指标，是评价现有生产企业单位产品能耗限额的指标，在已经颁布的单位产品能耗限额系列国家标准中，是以淘汰现有生产能力20%—30%落后产能为原则的。第二个指标是单位产品能耗限额准入值，是用于评价新建及改扩建项目是否通过审批的指标，在标准中也是强制性指标。第三个指标是单位产品能耗限额的先进值，是评价单位产品能耗限额是否达到先进水平的指标，确定原则是取国际先进水平或国内领先水平，给企业一个奋斗目标，在标准中是一个推荐性的指标。

2007—2010年，我国先后发布了钢铁、化工、有色金属、建材、电力等五大高耗能行业单位产品能耗限额标准，涉及粗钢、焦炭、铁合金、碳素电极、烧碱、黄磷、电石、合成氨、水泥、玻璃、陶瓷、铝冶炼、铝及铝合金挤压产品、铜冶炼、铜管材、铅冶炼、锌冶炼、镁冶炼、镍冶炼、锑冶炼、锡冶炼、常规火力发电、氧化铝、再生铅、铝电解石墨质阴极炭块，铝电解用预焙阳极，铝及铝合金轧、拉制管、棒材等27个产品。

在终端用能产品和设备能效标准方面：我国从20世纪80年代开始组织编制终端用能产品和设备能效标准，目前已经发布终端用能产品和设备能效标准44项，涉及家用耗能器具、照明器具、工业通用设备、商用设备、电子信息产品和交通运输工具六大类。标准中包括强制性的能效限定值指标，是市场准入门槛；推荐性的节能评价值，是我国实施的自愿性节能产品认证制度的技术依据。

其他工业节能标准：除单位产品能耗限额标准、终端用能产品和设备能效标准外，工业领域已经发布的还有节能基础标准、节能监测标准、经济运行标准等，在节能管理工作中发挥重要作用。其中节能监测技术通则等节能监测标准用于统一节能监测的原则、明确指标数量、测试方法和内容，为我国开展节能监测提供指导，目前我国已经发布节能监测标准 21 项。重点用能设备经济运行标准用于规定各类系统经济运行的测试方法、原则和技术要求，通过科学管理、运行工况调节或技术改进，达到合理匹配、实现系统低能耗和经济性好的工作状态，可以极大提高系统运行效率，实现系统节能效益，目前我国发布此类标准 8 项。能量计量器具配备标准用于规范企业能源计量器具的管理工作，目前此类标准已发布 7 项。

截至 2012 年底，百项能效标准推进工程组织有关单位编制、发布了 54 项国家标准，包括水泥、煤炭开采、轮胎、稀土、化工产品等高耗能行业能耗限额标准 28 项，电动机、鼓风机、计算机、无极灯等终端用能产品能效标准 8 项，能源计量器具配备、能源管理体系、企业能源统计等节能基础标准 18 项；1 项技术性规范文件;2 项 LED 联盟标准。以上 57 项标准对提高新建项目能效准入门槛，淘汰落后产能、推广高效节能产品、促进节能技术进步、提升能源管理水平具有重要意义。

3. 政策特点

总体而言，我国工业节能标准体系建设还不完善，这不利于进一步挖掘我国工业节能的潜力，规范工业节能工作，加强工业节能管理。百项能效标准推进工程的启动实施，将有利于加速节能标准体系建设，进一步提高我国终端用能产品和高耗能行业的准入门槛；有利于充分发挥节能标准的倒逼和引领作用，推广高效节能产品，推动节能技术进步；有利于节能减排政策的有效实施，对产业结构调整和优化升级以及“十二五”节能减排目标的实现具有重要意义。

三、2014 年我国工业节能减排面临的形势

（一）机遇

1. 市场机制将在节能减排推进中发挥更大作用

党的十八届三中全会中首次提出“市场在资源配置中起决定性作用”，这预示着市场机制将在我国社会经济发展的各项工作中发挥更大作用；同时，十八届三中全会提出，要划定生态保护红线，实行资源有偿使用制度和生态补偿制度，

改革生态环境保护管理体制。近年来，随着我国工业节能减排政策措施日趋完善，仅通过行政手段推行节能减排的空间逐步缩小，更好地利用市场机制推进节能减排的呼声越来越大。十八届三中全会的决定意味着，在工业节能减排深入推进过程中，市场机制将会发挥更大的作用。

2. 对节能减排资金支持力度持续加大

2013 年 5 月 15 日，国务院发布了《关于取消和下放一批行政审批项目等事项的决定》，取消和下放一批行政审批项目等事项，共计 117 项。在此背景下，涉及节能减排的四项资金没有随之下发到地方，仍由国家发改委会同有关部门进行审批。近日，国家发改委发布了目前保留的行政审批事项有关目录，明确了四项节能减排资金的具体内容。一是节能技术改造财政奖励资金，该资金由国家发改委会同财政部共同审批，对先进的节能技术改造项目进行奖励支持；二是合同能源管理财政奖励资金，该资金由国家发改委会同财政部共同审批，针对实施合同能源管理有关项目进行奖励支持；三是循环经济发展专项资金，该资金由国家发改委会同财政部共同审批，针对循环经济的科技研究开发、循环经济技术和产品的示范与推广、重大循环经济项目的实施等进行支持；四是节能产品惠民工程审批，由国家发改委会同财政部、工业和信息化部共同审批，引导支持用能单位和个人使用先进的节能技术、节能产品。

3. 大气污染治理为节能减排提供动力

2012 年以来，我国大部分地区发生雾霾天气，直接威胁经济社会的稳定和人民群众的健康。大气污染问题，既有我国仍处于快速工业化中后期、经济发展方式粗放、产业结构和能源结构不合理的原因，也有静稳、逆温等气象条件的因素，还与大气污染防控能力薄弱、法制体制机制不完善等有关。为此，国务院研究部署了大气污染防治十条措施，发布了《大气污染防治行动计划》，提出经过 5 年的努力，全国空气质量总体改善，重污染天气较大幅度减少的目标。为实现这一目标，国务院有关部门、地方政府纷纷行动起来，研究制定落实方案，通过采取综合性措施推进大气污染治理，这将为节能减排工作提供更大的空间和动力。

4. 技术持续进步将为节能减排提供保障

近年来，通过实施节能减排科技专项行动，完善节能环保技术创新体系，加强基础性、前沿性和共性技术研发，推动建立以企业为主体、市场为导向、多种形式的产学研战略联盟，重点支持成熟的节能减排关键、共性技术与装备产业化示范和应用等措施，我国节能减排技术创新水平不断提高，推广应用力度不断加大。2013 年，国务院又发布了《关于加快发展节能环保产业的意见》，提出通过促进节能环保产业发展水平全面提升、引领社会资金投入节能环保工程建设、推广节能环保产品、提高节能环保产业市场竞争力、营造有利的市场和政策环境等措施，实现节能环保产业产值年均增速 15% 以上的目标，这必将推动节能减排技术持续进步，为推进节能减排提供技术保障。

（二）挑战

1. 工业结构重化带动下，能源消费总量难控制

2014 年，重工业同比增速仍可能快于轻工业，工业结构重化将继续拉动工业能源消费总量快速增长，这将影响我国能源消费总量控制目标的实现。从发展趋势上看，自 2012 年 8 月以来连续 13 个月重工业同比增速快于轻工业。2013 年 8 月轻重工业走势明显分化，重工业较上月回升 0.6 个百分点，成为带动整体工业复苏的主要动力，而轻工业增长则大幅放缓 2.4 个百分点。同时，重工业能源消耗比重依然偏大。2013 年 1—8 月，重工业用电量占工业用电总量的比重为 83.3%，其中化工、建材、钢铁、有色等四大高载能行业用电量占工业用电总量的比重为 42.7%。

2. 产能过剩现象严重，抑制企业节能减排内生动力

部分行业产能过剩矛盾将在 2014 年继续影响企业节能减排。根据中国宏观经济信息网对 3545 家企业所在行业产能过剩情况的调查，71% 的企业认为目前产能过剩“非常严重”或“比较严重”，企业设备利用率仅 72%，比 2012 年低 0.7 个百分点。同时，产能过剩呈现行业面广、绝对过剩程度高等特点。由于地方保护和缺乏有效退出机制，过剩产能调整工作进展缓慢，67.7% 的企业认为，要消化目前的过剩产能，至少需要 3 年以上的时间。在工业品价格下行压力不减且需求难以大幅回升的情况下，工业企业整体利润改善空间有限，企业效益不好的时候，无资金用于开展节能减排工作，造成工业企业尤其是高耗能企业节能减排内生动力不足。

3. 工业节能减排管理基础薄弱，影响科学决策效果

一是能耗统计数据地方与国家不衔接，这与能源计量装置配备不健全、缺少专业能源统计人员、采用企业自主填报统计数据等有直接关系。我国针对节能减排领域的分析决策主要依靠国家统计局数据，工业行业和企业能源消费的计量、统计数据不足，工业产品单耗等信息难收集，尚未实现工业节能的在线监测，工业用能管理和节能减排政策制定缺乏实时可靠的数据依据。二是能源计量的指标体系尚未建立，全国能源计量的一致性无法保证，对企业节能减排情况无法实施全面的跟踪监察。三是提升重点行业、重点区域、重点流域清洁生产水平需要更多的政策创新。尽快推广工业行业成熟清洁生产技术仍需进一步的政策支持，推进和落实有毒有害原料（产品）替代和工业产品生态设计仍面临一定的困难与挑战。

4. 节能减排标准滞后，无法满足工业绿色低碳发展要求

我国已发布了粗钢、焦炭、水泥、铜冶炼、轮胎、化工产品等54个国家强制性单位产品能源消耗限额标准，以及30个工业行业的清洁生产评价指标体系。这些标准的出台，对节能减排、淘汰落后产能的促进作用非常明显。但是，目前大部分能耗限额标准值偏低，特别是2008年发布的首批22项中的粗钢、焦炭等，指标已相对滞后。钢铁、电解铝、电池等行业的清洁生产评价指标体系是根据10年前我国相关行业清洁生产水平制定的，部分内容已不能满足行业绿色发展的要求。此外，目前所有工业行业还没有相应的用水、用地指标。标准的滞后和缺失将严重制约节能减排工作的深入推进，无法满足工业绿色低碳发展要求。

四、2014年我国工业节能减排趋势展望

（一）发展趋势

1. 工业经济平稳增长，但节能减排形势严峻

2013年前三季度，我国经济显现出“稳中有升、稳中向好”的积极变化。1—10月，规模以上工业增加值同比增长9.7%。伴随着工业经济的复苏，工业用电量快速增长，1—10月，全国工业用电量31402亿千瓦时，同比增长6.6%，增速比2012年同期提高3.5个百分点，占全社会用电量的比重为71.7%。

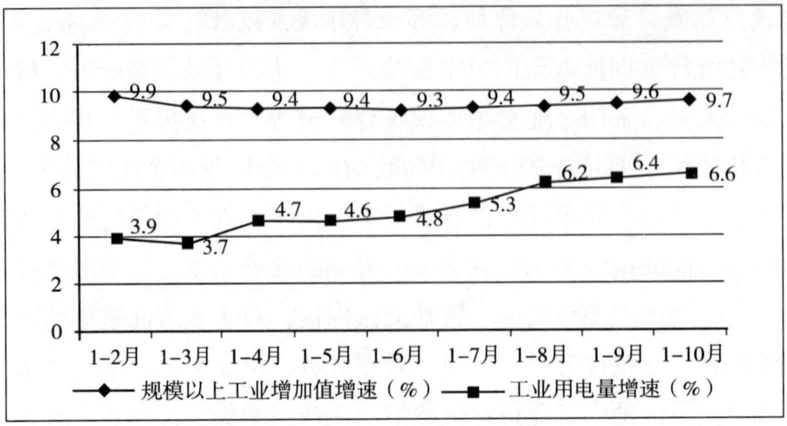

图6–6　2013年1—10月规模以上工业增加值和工业用电量同比增速

数据来源：国家统计局、中国电力企业联合会。

进入 2014 年，在工业经济平稳增长的预期下，我国工业节能减排将面临巨大压力。首先，国际货币基金组织预计 2014 年全球经济增长 3.6%，将稍高于 2013 年增长水平，总体态势趋于稳定，中国经济将保持 7% 以上的增速，工业作为国民经济的主体，也将保持较快的增长速度。其次，从工业电力消费弹性系数的变化来看，2013 年 1—10 月呈逐步上升的态势，单位工业增加值能耗降幅逐步收窄，说明节能减排能力和空间处于下降状态。一季度单位工业增加值能耗下降 7%，二季度下降 6%，三季度进一步收窄到 5% 左右，随着工业经济的企稳回升，完成 2013 年下降 5% 的目标任务难度极大，节能减排压力不可避免会传导至 2014 年。

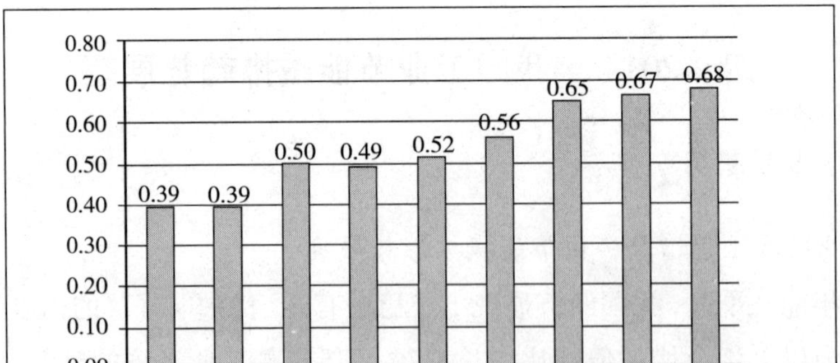

图6–7　2013年1—10月工业电力消费弹性系数

数据来源：国家统计局、中国电力企业联合会。

2. 四大高载能行业用电量比重持续下降，结构性节能减排效果逐步显现

展望 2014 年，四大高载能行业用电量比重有望继续保持下降态势，结构性节能减排效果逐步显现。首先，从重点用能行业能源消费情况来看，2013 年 1—10 月，化工、建材、钢铁和有色等四大高载能行业用电量总和占全社会用电总量的比重为 31.1%，明显低于 2012 年同期（33%）。随着产业结构调整的深入推进，预计高载能行业能耗比重 2014 年仍将保持持续下降趋势。其次，淘汰落后产能工作按计划有序推进，工业和信息化部 2013 年连续公告了三批工业行业淘汰落后产能企业名单，涉及炼铁、炼钢、焦炭、铁合金、电石、电解铝、铜冶炼、铅冶炼等 19 个工业行业，要求有关省（区、市）采取有效措施，力争列入公告名单内企业的落后产能按时关停，确保按时拆除淘汰，“十二五”淘汰落后产能目标任务有望提前完成。最后，战略新兴产业进入发展的快车道，近期发布的《中国战略性新兴产业发展报告（2014）》指出，国务院发布《关于加快培育和发展战略性新兴产业的决定》三年来，我国培育发展战略性新兴产业的宏观政策环境不断完善，相关产业规模保持年均 15% 以上增长，正逐渐成为转方式、调结构、稳增长的重要力量。

3. 西部地区能源消费继续保持快速增长，节能减排形势愈加严峻

西部地区用电量增速将在 2014 年继续保持快速增长，节能减排形势将更加严峻。根据《各地区 2013 年前三季度节能目标完成情况晴雨表》，对照各地“十二五”后三年年均节能任务，前三季度，海南、宁夏、新疆等 3 个地区预警等级为一级，节能形势十分严峻；广西、贵州、云南、青海等 8 个地区预警等级为二级，节能形势比较严峻。与“十二五”节能工作进度要求相比较，海南、青海、宁夏、新疆等 4 个地区预警等级为一级，云南预警等级为二级。

宏观上看，西部地区正处于工业化快速发展时期，东部沿海地区已处于工业化中后期，工业经济增长“西快东慢”的格局将在今后一段时期继续保持。根据各省公布的 2013 年“三季报”，增速较快的省份主要集中在中西部尤其是西部，增速 10% 几乎成了东部和中西部的“分水岭”。微观上看，经济的快速增长必将带动能源消耗的快速增加，2013 年前三季度，西部地区用电保持较高增长，东、中、西和东北地区用电同比分别增长 6.4%、6.8%、9.8% 和 4.4%，其中，西部地区的用电量增速一直保持高位。

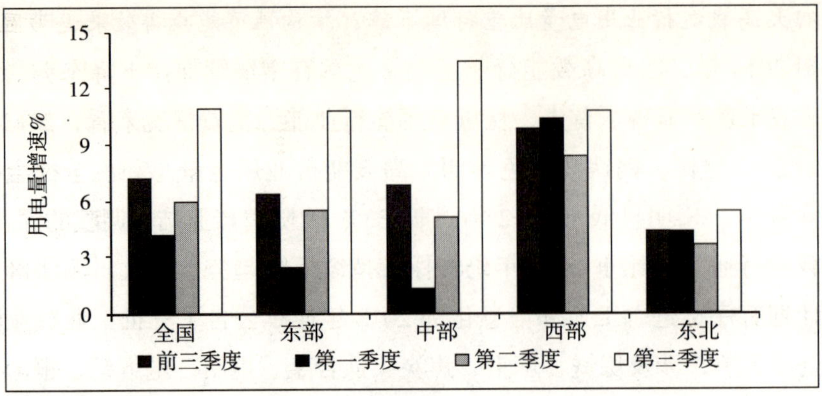

图6–8　2013年前三季度各地区全社会用电量增速

数据来源：中国电力企业联合会。

4. 应对气候变化竞争加剧，工业节能减排要求更高

2014 年，应对气候变化的国际竞争将更加激烈。2013 年 11 月 11 日，《联合国气候变化框架公约》第 19 次缔约方会议暨《京都议定书》第 9 次缔约方会议开幕，相关谈判取得进展，但各方分歧也难以忽视。对发展中国家落实原有承诺的呼声，发达国家出现了不同程度的消极态度，其中日本在 2013 年 11 月 15 日宣布 2020 年排放目标从之前承诺的“在 1990 年基础减排 25%”修改为“在 1990 年基础上排放增加 3.1%”。欧盟对此表示了失望，但欧盟提高关于 2020 年之前的减排目标的可能性仍然不大。同时，尽管国际民用航空组织否决了欧盟要求单方面征收航空碳税的提案，但欧盟近期又重申了向飞越欧洲空域的外国航空公司征收排放费的议案。

我国总体上仍然处于工业化快速发展时期，但目前二氧化碳排放已跃居世界第一位，需要承受的节能减排压力明显增大。当前，我国工业发展能耗偏高，要适应世界经济和国际贸易发展的趋势，应对气候变化，提升我国工业领域竞争力，“十二五”后两年必须继续提高工业领域的节能减排水平。

5. 落实大气污染防治行动计划，主要污染物减排力度空前

展望 2014 年，《大气污染防治行动计划》将逐步得到贯彻落实，二氧化硫、氮氧化物等主要污染物减排力度也将前所未有。目前，环境保护部已经提出要尽快做好六方面工作：一是联合 5 部门印发《京津冀及周边地区落实大气污染防治行动计划实施细则》；二是分解目标任务，起草《大气污染防治目标责任书》；三

是细化配套政策措施，拟定2013年和2014年上半年将出台的20项配套政策；四是积极做好《大气十条》宣传报道工作；五是完善监测预警应急体系，联合气象局印发《京津冀及周边地区重污染天气监测预警工作方案》；六是强化大气环境执法监管。

6. 节能环保产业迎来高速发展期，节能环保产品加快推广应用

展望2014年，节能环保产业将在一系列政策措施的推动下加速发展。首先，为落实国务院《关于加快发展节能环保产业的意见》，有关部门正在研究制定节能、环保、资源循环利用等产业的重大技术装备和产品的产业化实施方案，加大节能环保产品的推广应用力度。其次，随着国务院《关于加强内燃机工业节能减排的意见》的落实，及工信部节能与绿色专项行动的展开，将促进我国内燃机、电机和工业锅炉能效水平的提升。最后，为提升重点行业减排技术水平，环境保护部组织制定并发布了水泥、钢铁、硫酸和涉挥发性有机物等产业的污染防治技术政策文件。

（二）对策建议

1. 控制“两高”行业过快增长，严格新上项目能评环评

一是尽快修订“两高”产品能耗限额标准，提高标准的限定值及准入值，尤其是2008年发布的首批22项中粗钢、焦炭等产品，优先启动其标准修订工作。二是继续严格控制“两高”产品出口，完善加工贸易禁止类和限制类目录，禁止高耗能、高排放和资源类产品加工贸易。三是加强项目管理，严禁核准产能过剩“两高”行业新增产能项目，坚决停建“两高”行业违规在建项目。四是严格节能评估审查和环境影响评价，提高“两高”项目准入门槛，新上“两高”项目的能效、环保指标要达到国内同行业、同规模领先水平。

2. 化解产能严重过剩矛盾，继续推进结构性节能减排

一是切实落实《国务院关于化解产能严重过剩矛盾的指导意见》，以钢铁、水泥、电解铝、平板玻璃、船舶等行业为化解产能严重过剩矛盾的主要对象，同时指导其他产能过剩行业化解工作，逐步实现相关行业产能规模基本合理、发展质量明显改善、长效机制有效建立的目标。二是按照工业和信息化部、国家发展改革委、财政部等部门《关于加快推进重点行业企业兼并重组的指导意见》，以钢铁、水泥、电解铝、稀土等行业为重点，推进企业兼并重组，调整优化产业结

构。三是工业和信息化主管部门尽快研究制定工业行业的用水、用地标准，用节能减排要求优化产业结构，促进结构性节能减排。

3. 加快研究制定差异化的节能减排政策

一是研究制定区域工业节能减排差异化政策，在淘汰落后产能、新上项目能评环评以及节能减排技改资金安排等方面，充分考虑东部与中西部的地区差异；二是研究制定工业行业节能减排差异化政策，在节能减排技术装备推广、能源消耗和主要污染物排放总量控制等方面，充分考虑重点行业与一般行业的差异；三是研究制定工业企业节能减排差异化政策，在节能减排服务、绿色采购、绿色信贷等方面，充分考虑大企业与中小企业的差异。

4. 用信息化手段完善节能减排管理体系

一是要推动工业用能设备IP化，绿色网络控制协议在钢铁、石化、有色、建材等用能行业开展试点应用，总结经验，不断完善标准并逐步推广。二是要建立工业能耗在线监测平台，完善能源计量和标准体系。运用通用的监测指标体系、规范的数据接口，实现能耗数据实时采集、汇总分析和预测预警等功能，对各地各部门节能减排政策制定、措施落实、资金支持等提供系统支持。三是要在工业重点用能领域和节能环节大力推进数字能源，如智能电机、工业锅炉窑炉远程监控系统、能源管控中心、流程工业能源在线仿真系统等。四是实施企业数字能源分级管理，推动企业数字能源朝着更高等级方向发展，从而最大限度提高企业能源利用效率。

5. 加快建立和完善工业节能减排标准体系

一是扩大终端用能产品标准制（修）订的范围，推动工业设备、家用电器、照明器具、商用设备、交通运输工具、电子信息通讯产品节能减排标准制（修）订，促进终端用能产品能源利用效率水平的提高。二是加快生产过程中单位产品能耗限额标准制（修）订工作，将能耗限额标准从工业重点用能行业扩大到一般用能行业，严格执行各种生产工艺、设备和技术的节能减排标准。三是加强工业节能减排配套标准的制（修）订工作，加快工业节能设计标准、能量平衡标准、能耗测试与计算标准、能源消耗限额标准、节能监测标准、能源审计标准、高效节能产品及装置标准、节能综合管理与评价标准的制（修）订。四是积极推进节能服务标准的制（修）订，做好节能效果检验评估标准、节能减排检测评价标准的制（修）订和推广。

第七章 工业安全生产

一、2013 年我国工业安全生产取得的主要进展

（一）全国工业安全生产形势继续稳定好转

2013 年以来，经过各方面共同努力，全国安全生产形势保持总体稳定，多数地区和重点行业领域安全状况明显好转，各类生产安全事故总量、较大事故、重大事故同比下降。1—8 月，全国各类事故 305217 起，同比下降 3.9%，死亡 38393 人，同比下降 14.2%；全国重大事故起数和死亡人数分别下降 12.8% 和 20.9%；较大事故起数和死亡人数分别下降 23.0% 和 24.2%；全国各类事故死亡人数占全年控制指标的 53.3%，在控制指标进度目标（66.7%）以内；全国 32 个省级统计单位各类事故死亡人数均在控制指标进度目标以内。1—11 月，节假日、重大会议和重要活动等敏感时期安全状况稳定，除端午节发生 1 起重大事故以外，元旦、中秋、十一等重大节假日均未发生重特大事故。

表 7-1　2013 年 1—11 月重大节假日期间安全生产情况

节日	较大事故情况	重特大事故情况
元旦（1月1日—1月3日）	发生较大事故10起，死亡和下落不明37人，同比增加7起、23人。	未发生重特大事故，同比减少1起、10人。
春节（2月9日—15日）	发生较大事故9起，死亡和下落不明38人，同比减少7起、17人。	未发生重特大事故，同比持平。
“五一”（4月29日—5月1日）	发生较大事故4起，死亡12人，同比减少3起、17人。	未发生重特大事故，同比减少1起、18人。

（续表）

节日	较大事故情况	重特大事故情况
端午节 （6月10日—12日）	发生较大事故4起，死亡和下落不明19人，同比减少11起、45人。	没有发生特别重大事故，发生重大事故1起，死亡11人，同比增加1起、11人。
“中秋”节 （9月19日—21日）	发生较大事故7起，死亡和下落不明26人，同比减少12起、47人。	未发生重特大事故，同比持平。
“国庆”节 （10月1日－7日）	发生较大事故16起，死亡61人，同比减少9起、34人。	未发生重特大事故，重大事故同比减少2起、26人。

数据来源：国家安全监管总局，2013 年 11 月。

1—8 月，工业领域安全生产也保持了总体稳定、持续好转的发展态势。工矿商贸领域发生生产安全事故 3726 起，死亡 4623 人，同比下降 15.7% 和 16.3%；较大事故起数和死亡人数分别下降 25.7% 和 25.7%。1—8 月，钢铁、石化、建材等重点行业安全生产形势基本稳定，冶金机械等 8 个行业生产安全事故起数为 820 起，死亡 892 人，分别下降 16.6% 和 17.7%，未发生重特大生产安全事故。

表 7-2　2013 年 1—8 月工矿商贸领域安全生产较大事故数据对比

月份	2012年		2013年	
	事故起数	死亡人数	事故起数	死亡人数
一月	7	32	13	57
二月	15	63	4	17
三月	18	69	20	84
四月	25	114	17	65
五月	33	132	17	65
六月	20	77	13	50
七月	31	117	17	61
八月	22	81	26	110
合计	171	685	127	509
同比降低			25.7%	25.7%

数据来源：国家安全监管总局，2013 年 9 月。

（二）工业安全指导体系初步建立

为实现工业安全生产的治本管理，从源头上预防安全生产事故的发生，工业和安监部门意在形成合力，探索建立工业安全生产指导体系。随着各地方工业和信息化管理体系的逐步建立，全国地方工业管理部门安全生产指导职责也得到了逐渐落实，指导管理体系正在完善之中。

目前，在省级工业管理部门中，除浙江省外普遍明确了所承担的工业安全生产指导或管理职责。有 25 个省市自治区在工业管理部门中确认了承担工业安全生产指导或管理职责的处室，其中河北、河南、安徽、陕西、甘肃、重庆、贵州、内蒙古和新疆等 9 个省市自治区设立了安全生产处；福建经贸委与安监局合署办公，实行“一岗双责”制度。据统计，在计划单列市和省会城市中，也都普遍确定了工业管理部门职责中包含安全生产管理或指导职责，大部分城市工业管理部门有专门的内设机构负责安全生产，郑州、太原、合肥、西安等已设立安全生产处，乌鲁木齐和西宁的安全监管局是工业管理部门的下属机构。可以说，工业安全生产指导体系正在地级市中逐步建立起来，并向下扩展。

表 7–3　各省级行政区工信部门安全职能处室汇总

省级行政区	工信部门	具有安全生产职能的处室
北京市	北京市经济和信息化委员会	规划处、军工综合处
天津市	天津市经济和信息化委员会	经济运行处、军工综合管理处
河北省	河北省工业和信息化厅	安全生产处
山西省	山西省经济和信息化委员会	经济运行局（应急办公室）
内蒙古自治区	内蒙古自治区经济和信息化委员会	安全生产处（应急救援处）
辽宁省	辽宁省经济和信息化委员会	经济运行处、军工安全和民爆器材管理处
吉林省	吉林省工业和信息化厅	民爆管理处
黑龙江省	黑龙江省工业和信息化委员会	民用爆破器材监督管理处
陕西省	陕西省工业和信息化厅	安全生产处
甘肃省	甘肃省工业和信息化委员会	安全生产与管道设施保护处
宁夏回族自治区	宁夏回族自治区经济和信息化委员会	运行监测协调处、装备工业处（军工处）、煤炭工业处

（续表）

省级行政区	工信部门	具有安全生产职能的处室
青海省	青海省经济委员会	经济运行局
新疆维吾尔自治区	新疆维吾尔自治区经济和信息化委员会	安全生产处（自治区民用爆炸物品管理办公室）
山东省	山东省经济和信息化委员会	企业处
江苏省	江苏省经济和信息化委员会	企业发展服务处、民爆船舶处、煤炭处
安徽省	安徽省经济和信息化委员会	安全生产处、煤炭工业办公室、非煤矿山管理办公室
浙江省	浙江省经济和信息化委员会	民爆器材监管处
福建省	福建省经济贸易委员会	经济运行局
上海市	上海市经济和信息化委员会	经济运行处、电力处
江西省	江西省工业和信息化委员会	经济运行处、指导协调处
四川省	四川省经济和信息化委员会	电力处、煤炭处
云南省	云南省工业和信息化委员会	经济运行处、煤炭生产安全技改处
贵州省	贵州省经济和信息化委员会	安全生产与民爆器材管理处
西藏自治区	西藏自治区工业和信息化厅	原材料工业处
重庆市	重庆市经济和信息化委员会	工业安全综合处（应急管理办公室、民用爆破器材管理处）
河南省	河南省工业和信息化厅	安全生产处
湖北省	湖北省经济和信息化委员会	中小企业发展处、煤炭管理处
湖南省	湖南省经济和信息化委员会	经济运行处
广东省	广东省经济和信息化委员会	民用爆炸物品监管处
广西壮族自治区	广西壮族自治区工业和信息化委员会	经济运行处、自治区国防科学技术工业办公室
海南省	海南省工业和信息化厅	经济运行处

数据来源：赛迪智库，2013年9月。

（三）工业安全产业发展稳步推进

为推动我国安全产业发展、促进安全产业壮大，2012 年工业和信息化部、国家安全生产监督管理总局联合发布了《关于促进安全产业发展指导意见》，首次明确了安全产业的定义，重申了安全产业是国家重点支持的战略产业，规划到 2020 年形成一批具有较强国际竞争力的安全产品研发、制造和服务企业，打造一批具有较强市场影响力的品牌，全社会安全保障能力显著提升。2013 年是落实安全产业指导意见、推进安全产业快速发展最重要一年，各级政府及相关企业正稳步推进安全产业发展。

一是建设安全产业园区，促进安全产业集聚发展。各地安全产业园区（基地）正在积极布局、快速建设。产业园区的发展有利于安全产业集聚发展，促进安全产业发展壮大；对于安全产业相关企业来说，园区内的优惠政策及配套设施，有利于企业降低运营成本，提升企业抵御风险能力，促进企业发展，尤其是中小型安全产业企业。

表 7–4　部分省市安全产业园区规划情况

省市	所在地	园区名称	安全产业产值（单位：亿元）	备注
山东	全省	安全生产装备和劳动防护用品产业	1000	
安徽	合肥市	合肥公共安全产业基地	250	园区总规划500亿元
浙江	乐清市	乐清应急产业基地（园区）	200	
四川	绵阳市	防震减灾科技产业园	200	
广东	东莞市	中国紧急救援产业基地	100	
江苏	南京市	南京安全产业园	100	
重庆	合川区	中国西部安全（应急）产业基地	1000	
北京	丰台区、石景山区	“两园两院一联盟一中心”应急救援产业体系	500	

数据来源：赛迪智库，2013 年 9 月。

二是开展了安全产业调查，摸清安全产业现状。为深入了解我国安全产业发展现状，有针对性地制定相关政策措施。2013 年初，工业和信息化部下发了《关于组织开展安全产业基本情况调查工作的通知》，并组织开展了安全产业基本情况调查。调查对象为各地从事安全产品科研、生产和为安全生产提供设计、咨询、评价、培训等服务的相关企业。目前调查工作已经结束，调查结果显示，2012年全国从事安全产业的企业超过1500家，销售收入超过了2000亿元。促进安全产业发展相关的政策措施正在筹备和制定中，如《安全技术和产品指导目录》等。

三是筹建安全产业协会，提升政府与安全产业企业之间的协调能力。为促进我国安全产业发展，增强安全保障能力，培育新的经济增长点，提升安全产业行业管理水平，建立政府与安全产业企业之间的桥梁和纽带，由工业和信息化部牵头，重庆安全产业发展集团有限公司、上海华篷防爆科技有限公司、中房联合集团能源科技有限公司、杭州海康威视数字技术股份有限公司、兵器工业安全技术研究所、中国电子信息产业发展研究院等6家单位共同发起，申请筹备成立中国安全产业协会。协会将从事安全及其相关产业的企业、事业单位、科研学者、政府机关组织起来，提高我国安全技术、装备、服务水平，对安全隐患时刻保持警惕，定期开展安全生产培训、交流及检查，引导、规范、管理、促进安全产业发展。

（四）两化融合促进安全生产成效明显

2013年，我国继续坚持走新型工业化道路，对工业化和信息化融合也提出了更高的要求。安全生产是当前我国经济社会发展面临的迫在眉睫的重大任务，特别是2013年下半年以来，习近平总书记、李克强总理等国家领导人也做出了重要批示，要求以人为本，提出安全生产是不可逾越的红线，信息化则是提高工业企业安全生产水平的重要手段和必然选择，安全生产信息化不仅可以为工业安全生产提供保障，而且可以成为工业领域新的经济增长点。

一是"专项行动"对两化融合促进安全生产提出了明确要求。2013年9月，工业和信息化部印发了《信息化和工业化深度融合专项行动计划（2013—2018年）》，提出到2018年，两化深度融合取得显著成效，信息化条件下的企业竞争能力普遍增强，信息技术应用和商业模式创新有力促进产业结构调整升级，工业发展质量和效益全面提升，全国两化融合发展水平指数达到82。其中，重点领域智能化水平提升行动内容中对安全领域提出了两点重要内容。其一是加强民爆行业安全生产监测监管。建设覆盖各级民爆主管部门、民爆企业的行业综合管理服务平台，实现民爆物品生产经营动态信息全程监测。建立民爆企业生产、流通全过程安全管控体系，实现对关键安全生产要素的闭环信息化管控，提升民爆行业本质安全生产水平。其二是提高重点高危行业安全生产水平。围绕特种设备管理、安全隐患排查、安全事故应急管理、人员安全管理、高危工业产品运输监控和管理等关键环节，支持煤矿、非煤矿山、危险化学品、烟花爆竹、冶金等重点高危行业企业的安全生产信息化系统建设，促进生产本质安全。

二是“专项资金”支持两化融合促进安全生产工作。2013 年 4 月，2013 年物联网发展专项资金项目申报工作启动，支持重点中包含了多项与安全生产相关的内容。智能工业领域明确提出支持安全生产；智能交通领域重点支持交通状态感知与交换、交通诱导与智能化管控、车辆定位与调度、车辆远程监测与服务等物联网系统，形成城市交通实时监控和管理平台，提升交通管理水平；智能安防领域重点支持社会治安监控、危险化学品运输监控等物联网系统，形成重点区域和行业的监控和管理平台，提升公共安全管理的信息化水平。

（五）安全技术改造得到高度重视

安全技术改造是工业领域提高安全生产水平的重要手段，增强对安全技术改造的重视，对提高本质安全水平具有重要的意义。

一是“科技强安”工作持续开展。2013 年初国家安全监管总局提出要进一步深入推进“科技强安”，提出了制定安全科技工作方案、切实做好安全科技“四个一批”项目、培育和发展安全科技创新体系和加快安全生产科技支撑平台建设四项重点工作。之后又多次重申要深入开展“科技强安”，并得到了国家领导人、相关部委和各级政府的共同倡议，相关工作持续开展。

二是安全科技“四个一批”项目继续征集。为强化安全生产科技支撑作用，提高安全生产保障能力，有效防范和遏制重特大事故，促进我国安全生产形势持续稳定好转，国家安全监管总局组织开展了 2013 年安全科技“四个一批”（一批安全生产科研攻关课题、一批可转化的安全科技成果，一批可推广的安全生产先进适用技术，一批安全生产技术示范工程）项目征集工作。2013 年 7 月，印发了《关于征集 2013 年安全科技“四个一批”项目的通知》要求安全科技“四个一批”项目应围绕煤矿、非煤矿山、危险化学品和烟花爆竹、应急救援等重点行业领域，以防范遏制事故、提高安全科技保障能力为目标。安全生产科研攻关课题应围绕安全生产重大需求，突破制约安全生产技术难题，开发关键性实用安全技术装备。可转化的安全科技成果项目应以促进安全生产保障作用突出的技术装备产业化、工程化为重点。可推广的安全生产先进适用技术项目应以防范重特大事故的先进适用技术、工艺为重点。安全生产技术示范工程建设项目应以先进科技成果和重大技术装备与生产实践结合好、示范应用性强、防范事故效果明显的项目为重点。

三是淘汰落后产能工作继续深入开展。2013 年 7 月工业和信息化部公告 2013 年首批工业行业淘汰落后产能企业名单，将炼铁、炼钢、焦炭、铁合金、电石、电解铝、铜（含再生铜）冶炼、铅（含再生铅）冶炼、锌（含再生锌）冶炼、水泥（熟料及磨机）、平板玻璃、造纸、酒精、味精、柠檬酸、制革、印染、化纤、铅蓄电池（极板及组装）等 19 个工业行业淘汰落后产能企业名单（第一批）予以公告，要求有关方面采取有效措施，力争在 2013 年 9 月底前关停列入公告名单内企业的落后产能，确保在 2013 年底前彻底拆除淘汰，不得向其他地区转移；各地要按照《关于印发淘汰落后产能工作考核实施方案的通知》（工信部联产业〔2011〕46 号）要求，做好对淘汰落后产能企业的现场检查验收和发布任务完成公告工作。

（六）工业安全生产标准化体系逐步形成

安全生产标准化体现了以人为本的科学发展理念，体现了“安全第一、预防为主、综合治理”的安全生产方针，强调过程控制和风险管理，注重绩效管理和持续改进，促使企业安全生产工作逐步走向科学化、规范化、系统化和法制化，代表现代先进安全管理的发展方向，能够有效提升企业安全生产水平，促进我国安全生产形势根本好转。2013 年以来，我国安全生产标准化工作继续深入开展，工业安全生产标准化体系初步形成。

2013 年 1 月，国家安全监管总局印发了《国家安全监管总局等部门关于全面推进全国工贸行业企业安全生产标准化建设的意见》，提出了五项重点任务：一是进一步建立健全工贸行业企业安全生产标准化建设政策法规体系，加强企业安全生产规范化管理，推进全员、全方位、全过程安全管理；二是完善企业安全生产标准化考评管理体系和信息化管理系统，严格评审管理，提高工作效率；三是督促企业改造或淘汰落后的工艺技术设备，改善作业环境，提高安全保障能力；

四是强化企业安全管理制度建设，建立健全事故隐患排查治理制度；五是建立完善工作机制和激励约束机制，推动企业对标检查、对标整改、对标达标，持续改进，建立企业安全生产标准化建设长效机制。目标是通过努力，实现企业安全管理标准化、作业现场标准化和操作过程标准化，2015 年底前所有工贸行业企业实现安全生产标准化达标，企业安全生产基础得到明显强化。

2013 年 1 月，工业和信息化部印发了《民用爆炸物品企业安全生产标准化管理通则》，提出了实施民爆企业安全生产标准化的目标、原则和主要工作内容，并就规范民爆企业现场安全管理、提升关键岗位人员安全资格条件、强化工艺设备安全管理及加强企业风险管控等方面作出了明确要求。“十一五”期间，特别是工业和信息化部成立以来，通过大力推进行业技术进步和强化行业安全监管，民爆企业的生产工艺和技术装备得到了很大的改善和提升，但部分民爆企业仍存在现场安全管理薄弱、从业人员素质不高、管理水平与技术进步现状不适应等问题。为进一步规范民爆企业安全生产行为，提高企业安全生产管理水平，工信部结合当前民爆行业实际，颁布实施了管理通则并提出了民爆企业实施安全生产标准化的总体要求，将有效指导和促进民爆企业安全生产工作的科学化、规范化、系统化及标准化，全面提升民爆企业的安全管理层次。

二、2013 年我国工业安全生产重点政策解析

（一）《国务院常务会议研究部署进一步加强安全生产工作》

1. 出台背景

2013 年 6 月 3 日 6 时 10 分，位于吉林省长春市德惠市的吉林宝源丰禽业有限公司（以下简称宝源丰公司）主厂房发生特别重大火灾爆炸事故，共造成 121 人死亡、76 人受伤，17234 平方米主厂房及主厂房内生产设备被损毁，直接经济损失 1.82 亿元。

事故发生后，党中央、国务院高度重视，习近平总书记、李克强总理等中央领导同志立即作出重要批示指示，要求全力以赴组织救援，千方百计救治受伤人员，做好遇难者的善后和家属安抚工作；查明事故原因，依法追究责任，并要深刻总结教训，采取切实有力有效措施，坚决防止重特大事故发生。6 月 3 日下午，受党中央、国务院委派，国务委员郭声琨同志率领国务院有关部门负责同志赶赴

现场，传达习近平、李克强等中央领导同志的重要批示指示精神，指导人员搜救、善后处理，开展事故调查工作并慰问受伤人员。6月4日，李克强总理通过视频系统对做好抢险救援、事故查处和善后处理工作提出了明确要求。其间，张高丽、马凯、孟建柱、杨晶、王勇等领导同志也通过各种方式了解现场情况，指导应急救援、伤员救治、善后处理和事故调查工作。

2. 主要内容

国务院总理李克强于6月5日主持召开国务院常务会议，主要研究部署进一步加强安全生产工作，讨论研究了以下几个问题：

（1）听取处置宝源丰公司特别重大火灾事故有关情况的报告。事故教训十分深刻，会议指示要做好事故的善后工作，同时彻查事故原因，依法依规严肃追究相关人员的责任。

（2）针对当前的安全生产形势作出分析研究，指出仍存在很多安全隐患，需采取有力措施予以解决。问题主要表现为一些地方和企业安全意识薄弱，安全生产隐患排查治理不彻底，安全责任难落实，安全监管不到位，“打非治违”行动不得力等。

（3）再次强调安全生产的重要地位，指出经济持续健康发展需要以安全生产作为基本前提，促进经济转型升级需要以安全生产作为重要抓手。各地区、各部门要坚持以人为本、安全发展的理念，在预防和治本上下更大功夫，坚决遏制重特大事故发生。

（4）会议提出五个具体措施加强安全生产：一是迅速开展全国安全生产大检查，二是铁腕开展“打非治违”，三是切实抓好高危行业和重点领域安全生产，四是强化安全生产责任体系建设，五是加强安全生产基础工作，强化从业人员安全教育。

3. 评析

宝源丰公司特别重大火灾事故带来的教训是极为惨痛的，在积极展开事故调查的同时，召开此次会议反思事故原因、防范下一个“宝源丰事故”的出现是非常有必要的。

会议的召开表明，安全生产并无“重点”行业之说。只要有生产，就有安全生产风险。一直以来，我国安全生产形势保持严峻态势，尤其是工业安全生产形势不容乐观。传统高危行业的安全生产向来得到更多的公众关注和重视，但此次不属于高危行业的“低风险行业”发生如此重大的安全生产事故，提醒了每一生产者和管理者，安全生产无小事，处处都存在安全生产隐患，时时应绷紧安全生产这根弦。

会议重申了党和国家领导人“以人为本、安全发展”的理念。这是以往的部署加强安全生产工作会议未曾出现过的新内容。新形势下，人的发展对于全社会发展的作用更加突出，安全生产被赋予了新的时代意义——保证人的安全，保持物的生产。任何时候，任何情况下，只有保证了“人”的安全，生产和发展才有意义。可以说，新一届政府跳出“生产”的局限，将眼光着眼于“人”这一生产要素，抓住了问题的根本，既是观念的创新，也是管理的创新。以此为发展方向，相信我国的安全生产工作会呈现出越来越好的局面。

会议提出的措施具体且有可操作性，为今后一段时期的安全生产工作指明了方向。会议从开展彻底的检查、打非治违、重点领域和汛期、责任体系建设及强化基础工作管理等五个方面，要求各部门加强安全生产工作，基本涵盖了安全生产的方方面面。可以看出，这些措施突出的特点是落脚于“预防”和“治本”，强调源头治理。切断事故发生的源头，从防患于未然开始，转变以往“治理 / 处理”主导的方式，将成为我国安全生产工作未来一段时期的发展方向。

（二）《国务院办公厅关于集中开展安全生产大检查的通知》

1. 出台背景

2013 年上半年，我国接连发生多起重特大事故。短短一个月间，四川省泸州市泸县桃子沟煤矿“5・11”重大瓦斯爆炸事故、保利民爆济南科技有限公司“5・20”特别重大爆炸事故、吉林省长春市宝源丰禽业有限公司“6・3”特别重大火灾事故等重特大安全事故集中爆发，使全国人民在震惊的同时感到无比心痛。安全意识淡薄、安全生产隐患排查治理不认真、安全责任难落实、安全监管不到位、“打非治违”行动不得力等安全隐患时刻威胁着每一名生产者的生命财产安全。

宝源丰公司“6・3”特别重大火灾事故发生后，国务院于 6 月 5 日召开常务会议研究部署进一步加强安全生产工作，提出要迅速开展安全生产大检查，坚决堵塞漏洞、排除隐患，切实防范重特大安全生产事故的发生。针对以上三起接连发生的造成重大人员伤亡和财产损失的重特大安全生产事故，习近平总书记、李克强总理等中央领导同志高度重视并作出重要批示，强调要始终把人民生命安全放在首位，发展绝不能以牺牲人的生命为代价，把安全生产责任制落到实处。为深刻吸取事故教训，切实加强安全生产工作，领会贯彻中央指示和会议精神，经国务院同意，定于2013年6月至9月底在全国范围内集中开展安全生产大检查。

2. 主要内容

（1）此次安全大检查以增强全社会安全意识，提高安全生产保障水平，有效防范和坚决遏制重特大事故发生为目标，按照“全覆盖、零容忍、严执法、重实效”的总要求，全面深入排查治理安全生产隐患，将检查督导贯穿于大检查的全过程。

（2）检查范围覆盖全国所有地区、所有行业领域、所有生产经营企事业单位和人员密集场所（以下简称“各单位”）。按照“一个重点，五个突出”开展检查：重点检查19个高危行业和重点领域，突出近期事故多发的重点地区，突出消防、煤矿、化工等重点行业，突出检查人员密集的公共场所，突出农民工等人员集中的劳动密集型企业，突出反复发生、长期未得到根治的重点问题等。

（3）主要检查五项内容：一是党中央、国务院有关安全生产工作的精神是否贯彻落实，安全生产工作的重要位置是否得到重视；二是各单位安全生产主体责任是否落实到位；三是重点行业领域“打非治违”和专项整治情况；四是事故的查处情况；五是汛期隐患排查和安全生产应急管理工作。

（4）此次安全生产大检查采取单位自查、地方各级人民政府督查、国务院有关部门督查、创新检查方式与严格执法相结合等五种检查方式。

（5）针对此次检查，提出四个要求：加强组织领导，落实工作责任；加强宣传发动，引导社会参与；敢于动真碰硬，务求取得实效；坚持标本兼治，构建长效机制。

（6）要求在大检查工作结束后，各单位及时将总结报告报安全监管和行业主管部门；各部门将总结报告报本级政府和上一级主管部门；各省级人民政府和国务院各有关部门将总结报告于10月15日前报送国务院安委会办公室。

3. 评析

此次安全大检查有以下几个特点：

（1）规格较高。以往的安全生产大检查通知均由安委会发出，此次安全生产大检查则由国务院办公厅发出，显示了政府对此次安全生产大检查的重视。由更高级别的政府组织发出通知，必将引起下级各部门的更加重视，从而促使此次安全生产大检查工作落实得更好，执行得更严。

（2）覆盖面广。对比以往的安全生产大检查通知文件，此次安全生产大检查的覆盖面可谓广而全。民爆行业一直被列为安全生产大检查的重点行业和领域，但首次在本次检查中被单独列出。民爆行业连续几年没有出现大的事故，安全生产“零死亡”的良好局面在2013年上半年被打破，接连发生两起重特大安全事故，损失巨大，伤亡惨重，引起了全社会的广泛关注。民爆行业的安全事故提醒我们，安全生产应警钟长鸣，以往的成绩不能代表今后的安全。所以，此次安全生产大检查要求覆盖全部行业和领域，以往事故少发的行业和领域也不放过，真正做到全面检查。

（3）持续时间长。以往的安全生产大检查，如2009年安全生产大检查，自8月底开始，9月底结束；2010年安全生产大检查4月初开始，5月底结束，而此次大检查为6月至9月底，三个多月的集中检查，持续时间长于以往，显示了政府对安全生产大检查的较高要求，务求在此段时间内进行一次彻底的、全面的大检查。

（4）重执法。检查提出，把集中开展大检查作为当前安全生产的首要任务，按照全覆盖、零容忍、严执法、重实效的总要求，开展安全生产大检查。这显示了国家此次治理安全生产隐患、排除事故风险的决心。检查要求中再次强调，安全检查与严格执法相结合。“查”、“办”结合，一定会更好地改善我国安全生产局面，减少安全事故的发生。

（5）关注弱势群体。检查首次提出了应重点检查农民工聚集的劳动密集型企业，这表现出了政府在行动中始终坚持“以人为本”思想，并说明了政府在保护弱势群体方面开始有所作为。农民工数量巨大，但安全意识普遍较低，极易在安全事故中受到伤害。此次安全生产大检查的通知，从政府层面要求加强对弱势群体的关注，应该会较好地改善农民工的工作环境。此外，我们也希望更多的针对弱势群体的安全生产方面的政策和措施出台，从源头上减少事故的发生。

（三）《关于全面推进全国工贸行业企业安全生产标准化建设的意见》

1. 出台背景

自2011年《关于开展工贸行业企业安全生产标准化工作的指导意见》发布，全国工贸行业企业安全生产标准化建设从宣传动员、基础建设阶段进入了全面铺开、全力推进阶段，有力促进了全国安全生产状况持续稳定好转。2012年7月，国务院安全生产委员会办公室发布了《工贸行业企业安全生产标准化建设实施指南》，明确了有关工贸行业企业标准化建设的一系列概念、流程和制度。但企业安全生产标准化建设仍存在意识淡薄、发展不平衡、缺少激励约束机制等问题，令安全事故风险时刻伴于生产左右，严重影响了我国企业的安全发展。2013年是落实《工贸行业企业安全生产标准化建设实施指南》的关键一年，新年伊始，国家安全监管总局联合工业和信息化部、人力资源社会保障部、国务院国资委、国家工商总局、国家质检总局、银监会等七部门下发了《关于全面推进全国工贸行业企业安全生产标准化建设的意见》（以下简称《意见》），意在加快全国工贸行业企业安全生产标准化建设的步伐，强调当前推进全国工贸行业企业安全生产标准化建设工作的重要性、紧迫性。

据不完全统计，全国冶金等工商贸行业法人单位320多万家，占全国法人企业80%以上，其中规模以上企业近30万家，量大面广。企业管理者和从业者的安全意识普遍较低，安全投入不足，安全管理基础薄弱，生产经营管理方式粗放，安全生产保障能力差等问题时刻威胁着企业安全生产，各类安全事故时有发生。2010年以来，按照国发〔2010〕23号、国发〔2011〕40号、国办发〔2011〕47号文件的要求，国家安全生产监督管理总局全力推进企业安全生产标准化建设，建立安全隐患排查治理体系，取得了显著成效，特别是近两年，没有安全行政许可的工贸行业达标企业目前近10万家，与2010年不足3000家相比，数量及质量均有了非常大的飞跃。冶金行业开展安全生产标准化建设3年来，事故起数和死亡人数分别下降了33.96%和28.9%，事故减少108起，死亡减少113人。机械行业是较早开展安全生产标准化建设的行业，5年来，事故起数和死亡人数分别下降72.62%、49.19%，事故减少1180起，死亡减少424人。宁波、广州、沈阳、北京顺义、山东诸城等地作为标准化建设示范试点地区，各自总结摸索，实践出了一套有力提升企业安全系数的标准化建设经验，通过全面推进企业安全生产标准化建设，深入开展安全隐患排查治理，对企业员工进行全覆盖的安全技能培训，改造安全技术工业设备，改善不良作业环境，规范作业行为，建立企业事故隐患自查自报自改制度等有效措施，大大加强了企业安全管理基础，提高了本质安全水平，大幅减少了安全事故，成为安全生产工作先进地区。在推动安全管理水平提升的同时，也有效提升了企业经营管理水平，有力推动了企业转型升级，安全监管体制机制和安全管理方式得到创新。但是，由于量大面广，全国工贸行业企业安全生产标准化建设进展极不平衡。近两年，达标企业虽然增加近30倍，但达标企业总数仅有10万家，占法人单位的3%，距安全生产“十二五”规划提出的到2015年企业全部达标的目标还有很大差距，任务十分艰巨。

2013年初，张德江副总理在全国安全生产电视电话会议上明确提出：大力加强安全生产标准化建设，切实搞好岗位达标、专业达标和企业达标。国家安全生产监督管理总局杨栋梁局长在全国安全生产工作会议上部署安排2013年重点工作时也对安全生产标准化建设提出要求，并提出对逾期没有达标的企业要停产整顿直至依法关闭。在全国上下明确要求加强安全生产标准化建设的背景下，在广泛征求意见，深入沟通研究的基础上，《意见》送审稿研究形成，并经七部门联合审定后正式印发。

2. 主要内容

《意见》要求全面推进工贸行业企业安全生产标准化建设，实现岗位、专业、企业三达标，落实企业安全生产主体责任，夯实企业安全管理基础，提高企业本质安全水平，推动企业转型升级，实现科学发展、安全发展。

《意见》围绕“2015年底前所有工贸行业企业实现安全生产标准化达标，企业安全生产基础得到明显强化”这一工作目标，提出五项主要任务：一是建立健全标准化政策法规体系；二是完善考评管理体系和信息化管理系统；三是督促企业淘汰落后，增强安全保障；四是强化安全管理制度建设；五是建立企业安全生产标准化建设长效机制。通过推动企业三个对标、持续改进，实现企业安全管理、作业现场和操作过程三个标准化。

《意见》提出加强领导、强化服务，落实安全生产企业主体责任，加强执法检查，调整产业结构、淘汰落后产能，国企带头、先试先行，以保险方式支持企业安全生产标准化建设，以金融手段支持企业安全达标，以给予奖励、荣誉和推荐机会等形式支持安全生产标准化建设先进企业等八项推进措施。

3. 评析

《意见》的制定是对国发〔2010〕23号、国发〔2011〕40号、国办发〔2011〕47号等一系列有关安全生产文件的贯彻落实，是对安全管理全员、全方位、全过程的一次大布局，是贯彻落实《工贸行业企业安全生产标准化建设实施指南》的关键一步，是全面推进、深化细化《关于开展工贸行业企业安全生产标准化工作的指导意见》的又一重要举措。

按照《安全生产“十二五”规划》（国办发〔2011〕47号）的要求，根据《企业安全生产标准化基本规范》（AQ/T9006）及相关行业安全生产标准和规范的规定，《意见》制定了具体量化的“十二五”工贸行业企业安全生产标准化建设目标，要求全部工贸行业企业2015年底实现安全生产标准化达标，明显强化企业安全生产基础。在此总体目标之下，《意见》提出主要从以下四个方面来推进安全生产：第一是从领导层面，加强领导，明确责任，加强执法检查；二是从产业结构方面，鼓励企业淘汰落后，不断提高企业本质安全水平；三是强调国企的模范带头作用，鼓励集团整体达标；四是通过保险、信贷、评先创优等方式对安全生产标准化建设提供各方面支持。从全方位为工贸行业企业安全生产标准化建设提供保障。

将全部工贸行业企业纳入总体目标，显示了本次安全生产标准化建设的力度；八项措施具体细化，表明了本次工贸行业提升安全生产水平的决心。《意见》的出台，使我国工贸行业企业在安全生产标准化过程中扫除安全生产隐患，提高本质安全水平，降低安全生产事故发生率，为我国科学发展、安全发展贡献力量。

（四）《关于促进安全产业发展的指导意见》

1. 出台背景

《国务院关于进一步加强企业安全生产工作的通知》（国发〔2010〕23号）首次提出培育安全产业的要求，国务院办公厅印发贯彻落实《国务院关于进一步加强企业安全生产工作的通知》重点工作分工方案的通知（国办函〔2010〕140号）将发展安全产业工作任务明确为工信部牵头负责。工信部安全司立即启动了《关于促进安全产业发展的指导意见》（以下简称《指导意见》）起草工作，并开展了相关课题研究。

《国务院关于坚持科学发展安全发展 促进安全生产形势持续稳定好转的意见》（国发〔2011〕40号）再次提出把安全产业纳入国家重点支持的战略产业，《国务院办公厅关于印发安全生产“十二五”规划的通知》（国办发〔2011〕47号）进一步明确了培育发展安全产业的扶持政策。

2011年3月4日，工业和信息化部召开会议，就《关于促进我国安全产业发展的指导意见（初稿）》进行了认真讨论，国家发展和改革委、科技部、公安部、财政部、安全监管总局等 19 个相关部门的代表参加了座谈会。会议就《指导意见》中提出的促进我国安全产业发展工作原则、工作目标、重点任务和相关政策扶持措施等进行了充分讨论。与会人员一致认为，培育并发展安全产业，对促进我国安全生产保障能力和技术水平的整体提升，改善安全生产形势，实现安全发展具有重要意义。会议代表还就进一步明确安全产业范围、培育安全产业市场、主要技术发展方向、研究制定安全产品目录提出了修改建议。

2012 年 4 月，工业和信息化部第二次召开相关部委座谈会并第三次征求相关部委意见，基本采纳各方意见后，再次修改后形成征求意见稿。在此期间，工信部安全生产司赴重庆、合肥、沈阳等地调研了安全产业发展情况。

为了同步推进安全产业发展，工业和信息化部将发展安全产业相关要求纳入了《工业转型升级规划（2011—2015）》（国发〔2011〕47 号）和《工业通信业安全生产“十二五”规划》（工信部规〔2011〕584 号）等重要文件。

经过与国家安全生产监督管理总局协商，经过多次反复讨论和修改，工业和信息化部联合国家安全监督管理总局于 2012 年 8 月 17 日正式出台《关于促进安全产业发展的指导意见》，意在促进我国安全产业发展，增强安全保障能力，培育新的经济增长点。

2. 主要内容

《指导意见》首先明确了安全产业的定义和重要地位，强调安全产业是国家重点支持的战略产业，成长潜力巨大，培育发展安全产业是我国科学发展、安全发展的重要支撑，是以人为本、改善民生的重要举措，一定要增强培育发展安全产业的责任感和紧迫感。《指导意见》分别以 2015 年和 2020 年为两个重要节点，树立了较为清晰的安全产业发展阶段性目标，从两大类别考察安全产业发展情况，分别是安全技术和产品、安全服务，其中，安全技术与产品包括先进安全材料、个体防护产品、监管监察执法设备、安全传感产品、专用安全产品或部件、本质安全工艺技术及装备、安全监控管理信息系统和应急救援装备等八个细分类别；安全服务主要指安全咨询、安全教育、安全评价、安全保险等服务。

《指导意见》确定了七个重点任务：一是培育安全产业市场，引导安全投入；二是建立健全指导与监管体制，规范安全产业市场秩序；三是加快建设安全科技创新体系，大力推进“科技兴安”战略；四是提高产业集中度，鼓励企业集团化和专业化发展；五是从培育安全中介、安全评测、教育培训、信息化服务等多角度构建安全服务体系；六是通过建立安全产业特色园区积极推动产业集聚发展；七是加大人才培养力度，培养高水平的安全研发、技术和管理人才。

为顺利完成任务，《指导意见》同时提出三项保障措施：一是充分发挥政策扶持作用，利用好优惠目录、激励政策、引导政策等；二是鼓励在现有政策和资金渠道基础上，拓宽安全产业企业直接融资渠道；三是建立安全产业发展协调推进机制，加强各部门之间的组织协调。

3. 评析

《指导意见》是工业和信息化部联合国家安全监督管理总局于2012年8月17日发布的我国第一个关于安全产业的系统全面的指导性文件，首次明确了安全产业的概念，尤其是针对我国国情，明确了我国安全产业的具体内容，确立了今后一段时期我国安全产业发展的重点任务。根据《指导意见》精神和工业和信息化部工作安排，2013年是宣传贯彻《指导意见》的关键一年，是实施执行《指导意见》的重要开端。本书破例吸纳了这个发布于2012年的《指导意见》，还因为对于中国2013年的工业安全生产而言，《指导意见》作用巨大，对其贯彻实施是2013年安全生产的主要工作之一。

安全产业的许多内容其实早已存在，如个体防护、监测预警、应急救援等；而且还有许多部分包含在如高端装备制造、新材料、节能环保等新兴产业的范畴内，安全产业与其他新兴产业有重复和交叉的地方，边界并不十分清晰。在国际上，安全产业也并无统一的、明确的概念和范围划分，各国、各地区对于安全产业有不同的定义范畴，涉及的行业也有所差异。在发达国家，安全产业主要是指与国土安全、社会安全、防灾减灾、维护安全等有关的产品、装备与服务。而在发展中国家，安全产业主要指服务于生产安全、社会稳定、职业健康、减灾救灾等社会经济发展所需的技术、装备和服务。在我国，安全产业也是一个比较新的概念，近几年随着我国安全生产工作的不断加强，安全技术、装备和服务得到日益重视，安全产业逐渐形成一个巨大的，有着明确定位的产业。

2010年，国务院《关于进一步加强企业安全生产工作的通知》（国发〔2010〕23号）中明确提出“把安全检测监控、安全避险、安全保护、个人防护、灾害监控、特种安全设施及应急救援等安全生产专用设备的研发制造，作为安全产业加以培育，纳入国家振兴装备制造业的政策支持范畴”，首次以国务院文件形式提出“安全产业”概念，也确定了安全产业的涵盖范围，对安全产业用途的专用性、服务对象的特定性都给予了清楚的界定。

《指导意见》正是在这一文件的基础上，广泛征求各方意见，最终形成了“安全产业是为安全生产、防灾减灾、应急救援等安全保障活动提供专用技术、产品和服务的产业”的基本定义。这一定义适应当前我国安全发展的需要，符合目前我国安全产业发展阶段的实际，有利于安全产业在我国的快速发展。未来随着我国经济发展，生产安全和社会安全不断改善，特别是在全面建成小康社会的进程中，安全产业的涵养范围也会不断调整、不断变化，更多地向社会安全和国家安全扩展是必然趋势。

普遍认为，安全产业从大的方面可以分为安全技术和产品、安全服务两大类，这两大类产品又根据其应用范围有许多不同的细分类别。依据安全产业的基本定义，安全产业的应用范围为安全生产、防灾减灾、应急救援工作领域。安全产业所涉及的专用技术、产品和服务，除在安全生产领域事前预防、过程控制和事故应急救援阶段应用外，根据技术同源、工艺相近的特点，国家有关部门也支持将防灾减灾、医学救护、公共事件应急等相关技术产品纳入安全产业之中。

《指导意见》还进一步明确了安全产业未来发展的重点方向。在众多安全产业的发展方向中，根据我国经济发展状况和特点，需要将煤矿、非煤矿山、突发事件、消防安全、交通运输、铁路运输、建筑施工、危险化学品、烟花爆竹、民用爆炸物品、冶金等作为重点，大力开发先进、高效、可靠、实用的安全专用设备及所需的技术、工艺和配件，重点突出制造“通用化、模块化、标准化、集成化”和产品“人性化、机械化、自动化、信息化”的“双四化”，切实提高本质安全水平，积极开展安全服务，增强安全保障能力。

（1）安全专用产品和技术

——先进安全材料。重点加强先进阻燃材料，具有良好防火性能的新型保温材料，耐温（高、低）、耐压、耐腐蚀材料，抗静电、抗辐射材料、高效粉尘滤材、高透气性织物以及可有效降低职业健康危害等专用材料的开发和应用。

——个体防护产品。加强产品的安全性和适应性开发，注重产品的人性化设计。重点开发危险场所人身安全与健康防护产品，包括危险物安全防护装置、人体静电释放装置、防护服、救生衣、井下人员定位系统、呼吸器等安全保护及个人防护产品。

——监管监察执法设备。围绕提升监管监察依法行政效率，增强执法人员对事故灾难和职业危害掌控能力，重点开发现场直读可燃性 / 毒性气体测量仪、便携式数字激光粉尘仪、光离子化可燃气检测仪、数字风速仪、红外测温仪、数显温湿度表等监督检测设备；防爆对讲机、便携式打印机、便携式录像机等现场执法设备；复合气体检测仪、便携式声发射检测仪、数字式超声波探伤仪等调查取证分析等设备。优先发展高效、科学、便携、直读式设备。

——安全传感产品。重点研究安全态势风险评估、防控体系效能评估和监测预警技术。重点开发核放射、瓦斯、危险化学品、生化危险品等有毒、有害、可燃物质探测和检测报警仪器；火灾探测报警、地质灾害监测传感器和预警仪器；生命探测仪，事故机理分析仪器等。

——专用安全产品或部件。重点开发先进的综合应用超声波、红外线、激光、视频和雷达等技术的高可靠度交通运输装备防撞系统，特殊道路条件下速度控制系统、特殊气候条件下速度控制系统等限速装置，电子型、智能型安全气囊等安全功能部件；各类机床设备中使操作人员与危险部件实现人机隔离的皮带、齿轮等运动部件防护罩、铁屑档板、限位装置等安全部件，操作防护门门联锁装置、主轴皮带防护门门联锁装置、光栅防止误入装置等安全联锁装置；高危场所防爆电器、高压容器泄压阀等专用安全产品或部件。

——本质安全工艺技术及装备。重点研发本质安全（简称本安）工艺和设备。对存在火灾爆炸危险性的矿山、化工企业等工作场所，提升装备和设备的机械化、自动化、信息化水平，减少现场作业人员，逐步实现高危场所的人机隔离与远程控制操作；开发新技术、新工艺，降低危险品的在线存量，对机械加工作业场所，要优先研发人与运动部件隔离的自动化本安型设备。

——安全监控管理信息系统。积极推进信息化建设，重点开发和应用煤矿、非煤矿山、危险品生产储存运输企业监测监控系统，大型起重机械安全监控管理系统、海洋渔业船舶卫星定位与监测系统、渔船防撞自动识别系统、危险品运输车船卫星定位与流向全程动态监控系统等；加强围绕安全生产的物联网技术研究与开发，推动故障诊断技术、系统仿真技术等的应用；针对地质灾害、重大水灾、火灾等灾害，加强“空天地一体化”监控预测系统、视频监控资源快速读取分析系统、城市建筑消防远程监控系统、灾害事故现场三维追踪定位系统、环境信息采集与传输系统、应急机动通信联络、指挥控制系统等的研发，并围绕上述系统建立相关的标准体系。

——应急救援设备。针对重大自然灾害、重大火灾与爆炸事故、矿山安全事故及重大交通事故等，提升应急装备产品可靠性和快速机动性能。重点发展：紧急避险、逃生系统；压风自救系统、供水施救系统；应急供电照明设备；灾区环境侦测装备和救灾机器人、大型快速移动排水设备、大型救灾钻井和探测装备、井下生命探测仪、事故现场大型应急救援指挥车；航空应急救援装备；高速铁路应急救援装备；高架桥梁和长大隧道铁路机车车辆事故救援装备；消防应急救援等消防装备；水上救援船舶、气胀式救生筏（浮）等集体救生设备及相关水上救援装备；大型起重机、挖掘机、破障机等抢险救援工程机械以及大型钻机、水泵等高效陆上机动救援设备；油气及危险化学品管道堵漏设备；放射性污染场所应急处置设备；具有行驶记录功能的车辆卫星定位装置、渔船防撞自动识别系统、遇险人员搜索定位系统及搜救设备等。

（2）安全服务

——安全顾问服务。重点是解答客户安全问题咨询，帮助客户解决疑难问题的安全咨询服务；根据客户生产需要，为客户“量身定做”安全解决方案的安全设计服务；帮助客户建立与完善安全管理体系的安全管理服务等。

——安全评估服务。重点是对生产系统的生产设备、劳动与作业环境、安全管理三个主要方面履行岗位安全职责，对所做的各项安全工作及效果等内容进行评价。

——安全培训服务。重点是针对领导、安全管理人员和普通员工等不同层次的人员，按客户要求进行个性化的安全培训，包括安全基础知识、安全产品、系统安全知识和安全管理知识等方面。

——应急响应服务。重点是配合客户制订应急响应预案，参与和协助客户对预案进行演练；在第一时间内对紧急故障进行响应，尽可能在最短时间内使系统运行，降低客户损失，并协助分析事故原因，提出改进意见。

三、2014 年我国工业安全生产面临的形势

（一）工业领域重点行业的安全生产压力依然突出

虽然 2013 年 1—8 月全国和工业安全生产形势总体是乐观的，但是各类安全生产事故和死亡人数总量仍然偏高。上半年全国连续发生了多起重特大生产安全

事故，钢铁、石化、建材、民爆等工业安全生产重点行业多次发生了较大以上安全生产事故，表明工业领域安全生产压力依然突出，安全生产形势依然严峻。

2014年，对于工业领域安全生产重点行业，仍然需要进一步加大“打非治违”的力度，将“打非治违”作为安全生产大检查和重点行业领域专项治理的重中之重，常抓不懈，抓出成效，才能有效防范和坚决遏止非法违法行为引发的重特大事故。

（二）工业安全生产标准体系尚需完善

虽然我国工业安全生产标准制订工作随着工信部的成立有了长足的发展，但当前我国安全生产标准体系仍不够完善，缺乏统一性。首先是国家与行业两级标准体系之间，以及各类行业标准之间欠缺沟通和衔接，标准对象存在交叉、重复；其次是标准缺乏统一的指导思想，既有独立的安全标准，又有包括环境适用性能及安全性能等相关要求的规范性标准；最后是配套的部门规章修制订进程偏慢，难以适应技术发展和安全生产形势的需要，各地方立法和规章制定在安全生产中的作用没有得到有效发挥。

（三）源头治理对工业安全生产的作用没有得到有效发挥

我国安全生产指导体系是随着工信部的成立建立起来的，并且在工业领域安全生产中发挥了应有的作用，与安监部门综合治理形成了闭环管理模式。但需要注意的是，目前工业安全生产指导体系仍处于初级阶段，长效机制亟待调整和完善，源头治理工作的作用还没有得到有效发挥。目前我国石化、化工、冶金、建材、有色、机械装备、选矿业、轻工、纺织等其他行业，包括部分省份经信委负责的煤、电、油、运等行业，安全监管和行业管理分离，整个管理体系的联动机制尚需健全和完善。

（四）安全产业发展与实际需要还有很大差距

我国安全产业的发展仍处于成长阶段，市场规模和份额较小，尚未形成一个相对独立的行业，发展较为缓慢。行业发展缺乏统一的规划指导以及有利的政策引导，国家财政、金融、税收、保险等政策尚未建立，没有发挥应有的助推作用，有利于安全产业的市场机制尚待建立。此外，我国安全产业集中度偏低，缺乏集聚效应，即使在安全产业发展较好的重庆等地，产业集中度也仍然较低，不利于形成在市场上有引导作用的龙头企业。国外跨国巨头纷纷进入中国市场，一方面带来了先进的生产技术和管理经验以及雄厚的资本，另一方面也占据了国内的高端产业市场，给本土企业带来了巨大的压力。根据对我国安全产业的调查，目前产值仅 2000 多亿元，与国内市场上万亿元的需求差距巨大，我国安全产业发展既面临机遇，也面临挑战。

（五）新兴产业的安全发展亟待关注

新兴产业的发展对我国安全生产工作提出了新要求。2012 年 7 月，国务院出台《“十二五”国家战略性新兴产业发展规划》，规划中的七类战略性新兴产业都对安全和安全发展提出要求。其中，一些产业本身就必须将安全作为发展的前提条件，如核电技术产业；还有一些产业，安全因素成为制约其发展的主要瓶颈，如锂电产业，锂离子电池引发火灾甚至爆炸的事故屡屡发生，安全性已经成为制约锂离子电池和锂电行业发展的主要因素之一。锂电行业发展迅速，从产业规模上看，2008 年全球锂电池的产业规模达到 71 亿美元，2012 年达到 207 亿美元。我国已占全球产业规模的 30% 以上，提高锂电池的安全性，对于促进我国新能源和新能源汽车的发展有重要意义。

四、2014 年我国工业安全生产趋势展望

（一）通过安全生产各项措施的落实，全国和工业安全生产形势将持续稳定好转

为了认真贯彻和落实中央领导同志关于加强安全生产工作的一系列重要指示精神，以及党中央、国务院的决策部署，按照国务院安委会“全覆盖、零容忍、严执法、重实效”的总体要求，组织深入开展对各地、各行业、各有关部门安全生产工作全过程的持续督导与督查，全面检查开展安全生产大检查情况、隐患漏洞整改治理情况、安全生产各项保障措施落实情况，大力推动工作落实，努力促进安全生产形势持续稳定好转。从 2013 年 7 月初至 9 月底，国务院安委会组织了 16 个督查组，由部级领导带队，一个组负责两个省的全覆盖式、持续进行督察、检查，对全国的 31 个省（区、市）和新疆生产建设兵团进行了安全生产综合督查。通过深入基层、深入现场、深入群众，采取明查与暗访、抽查与普查等方式，确

保突出督查重点，务求督查质量，确保督查工作扎实有效。

这些综合督查措施，对我国安全生产形势稳定好转产生了良好的促进作用。1—8月，全国事故总起数、死亡人数与2012年同期相比，分别下降3.9%和14.2%；在工矿商贸领域分别下降15.7%和16.3%；较大事故起数和死亡人数同比降幅从上半年的17.6%和22.2%下降到了23%和24.2%；有力促进了全国安全生产形势的持续稳定好转。

展望2014年，全国和工业安全生产形势将继续保持持续好转的态势。首先，经过两轮由国务院安委会组织的综合督查，以及各地方政府、行业主管部门组织的各类督查和检查，严重非法违法、违规违章行为将得到有效抑制；其次，安监总局14个暗查组每到一处基本上都有媒体记者参与，甚至很多画面、摄像都是中央主流媒体亲自拍摄的，这样以来就产生了很好的效果，进一步震慑了非法违法、违规违章行为；再次，安监总局组织了16个专项督查组，针对我们直接监管的煤矿、非煤矿山、烟花爆竹、危险化学品、冶金等工业重点行业领域，也分赴各地开展专项督查；工信部也组织督查组对民爆行业、通信业和部直属单位开展了安全生产的全面督查、检查；最后，针对安全生产水平低、事故多发的高危行业，采取技术手段，提高安全监管和本质安全水平，从源头上防止违法违规行为的发生。这些政策措施的递延效果以及经济结构调整和工业转型升级步伐的加快，都将为我国工业安全生产形势好转打造良好的基础，提升工业安全生产的水平。

（二）经济下行压力增大，带来工业领域重点行业安全生产压力增强

2013年1—8月，我国工业经济运行总体比较平稳，结构调整工作扎实推进，但受到产能过剩、有效需求不足，特别是外需萎缩等因素的影响，面临下行压力增大，推进结构调整的任务更加紧迫和艰巨。在工业安全生产重点行业中，石化、化工、冶金、有色等生产增速都呈现放缓的态势，对安全生产的影响主要表现在：一是安全生产投入不足；二是过分关注经济指标完成，忽视安全生产工作；三是追求经济效益，违法违规生产造成安全生产隐患增加。

展望2014年，国家一系列调结构稳增长的政策落实，将带动国民经济和工业经济平稳合理运行。在这一过程中，工业安全生产压力将继续加大。一是由于上半年工业经济增速放缓，为完成2013年工业增长率速度的要求，工业经济也

将实现平稳增长。但根据以往经验，一些企业在追求经济增长和经济效益时，容易产生重生产轻安全的问题，给安全生产带来潜在隐患和危险。二是2013年1—8月，全国仍发生因非法违法生产经营建设行为导致的较大以上事故366起，分别占较大以上事故起数和死亡人数的48%和50.1%（其中，非法违法重特大事故分别占重特大事故起数和死亡人数的62.2%和52%），一些企业仍存在无证或证照不全非法生产，超能力、超强度、超定员违法违规生产等现象。三是2013年以来，在工业系统，钢铁、石化、建材、民爆等工业安全生产重点行业也多次发生较大以上安全生产事故，工业领域重特大事故同比上升，安全生产压力依然突出。

（三）预防和治本的要求，使安全产业进入良性发展时期

2012年8月工信部和国家安监总局联合发布《关于促进安全产业发展的指导意见》以来，工信部、国家安监总局等都认真落实相关文件的要求，积极推进安全产业发展。

展望2014年，安全产业越来越得到各级政府的认可与重视，各地安全产业规划都进入了重要的发展阶段，安全产业发展面临良好的发展机遇。第一，正在修订中的《安全生产专用设备企业所得税优惠目录》和《部分工业行业淘汰落后生产工艺装备和产品指导目录》将有利于安全产业吐旧纳新，提高安全产业经济效益，推动安全产业发展。第二，各地已经开始和正在建设的一批安全产业园区（基地），有的已经初具规模，有的正在加快推进，预计2014年安全产业将进入快速发展时期。第三，2014年将出台《安全技术和产品指导目录》等配套文件，将有利于先进、高效、可靠、实用的安全专用技术和产品加快推广应用；第四，即将成立的中国安全产业协会将在政府与安全产业企业之间建立起桥梁和纽带，引导、规范、管理、促进安全产业发展。协会将根据安全产业发展需要，成立若干分专业、分领域的行业分会，同时牵头建立产业发展基金，引导社会资本投入到安全产业中来。

（四）通过安全生产技术改造，提升工业企业本质安全水平

安全技术改造是提升工业领域本质安全水平的有效手段。通过推动针对企业安全生产的技术改造，促进企业安全生产工作提升。通过实施高风险工业产品、生产工艺和装备的技术改造，加强工业控制系统安全保障，加快安全生产管理与

监测预警系统、应急处理系统、危险品生产储运设备设施等技术装备的升级换代，提高工业企业本质安全水平。安全技术改造在工业领域技术发展中得到高度重视，《工业转型升级投资指南》设有安全生产专篇，明确将钢铁、有色、建材、化工、机械等9个行业的110项工艺技术、装备纳入技术改造支持范围，安全生产技术改造力度不断加大。2012年和2013年产业振兴和技术改造专项共安排安全生产类技术改造项目276项，总投资170亿元，累计安排相关专项资金14亿元。在钢铁、石化、有色、建材、装备相关重点行业，开展了安全生产动态监测监控、安全隐患排查、安全事故应急管理、特种设备管理、高危工业产品运输监控等11个方面100个项目的信息化促进安全生产示范推广工作，引导企业提高信息化水平。

2014年安全技改仍将在工业技术改造中占据重要地位，将为提高工业企业本质安全水平发挥更重要的作用。2013年国家把安全生产作为技术改造资金的重点支持方向之一。一是《国务院关于促进企业技术改造的指导意见》中，促进安全生产位列九项重点任务之一；二是国家关于产业振兴和技术改造专项将安全生产作为八个优先支持的方向之一，并且十个重点专题之中有八个涉及到了安全技术及产品；三是中央预算内资金也将对工业安全生产技术改造给予支持，特别是对高危行业成熟的关键共性技术及工艺设备推广给予重点支持。

（五）走新型工业化道路，两化深度融合将成为提升工业安全生产水平的重要途径

推动信息化和工业化深度融合是加快转变发展方式、促进四化同步发展的重大举措，是走中国特色新型工业化道路的必然选择。工信部成立以来，在钢铁、石化、有色、建材等安全生产重点行业，开展了安全生产动态监测监控、安全隐患排查、安全事故应急管理、特种设备管理、高危工业产品运输监控等信息化促进安全生产示范推广工作，引导企业提高信息化水平。2013年9月发布的《信息化和工业化深度融合专项行动计划（2013—2018年）》中，又将两化融合促进安全生产列入了“重点领域智能化水平提升行动”之中。将围绕特种设备管理、安全隐患排查、安全事故应急管理、人员安全管理、高危工业产品运输监控和管理等关键环节，支持煤矿、非煤矿山、危险化学品、烟花爆竹、冶金、民爆等重点高危行业企业的安全生产信息化系统建设，促进生产本质安全。

展望2014年，走新型工业化道路的核心要求之一就是要做到安全有保障，

而信息化是提高工业企业安全生产水平的重要途径和必然选择。一是实践证明，新一代信息技术广泛应用于工业领域，不仅为工业安全生产提供保障，而且可以成为工业领域新的经济增长点；二是国家级两化深度融合示范企业的评定范围中包含安全生产信息化，这些示范企业必将引领安全生产信息化不断发展；三是通过《信息化和工业化深度融合专项行动计划（2013—2018 年）》中专项行动的支持，以试点、示范企业的带动，依托物联网在工业领域的集成创新和应用、信息化综合服务能力提高等措施，推进安全生产信息系统的建设和大范围应用，将在提升工业系统本质安全水平方面发挥更大作用。

行 业 篇

第八章　装备工业

一、2013年我国装备工业整体发展状况

装备制造业是为国民经济各行业提供技术装备的战略性产业，是各行业产业升级、技术进步的重要保障和国家综合实力的集中体现。经过多年的发展，装备制造业已经形成门类齐全、规模较大、具有一定技术水平的产业体系，成为国民经济重要的支柱产业。2009年，中国机械装备工业销售额达到1.5万亿美元，超过日本的1.2万亿美元和美国的1万亿美元，跃居世界第一。装备工业的产品开发和制造能力与国际先进水平的差距在逐步缩小，一批重要产品在国际市场上占有重要地位，如高效清洁发电设备已能基本满足国内需求，技术水平和产品产量已经进入世界前列，百万千瓦级超临界火力发电机组，超高压输电设备、轨道交通设备等技术水平处于世界前列。

近年来，中国装备工业进入了一个高速发展期。无论是行业规模、产业结构、产品水平，还是国际竞争力都有了大幅度的提升。发电设备、输变电设备、汽车、摩托车、大中型拖拉机、内燃机等产品产量，已稳居世界首位；在全国范围内形成了以广东、辽宁、江苏、湖南、浙江为代表的、颇有影响力的产业集聚地，并打造出国机集团、中联重科、三一重工等一批大型企业集团和专业化企业。企业的自主创新能力显著增强，一大批重大技术装备实现了自主制造，发电、石化、农机、轨道交通装备、船舶及海洋工程装备等重大技术装备自主化取得了较大突破，保障能力明显增强。

2013年是我国装备工业实施“十二五”规划承上启下、承前启后的关键之年。行业发展所面临的国内外环境相对有所改善，在汽车等行业的带动下，产业增速

有所恢复，但受整个工业产能过剩的影响，船舶等行业生产形势仍然低迷。总体来看，经济运行整体呈现平稳发展的态势，但形势错综复杂的局面没有发生根本改变。

（一）产业增速企稳回升

2013 年以来，世界经济复苏迹象有所显现，但旧的风险与新的扰动重重交叠，复苏道路仍坎坷不平。国内经济在国家一系列稳增长、调结构、促改革的政策作用下，运行继续企稳回升。受国内外经济的综合影响，我国装备工业内需有所回暖，增速缓慢上升。1—10 月，规模以上装备制造企业工业增加值同比增长 10.3%（一季度同比增长 9%，二季度同比增长 9.2%，三季度同比增长 9.9%），累计增速和分月增速均连续两个月超过全部工业平均水平。受装备工业固定投资增速下滑、经营成本继续上涨等因素的影响，2013 年全年装备工业运行将维持平稳态势，强劲复苏的几率不大。

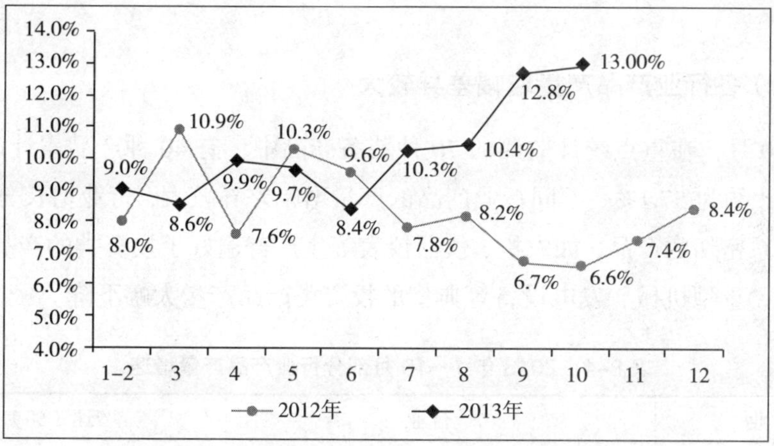

图8–1　2012年以来装备工业增加值分月增速

数据来源：赛迪智库装备工业研究所。

（二）出口增速开始回升

2013 年以来，我国装备工业面临的外贸形势不断恶化。发达国家主权债务高企、新兴经济体面临自身结构性矛盾和国际资本异动的困扰，导致世界经济复苏路径曲折，增速难有大幅回升，贸易保护主义持续蔓延。1—10 月，装备工业出口形势依然严峻，出口交货值同比下降 0.9%，但单月增速延续 8 月以来的回升态势。

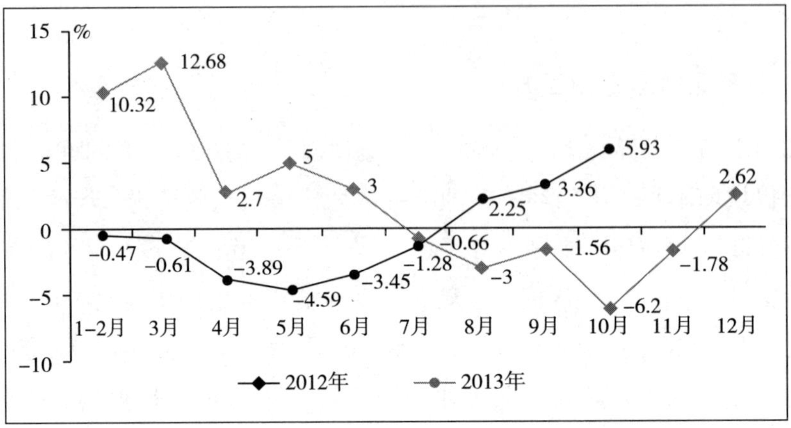

图8–2　2012年以来我国装备工业出口交货值分月增速

数据来源：国家统计局。

（三）各行业产品产量增幅差异较大

1—10 月，在重点统计监测的 70 种装备产品中，有 40 种产品累计产量保持增长，占比约为 57.1%。不同行业产品的产量增幅差异较大，行业增长分化加剧。与消费关系密切的产品，如农机、仪器仪表等生产普遍好于投资类的产品，机床、工程机械、重型机械、发电设备等典型的投资类产品产量大幅下降。

表 8–1　2013 年 1—10 月部分行业产品产量增速

行业	子行业	增速（%）
汽车	汽车	13.58%
电工电器	汽轮发电机	-4.5%
	风力发电机组	-0.9%
	水轮发电机组	1.9%
	电站锅炉产量	-5.9%
	变压器	7.7%
	电力电缆	6.3%

（续表）

行业	子行业	增速（%）
机床工具	金切机床产量	–8.5%
	数控金切机床	0.6%
	金属成形机床	–4.7%
	金属切削工具	9.9%
工程机械	装载机	2.4%
	压实机械	7.1%
	水泥专用设备	6.8%
	混凝土机械	3.5%
	挖掘机	–6.3%
农业机械	中型拖拉机	10.7%
	小型拖拉机	5.1%
	收获机械	2.1%
	饲料生产专用设备	–5.3%
	大型拖拉机	–12.7%
仪器仪表	汽车仪器仪表	14.2%
	电工仪器仪表	1.8%
船舶工业	造船完工量	–25.4%
	新承接船舶订单量	182.9%
	手持船舶订单量	–1.1%

数据来源：赛迪智库装备工业研究所。

（四）固定资产投资增速继续回落

在国家严格控制高污染、高耗能行业的固定资产投资的背景下，一些地方为追求发展速度，纷纷将投资重点转向装备制造业，加上行业本身持续多年的外延型高速增长积累的产能，在需求不足的大环境下，产能过剩的矛盾尤为突出。在转型升级的压力下，行业自身投资速度开始下降。2013 年装备工业固定资产投资增速延续了 2012 年的持续回落态势，自一季度起累计同比增速持续下滑，并且改变了以往显著高于全社会和全部制造业固定资产投资增速的局面。前三季度同比增长 16.59%，但仍不及全国（20.2%）和制造业（18.5%）水平，投资趋于理性。其中，除通用设备制造业和专用设备制造业外，固定资产投资增速均低于全社会和全部制造业。

表 8-2　2013 年 1—9 月装备工业固定资产投资同比增速

行业	同比增速
金属制品业	21.9%
通用设备制造业	22.4%
专用设备制造业	18.9%
汽车制造业	15.4%
其他交通运输设备制造业	14%
电气机械和器材制造业	8.5%

资料来源：国家统计局。

（五）节能降耗减排取得积极成效

在产品节能减排方面，重大技术装备向大型化、高参数化发展，部分产品的效率已接近世界先进水平，量大面广的通用机电产品效率也有很大提高。2013年装备工业各行业的节能减排工作进展明显。工信部最近颁布的电机能效提升计划（2013 年—2015 年）的实施将对我国电动机行业产生重要影响。我国高效和超高效节能电机的比重逐步加大，而且我国电动机生产企业越来越重视系统的节能。另外，鉴于传统的开关所使用的 SF_6 是一种温室气体，对温室效应的影响是 CO_2 的 25000 倍，对环境有一定的危害，因此一些高压开关企业也在对扩展用干燥空气替代一部分六氟化硫的产品领域进行积极的研究探索，并取得了一定的成绩，厦门华电最近一个时期内建设的环境友好型智能配电开关柜就是成功例证。

（六）两化融合步入新的发展阶段

装备企业已经认识到两化融合对于提升企业核心竞争力的重要作用，部分企业已将两化融合建设提升到企业发展战略层面，对信息化建设和信息技术在产品中的应用给予高度重视，并且已经开始从局部应用向协同集成迈进，信息化投入与基础设施建设已经具有了相当的规模，信息化单项业务应用已经比较普遍。例如，西电集团从顶层设计、基础建设、应用系统建设、信息安全、IT 治理等方面加强信息化建设；西开股份从智能化技术、数字化制造、信息化管理等方面提升两化融合，其建成的数字化机加工车间在全行业具有重要示范作用。

（七）产业结构调整取得一定进展

2013年，装备工业在面临内需低迷、出口增长乏力等困难时，以往被高速增长掩盖的各种问题、矛盾相继暴露出来，传统的依靠人口红利、以牺牲环境为代价、以投资带动的粗放式经济增长模式难以为继，需求升级与市场竞争激烈对全行业结构调整、转型升级提出了更新、更高、更迫切的要求。因此，在市场倒逼机制作用下，越来越多的装备制造企业加强创新和转型升级。如上海电气电站设备集团非常注重生产性制造服务业的开拓，最近一两年成绩斐然，其服务公司一年的业务收入已达30亿元，而且利润率明显高于生产环节；上海锅炉厂加强全供应链管理，建立了一套信息化系统，严控生产的每一个环节，确保工期和质量；西安高压电器研究院提出的全寿命资产管理，既能保证高压开关使用寿命的延长，减少没有必要的检修，又为用户提供了更多的增值服务。在工信部9月份公示的拟认定的80家国家技术创新示范企业中，装备制造企业占半数，较2012年新增10家。

（八）智能制造装备产业发展迅速

2013年，经济结构调整、劳动力成本上升继续推动制造业产业升级，智能制造装备需求动力强劲。以云计算、人工智能、3D打印等为代表的新一轮技术革命加快发展，以此带来的产业结构调整升级加快，加大了对智能制造装备的需求，产业规模呈现出快速扩大的态势。从子行业的发展来看，随着制定智慧城市发展专项规划城市的增多，与智慧城市建设相关的装备，如物联网设备、智能交通设备等将迎来快速的发展。一系列推动智能制造装备产业的政策不断出台，如“智能制造装备发展专项”、“关于推进工业机器人产业发展的指导意见”等，实施的政策累计效应不断增加，带动了工业机器人、高端数控机床、智能仪器仪表及智能化重大成套设备等产业的快速发展，使智能制造装备的产业化水平迈上新的台阶。

二、2013 年我国装备工业重点政策解析

（一）《加快推进传感器及智能化仪器仪表产业发展行动计划》

1. 背景

我国传感器及智能化仪器仪表产业经过多年发展，取得一批重要科技成果，初步形成了比较完整的产业体系和技术创新体系。2012 年，仪器仪表行业实现工业总产值 7122 亿元，但产业整体水平与国外先进水平相比差距较大，关键共性技术缺乏，产学研用结合不紧密，企业创新能力不足，致使产业化和市场推广应用问题未能得到很好的解决。

未来 5—15 年，是我国传感器及智能化仪器仪表产业快速发展的关键时期。我们应充分利用业已形成的较为完备的技术体系、制造体系和配套供应体系，转变产业发展思路和观念，推动从硬件加软件的“生产型制造”向应用服务加提供系统整体解决方案的“服务型制造”发展的产业形态变革，实现我国传感器及智能化仪器仪表产业创新、持续、协调发展。为贯彻落实《“十二五”国家战略性新兴产业发展规划》和《工业转型升级规划（2011—2015 年）》，增强传感器及智能化仪器仪表产业的创新能力和国际竞争力，2013 年 2 月，工业和信息化部、科技部、财政部、国家标准化管理委员会联合制定实施了《加快推进传感器及智能化仪器仪表产业发展行动计划》。

2. 政策要点

（1）制定了传感器及智能化仪器仪表产业发展目标

一是总体目标：到 2025 年，传感器及智能化仪器仪表产业整体水平跨入世界先进行列，产业形态实现由“生产型制造”向“服务型制造”的转变，涉及国防和重点产业安全、重大工程所需的传感器及智能化仪器仪表实现自主制造和自主可控，高端产品和服务市场占有率提高到 50% 以上。二是近期目标：到 2015 年，以工业转型升级、发展战略性新兴产业、保障和提高人民生活质量为重点，着重于全产业链的系统推进；解决行业主干产品智能化、网络化、可靠性、安全性等关键问题；完成一批高精度仪表和新型传感器的自主设计、开发及产业化；重点

满足战略性新兴产业、工业物联网、环保和食品安全、文物保护和传承等领域需求；建立行业共性技术服务平台，为行业自主创新及可持续发展提供支撑，行业整体发展水平得到显著提升。

（2）确立实施促进传感器及智能化仪器仪表产业发展四大工程

一是技术创新工程，鼓励和支持测量、控制、智能化等前沿、共性技术研究，新一代传感器及智能化仪器仪表研发及应用验证，开展标准、检测、可靠性等行业支撑技术工作，建设公共技术服务平台；二是产品升级工程，在技术创新工程基础上，鼓励和支持传感器和智能化仪器仪表设计、制造、校验等产业化技术和专用装备开发，降低制造成本，提高产品的可靠性、稳定性及一致性；三是产业和企业转型升级工程，重点支持企业开展以信息化和工业化深度融合为核心的技术改造，传感器及智能化仪器仪表创新示范园区和基地建设，以及以现代制造服务业为核心的产业模式创新；四是产业化应用工程，支持有利于促进信息化和工业化深度融合，发展战略性新兴产业，提高生产效率，改造传统工业流程，促进安全生产、节能减排、环境保护、食品安全的行业应用示范，推动在重大装备和工程中的应用。

3. 政策解析

《行动计划》的出台将极大推动传感器及智能化仪器仪表产业发展，加速智能仪表更换升级并推动相关仪器仪表市场占有率的提升，在城镇化步伐不断加快的背景下，将进一步促进其在战略性新兴产业、工业物联网、环保和食品安全、文物保护和传承等领域都发挥极大作用。

（二）《民用航空工业中长期发展规划（2013—2020年）》

1. 背景

进入21世纪，我国民用航空工业取得快速发展，民用航空领域的一批重大专项和重点型号研制正稳步实施：新舟60涡桨支线飞机、H425直升机、运十二通用飞机等已开始批量进入国内外市场，C919大型客机、ARJ21涡扇支线飞机、直十五中型直升机等重点产品研制正稳步推进。与此同时，随着人们经济活动的日益频繁以及空域管理改革和低空空域开放步伐的加快，通用飞机的市场需求正加速增长，从而为我国民用航空工业的发展提供了前所未有的机遇。

我国航空工业在取得巨大成就的同时，也面临不少困难和问题：与国际先进水平相比，仍存在较大差距：航空产品体系不完整，技术水平相对落后；基础研究薄弱，技术储备不足；发动机、关键材料和元器件等仍然是制约我国民用航空工业发展的瓶颈。为此，2013 年 5 月 23 日，工业和信息化部发布了《民用航空工业中长期发展规划（2013—2020 年）》。

2. 政策要点

（1）制定了民用航空工业的中长期发展目标

C919 大型客机完成研制、生产和交付。ARJ21 涡扇支线飞机、新舟涡桨支线飞机实现产业化。大型灭火和水上救援飞机、直十五中型直升机、高端公务机、中等功率级涡轴发动机等重点产品完成研制并投放市场。大型客机发动机研制取得重要进展。到 2020 年，国产干线飞机国内新增市场占有率达到 5% 以上，支线飞机和通用飞机国内市场占有率大幅度提高，民用飞机产业年营业收入超过 1000 亿元。

（2）明确了民用航空工业发展的重点领域与任务

一是加快民用客机产业化进程，其中，涉及 ARJ21–700 型涡扇支线飞机、新舟 60 系列与新舟 700 涡桨支线飞机、C919 大型客机以及双通道大型干线飞机；二是积极发展通用航空产业，其中，涉及大型灭火和水上救援飞机等通用飞机、中型多用途与重型直升机以及公务机；三是推动航空发动机自主发展，其中，包括建立和完善航空发动机自主发展工业体系、加快中等功率涡轴发动机与大型客机发动机等新型航空发动机研制、坚持现有发动机改进改型、推进小型发动机市场化发展等四项措施；四是加快发展航空设备、系统及相关产业，其中，明确了加快培育和发展机载系统供应商、扩展航空设备和系统发展领域、改进质量以提高可靠性和经济性、实现航空材料和基础元器件自主化、加快机载计算机软件和硬件发展等五个路径。此外，《规划》还对民用航空工业产业布局、产业重点技术以及基础设施和能力建设做出了详细部署。

3. 政策解析

《规划》在我国民用航空工业发展目标的基础上，对我国民用航空工业发展的重点领域和任务做了明确部署，并提出以实施大型飞机重大专项、支线飞机和通用飞机产业化工程、民用飞机产业化基础支撑计划以及航空质量提升计划四个重大工程和计划为重要支撑，来促进重点领域和任务的落实，并制定了进一步完善体制机制、建立健全法规标准和产业政策体系、建立和完善适航体系、加快人才队伍建设、全面推进国际合作等五项保障措施。作为新中国成立以来第一部由国家发布的民用航空工业发展规划,《规划》的发布实施对指导和促进我国民用航空工业发展具有十分重要的意义。

（三）《船舶工业加快结构调整促进转型升级实施方案（2013—2015年）》

1. 背景

经过多年发展，我国现已成为造船第一大国，船舶工业年工业总产值近 8000 亿元。2013 年 1—7 月，全国造船完工 2828 万载重吨，承接新船订单 2783 万载重吨，7 月底手持船舶订单 10676 万载重吨，分别占世界市场份额的 38.8%、46.7%、43.1%。然而，2008 年国际金融危机发生以后，世界经济复苏缓慢，加之经济周期性影响，国际航运市场不景气，全球造船市场因此而持续低迷，我国船舶工业产能严重过剩问题日益突出，目前我国规模以上船舶工业企业 1600 余家，约有 1/3 企业任务不足，1/3 企业生产难以为继。2013 年上半年，船舶工业行业协会重点监测的 80 家大中型企业产值、出口、效益同比分别下滑 16.6%、24.7% 和 53.6%，产业发展下行压力不断加大。

与此同时，随着国际航运和造船新规范、新公约、新标准密集出台，船舶产品节能、安全、环保要求不断升级，我国船舶工业增长方式粗放、低水平重复投资的发展模式已难以为继，创新能力不强、高端产品薄弱、配套产业滞后等结构性问题迫切需要得到解决。为此，2013 年 7 月，国务院制定实施了《船舶工业加快结构调整促进转型升级实施方案（2013—2015 年）》。

2. 政策要点

（1）确立了船舶工业转型升级的“十二五”发展目标

到 2015 年，新建散货船、油船、集装箱船三大主流船型全面满足国际新规范、新公约、新标准的要求，船用设备装船率进一步提高。高技术船舶、海洋工程装备主要产品国际市场占有率分别达到 25% 和 20% 以上；产业布局调整优化，建成环渤海湾、长江口、珠江口三大世界级造船和海洋工程装备基地。骨干企业建立现代造船模式，造船效率达到 15 工时 / 修正总吨，单位工业增加值能耗下降 20%，平均钢材一次利用率达到 90% 以上；产能盲目扩张势头得到遏制，产能总量不增加，企业兼并重组稳步推进，产业集中度不断提高，一批大型造船基础设施得到整合，产业布局更加合理，一批中小企业转型转产，落后产能退出市场。

（2）制定了船舶工业转型升级的主要任务

一是加快科技创新，实施创新驱动，开展船舶和海洋工程装备关键技术攻关，积极参与国际标准制订，支持数字化智能设计系统等重点技术研究和应用；二是提高关键配套设备和材料制造水平，重点依托国内市场需求，推进关键船用配套设备、海洋工程装备专用系统和设备以及特种材料的制造，提高产业核心竞争力；三是调整优化船舶产业生产力布局，严把市场准入关口，严格控制新增造船、修船、海洋工程装备基础设施（船台、船坞、舾装码头），坚决遏制盲目投资加剧产能过剩矛盾，集中资源、突出主业，整合一批大型造船、修船及海洋工程装备基础设施资源，发展具有国际竞争力的船舶企业集团，调整中小船厂业务结构，发展中间产品制造、修船、拆船等业务，开拓非船产品市场，淘汰一批落后产能；四是改善需求结构，加快高端产品发展加快淘汰更新老旧远洋、沿海运输船舶，推进内河船型标准化，发展满足国际新规范、新公约、新标准的节能安全环保船舶；五是稳定国际市场份额，拓展对外发展新空间；六是推进军民融合发展；七是加强企业管理和行业服务，引导船舶企业深化内部改革，加强成本和风险控制，增强应对市场变化和抵御市场风险能力。

3. 政策解析

针对船舶工业所面临的日益严重的产业结构过剩问题，《实施方案》在制定产业产品发展类型与产业布局发展目标的基础上，首先明确指出“加快科技创新，实施创新驱动”、“提高关键配套设备和材料制造水平”加快船舶工业转型升级的两项关键途径，其次，提出通过“调整优化产业生产力布局”、“改善需求结构”来实现现有产品结构的升级，最后，针对国内外行业企业发展现状有针对性地提出了稳定国际市场、推进军民结合以及引导船舶企业深化内部改革等相关指导性措施。在支持政策方面，《实施方案》不仅注重对原有的政策的适时调整，如“调整延续实施促进老旧运输船舶和单壳油轮提前报废更新政策至 2015 年 12 月 31 日”，而且更为严格地明确了对于“控制新增产能”的要求，如“地方各级人民政府及其有关部门不得以任何名义核准、备案新增产能的造船、修船和海洋工程装备基础设施（船台、船坞、舾装码头）项目，国土、交通、环保等部门不得办理土地和岸线供应、环评审批等相关业务，金融机构不得提供任何形式的新增授信支持”。这就要求我国船舶企业要充分利用现有条件，加快转型升级，切实做好下一代造船技术储备，不断增强自身核心竞争力，从而实现企业做大做强。

三、2013年我国装备工业热点事件回顾与解析

（一）第三次工业革命引发热议

1. 背景

2008年金融危机爆发后，以信息网络技术与制造业深度融合为核心的新工业革命加速孕育。欧美发达国家或地区正以关键领域技术创新为核心，力图掌控技术创新主导权，以确立新工业革命进程中的优势地位。美国推出了“先进制造业伙伴计划”，并建立了国家制造业创新网络。德国也于2010年推出《高技术战略2020》，“工业4.0”战略正是这一项目的组成部分，旨在支持工业领域新一代革命性技术的研发与创新。

2. 内容

《经济学人》杂志提出，第三次工业革命的核心技术是制造业数字化；美国经济学家里夫金提出，互联网技术与可再生能源的结合，将使全球迎来第三次工业革命；美国《连线》杂志主编安德森提出，将互联网和制造业结合，实现“创客运动”，将掀起新一轮工业革命；美国学者瓦德瓦提出，当我们将人工智能、机器人和数字制造技术相结合，将会产生一场制造业革命，美国注定要获得制造业的领导权。分析这几种观点及国外的一些新的动向，我们认为，将要来临或已经来临的新工业革命是信息技术与制造业的深度融合，是以制造业数字化为核心，建立在物联网和务（服务）联网信息物理系统基础上，同时加上新能源、新材料、生物技术等方面的突破而引发的新一轮产业变革，将带动整个制造业升级换代，并对人类经济活动和社会生活产生根本性的影响。

3. 影响

新一轮的工业革命，对于当今中国，尤其是对于中国的制造业，既是极为严峻的挑战，更是一个技术上赶超发展、结构上加快升级的重大机遇。对此，我们必须高度重视、密切跟踪、迎头赶上。

（二）3D打印持续升温

1. 背景

增材制造是一项新型数字化制造技术。增材制造，俗称3D打印，是利用计算机设计数据采用材料逐层堆积的方法制造实体物品的技术。该技术始于20世纪80年代的快速成型技术，具有三个方面的特征：一是制造技术的重大飞跃；二是制造工艺的深刻变革；三是制造模式的一次"革命"。3D打印已形成较为完整的技术体系。依据材料输送方式的不同，增材制造技术总体上可以分成选择性沉积技术和选择性黏合技术两大类。近年来，国内外又发展出一些新的增材制造技术，如微纳材料成形、细胞三维结构成形、复合沉积成形、多种材料喷射成形等。目前，3D打印主要应用于原型制造、模具制造和直接零部件制造三大领域。

2. 内容

为抢占这一新兴技术及产业发展的战略制高点，世界主要经济体纷纷进行战略部署，制定发展规划及扶持政策。美国奥巴马总统在2012年初提出的振兴制造业计划，计划投资10亿美元重振美国制造业，其目的是通过高端装备布局，夺回制造业霸主地位。2013年8月美国政府高调宣布成立国家增材制造创新研究所（NAMII），第一阶段由联邦政府和企业投入7000万美元研发支持增材制造技术研发及应用，力争促使美国成为全球优秀的增材制造中心。英国政府自2011年开始持续增大对增材制造技术的研发经费，设立了多个增材制造研究中心。

除英美外，其他一些发达国家也积极采取措施，以推动增材制造技术的发展。德国建立了直接制造研究中心，主要研究和推动增材制造技术在航空航天领域中结构轻量化方面的应用。法国增材制造协会致力于增材制造技术标准的研究，2009年欧洲增材制造论坛在巴黎成功召开。在政府资助下，西班牙启动了一项发展增材制造的专项，研究内容包括增材制造共性技术、材料、技术交流及商业模式等四方面内容。澳大利亚政府于2012年2月宣布支持一项航空航天领域革命性的项目"微型发动机增材制造技术"，使用增材制造技术制造航空航天领域微型发动机零部件。日本正着力推动增材制造技术的推广应用。南非政府投入2800万兰特扶持大型激光增材制造设备的开发。

3. 影响

发展机遇。一是工业转型升级加速利于增材制造市场需求快速扩张。二是航空航天、国防军工的快速发展对增材制造设备的需求不断增加。三是我国高度重视技术创新及产业化应用将助推增材制造产业快速发展。

面临挑战。一是增材制造企业国际市场竞争日趋激烈。二是我国在增材制造消费品产业方面依赖国外市场。

（三）欧盟对华“双反”调查

1. 背景

欧盟委员会 2013 年 6 月 4 日宣布，将从 6 月 6 日起对产自中国的光伏产品征收临时反倾销税，前两个月的税率为 11.8%，此后将升至 47.6%。中国政府对此强烈反对，明确表态，“高度关注当前中欧关于光伏产品的贸易争端，坚决反对贸易保护主义和滥用贸易救济措施”。该项措施的出台也违背了大部分欧盟成员国的意愿（与投票结果不符），招致了欧盟内部的反对声音。

我国已经连续多年成为全球遭受反倾销调查和反补贴调查最多的国家。美国自 2006 年 11 月以来对我发起“双反”调查共 20 多起，特别是 2008 年金融危机爆发以来，针对我国的“双反”调查愈演愈烈。

欧盟是中国光伏产品的最大出口地，数据显示，2011 年中国有近 358 亿美元的光伏产品出口，其中 70% 以上是输送到欧洲市场，2012 年欧洲市场占我国光伏产品出口份额的一半以上，而超过 220 亿欧元的涉案值也使此次光伏双反案成为史上最大的贸易争端。

2. 内容

2012 年 7 月 24 日，以 SolarWorld 为首新成立的欧洲光伏制造商联盟 EUProSun，针对“中国光伏制造商的倾销行为”向欧盟委员会提起诉讼。2012 年 9 月 6 日，欧盟委员会发布公告，对从中国进口的光伏板、光伏电池以及其他光伏组件发起反倾销调查。2012 年 9 月 25 日，EUProSun 向欧盟提起申诉，指控中国的光伏企业获得政府补贴，并要求对其产品征收惩罚性进口关税。根据规定，欧盟将在 45 天内决定是否立案。2012 年 11 月 8 日，欧盟正式启动对华光伏产品反补贴调查。2013 年 2 月 28 日，欧委会发布公告称，基于欧盟光伏玻璃协会的申诉，对原产于中国的光伏玻璃发起反倾销调查，涉案光伏玻璃为碱石灰平板玻璃，具有铁含量低于300ppm、太阳透射率在88%以上等特性。2013年3月6日起，欧盟对产自中国的光伏产品实施进口登记。2013年5月22日，中国机电产品进出口商会发表声明称，机电商会代表中方业界向欧盟委员会提交价格承诺谈判方案，但欧委会直接回绝了方案，也未回应谈判工作组提出的问题和解释。至此，中欧围绕欧盟对华光伏“双反”的价格承诺问题首轮谈判宣告破裂。2013年5月23日，中国商务部率团紧急赴欧，向欧委会就价格承诺问题再次进行磋商。2013年5月24日，欧盟成员国内部拟就欧委会对华光伏征税建议案投票表决。最终，有至少14个国家反对对华光伏“双反”议案。2013年5月26日，中国国务院总理李克强在访问德国时强调，近日欧盟拟对华光伏产品和无线通信设备产品发起“双反”调查，中国政府表示坚决反对。欧盟滥用贸易救济措施只会向外界发出贸易保护主义的错误信号，给双方企业、产业和就业带来不利影响。我们希望通过对话磋商妥善解决问题，而不是打贸易战。

3. 影响

从反倾销初始裁定来看，中国产品在价格基础上加上11.8%的税率后在欧洲市场仍然具有竞争优势，但如果征收47.6%的税率，将会对电池、组件环节造成重大伤害。

欧盟“双反”调查过程，也是我国光伏产业整合的过程，势必有一批企业将在此次调查后被整合。同时，“双反”调查也将会加速国内光伏产业向外转移的速度，实现原产地的多元化布局，以规避国际贸易风险。

此次欧盟“双反”主要针对来自中国大陆生产的晶硅电池片及组件。若欧盟对我国光伏企业征收反倾销税，抬高我国光伏产品进入欧盟市场的门槛，可能引发中欧之间光伏产品贸易战，导致两败俱伤。

四、2013年我国装备工业重点行业发展状况

（一）汽车行业发展状况

1. 产销增速持续加快

2013年1—10月，我国汽车产销量增长加速，累计生产汽车1785.43万辆，同比增长13.6%，销售汽车1781.58万辆，同比增长13.5%，产销增幅较2012年

同期分别提高 9.02 和 9.91 个百分点。其中，乘用车生产 1451.89 万辆，同比增长 14. 8%，销售 1445.5 万辆，同比增长 15.0%；商用车生产 333.55 万辆，同比增长 8.63%，销售 336.07 万辆，同比增长 7.38%，产销增长率较 2012 年同期实现了大幅的增长。

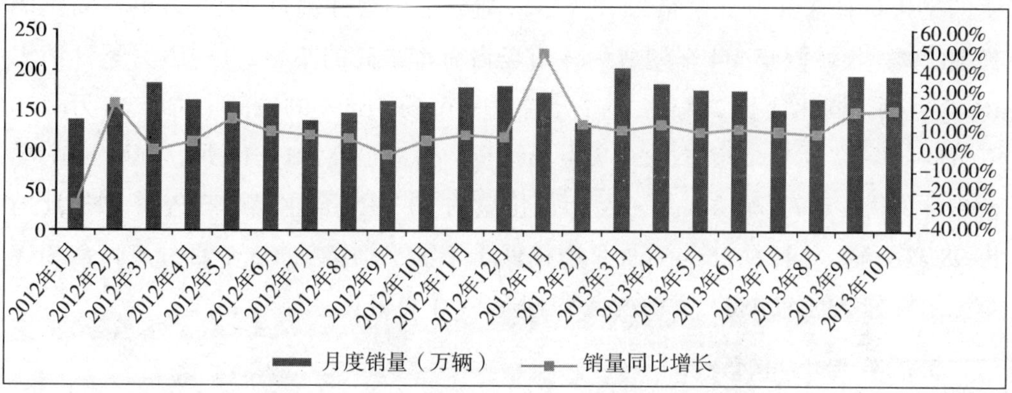

图8-3　2012年-2013年10月我国汽车月销量及其同比增长情况

数据来源：中国汽车工业协会，2013 年 11 月。

2. 重点企业经济效益显著提高

2013 年 1—9 月，全国 17 家汽车重点企业集团累计完成工业总产值 1.8 万亿元，同比增长 15%，增长率高于 2012 年同期 8.8 个百分点；累计实现营业收入 2.04 万亿元，同比增长 13.4%，增长率高于 2012 年同期 8 个百分点。利润及利润总额增长较快，1—9 月，17 家重点企业集团累计完成利税总额 3638.75 亿元，同比增长 19.4%。

3. 自主品牌乘用车市场份额继续下降

2013 年 1—10 月，我国自主品牌乘用车累计销售 577.57 万辆，同比增长 12%，占乘用车市场销售总量的 40%，市场份额同比下降 1.1 个百分点。2012 年，我国自主品牌乘用车累计销售 648.5 万辆，扭转了 2011 年的衰退局势，比 2011 年增长 6.1%，占 2012 年乘用车市场销售总量的 41.9%，市场份额同比下降 0.3 个百分点。

2013 年 1—10 月，自主品牌轿车销售 261.08 万辆，较 2012 年同期增长 9.6%，占轿车销售总量的 26.9%，市场份额同比下降 0.4 个百分点。2012 年，自主品牌轿车销售 304.96 万辆，占轿车总销量的 28.4 %，市场份额同比降低 0.7 个百分点。

4. SUV 车型销量大幅增长

2013 年 1—10 月，我国汽车消费市场 SUV 车型市场累计销售 237.27 万辆，同比增长 47.9%，远高于同期乘用车市场 14.99% 的增长率。其中，增长最快的是售价低于 8 万元的低端 SUV，该细分市场累计销量 20.22 万辆，同比增长 58.2%，长城汽车 M4 车型成为该市场占有率最高的车型，1—10 月累计销售 10.42 万辆，同比增长 224.9%，占低端 SUV 市场 51.5% 的份额；位于 15 万—30 万区间的中端 SUV 车型占据 SUV 市场销量的份额最高，1—10 月，中端 SUV 车型累计销售 167.75 万辆，占 SUV 市场销量的 70.7%。自主品牌 SUV 车型累计销售 98.77 万辆，同比增长 46.6%，增幅低于市场平均增幅 1.3 个百分点，占 SUV 车型销售总量的 41.4%，市场占有率下降 0.7 个百分点。

5. 汽车进出口回落

2013 年 1—9 月，我国整车累计进口 84.62 万辆，较 2012 年同期的 90.09 万辆下降 6.1%，累计进口金额 587.18 亿美元，较 2012 年同期的 611.68 亿美元降低 4%。

2013 年 1—9 月，我国整车累计出口 71.33 万辆，较 2012 年同期的 76.86 万辆下降 7.2%，累计出口金额 579.19 亿美元，较 2012 年同期的 557.66 亿美元增长 3.6%。

（二）机械行业发展状况

2013 年是机械行业加快推进转型升级的一年。在经过近两年的下滑后，机械产品呈现低基数水平上的温和好转，部分企业经过调整，已重回增长的轨道。以工程机械产品为例，挖掘机、装载机等土方机械销量同比连续转正，而叉车的增长最为明显。

1. 增加值增速缓慢回升

1—10 月，在统计的 49 个中类行业中，多数中类行业增加值保持两位数增长，累计同比增长的有 46 个行业，占中类行业的 93.88%。其中以两位数增长的有 29 个行业，占中类行业的 59.18%。只有文化办公用机械制造与其他机械和设备修理业增加值增速同比分别下降 2.2% 和 0.8%。

2. 效益水平稳中有降

1—10月，全国机械工业企业各主要经济指标同比继续回落。其中主营业务收入同比增长25.87%，比全国工业低3.21个百分点；利润总额同比增长18.11%，比全国工业低7.15个百分点；亏损企业亏损额同比增长49.31%，低于全国工业8.39个百分点，亏损企业亏损面、亏损额增速同比继续上升。1—10月，全国机械工业企业共汇总70250家，其中亏损企业7503家，同比增长18.7%；亏损面10.68%，同比上升1.68个百分点；亏损企业亏损额364.9亿元，同比增长49.31%，较上月（44.34%）提高4.97个百分点。

3. 产品产量分化加剧

2013年10月，统计范围类的单项行业产量增速环比面表现较差，较上月有明显下降，农机行业、电工行业降幅较大。同比增长面相对乐观，10月份多数行业产量同比增速维持缓慢增长，文化办公行业同比降幅有所扩大。具体看，不同行业产品的产量增幅差异较大，总体呈现出与消费关系密切的产品生产普遍好于投资类的产品。

电气机械行业增速加快，火电、风电机组产量降幅收窄。1—10月，电气机械行业增加值同比增长10.6%，增速高于2012年同期1.4个百分点。发电设备中的汽轮发电机和风力发电机组产量分别同比下降4.5%和0.9%，降幅较2012年同期分别收窄4.4和16.5个百分点；水轮发电机组产量同比增长1.9%；电站锅炉产量同比下降5.9%。输变电设备中的变压器、电力电缆产量分别同比增长7.7%和6.3%。

机床工具行业降幅继续收窄，数控机床产量略有回升。1—10月，金切机床产量同比下降8.5%，降幅较2012年同期收窄8.4个百分点；数控金切机床产量同比增长0.6%；金属成形机床产量同比下降4.7%，降幅较2012年同期收窄0.9个百分点。金属切削工具产量同比增长9.9%。

工程机械行业主要产品产量保持增长。1—10月，装载机、压实机械、水泥专用设备和混凝土机械产量分别同比增长2.4%、7.1%、6.8%和3.5%；挖掘机产量同比下降6.3%。

4. 外贸出口形势严峻

2013年10月，全国机械工业实现出口交货值1471.51亿元，同比增长6.52%，环比下降6.23%。总体上看,虽然本月环比出口小幅下降,但同比增速仍较为明显,全国机械工业出口形势继续保持缓慢复苏态势。

（三）航空行业发展状况

1. 产业规模

2012年，我国民用航空制造业的从业人员已经达到33万人，主要制造企业数量已超过132家。新舟60涡桨支线飞机、H425直升机、运十二通用飞机等批量进入国内外市场，C919大型客机、ARJ21涡扇支线飞机、直十五中型直升机等重点产品的研制工作稳步推进，中国和欧盟合作生产的A320空中客车飞机在天津形成年产48架的批量产能，取得了系列重要进展。民用飞机本年交付数量120架，累计交付数量949架。

我国民用航空工业总产值稳步增长，民用航空制造业进入快速发展阶段。2012年我国民用航空工业总产值1513亿元，同比增长11.8%。其中，民用航空产品交付金额359亿元，比2011年增长20.8%；工业增加值324亿元，比2011年增长6.7%。

2. 产业布局

我国民用航空制造业围绕中航工业集团、中国商飞公司以及地方民用航空制造企业的飞机制造基地布局。中国航空工业集团公司有60个企事业单位从事民用航空工业，2012年民用航空产品产值为152.4亿元，占全国民用航空产品产值的42.4%，同比增长27.15%；中国商用飞机有限公司有7个企事业单位，2012年产值为4.5亿元，占全国民用航空产品产值的1.3%；其他64个从事民用航空工业生产的地方民用航空制造企业，产值202.5亿元，占全国的56.3%。从区域布局的规模看，2012年，天津、陕西、广东、辽宁、四川等省份是民用航空产业的大省，民用航空产值居全国先列。未来我国民用航空制造业将在依托骨干企业发展重大战略产品的同时，政府引导与市场驱动相结合，积极鼓励民营企业进入民用航空制造领域，充分激发创新活力，进一步优化产业布局，形成若干具有一定规模的民用航空制造业集群。

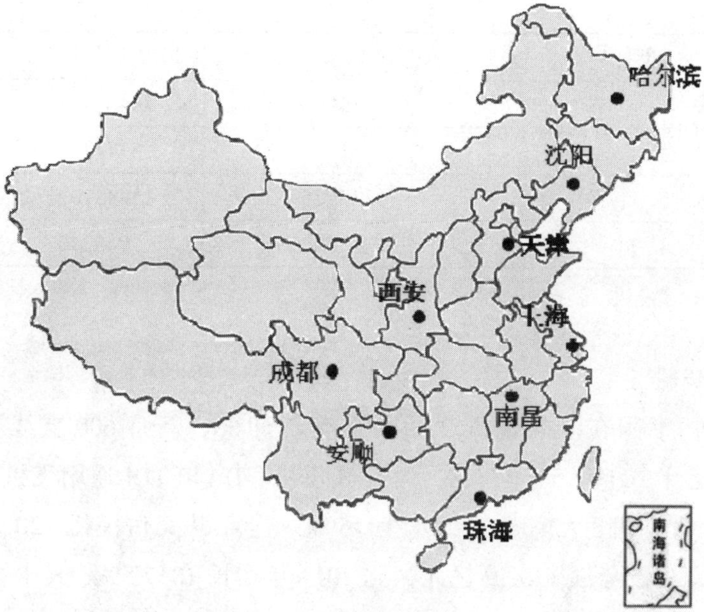

图8-4　中国民用航空工业主要制造基地分布示意图

3. 产销增速

2012 年，我国民用飞机交付金额 160.58 亿元，占交付金额的 49.55%；飞机零部件 76.26 亿元，占 32.81%；发动机零部件 33.03 亿元，占 10.19%；其他民用航空产品 17.13 亿元，占 9.81%。民用飞机修理 33.46 亿元，占 17.49%；民用航空发动机修理 26.07 亿元，占比 8.04%；其他民用航空产品和零部件修理 5.78 亿元，占 3.28%。

表 8-3　中国民用航空产业产值（2011-2012）

指标	2011年（万元）	2012年（万元）	同比增长
工业总产值	13654738	15267563	11.81%
民用飞机产值	349556	1605820	359.39%
民用飞机零部件产值	578800	762678	31.77%
民用航空发动机零部件产值	254005	330363	30.06%
其他民用航空产品及零部件产值	190093	318006	67.29%
民用飞机修理产值	308572	334607	8.44%
民用航空发动机修理产值	251257	260709	3.76%
工业增加值	3036938	3240972	6.72%

（续表）

指标	2011年（万元）	2012年（万元）	同比增长
主营业务收入	15961673	18403975	15.30%
民用航空产品收入	1964813	3777288	92.25%
主营业务成本	13525952	15443107	14.17%
利润总额	797564	945246	18.52%

数据来源：赛迪智库装备工业研究所。

4. 产品研制

2012年，中国在产的民机产品主要有新舟60、新舟600支线飞机，A320干线客机，运十二IV、运十二E、运五B飞机、DA40 TDI通用飞机，直九、直4IOG. HW13直升机，A2C超轻型水上15机。全年共交付民机120架，比2011年增长42%，交付金额136.89亿元，比2011年增长1017.5%。其中，新舟60交付11架，累计交付72架：新舟600交付2架，累计交付4架；A320空客交付36架，累计交付109架。小鹰-500、运十二IV、运十二E、运五B等通用飞机交付34架，累计交付431架；直升机交付25架，累计交付88架；特种飞机交付12架，累计交付52架。截至2012年底，中国民用航空制造业累计交付民用飞机907架。

产品研制取得系列进展，自主创新能力逐步提高。2012年，中国民用航空新产品开发研制进展顺利，C919大型客机项目完成立项论证、可行性论证和预发展三个阶段工作，全面转入工程发展阶段；ARJ21新支线飞机试验、试飞工作取得重要进展，成功转入局方审定试飞、预投产和首架交付阶段；运12F飞机项目已经完成全机静力试验，进入全机疲劳试验；“蛟龙”600飞机项目完成总体方案定义/联合概念定义工作，已进入全面开展详细设计工作阶段；直8F直升机项目取得中国民航型号合格证（TC）和中国民航生产许可证（PC）；涡轴16发动机项目完成详细设计评审；大型客机发动机验证机项目通过概念设计阶段总体技术方案评审，开始进行初步设计。

（四）船舶行业发展状况

1. 造船三大指标有升有降，继续位居世界第一

2013年1—8月，全国造船完工量2695万载重吨，同比下降28.7 %，其中

出口船舶占总量的 83.9%；新承接船舶订单量 3491 万载重吨，同比增长 139.3 %，其中出口船舶占总量的 92.9%。截至 8 月底，手持船舶订单量 11464 万载重吨，同比下降 7.4 %，比 2012 年底手持订单增加 7.2 %，其中出口船舶占总量的 84.5%。1—8 月，中国造船完工量、新接订单量、手持订单量分别占世界市场份额的 36.1%、45.9% 和 44.8%，均位居世界第一位。

表 8–4　2013 年 1—7 月世界造船三大指标市场份额

<table>
<tr><th colspan="2">指标/国家</th><th>世界</th><th>中国</th><th>韩国</th><th>日本</th></tr>
<tr><td rowspan="4">2013年1—7月造船完工量</td><td rowspan="2">万载重吨/占比</td><td>6530</td><td>2492</td><td>2387</td><td>1651</td></tr>
<tr><td>100.0%</td><td>38.2%</td><td>36.6%</td><td>25.2%</td></tr>
<tr><td rowspan="2">万修正总吨/占比</td><td>2372</td><td>791</td><td>849</td><td>455</td></tr>
<tr><td>100.0%</td><td>33.4%</td><td>35.8%</td><td>19.2%</td></tr>
<tr><td rowspan="4">2013年1—7月新接订单量</td><td rowspan="2">万载重吨/占比</td><td>5779</td><td>2976</td><td>2008</td><td>795</td></tr>
<tr><td>100.0%</td><td>51.5%</td><td>34.7%</td><td>13.8%</td></tr>
<tr><td rowspan="2">万修正总吨/占比</td><td>2105</td><td>879</td><td>748</td><td>238</td></tr>
<tr><td>100.0%</td><td>41.7%</td><td>35.5%</td><td>11.3%</td></tr>
<tr><td rowspan="4">2013年1—7月手持订单量</td><td rowspan="2">万载重吨/占比</td><td>22679</td><td>11152</td><td>6548</td><td>4979</td></tr>
<tr><td>100.0%</td><td>49.2%</td><td>28.9%</td><td>21.9%</td></tr>
<tr><td rowspan="2">万修正总吨/占比</td><td>9082</td><td>3431</td><td>2831</td><td>1389</td></tr>
<tr><td>100.0%</td><td>37.8%</td><td>31.2%</td><td>15.3%</td></tr>
</table>

注：本表世界数据来源于英国克拉克松研究公司，并根据中国的统计数据进行了修正。

2. 工业总产值增降幅度不稳

2013 年 1—7 月，船舶行业 80 家重点监测企业完成工业总产值 1987 亿元，同比下降 15.2%。其中，船舶制造企业 1023 亿元，同比下降 29.6%；船舶配套企业 141 亿元，同比下降 30.5%；船舶修理企业 65.5 亿元，同比下降 8.2%。

3. 船舶出口持续下滑

2013 年 1—7 月，船舶行业 80 家重点监测企业完成出口交货值 918 亿元，同比下降 26.3%。其中，船舶制造业 821 亿元，同比下降 28.1%；船舶配套业

28.2 亿元，同比下降 30%；船舶修理业 42.8 亿元，同比下降 21.4%。据海关统计，2013 年 1—7 月，我国船舶及浮动结构体出口金额 170.5 亿美元，同比下降 29.7%；进口金额 11.3 亿美元，同比下降 10.8%。

4. 经济效益出现下跌

2013 年 1—7 月，船舶行业 80 家重点监测企业实现主营业务收入 1371 亿元，同比下降 18.2%；利润总额 37.8 亿元，同比下降 63.6%。

五、2013 年我国装备工业区域发展情况

（一）东部地区

1. 产业规模不断扩大

东部地区是我国装备工业第一大区域，装备制造业规模总量占地区工业规模总量比重较大，且远超其他区域。2013 年 1—8 月，江苏省装备工业完成工业总产值 22989 亿元，同比增长 13.1%；实现工业销售产值 22559 亿元，同比增长 13%，产销增速均高于全省工业近 2 个百分点，也高于全国装备工业平均水平。2013 年前三季度，浙江省规模以上装备制造企业完成工业增加值 2826.6 亿元，同比增长 8.9%，增幅高于全省工业 0.2 个百分点，占规模以上工业的比重为 33.4%，与 2012 年同期大体持平。

2. 经济效益增幅较缓

2013 年 1—10 月，东部地区装备工业实现利润总额达 9787.76 亿元，增长率比 2012 年同期有小幅降低。其中江苏省居东部地区首位，山东省居第二位。

表 8-5　2013 年 1—10 月东部地区装备工业利润总额（万元）

行业	北京	天津	辽宁	山东	上海	江苏	浙江	广东
金属制品业	131544.70	322377.60	623699.90	2631958.80	389888.50	2384830.00	904690.40	1450436.20
通用设备制造业	360087.60	547143.10	1727421.80	3973202.00	1439544.70	3955264.20	2062608.90	1012670.70
专用设备制造业	591955.00	391030.70	766208.70	2946609.70	651787.70	2674895.20	724230.10	8,962,16.60
汽车制造业	2025952.10	1305167.10	1593987.50	2589157.20	7817829.20	3795166.90	1266094.30	3216618.40

（续表）

行业	北京	天津	辽宁	山东	上海	江苏	浙江	广东
铁路、船舶、航空航天和其他运输设备制造业	129927.40	197347.60	276489.90	721149.70	–10961.70	1966797.80	32858.70	2,871,93.80
电气机械和器材制造业	296568.50	356384.90	724536.10	2993094.70	942716.80	5994845.90	2038448.60	4092513.70
计算机、通信和其他电子设备制造业	566715.90	1171705.30	456141.60	1776375.10	877814.90	3487255.00	1554552.70	6751917.50
仪器仪表制造业	213392.30	31172.30	124735.00	421022.50	283727.10	1821618.00	473306.80	356640.00
其他制造业	39253.00	20868.30	20438.30	74128.20	35507.70	124948.80	127423.20	40156.50
合计	4355396.50	4343196.90	6313658.80	18126697.90	12427854.90	26205621.8	9184213.70	16920953.00

资料来源：国家图书馆数据库，赛迪智库装备工业研究所。

3. 地域优势逐渐减弱

2013 年 1—2 月，辽宁省、江苏省、山东省装备工业销售产值累计增速保持较高速增长，浙江省、广东省稳步增长，上海市出现了负增长。而中西部地区装备工业销售产值高速增长趋势显现，如河南省、湖北省和重庆市。

表 8–6　2013 年 1—2 月 15 个重点监测地区装备工业销售产值累计增速

省市	工业销售产值累计增速（%）
河北	47.2
辽宁	16.5
吉林	12.6
上海	–0.6
江苏	13.7
浙江	8.4
安徽	16.2
福建	20.2
山东	18.3
河南	17.4

（续表）

省市	工业销售产值累计增速（%）
湖北	17.1
湖南	10．0
广东	7.7
重庆	17.2
四川	11.8

资料来源：赛迪智库装备工业研究所。

（二）中部地区

1. 工业增加值增速稳步回升

截至2013年10月，以湖北省、湖南省和安徽省为代表的中部地区装备工业经济运行平稳，工业增加值增速稳步回升，规模以上装备制造业的工业增加值都达到了2000亿元以上。其中，湖北省规模以上装备制造业完成工业增加值2730亿元，同比增长15.11%，快于全省工业增幅3.4个百分点，扭转了2012年低于全省工业的局面，占全省工业的30.6%，占比较2012年全年提高了1.3个百分点，工业增长贡献率为34.4%。除铁路、船舶、航空航天和其他运输设备制造业增加值同比增长2.52%外，其他行业增加值均保持两位数较快增长，且增幅均高于全省工业平均水平。湖南省规模以上装备制造企业完成工业增加值2162.95亿元，同比增长12%，占全省工业的28.09%。安徽省规模以上装备制造企业完成工业增加值2319.68亿元，占全省工业的33.7%，同比增长16.2%，增速快于全省工业平均水平2.5个百分点。

2. 区域经济发展不够均衡

2013年，中部地区六省一共实现装备工业主营业务收入40053.9亿元。从细分行业领域来看，汽车制造业和电气机械和器材制造业是中部地区装备工业主营业务收入主要获取的主体，分别占比20%和20.78%。从六个省的各个情况来看，河南省装备工业主营业务收入为10681.68亿元，占比26.67%；湖北省装备工业主营业务收入为8373.42，占比20.91%；安徽省装备工业主营业务收入为8331.01，占比20.8%，三省装备工业主营业务收入总额加在一起占据了中部地区总量的68.73%，已经超过2/3。江西省和山西省两省装备工业主营业务收入总额占比相对较小，约为15%。

表 8–7　2013 年 1—10 月中部地区装备工业主营业务收入（亿元）

行业	湖北	湖南	安徽	河南	山西	江西	中部地区合计
金属制品业	917.04	640.31	837.41	1011.97	159.14	390.79	3956.66
通用设备制造业	775.11	963.86	1289.01	1909.23	154.71	439.16	5531.08
专用设备制造业	588.95	2009.23	794.61	2181.49	305.29	276.24	6155.81
汽车制造业	3589.45	746.54	1427.84	1484.47	59.16	702.02	8009.48
铁路、船舶、航空航天和其他运输设备制造业	374.12	489.78	175.16	492.70	73.02	226.76	1831.54
电气机械和器材制造业	1114.06	949.57	2908.43	1732.12	75.73	1542.53	8322.44
计算机、通信和其他电子设备制造业	938.75	1,119.48	779.29	1677.28	399.83	687.37	5602.00
仪器仪表制造业	75.94	160.18	119.26	192.42	34.04	63.05	644.89
2013年装备工业合计	8373.42	7078.95	8331.01	10681.68	1260.92	4327.92	40053.90

数据来源：国研网统计数据库。

3. 产品国际竞争力显著提升

2013 年，中部地区六省一共实现装备工业出口交货值 4554.21 亿元。从细分行业领域来看，计算机、通信和其他电子设备制造业在中部地区出口交货值中占比最大，为 3120.46 亿元，占比 68.52%，其他四分领域的占比都不到 10%，这说明在中部地区，计算机、通信和其他电子设备制造业领域的产品出口较多，产品的国际市场竞争力不断提升，也标志着该领域的部分大型工业企业已经融入世界经济，出口规模较大，走国际化路线。从六个省的具体情况来看，河南省装备工业的出口交货值为 1793.59 亿元，占比 39.38%，已经接近中部地区六省全部总量的四成，而湖北、湖南、安徽、江西四省的出口交货值占比也已经超过了 10%，处于稳步提升的状态。

表 8-8　2013 年 1—11 月中部地区装备工业出口交货值（亿元）

行业	湖北	湖南	安徽	河南	山西	江西	中部地区合计
金属制品业	16.01	16.51	25.94	3.42	14.36	22.78	99.02
通用设备制造业	38.04	15.28	58.75	7.91	1.20	53.41	174.59
专用设备制造业	17.09	97.01	25.40	34.24	11.90	17.34	202.98
汽车制造业	58.17	23.22	175.04	63.91	4.27	56.37	380.98
铁路、船舶、航空航天和其他运输设备制造业	39.86	17.28	7.08	8.66	0.36	11.58	84.82
电气机械和器材制造业	59.22	44.15	168.82	9.69	1.80	169.25	452.93
计算机、通信和其他电子设备制造业	317.80	389.33	225.73	1653.14	337.15	197.31	3120.46
仪器仪表制造业	4.89	5.12	5.84	12.62	0.50	9.46	38.43
2013年装备工业合计	551.08	607.90	692.60	1793.59	371.54	537.50	4554.21

数据来源：国研网统计数据库。

2013 年，中部地区六省的装备工业出口交货值同比增长普遍处于上升趋势，且高于全国的平均水平，如湖北省的通用设备制造业，湖南省的计算机、通信和其他电子设备制造业，安徽省的专用设备制造业，河南省的计算机、通信和其他电子设备制造业，山西省的铁路、船舶、航空航天和其他运输以及江西省的专用设备制造业。但是有些省份的个别装备制造细分领域受国际宏观经济影响，还处于低迷走势，如江西省的铁路、船舶、航空航天和其他运输，同比下降了 45.68%。

表 8-9　2013 年 1—11 月中部地区装备工业出口交货值同比增长（%）

行业	湖北	湖南	安徽	河南	山西	江西	全国
金属制品业	–0.15	–6.38	16.51	4.17	–10.16	4.9	4.19
通用设备制造业	88.5	36.48	–3.31	3.73	–23.92	25.32	0.48
专用设备制造业	58.9	38.14	59.37	24.23	–38.62	37.19	5.61
汽车制造业	8.04	12.05	–3.76	17.03	20.26	14.98	6.22
铁路、船舶、航空航天和其他运输设备制造业	–13.21	–65.1	–65.71	33.16	158.87	–45.68	–10.27
电气机械和器材制造业	7.6	–9.73	15.52	–5.33	–10.98	12.28	1.98
计算机、通信和其他电子设备制造业	–28.34	174.37	59.28	53.06	39.68	–3.02	5.82
仪器仪表制造业	25.61	172.02	15.23	39.13	–1.61	–28.9	10.45

数据来源：国研网统计数据库。

从上述数据来看，中部地区的装备制造业在区域经济发展中扮演着越来越重要的角色，已经具备了良好的发展基础。虽然中部地区的装备制造业仍然存在发展规模较小，研发与创新能力较低，生产集中度和产业整合能力较差等问题，但是，经过 2012 年和 2013 年的不断努力，不断与国际市场接轨，通过技术创新提升产品的国际竞争力，使得产品的“走出去”效果良好，逐渐改变了高端、高技术、先进装备制造业较为落后的发展局面。但是要想实现中部地区装备制造业的振兴和发展，还要继续提升自主创新能力和产品的核心竞争力。

（三）西部地区

1. 行业增速较快，投资规模不断扩大

2011 年，西部地区以内蒙古、广西、重庆、四川、贵州、云南、陕西、甘肃、青海、宁夏、西藏、新疆为主的十一省区一市共实现装备工业总产值 2.4 万亿元。

2012 年，西部地区大部分省、市、自治区的装备工业增加值及投资都有较大幅度的提高，且增速快于全国平均水平。

内蒙古自治区 2012 年规模以上机械装备制造业完成增加值同比增长 14.5%；完成投资同比增长 36.1%，比全区工业固定资产投资增速高出 8.7 个百分点；2013 年上半年，全区工业运行平稳，生产总值同比增加 9%，规模以上工业增加值累计增长 11.6%，较全国平均水平高出 2.3 个百分点。

重庆市装备工业规上企业在 2012 年完成工业总产值 2116.5 亿元，同比增长 16.1%，高出全国 6.8 个百分点；2013 年 1—7 月，完成工业投资 1733 亿元，其中装备工业完成投资 295 亿元，同比增长 28.5%。

四川省 2013 年上半年机械行业企业共完成工业总产值 3000 多亿元，同比增长 16.35%；较为突出的是汽车制造业企业，上半年实现工业总产值同比大幅增长 42.78%。

陕西省装备制造业规模以上企业在 2013 上半年完成工业总产值 1774.32 亿元，增长 19.6%，完成固定资产投资 396.44 亿元，增长 13.9%。

甘肃省装备制造业 2013 上半年累计完成工业增加值 86.6 亿元，同比增长 23.06%，比全省工业增速高出 9.06 个百分点，装备制造业占全省工业的比重不断提升，其中 50% 为新能源装备制造业。

2. 经济效益大幅提高

表 8-10　2013 年 1—10 月西部地区装备工业利润总额（亿元）

省市	金属制品业	通用设备制造业	专用设备制造业	铁路、船舶、航空航天和其他运输设备制造业	电气机械和器材制造业	计算机、通信和其他电子设备制造业	仪器仪表制造业
内蒙古	9.96	8.44	8.69	3.38	11.91	4.44	0.01
广西	5.17	13.51	14.65	7.58	15.61	21.05	1.63
重庆	17.06	28.65	16.40	41.55	37.08	15.46	7.22
四川	34.36	79.34	53.79	13.36	13.72	87.95	3.46
贵州	1.41	2.67	0.54	1.38	1.49	4.43	0.50
云南	1.21	–0.71	2.42	2.43	0.75	1.11	0.12

（续表）

省市	金属制品业	通用设备制造业	专用设备制造业	铁路、船舶、航空航天和其他运输设备制造业	电气机械和器材制造业	计算机、通信和其他电子设备制造业	仪器仪表制造业
陕西	8.59	19.25	14.35	19.61	7.53	2.88	4.49
甘肃	1.53	1.24	2.03	0.90	1.12	2.84	–0.16
青海	–0.02	0.48	0.09	0.00	0.07	0.00	0.08
宁夏	0.60	0.47	4.41	0.15	1.24	0.00	0.02
西藏	–2843						
新疆	1.36	0.68	2.32	0.03	17.97	0.02	0.08

数据来源：国际网统计数据库。

2013 年 1—10 月，西部地区装备工业经济效益有了较大的提高。重庆、四川、广西、陕西等地表现较为突出，其中重庆市的铁路、船舶、航空航天和其他运输设备制造业的利润总额高达 42.55 亿元，计算机、通信和其他电子设备制造业利润增速高达 508.51%；四川装备工业利润整体较高，通用设备制造业利润 79.34 亿元，同比增长 25.4%，计算机、通信和其他电子设备制造业利润 87.95 亿元，同比增长 23.59%；广西的电气机械和器材制造业和计算机、通信和其他电子设备制造业利润总额分别为 15.61 亿元、21.05 亿元，增速均在 54% 以上；陕西的铁路、船舶、航空航天和其他运输设备制造业利润总额 19.61 亿元，同比增长 22.54%。

3. 出口发展不均

表 8–11　2013 年 1—11 月西部地区各省市出口交货值（亿元）

省市	金属制品业	通用设备制造业	专用设备制造业	铁路、船舶、航空航天和其他运输设备制造业	电气机械和器材制造业	计算机、通信和其他电子设备制造业	仪器仪表制造业
内蒙古	16.24	0.25	0.32	0.95	0.35	0.12	0.00
广西	7.73	4.08	35.86	1.09	22.39	202.88	1.03

（续表）

省市	金属制品业	通用设备制造业	专用设备制造业	铁路、船舶、航空航天和其他运输设备制造业	电气机械和器材制造业	计算机、通信和其他电子设备制造业	仪器仪表制造业
重庆	15.03	31.49	12.05	157.54	47.85	1546.52	5.97
四川	4.52	48.41	54.42	32.51	46.21	1827.47	1.55
贵州	2.46	0.12	2.31	10.11	0.89	0.64	0.06
云南	2.17	1.84	2.44	0.00	1.71	0.47	2.00
陕西	3.71	10.11	37.44	55.02	23.53	18.44	5.13
甘肃	0.00	3.95	2.17	0.00	0.35	15.81	0.40
青海	0.00	0.02	0.00	0.00	0.00	0.00	0.08
宁夏	0.00	0.72	0.00	0.00	0.00	0.00	0.00
新疆	0.94	0.06	1.01	0.00	12.92	0.34	0.00

数据来源：国际网统计数据库。

2013 年 1—11 月，西部地区装备工业共实现出口交货值 4344.17 亿元，占全国的 6.82%，所占比重仍然较低。重庆、四川为主要出口地区，占西部地区装备工业出口交货值的 88.19%，而其他省市，如内蒙古、贵州、云南、甘肃、青海、宁夏、新疆的装备工业出口交货值占西部地区总额均不足 1%，区位发展极为不平衡。各子行业中，计算机、通信和其他电子设备出口交货值实现 3612.70 亿元，占西部地区装备工业出口的 83.16%，是西部地区主要出口产品；其次为铁路、船舶、航空航天和其他运输设备，实现出口交货值 257.21 亿元，占西部地区装备工业的 5.92%，其余所有行业的出口交货值总额占比不足 11%，行业发展同样不平衡。

六、2014 年我国装备工业发展环境分析

（一）国际经济形势

2014 年世界经济仍处于危机后的恢复期，总体态势趋于稳定。美国经济复苏步伐加快、欧洲经济走出衰退将增强全球经济的增长动力，新兴经济体尽管在市场需求、利率脆弱性和国内政策改革三个方面表现不同，但预计 2014 年有望

实现稳健增长。因此，预计2014年全球经济增速将略高于2013年，我国外需状况将有小幅改善。

1. 全球经济复苏有利于贸易环境的改善

2013年美国经济由于房地产市场和消费拉动缓慢增长，复苏的步伐并不坚实。但随着来自财政政策的拖累减弱、消费和资本开支加速，2014年美国的经济复苏将加快，我国的出口贸易环境好转。此轮美国经济复苏，表现为资金充足、通胀率与失业率较低，是市场复苏的重要推动力。国民消费信心高涨、银行信贷宽松将拉动美国消费的增长。因此，美国汽车消费、房地产购买需求、通讯及电子产品消费需求将大大增加。与此相对应，我国的汽车、工程机械、通讯及电子产品等出口形势将大为好转。

2014年欧盟经济也将逐步走出低谷。随着债务危机趋于缓和，危机国家财政紧缩的压力会进一步降低，各国政策焦点将更注重经济增长。欧洲央行的宽松货币政策立场进一步提振金融市场和投资者信心，居民财富增长和物价的下行有利于鼓励居民消费支出。全球需求继续复苏有利于欧元区的出口增长，大宗商品和能源价格的下行会降低进口成本。目前除欧洲火车头德国经济回升态势明显外，作为欧洲第二大经济体的法国也在逐渐好转，西班牙等南欧国家出现向好迹象，欧洲经济的回暖使我国装备制造业外贸环境出现好转迹象。

2014年日本货币贬值带来的出口增长和贸易顺差增加、股价上扬带来的财富效应、以及景气恢复带来的零售业利润增加等，将带动日本经济保持短期增长。但三大支柱中的结构性改革难以短期见效，对消费增长形成抑制。即便日本政府采取相应的财政刺激以抵消其影响，但能源、资源进口成本上升、物价和长期利率上涨、政府债务压力增加、奥运经济的短期拉动作用尚小，2014年日本经济增速可能会下降到1.5%左右，中日贸易难有明显改观。

2. 美国产业政策仍将倾向于促进制造业回流

美国政府提出通过发展数字化制造重振制造业，如美国政府实施了《复兴与再投资法案》，制定了《重振美国制造业框架》、《制造业促进法案》、《美国先进制造业国家战略计划》，美国为重振制造业出台的系列举措思路是依靠科技创新，完成制造业升级，抢占全球制造业制高点，提高本国经济发展核心竞争力。2014年，美国仍将通过"再工业化战略"和"新能源战略"寻找新的经济增长点，并继续倾向于促进制造业回流。这说明现在以至未来，美国仍然是全球制造业的主宰者，尤其是现代高端制造业的主宰者。

3. 国际资金回流不利于装备行业投资的加大

随着各种成本不断上涨，装备制造业不断寻求合适的投资地点迁址。据悉，目前至少有2000亿元规模的传统制造业民间资本在寻求海外投资机会。随着美国、欧盟经济形势的好转，国际资本很可能流向这些国家。同时，美国等国家机器人技术的使用、廉价的能源、产品制造和技术研发相互依赖程度加深的产业趋势，也成为吸引资本在这些国家投资装备制造业的原因，因此，未来我国装备制造业将面临非常不利的形势。

4. 来自新兴国家承接产业转移的竞争压力加大

2014年新兴国家经济增长仍将领跑全球。这些国家凭借廉价的劳动力、较快的技术进步，在继续承接发达国家制造业转移和服务业外包的同时，产业结构也将不断调整升级。在电子信息、生物制造、航空航天，以及新能源和节能环保等领域，新兴国家奋起直追，努力缩小与发达国家的差距。随着我国装备制造业进一步转型升级，在承接发达国家产业转移方面，对产业的要求更高，可承接的产业将越来越窄。因此，在面对有限的、可承载的转移资源时，与其他高速发展的新兴国家之间的竞争将更为激烈。

（二）国内经济形势

2013年以来，中国经济增速有所回落，但是在近期国家出台了一系列稳增长、调结构、促改革的政策作用下，企业的发展信心增强，经济出现积极变化和更明显的企稳迹象。作为反映经济增长的先行指标，10月份PMI创六个月新高，增速加大至4月以来最高。综合来看，我国工业总体发展趋势良好。工业化、信息化、城镇化、农业现代化的深入推进，将为扩大内需、发展实体经济提供广阔的市场空间，国务院加快推进各领域的改革将进一步释放“改革红利”在推动我国工业发展和打造工业升级版中的作用。

工业生产者出厂价格不断下降。10月，全国工业生产者出厂价格同比下降1.5%，环比持平（涨跌幅度为0）。工业生产者购进价格同比下降1.6%，环比上涨0.1%。1—10月平均，工业生产者出厂价格同比下降2.0%，工业生产者购进价格同比下降2.1%。

经济增速不断回落。受国内外环境变化的影响，2013年1—10月，我国宏观经济继续保持平稳增长。一季度 GDP 增长 7.7%，分别低于 2012 年同期和 2012 年四季度 0.4 和 0.2 个百分点。值得注意的是，在一季度 7.7% 的增长中，第一、二产业增长均比 2012 年同期有所回落，只有第三产业增长加快，拉动了 GDP 3.8 个百分点。在第三产业中，增长最快的是房地产业和金融业，其中房地产业拉动 GDP 0.5 个百分点，金融业拉动 GDP 0.8 个百分点，这与一季度房地产市场的火爆是分不开的。二季度由于国内需求不足、制造业和服务业疲软等因素的影响，GDP 增长 7.5%，低于一季度的 7.7%。三季度增长 7.8%，其中，第一产业增加值 35669 亿元，同比增长 3.4%；第二产业增加值 175118 亿元，增长 7.8%；第三产业增加值 175975 亿元，增长 8.4%。从环比看，三季度国内生产总值增长 2.2%。

经济增速较 2012 年回落主要因为国际大环境的不利影响，更主要则是由国内经济结构矛盾造成的，长期的高速增长增大了环境、资源能源压力，经济内生需求仍然疲弱。

展望四季度及 2014 年，制约经济回升的因素和保持经济稳定的因素并存。其中有利于经济稳定发展的因素很多，城镇化的加快推进、消费和出口的恢复性增长以及基数因素，为经济保持稳定甚至小幅回升奠定了基础。政府在一系列重要领域推动经济改革并加快改革步伐，这些改革将涉及减少审批事项、鼓励社会资本进入受限行业、财政和税收、金融、资源价格、资本账户开放、农村土地制度改革、社会保险、环保等多个领域，将推动经济的可持续发展。

影响经济增长的不利因素，如外部环境仍不乐观、经济发展过分依赖投资拉动、产能过剩等矛盾和问题依然存在，经济下行压力较大，增长速度难以进一步提高。具体来看，在外部弱复苏和内部挤水分的环境下，出口难以保持两位数增长，预计全年出口增速为 8% 左右，基本与 2012 年持平，2014 年外贸形势仍难以好转。投资虽能在房地产和基建支撑下维持较快增长，但制造业投资下滑将制约其向上的空间，全年固定资产投资增速将达 20.4%，在经济转型的大背景下，2014 年固定资产投资增速仍将回落。消费方面虽然有政府推动信息消费等有利因素，但居民收入增速持续放缓将拉低全年消费增速，消费增长难有起色，社会消费品零售总额预计增长 13%，预计全年消费名义增长 14.1%，实际增速 11.9%，均略低于 2012 年。节能减排影响到工业增加值增速，预计全年增长 9.5%。

从外部环境看，美国量化宽松的退出将支持美元汇率走强。受此影响，中国短期资本流入将减少，国内面临流动性的逆流，人民币可能有贬值压力。但政策对贬值的容忍度不大，预计央行人民币对美元汇率中间价位于〔6.10，6.30〕的区间，即期汇率则可能从目前的中间价强边（+1%）逐渐转至弱边（-1%）。

总之，中国当前宏观经济大的图景是供给端面临潜在增长率放缓的趋势，需求端面临结构失衡对实体经济总需求扩张的抑制；同时，房地产和地方政府融资平台的信用扩张意味着中长期的金融风险还在累积，后者反过来限制了宏观政策支持短期增长的空间。

（三）国内产业政策

伴随着经济结构的调整带来的增速下滑，我国政府很有可能出台一系列促进措施，但刺激计划不可能再像2008年那样投向铁路等基础设施，造成巨大的产能过剩，而很有可能投向以战略性新兴产业、再制造业为代表的具有新的经济增长点的产业以及亟需摆脱进口依赖实现进口替代的产业，例如机械基础零部件产业。

此外，2014年我国政府将坚持统筹稳增长、调结构、促改革，努力推动产业结构调整和转型升级。政府将会出台一些加快结构调整和转型升级的政策。另外，产能过剩的问题仍较为突出，因此，以钢铁、水泥、电解铝、平板玻璃、船舶等行业为重点，将出台化解产能过剩的政策措施。

1. 智能制造装备产业政策

2013年1—8月，经济结构调整、劳动力成本上升继续推动制造业产业升级，智能制造装备需求动力强劲。未来有望出台实施一系列产业政策，并将推出新的重点扶持方向，将进一步调动企业自主创新和产业化应用的积极性，带动工业机器人、高端数控机床、智能仪器仪表及智能化重大成套设备等产业的快速发展，使智能制造装备的产业化水平迈上新的台阶。

2. 节能环保装备产业政策

随着我国各领域科技迅速进步、资源环境制约日趋严峻，由于支持环保装备产业发展的政策将进入实施阶段，环保装备成为行业增长的亮点。大气“国十条”将出台。目前，《大气污染防治行动计划》编制工作已经完成，近期将以国务院文件正式印发，为大气污染防治提供了有力的政策和措施。大气“国十条”由多部委共同编制完成，包括国家发改委、财政部、工信部、住建部、能源局等。环保部将根据这一计划与各省（区、市）政府和中央企业签订大气污染防治目标责任书，制定考核办法。随着环境保护的重要性凸显，2013年下半年有望出台促进节能环保装备产业发展的政策。

3. 机械基础件产业政策

机械基础零部件是装备制造业不可或缺的重要组成部分，直接决定着重大装备和主机产品的性能、水平、质量和可靠性，是实现我国装备制造业由大到强转变的关键。机械基础零部件品种规格繁多，量大面广，为航空航天、兵器、机械制造、交通运输、建设工程、冶金矿山、石油化工、电力能源、电子通信、轻工纺织等装备提供配套，并广泛应用于社会生活的各个方面。预计在未来相当长一段时间内，国家振兴机械基础件的趋势不会变，相关的政策也将陆续出台。

七、2014年我国装备工业发展趋势展望

从当前角度来看，由于中国经济整体面临结构调整的任务，装备业属于中游行业，细分子行业必然也会因下游行业的景气度不同而出现分化。从子行业景气周期和发展前景考虑，我们将子行业分为两类："新兴成长"和"传统周期"。"新兴成长"子行业处于成长期，发展前景好，主要包括油气转杯、节能环保装备、航天军工、智能制造装备、智能计量表、农业机械和新型煤化工设备等；"传统周期"的子行业处于成长期后期或者成熟期，行业增速较低甚至负增长，主要包括工程机械、铁路机械、机床、矿山机械和船舶制造。2014年油气装备、节能环保装备、航天航工、智能制造装备、智能计量表、农业机械和新型煤化工设备能实现较快增长（收入增速15%以上）；工程机械、矿山机械和机床业将出现小幅正增长；造船由于调整周期较长，预计将出现负增长。预计2014年装备行业全年增速约为12%左右。

具体来看，装备行业未来的发展将有以下特点：

一是行业整合加剧。行业的不景气、流动性的紧缺、竞争的白热化将把一些实力较弱的企业推向破产的边缘；"粮草"丰足：切提前做好了过冬准备的企业将通过并购的方式得以迅速扩张，或异军突起，或扩大竞争优势。

二是生产智能化。劳动力的匮乏和劳动力成本的上升将促使企业利用高效率的生产设备来代替人工；出于产品制造工艺、成本领先、质量管理等方面的考虑，企业亦会更大范围地采用自动化生产方式。

三是服务大于产品。人力成本的提升，直接导致相关服务价格走高，从而更加引起各方对服务的关注；产品的日趋同质化，需要通过服务来实现差异竞争；随着产品的保有量提高，后市场对服务提出了更高的要求。

（一）生产

2014年是实施“十二五”规划承上启下的一年，也是深化改革、持续推进产业结构调整攻坚克难的关键时期，高端装备制造业将迎来重要的发展机遇期。我国在高铁及城轨等大型基础设施建设上仍会加大投资力度，以拉动内需。铁路、水利等基础设施领域投资的加快将拉动工程机械等行业增长，发电设备中的水电设备和输变电设备中特高压输变电也有一定增长空间。

2014年下半年，国内外环境十分复杂，虽然宏观经济将继续回暖，通胀风险缓解，需求形势略好于上半年，但程度有限。制约发展的矛盾依然突出，成本上涨、价格下行和产能过剩的压力仍在增加。产业政策和市场环境有利于装备工业转型升级。充分考虑各种不确定性因素和隐忧风险，预计2014年装备工业运行仍将维持平稳态势，强劲复苏几率不大，但形势有望略好于2013年上半年，增加值增速有望实现12%左右的增长。

1. 转型升级步伐将加快

从外部环境来看，在发达国家提出绿色制造、实施再工业化以及加快高端制造和新型产业创新发展的背景下，我国装备工业必须提高产品技术含量和服务水平，以适应发达国家高端化的需求，在贸易保护主义的环境下拓展出口业务。从国内环境来看，虽然内需回暖，但装备工业已进入中速增长阶段，被高速增长掩盖的各种问题、矛盾将会相继暴露出来，需求升级与市场竞争激烈对全行业结构调整、转型升级提出了更新、更高、更迫切的要求。因此，在深入贯彻落实《工业转型升级规划》和《战略性新兴产业发展规划》的背景下，在国内外需求升级的倒逼机制下，2013年下半年装备工业转型步伐将进一步加快。

分行业看，装备工业转型的方向在于新型城镇化、能源结构调整、工业自动化、环保。这将推动铁路（地铁）油服及设备、农业机械、工业自动化，以及环保和新型煤化工相关装备共6个行业的发展。而机床、工程机械、重型机械、发电设备等典型的投资类产品的产量大幅下降，相关行业的企业所承受的困难大于2013年。

2. 经营成本仍在上升通道

从生产经营成本方面来看，随着经济回暖，燃料、动力运输等购进价格将有所上升，采购成本也有缓慢回升。而且伴随着经济增长方式的转变，用工、原材料购进等成本费用的上升正由企业的短期困难演变为需要长期面对的压力。但由于国家对流通性的控制将有所降低，融资环境好于 2013 年，因此，预计 2014 年行业的经营成本将继续增长，但走势将趋缓。

3. 智能制造装备等行业亮点突出

依靠人口红利、以牺牲环境为代价、以投资带动的粗放式经济增长模式难以为继，而从粗放式经济发展模式向集约式经济发展模式转变，产业升级是必经之路。产业升级主要包括产业结构变化和传统产业技术进步两个层次，而这二者的变革都离不开效率高、稳定性好的自动化智能化装备，因此，智能装备、3D 打印、工业机器人等高技术将成为拉动中国经济增长的下一个引擎。在国内经济面临增速下滑、产业结构调整和升级、人力成本上升等大背景下，石油天然气设备（包括 LNG）、节能环保设备、智能制造装备（机器人等）、军工（航空航天等）等四个子行业将获得持续较快增长，其他如工程机械、机床工具、造船、重型机械、煤机等子行业只有周期性波动机会。

4. 宏观政策取向有利发展

目前国内经济以加快转变经济发展方式为主线，以及国家提出的“扩大内需以增加消费需求为重点，以稳步推进城镇化为依托，优化产业结构，努力使经济结构调整取得明显进展”政策，将促使装备工业国内需求继续稳步回升。

5. 需求结构升级步伐加快

2014 年，装备工业的产品需求结构将会发生变化，相关细分行业需求将出现冷热不均。随着我国产业升级和结构调整目标的逐渐实现，国内机械产品需求结构将会随之调整，中高端产品需求将明显高于中低端产品需求。首先，重大技术装备升级势头强劲。电力、石化、冶金等国民经济重点领域的重点建设和技术改造将带来巨大需求。其次，在国家大力培育和发展战略性新兴产业的背景下，装备制造业孕育新经济增长点的条件正在趋于成熟。最后，传统的装备市场需求将保持稳定增长。在低端设备需求萎缩的同时，以节能减排为取向的产品升级将为量大面广的传统装备产品开辟新的发展空间。

（二）出口

总体来看，未来一段时期内全球经济仍在较大程度上受金融危机余波的影响，但大的趋势较为乐观。同时，由于削弱出口竞争力的因素短期内难以改变，预计出口增长在 10% 左右。

从短期看，尽管国外主要经济体已经出现止跌企稳的迹象，但不确定因素仍然很多，全球经济的复苏将是一个缓慢曲折复杂的过程。受金融危机的影响，国际贸易保护主义倾向重新抬头，我国面临的贸易摩擦有明显加剧之势，这将对我国出口造成不利影响。同时，金融危机造成经济增速下降，失业率增长，对人们消费习惯产生不利影响。在两者同时作用下，短期内我国装备制造业产品的外需增长空间未可乐观。

从长期看，金融危机已促使各国的政策调整，尤其是发达国家正更加注重制造业等实体经济的发展，这将会对全球现有的产业分工格局造成重大影响。如美国提出了以重振制造业为核心的“再工业化”的新思路和措施，试图在新能源、新材料、航空航天等新兴领域抢占未来发展的制高点。这种趋势会加剧我国在高端装备领域的竞争压力。

与此同时，全球技术革新步伐加快和新兴产业崛起将会刺激装备制造业产品技术和工艺技术的创新，从而可能为我国装备工业企业提供新的学习契机。

（三）细分行业

1. 机械行业需求逐渐升温

2014 年，随着经济环境的好转、《新型城镇化规划》的出台以及“智慧城市”的建设，铁路、地铁、公路、水利等基础设施建设将加快，为装备工业的发展注入动力，机械装备的需求将逐渐升温。与新型城镇化发展和“智慧城市”建设相关的行业如工程机械、电梯、城市轨道装备、智能电网、物联网装备、农用机械等将会实现较快增长。由于支持环保产业发展的政策 2013 年下半年将进入实施阶段，环保装备将成为行业增长的亮点，增加值有望实现 25% 的增速。同时，由于制造业产业升级的加快，智能化装备如工业机器人和 3D 打印将成为行业新的增长点。

虽然目前机械工业仍面临内需低迷、出口增长乏力等困难，但鉴于政府正在采取一系列稳中求进的应对措施，同时当前机械工业总体运行形势已低位趋稳并略有回升，且前期影响行业发展的财务费用高企、货款回收困难等问题在一定程度上得到抑制，订单增幅有所回升。尤其是在市场倒逼机制作用下，越来越多的机械企业正在努力推进结构调整和转型升级，行业经济运行中的积极因素正在增长，因此，2014 年机械工业运行走势仍有望保持平稳发展。

2014 年，全行业经济运行速度虽有望略高于 2013 年，但总体仍将处于较低水平，预计产销同比增速在 13% 左右，利润增速在 8% 左右，对外贸易出口与 2013 年大体相当。预计 2014 年机械工业固定资产投资增速或在 15% 左右，较 2013 年继续收窄，而在制造业投资增速中的占比或将下滑到 20% 左右。2014 年机械工业产销增速有望稳中有升，增速预计达到 13%。

从子行业来看，由于新型城镇化的加快，农机装备将进入快速发展期。100 马力以上大马力拖拉机及关键零部件、配套农机具、农作物移栽机械、农业收获机械、节水灌溉设备等都将保持较高的增长率。伴随着我国城市轨道交通事业的高速发展，城市轨道交通装备将迎来快速的发展。

2. 汽车工业产销继续增长

在城镇化及村镇居民收入和消费水平提升的带动下，乘用车各车系均出现不同程度的旺销，传统淡季的 6、7、8 三个月有望出现淡季不淡的情况，预计全年实现 17% 的销量增速。商用车回暖与经济走势基本类似，保持弱复苏行情，预计全年保持 10% 的销量增速。2013 年下半年预期推出的“私人购买新能源汽车补贴”政策，以及各地方政府推出的纯电动和混合动力出租车计划和行动，将拉动新能源汽车的销量。综合来看，预计我国汽车行业的全年销量增速将保持在 15% 左右。

3. 船舶工业继续低迷

受欧洲经济衰退风险依然较强、美国经济复苏乏力和新兴经济体发展放缓的影响，国际航运市场发展趋势仍不乐观，运费低位徘徊，运力仍供过于求，因此，全球船舶市场供需矛盾短期内难以消除，船舶市场仍将持续低迷。但由于 2013 年 1—4 月我国船舶工业新承接船舶订单 1157 万载重吨，同比增长 57%，预计 2013 年下半年船舶工业造船完工量将止跌趋稳。另外，受海洋工程等行业发展的影响，船舶市场的需求会呈现结构性变化，LNG 船和海洋工程装备、节能环保型船舶和特种船舶、远洋渔船、渔政船，沿海以及内河大型船舶未来都将会有一定规模的需求。

第九章　原材料工业

一、2013 年我国原材料工业整体发展状况

2013 年，国内经济稳中向好，前三季度 GDP 同比增长 7.7%，其中一、二、三季度 GDP 分别增长 7.7%、7.5% 和 7.8%；消费市场比较平稳，1—9 月社会消费品零售总额同比名义增长 12.9%；投资继续保持较快增长，1—9 月全国固定资产投资 30.92 万亿元，同比名义增长 20.2%（实际增长 20.2%）；进出口贸易总体低位企稳，前 3 季度进出口总额 30604 亿美元，同比增长 7.7%，其中出口 16149 亿美元，同比增长 8%，进口 14455 亿美元，同比增长 7.3%；就业市场保持稳定，前 3 季度城镇新增就业持续增加，其中农村外出务工劳动力同比增加 525 万人，同比增长 3.1%。在国际环境逐步改善和国内经济稳中有升的积极影响下，我国原材料工业总体保持稳定发展态势，生产保持增长，固定资产投资规模继续扩大，出口保持增长，进口有所减少，产品价格低位波动，部分行业经济效益略有改善。

（一）生产保持增长，增速超过去年同期

2013 年 1—8 月，原材料工业增加值同比增长 10.31%，较 2012 年同期上涨了 0.21 个百分点，其中石化、钢铁、有色、建材行业工业增加值分别同比增长 7.96%、11.7%、12.4% 和 12.2%，与 2012 年同期水平相比，除有色行业增加值增速下降之外，其他行业增加值增速均有所提高。

从主要产品产量来看，前 8 个月，硫酸、烧碱、乙烯等化工产品产量持续增加；生铁、粗钢、钢材产量继续保持较快增长，增速远高于 2012 年同期水平，日均产量继续维持高位；10 种有色金属产量继续增长，其中铜、铝、铅产量分别同比增

长 12.3%、8.2% 和 8.3%，锌产量由 2012 年同期的负增长转变为正增长，增速较为明显；水泥、平板玻璃等建材产品产量增长较快，增速分别达到 9.2% 和 11%。

表 9–1　2013 年 1—8 月我国主要原材料产品产量及增长率（单位：万吨，%）

主要产品	产量（万吨）	增长率（%）	2012年同期增长率（%）
硫酸	1863.7	4.5	3.3
烧碱	5338.8	5.1	7.2
乙烯	1052.5	5.6	–3.6
生铁	48037.7	6.6	2.6
粗钢	52183.9	7.8	2.3
钢材	70164.4	11.2	5.7
十种有色金属	2623.1	9.7	6.7
水泥（亿吨）	15.2	9.2	5.9
平板玻璃（亿重量箱）	5.1	11.0	–4.2

数据来源：国家统计局，2013 年 9 月。

（二）固定资产投资规模扩大，增速放缓

2013 年 1—8 月，原材料工业固定资产投资规模继续扩大，除有色金属冶炼和压延加工业投资增速较快，高于 2012 年同期 3.6 个百分点以外，其他行业固定资产投资增速均较 2012 年同期有所放缓。化学原料和化学制品制造业投资增速较 2012 年同期下降 17 个百分点，下降幅度较大；黑色金属矿采选业、有色金属矿采选业、非金属矿采选业投资增速也出现了较大幅度的下降，增速分别下降 14.4、12.1 和 16.4 个百分点。

表 9–2　2013 年 1—8 月我国原材料工业固定资产投资额及增长率（单位：亿元，%）

行业	固定资产投资额（亿元）	增长率（%）	2012年同期增长率（%）
化学原料和化学制品制造业	8363	16.9	33.9
黑色金属矿采选业	1048	10.5	24.9
黑色金属冶炼和压延加工业	3299.4	2.3	7.7
有色金属矿采选业	1063.4	15.6	27.7
有色金属冶炼和压延加工业	3416.5	22	18.4
非金属矿采选业	1120.5	15.4	31.8
非金属矿物制品业	8590.7	13.6	17.8

数据来源：国家统计局，2013 年 9 月。

（三）出口保持增长，进口继续减少

2013 年 1—9 月，国际经济环境有所改善，稳定外贸增长政策陆续出台，原材料产品出口增加，其中钢材出口 4690 万吨，同比增长 14.6%，较 1—8 月增速回落 2.8 个百分点，但高于 2012 年同期 10.2% 的增速；平板玻璃出口持续增长，1—8 月出口 1.28 亿平方米，同比增长 6.6%，好于 2012 年同期水平。受下游行业需求没有明显增长影响，原材料产品的进口继续减少，1—9 月钢材进口 1048 万吨，同比减少 0.4%；未锻造的铜及铜材进口 325.8 万吨，同比减少 10%；未锻造的铝及铝材进口 65.2 万吨，同比减少 30%。

（四）产品价格低位波动，部分产品价格波动下行

2013 年 1—9 月，我国主要原材料产品价格持续波动。国内钢材价格低位震荡，低于 2012 年同期水平，前两个季度钢材价格呈现下降态势，7 月、8 月钢材价格止跌回升，9 月钢材价格有所下降。石化产品中尿素、天然橡胶等产品价格波动下行，纯碱价格有所上涨。有色金属价格总体下跌，上海期货交易所铜、铝、铅、锌现货价格均下降，且价格低于 2012 年同期水平。水泥价格波动较大，前两个季度价格总体下跌，三季度水泥价格逐月上涨。

表 9-3 2013 年 1—9 月我国部分原材料产品价格变化

	CSPI钢材综合价格指数	尿素（元/吨）	纯碱（重灰）（元/吨）	天然橡胶（SCR5）（元/吨）	铜（元/吨）	铝（元/吨）	水泥（元/吨）
1月	107.89	2150	1420	25100	57806.8	14976.5	287.5
2月	111.12	2190	1400	24840	58064.0	14713.3	282.4
3月	107.05	2210	1350	22400	56196.9	14490.5	279.6
4月	105.75	2100	1380	21600	53354.0	14458.0	287.6
5月	101.83	2120	1360	19800	53026.3	14529.5	288.4
6月	98.52	1930	1320	17800	51687.4	14661.0	284.7
7月	100.48	1800	1410	17000	50531.5	14378.0	281.9
8月	102.11	1780	1480	17980	52130.8	14332.0	285.5
9月	100.57	1700	1450	17700	52320.6	14375.2	287.0

数据来源：国家统计局，2013 年 9 月。

（五）经济效益略有改善，部分行业实现恢复性增长

2013 年 1—8 月，原材料工业经济效益有所好转，除黑色金属矿采选业、有色金属矿采选业、有色金属冶炼和压延加工业利润同比下降外，其他行业利润同比上升明显。如化学原料和化学制品制造业利润同比增长 9.2%，扭转了 2012 年同期利润同比下降的局面；黑色金属冶炼和压延加工业利润同比增长 69.4%，远高于 2012 年同期利润同比下降 37.3% 的水平，利润增幅较大；非金属矿制品和非金属矿物制品业利润也实现了不同程度的增长。

表 9–4　2013 年 1—8 月我国原材料行业利润额及增长率（单位：亿元，%）

行业	利润额（亿元）	增长率（%）	2012年同期增长率（%）
化学原料和化学制品制造业	2165.0	9.2	–20.2
黑色金属矿采选业	545.7	–4.2	–1.0
黑色金属冶炼和压延加工业	631.6	69.4	–37.3
有色金属矿采选业	384.6	–12.3	–0.2
有色金属冶炼和压延加工业	650.2	–5.7	–29.0
非金属矿采选业	206.3	12.6	14.2
非金属矿物制品业	1984.0	21.2	–13.0

数据来源：国家统计局，2013 年 9 月。

二、2013 年我国原材料工业重点政策解析

（一）《能源发展“十二五”规划》

1. 政策出台背景

“十二五”时期，国内外环境继续发生变化，世界政治经济形势更加复杂严峻，能源发展呈现新的阶段性特征，我国在面临由能源大国向能源强国转变的机遇的同时，又面临诸多问题和挑战。

从国际看，全球气候变化、国际金融危机、欧洲主权债务危机、地缘政治等因素对国际能源形势产生重要影响，世界能源市场更加复杂多变，不稳定性和不确定性进一步增加。一是能源资源竞争日趋激烈；二是能源供应格局深刻调整；三是全球能源市场波动风险加剧；四是围绕气候变化的博弈错综复杂；五是能源科技创新和结构调整步伐加快。

从国内看，能源发展的长期矛盾和短期问题相互交织，国内因素与国际因素互相影响，资源和环境约束进一步加剧，节能减排形势严峻，能源资源对外依存度快速攀升，能源控总量、调结构、保安全面临全新的挑战。一是资源制约日益加剧，能源安全形势严峻；二是生态环境约束凸显，绿色发展迫在眉睫；三是发展方式依然粗放，能效水平亟待提高；四是能源基础设施建设滞后，协调发展任重道远；五是自主创新能力不足，能源产业大而不强；六是体制约束日益显现，深化改革势在必行。

2. 政策主要内容

《规划》提出了到“十二五”末我国能源消费总量与效率、能源生产与供应能力等方面的24个数量目标。其中包括5个约束性指标和19个预期性指标。

一是控制能源消费总量与提高能效并举。实施能源消费强度和消费总量双控制。到“十二五”末，我国能源消费总量为40亿吨标煤，用电量6.15万亿千瓦时，单位国内生产总值能耗比2010年下降16%。能源综合效率提高到38%，火电供电标准煤耗下降到323克/千瓦时，炼油综合加工能耗下降到63千克标准油/吨。

二是增强一次能源生产与供应能力。到“十二五”末，一次能源供应能力为43亿吨标准煤，其中国内生产能力36.6亿吨标准煤。石油对外依存度控制在61%以内。

三是优化能源结构，大力发展清洁能源。到“十二五”末，非化石能源消费比重提高到11.4%，天然气占一次能源消费比重提高到7.5%，煤炭消费比重降低到65%左右，电力装机容量达到14.9亿千瓦，其中非化石能源发电装机比重达到30%。

四是加强生态环境保护和改善民生。到“十二五”末，单位GDP二氧化碳排放比2010年下降17%，每千瓦时煤电二氧化硫和氮氧化物排放均下降到1.5克，年均分别下降12.4%和15.1%，能源开发利用产生的PM2.5排放强度下降30%以上。居民人均生活用电量达到620千瓦时，年均增长10.3%。

3. 政策影响

“双控制”倒逼经济发展方式转型。《规划》提出，到2015年，全国能源消费总量和用电量分别控制在40亿吨标煤和6.15万亿千瓦时，单位国内生产总值能耗比2010年下降16%，能源综合效率提高到38%。数据显示，2010年我国一次能源消费总量为32.5亿吨标准煤，要实现2015年40亿吨标准煤的目标，未来五年能源消费年均增长率应控制在 4.3% 左右。

以高效、清洁作为结构调整方向。当前，我国煤炭占能源消费的主要部分，能源开发利用方式粗放，给资源和环境造成较大压力。与此同时，国际上应对气候变化的压力日益增大，迫切需要转变经济发展方式和调整能源消费结构。

坚定市场化改革方向。我国能源体制机制改革的大方向就是要坚定市场化方向，但能源供应涉及民生，因此要在供给保障的前提下向市场化方向推进。

（二）《工业清洁生产推行“十二五”规划》

1. 政策出台背景

“十二五”期间，国家进一步加大环境保护力度，明确四种主要污染物总量减排约束性指标，并对重金属污染和持久性有机污染物防治提出要求。为从源头减少污染物产生量，尽可能降低末端治理压力，促进国家“十二五”规划纲要提出的各项资源节约和环境保护指标完成，必须进一步加大推行清洁生产力度，全面提升清洁生产水平。

工业是资源消耗和污染物排放的重点领域。2010 年，工业领域能源消耗占全社会 70% 以上，二氧化硫、化学需氧量、氨氮排放分别占 85.3%、35.1% 和 22.7%。降低工业领域资源能源消耗、减少污染物产生，既是实现国家节能减排任务的需要，也是促进工业转型升级的紧迫任务，是新型工业化道路的本质要求。“十二五”期间，我国工业化仍将继续快速推进，工业将面临资源消耗、污染物排放增加的压力。特别是在常规污染物问题尚未解决的同时，非常规污染物如持久性有机污染物（POPs）、持久性有毒污染物（PTS）、重金属污染物等带来的环境风险和压力越来越突出，血铅中毒等严重污染事件频发，影响经济发展和社会稳定，严重制约着工业可持续发展。为更好地统筹协调资源环境制约与工业化进程加快的矛盾，实现工业转型升级的战略任务，必须加快推行清洁生产，由高消耗、高排放的粗放方式向集约、高效、低排放的清洁生产方式转变，实现资源科学利用和污染源头预防。

从国际形势看，节能环保、绿色低碳已成为国际产业发展潮流和趋势，以清洁生产方式提供节能环保技术和产品已成为国际产业竞争的重要内容。同时，履行持久性有机污染物（POPs）国际公约，适应欧盟电子电气设备中限制使用某些有害物质指令等规则要求，应对汞污染控制谈判以及国际贸易中以节能环保低碳技术标准为特征的绿色贸易壁垒带来的挑战，客观要求我国工业必须加快推行清洁生产，在实现生产过程清洁化的同时，提供无毒无害或低毒低害的绿色技术和产品，提升产业竞争力。

2. 政策主要内容

自2003年《中华人民共和国清洁生产促进法》实施以来，我国钢铁、有色、化工、建材、轻工、纺织等重点工业行业的清洁生产审核有序推进，实施了一批清洁生产技术改造项目，企业资源能源利用效率有所提高，但总体仍处于起步阶段，还存在一些突出问题。

本次规划提出实施7大工程，包括化学需氧量削减工程、二氧化硫削减工程、氨氮削减工程、氮氧化物削减工程、汞污染削减工程、铬污染削减工程、铅污染削减工程。到2015年，通过实施重点工程有效削减主要污染物产生量；重点行业70%以上企业达到清洁生产评价指标体系中的“清洁生产先进企业”水平；培育500家清洁生产示范企业。

《规划》还要求加大财政资金支持力度，充分发挥中央财政清洁生产资金的支持引导作用，扩大资金规模，加大支持力度。重点支持重大关键共性清洁生产技术产业化应用示范等工作。地方财政要加大对清洁生产的支持力度，鼓励具备条件的设立地方清洁生产专项资金。

根据《规划》，中小企业发展基金要安排适当数额支持中小企业实施清洁生产。中央财政在安排技术改造、节能减排、循环经济等有关专项资金时，把清洁生产技术改造项目作为重点支持方向，加大支持力度，加快提升清洁生产水平。充分利用地方节能减排资金、技术改造资金等资金渠道，加大对清洁生产项目特别是中小企业清洁生产项目的支持力度。

3. 政策影响

支持企业实施清洁生产，可以推动企业技术改造和节能减排的实施进度，也可以推动循环经济的发展。该规划的实施可以培育若干清洁生产示范企业，建设一批清洁生产园区，预计“十二五”期间会形成500家清洁生产企业。

（三）《关于促进耐火材料产业健康可持续发展的若干意见》

1. 政策出台背景

耐火材料是钢铁、建材、有色、机械、化工、电力等高温工业发展不可或缺的基础材料，耐火粘土、镁砂、石墨、棕刚玉等是生产耐火材料的关键原料。改革开放以来，我国耐火材料产业取得了长足进步，已成为世界上最大的生产国、消费国和出口国。但我国耐火材料产业大而不强，还存在矿山生产无序，资源利用粗放，产业集中度低，生态恢复滞后等问题，制约着耐火材料产业的健康可持续发展。提升耐火材料产业发展水平，对于保障高质量耐火材料供给，支撑高温工业发展具有重要意义。因此，要进一步提高对耐火材料产业重要性和加强耐火材料行业管理紧迫性的认识，采取有效措施，发挥比较优势，增强资源保障能力，做强做优耐火材料特色产业。

2. 政策主要内容

到 2015 年，高端耐火材料基本自给，菱镁矿石资源综合利用率不低于 90%，耐火粘土矿石资源综合利用率不低于 80%，形成 2—3 家具有国际竞争力的企业，创建若干个新型工业化产业示范基地，前 10 家企业产业集中度达到 25%，主要耗能设备能效水平达到一级，主要产品的综合能耗比 2010 年降低 20% 以上，二氧化硫、氮氧化物排放总量比 2010 年分别下降 8% 和 10% 以上，用后耐火材料回收再利用率不低于 50%。

到 2020 年，两种矿石资源综合利用率分别高于 95% 和 90%。用后耐火材料回收再利用率高于 75%，前 10 家企业产业集中度提高到 45%。

通过推进联合重组，优化产业布局，强化节能降耗，严格环境管理，发展高端产品，鼓励技术创新，淘汰落后产能，加强安全生产推动耐火材料行业健康发展。

3. 政策影响

《意见》的出台将引导企业在不增加耐材总量的前提下，把现有的产品做好、做精，推动企业联合重组，提高生产集中度和整体竞争能力；正确引导企业通过工艺改造和精细化管理，提高产品质量的稳定性，提供用户满意的优质产品；正确引导企业调整经营战略，加强企业内部管理，努力降本增效，保证平稳运行，实现稳中求进；正确引导企业关注应收货款的回收，加强资金管理，规避经营风险。因此，各级政府、工业和信息化主管部门及耐材协会应充分结合本地区的实际，加强对《意见》宣贯、学习、落实和执行，从而促进更多耐材企业提高自身的应变能力，使耐材行业健康发展、科学发展。

（四）《新材料产业标准化工作三年行动计划》

1. 政策出台背景

我国钢铁、有色金属、石化、化工、建材、黄金、稀土等原材料工业规模巨大，是国民经济的基础产业。截至2012年，原材料工业现行有效标准11814项，占工业和通信业现行有效标准的20%。各行业日益重视新材料标准化工作，新材料标准制修订步伐加快，2010年以来发布了碳纤维、光学功能薄膜、功能陶瓷等100余项新材料标准，推动了原材料工业结构调整和转型升级。但总体上看，我国材料标准体系仍以传统材料标准为主，新材料产业标准体系尚未建立，关键标准前期研究、技术攻关相对不足，标准制定所需的工艺参数、材料性能等基础数据缺乏。以我国技术和标准为基础的新材料国际标准未取得突破，被动跟踪国际标准和国外先进标准的情况比较突出，难以满足新材料国际经济技术交流合作需求。新材料产业"十二五"发展规划提出的400个重点产品涉及近千项标准，大多数需要重新制定。为促进新材料产业发展，充分推动新材料技术创新与产品更新换代，迫切需要加快新材料产业标准体系建设工作。

2. 政策主要内容

到2015年，完成200项重点标准制修订工作，立项并启动300项新材料标准研制，开展50项重点标准预研究，争取覆盖"十二五"规划提出的400个重点新材料产品，基本形成重点领域发展急需的、具有创新成果和国际水平的重要技术标准体系；新材料国际标准化工作取得实质性进展，提出20项新材料国际标准提案，推进若干国际标准的立项和制定，在稀土新材料、稀贵金属材料等领域实现重大突破。新材料产业标准协调性进一步增强，实现产品标准、方法标准、基础标准的相互配套、紧密衔接。力争通过3年努力建立起一个与新材料产业发展相适应，并具有一定前瞻性的新材料产业标准体系。通过加大重点新材料领域标准制修订力度，积极开展重点新材料标准应用示范，加快推进新材料产业国际标准化工作，快速推动行动方案工作展开。

3. 政策影响

新材料标准化工作将促使有关部门、地方政府将重点新材料标准作为企业生产、经营的技术依据，作为在新材料产业重大项目立项、建设和评估、验收工作的基本依据和条件。同时促进培养一批熟悉专业技术、掌握标准化方法、精通国际标准制定规则与程序、外语水平高的复合型、外向型人才，使我国新材料的应用推广加快，与下游企业的对接更加畅通。

三、2013 年我国原材料工业重点行业发展状况

（一）2013年石化化工行业发展状况

1. 市场供需分析

从能源和主要化工产品生产情况看，1—8 月，全国原油天然气总产量（油当量）同比增长 4.5%，比 1—7 月减缓约 1 个百分点；主要化学品总量增幅约 5.2%，较前 7 个月回落 0.4 个百分点。

原油、天然气增速减缓。1—9 月份，全国原油产量 1.55 亿吨，同比增长 1.8%；天然气 827.8 亿方，产量同比增长 9.1%；累计完成原油加工量 3.56 亿吨，同比增长 4.2%；成品油（气煤柴）产量 2.2 亿吨，同比增长 5.2%；其中，柴油同比增长 0.7%，汽油同比增长 11.2%，柴油增速趋缓，汽油增速呈上升趋势。

化肥、农药增幅继续下降。1—9 月，全国化肥（折纯，下同）总产量 6046.2 万吨，同比下降 6.13%。其中，尿素产量 2535.74 万吨，增长 9.51%；磷肥产量 1545.4 万吨，增长 2.7%；钾肥产量 454.4 万吨，增长 13.55%；氮肥产量 4046.3 万吨，增长 6.71%，（1—8 月）合成氨产量 3845 万吨，增长 4.76%。（1—8 月）农药原药（折 100%）产量 212.4 万吨，增长 1.56%。

重点化工产品增长总体平稳。8 月，全国乙烯产量 125.8 万吨，同比增长 7.7%；纯苯产量 58.5 万吨，降幅 3.8%；涂料产量 118.5 万吨，增长 5.8%；硫酸产量 668.0 万吨，增长 2.1%；烧碱产量 231.8 万吨，增长 3.7%；电石产量 182.7 万吨，增长 17.8%；合成树脂 472.5 万吨，增长 9.8%；合成纤维单体产量 195.1 万吨，增长 12.1%；合成橡胶产量 33.9 万吨，增长 5.9%；轮胎外胎产量 8038.7 万条，增长 8.0%。

原油表观消费量约 3.62 亿吨，同比增长 3.2%；天然气表观消费量约 1198 亿立方米，增长 17.2%；成品油表观消费量约 2.13 亿吨，增长 4.1%；化肥表观消费量约 5800 万吨，增长 2%；合成树脂表观消费量约 6200 万吨，增长 5.8%；乙烯表观消费量约 1300 万吨，增长 7.5%；烧碱表观消费量约 1930 万吨，增长 4.5%。

2. 行业投资状况

1—9 月，全行业固定资产投资同比增长 18.4%，增速同比回落 10.7%，比同期全国固定资产投资平均增长低 1.8 个百分点，略高于同期工业投资平均增长 0.7 个百分点。1—8 月，我国石油和化工行业固定资产投资继续增长，其中，受国家政策对开发非常规天然气的扶持力度不断加大以及取消或下放石油企业行政审批权政策发布等因素的影响，石油加工业和油气开采业投资形势继续向好，投资额同比增速分别为 22.1% 和 26.1%。由于市场低迷仍在持续以及受《工信部公布电石等 19 行业首批淘汰产能企业名单》、《国家安全监管总局关于加强化工过程安全管理的指导意见》等政策发布的影响，化学原料及化学制品制造业投资额增速仅为 15.6%。国家统计局数据显示，1—8 月，油气开采业投资额 1707.5 亿元，同比增长 26.0%，增速比 1—7 月略降 0.3 个百分点，比 2012 年同期上升 19.0 个百分点；石油加工、炼焦及核燃料加工业投资额 1848.2 亿元，同比增长 21.7%，增速比 1—7 月上升 1.2 个百分点，比 2012 年同期上升 4.9 个百分点；化学原料及化学制品制造业投资额达 8363.0 亿元，同比增长 16.9%，增速比 1—7 月上升 1.9 个百分点，比 2012 年同期下降 17.0 个百分点。

3. 产品价格走势

1—8 月，石油和化工全行业生产者价格指数累计为 97.6，其中，油气开采价格指数为 95.8，炼油为 97.6，化工为 97.3，同比都不同程度下跌。9 月，主要监测的化工产品中的 70% 环比上涨，部分持续下跌的无机化学品价格也出现回升，如纯碱、烧碱、电石等，其中纯碱 9 月份价格环比上涨达 10%，烧碱、电石价格以微弱涨幅遏制前期下滑势头。但是部分有机化学品价格仍持续下滑，8 月份化肥行业的出厂价格总水平同比降幅 9.8%，比 7 月份扩大 0.4%，再创年内新低；尿素市场均价 1780 元 / 吨，环比下跌 1.1%，同比跌幅 17.6%；磷酸二铵均价 2910 元 / 吨，环比下跌 3.0%，同比跌幅 6.1%；磷酸一铵均价 1920 元 / 吨，环比下跌 4.0%，同比降幅 27.5%；国产氯化钾均价 2500/ 吨，环比下跌 5.7%，同比跌幅 19.4%；45% 氯基复合肥均价 2200 元 / 吨，环比下跌 3.5%，同比跌幅 14.7%。

4. 经济效益分析

1—9 月，我国石油和化学工业主营业务收入约 9.59 万亿元，同比增长 9 %，增速同比基本持平。其中，化工 5.8 万亿元，同比增长 12.3%，增速同比加快 2 个百分点。1—9 月，全行业实现利润总额 6030.2 亿元，增幅 12.5%。其中，化工行业利润总额 2675.4 亿元，同比增长 11.2%。油气开采业利润同比下降 5.1%，但炼油业由亏转盈，实现利润 243.8 亿元。

5. 进出口贸易情况

1—7 月，石化产业进出口贸易总额约 2316 亿美元，同比增长 1.6%。其中，进口额约 1313 亿美元，与 2012 年同期持平；出口额 1003 亿美元，同比增长 3.9%；全行业贸易逆差约 310 亿美元。在大宗进口产品中，有机化学品和合成树脂进口额分别为 314 亿美元和 381 亿美元，同比增长 13.9% 和 3.2%。无机化学品和合成橡胶进口额分别为 47.8 亿美元和 26.8 亿美元，同比下降 6.5% 和 14.7%。合成纤维单体进口额 83 亿美元，同比下降 23.9%，其中对苯二甲酸（PTA）、己内酰胺等重要单体降幅均在 50% 左右，乙二醇进口额占合成纤维单体进口总额约 61%。从单月看，7 月份进出口贸易总额 352 亿美元，同比增长 7.6%，环比增长 11%。其中进口额 195 亿美元，同比增长 6%；出口额 157 亿美元，同比增长 10%。

（二）2013年钢铁行业发展状况

1. 市场供需分析

（1）生产情况

2013 年 1—8 月，中国生铁、粗钢和钢材的累计产量分别为 4.84 亿吨、5.22 亿吨和 7.02 亿吨，同比增速分别为 6.6%、7.8% 和 11.2%，较 2012 年全年产量的同比增速分别提高 2.9 个百分点、4.7 个百分点和 3.5 个百分点。预计 2014 年随着新增产能不断投产，粗钢产量将继续保持小幅增长。

表 9–5　2013 年 1—8 月全国冶金企业主要产品产量（单位：万吨，%）

	2013年1—8月累计产量	2012年1—8月累计产量	2013年1—8月增长率	2012年1—12月增长率
粗钢	52184.2	48406.6	7.8	3.1
生铁	48037.7	45057.3	6.6	3.7
钢材	70164.3	63083.3	11.2	7.7
焦炭	31594.6	29347.0	7.7	5.2
铁矿石原矿量	90420.9	84704.8	6.7	14.5
铁合金	2286.4	2072.2	10.3	15.0

数据来源：国家统计局，2013 年 9 月。

2013 年 1—8 月，中国生铁、粗钢和钢材的平均日产量分别为 197.7 万吨、214.7 万吨和 288.7 万吨，较 2012 年同期分别增加了 13.0 万吨、16.4 万吨和 30.2 万吨。预计 2013 年中国生铁、粗钢和钢材的年化产量分别达到 7.2 亿吨、7.8 亿吨和 10.5 亿吨。

表 9-6　2013 年 1—8 月全国冶金企业主要产品日产水平及 2013 年年化产量（单位：万吨，%）

	2013年1—8月日产量	2012年1—8月日产量	增长率	2013年年化产量
粗钢	214.7	198.4	16.4	78383.7
生铁	197.7	184.7	13.0	72155.4
钢材	288.7	258.5	30.2	105390.8
焦炭	130.0	120.3	9.7	47456.9
铁矿石原矿量	372.1	347.2	25.0	135817.4
铁合金	9.4	8.5	0.9	3434.3

数据来源：赛迪智库原材料工业研究所，2013 年 9 月。

从钢材产品结构看，2013 年 1—8 月，板带材产量 3.01 亿吨，占钢材总产量的 42.9%，较 2012 年同期下降了 0.7 个百分点；长材产量 3.29 亿吨，占钢材总产量的 46.9%，较 2012 年同期提高了 0.6 个百分点；管材产量 0.53 亿吨，占钢材总产量的 7.6%，与 2012 年同期基本持平；铁道用钢材产量 0.04 亿吨，占钢材总产量的 0.6%，较 2012 年同期提高了 0.1 个百分点。

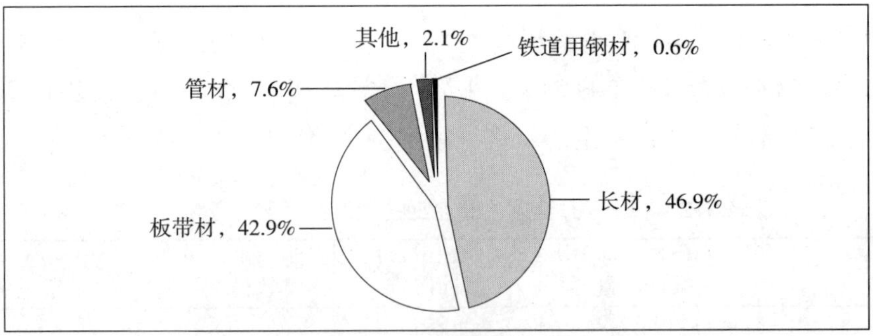

图9-1　2013年1—8月中国钢材产品结构

数据来源：赛迪智库原材料工业研究所，2013 年 9 月。

从钢材分品种产量看，2013 年 1—8 月，除了轻轨、厚钢板、热轧薄板和涂层板（带）的累计产量出现下降以外，其他钢材品种的累计产量均呈现不同程度的增长。

表 9-7　2013 年 1—8 月全国钢材分品种产量（单位：万吨，%）

	2013年1—8月累计产量	2012年1—8月累计产量	2013年1—8月累计同比	2012年1—12月累计同比
钢材合计	70164.3	63083.3	11.2	7.7
铁道用钢材	395.4	323.8	22.1	9.5
重轨	273.3	199.1	37.3	16.2
轻轨	96.8	97.1	–0.3	7.2
大型型钢	820.2	789.9	3.8	–0.2
中小型型钢	3612.6	3110.2	16.2	5.4
棒材	5217.2	4734.3	10.2	1.9
钢筋	13315.1	11687.2	13.9	15.0
盘条（线材）	9930.7	8898.9	11.6	12.0
特厚板	464.7	381.3	21.9	–11.8
厚钢板	1617.3	1644.0	–1.6	–10.6
中板	2646.6	2619.2	1.0	–8.8
热轧薄板	493.7	538.0	–8.2	69.8
冷轧薄板	1855.4	1660.0	11.8	7.2
中厚宽钢带	8048.6	7418.1	8.5	0.8
热轧薄宽钢带	3839.0	3292.3	16.6	14.2
冷轧薄宽钢带	2617.9	2387.2	9.7	8.6
热轧窄钢带	4041.9	3477.1	16.2	4.4
冷轧窄钢带	670.8	611.1	9.8	4.7
镀层板（带）	2796.2	2523.1	10.8	10.7
涂层板（带）	480.4	542.6	–11.5	14.2
电工钢板（带）	537.0	429.7	25.0	5.6
无缝钢管	2052.3	1857.0	10.5	8.8
焊接钢管	3267.2	2957.6	10.5	12.6
其他钢材	1444.4	1200.2	20.3	19.3

数据来源：国家统计局，2013 年 9 月。

从各省、市、自治区钢铁生产情况来看，河北省是中国钢铁产量第一大省，2013 年 1—8 月河北省的生铁、粗钢和钢材的产量分别为 1.25 亿吨、1.36 亿吨和 1.57 亿吨，占全国总产量的比重分别为 26.0%、26.0% 和 22.4%。位于第二位和第三位的分别是江苏省和山东省，其中江苏省的生铁、粗钢和钢材的产量分别为 0.43 亿吨、0.54 亿吨和 0.81 亿吨，占全国总产量的比重分别为 9.0%、10.4% 和 11.5%；山东省的生铁、粗钢和钢材的产量分别为 0.43 亿吨、0.41 亿吨和 0.54 亿吨，占全国总产量的比重分别为8.9%、7.8%和7.6%。

表9-8　2013年1—8月各省、市、自治区钢铁产品生产情况（单位：万吨，%）

省、市、区	生铁		粗钢		钢材	
	产量	占全国比重	产量	占全国比重	产量	占全国比重
全国	48037.7	100.0	52184.2	100.0	70164.3	100.0
北京	/	/	1.6	0.0	150.7	0.2
天津	1499.3	3.1	1558.7	3.0	4493.8	6.4
河北	12488.1	26.0	13592.0	26.0	15728.2	22.4
山西	2916	6.1	2961.8	5.7	2900.1	4.1
内蒙古	927.8	1.9	1338.5	2.6	1195	1.7
辽宁	3825.5	8.0	3936.7	7.5	4417.6	6.3
吉林	902.5	1.9	821.0	1.6	998.7	1.4
黑龙江	460.8	1.0	469.2	0.9	430.1	0.6
上海	1142.4	2.4	1255.5	2.4	1546	2.2
江苏	4342.2	9.0	5434.7	10.4	8066	11.5
浙江	706.7	1.5	917.2	1.8	2446.9	3.5
安徽	1332.6	2.8	1535.9	2.9	1970.7	2.8
福建	385.6	0.8	913.3	1.8	1867	2.7
江西	1307.3	2.7	1424.8	2.7	1545.8	2.2
山东	4281.7	8.9	4069.7	7.8	5352.5	7.6
河南	1651	3.4	1791.1	3.4	2793.6	4.0
湖北	1571.1	3.3	1872.0	3.6	2174.5	3.1
湖南	1151	2.4	1139.4	2.2	1252.5	1.8
广东	755.6	1.6	896.0	1.7	2092.2	3.0
广西	1016.5	2.1	1063.4	2.0	1720.9	2.5
重庆	391.8	0.8	420.7	0.8	823.5	1.2
四川	1209.4	2.5	1185.5	2.3	1825.4	2.6
贵州	336.4	0.7	310.8	0.6	359.7	0.5
云南	1270.3	2.6	1230.4	2.4	1284.1	1.8
甘肃	589.4	1.2	611.3	1.2	1086.5	1.5
青海	562.8	1.2	595.5	1.1	640.4	0.9
宁夏	87.3	0.2	92.2	0.2	80.1	0.1
新疆	82.4	0.2	23.0	0.0	96.3	0.1

数据来源：国家统计局，2013年9月。

（2）消费情况

从各品种钢材消费情况看，2013年1—8月，工业锅炉、发动机、中小型拖拉机、汽车、家用电器等产量与2012年同期相比呈现不同程度的增长；而金属切削机床、大型拖拉机、铁路机车、船舶、发电设备等产品产量则呈现下降趋势，特别是船舶产量降幅较2012年同期明显增大。

表9-9 2013年1—8月各用钢行业产量情况

指标名称	单位	2012年1—8月累计产量	2013年1—8月增长率（%）	2012年1—8月同期增长率（%）
工业锅炉	蒸发量吨	337588.1	7.1	6.9
发动机	万千瓦	112515.4	11.9	2.0
金属切削机床	万台	48.0	-6.3	-16.7
电动手提式工具	万台	15199.3	-6.8	0.6
金属冶炼设备	吨	532787.9	4.4	6.3
水泥专用设备	吨	636556.0	9.1	-9.6
饲料生产专用设备	台	349494.0	3.1	14.4
包装专用设备	台	66618.0	5.0	24.7
大型拖拉机	台	45952.0	-8.1	48.4
中型拖拉机	台	359413.0	11.6	1.6
小型拖拉机	万台	127.1	5.7	-18.7
大气污染防治设备	台（套）	51381.0	5.9	10.8
铁路机车	辆	485.0	-52.7	-33.1
汽车	万辆	1507.0	15.1	6.9
民用钢质船舶	万载重吨	3865.0	-24.8	-7.8
发电设备	万千瓦	7980.2	-2.6	-10.0
交流电动机	万千瓦	17187.2	2.2	-4.1
家用洗衣机	万台	4491.4	7.7	-1.0
家用电冰箱	万台	6469.7	11.1	-7.0
家用冷柜	万台	1359.6	9.6	0.7
房间空气调节器	万台	10099.0	9.0	-1.5

数据来源：国家统计局，2013年9月。

2013年1—8月，中国进口钢材和钢坯分别为923万吨和41万吨，进口材坯折合粗钢1023万吨；出口钢材4198万吨，折合粗钢4466万吨。2013年1—8月，中国粗钢表观消费量48741万吨，与2012年同期45618万吨的表观消费量相比，同比增长6.8%。随着城镇化和工业化进程的继续深入，2014年中国钢铁消费将继续保持增长态势。

表 9-10 2013 年 1—8 月中国粗钢消费量（单位：万吨，%）

月份	2013年	2012	同比增长
1月	5960	5417	10.0
2月	5834	5405	7.9
3月	6204	5821	6.6
4月	6113	5773	5.9
5月	6265	5836	7.4
6月	6023	5748	4.8
7月	6130	5835	5.1
8月	6113	5554	10.1
1—8月累计	48741	45618	6.8

数据来源：赛迪智库原材料工业研究所，2013 年 9 月。

2. 行业投资状况

2013 年 1—8 月，黑色金属矿采选、黑色金属冶炼及压延加工业合计投资额为 4347.4 亿元，同比增长 4.2%。其中，黑色金属冶炼及压延加工业完成投资额 3299.4 亿元，同比增长 2.3%，增速较 2012 年同期下降 5.4 个百分点；黑色金属冶炼及压加工业完成投资 1048.0 亿元，同比增长 10.5%，增速较 2012 年同期下降 14.4 个百分点。2014 年黑色金属矿采选和黑色金属冶炼及压延加工业投资将继续保持增长态势，而投资结构将继续优化，用于技术升级和改造的投资资金占投资总额的比重将有所提高。

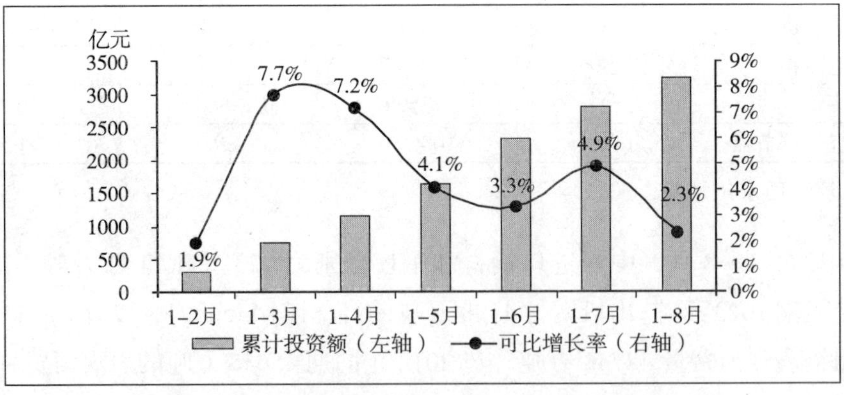

图9-2 2013年1—8月黑色金属冶炼及压延加工固定资产投资情况（单位：亿元，%）

数据来源：国家统计局，2013 年 9 月。

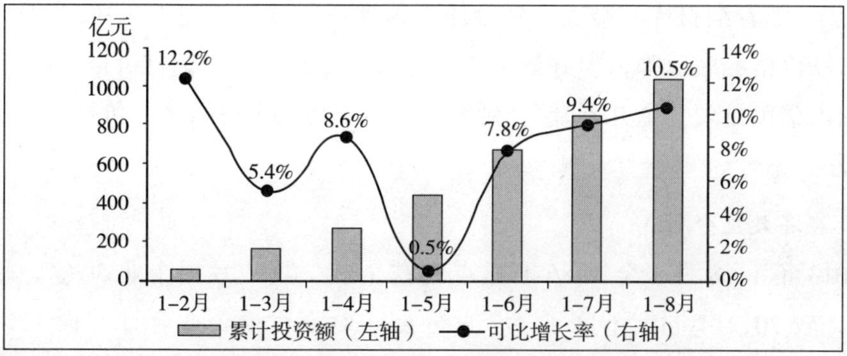

图9–3　2013年1—8月黑色金属矿采选业固定资产投资情况（单位：亿元，%）

数据来源：国家统计局，2013 年 9 月。

3. 产品价格走势

2013 年初，受城镇化政策红利影响，铁矿石价格大幅上涨，钢厂纷纷上调钢材产品的出厂价格，钢材市场出现一波上涨行情。但由于下游需求尚未启动，钢材社会库存维持高位，资源压力较大，进入 2 月下旬，钢材价格在经历了短期上涨后开始震荡下滑。特别是 3 月份房地产调控“国五条”细则出台，市场心态大受打压，钢材市场价格呈现大幅震荡下滑。进入 4 月份，虽然下游用钢需求逐渐启动，但钢铁行业供需矛盾没有明显改观，钢材市场继续呈下滑态势。同时受行情影响，钢铁企业运营维艰，行业亏损加剧，钢铁产量出现下降，市场开始“去

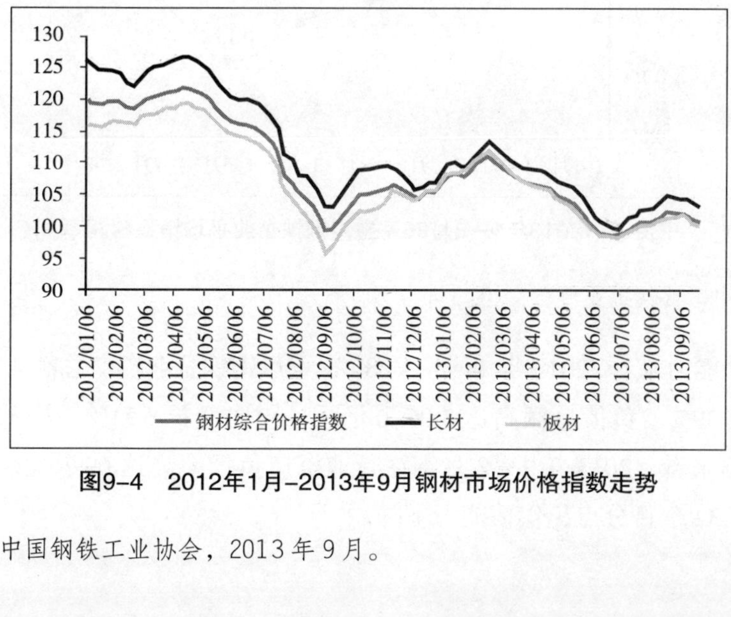

图9–4　2012年1月–2013年9月钢材市场价格指数走势

数据来源：中国钢铁工业协会，2013 年 9 月。

库存化”。随着钢材库存减少，资金压力得到一定缓解，进入7月、8月，国内钢材市场价格触底反弹，但好景不长，进入8月份下旬，钢材价格冲高回落。9月份国内钢市再现“金九不金”，延续了8月下旬的下降行情，价格持续呈现下滑态势。

4. 经济效益分析

2013年1—8月，全国86家重点钢铁企业，其中亏损企业30家，亏损面34.9%，较2012年同期下降了7个百分点。30家亏损企业合计亏损121亿元，同比下降46.33%。

2013年1—8月，86家重点企业工业总产值20588亿元，同比下降0.90%；工业增加值2738亿元，同比增长7.24%；实现销售额23954亿元，同比增长1.38%。

从盈利水平看，2013年1—8月，86家重点钢铁企业实现利税596亿元，其中利润总额81亿元，而2012年同期86家重点钢铁企业虽然实现利税426亿元，但利润总额为负，实际亏损43亿元。2013年1—8月，86家重点钢铁企业销售利润率0.34%，虽然较2012年同期提高0.52个百分点，但总体盈利水平仍然较低。

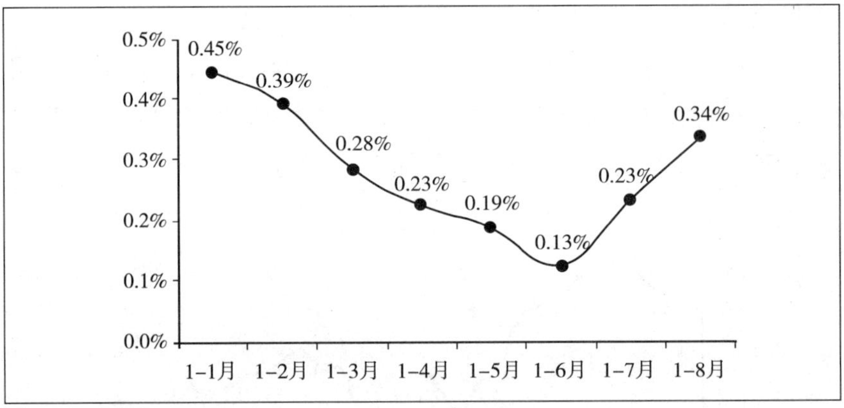

图9-5　2013年1—8月86家重点钢铁企业平均销售利润率

数据来源：中国钢铁工业协会，2013年9月。

从偿债能力来看，2013年1—8月，86家重点钢铁企业资产总额4.38万亿元，同比增长4.39%；负债总额高达3.06万亿元，同比增长6.81%。从86家重点企业统计数据来看，2013年1—8月钢铁行业资产负债率高达69.76%，较2012年同期增长1.32个百分点，偿债能力下降。

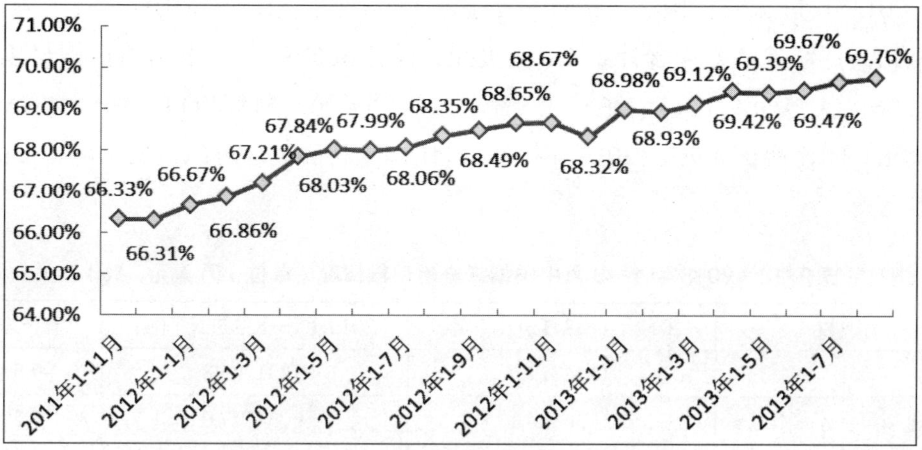

图9-6　2013年1—8月86家重点钢铁企业平均资产负债率

数据来源：中国钢铁工业协会，2013 年 9 月。

5. 进出口贸易情况

2013 年 1—8 月中国累计进口钢材 923.2 万吨，同比下降 0.9%；累计进口钢坯 41.4 万吨，同比增长 66.1%；中国进口材坯折合粗钢累计数量 1023.6 万吨，同比增长 0.7%。中国出口钢材累计数量 4197.9 万吨，同比增长 17.3%；出口钢坯累计数量 0.2 万吨；出口材坯折合粗钢累计数量 4466.1 万吨，同比增长 17.3%。总体来看，2013 年 1—8 月中国净出口钢材累计数量 3274.7 万吨，净出口材坯折合粗钢累计数量 3442.5 万吨，同比增长 23.3%。2014 年，随着国际经济环境的逐渐回暖，中国钢材出口有望继续保持增长态势。

表 9-11　2013 年 1—8 月中国钢铁进出口数量情况（单位：万吨，%）

项目		2013年1—8月进出口量	2012年1—8月进出口量	增长率
进口	钢材	923.2	931.6	-0.9
	钢坯	41.4	24.9	66.1
	材坯折合粗钢	1023.6	1016.0	0.7
出口	钢材	4197.9	3579.3	17.3
	钢坯	0.2	0.1	142.6
	材坯折合粗钢	4466.1	3807.9	17.3
净出口	钢材	3274.7	2647.7	23.7
	钢坯	-41.2	-24.8	65.7
	材坯折合粗钢	3442.5	2791.9	23.3

数据来源：赛迪智库原材料工业研究所，2013 年 9 月。

2013 年 1—8 月中国进口钢材累计金额 111.4 亿美元，进口钢坯累计金额 3.7 亿美元，材坯进口金额合计 115.1 亿美元，同比减少 9.1%；中国出口钢材累计金额 361.2 亿美元，出口钢坯累计金额 232.4 万美元，材坯出口金额合计 361.2 亿美元，同比增长 4.9%。2013 年 1—8 月中国钢材和钢坯进出口贸易顺差 246.1 亿美元。

表 9–12　2013 年 1—8 月中国钢铁进出口额情况（单位：万美元，%）

项目		2013年1—8月进出口额	2012年1—8月进出口额	增长率
进口	钢材	1114329.6	1231285.8	–9.5
	钢坯	36584.1	34777.0	5.2
	合计	1150913.7	1266062.7	–9.1
出口	钢材	3611704.1	3441729.3	4.94
	钢坯	232.4	211.0	10.1
	合计	3611936.5	3441940.3	4.9

数据来源：赛迪智库原材料工业研究所，2013 年 9 月。

（三）2013年有色金属行业发展状况

1. 市场供需分析

（1）生产情况

2013 年 1—8 月，有色金属行业生产稳定增长，主要产品产量不断增加。10 种有色金属产量为 2623.07 万吨，同比增长 9.72%，较 2012 年同期 7% 的增长率提高了 2.72 个百分点。分月来看，10 种有色金属月产量大致呈现逐月增长态势，月产量均保持在 300 万吨以上水平，高于 2012 年同期水平，增幅也较 2012 年同期都有了较大幅度的增长。

表 9–13　2013 年 1—8 月 10 种有色金属生产情况（单位：万吨，%）

时间	产量（万吨）	同比增长（%）	去年同期产量（万吨）	去年同期增长（%）
1月	313.4	17.6	266.9	5.5
2月	308.3	9.6	281.6	11.3
3月	331.1	9.9	294.3	3.3
4月	324.6	10.3	288.7	2.3
5月	331.34	7.5	304.4	6.6

（续表）

时间	产量（万吨）	同比增长（%）	去年同期产量（万吨）	去年同期增长（%）
6月	342.74	6.7	321.5	5.8
7月	334.54	9.7	305.6	4.1
8月	336.59	5.7	323.5	8.9
1—8月	2623.1	9.7	2416.3	7

数据来源：国家统计局，2013年9月

分品种来看，2013年1—8月，铜、铝、铅、锌、镍、锡、锑、镁产量均保持增长。除铅之外，均高于2012年同期水平，增长幅度较大的品种是镍和镁，增长率分别达到42.4%和22.8%，远高于2012年同期增长率。

表9-14　2013年1—8月主要有色金属产品生产情况（单位：万吨，%）

品种	产量（万吨）	同比增长（%）	去年同期产量（万吨）	去年同期增长（%）
铜	432.6	12.3	391.1	7.2
铝	1434.9	8.2	1309.8	10.6
铅	302.9	8.3	315.3	9.6
锌	345.8	10.8	312	–5.7
镍	17	42.4	14.6	–1.8
锡	9.9	4.1	9.5	–2.2
锑	18.9	16.8	13.8	4.4
镁	53.3	22.8	43	–7.5

数据来源：国家统计局，2013年9月。

（2）消费情况

2013年1—6月，10种有色金属销售量为1838.1万吨，产量为1947万吨，产销率为98.2%，库存比年初增长27.3%。1—8月，主要有色金属产品的表观消费量大致呈现增长态势，其中铜材累计表观消费量分别为936.7万吨，较2012年同期756.3万吨水平有所增加；铝材累计表观消费量为2322.1万吨，较2012年同期1729.6万的消费水平有所下降；精炼铅累计表观消费量为301.7万吨，而2012年同期为315.7万吨消费水平；精炼锌表观消费量为380.9万吨，较2012年同期341.6万吨的需求水平增加了39.3万吨。

表 9-15　2013 年 1—8 月主要有色金属产品表观消费量（单位：万吨）

时间	铜材	铝材	精炼铅	精炼锌
1月	101.7	220.9	32.5	44.7
2月	84.3	210.8	32.5	40.9
3月	126	303	42	53.4
4月	117.6	303.7	39.4	49.1
5月	123.8	303.7	39.3	49.7
6月	137.9	332.6	41.1	47.8
7月	124.7	307.7	39	47.9
8月	126.7	317.2	37.3	48.8
1—8月	936.7	2322.1	301.7	380.9

数据来源：国家统计局。

2. 行业投资状况

2013 年 1—8 月，有色金属行业投资继续增长，其中有色金属矿采选业完成固定资产投资额 1063.4 亿元，同比增长 15.6%，低于 2012 年同期 27.7% 的增长率；有色金属冶炼及压延加工业完成固定资产投资 3416.5 亿元，同比增长 22%，高于 2012 年同期 18.4% 的增长率。分月来看，对比有色金属矿采选业和有色金属冶炼及压延加工业的投资增速可以发现，采矿业累计投资增速远低于 2012 年同期水平，冶炼及压延加工业累计投资增速高于 2012 年同期水平，有色行业产能过剩压力不减。

表 9-16　2013 年 1—8 月有色行业固定资产投资完成情况（单位：亿元，%）

时间	有色金属矿采选业			有色金属冶炼及压延加工业		
	规模（亿元）	增长率（%）	去年同期增长率（%）	规模（亿元）	增长率（%）	去年同期增长率（%）
1—2月	80.8	25.4	38.5	263.3	29.0	19.1
1—3月	172.9	8.1	31.1	714.7	31.2	21.3
1—4月	306.1	1.1	47.6	1129.4	33.8	14.0
1—5月	461.6	0.6	52.0	1686.6	31.9	14.4
1—6月	706.6	6.5	40.6	2385.9	25.0	18.3
1—7月	885.1	9.2	36.2	2925.7	25.1	17.3
1—8月	1063.4	15.6	27.6	3416.5	22.0	18.4

数据来源：国家统计局，2013 年 9 月。

3. 产品价格走势

2013 年 1—9 月，主要有色金属产品价格呈现低位震荡态势，其中铜价从

1月底的57806.8元/吨下降到9月底的53230.6元/吨，9月底铜价低于2012年同期58582元/吨的水平；铝价从1月底的14976.5万元/吨下降到9月底的14375.2元/吨，9月底铝价低于2012年同期15472元/吨的水平；铅、锌等价格也大体呈现走低态势，9月底价格均低于2012年同期水平。

表9-17　2013年1—9月主要有色金属产品价格情况（单位：元/吨）

时间	铜	铝	铅	锌
1月	57806.8	14976.5	14737.5	15194.5
2月	58064	14713.3	14845	15500.7
3月	56196.9	14490.5	14544.1	14904.8
4月	53354	14458	14102	14544
5月	53026.3	14529.5	13779.7	14534.2
6月	51687.4	14661	13841.9	14647.5
7月	50531.5	14378	13730	14684
8月	52130.8	14332	14276	14943.6
9月	52320.6	14375.2	14232.1	14847.2

数据来源：上海期货交易所，2013年9月。

4.经济效益分析

2013年，有色金属行业整体盈利能力下滑。1—8月，有色金属行业实现利润1034.8亿元，其中有色金属矿采选业实现利润384.6亿元，同比减少12.3%，降幅较2012年同期有所扩大；有色金属冶炼及压延加工业实现利润650.2亿元，同比降低5.7%，降幅较2012年同期有所减少。

表9-18　2013年1—8月有色金属行业实现利润情况（单位：亿元，%）

时间	有色金属矿采选业			有色金属冶炼及压延加工业		
	利润（亿元）	同比增长（%）	去年同期增长（%）	利润（亿元）	同比增长（%）	去年同期增长（%）
1—2月	87.9	-1.3	24.5	142.6	3.9	-12.3
1—3月	147.7	-1.9	16.5	240.2	-3.8	-12.4
1—4月	197.8	-3.5	7.3	302.9	-8.3	-20.1
1—5月	253.8	-4.4	3.6	397.9	-8.8	-19.3
1—6月	302.1	-9	1.2	471	-14.5	-21.4
1—7月	342.4	-9.9	-2.3	548.4	-10.4	-26.1
1—8月	384.6	-12.3	-4.8	650.2	-5.7	-29

数据来源：国家统计局，2013年9月。

截至2013年8月底，2083家有色金属矿采选企业中有336家亏损，亏损总额达到20.7亿元，亏损企业数量大体呈现减少趋势；7025家有色金属冶炼及压延加工企业中有1552家亏损，亏损总额达到264.7亿元，亏损企业数量呈现减少趋势。

表9-19　2013年1—8月有色金属行业亏损企业数（单位：个）

时间	有色金属矿采选业		有色金属冶炼及压延加工业	
	企业总数	亏损企业数	企业总数	亏损企业数
2月	2082	385	6933	1808
3月	2076	371	6941	1713
4月	2081	351	6955	1672
5月	2079	336	6968	1599
6月	2078	327	7000	1594
7月	2081	336	7022	1580
8月	2083	336	7025	1552

数据来源：国家统计局，2013年9月。

5. 进出口贸易情况

2013年1—8月，全球经济回暖迹象显现，贸易环境逐步改善，国内经济趋稳向好预期增强，我国进出口贸易保持增长。在此背景下，主要有色金属产品出口有所改善，但进口不容乐观。主要品种中，出口未锻造的铜及铜材55.6万吨，同比增长2.3%，低于2012年同期8.9%的增长水平；出口未锻造的铝及铝材239万吨，同比增长2.5%，远高于2012年同期-10.2%的增长率；未锻造的锌出口4408吨，同比减少36.3%，减速低于2012年同期83.3%的增长率。进口未锻造的铜及铜材280万吨，同比降低13.1%，较2012年同期37.3%的增长率，增速下降幅度较大；进口未锻造的铝及铝材54.5万吨，同比降低34.2%，较2012年同期37.8%的增长率，下降幅度较大。

（四）2013年建材行业发展状况

1. 市场供需分析

2013年1—6月，建材行业完成主营业务收入2.8万亿元，同比增长16.7%，其中规模以上建材企业完成销售收入约1.9万亿元，同比增长15.2%。上半年平均增速延续去年下半年的走势。

（1）水泥行业

2013 年 1—7 月，全国水泥产量 13.03 亿吨，同比增长 9.6%，增速同比加快 4.3 个百分点；水泥熟料产量 7.60 亿吨，同比增长 4.0%，低于水泥产量的增长。我国水泥行业低端产品依旧呈增长态势，但结构问题突出，重点工程开工不足，新建项目数目萎缩。

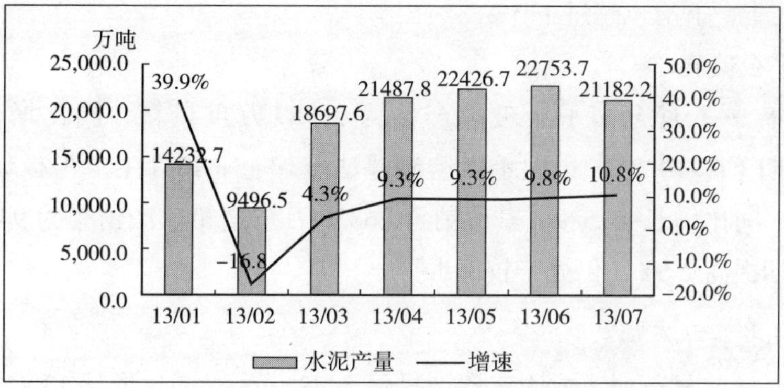

图9-7　2013年1—7月水泥月度产量（单位：万吨，%）

数据来源：国家统计局，2013 年 9 月。

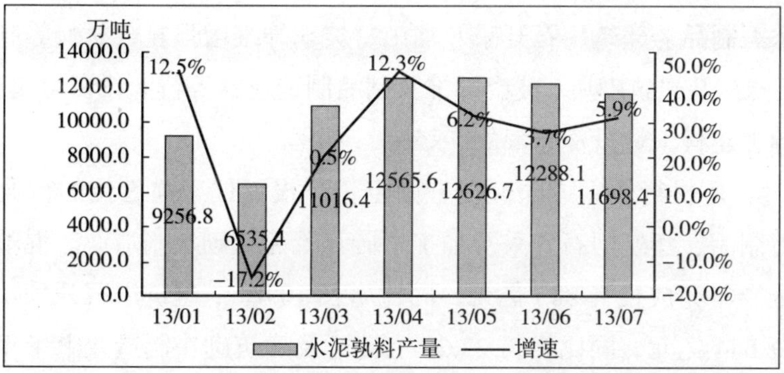

图9-8　2013年1—7月水泥熟料月度产量（单位：万吨，%）

数据来源：国家统计局，2013 年 9 月。

从区域来看，市场分化严重。1—7 月华东、中南、西南、西北地区累计水泥产量高于 2012 年及 2011 年同期水平，华北地区产量与 2012 年、2011 年基本持平。东北地区从 2012 年 7 月份开始产量增速由正变负，2013 年初同比降幅扩大，到 7 月产量同比下降 1%，基本与 2012 年同期持平；西北地区产量增速尽管与2012年相比有明显下降，但呈逐渐上升态势；西南地区水泥产量增速自2012年10月开始实现U型反弹。

分省市来看，产量前十的省份与2012年基本相同，没有变化。从产量增长来看，有8个省增长超过20%，其中，贵州省以34%的超高速增长位居各省排名第一。有四个省呈现负增长，黑龙江下滑幅度最大，同比2012年下降22%以上，其次是河北省，下滑也超过了5%。

（2）平板玻璃

2013年1—6月全国平板玻璃产量为38987万重量箱，同比增长10.8%，2012年同期下降10.2%。全国重点监测浮法玻璃企业累计生产平板玻璃28356万重量箱，同比增长12.5%，累计销售26830万重量箱，产销率为94.62%，比2012年同期提高2.6%，仍处于较低水平。

2. 行业投资状况

1—6月，建材行业完成固定资产投资5422亿元，同比增长13.9%，增速同比回落5.5%，低于上半年工业投资增速2.3%。由于产业结构调整加快，建材行业各细分行业固定资产投资增速分化明显。其中水泥行业负增长，同比下降9.4%；平板玻璃行业负增长，同比下降3.2%；而轻质建材、技术玻璃、黏土与土砂石、混凝土与水泥制品、建筑用石开采及加工、玻璃纤维增强复合材料等制品深加工产业，以及砖瓦及建筑砌块、玻璃纤维及制品制造业的等行业投资增长相对较快，完成投资额占建材工业投资总额的56.5%。

1—6月，建材行业完成限额以上固定资产投资位于前三位的行业分别是混凝土与水泥制品、建筑用石开采及加工、砖瓦及建筑砌块制造业。混凝土与水泥制品行业上半年完成投资883亿元，同比增长10.8%；建筑用石开采及加工上半年完成投资644亿元，同比增长23.6%；砖瓦及建筑砌块制造业上半年完成投资600亿元，同比增长20.6%。

水泥制造业完成投资已持续三年下降。2013年上半年，水泥制造业完成限额以上投资560亿元，同比下降9.5%。年初由于有新浮法玻璃生产线投产，平板玻璃制造业完成投资一度恢复增长。上半年平板玻璃制造业完成限额以上投资132亿元，同比下降3.2%。卫生陶瓷制造业上半年完成投资56亿元，同比下降3.8%。建筑陶瓷制造业上半年完成投资282亿元，1—6月同比增长113.6%，比1—5月回落9个百分点。

3. 产品价格走势

2013 年受国内经济增速放缓，产能过剩，市场需求不足以及原材料价格下跌等因素影响，水泥产品价格和经济效益持续保持低迷态势。1—9 月，水泥的价格走势呈现“W”型走势，即“下降—上涨—下降—上涨”。

自 2012 年开始，国内水泥市场需求低迷，行业产能过剩问题凸显，水泥价格持续下降。2013 年 1—3 月水泥价格延续了 2012 年以来的走势继续下跌，3 月份全国通用硅酸盐水泥一度跌至每吨 300 元以下。4—5 月，随着下游市场需求不断回暖，水泥价格开始回升，行业效益开始增加，但利润回升主要是由于水泥生产能耗成本（能源价格）的下降。6—7 月，水泥产量增长过快，供需再次失衡，水泥价格开始回落。8—9 月，迎来水泥的传统产销旺季，受下游市场需求改善（地产、基建投资仍保持良好态势）以及企业库存偏低的影响，水泥需求增速开始小幅提升，但总体来说，严重的产能过剩问题仍将制约着水泥产业的未来发展。

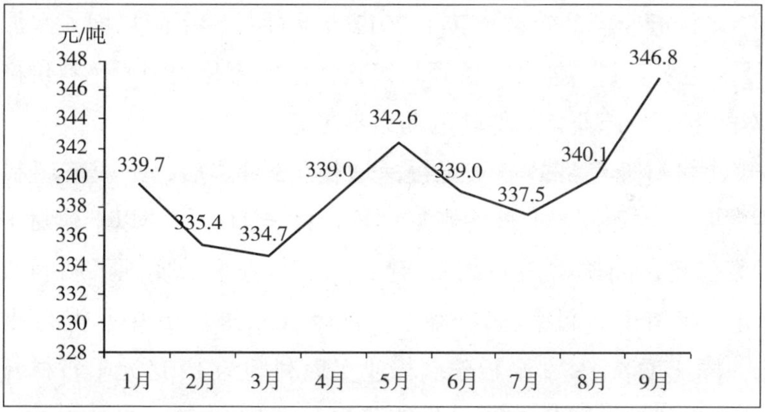

图9-9　2013年1—9月水泥行业重点企业通用水泥价格情况（单位：元/吨）

资料来源：中国建筑材料联合会，2013 年 9 月。

2012 年下半年平板玻璃价格下跌趋势探底趋稳。2013 年 1—9 月，平板玻璃市场整体呈现“M”的走势，一季度市场走势呈现“前跌后涨”的态势，受传统节日影响，需求乏力，市场清淡，春节过后市场交易开始活跃，价格上涨较快。4 月、5 月价格开始回落，到 6 月份全国平均出厂价格接近 70 元 / 每重量箱，之后缓慢回落。1—8 月全国平板玻璃产量约 5.1 亿重量箱，同比增长 11%，平板玻璃库存4416万重量箱，上升了5个百分点，1/3以上的规上平板玻璃制造业亏损。

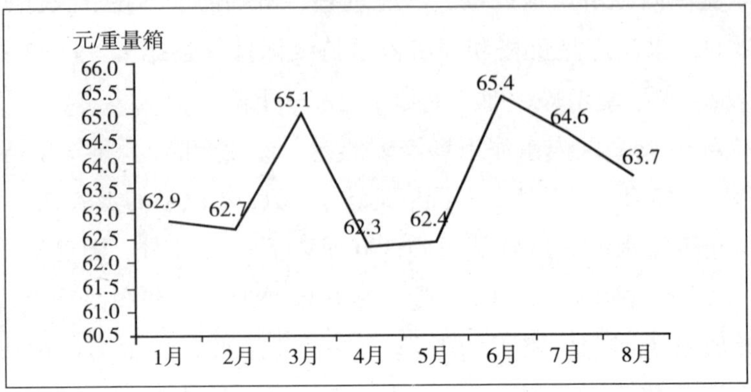

图9-10　2013年1—8月玻璃行业重点企业价格情况（单位：元/重量箱）

资料来源：中国建筑材料联合会，2013年9月。

4. 经济效益分析

2013年建材行业经济效益扭转了2012年全年持续下降局面，水泥、平板玻璃包括混凝土与水泥制品经济效益开始好转，但主要是因为原燃料价格的下降导致生产成本的下降，产业整体好转的动力不足。

2013年建材行业经济效益实现慢速增长。3月之后，平板玻璃制造业扭亏为盈，5月之后，水泥制造业开始恢复增长。1—6月，规模以上建材工业实现利润总额1688亿元，同比增长18.2%，建材的子行业多数实现了利润的增长，规模以上建材工业销售利润率达到6%，同比增长0.2%。其中水泥行业实现利润223.6亿元，同比增长1%；平板玻璃行业实现利润约13亿元；石材开采加工业实现利润102.9亿元，增长25%；建筑陶瓷行业实现利润112亿元，同比增长29.2%。

但水泥、平板玻璃供大于求的矛盾依然突出，价格效益继续低迷。下游需求持续低迷，产能过剩问题依然严重，将继续制约建材行业的复兴。1—6月，水泥新增25条干法生产线，产能增加1.1亿吨，加之原有产能，2013年底全国水泥生产能力超过32.5亿吨；平板玻璃新增8条浮法生产线，产能增加2200多万重量箱，加之原有产能，2013年底全国平板玻璃生产能力超过10.5亿重量箱。按目前的市场需求和在线生产能力估计，水泥产能利用率将不足75%，平板玻璃产能利用率将不足80%，产能过剩问题为建材工业经济运行埋下潜在风险。

国家统计局公布的1—6月规模以上工业企业财务指标数据显示，建材工业6月底应收账款净额达到3727亿元，同比增加710亿元。其中规模以上水泥制造业应收账款净额721亿元，高于正常水平，规模以上混凝土和水泥制品行业应收账款净额为1613亿元，同比增加334亿元。建材行业，特别是水泥、混凝土与水泥制品企业应收账款的增加，导致经营风险进一步加大。

5. 进出口贸易情况

建材出口保持增长，实际增速继续回落。2013年1—6月，建材出口总额达到142.8亿美元，同比增长16.72%。建材出口额的平稳增长主要得益于出售商品结构的改善和价格的提升。建材主要出口商品中，平板玻璃和建筑玻璃、玻璃纤维及其制品、石膏制品和保温材料、卫生陶瓷、建筑用石、石棉和石棉制品出口数量同比已经出现负增长。

2013年1—7月，全国累计水泥出口量620.65万吨，同比增长22.41%，累计出口额3.13亿美元，同比增长14.18%。

表9–20　2013年1—7月全国水泥出口量及出口额（单位：万吨，万美元，%）

商品名称	数量		金额	
	累计出口量（万吨）	增长率（%）	累计出口额（万美元）	增长率（%）
水泥	620.65	22.41	31523	14.18
白色硅酸盐水泥	4.64	76.34	353	72.8
硅酸盐水泥	611.81	22.49	29360	14.57
铝酸盐水泥	3.39	10.96	1553	5.67
其他水泥	0.81	–55.64	257	–58.75
水泥熟料	180.75	36.62	6077	32.91

数据来源：中国水泥网，2013年9月。

2013年1—6月，全国平板玻璃累计出口97.7万吨，同比下降0.5%，累计出口额3.48亿美元，同比上涨10.2%。其中浮法玻璃累计出口78.3万吨，同比下降3.4%，占全部出口量的80%以上。

建材进口保持增长。海关总署统计显示，1—6月，建材及非金属矿商品进口额约94.3亿美元，同比增长19.0%，增速比2012年同期提高了19.4个百分点。

2013年1—6月，我国平板玻璃累计进口量10.67吨，同比增长0.6%，进口额为10.7亿美元，同比增长42.4%。

2013 年，1—7 月累计水泥进口量 21.43 万吨，同比下降 47.60%。进出口水泥以硅酸盐水泥为主。

表 9-21　2013 年 1—7 月全国水泥进口量及进口额（单位：万吨，万美元，%）

商品名称	数量		金额	
	累计进口量（万吨）	增长率（%）	累计进口额（万美元）	增长率（%）
水泥	21.43	–47.6	2511	6.08
白色硅酸盐水泥	0.35	104.67	122	64.86
硅酸盐水泥	20.36	–49.47	846	–57.23
铝酸盐水泥	0.59	60.37	384	37.63
其他水泥	0.12	123.31	159	329.73
水泥熟料	1.68	–28.14	92	–23.33

数据来源：中国水泥网，2013 年 9 月。

（五）2013年新材料行业发展状况

1. 市场供需分析

（1）生产情况

特种金属功能材料方面，2012 年，受全球经济低迷影响，稀土功能材料行业经营规模缩小，钽铌产品产量大幅下滑，钽粉产量 262 吨；由于与国外贸易摩擦不断，国内多晶硅产业面临巨大的困境，2012 年产量达 6.3 万吨，同比下降 21.3%，整个行业平均开工率仅为 33%；硬质合金领域的生产能力为 3.76 万吨，同比增长 2.73%，产量 2.35 万吨，同比下降 17.6%。

高端金属结构材料方面，2012 年，国内六家特钢巨头企业产能总计达到 2800 万吨，企业产量为 2142 万吨，产品市场占有份额 80% 以上；铝材产量 3039.5 万吨，同比增长 14.6%，增幅同比下降 6%，全年排名前 10 位省区的铝材产量 2518 万吨，占全国总产量的 82.8%；原镁产能 152.25 万吨，同比减少 3.82%；产量 69.83 万吨，同比增长 5.71%，镁合金产量 20.75 万吨，同比减少 13.25%；钛加工材产量 5.16 万吨，同比增长 1.2%，钛板、钛管产量分别下降 13.4% 和 10.7%，钛棒材产量保持增长，涨幅达到 21.1%。

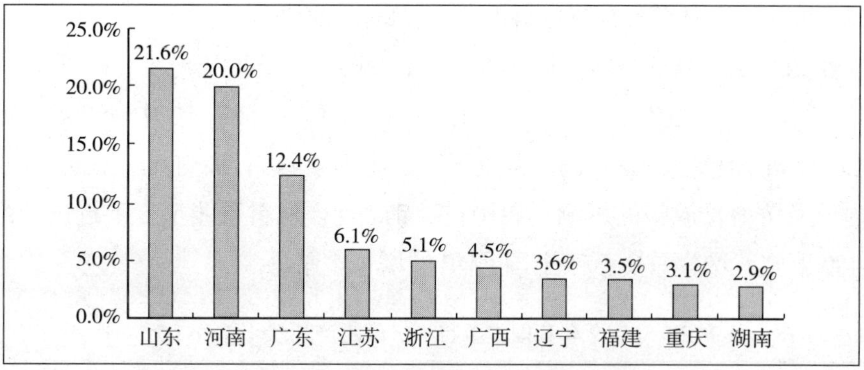

图9-10 2012年中国铝材产量前10位地区占比

数据来源：中国有色金属工业协会，2013年9月。

先进高分子材料方面，2012年，合成橡胶产能达到412万吨，同比增加27.9%，产量达到284万吨，同比增长7.4%；我国工程塑料主要品种产能达到202万吨，产量合计约117万吨，行业平均开工率58%；有机硅行业不景气，单体价格持续低迷，有机硅单体产量约130万吨，开工率约为65%；氟化工行业主要氟产品产能达到371.7万吨，产量为211.3万吨。

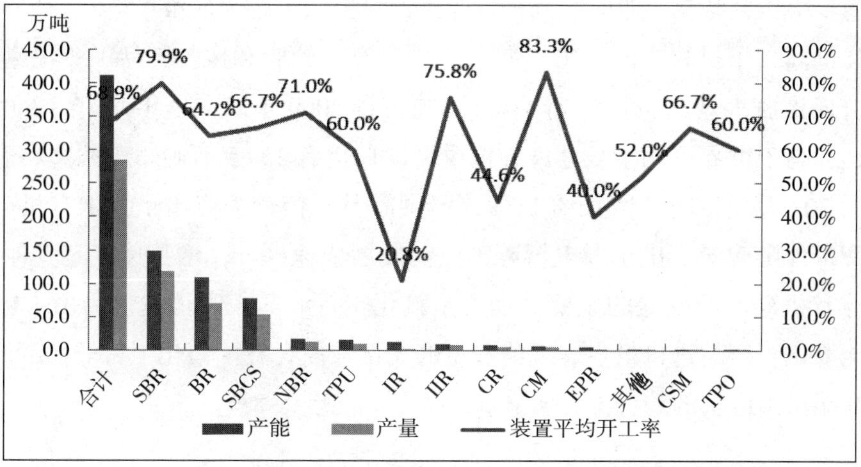

图9-11 2012年国内合成橡胶主要品种的生产情况（单位：万吨，%）

数据来源：石油和化学工业规划院，2013年9月。

新型无机非金属材料方面，2012年，受汽车市场增速放缓的影响，摩擦密封材料行业全年实现产值105.23亿元，同比下降了4.64%，摩擦材料行业总产量为 42.87 万吨，其中汽车摩擦材料占总产量的 83.89%。

高性能纤维及复合材料方面，2012 年，我国三大高性能纤维（碳纤维、芳纶、UHMWPE 纤维）产能合计约 4.45 万吨，产量约 1.35 万吨，其中碳纤维生产能力达到 1.05 万吨，但受技术不成熟、装置不稳定等因素影响，平均开工率仅 10% 左右；受国内外经济增长放缓的影响，我国玻璃钢 / 复合材料行业呈现下行迹象，产量约为 400 万吨，增幅首次低于全国 GDP 的增长水平。

表 9-22　2012 年我国主要特种纤维生产现状（单位：万吨）

	碳纤维	对位芳纶	间位芳纶	UHMWPE纤维	合计
装置规模	1.05	0.60	0.80	2.00	4.45
产量	0.10	——	0.55	0.70	1.35

数据来源：石油和化学工业规划院，2013 年 9 月。

（2）销售情况

2012 年，特种金属功能材料方面，多晶硅行业实现销售收入 120 亿元左右，同比下滑了 67%，硬质合金行业实现销售收入 209 亿元。

高端金属结构材料方面，随着交通工具轻量化趋势的不断发展，铝材料的需求量稳步增长，航空、船舶、汽车行业为铝材提供了巨大的市场空间。

先进高分子材料方面，2012 年，国内汽车、轮胎和橡胶制品工业快速发展，国内合成橡胶表观消费量达到 418.9 万吨，自 2000 年以来以年均 10.9% 的速度增长，远高于世界平均增长速度，但供需缺口仍有 134.9 万吨；工程塑料表观消费量约 302 万吨，同比增长约 11%，但供需矛盾仍较为突出；我国有机硅产品的消费量伴随建筑、电子、电器等工业的发展快速提升，增长速度超其他国家，是全球有机硅产业发展的主要推动力；氟化工行业的表观消费量为 164.1 万吨，高性能氟化工产品进口量占表观消费量的比例较高，我国氟化工行业低端产能过剩、高端供不应求的趋势十分明显。

表 9-23　2012 年国内合成橡胶主要品种消费情况（单位：万吨）

品种	产量	消费量	供需平衡
SBR	118.4	142.9	-24.5
BR	70.3	90.4	-20.1
NBR	12.0	20.0	-8.0
IIR	7.2	28.9	-21.7

（续表）

品种	产量	消费量	供需平衡
CR	3.7	5.1	–1.4
EPR	1.8	22.7	–20.9
IR	2.6	7.7	–5.1
SBCS	52.0	57.2	–5.2
ACM	0.0	1.5	–1.5
CM	5.0	6.2	–1.2
CSM	0.4	0.7	–0.3
TPU	9.0	22.0	–13.0
TPO	0.3	9.3	–9.0
其它	1.3	4.3	–3.0
合计	284.0	418.9	–134.9

数据来源：石油和化学工业规划院，2013 年 9 月。

新型无机非金属材料方面，摩擦密封材料销量下滑，销售收入 101.51 亿元，同比下降了 5.19%。

高性能纤维及复合材料方面，三大高性能纤维国内消费量约为 3.45 万吨，远高于国内产量，其中碳纤维消费量约为 9500 吨、芳纶 1.6 万吨、UHMWPE 纤维 9000 吨。

2. 行业投资状况

2012 年国内硬质合金产业投融资活跃，合计项目总投资达 60 多亿元，已建成项目合计总投资超过 20 多亿元。铝合金销售量的增加带动铝行业固定资产投资力度加大。

表 9–24　2012 年铝行业固定资产投资情况（单位：亿元，%）

	铝采矿企业		铝冶炼企业		铝压延加工企业	
	数值	增长率	数值	增长率	数值	增长率
固定资产投资	96.9	30.2	856.1	24.9	935.8	39.9

数据来源：中国有色金属工业协会，2013 年 9 月。

3. 产品价格走势

特种金属功能材料方面，稀土产品价格大幅下跌，国内多晶硅光伏产业价格继续维持下跌走势。

先进高分子材料方面，2012 年有机硅 DMC 均价为 17280 元 / 吨，同比下降了 14.3%，受到国内外经济发展减速及新建产能大量释放的影响，有机硅化工产业链产品价格总体呈下跌趋势，其中有机硅单体供应过剩现象日益突出，多家有机硅单体生产企业亏损；同样受经济形势的影响，氟化工产业链产品价格有所下降，初级有机氟化工产品和国际主流有机氟化工产品跌幅达到 21%—28%，但高端氟化工产品却供不应求，价格同比增长约 10%。

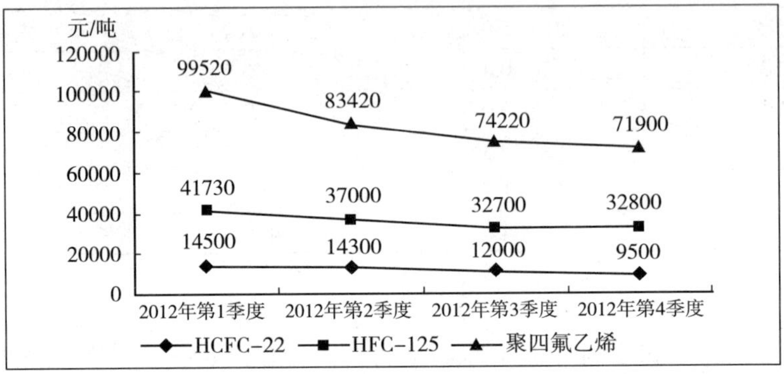

图9-12　2012年部分有机氟化工产品出厂平均价格季度变化情况（单位：元/吨）

数据来源：石油和化学工业规划院，2013 年 9 月。

4. 经济效益分析

2012 年，随着消费市场疲软、产品价格下跌、出口难度增大、替代品增加等现象并存，特种金属功能材料领域的盈利水平出现大幅下滑，稀土冶炼行业实现利润 95.13 亿元，同比下降了 37.8%，稀有稀土金属加工行业实现利润 29.18 亿元，同比下降了 13.4%。多晶硅产业亏损达 40 亿元。

高端金属结构材料方面，随着铝合金需求量的增长，铝行业的经济效益大幅增长，其中铝冶炼企业利润同比增长了 92.4%。

表 9-24　2012 年铝行业经济效益情况（单位：亿元，%）

指标		主营业务收入	利润
铝采矿企业	数值	178.9	20.5
	增长率	16.7	7.9
铝冶炼企业	数值	4239.6	9.3
	增长率	12.7	92.4
铝压延加工企业	数值	6394.7	307.8
	增长率	13.3	4

数据来源：中国有色金属工业协会，2013 年 9 月。

5. 进出口贸易情况

特种金属功能材料方面，2012 年我国累计进口多晶硅 82760 吨，同比增长 27.42%，从美国、德国、韩国三个国家进口量占总进口量的 88%；累计出口多晶硅 1741 吨，同比增长 39.2%。与国内产量和进口量相比，出口对市场的影响十分微弱。

高端金属结构材料方面，2012 年国外镁产品市场需求下滑，中国所有镁产品出口量均有不同程度的减少，出口总量为 37.11 万吨，同比减少了 7.27%，出口总额为 11.57 亿美元，同比减少了 6.62%，其中镁废碎料和镁合金加工材降幅高达 50% 以上。钛加工材出口量 1.23 万吨，同比增长 9.6%，在国内产量持续增长的情况下，进口量出现大幅度下降，进口量为 0.5 万吨，同比下降了 21.5%。其中，钛薄板、钛管仍是主要的进口产品。

表 9–25　2012 年中国镁产品出口同比变化情况（单位：万吨，亿美元，%）

	2011				2012			
	出口量	增长率	出口额	增长率	出口量	增长率	出口额	增长率
原镁（锭）	18.59	–2.29	5.55	9.83	17.45	–6.08	5.47	–1.44
镁合金	9.94	15.74	3.28	26.50	9.23	–7.14	2.93	–10.67
镁废碎料	0.06	–9.68	0.02	–1.52	0.02	–66.67	0.004	–80.00
镁屑、镁粒粉	8.78	3.24	2.55	14.60	8.77	–0.11	2.55	——
镁合金加工材	1.51	109.52	0.57	116.21	0.72	–52.32	0.29	–49.12
镁及镁合金制品	1.14	–23.88	0.42	–9.94	0.92	–19.30	0.33	–21.43
合计	40.02	4.21	12.39	16.66	37.11	–7.27	11.57	–6.62

数据来源：海关总署，2013 年 9 月。

先进高分子材料方面，2012 年，国内合成橡胶进口量 123.5 万吨，同比降低了 1.6%，出口量为 16.6 万吨，同比降低了 30.3%，合成橡胶净进口量达到 106.9 万吨，中国已成为世界合成橡胶最大的进出口贸易国，进出口价格和贸易额再创历史新高；国内工程塑料的产量与质量无法满足日益增长的需求，2/3 的产品仍然依靠进口；有机硅产品消费市场快速增长的同时，其出口量也持续增加，其中硅烷偶联剂出口量已超出进口量 2 万吨；氟化工产品出口量为 48.72 万吨，远远超过 1.15 万吨的进口量，但高档含氟精细化学品仍然依靠进口。

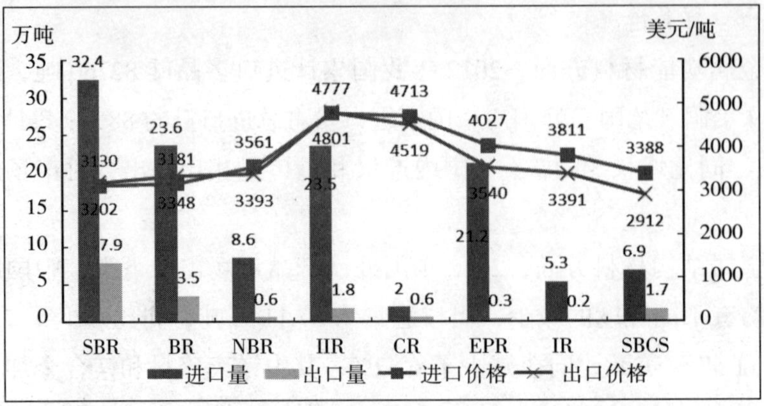

图9-13　2012年国内合成橡胶主要品种进出口量及进出口价格（单位：万吨，美元/吨）

数据来源：石油和化学工业规划院。

表 9-25　2012 年我国工程塑料供需现状（单位：万吨，%）

树脂品种	产能	产量	进口量	出口量	表观消费量	对外依存度
尼龙工程塑料（PA）	57.8	25.1	34.6	9.3	50.3	50
聚碳酸酯（PC）	45.5	26.0	137.5	21.2	142.3	82
聚甲醛（POM）	47.0	33.0	21.3	5.8	48.6	32
聚酯PBT	34.6	23.0	14.1	8.7	28.4	19
聚苯醚（PPO）	1.0	0.8	4.7	——	5.5	85
特种工程塑料	1.0	0.4	4.6	——	5.0	92
TPU	15.0	9.0	13.0	——	22.0	41
合计	202.0	117.0	230	45.0	302.0	61

数据来源：石化联合会，2013 年 9 月。

新型无机非金属材料方面，2012 年摩擦密封材料出口交货值 31.02 亿元，同比下降了 4.64%，出口利润率缩减，企业生产成本上升，摩擦密封材料出口压力增大。

高性能纤维及复合材料方面，我国三大高性能纤维依然大量依赖进口，2012 年的净进口量占表观消费量的 60% 左右，其中净进口碳纤维 8500 吨、芳纶 1.05 吨、UHMWPE 纤维 2000 吨。

四、2013年我国原材料工业区域发展情况

（一）东部地区原材料工业发展状况

根据国家统计局划分，东部地区主要包括11个省（市），分别为北京、天津、河北、辽宁、上海、江苏、浙江、福建、山东、广东和海南。

1. 发展特点

（1）石化行业总体增长较为迅速

1—8月，全国石化行业实现利润310亿元，同比增长54.7%。其中，1—5月，东部地区石化行业投资同比增长18.8%，占全国石化行业总投资额的51.9%。

（2）钢铁产量持续增加

1—8月，东部地区生铁、粗钢、钢铁产量分别为2.94亿吨、3.26亿吨和4.60亿吨，分别占全国总产量的61.3%、62.4%和65.6%。河北省产能最大，达2.4亿吨，占全国总产能的25.7%。河北、山东、辽宁和江苏四省占全国总产能的50%。

（3）有色金属行业盈利下降

我国东部地区有色金属矿产资源缺乏，但是，江苏、山东、广东、浙江等是重要的消费市场，主要发展有色金属加工，产值总量处于国内前列。1—9月，受需求疲软和产能过剩影响，有色金属行业整体盈利水平下降。

（4）建材行业平稳运行

1—9月，受国内房地产和汽车市场回升拉动，水泥和平板玻璃等建材产品产量及销量增长，企业效益转好，建材行业平稳运行。

2. 存在问题

（1）部分行业产能过剩严重

数据显示，在全国钢铁、船舶、水泥、平板玻璃及光伏、风电设备等众多行业普遍产能过剩的背景下，东部地区部分省份的情况尤其严重，导致行业景气程度低于全国平均水平。以河北地区的钢铁为例，据河北省冶金行业协会发布的数据显示，2013年6月河北省钢铁行业PMI为43.4%，环比下降了3.1个百分点，连续五个月处于荣枯线下方，河北省钢铁行业持续维持低迷态势。

（2）企业经营成本增加，利润压缩

随着环保标准的提高，企业经营成本增加。如炼化企业脱硫、脱硝、除尘处理等环保投入增加。同时，受原材料价格上涨影响，部分行业的利润被进一步压缩。例如，天然气价格调整将使部分以天然气为原料的化肥企业成本增加。

（3）部分省市产业结构不合理

辽宁省黑色和有色金属冶炼等行业产品结构单一。河北省以钢铁行业为主，产业结构偏重，加快结构调整、压缩过剩产能、推动改造升级的任务重。

（二）中部地区原材料工业发展状况

根据国家统计局划分，中部地区主要包括8个省，分别为黑龙江、吉林、山西、河南、安徽、江西、湖南和湖北。

1. 发展特点

中西部地区的经济增长有赖于投资拉动，投资增长放缓使得经济增速下降。

（1）原材料行业产量普遍增加

1—9月，钢铁、石化、建材、有色金属等行业产量持续增加。其中，中部地区各省生铁、粗钢、钢铁产量总和分别为1.13亿吨、1.20亿吨和1.41亿吨，分别占全国总产量的23.6%、23%和20%。

（2）原材料行业整体向好发展

与2013年上半年相比，第三季度原材料行业整体向好发展，其中，焦炭行业回暖，钢铁行业价格止跌企稳，水泥行业价格下跌趋稳。

（3）部分省市产业结构进一步调整

1—9月，山西省非煤产业同比增长10.6%，占全省工业比重44.1%，同比增长2.8%。

（4）有色金属产品价格震荡下行

中部地区河南、江西等矿产资源丰富，积极发展有色金属矿产资源，作为支柱产业。1—9月，受产能过剩影响，有色金属产品价格下行，行业效益下滑。

2. 存在问题

（1）部分行业产能过剩严重，产能利用率低

部分行业产能过剩严重，钢铁、冶金、焦炭工业等亏损，水泥市场低迷；产能利用率低，如江西省黑色金属冶炼和压延加工业产能利用率不足60%。

（2）多数企业利润下降，缺乏竞争力

由于铁矿石价格高位运行，钢铁行业产能过剩，钢铁行业亏损运行。煤炭工业利润同比下降。受美国页岩气发展等因素影响，石化产品整体竞争力较弱。加之1—9月需求不旺，石化行业利润下降，其中，化肥价格有所回落。

（三）西部地区原材料工业发展状况

根据国家统计局划分，西部地区主要包括12个省（市、自治区），分别为内蒙古、广西、重庆、四川、贵州、云南、西藏、陕西、甘肃、青海、宁夏和新疆。

1. *发展特点*

（1）固定资产投资持续增加

在产能过剩背景下，西部地区产能因成本等因素出现较快增长。如西部地区石化行业投资持续增加，1—8月，宁夏石油化工行业完成投资202.8亿元，同比增长10.2%。1—9月，陕西省原油产量同比增长3.8%，天然气产量同比增长22.2%。

（2）行业产量持续增加

新项目的大量上马，使西部地区在全国原材料工业所占比重持续上升。以钢铁为例，1—8月份，西部地区生铁、粗钢、钢铁产量分别为0.73亿吨，0.76亿吨和1.01亿吨，分别占全国总产量的15.1%、14.6%和14.4%。1—9月，陕西省钢材产量0.12亿吨，同比增长26.7%。与2013年上半年相比，第三季度国内钢材价格持续震荡走高，钢铁企业亏损减少。

（3）工业企业利润同比下降

在全国原材料工业普遍不景气的背景下，西部地区原材料工业虽然保持一定利润，但利润率同比有所下降。以有色金属行业为例，1—9月，陕西省10种有色金属产量116.24万吨，同比增长16.9%，但受资源和环境保护压力大，需求减少等因素影响，企业成本增加，利润下滑。

（4）建材行业增速较快

受房地产市场带动，水泥及平板玻璃等产量增加。1—6月，甘肃省建材行业增速达44.4%。1—9月，陕西省水泥产量6193.88万吨，同比增长9.9%。

2. 存在问题

（1）行业产能过剩，亏损严重

目前市场供需矛盾突出，导致结构性产能过剩，企业亏损严重，其中，钢铁企业亏损严重，如攀钢集团有限公司和达钢集团等。

（2）大宗产品价格持续走低，企业利润降低

受市场需求疲软和产能过剩影响，产品价格下跌。同时，因原材料成本增加，企业利润降低。1—6 月，有色金属价格持续走低，其中，镍价下跌了 21.2%，铝价下跌了 8.9%，铜价下跌了 10.5%；钢材下跌了 11.5%；合成橡胶和化肥分别下跌 28.36% 和 4.97%。

（3）原材料行业能耗增加，节能降耗压力增加

1—8 月，内蒙古石油石化、煤炭和建材部门能耗分别比 2012 年同期增长 96.8%、17.6% 和 17.4%；冶金能耗同比增长 19.3%。企业环保压力增加，运营成本增大。

（4）有色金属出口结构性矛盾突出

我国有色金属工业高端产品开发能力弱，整体上处于有色金属产业链中低端，自主创新能力弱，出口以中低端产品为主，亟待调整产业结构，提高自主创新能力。

五、2013 年我国原材料工业重点企业发展情况

（一）中国石油化工集团公司

1. 企业生产经营范围

中国石油化工集团公司是 1998 年 7 月国家在原中国石油化工总公司基础上重组成立的特大型石油石化企业集团，是国家独资设立的国有公司、国家授权投资的机构和国家控股公司，注册资本 1820 亿元，总部位于北京。生产经营范围以石油化工为主，包括家用产品和商用产品两大类。家用产品有汽（柴）成品油、润滑油、液化石油气等石化产品。商用产品有合成橡胶、合纤单体及聚合物、化肥等化工产品，工业用、车用、船用的润滑油、石油焦、催化剂、沥青、天然气等石化产品。

2. 企业规模

2013 年集团炼油、化工、成品油等领域的产销量均稳步增长。原油全年加工量同比增长 2.7%，生产成品油增长 2.7%，生产化工轻油增长 4.1%，多数经济指标创历史最高或接近世界领先水平。全年累计生产乙烯 1003.75 万吨，首次突破千万吨大关，产量比 2012 年增加 84.80 万吨，增长幅度达 9.23%。成品油销售保持较快增长，集团公司重组 14 年以来，成品油销售量从 4176 万吨增加到 1.51 亿吨，零售量从 806 万吨增加到 1.001 亿吨；境内成品油全年经营量同比增长 7.6%，非油品销售收入同比增长 43.4%，燃料油经营总量同比增长 28.4%。

3. 企业经济效益分析

2013 年，集团各业务板块的主营业务收入均稳步增长。化工、炼油、营销及分销业务板块均实现同比增长，其中炼油板块增幅最大，达 4%。勘探及生产同比略有下降，降幅为 3.8%。

表 9-26　2013 年 1—9 月中国石油化工集团财务信息（单位：亿元）

	勘探及生产	炼油	化工	营销及分销	其他
2013年1—9月	1639.6	9704.03	3159.32	11082.79	10170.73
2012年1—9月	1705.4	9327.26	2935.63	10796.36	9362.53

数据来源：2013 年集团公司年报。

4. 企业创新能力分析

集团专利申请量创历史新高，全年共申请国内外专利 4030 件，国内外专利授权 1352 件，已累计申请国内外专利 23031 件，累计获得专利授权 11939 件。安全环保和节能减排取得实效，预计全年万元产值综合能耗下降 1.7%。

（二）宝钢股份有限公司

1. 企业生产经营范围

宝山钢铁股份有限公司（简称“宝钢股份”）是中国先进的钢铁联合企业，从事高技术含量、高附加值钢铁产品的生产，产品包括汽车用钢、船舶用钢、管线钢、家电用钢、电工器材用钢、锅炉和压力容器用钢、高等级建筑用钢等多个种类。为了更好促进钢铁主业发展，公司立足主业发展需求，大力发展相关业务，围绕钢铁产业链条，进行内外部资源整合。目前公司经营的业务范围不仅包括钢铁产品生产与销售，还涉足电力、煤炭、工业气体生产、码头、仓储、运输、进出口贸易等多项业务。目前，宝钢股份不仅是中国市场主要钢材供应商，其产品也出口日、韩、欧、美等四十多个国家和地区。

2. 企业规模

2012 年宝钢股份生铁、粗钢和钢材产量分别为 2355 万吨、2523 万吨和 2465 万吨，较 2011 年同比分别下降了 0.97%、5.30% 和 6.31%。2012 年公司完成固定资产投资 104.3 亿元。2012 年宝钢股份在职员工 32598 人。

2013 年 1—8 月宝钢股份生铁、粗钢和钢材产量分别为 1636 万吨、1749 万吨和 1701 万吨，较 2012 年同比分别增长 9.92%、10.77% 和 6.69%。2013 年上半年，公司完成固定资产投资 38.3 亿元。

3. 企业经济效益分析

2012 年底，宝钢股份总资产 2208.76 亿元。截至 2013 年 6 月底，宝钢股份总资产 2273.25 亿元，较 2012 年底增长 2.92%。

2012 年，宝钢股份实现营业总收入 1911.36 亿元，同比下降了 14.1%；2013 年上半年公司实现营业总收入 961.0 亿元，同比下降了 1.8%。

2012 年，宝钢股份实现利润总额 131.4 亿元，同比增长 41.9%；2013 年上半年公司实现利润总额 51.8 亿元，同比下降了 58%。

4. 企业创新能力分析

宝钢股份多年来持续保持高研发投入，2012 年宝钢股份研发投入 38.07 亿元，占销售收入的 2.0%。2012 年公司专利申请量 1126 件，其中发明专利比例达 45%。第三代汽车先进高强钢——淬火延性钢实现供货，成为新一代经济型高成形性超高强钢全球首发企业；高硅高磁感取向硅钢和以柔性淬火工艺开发的低温韧性优良的耐磨钢，达到世界先进水平；国内首家成功开发出 960MPa 级热轧高强钢并实现批量应用。公司以研究院为主体、产销研和产学研紧密结合的研发体系，以工程项目为载体将生产、研发、设计和装备紧密结合的工程集成体系，以稳定提高和精益运营为特征的持续改进体系，共同支撑了公司在生产、销售、管理等方面的进步。

（三）宝鸡钛业股份有限公司

1. 企业生产经营范围

宝鸡钛业股份有限公司（以下简称“宝钛”）是由宝钛集团有限公司作为主发起人，联合西北有色金属研究院、中国有色金属进出口陕西公司等联合设立的股份有限公司。公司主要从事钛及钛合金等稀有金属材料和各种金属复合材料的生产、加工、销售业务，拥有比较先进的钛材生产体系，涉及熔铸、锻造、板、带材、无缝管、焊管、棒丝材、精密铸造、残废料处理、海绵钛十大生产系统，主体装备从美、日、德、奥等国家引进。公司产品广泛用于航空航天、电力、化工、冶金、医药等领域，销往美国、日本、德国、法国、英国等几十个国家和地区，国际影响力逐渐增强。

2. 企业规模

公司已经具备年产25000吨钛铸锭和15000吨钛加工材的生产能力，2009年、2010年钛产品产量分别为1.7、1.8万吨，位居世界第二。到2015年，公司力争形成40000吨铸锭生产能力，30000吨钛及钛合金加工材及一定量的锆、镍、钢等金属产品生产能力，国际市场占有率提升到20%，使宝钛成为世界钛工业前三甲企业。

3. 企业经济效益分析

2012年受国际经济不景气和国内经济增长速度放缓等因素影响，国内外钛市场需求下降，宝钛钛销售量为1.45万吨，其中钛材8199.69吨，实现营业收入23.36亿元，净利润585.3万元，同比减少了90.51%。

2013年上半年，国际经济环境依旧严峻，世界航空市场低迷，人民币对美元汇率上涨，导致公司的出口减少；国内市场受产能过剩影响，海绵钛价格持续走低，钛产品价格也低位运行，公司生产经营面临较大困难，1—6月实现营业收入12.33亿元，净利润126.82万元。

4. 企业创新能力分析

作为中国钛工业的龙头企业，宝钛拥有多项具有自主知识产权的核心技术，参与了钛加工材国家标准和国际标准的制定，能够生产国际上所有的钛合金牌号，是我国钛加工技术高水平的代表，生产的钛合金和其他有色金属材料制品成功应用于“神舟”系列宇宙飞船、“嫦娥工程”等。目前，公司拥有一批掌握钛加工核心技术的专业人员，职工队伍素质较高，可以熟练掌握钛及钛合金冶炼、加工操作技术。公司自成立以来参与了6000多项新材料与新产品的研发和生产，多次承担国家重点课题和重大项目，取得多次国家级、省部级奖励，拥有8项国家发明专利。公司坚持推动产学研合作，与中国科学院金属研究所、北京有色金属研究院等国内主要钛研究院所建立了长期的合作关系，积极参与新型钛合金的研发和产业化推广工作。

（四）中国玻纤股份有限公司

1. 企业生产经营范围

中国玻纤股份有限公司是中国建材股份有限公司玻璃纤维业务的核心企业，以玻璃纤维及制品的生产与销售为主营业务，是我国新材料行业进入资本市场早、企业规模大的上市公司之一。1999年，中国玻纤在上海证券交易所上市。公司拥有浙江桐乡、江西九江、四川成都三个国内生产基地，玻纤纱年产能超过90万吨。公司玻纤产品品种广泛、品类齐全，有20多个大类近500个规格品种，主要包括中碱和无碱玻璃纤维无捻粗纱、短切原丝、乳剂型及粉剂型短切毡、玻璃纤维无捻粗纱布等增强型玻纤产品。公司先后被国家科技部评为“国家火炬计划重点高新技术企业”，被国家科技部、国务院国资委、中华全国总工会确定为国家第三批创新型试点企业，并获得“中国建材500强”、“中国企业信息化500强”、“全国实施卓越绩效模式先进企业”、“中国节能减排领军企业”、“建材行业首批AAA级信用企业”等多项荣誉和资质。

2. 企业规模

中国玻纤股份有限公司是国家重点高新技术企业、中国大企业集团竞争力500强、浙江省“五个一批”重点骨干企业和清洁工厂，并设有浙北地区唯一的企业博士后科研工作站。目前玻纤生产能力位居国内第一、世界领先，未来在完成浙江桐乡年产60万吨玻纤工业基地之后，中国玻纤将实现玻纤规模世界第一。

中国玻纤的产业板块主要是以巨石集团有限公司和北新科技发展有限公司为主体。巨石集团是玻璃纤维的专业制造商，是世界玻纤的领军企业，现有总资产超过150亿元，员工总数10000余人，已建成玻璃纤维大型池窑拉丝生产线13条，玻璃纤维生产能力超过90万吨，拥有浙江桐乡、江西九江、四川成都三个生产基地，主要生产中碱、无碱玻璃纤维及其制品，已经实现玻纤规模世界第一。中国玻纤股份有限公司和北新建材集团股份有限公司共同出资成立北新科技有限责任公司，在深圳市先后独资、参资兴办建材企业27家。

3. 企业经济效益分析

面对全球经济低迷，国际贸易下滑，反倾销压力显现，以及能源价格、劳动力成本上升的不利局面，公司围绕“降成本、提质量、调结构、拓市场、走出去、树形象、促和谐”的总体工作思路，努力克服市场需求及产品售价下滑的不利影响，通过开展技术创新和管理创新，稳定和优化公司基本面，确保公司盈利水平为同行业领先，并走出国门在埃及投资新建生产线，真正迈出了国际化步伐。2012年，公司实现营业收入51.03亿元，比2011年同期增长1.3%；营业利润3.02亿元；比2011年同期下降了38.3%；净利润2.74亿元；比2011年同期下降了6.2%。玻纤及制品的营业收入占营业总收入的96.3%，其他贸易业务产生的收入占3.7%。玻纤及制品营业收入上升7.3%，营业成本上升9.7%，毛利率下降了1.5个百分点，主要受产品销售价格下跌的影响。

4. 企业创新能力分析

公司积极采用以创新促效益、以效益节成本的战略。例如，依靠技术创新和精细管理，提高窑炉熔化率和拉丝成品率，从而提升单台炉位产量，降低单位产出消耗，达到降本增效的目的；通过提高自动化程度，减少用工，从而降低成本、提高效益；建立健全以产品生产费用考核制度为核心的成本控制管理制度体系，规范操作，降低成本，提高效率。公司已经拥有一批具有自主知识产权并达到世界一流水平的核心技术，如“无碱池窑拉丝生产线全套技术”、“中碱池窑拉丝生产线全套技术”、“玻纤废丝池窑拉丝生产技术”等。公司自主设计、建设的年产12万吨无碱玻纤池窑生产线为目前世界上最大规模的单座无碱池窑生产线。公司的技术能力和硬件设施装备水平已达到世界一流水平。此外，公司自主研发的高性能玻璃纤维配方E6以及Vipro系列产品，均获得客户的高度认可，在行业内处于领先地位。2012年，公司共申请专利80项，其中发明专利19项，实用新型专利61项；获得专利授权40项，其中发明专利11项，实用新型专利29项。截至2012年底，公司累计获得专利授权197项，其中发明专利25项，实用新型专利172项。公司通过坚持外部引进和内部培养相结合，打造了一支能适应并助力企业快速健康发展的管理及技术人员队伍，既满足公司的现时发展需要，又为后续发展储备了人力资源。

（五）内蒙古包钢稀土（集团）高科技股份有限公司

1. 企业生产经营范围

包钢稀土是我国乃至全世界最大的稀土生产、科研、贸易基地。作为全球最大的轻稀土生产商，公司涵盖了选矿——冶炼分离——稀土金属——功能材料——核磁共振仪的完整产业链。公司依托白云鄂博稀土矿得天独厚的资源优势，以及包头稀土研究院等技术研发的平台，在稀土行业占据了龙头老大的地位。

2. 企业规模

公司开发的产品包括稀土精矿、单一及混合稀土化合物、稀土氧化物、单一及混合稀土金属、贮氢材料、抛光材料、磁性材料、稀土永磁核磁共振仪、镍氢动力电池等。随着公司产业链的延伸，稀土功能材料成为公司发展的重点，主要包括：（1）磁性材料：3 万吨磁性材料一期 1.5 万吨已达产，二期正在建设中；拥有 300 台核磁共振仪产能。（2）抛光材料：目前拥有产能 5000 吨，是全球最大的稀土抛光粉生产厂。（3）发光材料：包钢稀土绝对控股子公司京瑞新材是全国最大的氧化铕生产基地，产能为 80 吨。2012 年，公司与江苏三彩和三位自然人共同成立包钢天彩（公司持股比例为 35%），未来将形成年产 4000 吨发光材料产能，弥补了公司发光材料的空白。（4）储氢合金粉：绝对控股子公司稀奥贮氢是公司贮氢合金粉的生产主体，目前年生产能力为 3000 吨。公司贮氢合金粉包括富镧和富铈两大类，分为普通型、高容量、中低钴、高温、低钴、高功率等小类，是中国最大的镍氢电池材料——贮氢合金粉供应商之一。储氢合金粉主要用于生产镍氢电池，公司目前拥有 700 万只镍氢电池产能。

3. 企业经济效益分析

2013 年 1—6 月，公司实现营业收入 48.32 亿元，比 2012 年同期的 62.97 亿元减少了 23.27%；实现归属于上市公司股东的净利润 10.51 亿元，比 2012 年同期的 15.7 亿元减少了 33.03%。这是继 2012 年以来包钢稀土再次出现营业收入与净利润双双下滑的现象，主要是由于 2013 年上半年全球经济继续调整复苏，国内经济增速放缓，发展环境复杂，稀土行业景气度依然低迷，市场需求不振，产品价格低位徘徊。

从业务收入来看，稀土氧化物、稀土金属、稀土盐类和功能材料是公司四大业务。从近年的收入结构可以看出，稀土盐类所占比重不断减少，而高附加值的功能材料所占比重不断提升。2009 年稀土盐类产品所占比重由 2008 年的 9% 增至 17%，而稀土氧化物的比重则由 2008 年的 60% 下降至 48%，主要原因是 2009 年公司国贸公司实现正常运行，公司的经营模式由之前的委托加工、易货贸易改为销售碳酸稀土、回收稀土分离产口再销售，因此 2009 年的收入结构和 2008 年有较大差别，其中，混合碳酸稀土产品收入由无到有，稀土氧化物收入同比大幅下降。

4. 企业创新能力分析

公司全面掌控北方轻稀土资源，积极整合布局南方中重稀土资源，资源优势奠定了公司发展的坚实基础；公司主导产品——北方轻稀土产品具有随铁开采的成本优势，确保了公司在市场竞争中立于不败之地；公司旗下的包头（包钢）稀土研究院是全球最大的以稀土资源开发利用为宗旨的专业研究机构，辅以公司内部 18 家企业技术（研发）中心，科研优势明显；稀土资源作为国家战略资源，其开发与应用得到了国家密集出台的各项政策支持，公司作为行业内骨干企业，在行业整合、发展中下游产业等方面得到了国家政策的大力支持。

（六）中国铝业公司

1. 企业生产经营范围

中国铝业公司是集铝土矿、铁矿石、煤炭资源勘探、开采，氧化铝、原铝和铝加工生产、销售及技术研发于一体的大型铝生产经营企业，主要经营业务由原铝板块、铝加工板块、贸易板块等组成，同时积极向其他有色金属产业拓展，形成规模较大、技术先进的铜、铅、锌、钼、钛、钽、铌、铪、镍、金、银、锆、钨等有色金属产品的生产加工能力，设有矿产资源、工程技术、贸易、能源、金融和海外等业务板块。

2. 企业规模

公司是中国最大的氧化铝、原铝和铝加工生产企业，全球第二大氧化铝、第三大电解铝供应商。现有所属企业 65 家，员工 24 万人，业务遍及全球 20 多个国家和地区。

2013 年 1—6 月，氧化铝产量 608 万吨，同比增长 1.84%；化学品氧化铝产量 76 万吨，同比增长 20.63%；原铝产品产量 203 万吨，同比减少了 0.49%。

3. 企业经营效益分析

2013 年上半年，集团营业收入为 766.41 亿元，比 2012 年同期增长 6.89%；投资收益 17.55 亿元，比 2012 年同期增长 1025%。

4. 企业自主创新能力

公司投入近 30 亿元进行科技研发，申请国际国内专利 1090 项，共承担国家 863、国家科技攻关等项目 40 余项，取得国家科技奖 6 项，科技成果 390 项。公司自主开发了 400 千安大型铝电解槽、选矿拜尔法等新技术工艺，生产的特种铝合金、钛合金等已成功应用于“神舟”系列飞船、“长征”系列火箭等国防军工领域。公司拥有国家铝冶炼工程技术研究中心、国家级技术中心、中国铝业股份有限公司研发中心和博士后科研工作站，为科技创新提供了广阔平台。

六、2014 年我国原材料工业发展环境分析

（一）上游资源供给行业形势

1. 钢铁行业

2014 年，全球三大矿业巨头将有部分新增产能陆续投产，全球铁矿石供给将继续增长，对国内钢铁产业形成一定有利因素。同时，随着国产铁矿投资的不断增长，新增产能不断投产，预计 2014 年国产铁矿石产量将继续保持增长。

2014 年，在中国钢铁产量小幅增长的预期下，铁矿石需求继续保持增长态势，但国产铁矿石增长难以满足国内铁矿石消费的增长，对外依存度依然很大，这也决定了进口铁矿石价格在 2014 年仍将保持高位。

2. 石化行业

随着美国大规模开发页岩气资源，以及北非和中东地区局势逐渐稳定，国际石油供给将趋于充足，油价也将平稳。预计 2014 年，布伦特原油期货价格将跌至每桶 100 美元以下。石化行业企业成本有所降低。

但是，随着环保标准的日益提高，成品油质量升级加快，炼化企业脱硫、脱硝、除尘处理等环保投入增大，企业经营成本增加。

此外，随着天然气价格增长，以天然气为原料的化肥企业成本也将增加。

3. 建材行业

建材行业是资源能源依赖型产业，煤炭和电力所占水泥行业成本比例分别为35%和30%，重油和纯碱占玻璃行业成本比例分别为42%和25%。随着焦炭行业回暖，价格回升，预计2014年水泥行业经营成本将增加。同时，受原油和纯碱行业价格下行影响，预计2014年玻璃行业经营成本将降低。

此外，由于水泥、平板玻璃、建筑卫生陶瓷等行业是高耗能、高污染企业，随着环境标准提高，氮氧化物、二氧化硫、粉尘等主要污染物排放量受到限制，预计2014年企业运营成本将提升。

4. 有色金属

目前，我国大多数冶炼企业缺乏自备矿山或仅有少量自备矿山，原料绝大多数需要外购，冶炼企业经济效益差，如铅锌冶炼行业利润只占铅锌产业的22%，采选利润占78%。此外，我国有色金属行业面临冶炼产能过剩、高附加值的加工产品短缺等问题，整体处于国际产业链的低端。

同时，有色金属行业受资源、能源、环境等方面的约束进一步强化。预计2014年有色金属行业运行成本将提升。

（二）下游需求行业运行形势

国务院确立了将棚户区改造、铁路投资、城市基础设施建设、宽带中国、节能环保等作为近期发展重点的方针，必将有效促进相关产业市场需求。预计2014年原材料行业具备保持总体平稳运行的基础条件。同时，钢铁、水泥、平板玻璃和电解铝等行业产能过剩矛盾突出，大气污染防治等政策措施的出台落实使得部分行业转变发展方式、淘汰落后产能的任务更加紧迫艰巨。

1. 钢铁行业

国际方面，在钢铁行业全球性过剩和贸易摩擦不断增多的情况下，钢铁出口难度不断加大。国内方面，用钢需求明显改观的可能性较小，钢铁行业需求难有改善。同时，随着钢铁产能的加快释放，钢材库存仍处于较高水平，钢材市场供需矛盾短期内难以扭转。

在高产量、低需求的双重因素影响下，钢材价格仍将低位运行，企业盈利能力、行业生产经营状况难有明显改善。2013年第三季度，随着铁路、公路、房地产等基建设施加快建设步伐，钢铁价格将回升。

（1）基建建设：随着东部沿海地区和部分中部省份的高速公路等交通基础设施高峰已过，预计2014年钢铁需求也趋于饱和。铁路投资仍然是优质的投资项目，重轨、轻轨等铁道用钢的需求将有明显的回升。

（2）房地产：抑制投机性购房将成为未来楼市调控的长期性政策，预计2014年房地产调控仍不会放松，但持续调控紧缩可能性不大，而住房投资很可能在2015年左右达到高点。在目前基础设施建设增速稳定但房地产市场有所走弱的情况下，钢材市场的终端需求会有小幅减弱，但大幅减弱的概率较小，故钢材终端需求进一步减弱的概率较小。

（3）机械行业：由于汽车、家电等行业前期政策刺激作用明显，导致需求过度透支，而节能惠民政策的效果又不明显，因而2014年机械行业明显回暖的可能性不大，用钢需求增长有限。

2. 石化行业

纯碱、磷肥等产能过剩行业明显亏损，不少产品处在成本线附近运行。预计2014年房地产、纺织和汽车等主要下游行业加快增长的可能性不大，需求状况难以改观，化工行业将延续缓中趋稳的发展态势。

（1）成品油、化肥、农药等刚性需求产品，预计仍将保持一定增幅；

（2）合成材料、专用化学品等石化产品主要应用于下游的轻工、纺织、装备等行业，产销情况与下游市场密切相关。

3. 建材行业

随着国家铁路投资、城市基础设施投资、棚户区改造等刺激政策的施行，建材产品需求预期乐观，建材工业总体将保持平稳发展态势。同时，随着中部崛起和西部大开发的推进，建材工业发展重点将进一步向中西部地区转移。

（1）房地产、固定资产投资增速下滑，使得建材行业需求增速减缓；

（2）水利投资加大，保障性住房建设、西部地区基建快速增长，提升了建材行业的需求。

随着建材行业结构调整步伐加快，2014年有望保持生产基本平稳，预计产能过剩的水泥、平板玻璃行业需求乏力，石材开采加工、轻质建材、技术玻璃、玻璃纤维及制品、玻璃增强复合材料等低耗能低排放行业增长较快。

4. 有色行业

有色金属是重要的基础材料，在机械、建筑、电子、汽车、冶金、国防和高科技等重要领域有着广泛的应用。国际方面，由于国外宏观经济复苏缓慢，预计2014年有色金属产品需求难以快速增长，产能过剩等问题难以得到有效解决。国内方面，我国经济持续平稳快速发展，带动有色金属工业持续发展，10种有色金属总产量持续增长，产品价格持续在高位震荡。随着国家战略性新兴产业发展规划等相关政策的出台和落实，有色金属精深加工产品需求将进一步增加。

（1）由于冶炼行业产能过剩问题突出，行业效益大幅下滑。预计2014年有色金属行业产品价格仍将保持低位震荡趋势。

（2）由于国内电力、能源及矿产资源等价格上涨以及财务费用大幅度增加，企业生产、经营压力较大。预计2014年有色行业生产增速可能进一步小幅回调，整体仍处于微利状态。

七、2014年我国原材料工业发展趋势展望

（一）石化化工行业

根据当前宏观经济环境和行业经济运行内在趋势，预计2013年四季度行业总体将维持平稳运行态势，但由于2012年同期基数较高，增速较三季度可能有所减缓。预计全行业四季度主营业务收入同比增长11%，全年同比增长10%。全行业四季度利润同比增长13%，全年同比增长12.7%。

2014年，宏观经济形势看，国际经济增速有望加快，国内经济增速预计维持在2013年水平，保持平稳增长。最近国际货币基金组织发布最新一期《世界经济展望》，预测2013年全球经济增长率平均为2.9%，低于2012年的3.2%，而2014年将上升到3.6%。乐观预期主要基于当前国际发达经济体一改2013年初的疲弱态势，经济表现开始出现积极变化，正在回归拉动世界经济增长重要引擎的位置，尽管新兴经济体增速会出现一定程度的回落，但仍能保持在一定水平。国内经济2014年有利因素和不利因素继续相互交织，工业化和城镇化稳步推进，将继续对经济增长提供强有力支撑，但资源能源、环保生态等硬约束短期难以根本扭转，经济已告别超高速增长期，进入稳中求进、提质增效的中高速增长新阶段，在深化改革、加快调整背景下，预计经济将在当前的相对中高速合理增长区间波动。

总体来看，2014 年国内外经济环境将给石油化工行业提供总体平稳向好的需求增长环境。此外，2013 年以来油气价格形成机制改革，以及加快页岩气、煤层气开发，稳步推进煤化工项目等一系列产业政策的出台，都将对石油化工行业经济运行带来深远影响。初步预测，2014 年石油化工行业生产、投资等指标与 2013 年基本相同，价格、效益、出口等指标略好于 2013 年。

（二）钢铁行业

2014 年，随着新一批建设项目陆续完工，钢铁产能将继续保持增长。下游用钢行业需求将继续保持增长态势，但难有大的增幅。在产能不断增加、需求继续增长的作用下，2014 年粗钢产量将继续保持增长，考虑到中国钢铁下游行业增速放缓的影响，预计 2014 年粗钢产量增幅将难以超过 4%。

从钢材进出口贸易来看，目前国产钢材替代进口钢材的空间已经很小，2014 年进口钢材将基本维持在 2013 年的进口水平；面对全球性的钢铁产能过剩，贸易摩擦频繁不断，以及我国成本优势的逐渐削弱，出口面临巨大阻力，预计出口将继续维持在 4000 万吨左右。

从钢材市场价格来看，由于国内市场突出的供需矛盾，在需求相对不足的情况下，价格大幅上涨缺乏动力支撑。虽然全球性铁矿石供给过剩局面逐渐形成，但钢铁下游铁矿石受制于人的局面短期内难有大的改观，较高的进口矿依赖度是中国钢铁业难以逾越的现实问题。在高价铁矿石的支撑下，钢材价格也难以出现以往的大幅下跌。2014 年钢材价格将在多种因素作用下寻找新的平衡。

从企业运营来看，市场竞争环境日益激烈，生产成本和运营成本不断攀升，钢材价格长期低位徘徊，盈利能力低下。同时，行业资产负债率居高不下，财务费用负担沉重。2014 年中国钢铁企业仍将面临巨大压力。

2014 年国家政策将一如既往的积极推进企业兼并重组、产业转型升级以及技术改造。钢铁行业有望延续目前的微利运营。而长期低效益运营下的钢铁企业，也从企业自身出发，积极寻求着新的生存之道。

（三）有色行业

2014 年，全球经济温和复苏，美国经济复苏势头良好，欧元区经济仍将处于缓慢调整阶段，新兴市场和发展中经济体增长速度可能会放缓。国内经济将延续平稳增长态势，工业生产保持增长，但经济下行压力依然存在。受此影响，有色金属工业的总体发展环境不容乐观。

随着新型城镇化的纵深推进，房地产市场投资热情不减，电子信息、家电、汽车等主要下游需求行业对有色金属的需求不会减弱，有色行业的生产将继续保持增长，10种有色金属产量继续增加，增速在10%以上。

受经济向好预期和城镇化推进的影响，有色行业的投资规模会进一步扩大，部分项目陆续投产，但在产能过剩和政策调控之下，投资增速会进一步降低。

在国际经济形势不确定性较强、国际需求低迷的影响下，国际市场大宗商品价格依旧震荡前行。受此影响，国内有色金属价格仍将处于低位波动态势，价格涨幅不会太大。此外，部分有色行业产能过剩矛盾带来供过于求的压力，也使得有色价格短期内难有较大反弹。

在主要发达经济体复苏前景不明朗、国际贸易保护主义复苏的影响下，国际贸易环境不会有太大改善，我国主要有色金属产品出口依然会遇到较多阻力，来自发达国家的贸易摩擦和纠纷不会减少，来自新兴经济体的贸易纠纷有增多趋势，我国有色行业仍需做好应对贸易摩擦和纠纷的准备。

在生产成本高企、产品价格下降的夹击下，有色企业的经济效益难有较大改观。此外，靠拼产量分摊成本的恶性竞争将会进一步压缩企业的经济利润，有色行业仍将微利运行。

（四）建材行业

2013年，虽然国民经济的增长速度放缓，产业结构调整加速，但在投资、出口、消费和下游产业的拉动下，建材工业总体将保持平稳增长，传统建材制品和新型建材制品处在轮换景气的发展过程，但在建材行业整体产能过剩和节能减排的压力之下，建材经济运行质量回升基础并不稳固。

预计2014年，全社会建材工业增长速度在10%以内，规模以上建材工业增长速度在10%—15%左右。预计2014年全年建材出口金额将突破300亿美元，年增长速度将超过2013年，但剔除价格因素的实际增长速度有可能出现零增长。传统建材行业水泥、平板玻璃仍将维持在一个相对较低的增长区间，出口数量下降，建筑卫生陶瓷、玻璃纤维纱产量低速增长；规模以上混凝土与水泥制品业、建筑用石加工业、轻质建材业等仍将保持20%以上的较快增长。水泥平板玻璃产量增速和价格、效益低位徘徊，建材制品、深加工产业生产增速和效益趋向平稳，建材工业整体效益平稳回升。建材工业经济运行总体仍有下行压力，水泥平板玻璃等传统产业经济运行则仍处于下行区间。

（五）新材料行业

随着经济形势好转以及新材料下游化工、建材、能源、机械、电子等行业升级发展，新材料市场需求将有较高增长，呈现以下发展趋势：

一是产品热点日益突出，规模技术快速提升。随着新材料应用研究和产品开发的深入完善，新材料技术成果转换率将进一步提高，光电、电池、纳米及稀土新材料等市场的产品热点将更加突出。新型显示器消费热点带动光电新材料市场需求的不断增长；随着电子产品、汽车等产品对高效、新型、环保能源材料的强劲需求，电池新材料增速依然较快，锂电池隔膜、燃料电池材料的规模进一步扩大；纳米粉体材料在塑料、橡胶、涂料等产业中的应用规模仍将继续增大，纳米复合材料、高端纳米粉体材料成为发展热点；稀土钕铁硼材料的应用正逐渐从中低端市场向高端的电脑硬盘、汽车、音圈电机等领域拓展，稀土永磁、稀土磁伸缩、稀土催化等材料仍将是发展重点。

二是产业整合不断推进，资本运作持续盛行。在产业整合方面，随着我国资本市场的日益成熟，新材料产业发展壮大，一些新材料上市公司已开始通过收购、重组、联合的方式，扩大自身经营规模，进一步巩固产品市场份额。新材料企业将越来越多地运用资本杠杆进行产业整合，实现规模和效益的增长。另外，从新材料的产业资本投入趋势来看，由于新材料产业逐渐成为经济发展的新热点，市场发展潜力巨大，总体利润率较高，新的产业资本向新材料领域进入的倾向性将增大。

三是结构调整亟待加强，循环经济渐受重视。新材料生产制备、使用废弃的过程伴随着大量的资源和能源的消耗，而在资源和环境的双重压力下，我国新材料产业还未从根本上实现由资源密集型向技术密集型、劳动密集型、高效经济型的转变，必须改变高投入、高消耗、高污染、低效益的传统发展模式。在以后的发展中将不断调整产品结构，提高新材料产业资源能源利用效率，降低制造过程中的环境污染。

第十章　消费品工业

一、2013 年我国消费品工业整体发展状况

2013 年 1—9 月，我国消费品工业亏损状况有所好转，但受宏观经济下行压力和国际需求持续疲软的影响，内需增速放缓，生产增速持续下滑，出口形势喜忧参半。未来，消费品工业面临的发展环境更加严峻，既有世界经济复苏乏力、国际贸易环境恶化等外部挑战，也面临着成本压力高涨、消费信任危机升级等内部不利因素。针对上述形势，我国应进一步扩大内需，着力改善出口环境，加快消费品工业转型升级，强化市场准入和行业监管等。

（一）发展状况

1. 固定资产投资增速趋缓

2013 年 1—8 月，全国固定资产投资规模（不含农户）263000 亿元，同比增长 20.3%。其中，工业固定资产投资为 111000 亿元，同比增长 17.2%。消费品工业固定资产投资规模为 25133.2 亿元，同比增长 23.3%，高于制造业 18% 的平均水平。其中，农副食品加工、饮料制造、纺织服装服饰业、家具制造、文教工美、印刷业、木材加工、皮革及毛皮制造、医药制造、塑料制品业等行业固定资产投资增速均超过了制造业平均水平，表明在扩大内需战略的指引下，消费品工业在工业体系中的地位得到加强。其中，饮料制造业和医药制造业固定资产投资同比分别增长 36% 和 33%，在制造业各行业中位列第二和第三。

虽然 2013 年 1—8 月我国消费品工业固定资产投资高于制造业 18% 的平均

水平，但与2012年同期相比增速明显放缓，尤其是食品制造、化学纤维制造两个行业，其固定资产投资增速还不到2012年同期水平的70%。

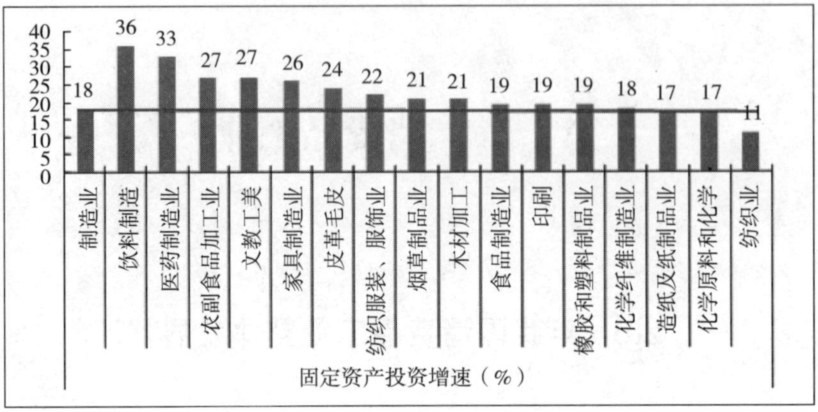

图10-1　2013年1—8月主要消费品行业固定资产投资增速（%）

数据来源：国家统计局。

表 10-1　2013 年 1—8 月主要消费品行业固定资产投资增速与 2012 年同期之比（单位：%）

行业	1–2月	1–3月	1–4月	1–5月	1–6月	1–7月	1–8月
制造业	68.9	75.3	75.5	72.7	69.7	68.8	75.2
农副食品加工业	77.6	59.3	69.7	67.7	73.9	78.3	77.2
食品制造业	28.4	37.0	43.7	38.7	47.9	51.6	62.4
酒、饮料和精制茶制造业	210.8	170.3	151.4	140.7	116.7	104.5	101.8
皮革、毛皮、羽毛及其制品和制鞋业	127.3	94.8	99.5	149.9	151.6	155.9	144.9
木材加工及木、竹、藤、棕、草制品业	45.2	63.8	77.7	82.5	94.6	82.1	74.5
家具制造业	116.5	112.2	127.2	139.4	113.9	101.6	97.8
造纸及纸制品业	–1.6	39.4	32.9	63.4	57.6	67.3	91.2
印刷和记录媒介复制业	229.3	192.9	179.3	117.4	147.1	95.8	90.3
文教、工美、体育和娱乐用品制造业	96.7	113.3	183.9	210.0	175.6	202.3	166.3
医药制造业	76.7	101.0	83.3	94.9	83.1	84.2	85.5
纺织业	36.0	75.5	57.2	56.9	85.7	64.9	79.3
纺织服装服饰业	83.6	111.7	115.5	74.6	80.5	89.0	94.2
化学纤维制造业	48.8	51.0	44.8	50.7	78.0	60.7	64.9

数据来源：国家统计局。

2. 生产增速持续下滑

受内外需双重不利因素的影响，2013 年 1—9 月，我国消费品工业生产情况不容乐观。2013 年上半年，虽然我国 GDP 增速（7.6%）高于 7.5% 的设定目标，但整体上仍然呈现持续下降态势。从欧美经济发展情况看，虽呈现一定程度的复苏态势，但短期内难有明显好转。受上述两方面因素的影响，2013 年 1—9 月，我国消费品工业生产增速持续下滑。各行业中，受新版 GMP 认证截止期逼近影响，1—9 月医药工业累计工业增加值增速由年初的 16% 降至 8.6%，降幅明显。相比之下，轻工行业生产则相对平稳，降幅较小，纺织行业生产略有增加。

表 10-2　2013 年 1—9 月消费品各行业工业增加值增速（%）

行业	1–2月	1–3月	1–4月	1–5月	1–6月	1–7月	1–8月	1–9月
轻工	10.4	10.2	10.1	10	9.8	9.8	9.8	10.0
医药	16.0	14.0	13.7	13.0	12.6	12.7	12.7	8.6
纺织	9.3	9.3	9.5	9.2	8.9	8.7	8.6	10.0

数据来源：国家统计局。

与 2012 年同期相比，2013 年 1—9 月，主要消费品行业工业增加值增速均出现不同幅度的回落。其中，医药行业工业增加值增速与 2012 年同期之比由年初的 98.2% 下滑至 89.0%，而轻工和纺织两个行业的工业增加值增速与 2012 年同期水平的差距则有所缩小。

表 10-3　2013 年 1—9 月主要消费品行业工业增加值增速与 2012 年同期之比（单位：%）

行业	1–2月	1–3月	1–4月	1–5月	1–6月	1–7月	1–8月	1–9月
轻工	75.4	72.3	76.5	81.3	81.7	83.1	83.8	87.0
其中：农副食品加工	56.2	55.1	57.6	58.2	59.1	58.8	60.3	63.7
食品制造	66.7	75.7	77.2	86.7	94.4	92.7	91.2	92.6
酒、饮料和精制茶制造	63.9	73.2	74.0	68.7	67.4	69.3	73.7	74.1
造纸及纸制品	74.8	66.7	69.0	74.8	76.2	80.4	85.9	92.1
医药	98.2	84.3	89.5	87.2	88.1	87.6	87.0	89.0
纺织	73.8	71.0	75.4	77.3	79.5	78.4	78.9	81.1
其中：纺织业	78.0	69.5	72.2	73.0	73.8	72.9	71.9	73.6
纺织服装服饰	72.9	77.8	88.2	94.0	96.2	96.1	100.0	105.6
化学纤维制造	56.9	62.3	62.1	65.2	72.9	74.8	74.4	76.9

注：2012 年同期工业增加值均为正数。

数据来源：国家统计局。

3. 出口形势喜忧参半

受欧美等发达国家和地区需求疲软等多重因素影响，2013 年第一季度，消费品工业各行业中，除农副食品加工业、文教、工美、体育和娱乐用品制造业、家用电器制造业、化学纤维制造业等行业的出口交货值增速仍保持在 10% 以上的增速外，其他行业均降至 10% 以下。特别是酒、饮料和精制茶制造业，出口交货值持续负增长。进入第二季度，消费品工业出口交货值增速持续低位运行，各行业中只有农副食品加工业出口交货值增速保持 10% 以上的增速。第三季度，在国家促出口政策的大力推动下，1—9 月我国消费品工业累计出口交货值达到 25842.60 亿元，较 2012 年同期增长 6.5%。

表 10–4　2013 年 1—9 月主要消费品行业出口交货值增速（%）

行业	1–2月	1–3月	1–4月	1–5月	1–6月	1–7月	1–8月	1–9月
轻工	10.1	8.4	7.2	6.5	6.7	5.8	5.2	4.91
其中：农副食品加工	21.9	15.5	14.0	13.7	13.5	13.3	10.8	10.10
食品制造	1.6	4.9	5.6	10.1	9.6	8.0	9.2	9.30
酒、饮料和精制茶制造	–5.8	–8.9	–5.1	–5.1	–5.8	–2.6	1.9	–0.80
皮革、毛皮、羽毛及其制品和制鞋	11.4	8.2	5.5	4.9	5.3	5.4	4.6	4.60
家具制造	7.3	6.6	5.4	5.1	4.1	3.9	4.6	4.80
造纸及纸制品	4.7	3.2	1.3	0.0	–0.9	0.3	0.5	0.30
印刷和记录媒介复制	4.9	–1.3	–0.9	0.8	0.7	0.2	–0.4	0.20
文教、工美、体育和娱乐用品制造	19.6	16.2	13.0	9.7	6.5	6.6	5.1	5.10
家用电器制造	13.3	11.4	10.9	10.2	9.8	7.5	7.3	6.20
医药	1.1	9.4	8.3	8.2	7.3	6.8	7.1	6.26
纺织	7.0	6.3	7.0	7.3	7.5	7.0	6.9	7.03
其中：纺织业	8.7	6.8	7.9	8.5	7.9	7.4	7.2	7.40
纺织服装服饰业	5.2	5.4	5.7	6.0	7.0	6.6	6.7	6.90
化学纤维制造	11.6	12.2	11.2	10.2	8.9	8.1	5.7	4.80

数据来源：国家统计局。

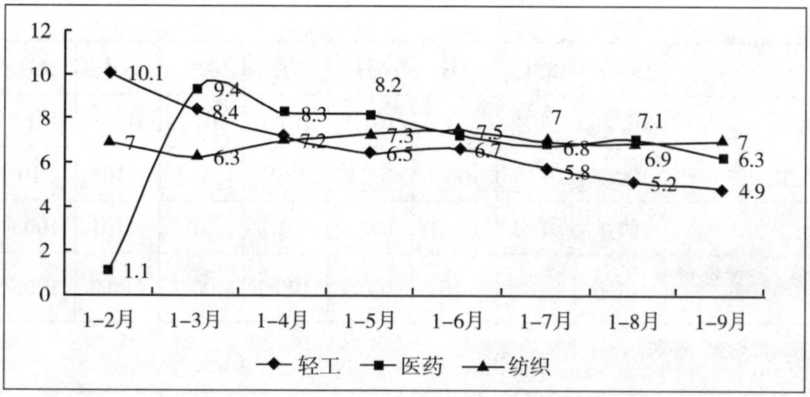

图10-2　2013年1—9月消费品工业各行业出口交货值增速变化

数据来源：国家统计局。

4. 内需增速放缓

消费需求方面，虽然扩大消费需求一直是国家宏观经济政策的重点，但2013年消费需求增速依然低于2012年同期水平。从消费者信心指数看，2013年1—4月，我国消费者信心指数的平均水平为103.7，虽较第一季度水平有所下滑，但相对平稳。但自5月开始，消费者信心指数开始回落，平均水平跌至100以下。从商品零售价格指数看，2013年1—9月，商品零售价格指数基本保持稳定。截至9月底，全社会累计消费品零售总额达到168817亿元，同比增长13.3%，与2012年同期相比增速下降了0.8个百分点。但就整体趋势来看，社会消费品零售总额增速呈现出平稳上升的态势。

表10-5　2013年1—9月我国商品零售价格指数（上年同期=100）

	9月	8月	7月	6月	5月	4月	3月	2月	1月
商品零售价格指数	101.4	101.3	101.3	101.2	101.2	101.3	101.4	101.7	101.3
食品类	104.4	104.2	104.2	104	103.8	103.9	103.9	104.5	102.8
饮料、烟酒类	100.9	101	101.1	101.2	101.3	101.5	101.6	101.7	101.9
服装、鞋帽类	102.3	102.3	102.3	102.3	102.4	102.3	102.3	102.2	102.4
纺织品类	101	101	101	101	101	100.9	100.8	100.8	101.2
家用电器类	98.2	98.2	98.1	98.1	98.1	98.1	98	98	98.1
文化办公用品类	98.5	98.5	98.5	98.4	98.4	98.3	98.2	98.1	98.1

（续表）

	9月	8月	7月	6月	5月	4月	3月	2月	1月
日用品类	100.9	101	101	101.1	101.1	101.2	101.3	101.3	101.5
体育娱乐用品类	100.8	100.8	100.9	100.9	101	101	101	101	101.1
家具类	101.1	101.1	101.1	101.1	101.1	101	101	100.9	100.9
中西药品及医疗保健用品类	101.1	101	101	100.9	100.9	100.9	100.9	100.9	100.9

数据来源：国家统计局。

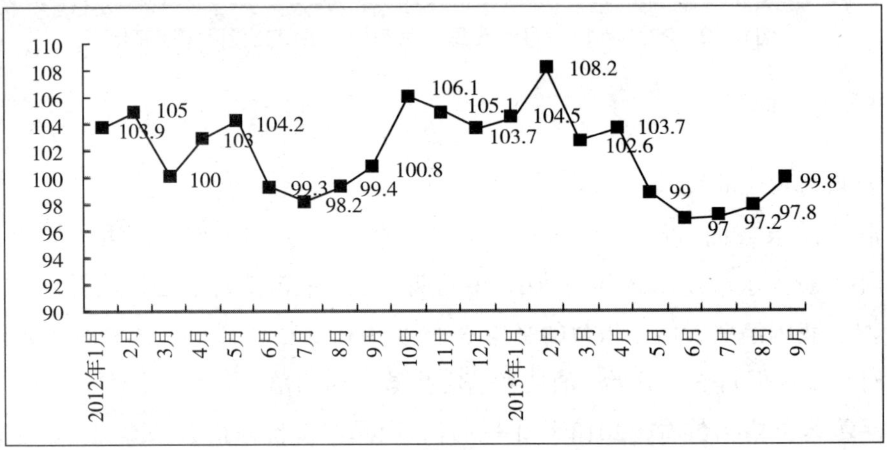

图10-3　2012年12月—2013年9月我国消费者信心指数变化

数据来源：国家统计局。

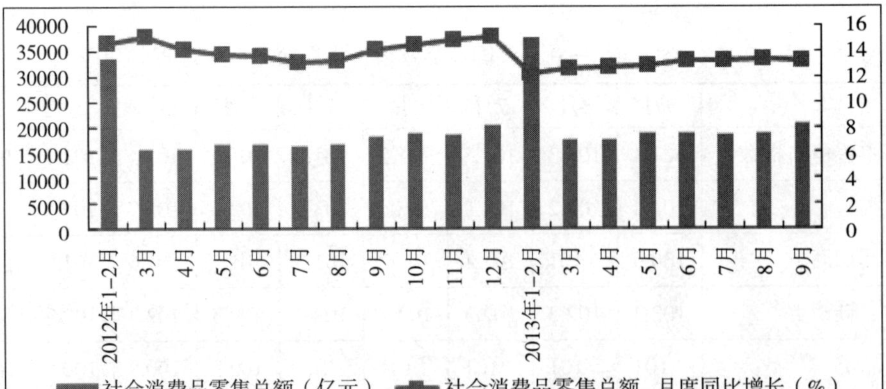

图10-4　2012年12月—2013年9月我国社会消费品零售总额增速（%）

数据来源：国家统计局。

（二）存在问题

1. 成本压力持续上升

一方面，美国持续推行量化宽松政策，导致全球大宗原料价格进一步上涨，我国消费品工业面临的输入性成本上涨压力持续承压，企业利润空间将被进一步挤压。另一方面，用工成本持续快速上涨，物流成本不断攀升，信贷成本居高不下，大宗原料价格高位运行，企业生存压力不减。特别是轻工、纺织两大劳动密集型行业，劳动力成本的快速上涨已经直接危及到企业的生存，外资企业更是将工厂迁出，转往墨西哥、越南等地。2013 年，在我国最低工资标准排名前十的省市中，轻工和纺织工业相对密集的东部地区占 8 个。

表 10–6　2013 年全国各地月最低工资标准（单位：元）

序号	省区市	工资	序号	省区市	工资	序号	省区市	工资
1	深圳	1500	12	西藏	1200	23	青海	1070
2	浙江	1470	13	福建	1200	24	四川	1050
3	上海	1450	14	黑龙江	1160	25	海南	1050
4	北京	1400	15	湖南	1160	26	重庆	1050
5	新疆	1340	16	吉林	1150	27	安徽	1010
6	河北	1320	17	陕西	1150	28	广西	1000
7	江苏	1320	18	山西	1125	29	甘肃	980
8	天津	1310	19	辽宁	1100	30	贵州	930
9	山东	1240	20	湖北	1100	31	江西	870
10	河南	1240	21	宁夏	1100			
11	内蒙古	1200	22	云南	1100			

数据来源：人力资源和社会保障部。

2. 食品安全问题依然突出

2013 年以来，各类食品安全事件依然频频发生，对我国食品工业带来较大的负面影响。一方面，食品质量问题导致我国食品工业出口受到阻碍。2013 年第一季度，我国出口农食产品类被扣留（召回）原因排名前三位的是非食用添加物、农兽残留和品质不合格，占所有被扣留（召回）产品的 60.7%。另一方面，婴幼儿乳品、肉类产品等食品安全问题已经引发较大范围的消费信任危机。从婴幼儿奶粉汞含量超标到假羊肉病猪肉事件，无一不令消费者对国内食品工业企业产生信任危机。

3. 不正当竞争愈演愈烈

2013年，消费品市场先后爆出了葛兰素史克“行贿门”、多美滋“第一口奶”两个典型的不正当竞争案例。前者反映的是我国医药市场的顽疾，也是医改工作推进的一大障碍。后者反映的消费品市场的不正当竞争已经不再是简单的价格或营销竞争，而是成为一个系统，涉及到企业、医院、消费者以及行业与卫生管理部门等多个主体，如何从根本上解决这一不正当竞争现象需要从系统上进行谋划。

二、2013年我国消费品工业重点政策解析

（一）家电节能补贴政策退出

1. 政策要点

财政部、国家发展改革委、工业和信息化部日前联合下发通知，主要内容如下：

一是从2013年6月1日起，消费者购买空调、平板电视、电冰箱、洗衣机、热水器五类高效节能家电产品不再享受中央财政补贴政策。

二是节能家电推广企业应尽快收集和整理产品生产、销售情况，及时将相关信息填报至“节能产品惠民工程信息系统”；同时，编制年度补贴资金清算报告，报企业注册所在地财政、发展改革、工业和信息化主管部门审核后，于2013年6月30日前将逐级上报至财政部、国家发展改革委、工业和信息化部。

三是财政部、国家发展改革委、工业和信息化部将根据企业上报数据和相关审核情况，对补贴资金进行清算。

四是相关企业、地方各有关部门要相互协作，通过电视、网络、报纸等多种途径做好宣传工作，使广大消费者及时准确了解政策规定。地方各有关部门在加强宣传的同时，统筹协调好各个环节，认真审核并及时上报企业推广材料。

2. 政策评析

（1）家电节能补贴政策的退出短期内将使家电行业增速放缓

在家电节能补贴政策的刺激下，我国家电行业产销两旺，增速较快，但同时也透支了部分消费需求，家电产品作为耐用品本身存在着5—8年的消费周期，在此次家电销售大幅增加之后，必然伴随着消费收紧的后续效应。家电节能补贴政策退出之后，国家为促进家电行业发展而推动的家电下乡、以旧换新和节能补

贴三大政策全部结束，我国家电市场进入到2008年以来的第一个“补贴空白期”，消费者缺乏消费动力，在缺少需求拉动的背景下，我国家电行业在短期内将增速放缓。

（2）家电节能补贴政策的退出将提高行业集中度

家电节能政策实施以来，依靠着国家的补贴资金，使一些原先不符合市场需求的中小企业得以发展。这些企业大多依赖于国家补贴，以低廉的价格吸引消费者，其产品和服务的市场竞争力差。家电节能补贴政策的退出，使家电行业进入“补贴空白期”，小企业缺少了补贴支持，在价格竞争中不再具有优势，由于产品和服务缺乏竞争力，很难在市场中生存。家电行业中，弱势品牌将逐渐退出，优势品牌也将逐渐壮大，市场资源将不断向龙头企业集中，市场集中度不断增加。

（3）家电节能补贴政策的退出将加剧家电行业竞争

家电节能补贴政策退出后，家电企业的需求量将较以前减少，在行业成本不断上升、利润不断下降的大背景下，生产商面临着巨大的生存压力，一旦决策失误就很有可能被市场淘汰，为了继续生存，必须使出各种竞争手段，在有限的需求中争取尽可能多的消费者，厂商之间的竞争将更加激烈。

（二）国务院颁布《关于巩固完善基本药物制度和基层运行新机制的意见》

1. 政策内容

2013年2月20日，国务院办公厅发布了《关于巩固完善基本药物制度和基层运行新机制的意见》。为了进一步完善基本药物制度，《意见》强调“坚持保基本、强基层、建机制”的基本原则，着力解决基层医疗卫生体制改革面临的新问题，不断完善政策体系，健全长效机制。《意见》内容涵盖：完善基本药物采购和配送；加强基本药物使用和监管；深化编制、人事和收入分配改革；完善稳定长效的多渠道补偿机制；进一步提升基层医疗卫生服务能力；稳定和优化乡村医生队伍；加强基层医疗卫生服务监管。《意见》提出，在组织实施方面要坚持落实目标责任、加强督导考核和宣传培训。

2. 政策影响

（1）巩固基本药物招标采购制度，提高了基本药物可及性

在集中采购方面，《意见》要求针对不同类型的基本药物品种采取不同的管理方式以保证供应，比如对于经多次采购价格基本稳定的基本药物试行国家统一

定价；对独家品种实行国家统一定价；对少数基层必需但用量小、市场供应短缺的基本药物，采取招标定点生产等方式确保供应。

在优化“双信封”制方面，对经济技术标评审中提出了更高、更综合的指标要求，激励企业提高基本药物质量；在商务标评审中，对竞标价格明显偏低的药品进行综合评估，能够有效避免恶性竞争。

在保障供应方面，强调做好偏远、交通不便地区的药品配送服务；并且要求基本药物采购机构对基层医疗卫生机构基本药物货款统一支付，鼓励通过设立省级基本药物采购周转资金等方式优化付款流程，确保货款及时足额支付。同时，要求省级卫生部门加强对基本药物货款支付情况的监督检查，严厉查处拖延付款行为，并向社会公布，有效保障制药企业权益。

《意见》要求各地要严格执行诚信记录和市场清退制度，对于违法违规行为，要按照规定严肃查处并定期向社会公布，进一步规范制药企业招标行为，优化招标采购环境。

（2）完善基层运行机制，提升了基层医疗服务质量

《意见》通过深化编制和人事改革、加强对基层医疗卫生机构及其负责人的考核和提高基层医疗卫生机构人员待遇，促进了基层医疗卫生机构公益性的回归，并将有效避免在回归公益的同时出现的低效率现象。

《意见》要求通过落实财政对基层医疗卫生机构的专项补助经费、完善财政对基层医疗卫生机构运行的补助政策、保障基本公共卫生服务经费等多渠道的补偿方式，基层医疗卫生机构能够得到有效补偿，有利于提高基层医疗服务质量。

（三）《关于深化药品审评审批改革进一步鼓励药物创新的意见》发布

1. 政策内容

为进一步鼓励新药创制，加快临床亟需药品的审评审批，破解儿童专用药缺乏难题，2013 年 2 月 22 日，国家食品药品监督管理局发布了《关于深化药品审评审批改革进一步鼓励药物创新的意见》，从进一步加快创新药物审评、实行部分仿制药优先审评、加强药物临床试验质量管理、鼓励研制儿童用药四个方面，提出了 13 条具体政策措施，最后提出了完善《药品注册管理办法》、强化药物研究技术指导原则体系建设、优化药品审评审批资源配置等 6 条配套措施。

2. 政策影响

（1）有助于营造鼓励创新的政策环境

这个政策出台的意义，在于使有效的审评资源能够更好地服务于有临床价值的创新药物和临床急需仿制药。对于企业来说，政策出台是非常积极的信号，企业非常认同和支持文件中的规定。

（2）仿制药优先审批使我国仿制药产业迎来战略机遇

从2011年开始，全球将有上百个专利药物陆续专利到期，涉及的销售额高达千亿美元，医药领域的“专利悬崖”正在对全球的医药生产和市场格局产生重要的影响。由于其中一些品种的临床应用短期内很难有新品种替代，这将为仿制药释放很大的市场空间。发达国家为减轻财政负担，控制医药费用支出，纷纷出台政策鼓励仿制药的二次开发和生产。发展中国家为提升医药产业的竞争力，也纷纷出台激励政策，将承接仿制药产业转移作为未来几年医药产业的发展重点。根据我国《药品行政保护条例》规定，专利药在国外的专利到期后，在我国的行政保护也自行失效。原研药的“专利悬崖”带来的药品市场空缺和药品市场扩容及对仿制药的优先审批，将给我国仿制药行业带来巨大的发展机遇。

（3）对提高我国仿制药战略地位、构建完善产业发展支撑配套体系意义重大

我国正处在由“仿制药大国”向“仿制药强国”转变的关键时期。目前，我国仿制药行业的企业能力不强，生产的仿制药品仍以低水平仿制为主，即便能够满足国内的药品市场需求，也很难在国际市场竞争中获得一席之地。加之我国制药企业数量多、规模小，市场集中度不高，产品品种单一，企业竞争力和抗风险能力较弱，需要政府为振兴我国仿制药行业制定相关扶植政策。此次意见的发布，对于提高我国仿制药战略地位、构建完善产业发展支撑配套体系和促进产业结构战略性调整，实现我国仿制药行业的突破和发展，具有十分重要的意义。

（4）有助于儿童用药创新及用药安全

近年来尽管我国出台了一系列促进儿童安全用药的政策和措施，但仍面临儿童专用药品少、适宜儿童使用的低剂型药物匮乏、药物规格偏大、企业研发成本高等问题，亟需国家出台相关配套政策，鼓励企业量身定制儿童用药，破解儿童专用药缺乏难题。此次意见的出台，国家药监局第一次具体、详细地增加了鼓励研制儿童用药的内容，初步规范了药物标准剂型和规格包装，有助于鼓励企业开发和生产适于不同年龄段儿童使用的剂型和规格药品。

三、2013 年我国消费品工业重点行业发展状况

（一）纺织工业

1. 生产规模继续扩大，但增速明显放缓

2013 年 1—9 月纺织工业生产规模整体上虽保持增长态势，但行业增加值增速低于工业 10.2% 的平均水平。从各子行业来看，纺织业下滑趋势明显，行业增加值增速由年初的 11% 逐月下降至 8.9%；纺织服装服饰业生产增速呈波动式发展，9 月份行业增加值增速再次回升到 8.9% 的水平；化学纤维制造业行业增加值增速则呈现持续上扬态势，成为纺织工业中生产势头最强劲的子行业。

表 10-7 2013 年 1—9 月纺织工业行业增加值增速（单位：%）

行业名称	1—2月	1—3月	1—4月	1—5月	1—6月	1—7月	1—8月	1—9月
纺织业	11.0	10.5	10.4	10.0	9.6	9.4	9.2	8.9
纺织服装服饰业	7.0	7.7	8.2	7.9	7.5	7.4	7.0	8.9
化学纤维制造业	8.2	8.6	8.7	9.0	9.7	10.1	10.0	10.7

数据来源：国家统计局。

与 2012 年同期相比，受国际需求下滑、内需增长趋缓、棉价扭曲等因素影响，2013 年 1—9 月纺织工业生产增速放缓，各子行业的行业增加值增速均出现了不同程度的回落。但从全年趋势来看，除纺织业呈波动式上涨外，纺织服装服饰业和化学纤维制造业均表现出明显的上扬趋势。

表 10-8 2013 年 1—9 月纺织工业行业增加值增速与 2012 年同期之比（单位：%）

行业名称	1—2月	1—3月	1—4月	1—5月	1—6月	1—7月	1—8月	1—9月
纺织业	78.0	69.5	72.2	73.0	73.8	72.9	71.9	73.6
纺织服装服饰业	72.9	77.8	88.2	94.0	96.2	96.1	100.0	105.6
化学纤维制造业	56.9	62.3	62.1	65.2	72.9	74.8	74.4	76.9

数据来源：国家统计局。

2. 企业家信心不足，固定资产投资增速回落

2013 年 1—9 月，由于企业景气度低，企业家信心不足，我国纺织工业固定

资产投资平均增速仅为17.1%，低于制造业平均增长水平1.4个百分点。其占整个制造业固定资产投资的比重为6.0%，较2012年同期下降了0.1个百分点。从各子行业来看，纺织业、纺织服装服饰业以及化学纤维制造业固定资产投资总额占整个纺织工业的比重分别为53.0%、34.6%和12.4%，其中又以化学纤维制造业投资增速最快，达到23.5%，高于制造业平均水平。

表10-9　2013年1—9月纺织工业固定资产投资增速（单位：%）

行业名称	1—2月	1—3月	1—4月	1—5月	1—6月	1—7月	1—8月	1—9月
纺织业	7.1	10.7	9.8	9.7	10.7	10.0	11.0	13.4
纺织服装服饰业	23.2	26.8	25.3	18.9	18.6	20.3	22.0	21.0
化学纤维制造业	7.3	10.9	11.0	12.3	19.4	17.1	18.0	23.5

数据来源：国家统计局。

与2012年同期相比，纺织工业固定资产平均投资增速逆势增长2.5个百分点，高于制造业平均水平。细分行业看，纺织服装服饰业固定资产投资增速回落明显，达到3.8%，但仍高于制造业平均水平，而纺织业和化学纤维制造业固定资产投资增速均高于2012年同期水平。

表10-10　2013年1—9月制造业及纺织工业固定资产投资增速回落情况（单位：%）

行业名称	1—2月	1—3月	1—4月	1—5月	1—6月	1—7月	1—8月	1—9月
制造业	−7.7	−6.1	−6	−6.7	−7.5	−7.8	−5.9	−5.0
纺织业	−12.6	−3.5	−7.3	−7.3	−1.8	−5.4	−2.9	0.9
纺织服装服饰业	−4.6	2.8	3.4	−6.5	−4.5	−2.5	−1.4	−3.8
化学纤维制造业	−7.7	−10.5	−13.6	−12	−5.5	−11.1	−9.7	2.0

注：表中数据为2013年1-9月份纺织工业固定资产投资增速与2012年同期之差。
数据来源：国家统计局。

3. 宏观经济增速放缓，市场供求保持低速增长

在宏观经济增长缓慢的大环境下，纺织工业市场供求受到抑制，持续低位增长。供给层面来看，纱、布、化纤等大类产品的产量均实现不同幅度的增长，但增长速度明显降低。其中，由于库存企高，去库存仍是2013年服装业的首要任务，因此服装类产品产量一度出现负增长。1—9月，服装产量累计为193.9亿件，同比增长0.73%，较年初下降了25.6个百分点；布产量累计为494.3亿米，同比增长7.2%，较年初下降了1.2个百分点；纱产量累计为2576.3万吨，同比增长7.5%，

较年初下降了 3.8 个百分点；化纤产量累计为 3046.1 万吨，同比增长 7.5%，较年初增长 3.8 个百分点。

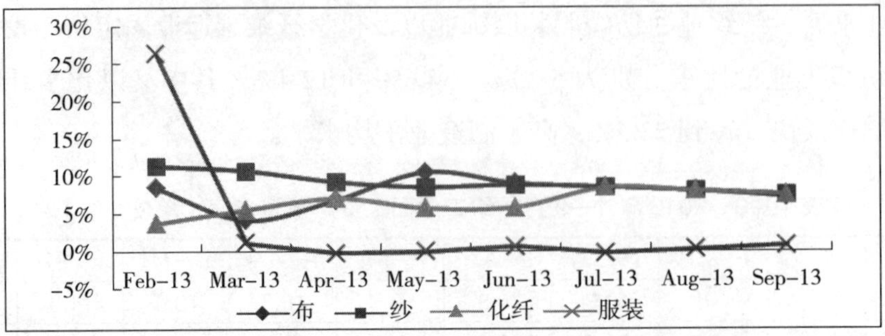

图10-5　2013年1—9月纺织工业主要大类产品累计产量增速

数据来源：国家统计局。

需求层面来看，2013 年 1—9 月限额以上企业服装鞋帽、针、纺织品类商品零售总额累计达到 7913.4 亿元，同比增长 12.2%，虽高于国内限上企业消费品零售额增速 1.2 个百分点，但整体来看仍然处于低速增长状态。其中，在零售终端持续加大打折促销力度的背景下，服装类商品零售总额为 5643.9 亿元，占服装鞋帽针纺织品类商品零售总额的 71.3%。

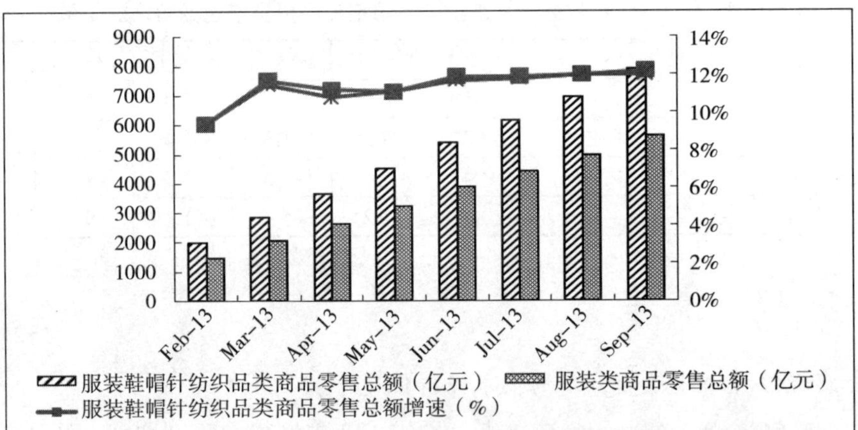

图10-6　2013年1—9月限上企业服装鞋帽、针、纺织品类商品累计零售总额及增速变化情况

数据来源：国家统计局。

价格层面来看，由于棉花原材料价格和用工成本逐步提高，2013 年纺织工业商品零售价格指数继续上扬，但幅度不大，表明国内服装、纺织品的市场需求仍较为疲软，内销市场还处于以价换量拉动消费增长的阶段。

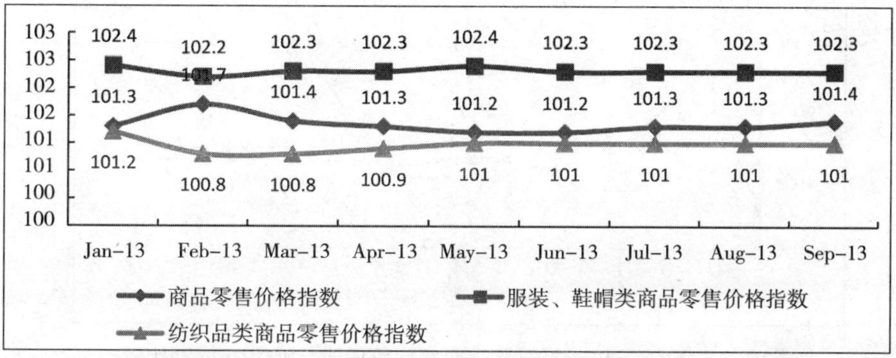

图10-7　2013年1—8月服装鞋帽、纺织品类商品零售价格指数（上年同期=100）

数据来源：国家统计局。

（二）医药工业

1. 生产规模不断扩大，但增速明显放缓

2013 年 1—9 月，受宏观经济运行低迷、债务紧缩等因素影响，医药行业生产动力不足，行业增加值增速呈现明显回落之势。从 2013 年 1—2 月的 15.3% 下降到 1—8 月的 12.9%，下降了 2.4 个百分点。在整体需求依然不振以及产能过剩的制约下，医药行业增加值增速略低于 2012 年同期水平，除 1—2 月增速明显低于 2012 年同期水平以外，其他各月差异不明显，1—9 月工业增加值增速低于 2012 年同期 0.4 个百分点。与整个工业相比，医药行业增加值增速依然保持较高的水平，高于工业总体增速 3.7 个百分点。

表 10-11　2013 年 1—9 月工业和医药行业增加值增速（%）

时间	工业	医药行业
1—2月	9.9	15.3
1—3月	9.5	14.2
1—4月	9.4	13.9
1—5月	9.4	13.2
1—6月	9.3	12.8
1—7月	9.4	13.0
1—8月	9.5	13.2
1—9月	9.6	12.9

数据来源：国家统计局。

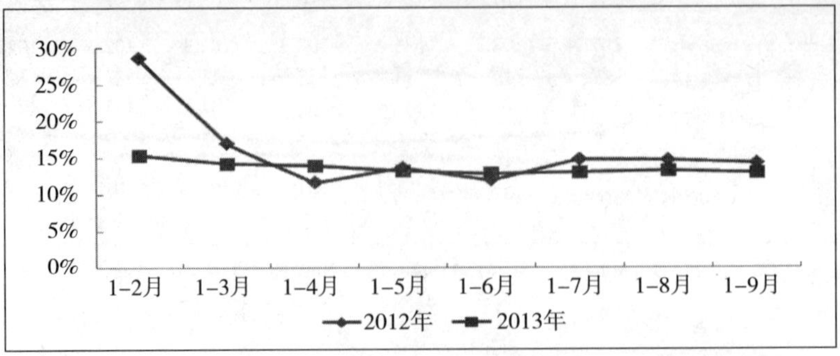

图10-8 2013年1—9月医药行业增加值增速与2012年同期比较

数据来源：国家统计局。

2. 投资规模不断扩大，但增速有所回落

2013年1—9月，受新版《药品经营质量管理规范》实施以及节能减排力度加大等因素影响，医药行业固定资产投资继续保持较快增长，完成投资额3313.9亿元，同比增长32.5%，分别高出全社会和制造业固定资产投资增速12.2和14.6个百分点，且投资额占制造业的比重呈增长趋势，从1—2月的2.9%上升到1—9月的3.1%。投资规模的扩大反映出医药行业正处于投资扩张的热潮中，这些资金大量用于新版GMP改造、搬迁改建、新产品产业化。

伴随投资规模的扩大，医药行业投资增速呈现明显回落之势，1—9月投资增速较1—3月和1—5月分别下降了7.5和3.6个百分点。与2012年同期相比，投资增速也呈明显回落之势，下降了4.5个百分点。

表10-12 2013年1—9月医药行业固定资产投资及占制造业比重

时间	2013年			2012年	
	投资额（亿元）	比上年同期增长（%）	占制造业比重（%）	投资额（亿元）	比上年同期增长（%）
1—2月	244.1	34	2.9	182.2	44.4
1—3月	603.4	40	2.9	431.1	39.6
1—4月	952.9	34	3.0	711.1	40.8
1—5月	1405.3	36.1	3.0	1032.7	38.1
1—6月	1947.1	33.7	3.1	1456.7	40.6
1—7月	2365.0	33.9	3.1	1765.7	40.2
1—8月	2798.0	32.5	3.1	2110.9	38.6
1—9月	3313.9	32.5	3.1	2501.8	37.0

数据来源：国家统计局。

从吸收外资情况看，2013 年以来，医药行业实际利用外资金额保持较快的增长。2013 年 1—9 月，医药行业外商直接投资合同项目 66 个，较 2012 年同期增加 1 个，占全国总量的比重为 0.5%，占比较 2012 年同期提高 0.1 个百分点；医药行业实际使用外资金额 7.8 亿美元，同比增长 11.2%，增幅较 2013 年 1—9 月回落 3.3 个百分点，占全国总量的比重为 1.0%，占比较 2012 年同期扩大 0.1 个百分点。

3. 主要产品产量下滑，供需情况不容乐观

在宏观经济增长放缓的大环境下，医药工业市场供求受到抑制，持续低位增长。从主要产品产量看，2013 年以来，化学药品原药产量增长乏力，同比增速出现负增长。1—9 月产量 198.3 万吨，同比增长 -8.3%，较 1-2 月下降了 21.5%。

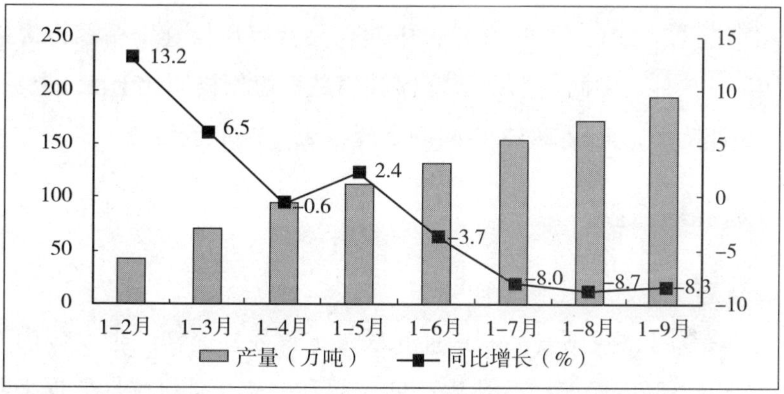

图10-9　2013年1—9月化学药品原药产量及同比增速

数据来源：国家统计局。

从需求情况看，2013 年 1—9 月，受医院终端控制费用、招标降价预期下经销商及医院去库存的影响，中西药品零售额增速较 2012 年同期有明显下滑。2013 年 1—9 月，中西药品零售额为 4255.9 亿元，同比增长 16%，增速较 2012 年同期的 23.8% 下降了 7.8 个百分点。可见，医药消费市场面临的形势依然比较复杂，市场有效需求有待提升。

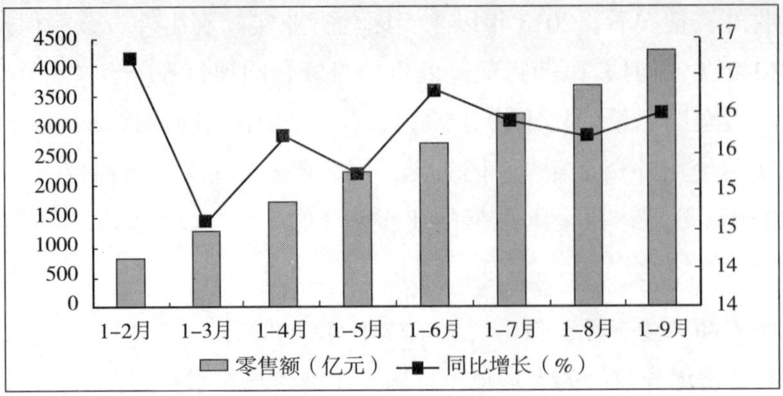

图10-10　2013年1—9月中西药品零售额及同比增速

数据来源：国家统计局。

从价格情况看，2013 年 1—9 月，中西药品及医疗保健用品零售价格保持稳定。2013 年 1—9 月，中西药品及医疗保健用品零售价格同比上涨 1.1%，涨幅与 2013 年 1—8 月持平，但较 2012 年同期下降了 1.4 个百分点。

（三）食品制造业

1. 行业运行平稳，增速低位回升

2013 年 1—9 月，我国食品制造业呈缓慢向好发展态势，但受国内宏观经济持续放缓、需求不旺等影响，工业生产低位回升。从 9 月份统计数据来看，全国规模以上食品工业企业 35572 家，实现工业增加值同比增长 8.7%，增速比 8 月份回落了 2.3 个百分点；食品工业增加值同比增长 10.2%，与全国工业增速持平。

表 10-13　2013 年 1—9 月食品工业增加值增长速度（单位：%）

	9月	1—9月
规模以上工业	10.2	9.6
规模以上食品工业	8.7	8.9
农副食品加工业	10.8	9.3
食品制造业	10.0	11.2
酒、饮料和精制茶制造业	9.0	10.0

数据来源：国家统计局。

从 2013 年 1—9 月统计数据来看，全国规模以上食品工业增加值同比增长

8.9%，低于全国 0.7 个百分点，同比回落了 3.7 个百分点；不计烟草行业，增加值同比增长 9.9%，比全国工业增速高 0.3 个百分点。分行业来看，食品制造业增长 11.2%，酒、饮料和精制茶制造业增长 10.0%，农副食品加工业增长 9.3%，但增幅与 2012 年同期相比都有所下降。

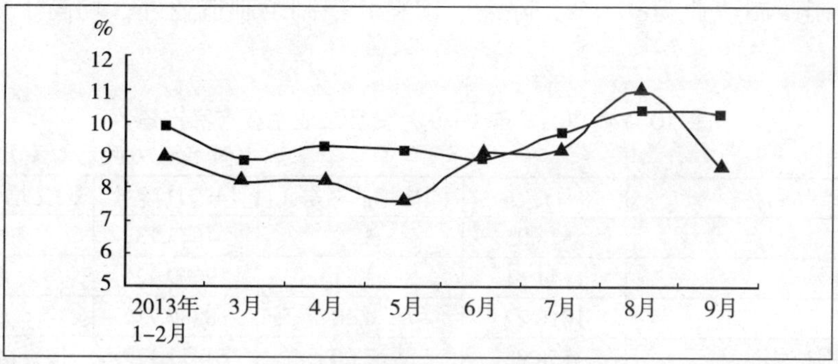

图10-11　2013年1—9月食品工业增加值增速与全国工业增加值增速趋势图

数据来源：国家统计局。

2. 投资保持回升趋势

在世界经济缓慢复苏和我国经济增速趋稳的背景下，2013 年 1—9 月我国食品行业投资额与增速比 2012 年明显回落，但回升势头明显。2013 年 1—9 月，规模以上食品工业累计完成固定资产投资 11532.46 亿元，同比增长 27.7%，比全国平均水平高 7.5 个百分点，占全国固定资产投资额的 3.7%，同比提高 0.1 个百分点。

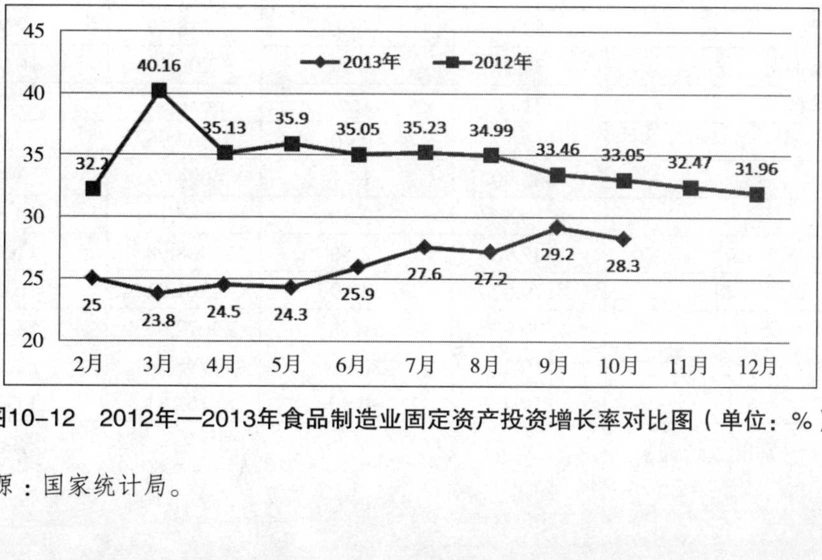

图10-12　2012年—2013年食品制造业固定资产投资增长率对比图（单位：%）

数据来源：国家统计局。

3. 食品产量稳定，产销衔接良好

2013年1—9月，主要食品产量保持稳定，产销衔接稳定。在产量增加方面，速冻米面食品、食品添加剂、碳酸饮料、包装饮用水、食用油等产品产量增幅在15%以上。产销率方面，农副食品加工业产销率为97.9%，食品制造业为98.3%，酒、饮料和精制茶制造业为97.1%，除酒、饮料和精制茶制造业外，均高于全国工业平均水平。

表10-14 2013年1—9月食品工业主要产品产量

（单位：万吨、万千升、亿支）

产品名称	9月产量	同比增长（%）	1—9月产量	同比增长（%）
原盐	578.05	2.22	4673.13	1.58
小麦粉	1144.11	2.21	9609.42	6.51
大米	1016.22	4.10	8280.71	9.70
精制食用植物油	558.98	7.00	4411.17	14.87
成品糖	28.50	20.01	1160.92	14.46
鲜、冷藏肉	309.16	9.74	2386.04	6.93
冷冻水产品	58.20	–4.90	442.18	–3.27
糖果	26.81	20.10	181.45	14.31
速冻米面食品	47.26	25.43	396.81	20.68
方便面	101.04	–6.35	762.18	9.38
乳制品	233.55	–3.62	1981.67	7.72
其中：液体乳	198.27	–5.37	1686.02	7.07
乳粉	14.68	21.52	117.01	6.99
罐头	117.27	16.00	760.73	11.31
酱油	66.00	4.39	550.16	7.38
冷冻饮品	23.61	–4.08	238.49	9.95
食品添加剂	33.95	3.90	299.44	16.97
发酵酒精	71.88	11.29	656.95	7.01
白酒	111.17	–0.40	867.96	7.00
啤酒	460.90	1.91	4094.52	3.94
葡萄酒	10.54	–12.80	85.16	–10.52
软饮料	1347.96	2.36	11338.98	11.75
其中：碳酸饮料类	179.82	13.79	1301.81	16.43
包装饮用水类	590.89	9.78	5077.65	15.28
果汁和蔬菜汁饮料类	219.21	–20.99	1798.44	2.17
精制茶	19.43	–0.90	163.81	11.25

数据来源：国家统计局。

（四）家电制造业

1. 产销衔接较好

2013 年 1—9 月，家电制造业产成品存货增长率保持较低水平，与 2012 年同期相比明显下降，低了 13 个百分点。从趋势来看，家电制造业产成品存货呈逐年下降趋势，说明家电行业较好地控制了库存压力，这有力促进了行业的发展。

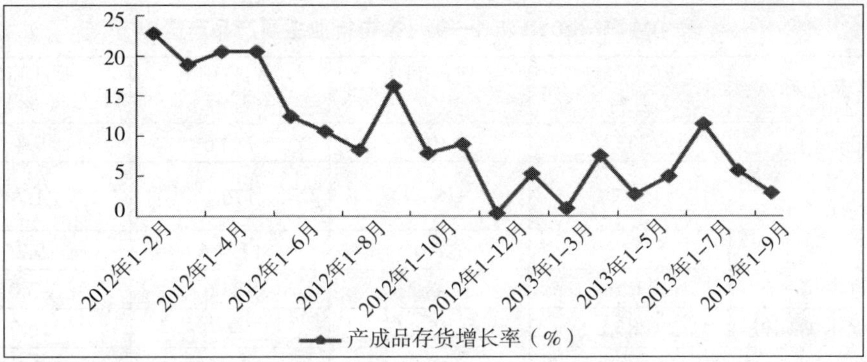

图10-14　2012年1月—2013年9月家电行业产成品存货增长率

数据来源：国家统计局。

2. 出口交货值增速稳步上升

2013 年 1—10 月，家电制造业出口交货值为 2699 亿元，同比增长 6%。纵观 2013 年 1—10 月，家电制造业出口交货值增速与 2012 年同期相比呈明显上涨趋势，说明国际市场正在逐渐复苏，但是仍然存在下降的风险。

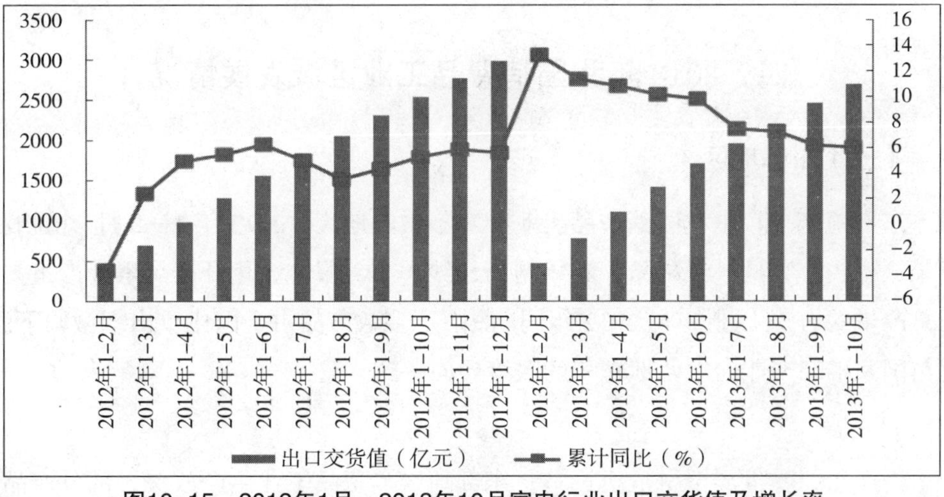

图10-15　2012年1月—2013年10月家电行业出口交货值及增长率

数据来源：国家统计局。

3. 主要产品产量稳步增长

2013 年 1—9 月，家电行业 11 类主要产品中，9 类累计同比上涨。其中，小家电不同品种波动明显，电饭锅增速最快，达到 19.8%，电风扇增速同比下降了 8.2%。电冰箱、洗衣机、空调作为大件家电的代表，产量稳步增长，三者都达到了 2013 年以来的最高增长率。

表 10-15　2013 年 1—9 月家电行业主要产品产量

产品名称	累计产量（万台）	累计同比（%）	当月产量（万台）	本月同比（%）
家用电冰箱	7253.0	10.6	783.6	9.4
家用冷柜（家用冷冻箱）	1537.2	8.1	176.1	1.7
房间空气调节器	11222.7	8.0	1121.6	9.2
家用电风扇	11126.0	–8.2	824.6	–3.0
家用吸排油烟机	1785.2	15.4	246.0	16.5
电饭锅	13593.9	19.8	1890.4	7.1
微波炉	5269.4	–0.3	555.1	–5.2
家用洗衣机	5190.5	7.3	697.4	8.8
家用电热水器	2452.5	14.5	293.0	7.8
家用吸尘器	6083.3	4.1	785.8	4.0
家用燃气热水器	846.7	6.9	105.2	3.1

数据来源：国家统计局。

四、2013 年我国消费品工业区域发展情况

（一）东部地区

东部地区一直是我国消费品工业相对集中的地区。2013 年 1—8 月，植物油、糖果、罐头、家具、纸制品、塑料制品、纱、布、服装、化纤产品累计产量占全国总产量的 50% 以上。与 2012 年同期相比，多数产品占全国比重出现微幅下调，这与国家推动产业向中西部转移的政策导向一致。

1. 生产

近两年，受世界金融危机影响，东部地区消费品工业生产放缓，部分产品产量甚至出现负增长。进入 2013 年，虽然国家大力实施稳增长、扩内需政策，但

是在食药安全问题、国际贸易争端的拖累下，东部地区消费品工业生产依然乏力，各行业产量低速增长，葡萄酒、混合饲料、家具、塑料制品、服装、化学药品原药等产品产量增速持续负增长。与 2012 年同期相比，在统计的 28 种主要消费品中，一半以上产品产量增速出现下滑。

表 10–16　2013 年 1—8 月东部地区主要消费品生产情况

主要消费品	单位	累计产量	同比增速	同期增速变化	占全国比重	同期比重变化
小麦粉	万吨/%	3231.4	5.4	2.0	38.0	–1.8
液体乳	万吨/%	559.5	14.5	25.3	37.6	0.8
植物油	万吨/%	1990.1	25.6	6.4	51.5	1.2
鲜、冷藏肉	万吨/%	865.7	6.4	–20.8	41.6	–0.5
糖果	万吨/%	106.2	16.3	–5.5	69.1	1.3
方便面	万吨/%	225.9	7.4	–4.9	34.2	–2.4
乳制品	万吨/%	676.9	14.3	14.3	38.8	1.1
罐头	万吨/%	343.3	6.0	–1.5	53.6	–2.3
酱油	万吨/%	313.8	8.5	7.7	64.9	–0.7
冷冻饮品	万吨/%	54.4	12.8	41.3	25.3	0.2
发酵酒精	亿升/%	11.9	1.8	–3.8	20.3	–1.3
饮料酒	亿升/%	195.4	2.6	1.8	42.8	0
白酒	亿升/%	17.8	2.8	–18.7	23.5	–1.6
啤酒	亿升/%	166.6	2.8	3.2	46.2	0.7
葡萄酒	亿升/%	3.5	–10.4	–24.3	46.5	0.2
软饮料	万吨/%	4370.1	6.7	2.6	43.8	–4.3
精制茶	万吨/%	36.5	6.5	–3.5	25.3	–3.9
配合饲料	万吨/%	3486.8	9.2	–24.6	40.8	–2.4
混合饲料	万吨/%	1235.1	–17.3	–42.6	33.1	–6.9
家具	亿件/%	3.3	–6.9	–0.8	80.6	–2.8
纸制品	万吨/%	1881.4	7.7	13.4	57.4	–2.2
塑料制品	万吨/%	2208.9	–3.2	–7.5	57.1	–5.9
纱	万吨/%	1378.9	7.9	–4.3	61.1	–0.8
布	亿米/%	328.6	4.4	–2.4	75.9	–1.4
服装	亿件/%	132.3	–4.1	–8.1	78.3	–2.3
化纤	万吨/%	2437.7	7.1	–6.4	90.7	–0.4
化药原药	万吨/%	101.9	–6.2	14.6	58.1	–1.5
中成药	万吨/%	34.1	14.7	–0.2	16.6	0.6

数据来源：国家统计局。

2. 出口

（1）消费品工业出口交货值增速持续下滑

由于国际宏观环境恶化，加之工人短缺、用工成本攀升以及原材料价格上涨，2012 年东部地区消费品生产及销售优势一度削弱，出口增速明显放缓。进入 2013 年，在国家产业政策和货币政策的双重驱动下，东部地区消费品工业出口虽有好转，但增速依然低位运行，维持在 10% 以内，二季度开始更是出现持续下滑。2013 年 1—8 月，东部地区消费品工业出口交货值累计达 19204.2 亿元，增速为7.2%，低于2013 年一季度 10.1% 的水平。与全国消费品工业出口增速相比，东部地区出口优势明显下降，增速落后 1.2 个百分点。从全年消费品工业出口趋势来看，东部地区出口增速下滑幅度高于全国水平。

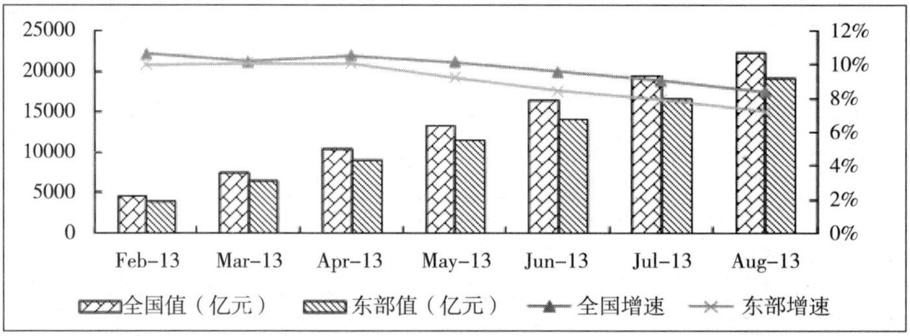

图10-16　东部地区消费品工业出口交货值及增速与全国比较

数据来源：国家统计局。

（2）消费品工业出口占全国的比重有所下降

2013 年 1—8 月，东部地区出口交货值累计值占全国的比重为 85.8%，依然是消费品工业出口的主要地区。但是横向来看，东部地区出口在全国的地位有所下滑，比重较 2012 年同期下降了 0.9 个百分点。细分行业来看，食品工业下降幅度最大达 2.6 个百分点，其次为医药制造业下降了 1.4 个百分点，轻工和纺织分别下降了 0.5 和 0.9 个百分点。可见，东部地区消费品工业出口受食药安全事件影响较大。

（二）中部地区

凭借着丰富的原料优势和庞大的消费人群，中部地区长期是我国消费品工业的重要生产地区和消费地区。2013 年，国内宏观经济增长放缓，下行压力加大，出口环境亦不容乐观，我国消费品工业受到了一定冲击，但整体上依然保持快速增长态势。

1. 生产

（1）主要消费品产量继续保持增长态势，但增速差异明显

2013 年 1—8 月，中部地区主要消费品产量继续保持增长态势。在关注的 19 种主要消费品中，除饮料酒、印染布、人造板产量同比下降外，其他消费品产量都保持着持续增长态势，特别是成品糖、软饮料和精制茶，产量同比增速分别达到 628.3%、31.6% 和 35.6%。但需要关注的是，虽然产量仍然保持增长，但增速差异明显，多数产品增速放缓。19 种主要消费品中，10 种增速放缓，特别是人造板、化学药品原药和中成药，增速分别放缓 78.8、75.5 和 49.8 个百分点。

（2）主要消费品在全国仍然占据重要位置，且部分产品在全国的地位提高

近年，凭借着丰富的原料资源，中部地区成为我国消费品的重要产区，特别是食品和医药产业。2013 年 1—8 月，19 种主要消费品中，有 7 种产品在全国的份额超过了 25%，其中小麦粉、大米、精制茶产量在全国的比例分别达到 52.1%、50.7% 和 51.9%，卷烟、纱、化学药品原药、中成药分别达到 27.6%、32.5%、26.8% 和 31.6%。11 种消费品在全国的地位提高，其中小麦粉、液体乳、成品糖、软饮料、精制茶、纱、布、服装、纸制品、化学药品原药在全国的份额分别上升了 1.7%、1.1%、1.1%、2.3%、4.9%、0.9%、1.4%、2.1%、2.0%、2.4% 和 2.8%。

表 10-17　2013 年 1—8 月中部地区主要消费品生产情况

产品	单位	累计产量	同比增速	同期增速变化	占全国比重	同期比重变化
小麦粉	万吨/%	4430.3	14.1	3.5	52.1	1.7
液体乳	万吨/%	285.5	18.7	17.2	19.2	1.1
大米	万吨/%	3683.7	11.8	-14.8	50.7	-0.5
精制食用植物油	万吨/%	929.7	22.9	1.9	24.1	0.0
成品糖	万吨/%	14.8	628.3	488.5	1.3	1.1
乳制品	万吨/%	309.9	10.5	0.2	17.8	-0.1
饮料酒	万千升/%	980.3	-4.5	-7.2	21.5	-1.6
软饮料	万吨/%	2120.2	31.6	10.9	21.3	2.3
精制茶	万吨/%	75.0	35.6	39.8	51.9	4.9
卷烟	亿支/%	4756.7	0.1	-2.8	27.6	-0.2
纱	万吨/%	732.9	12.5	-4.7	32.5	0.9

（续表）

产品	单位	累计产量	同比增速	同期增速变化	占全国比重	同期比重变化
布	亿米/%	82.3	14.5	15.2	19.0	1.4
印染布	亿米/%	12.8	–12.5	6.6	3.5	–0.3
服装	亿件/%	27.3	13.6	–3.7	16.1	2.1
人造板	万立方米/%	4074.0	–30.2	–78.8	24.0	–9.7
家具	万件/%	4769.7	16.5	–3.6	11.6	2.0
纸制品	万吨/%	787.8	24.0	–11.7	24.0	2.4
化学药品原药	万吨/%	46.9	17.4	–75.5	26.8	4.8
中成药	万吨/%	64.9	3.3	–49.8	31.6	–2.2

数据来源：国家统计局。

2. 出口

（1）出口交货值快速增长

2013 年 1—8 月，中部地区消费品中的 15 个行业累计出口交货值 1645.3 亿元，同比增长 16.8%，高于全国平均增长水平 9.9%。从 15 个子行业来看，除烟草制品业、造纸和纸制品业、化学纤维业出口同比下降外，其他 13 个子行业均呈现出同比增长态势，其中酒、饮料和精制茶制造业，木材加工和木、竹、藤、棕、草制品业，印刷和记录媒介复制业，文教、工美、体育和娱乐用品制造业，医药制造业同比增长分别达到 60.1%、23.4%、23.0%、26.3% 和 22.5%，明显高于消费品工业整体出口增速水平。与全国增速比较，中部地区除造纸和纸制品业与医药制造业低于全国增速水平外，其他行业均高于全国水平，特别是酒、饮料和精制茶制造业比全国增速高 58.1%，间接反映了中部地区在我国食品出口的地位继续增加。

表 10–18　2013 年 1—8 月中部地区消费品工业出口交货值及其比较（单位：亿元）

行业	出口交货值（亿元）	同比增速（%）	与全国同比增速差（%）
农副食品加工业	158.5	18.3	7.5
食品制造业	123.4	19.7	10.5
酒、饮料和精制茶制造业	34.4	60.1	58.1
烟草制品业	1.7	–7.4	0.2
纺织业	218.5	9.8	2.6
纺织服装、服饰业	278.3	13.9	7.2
皮革、毛皮、羽毛及其制品和制鞋业	212.6	19.1	14.5

（续表）

行业	出口交货值（亿元）	同比增速（%）	与全国同比增速差（%）
木材加工和木、竹、藤、棕、草制品业	69.4	23.4	6.1
家具制造业	40.5	14.9	10.4
造纸和纸制品业	17.2	–5.7	–6.2
印刷和记录媒介复制业	6.5	23.0	23.4
文教、工美、体育和娱乐用品制造业	246.4	26.3	21.2
医药制造业	109.5	22.5	16.3
化学纤维制造业	16.4	–19.2	–24.9
橡胶和塑料制品业	112.0	5.2	5.1
合计	1645.3	16.8	9.9

数据来源：国家统计局。

（2）出口地位略有上升

2013 年 1—8 月，中部地区消费品出口交货值累计值占全国的比重为 8.8%，在全国的出口地位相对较低。但是，中部地区在我国消费品出口的地位略有上升，比 2012 年同期提高了 1.1 个百分点。从 15 个行业来看，虽然所有行业出口占全国的比例不超过 20%，但是除造纸和纸制品业、化学纤维制造业出口地位分别下降了 0.2% 和 1.5%，其他 13 个行业出口地位均有一定上升，特别是酒、饮料和精制茶制造业的出口地位上升了 6.6%，进一步体现了中部地区食品行业的出口竞争力提高。

（三）西部地区

西部地区是我国消费品工业、尤其是轻纺工业原材料的主产地。近年来，随着国家产业转移政策的推进，西部地区在我国消费品工业中的地位稳步提升。2013 年，西部地区消费品工业总体上保持良好的发展态势，但受国内经济下行压力和国际需求疲软的影响，西部地区的消费品工业发展也受到了一定的冲击。

1. 生产

（1）主要消费品产量继续保持良好增长态势

与东部沿海地区情况不同的是，2013 年西部地区主要消费品的产量依然保持了较好的增长态势。1—8 月，在液体乳、纸浆、大米等西部地区的 16 种重点消费品中，除了日用玻璃制品产量同比增速出现下降外，其他 15 种产品的产量均出现了不同程度的增长。其中，包装饮用水、精制茶、塑料制品三种产品产量的同比增速超过了 25%。与 2012 年的同比增速相比，只有精制植物油、啤酒、合成洗涤剂三种产品的同比增速出现了下降，其他 13 种产品产量的同比增速依然上升，包装饮用水、精制茶、冷冻饮品的产量同比增速的上升最为明显。从全国范围看，16 种产品中只有食用精制植物油、大米、乳制品、日用玻璃制品、合成洗涤剂等五种产品产量同比增速低于全国同类产品同比增速的平均水平，其他 10 种产品产量的同比增速均高于全国同类平均水平。在同比增速高出全国同类产品平均水平的 10 种产品中，包装饮用水、塑料制品、冷冻饮品三种产品的表现尤为明显。

（2）主要产品全国产量地位变化各不相同

随着产量的增长，西部地区主要消费品在全国同类产品中的地位也发生了一定的变化。2013 年 1—8 月，在 16 种重点产品中，西部地区有 11 种产品产量占全国同类产品产量比提高，其他 5 种产品产量占全国同类产品产量比出现了一定的下降。在产量占比提高的产品中，包装饮用水、白酒、冷冻饮品三种产品位居前三位。在产量占比下降的五种产品中，日用玻璃制品表现得尤其明显，降幅高达 13.0 个百分点，其他四种产品产量占比降幅均低于 1 个百分点。

表 10-19　2013 年 1—8 月西部地区主要消费品产量、地位及其变化

产品名称	单位	累计产量	同比增速	同期增速变化	占全国比重	同期比重变化
液体乳	万吨/%	488.2	12.7	6.1	32.8	0.2
纸浆	万吨/%	211.8	3.6	8.6	18.7	1.3
大米	万吨/%	730.4	12.7	3.5	10.1	–0.0
精制食用植物油	万吨/%	514.1	17.2	–6.2	13.3	–0.6
纸制品	万吨/%	476.7	17.9	3.8	14.5	0.7
成品糖	万吨/%	908.0	15.3	1.5	80.2	0.7
塑料制品	万吨/%	550.5	29.1	21.3	14.2	2.5
方便面	万吨/%	104.4	17.4	2.6	15.8	0.3
乳制品	万吨/%	543.6	9.0	8.4	31.2	–0.6
冷冻饮品	万吨/%	63.2	24.7	27.7	29.5	3.0
白酒	万千升/%	301.9	19.3	19.8	39.9	3.2
啤酒	万千升/%	741.3	2.6	–2.6	20.6	1.0

（续表）

产品名称	单位	累计产量	同比增速	同期增速变化	占全国比重	同期比重变化
包装饮用水类	万吨/%	1306.9	2.8	40.0	29.1	4.8
精制茶	万吨/%	27.1	2.8	35.0	18.7	0.3
日用玻璃制品	万吨/%	114.6	-10.4	5.9	14.4	-13.0
合成洗涤剂	万吨/%	90.9	6.7	-5.8	14.3	-0.3

数据来源：国家统计局。

2. 出口

（1）出口交货值有所增长，但增速明显回落

受国际需求疲软的影响，2013 年西部地区消费品工业出口受到了明显的冲击。1—8 月，消费品工业累计出口交货值为 532.1 亿元，较 2012 年同期增长了 11.4%，增速高于全国消费品工业平均水平 4.5 个百分点。就各行业看，在 14 个消费品典型行业中，5 个行业出口交货值与 2012 年同期相比出现负增长，其他 9 个行业依然保持了正增长态势。5 个负增长行业中，家具制造、纺织服装服饰两个行业表现得最为明显。在 9 个同比增速为正数的行业中，印刷和记录媒介复制、造纸和纸制品、纺织三个行业表现强劲。

表 10-20　2013 年 1—8 月西部地区消费品工业出口交货值及其比较

行业	出口交货值（亿元）	同比增速（%）	与全国同比增速差（%）
农副食品加工业	72.3	17.7	7.0
食品制造业	64.8	9.7	0.5
酒、饮料和精制茶制造业	40.1	-0.4	-2.3
纺织业	100.9	26.1	18.8
纺织服装、服饰业	36.8	-9.8	-16.5
皮革、毛皮、羽毛及其制品和制鞋业	68.6	16.5	11.9
木材加工和木、竹、藤、棕、草制品业	18.8	14.0	-3.2
家具制造业	5.2	-17.0	-21.5
造纸和纸制品业	4.9	54.0	53.5
印刷和记录媒介复制业	2.6	626.2	626.5
文教、工美、体育和娱乐用品制造业	18.9	-2.0	-7.1

（续表）

行业	出口交货值（亿元）	同比增速（%）	与全国同比增速差（%）
医药制造业	47.4	15.2	9.0
化学纤维制造业	10.7	17.2	11.4
橡胶和塑料制品业	32.8	–1.8	–1.9
合计	532.1	11.4	4.5

数据来源：国家统计局

（2）在全国消费品工业中的出口地位有所提升，但不同行业存在差异

2013 年 1—8 月，西部地区消费品工业在全国消费品工业中的出口地位得到了一定的提升，累计出口交货值占同期全国消费品工业累计出口交货值的比由 2012 年同期的 2.7% 提高至 2.9%。从各行业看，14 个行业中有 9 个行业的出口交货值占全国同行业出口交货值比与 2012 年同期相比出现不同程度的上升。其中，印刷和记录媒介复制、纺织两个行业占比上升幅度位居前两位，分别达到 1 和 0.6 个百分点。在占比下降的 5 个行业中，酒、饮料和精制茶制造业的降幅最为明显，达到了 1.7 个百分点。

表 10–21　2013 年 1—8 月西部地区消费品工业出口交货值全国地位及其变化

行业	占全国比（%）	占全国比同期变化（%）
农副食品加工业	3.7	0.1
食品制造业	9.7	0.3
酒、饮料和精制茶制造业	23.4	–1.7
纺织业	3.9	0.6
纺织服装、服饰业	1.2	–0.2
皮革、毛皮、羽毛及其制品和制鞋业	3.3	0.3
木材加工和木、竹、藤、棕、草制品业	3.5	0.2
家具制造业	0.6	–0.2
造纸和纸制品业	1.3	0.5
印刷和记录媒介复制业	1.2	1.0
文教、工美、体育和娱乐用品制造业	0.8	–0.1
医药制造业	6.0	0.4
化学纤维制造业	3.6	0.4
橡胶和塑料制品业	1.4	–0.1
合计	2.9	0.2

数据来源：国家统计局。

五、2013 年我国消费品工业重点园区发展情况

（一）消费品工业产业园区发展基本情况

1. 发展现状

截至 2013 年，全国 31 个省、自治区、直辖市及新疆生产建设兵团共创建国家新型工业化产业示范基地 231 家，其中消费品工业领域 39 个，分布在上海、浙江、黑龙江、贵州、山东等 20 个省区市，涵盖纺织、生物医药、食品、轻工等子行业。从区域布局看，东部地区在纺织、医药、轻工业等领域集中了相对较多的示范基地，食品行业示范基地多分布在中、西部地区。

表 10–22　消费品领域的国家新型工业化产业示范基地

子行业	示范基地名称
纺织	纺织印染・浙江绍兴县
	纺织（产业用纺织品）・浙江海宁市
	纺织（羊绒制品）・宁夏灵武市
	纺织服装・福建泉州经济开发区
	纺织（真丝产品）・浙江嵊州
	纺织・新疆库尔勒经济技术开发区
	纺织服装・江西共青城经济开发区
医药	医药产业・河北石家庄高新技术产业开发区
	医药产业・吉林通化市
	生物产业・山东德州市
	生物产业・长春经济技术开发区
	生物医药・上海张江高科技园区
	医药・江苏泰州医药高新技术产业开发区
	医药・珠海高新区三灶科技工业园区
	生物医药・广东中山高技术产业开发区
	生物医药・哈尔滨利民经济技术开发区

（续表）

子行业	示范基地名称
食品	食品产业·黑龙江哈尔滨市
	食品产业·河南汤阴县
	农产品深加工·内蒙古通辽科尔沁区
	食品·河南漯河经济开发区
	食品（国优名酒）·四川宜宾
	食品（国优名酒）·贵州仁怀
	高原绿色食品·拉萨经济技术开发区
	农产品深加工·陕西杨凌农业高新技术产业示范区
	食品（清真）·宁夏吴忠金积工业园区
	食品（乳制品）·内蒙古呼和浩特
	食品·重庆涪陵工业园区
	食品（名优白酒）·四川泸州酒业集中发展区
	食品·吉林梨树
	清真食品·长春绿园区
	食品·黑龙江肇东经济技术开发区
	农副产品加工·宁夏贺兰山工业园区
家电	家电产业·安徽合肥经济技术开发区
	家电产业·浙江余姚
	家电·安徽滁州经济技术开发区
轻工	轻工（林木产品制造）·黑龙江穆棱经济开发区
	轻工（灯饰）·广东中山市古镇
	五金制品（水暖厨卫）·福建南安经济开发区

数据来源：工业和信息化部，2013年9月。

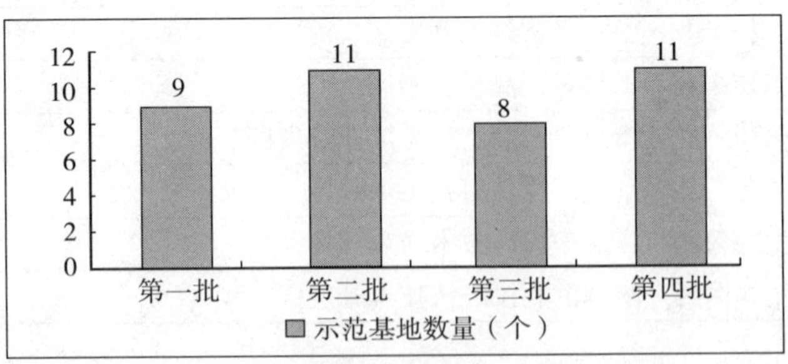

图10-17 消费品领域各批次示范基地数量

数据来源：工业和信息化部，2013年9月。

2012年，消费品工业示范基地总体保持平稳快速增长。工业总产值实现18063.2亿元，同比增长19.1%，连续三年保持19%以上增速；销售收入实现20704.1亿元，同比增长18.6%，连续三年保持较快增长态势；完成工业增加值4731.1亿元，同比增长21.3%，增速连续两年比全国消费品工业增加值高出11个百分点左右；实现税金991.7亿元，同比增长21.3%；利润总额达1808.3亿元，同比增长34.5%，利润率达到8.7%，比全国平均水平高2.2个百分点；进出口额总计432.7亿美元，同比增长18.3%，其中出口额296.9亿元，同比增长14.5%。

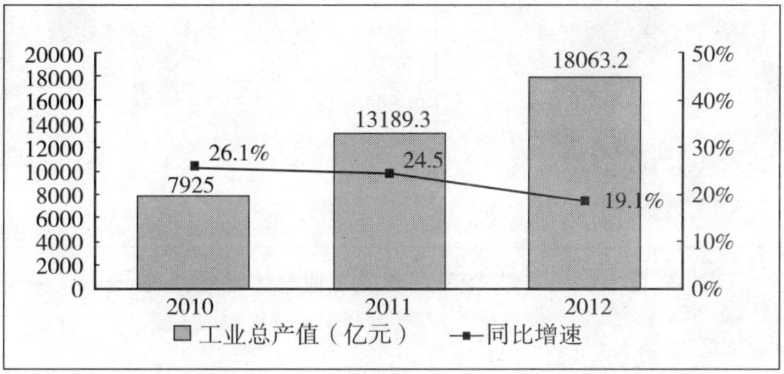

图10-18　消费品工业示范基地近三年工业总产值及其增速

注：由于示范基地数量变动，增速按照相同示范基地范围的本年数据和上年数据计算。
数据来源：工业和信息化部。

2. 区域分布

消费品工业领域的示范基地共38家，分布在上海、浙江、黑龙江、贵州、山东等21个省区市，涵盖纺织、生物医药、食品、轻工等子行业。

在园区数量方面，东北和华东地区的园区数量最多，分别有9个园区；其次是华南、西北和西南地区，分别有5家消费品工业园区；最后是华北地区和华中地区，分别为3家和2家。

从子行业分布的区域布局看，东部地区在纺织、医药、轻工业领域集中了相对较多的示范基地。食品行业示范基地多分布在中、西部地区。食品产业园区共16家，其中位于东北和西南的数量最多，分别为5家，华北、华中和西北三个区域分别有2家园区。医药类园区共有9家，也主要分布在东北地区和华东地区，分别为3家，另外还有3个园区分布在华南和华北地区。纺织类的产业示范园区共有7家，主要分布在华东地区。轻工类的产业园区共3家，其中华南地区有2家，东北地区有 1 家。家电类产业园区共 3 家，华东地区有 2 家，另外 1 家分布在西北地区。

3. 行业分布

消费品工业领域 39 家示范基地分布在上海、浙江、黑龙江、贵州、山东等 20 个省区市，涵盖纺织、生物医药、食品、轻工等子行业。

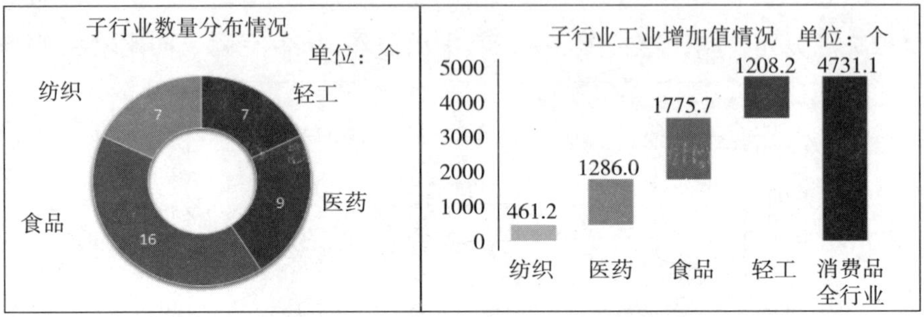

图10-19 2012年消费品工业总体发展情况

数据来源：工业和信息化部，2013 年 9 月。

（二）典型消费品工业产业园区发展情况

1. 上海张江生物医药产业园

（1）基本情况

上海生物医药科技产业基地——张江生物医药基地（张江药谷）由国家科技部、原国家卫生部、原国家食品药品监督管理局、中国科学院与上海市人民政府共建，属于张江高科技园区。

1992 年，张江高科技园区成立，明确了生物医药产业是其主导产业的定位。1994 年，罗氏制药入驻张江园区，这是张江高科技园区首个重大项目，也标志着张江生物医药园区正式启动运行。1999 年，上海市实施“聚焦张江”战略，生物医药被确立为张江园区重点发展的科技新兴产业，为张江生物医药产业的快速发展奠定了扎实的基础。2001 年，为加快生物医药产业的发展，组建了上海张江生物医药基地开发有限公司，由生物医药基地公司统一规划产业发展的空间布局，集聚产业发展的相关要素，集成服务，打造完整的产业链，实现了生物医药产业的快速发展。之后 10 年间，礼来、杜邦、霍尼韦尔等国际大型药企研发中心进驻、上海中医药大学等科研院所正式运营，给园区带来了蓬勃发展生机。

张江药谷现已涵盖国内外生命科学领域企业、科研院所及配套服务机构400多个，形成了完善的生物医药创新体系和产业集群，是国内生物医药领域研发机构最集中、创新实力最强、新药创制成果最突出的基地之一。

近几年，张江药谷打造了全国最大、功能完善的孵化器，在创新项目的孵化发展中起到了积极的促进作用。其中平台一期是国家级孵化器，占地10000平方米，已累计引进生物医药企业119家，毕业企业53家、申请国内外专利130项，获得国家级、上海市、区级支持项目40余项。平台二期是区级孵化器，目前正在申报中，占地3500平方米，可同时孵化90个项目，已引进了7大公共服务平台，涵盖了6大专业功能板块。

（2）主要特点

一是形成了产业综合创新环境。园区已营造了由研究开发、孵化创新、成果转化、教育培训、专业服务、风险投资等六个模块组成的创新创业环境，涵盖研究开发、中试孵化、规模生产、市场销售的现代生物医药技术创新体系已初具规模，形成专业人才高度集聚、创新企业健康发展、科研成果持续涌现、服务功能日趋完善的现代生物医药产业发展的生态环境。

二是各类人才高度集聚。生物医药领域是张江园区的人才“高地”，在高学历人才和各类专家的数量上已经形成明显的集聚优势。目前园区从业人员约2.5万人，其中博士、硕士约占20%，国家级专家为110人，其中院士12人，千人计划专家7人，海归人才占3%。高层次人才的集聚为生物医药产业的发展创造了良好的人才环境，通过不断完善创新创业环境，形成了人才集聚效应，为产业发展提供了源源不断的人力资源保障。

三是产值规模不断扩大。园区20个品种年产值超亿元，其中中信国健益赛普、微创医疗的心脑血管支架、新先锋头孢曲松钠等11个品种年产值超3亿元。园区力争3年内通过产品工艺改良、技术改造，培育10个以上年产值超5亿元的大品种。

表10–23　张江药谷11个年产值超3亿元的品种

中信国健	益赛普
微创医疗	心脑血管支架
新先峰	头孢曲松钠、头孢替安
津村制药	浸膏中间体
罗氏制药（4个）	卡培他滨片、PEG干扰素注射液

（续表）

绿谷制药	丹参多酚酸盐注射剂
勃林格殷格翰	沐舒坦
英伯肯	HIV快速诊断试剂

数据来源：张江药谷，2012年11月。

（3）存在问题

一是同质化竞争。张江生物医药产业集群属于依赖型产业价值链，园区产业链的核心技术或工艺等都是从国外或其他地区引进的，这就决定了产业价值链的发展完全依赖于国外或其他地区的核心技术或工业提供者，事实表明，在当下张江药谷的发展过程中，多数企业存在严重的技术从众心理，放弃符合市场新需求的创新机遇，而选择与集群内掌握核心技术或工艺的企业趋同的发展路径，这在一定程度上会造成技术同质化，进入市场后会造成园区企业间的恶性竞争。

二是知识产权保护不够。张江药谷内的医药企业主要以生物药和化学药研发生产为主，新药研发（特别是生物药）周期长、耗费大、存活率低，只有建立完善的知识产权制度，产业的发展才能形成“创新——保护——促进——再创新”的良性循环。而现在张江药谷知识产权服务少，导致企业缺乏创新动力，存在创新风险，难以有效地开展研发创新。所以，为园区内企业提供知识产权服务，完善知识产权保护体系是张江药谷提升园区内企业整体创新能力的基石。

2. 河南汤阴食品产业园

（1）基本情况

河南汤阴食品产业园位于河南省安阳市汤阴县城东部和北部，规划面积23.4平方公里，已开发面积16.5平方公里，是河南省首批确立的175个产业集聚区之一，于2010年入选工业和信息化部第一批“国家新型工业化产业示范基地（食品产业）”。河南汤阴食品产业园依托河南省丰富的农产品资源，以及汤阴县“全国食品工业强县”和“全国农产品加工业示范基地”的品牌优势，产业园已成为我国食品工业带动农产品深加工的高效产业集聚区。

目前，园区入驻食品加工企业196家，包括益海嘉里、今麦郎、众品、阳光油脂、华龙、诺金、永达、健丰、钟瑞等众多知名企业，建成了粮食、肉类、蔬菜、休闲食品等四大加工产业集群，形成小麦、玉米、肉鸡、食用菌、生猪、蔬菜、肉奶牛等八大食品加工产业链。

截至2012年底，汤阴食品产业园累计完成固定资产投资218.2亿元，销售收入累计293亿元，上交利税15.1亿元，实现工业总产值265亿元。2013年，园区将再签约15个大型食品项目，签约资金107.5亿元，项目建成后可实现年产值370亿元，实现利税35亿元。汤阴食品产业园带动了汤阴县居民收入增长和社会经济发展，推动了汤阴县农业规模化、专业化、标准化的生产经营，加快了汤阴县食品工业现代化发展的步伐。

（2）主要特点

河南省汤阴食品产业园依托益海嘉里、今麦郎、众品、阳光油脂、华龙、诺金、永达、健丰、钟瑞等众多知名企业，建成了粮食、肉类、蔬菜、休闲食品等四大加工产业集群，形成了小麦、玉米、肉鸡、食用菌、生猪、蔬菜、肉奶牛等八大食品加工产业链，涵盖畜禽肉制品、面粉、挂面、小杂粮、木糖醇、饼干、啤酒饮料、脱水蔬菜等80余个系列产品，拥有益海嘉里“香满园”面粉、“永达”肉鸡、阳光油脂“奥利福”食用油、“江顺”饼干、“甲家”面粉、“众品”冷鲜肉等知名品牌，在面制品、肉制品、油脂、食用菌、饮料、饲料和有机食品等领域发展了一批有影响力的名优产品。

面制品。依托益海嘉里、今麦郎等面加工龙头企业，开发出了专用粉、强化粉、预配粉，以及麦胚产品、小麦膳食纤维等高附加值产品，形成面制品深加工产业链，推动馒头、水饺等传统面食产品的工业化生产。肉制品。依托永达食业、众品食业等龙头企业，开发出了冷鲜分割肉、调理肉制品和熟肉制品，形成了完善的肉制品深加工产业链。油脂加工。依托阳光油脂食用油等企业，开发出菜籽油、茶油、米糠油等特色产品。食用菌生产加工。依托宇豪科技、易祥等知名企业，形成了食用菌工厂化规模生产及精深加工产业链，开发出食用菌真空系列、罐头系列、保健口服液、味精、面档配料、精装即食食品、即食性冲饮粉剂等产品。高档饮品生产。以奥地利、诺迪力波、诺利如一等企业为龙头，开发出高档饮品、保健饮品。饲料。以六和永达饲料、北京大北农科技、容大牧业等企业为龙头，发展了复合饲料产业集群。有机健康食品。依托河南省佳多农林科技有限公司，打造以种植、养殖、加工、销售“琵琶寺”有机食品一条龙生产企业，开发出了有机蔬菜系列、有机肉类系列、有机禽蛋系列、有机杂粮系列和有机油料系列。

（3）存在问题

一是自主研发能力较弱。虽然汤阴食品工业园发展较快，取得了较好的成绩，但入园196家企业中，劳动密集型和小企业仍然居多，贴牌加工产品较多，自主品牌研发能力不强，很多企业依然靠传统工艺和手工操作，创新投入不足，企业技术改造步伐缓慢，产品跟不上市场发展。

二是龙头企业带动效应有待增强。龙头企业因其技术和研发实力较强，是推动产业园区内产业有机融合、互动发展的重要力量。但汤阴食品工业园区内龙头企业与园区内中小企业多层次、全方位的联合协作不够，龙头企业市场开拓和营销网络建设强等方面的优势没有充分发挥，园区资源共享和共同发展的局面还有待形成。

三是品牌意识不强。虽然园区依托一批龙头企业培养出了一批知名品牌，但发挥品牌效应，扩大品牌经营规模，提升区域品牌的建设水平仍显不足。企业创立和使用自主品牌的积极性不高，对集体商标、地理标志保护产品等区域品牌的创建重视不够，未能加强区域品牌的培育和运作，未能提高产业园区的品牌集聚力、影响力和竞争力。

3. 安徽合肥家电产业园

（1）基本情况

合肥经济技术开发区创建于1993年，2000年被国务院批准为国家级经济技术开发区。开发区的家电产业集聚了海尔、美菱、长虹、美的、华凌、格力等知名企业，已成为国内最大家电生产基地，被中国轻工业联合会、中国家电协会授予中国家电产业基地；拥有“海尔”这一国际知名品牌和“美菱”、“长虹”、“美的”、“格力”、“航嘉”等中国驰名商标，海尔、美菱、美的凭借自身优势，连续成为国家“家电下乡”工程指定品牌。

2010年，合肥经开区被首批授予“国家新型工业化家电示范基地”，家电产业实现了新的跨越发展。海尔、长虹、美菱、美的、华凌等企业不断扩产，格力电器在开发区新建年产500万台冰箱生产基地，先后引进了台湾友达光电、台湾冠捷、峻凌电子、航嘉电子、淀川高科技钢板等核心配套企业，家电产业继续保持开发区第一支柱产业的绝对地位。2012年开发区实现规模以上工业产值2290亿元，同比增长24.5%，其中家电产业实现产值846.5亿元，同比增长40.2%，家电产业产值占全区工业总量的36.7%。家电产业配套能力显著提升，产业链更加完善。

（2）主导产品

园区家电类主导产品包括彩电、空调、洗衣机、冰箱/冰柜等全系列整机产品，目前开发区家电产业拥有规模以上工业企业42家，已形成年产彩电500万台、空调400万台、洗衣机600万台、冰箱2380万台的产能，成为全国最大的冰箱制造基地，冰箱产量占全国约20%，是全国家电产品种类品牌集中度最高的开发区之一。2012年，家电产业生产家电四大件共计2747.2万台，其中彩电370万台、空调349.7万台、洗衣机403.2万台、冰箱1624.3万台，家电产业实现产值846.5亿元，同比增长40.2%，产值占全区工业总量的36.7%。

（3）存在问题

一是产品配套需进一步加强。随着家电整机生产能力迅猛增长，部分配套件尤其是核心部件仍需外购，加大了企业成本。如电源控制系统、集成电路、电磁阀等技术含量高、附加值高的核心配套件靠外购。塑料及模具加工研发能力不足。家电原材料市场供给能力较弱，如发泡料、塑料粒子需外购。一些小的零部件，如吸塑件、金属件也要从外地购进。

二是园区外部产业布局需进一步优化。合肥市各县区、开发区都有一些家电及配套企业，没有形成专业化协作的配套群，造成工业园区之间在一定程度上争项目、争政策、争资源，不利于家电产业链和产业集群的形成和展开；专业化的分工不明显，缺少分工协作，园区产业的优势不能充分发挥。

三是开发区缺乏国际知名品牌以及带动性强的大项目，难以提升产业集群的知名度。目前在该区家电产业中，还缺少如日立、东芝、西门子、松下、飞利浦、索尼等国外知名品牌。

六、2014年我国消费品工业发展环境分析

（一）全球经济温和复苏带动消费需求增强

2014年，全球经济将温和复苏，逐步回归至长期趋势增长率，全球范围的通胀率仍将保持温和。然而，整体向好的背后，不同经济体表现仍然差异较大。在制造业、房地产等行业推动下，美国经济开始复苏，而欧洲的经济前景要黯淡一些。在此背景下，全球消费品需求增长萎缩的态势将有所改善，欧美国家政府公共需求仍可能萎缩，政府购买力下降；这些国家失业率居高不下，消费信心下降，家庭储蓄率上升，导致私人需求不足。公共需求萎缩和私人需求不足，都会进一步减弱消费需求。与此同时，我国制造业的竞争优势正在弱化，新一轮全球

范围的产业转移初现端倪。一些发展中国家如越南、印度尼西亚、孟加拉、印度、斯里兰卡等，正在利用比我国更加低廉的土地资源和劳动成本，生产与我国相同的劳动密集型产品，并向美欧等发达国家和地区大量出口，在全球市场上与我国劳动密集型产品形成了较大的竞争关系。

（二）国内宏观经济仍将低位运行

2013年4月9日，亚洲开发银行发布的《2013年亚洲发展展望》称，2014年政府为了减轻环境压力和缩小收入差距所采取的措施，将抑制经济增长进一步上升。世界银行在最新的《东亚太平洋经济更新》报告中说，世界银行周一下调2013和2014年中国的经济增长预测：世界银行估计中国2014年增长速度为7.7%，比先前的预测下调0.3个百分点。

（三）扩大消费需求的政策有利于消费品工业的持续增长

2013年政府换届，新一届政府更加强调调整经济结构、扩大消费需求。2013年7月12日国务院常务会研究部署加快发展节能环保产业，促进信息消费，拉动国内有效需求，推动经济转型升级。会议指出，我国正处于新“四化”同步推进的阶段，扩大内需要创新和拓展思路，发展节能环保产业，促进信息消费，不仅有利于破解资源环境制约、释放消费潜力，而且会拉动有效投资，带动新兴产业成长。

（四）社会环境因素变化带来的消费观念和消费结构变化

伴随着观念上的巨大变化，我国的出生率持续下降，人口老龄化步伐加快，人口红利正在稀释，劳动力市场逐年承压，多年以来支撑我国消费品工业快速发展的动力正在快速削弱，劳动密集型的食品、轻纺等消费品工业发展面临着“用工荒”的困境，一些边境省份消费品企业甚至要雇佣东南亚国家的劳动力。同时，随着城镇化的快速发展，我国耕地资源短缺加剧，粮食、油料、棉花等重点消费品原料的供给保障面临挑战，价格波动加剧。随着雾霾、水污染等问题的出现，人们环保意识增强，我国消费品工业发展面临的生态环境要素约束也在升级，节能、减排、降耗压力较大。除了劳动力、原材料、环境因素外，消费品工业要参与全球产业竞争，必须走集约化、规模化、一二产业联动的路径，由此产生的资金瓶颈也是产业发展的制约因素之一。面对要素供给结构的大变化，消费品工业必须加快转型升级，走集约式发展之路。

七、2014 年我国消费品工业发展趋势展望

（一）生产增速持续低位运行

2013 年，美、日在量化宽松货币政策推动下经济发展有好转迹象，但内生经济缺乏亮点。新兴经济体增速低位运行成为常态。国内经济受产能过剩、内需疲软影响，增速趋于放缓。面对内外部经济发展的不确定性，2014 年消费品工业生产增速将持续低位运行。

预计 2014 年消费品工业的工业增加值增速将维持在 9.5% 左右。其中，由于国家大力支持乳品业发展以及加大“十二五”中期建设投资力度，轻工、纺织两大行业的工业增加值增速将在现有基础上有小幅反弹。而医药行业由于新版 GMP 第一个生死时间节点的逼近，生产增速将出现大幅度的下滑。

（二）出口增速小幅上扬

从各国消费者信心指数来看，虽然世界经济的疲软态势没有得到根本性改变，但主要国家消费需求有望稳步提升，进而带动我国消费品工业出口。然而，尽管来自美国和东盟国家的需求能够部分抵消欧洲消费的疲软，但由于政府对谎报贸易发票行为的打击、人民币升值和工资成本增加，2014 年我国消费品工业出口难言大的逆转。

预计 2014 年我国消费品工业的出口交货值增速将小幅上扬。其中，由于美联储宣布继续保持现有的量化宽松政策，全球制造业复苏步伐不会受到阻碍，纺织中间产品和化药原药的进口需求持续增长，纺织工业和医药工业的出口交货值增速将小幅上扬。轻工行业的出口交货值不会出现大的变化。

（三）内需有望进一步扩大

近年来，政府陆续出台多项扩内需政策，致力于改变消费环境，包括深入推行医疗体制改革、加大食药品安全监管和治理力度、推广节能绿色产品的生产和消费等。这些举措很大程度上鼓励了消费者的消费积极性，为消费注入新的动力，消费者信心指数自 2013 年 6 月开始持续上升。另外，2013 年以来，我国商品零

售价格指数相对稳定，物价控制在合理的增长范围之内，消费者的积极性未受到抑制，也有利于我国消费需求的进一步扩大。

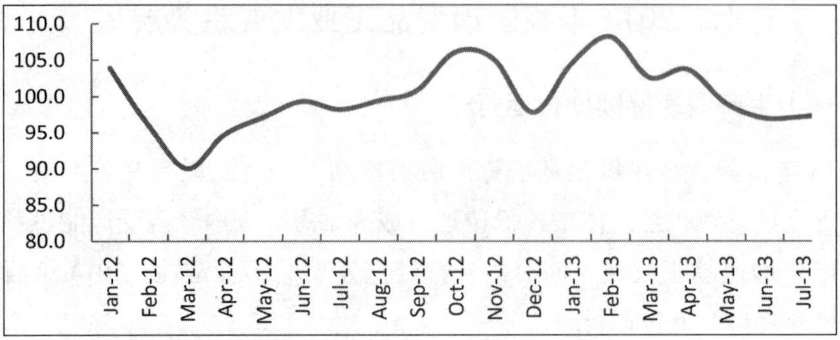

图10-20　2012—2013年中国消费者信心指数走势

数据来源：国家统计局。

表 10-24　2013 年 1—9 月我国商品零售价格指数（上年同期 =100）

指标	1月	2月	3月	4月	5月	6月	7月	8月	9月
商品零售价格指数	101.3	101.7	101.4	101.3	101.2	101.2	101.3	101.3	101.4
其中：食品	102.8	104.5	103.9	103.9	103.8	104.0	104.2	104.2	104.4
饮料、烟酒	101.9	101.7	101.6	101.5	101.3	101.2	101.1	101.0	100.9
服装、鞋帽	102.4	102.2	102.3	102.3	102.4	102.3	102.3	102.3	102.3
纺织品	101.2	100.8	100.8	100.9	101.0	101.0	101.0	101.0	101.0
家电及音像器材	98.1	98.0	98.0	98.1	98.1	98.1	98.1	98.2	98.2
文化办公用品	98.1	98.1	98.2	98.3	98.4	98.4	98.5	98.5	98.5
日用品	101.5	101.3	101.3	101.2	101.1	101.1	101.0	101.0	100.9
体育娱乐用品	101.1	101.0	101.0	101.0	101.0	100.9	100.9	100.8	100.8
家具	100.9	100.9	101.0	101.0	101.1	101.1	101.1	101.1	101.1
化妆品	102.3	102.3	102.3	102.2	102.1	102.0	101.9	101.8	101.7
金银珠宝	102.0	100.3	99.5	98.6	98.0	97.2	96.2	95.4	94.5
药品及保健用品	100.9	100.9	100.9	100.9	100.9	100.9	101.0	101.0	101.1

数据来源：国家统计局。

进入 2014 年，由于城市化进程加速，我国消费类型和数量持续增加，且春节、元旦两节临近，节日消费需求提前释放也将成为 2014 年拉动居民消费需求的动力之一。预计 2014 年零售额增长可能出现反弹，社会消费品零售总额将会有一定幅度的增长，累计增速在 13.5% 左右。另外，随着“十二五”中期评估工作的深入开展，消费品工业固定资产投资增速将大幅增长。

第十一章　电子信息制造业

一、2013 年我国电子信息制造业整体发展状况

2008 年国际金融危机将全球经济拉入持久的低迷状态，也沉重地打击了出口依赖度极高的我国电子信息产业。在产业振兴规划及一系列政策措施的扶持下，我国电子信息产业终于从 2010 年 3 月起逐步恢复平稳增长。我国电子信息产业出现衰退和复苏轮替的发展态势，不仅标志着过去 30 年以来行业快速增长阶段的结束，更是加剧了产业发展趋势的不确定性。

世界银行指出，全球金融危机爆发四年之后，世界经济仍在继续挣扎，而中国经济的增速也下调至 7.5%。2013 年上半年，除了美国制造业和就业市场明显好转，主要发达国家的经济状况未见增长态势，同时，近期新兴市场经济增长出现下行趋势。宏观形势的反复与不明朗也映射出我国电子信息产业的发展境况。

自 2012 年起，我国电子信息制造业生产、出口、投资增速均出现明显回落。2013 年上半年，我国电子信息产业进入平稳较慢增长时期，基本延续了 2012 年四季度以来的企稳复苏态势，进出口表现突出，但产量和投资增速较低。受全球市场回暖进程缓慢、国内经济复苏力度较弱影响，我国电子信息制造业尚未恢复至平稳较快的增长轨道，生产增速在年初短暂上扬后即开始小幅下行，产量和投资增速较低。

（一）产值累计增速呈现倒U型态势

自 2011 年 9 月开始，我国电子信息制造业产值改变了 2010 年 3 月以来持续近 18 个月的平稳较快增长态势，增速逐步放缓，进入 2012 年后放缓幅度更是陡

然加大。这既是受到国内外市场需求不振的外在影响，更因为存在着产业仍处于转型升级初级阶段、新增长点有待培育的内在制约。

2012 年，我国规模以上电子信息制造业增加值同比增长 12.1%，高于同期工业增加值增速（10%）2.1 个百分点，低于 2011 年同期（15.9%）3.8 个百分点；实现销售产值 85044 亿元，同比增长 12.6%，比上半年累计增速（11.1%）提高 1.5 个百分点，但低于 2011 年同期（21.1%）9 个百分点。自 9 月份以来，产业产值增速即出现逐月小幅回升，全年增速比 1—8 月、1—9 月、1—10 月、1—11 月分别高出 1.9、1.4、1.1、0.8 个百分点。

2013 年 1—7 月，我国规模以上电子信息制造业增加值增长 11.2%，高于同期工业增加值增速 1.8 个百分点，比 2012 年同期（12.2%）回落 1 个百分点；实现销售产值 50706 亿元，同比增长 11.4%，比 2012 年同期（10.2%）高出 1.2 个百分点，比年初和二季度分别回落 3 和 1 个百分点。

重点产品产量增速不一。2012 年，我国电子信息制造业全行业共生产手机 11.8 亿部、计算机 3.5 亿台、彩电 1.3 亿台和集成电路 823.1 亿块，分别同比增长 4.3%、10.5%、4.8% 和 14.4%。其中，手机、计算机和彩电产量占全球出货量的比重均超过 50%，稳固占据世界第一的位置。

2013 年上半年，手机产量受智能手机市场需求带动，同比增长 21.5%，比 2012 年同期（3.4%）高出 18.1 个百分点；彩电受家电补贴政策到期影响，比 2012 年同期（3.1%）下滑 4.2 个百分点；微型计算机、集成电路增速与 2012 年同期基本持平。

电子信息产品智能化、高端化步伐持续加快。2012 年，国内市场智能手机出货量 2.58 亿部，增长 166.8%，国产品牌份额超过 50%；平板计算机出货量达 6500 万台，首次超过笔记本计算机，占全球市场规模的 27%；智能电视国内销量 1041 万台，市场渗透率达 32%；华为、展讯、联芯等芯片设计企业创新及产业化能力不断提升，国产智能手机核心芯片出货量超过 4000 万片。

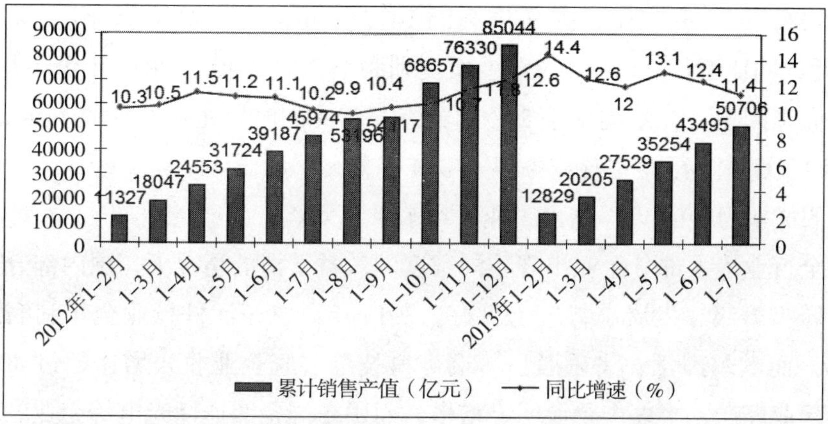

图11-1　2012年1月—2013年7月我国规模以上电子信息制造业累计销售产值及增速

数据来源：工业和信息化部运行监测协调局，2013 年 9 月。

表 11- 1　2013 年 1—7 月规模以上电子信息制造业重点产品产量及增速

产品名称	单位	本月累计	2012年同期	同比增速（%）
手机	万部	78238.8	64379	21.5
彩电	万台	6964.5	6752.3	3.1
其中：CRT电视	万台	201.5	476.6	–57.7
LCD电视	万台	5532.7	5666.4	–2.4
PDP电视	万台	127.5	105	21.4
微型电子计算机	万部	17717.4	16401.3	8
其中：笔记本计算机	万部	13346.7	12698.9	5.1
集成电路	亿块	471.7	433.5	8.8

数据来源：工业和信息化部运行监测协调局，2013 年 9 月。

（二）企业经济效益持续下滑

2012 年，我国规模以上电子信息制造业实现销售收入 84619 亿元，同比增长 13%，利润总额 3506 亿元，同比增长 6.2%；销售利润率达到 4.1%，比 2011 年同期（4.4%）回落 0.3 个百分点。从全年走势看，产业整体效益呈逐步向好态势，一季度、上半年、前三季度及全年的利润总额逐步扭转下降态势，增速分别为 –22.3%、–14.0%、–6.5% 和 6.2%；利润率不断提高，分别为 2.5%、3.1%、3.2% 和 4.1%；亏损面持续缩小，分别为 31.0%、25.6%、23.0% 和 19.0%。

2013 年 1—6 月，全行业实现利润 1477 亿元，同比增长 25.5%；实现税金 707 亿元，同比增长 22.9%；全行业实现利润率 3.4%，低于 2012 年全年 0.7 个百分点，低于同期工业平均水平 2 个百分点。与此同时，企业经营成本居高不下。2013 年 1—6 月全行业主营业务成本 38438 亿元，增长 11.2%。每百元主营业务收入中的成本为 89.6 元，高出工业平均水平 4 元。

在全行业绝大部分企业出现不同程度的效益下滑的情况下，国内部分企业积极推进转型升级，发展态势较为良好。2012 年，电子元件行业全年利润降幅超过 10%，而歌尔声学、飞乐股份、瑞声科技等多家企业收入增速超过 40%；电子材料行业停产、半停产企业明显增多，而山东国瓷、通鼎光电等企业利润增长超过 50%；LED 行业重点企业利润总额同比下降 11.8%，而三安光电、瑞丰光电和奥拓电子利润均同比增长 25% 以上；方正、同方等计算机企业因经营举步维艰加快兼并或重组，而联想 2012 年第四季度在国内和全球的计算机市场占有率比 2011 年同期分别提高了 1.4 和 1.9 个百分点。

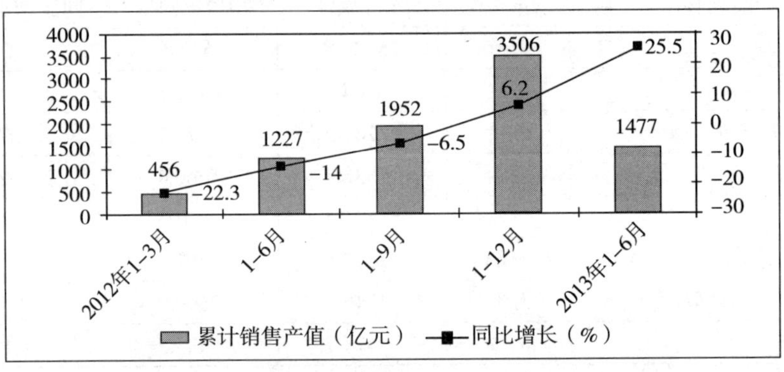

图11-2　2012年1月—2013年6月我国规模以上电子信息制造业利润及增速

数据来源：工业和信息化部运行监测协调局，2013 年 9 月。

（三）主要行业增速仍然有所分化

2012 年，智能手机市场需求持续上升，全球 4G（LTE）网络部署逐渐升温，我国通信设备行业连续 14 个月领跑各主要行业，实现销售产值 13718 亿元，同比增长 19.2%，高于行业平均水平 6.6 个百分点。电子器件行业受集成电路市场周期性回升、国内高世代液晶面板生产线提前满产的带动作用，连续 5 个月保持较快增长，实现销售产值 14006 亿元，同比增长 17.3%，高于行业平均水平 4.7

个百分点。计算机行业受全球PC出货量负增长（–2%）的影响，增速较为缓慢，实现销售产值22733亿元，同比增长11.6%，低于行业平均水平1个百分点。电子元件行业受全球整机厂商普遍削减订单、日本在华部分大型电子元件企业停产的影响，保持较低增速，实现销售产值14796亿元，同比增长10.7%，低于行业平均水平1.9个百分点。家用视听行业受家电“以旧换新”政策结束、国内房地产市场相对低迷，以及国际彩电市场“价格战”蔓延的影响，继续低位运行，实现销售产值5361亿元，同比增长8.8%，低于行业平均水平3.8个百分点。

截至2013年7月，通信设备行业连续21个月蝉联我国电子信息制造业各主要行业增速之首。2013年1—7月，通信设备行业实现销售产值8779.4亿元，同比增长27.4%，高出行业平均水平16个百分点；电子器件行业、家用视听行业呈现较快增长，分别实现销售产值7878.6亿元和3549.5亿元，同比增速分别为14.6%和13.2%，分别高于行业平均水平3.2和1.8个百分点；计算机行业、电子元件行业增长较为滞后，分别实现销售产值12244.9亿元和8620.4亿元，同比增长4.8%和8.1%，低于行业平均水平6.6和3.3个百分点。值得注意的是，家用视听行业和电子元件行业持续回升，销售产值增速分别比2012年同期（5%和7.6%）上升了8.2和0.5个百分点。

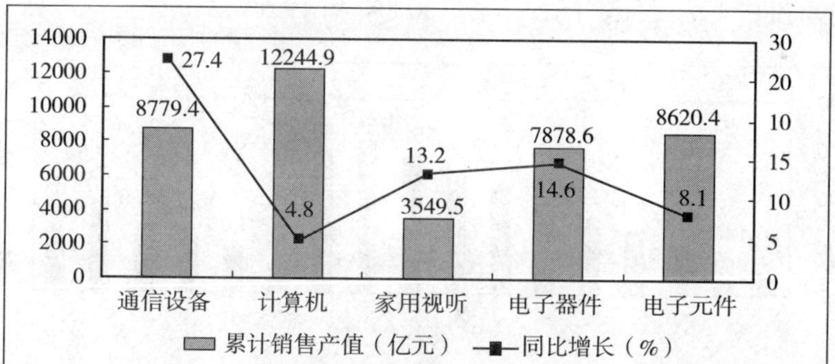

图11－3 2013年1—7月我国电子信息制造业主要行业累计销售产值及增速

数据来源：工业和信息化部运行监测协调局，2013年9月。

（四）产品进出口保持高位下行态势

2012年，我国电子信息产品进出口一直保持低速增长。其中，出口6980亿美元，同比增长5.6%，自9月份起增速稍有回升，全年增速比1—8月、1—9月、1—

10 月、1—11 月分别高出 2.5、2.2、1.7、1.1 个百分点。各行业出口增速差别较大，通信设备行业和电子器件行业出口增长较快，分别同比增长 14.8% 和 17.7%；计算机行业和电子元件行业出口增势平缓，分别同比增长 3.8% 和 2.8%；家用视听行业和电子材料行业出口持续负增长，分别同比下降了 9.5 和 17.1 个百分点。

我国电子信息产品对主要贸易伙伴出口增速差别较大。对中国香港、韩国及泰国、印尼和越南等东南亚新兴市场出口增速较快，分别同比增长 19.5%、16.8%、21.7%、11.7% 和 32.3%；对美国、日本出口保持小幅增长，分别同比增长 3.8% 和 2.8%；对荷兰、德国、法国、意大利等欧洲主要国家出口继续负增长，分别同比下降了 1.5%、15.5%、21.7% 和 37.9%。

2013 年我国电子信息产品进出口保持高速增长，呈现高位走低态势。1—7 月，进出口总额 7570 亿美元，同比增长 19.3%，比 2012 年同期（1.5%）高出 17.8 个百分点。其中，出口 4402 亿美元，占全国外贸出口的 35.5%，同比增长 17%，增速高于全国外贸出口平均水平（9.5%）7.5 个百分点，比 2012 年同期（3.7%）高出 13.3 个百分点；进口 3168 亿美元，占全国外贸进口的 28.5%，同比增长 22.6%，增速高于全国外贸进口平均水平（7.3%）15.3 个百分点，比 2012 年同期（-1.5%）高出 24.1 个百分点。电子器件和通信设备行业出口增长较快，分别为 1027 亿美元和 924 亿美元，同比增长 130.8% 和 19.6%。

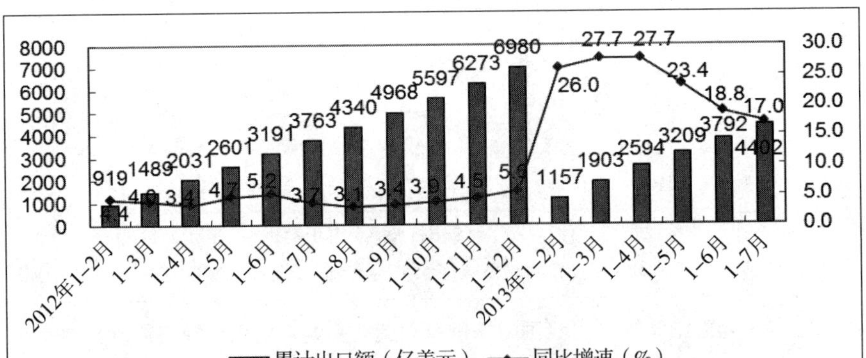

图11-4　2012年1月—2013年7月我国电子信息产品累计出口额及增速

数据来源：工业和信息化部运行监测协调局，2013 年 9 月。

（五）固定资产投资维持低速增长

2012 年，我国电子信息产业 500 万元以上项目完成固定资产投资额 9591.5 亿元，增长 5.7 %，低于 2011 年同期（51.5%）45.8 个百分点，低于同期工业投资（20%）14.3 个百分点。分季度看，投资增长呈显著下滑态势，1—4 季度增速分别为 10.8%、6.8%、5.3% 和 2.1%。电子器件行业和信息机电行业合计投资占总投资额近 40%，分别同比下降 9.9% 和 10.8%。其中，半导体分立器件领域投资下降 10.2%，光电器件领域投资下降 3.3%，光伏及电池领域投资下降近 9%，光纤光缆领域投资下降 18%。

2012 年，电子信息产业投资的到位资金 10334 亿元，同比增长 6.3%，比 2011 年同期（54.3%）下降 48 个百分点，比全国水平（18.6%）低 12.3 个百分点。其中，受国内货币政策较为稳健、国际经济复苏缓慢的影响，国内贷款和利用外资分别下滑 2.8 和 15.3 个百分点，占全部到位资金比例下降 1 和 1.8 个百分点；自筹资金同比增长 12.9%，占比 79.3%，比 2011 年同期（74.6%）上升 4.7 个百分点。

2013 年 1—7 月，我国电子信息产业 500 万元以上项目累计完成投资 5670 亿元，同比增长 9.5%，低于同期工业投资增速（16.6%）7.1 个百分点，高于 2012 年同期（7.7%）1.8 个百分点。投资增速开始企稳回升，但整体仍处于低增长区间内，增速比同期工业投资低 7.1 个百分点。其中，集成电路、通信设备领域投资增势强劲，集成电路行业和通信设备行业分别完成投资 292 亿元和 466 亿元，同比增长 47.8% 和 42.5%，增速分别高于 2012 年同期 23.9 和 10.2 个百分点，扭转了年初负增长的局面；计算机和光伏等行业投资持续下滑，同比增幅分别为 –9.2% 和 –26.5%。

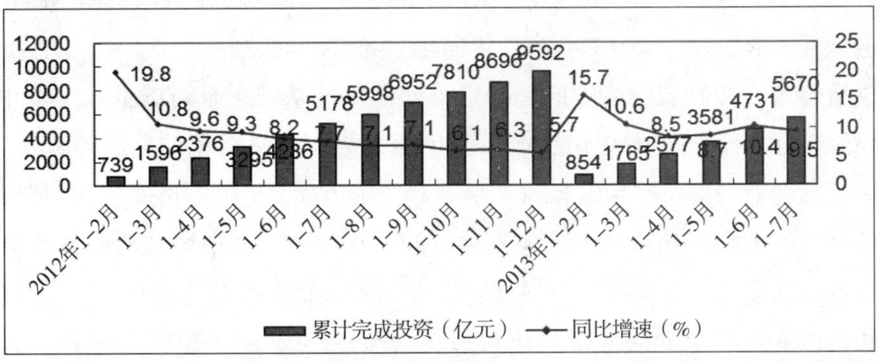

图11－5　2012年1月—2013年7月我国电子信息产业500万元以上项目累计完成投资额及增速

数据来源：工业和信息化部运行监测协调局，2013 年 9 月。

二、2013年我国电子信息制造业重点政策解析

（一）《关于促进信息消费扩大内需的若干意见》

1. 出台背景

近年来，我国信息消费规模不断扩大，有望发展成为我国经济发展的新的支柱产业。国务院于2013年8月8日印发了《关于促进信息消费扩大内需的若干意见》（国发〔2013〕32号）。

2. 思路和目标

《若干意见》的主要思路是围绕激发消费需求、增强供给能力、提升公共服务水平和夯实信息基础设施、改善信息消费环境等方面制订保障措施，以建立促进信息消费持续稳定增长的长效机制。为此，《若干意见》提出了三个方面的预期性指标：一是关于信息消费规模，提出了到2015年的信息消费规模、增长速度以及电子商务交易规模等预期目标；二是关于信息基础设施，提出了满足信息消费需求的网络能力和网络覆盖目标；三是关于信息消费环境，提出了市场创新、竞争秩序、消费环境、消费选择、消费意愿以及企业信息化和公共服务信息化等定性目标。

3. 重点任务

《若干意见》提出具体的工作任务：一是加快信息基础设施演进升级。重点推进实施“宽带中国”战略，扩大3G网络覆盖、年内发放4G牌照，加快电信和广电业务双向进入，2013年下半年向全国推广三网融合业务。二是增强信息产品供给能力。鼓励智能终端产品研发，增强电子基础产业创新能力，提升软件业支撑服务水平，切实增强信息产品的供给能力。三是培育信息消费需求。《若干意见》从行业形态、产品内容和交易平台三个方面，提出应拓展新兴消费业态，丰富信息消费内容，拓展电子商务发展空间。围绕产品、市场和消费者意愿，夯实消费者现实需求，开放和引导消费者潜在需求，使消费者感觉有所买、愿意买、方便买。四是提升公共服务信息化水平。《若干意见》中提出促进公共信息资源共享和开发利用、提升民生领域信息服务水平和加快智慧城市建设三项任务，力

争通过物联网等信息技术构建一个高感度的城市基础环境，实现“以人为本”的政府高效管理、便捷的民生服务。五是加强信息消费环境建设。建立和完善有利于扩大信息消费的政策环境，构建安全可信的信息消费环境基础，提升信息安全保障能力，加强个人信息保护，规范信息消费市场秩序。

（二）《“宽带中国”战略及实施方案》

1. 出台背景

发展宽带网络对拉动有效投资、促进信息消费、推进发展方式转变和小康社会建设具有重要支撑作用。2013 年 8 月 1 日，国务院出台了《“宽带中国”战略及实施方案》（国发〔2013〕31 号）。

2. 思路和目标

《实施方案》明确了我国宽带网络发展的中短期目标，即到 2015 年，初步建成适应经济社会发展需要的下一代国家信息基础设施；到 2020 年，我国宽带网络基础设施发展水平与发达国家之间的差距大幅缩小，国民充分享受宽带带来的经济增长、服务便利和发展机遇。

3. 重点任务

《实施方案》提出了推进区域宽带网络协调发展、加快宽带网络优化升级、提高宽带网络应用水平、促进宽带网络产业链不断完善、增强宽带网络安全保障能力五个方面的重点任务。

（三）《关于促进光伏产业健康发展的若干意见》

1. 出台背景

近年来，国际贸易摩擦有所抬头，我国光伏产业发展出现了产能严重过剩、市场过度依靠外需、企业创新能力不强、资金支持不足等问题。在此背景下，国家发改委、工信部、财政部等相关部委于 2013 年 7 月 4 日联合制定了《关于促进光伏产业健康发展的若干意见》（国发〔2013〕24 号）。

2. 思路和目标

《若干意见》的主要思路为：一是扩大市场，完善支持政策，通过市场机制激发国内市场有效需求，努力巩固国际市场；二是规范市场，健全标准体系，规范产业发展秩序，着力推进产业重组和转型升级；三是完善法制配套，完善市场机制，加快技术进步，着力提高光伏产业发展质量和效益。

《若干意见》提出未来三年的发展目标：一方面扩大国内市场，2013—2015年国内新增装机10GW，到2015年，累计装机量达到35GW。另一方面，巩固国外市场，保持光伏产品在国际市场的合理份额，对外贸易和投融资合作取得新进展。同时提出了规范产业和加快技术创新、产业升级的相关目标。

3. 重点任务

《若干意见》提出了六项具体的工作任务：一是在开拓市场方面，重点是扩大国内市场，同时千方百计巩固和拓展国际市场；二是在结构调整和技术进步方面，重点是推进企业重组，淘汰落后产能，促进产业升级和技术进步；三是在规范产业发展秩序方面，重点是加强规划和产业政策指导引导，严格市场监管，完善市场环境；四是在完善并网管理和服务方面，重点是加强与配套电网建设和运行的协调；五是在完善支持政策方面，主要是放开用户侧市场，完善价格政策和补贴机制，加大财税和金融支持力度；六是在加强组织领导方面，按照职责分工抓紧制定相关配套文件，完善光伏发电价格、税收、金融信贷和建设用地等配套政策，确保各项任务措施的贯彻实施。

（四）《关于推进物联网有序健康发展的指导意见》

1. 出台背景

我国在物联网技术研发、标准研制、产业培育和行业应用等方面已初步具备一定基础，但仍存在关键核心技术薄弱、产业基础不牢、网络信息安全隐患等问题。国务院于2013年2月5日印发出台了《关于推进物联网有序健康发展的指导意见》（国发〔2013〕7号）。

2. 思路和目标

《指导意见》指出我国物联网有序健康发展的总体思路为：以市场为导向，以企业为主体，以突破关键技术为核心，以推动需求应用为抓手，以培育产业为重点，以保障安全为前提，营造发展环境，创新服务模式，强化标准规范，合理规划布局，加强资源共享，深化军民融合，打造具有国际竞争力的物联网产业体系。《指导意见》提出，到2015年，要实现物联网在经济社会重要领域的规模示范应用，突破一批核心技术，初步形成物联网产业体系，安全保障能力明显提高。

3. 重点任务

《指导意见》将研发和应用作为物联网发展的中心任务：在技术研发方面，将突破关键技术作为物联网发展的核心，从物联网感知、网络通信、信息处理三大关键环节提出相应目标；在应用方面，将深化应用作为物联网发展的抓手，从促进经济社会发展和维护国家安全的重大需求出发选择了工业、农业、节能环保、商贸流通等10个领域作为应用试点示范的重点。

三、2013年我国电子信息制造业重点行业发展状况

（一）计算机行业

1. 产业增速、出口仍处低位运行

2013年以来，中国计算机产业保持平稳增长，产业发展呈现"稳中求进"态势，生产增速小幅攀升。1—10月，实现销售产值和出口交货值18180亿元和13996亿元，均增长5.7%，仍低于2012年同期3.8和2.1个百分点；微型计算机设备累计总产量约2.7亿台，产业整体增速低于全行业平均水平。1—10月，全国计算机设备出口呈下降态势，出口额为1789亿美元，同比下降6.6%，其中，笔记本电脑出口额863亿美元，同比下降4.3%。

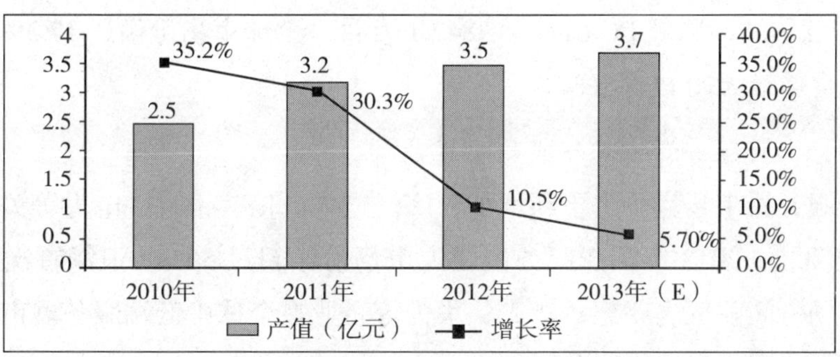

图11-6　2010—2013年我国微型计算机产品产量与增长率

数据来源：赛迪智库，2013年12月。

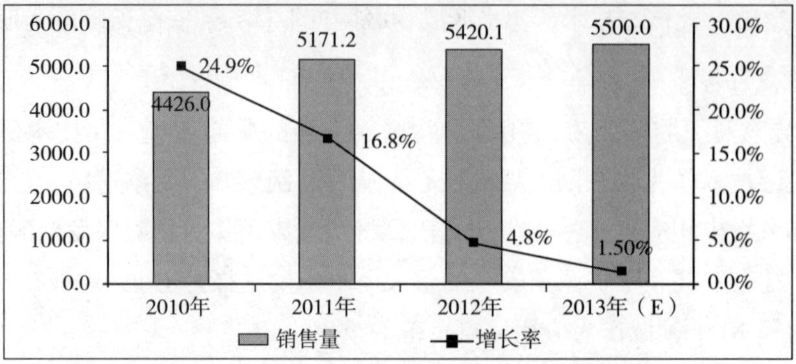

图11-7　2010—2013年我国微型计算机产品销量及增长率

数据来源：赛迪智库，2013年12月。

2. 平板计算机增长迅猛

移动互联网应用促进了硬件、软件、服务和内容全产业链的整合，计算机、通信、消费电子和数字内容加速融合发展。2012年我国平板计算机产量8973.67万台，同比增长54.71%，占全球产量的72.96%。国产品牌平板计算机产量超2000万台，占全球产量的17%。2013年是我国移动互联网快速发展的一年，平板计算机产量预计将翻番，达到1.7亿台。

3. 主要骨干企业领先优势进一步巩固

受整个PC行业市场需求下降的影响，国外主要PC企业出货量和市场份额均呈现大幅下滑。国内骨干企业联想出货量则保持稳中缓升，市场份额逆势增长。2013年前三季度，联想PC出货量3842.1万台，全球市场份额达17.3%，已超过惠普成为全球最大的PC厂商。

4. 国产品牌服务器市场份额稳步提升

国产服务器市场竞争力不断增加，广泛进入电信、银行、电力等关系国计民生的关键领域。2013年国产服务器国内市场份额超过50%。浪潮首次进入全球服务器市场份额前五，联想、曙光、华为等企业在全球中低端服务器市场的竞争力显著增强。国产云计算服务器的市场份额超过50%。

（二）通信设备行业

1. 产业规模稳定增长，产品结构仍待调整

2012年，通信与网络设备制造业多项经济指标在2011年基础上稳步提高。

但是，2010年通信与网络设备制造业的增长对国家投资和政策倾斜的依赖仍未完全摆脱，以市场内生需求为导向、调整产业结构和产品结构的任务依然十分艰巨。

2012年，手机依然是我国通信与网络设备制造业的主要产品。2012年我国手机产量11.8亿部，同比增长4.3%，占全球手机产量50%以上。在手机生产厂商中，外资企业相对国内企业占据大部分产量世界份额和市场份额的局面依然没有得到有效改观。

2. TD-LTE产业发展进入快车道，频谱资源向TD-LTE倾斜

2012年，TD-LTE产业发展已取得阶段性成果，形成了较为完整的产业链。截至2012年底，中国移动已在包括宁波、成都、福州在内的15个城市开始建设2万个站规模的TD-LTE网络，已有11家系统厂商，11家芯片厂商，以及10余家仪表厂商参与，共完成3万余项测试案例。

为提升我国TD-LTE产业的发展空间，2012年9月20日，工信部下发了《工业和信息化部关于国际移动通信系统（IMT）频率规划事宜的通知》，将2500MHz-2690MHz国际LTE主流频段全部规划为TDD使用频率，有效推动了TD-LTE的产业化、商用化和国际化进程，为促进我国通信设备产业发展提供了基础保证。

3. 多项利好政策驱动，光通信产业进入快速发展时期

受宽带提速等多项利好政策影响，我国光通信产业在2012年进入快速发展时期。2012年3月30日，工业和信息化部组织召开了“宽带普及提速工程动员部署电视电话会议”，全面部署推进宽带普及提速工程。截至2012年10月底，我国新增光纤到户覆盖家庭超过3900万户，提前超额完成全年3500万户的目标任务。ODN产业规模迅速扩大，GPON/EPON集采规模扩大化并重点指向光纤到户应用，100G技术通过验证并逐步进入商用。2012年底，由我国自主提出的分组传送技术（PTN）标准G.8113.1正式获得通过，这对于国内光通信产业的健康发展将起到积极的推动作用。

（三）家用视听设备行业

1. 产业规模稳步增长

2012年我国家用视听设备制造业销售产值达5361.1亿元，出口交货值2533.8亿元，同比增长8.8%和1.8%。彩色电视机产量1.3亿台，同比增长4.8%。

其中，液晶电视占比 94.2%，PDP 电视占比 5.4%。

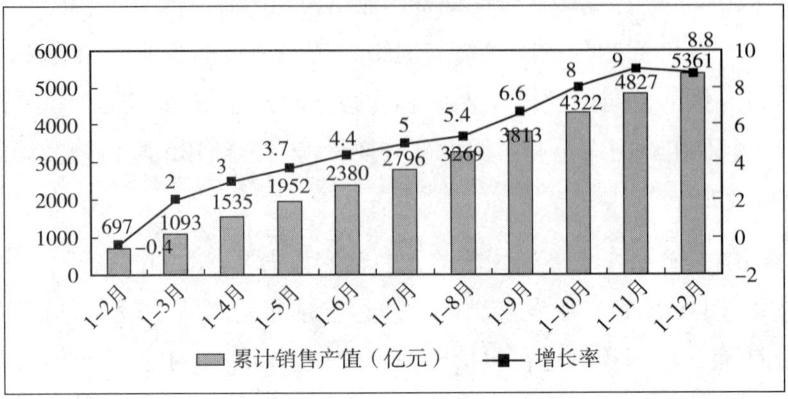

图11－8　2012年我国家用视听设备制造业销售产值及增速

数据来源：工业和信息化部运行监测协调局。

2. 技术创新和产品升级加快

具有良好节能效果的 LED 背光源液晶电视发展迅速，2012 年市场占有率近 90%。3D 电视快速普及，已成为中高端电视产品的标配，2012 年国内市场占比达 40%。超高清电视（UHD–TV）兴起，京东方和华星光电推出了 110 英寸的 4K 超高清显示屏，海信、TCL、长虹、创维、康佳、海尔等均推出了超高清液晶电视。

3. 智能电视成为信息消费新热点

智能电视市场规模迅速扩大，市场渗透率不断提升。2013 年前三季度，国内智能电视销量 1408 万台，同比增长 109%，在彩电零售市场的渗透率达 41%。2013 年上半年，TCL、海信、创维、长虹、康佳、海尔等 6 家本土骨干彩电企业智能电视内销量合计约 1000 万台，占其国内彩电总销量的比例超过 45%。智能电视硬件性能不断提高，软件功能越来越丰富，新型人机交互、云计算等新技术得到应用，智能化水平快速提升。以智能电视为中心的数字家庭能够带动新型客厅消费需求的市场应用。

4. DTMB 和 AVS/AVS+ 标准加快推广和应用

2013 年 3 月 18 日，基于 AVS+ 标准的 3D 节目在卫星电视频道试验播出，AVS+ 标准的节目源不断丰富。北京数字电视国家工程实验室等单位深化巩固

DTMB 标准在老挝、柬埔寨、古巴等国家的推广应用，采用全国 DTMB 标准和 AVS 标准的数字电视在古巴落户。DTMB 和 AVS 标准的海外应用示范工程获得电子发展基金支持，DTMB 和 AVS 标准等自主标准的国际影响力得到提升。

（四）集成电路行业

1. 产业规模快速扩张

我国是全球电子信息产品消费的主要市场，集成电路产品需求量多面广，已成为全球第一大集成电路市场。集成电路市场由 2006 年的 4743 亿元增长到 2012 年的 8558.6 亿元，年增长率达到 10.34%。我国集成电路设计业、晶圆制造及封装测试业都已初具规模。2012 年中国集成电路产业销售规模为 2158.5 亿元，同比增长 11.6%。其中，销售规模最大的是封装测试业，销售规模为 1035.7 亿元，首次突破千亿大关，同比增长 6.1%；增长幅度最大的是设计业，销售规模为 621.7 亿元，同比增长 18.1%；晶圆制造的销售规模为 501.1 亿元，同比增长 16.1%。

2. 产品结构不断提升

近年来，我国集成电路产品的结构正在发生变化。目前，存储器仍然是我国集成电路产品中占市场份额最大的产品，2012 年市场份额达到 20.2%，与 2011 年相比下降近 1.2 个百分点。CPU 产品也随着 PC 市场销量增速的放缓，市场份额有所降低。面对需求较为旺盛的 NAND flash 市场，各大厂商也纷纷调整其产能分布，其产品竞争激烈，市场波动中平均价格略有走低。此外，ASSP 随着各种专用高度集成芯片的出现，特别是移动智能设备的快速增长，市场能够保持超 10% 的增长，市场份额有所提升。

3. 产品的技术水平也在不断提高

在集成电路技术方面，我国正在努力缩小与世界先进水平的差距。其中，集成电路设计技术与世界先进设计技术的差距进一步缩小。我国已有 20% 以上的设计企业采用了 90/65/40/28nm 的工艺节点技术，集成度超过 500 万门。最大设计规模已达到 5000 万门级的企业也有 5.2% 的比例，并逐步扩大。在晶圆制造技术方面，许多新的工艺技术，诸如铜互连和低 K 介质系统，高 K 栅介质和金属栅材料、浸润式光刻技术、金属硅化物等已用于产业化。在封装测试技术环节，SOP、QFP 等表面贴装技术产品已大批量生产，球形阵列封装技术（BGA）、圆片级封装技术（WLP）、芯片级封装技术（CSP）等已经实现规模量产。

（五）平板显示行业

1. 产业规模稳步扩大

2012年我国平板显示产业规模达到740亿元，全年贸易逆差同比减少20.6%。TFT-LCD市场占有率位居全球前三，本土高世代线建成量产扭转了电视用面板全部依赖进口的局面。液晶电视面板自给率提升至36%，手机面板已能满足境内企业50%的需求。液晶面板产业自主发展能力显著增强。

2. 多种技术竞相发展

我国已形成较为完善的新型平板显示产业体系，已有4条8.5代线，2条6代线，5条5代线和4条4.5代TFT-LCD面板生产线量产，2条PDP生产线量产，在建的低温多晶硅（LTPS）5.5代线，高世代TFT-LCD面板生产线5条，多个主动式有机发光显示技术（AM-OLED）项目也正在开工建设。

表11-2　我国高世代TFT-LCD生产线建设情况

公司	地点	世代	采用技术	产能（K片/月）	产线建设情况
京东方	合肥	6	a-Si	100	量产
	北京	8.5	a-Si	120	量产
	合肥	8.5	IGZO	90	投产，产能爬坡
	重庆	8.5	IGZO	50	2015年量产
中电熊猫	南京	6	a-Si	90	量产
	南京	8.5	IGZO	60	2015年量产
华星光电	深圳	8.5	a-Si	130	量产
	深圳	8.5	a-Si	100	2015年量产
三星	苏州	8.5	a-Si	110	投产，产能爬坡
LGD	广州	8.5	a-Si	120	2014年量产
AUO	昆山	8.5	a-Si	50	2016年量产

数据来源：工业和信息化部运行监测协调局，2013年12月。

3. 技术创新取得突破

AMOLED、低温多晶硅TFT（LTPS TFT）和Oxide TFT等背板技术取得突破。超过5条4.5代、5.5代生产线导入LTPS技术，成功研制分辨率超过200 PPI AMOLED面板产品；30英寸以上AMOLED显示屏成功研制，产业化进程稳步推进。在建8.5代线引入Oxide TFT技术。

4. 配套能力不断增强

强大的市场需求带动了上游材料和设备的发展，推动玻璃基板、液晶材料、背光源组件、驱动 IC 等配套产业的国产化进程，配套产品在生产技术、工艺取得突破的基础上，产业化进程加快，配套能力得到提升，2012 年本土化配套率接近 30%。

（六）太阳能光伏行业

2013 年，在政府引导和市场驱动下，我国光伏产业发展形势总体向好，多晶硅产量逐月提升，电池企业经营状况不断改善、国内光伏市场稳步扩大，企业扭亏为盈，行业正实现 V 型反转。

1. 生产规模持续增长，产业集中度不断提高

2013 年，全球多晶硅产能约为 44 万吨，产量约为 24 万吨，同比相持平，我国在产多晶硅企业 15 家，产能约为 14 万吨，产量约为 8 万吨，同比增长 12%，前四家企业多晶硅产量占比达到近 80%。全球太阳能电池组件产能超过 60GW，产量达到 37GW，同比略有增长，中国约为 24GW，前十家企业占全国电池组件产量近 70%。全球光伏装机量达到 35GW，其中欧洲市场约为 10GW、日本约为 5GW、美国约为 3.5GW。我国全年光伏装机量达到 8GW，同比增幅近 90%。

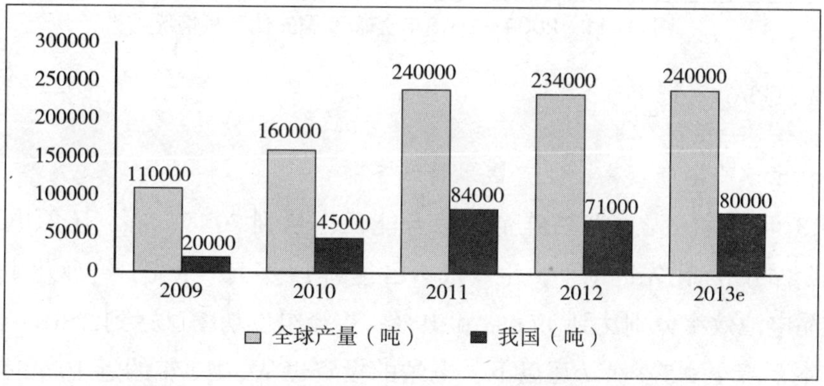

图11-9 2009—2013年全球和我国多晶硅产量情况

数据来源：CPIA，2013 年 12 月。

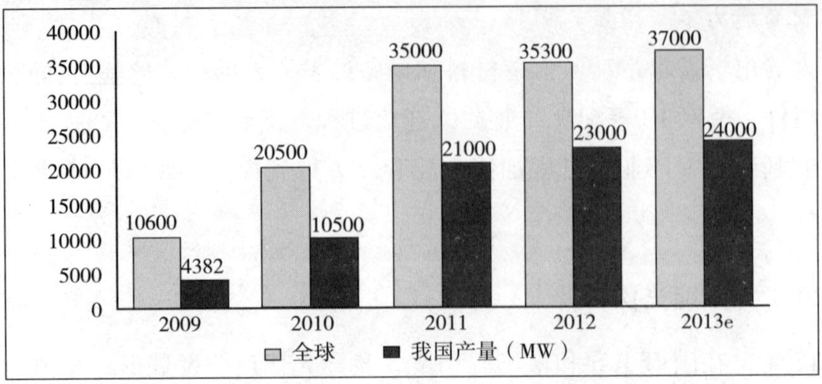

图11-10　2009—2013年我国太阳能电池组件产量情况

数据来源：CPIA，2013年12月。

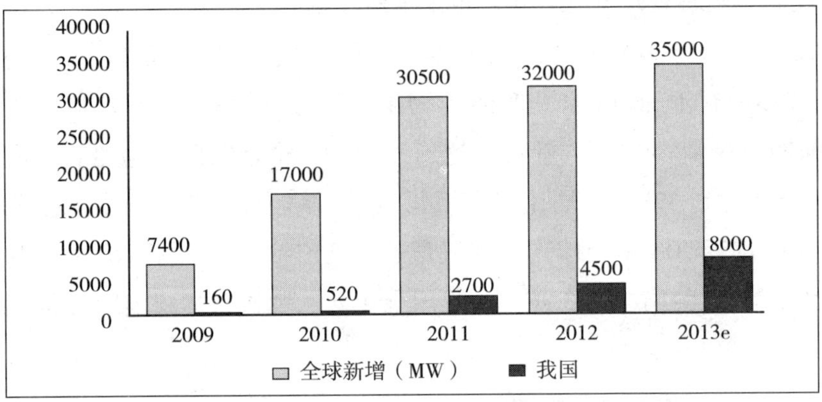

图11-11　2009—2013年全球/我国光伏装机情况

数据来源：CPIA，2013年12月。

2. 技术水平不断提高，生产成本持续下降

2013年，我国先进多晶硅企业综合能耗已达到70KWh/kg，还原电耗达到45KWh/kg的国际化先进水平，生产成本已达到14美元/千克。产业化生产的多晶和单晶电池效率分别达到17.6%和19%，主流组件功率已达到255W，组件的生产成本下降至0.5美元/瓦以下。电站的投资也从2012年的近10元/瓦降至2013年的8元—9元/瓦。

3. 光伏发电逐步实现用户侧平价上网，应用将由政策驱动向市场驱动过渡

虽然一些传统光伏国家，如意大利等，正在大力削减补贴或给光伏装机设限，

但随着光伏产品价格的快速下降，光伏发电在部分国家已经实现用户侧平价上网，如德国屋顶光伏系统发电成本已低于零售电价，我国在部分地区的工商业屋顶上也已实现用户侧平价上网，光伏应用市场正逐渐由补贴驱动向纯市场驱动转变。

（七）半导体照明（LED）行业

1. 产量增幅远大于产值增幅

由于全球经济低迷，LED 市场增长放缓，再加上 LED 规模的扩大、产能的不断增长，供需失衡的局面导致市场竞争逐步加剧，LED 产品的市场价格急剧下滑。2012 年，LED 产业链各类产品的价格下滑 20%—40%，导致我国 LED 企业虽然产品销售数量快速增加，但销售收入却未同步增长。以 LED 封装产业为例，其 2012 年产量同比增长 32%，但产值仅同比增长 12%。

2. 下游应用产品占我国 LED 产值比例最大

纵观我国 LED 产业，从上游芯片、中游封装到下游应用产品，产业规模依次由小到大呈现金字塔结构。LED 芯片方面，国内营收为 80 亿元，同比增长 23%；LED 封装产业规模达到 320 亿元，同比增长 12%，产量则由 2011 年的 1820 亿只增加到 2410 亿只，增长 32%；LED 应用方面，2012 年整体规模达到 1520 亿元，同比增长 24%。

3. 通用照明、背光应用与景观照明仍然是 LED 应用的主体

2012 年，通用照明应用产品产量超过 3 亿只，产值增长 40%，市场份额为 28%，成为 LED 最大的应用领域；背光应用增长 32%，占整个应用领域产值的 19%；景观应用增长有所放缓，为 19%，在整个应用产值中的比例为 22%，较 2011 年有所降低；LED 显示屏增长率有所放缓，在应用产值中的占比降到 13%。而在市场渗透率方面，我国大尺寸电视 LED 背光源的市场渗透率从 2011 年的 30% 左右增长到 2012 年的 60% 以上，通用照明的市场渗透率也从 2011 年的 1% 左右增加到 2012 年 3% 以上。

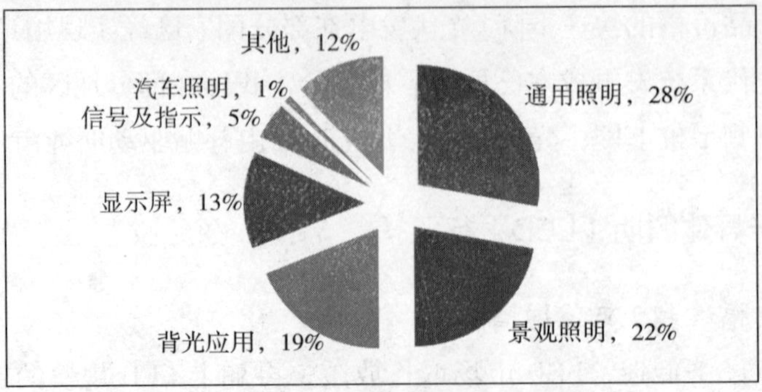

图11-12　2012年我国LED应用领域分布

数据来源：国家半导体照明工程研发及产业联盟。

4. 综合技术实力不断提升

在技术创新方面，我国 LED 外延材料、芯片制造、器件封装、荧光粉等方面均已显现具有自主技术产权的单元技术，部分核心技术具有原创性，初步形成了从上游材料、中游芯片制备到下游器件封装及集成应用的比较完整的研发与产业体系，为我国 LED 产业做大做强奠定了基础。

（八）电子材料、元器件及专用设备行业

1. 产业整体稳步增长，但增速持续放缓

在全球新一代信息技术以及新能源等战略性新兴产业快速增长的带动下，我国电子材料、元器件及专用设备行业规模稳步增长。2012 年行业销售产值达到 3.37 万亿元，2013 年将达到 3.78 万亿元。但由于全球经济复苏乏力，导致外需拉动力减弱以及国内产业转型升级，行业增速持续放慢。2012 年行业销售产业整体增速为 13.5%，比 2011 年下降 4.4 个百分点，2013 年预计将进一步下滑至 12.2%，创 2009 年以来新低，比 2012 年下降 1.3 个百分点。

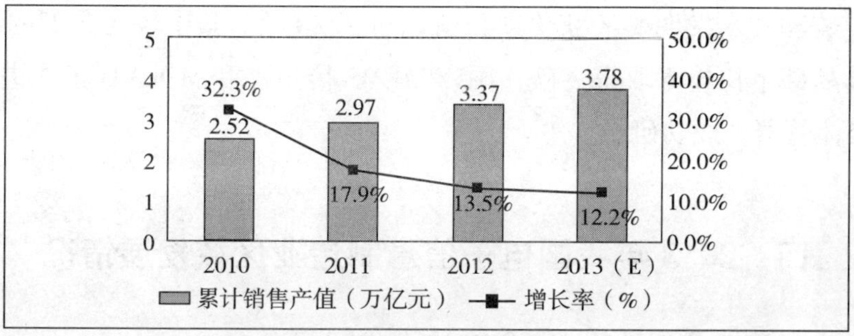

图11-13　2010—2013年我国电子材料、元器件及专用设备行业整体销售产值

数据来源：国家统计局，工业和信息化部，赛迪智库，2013年9月。

2. 整体进出口逆差逐步收窄，但细分行业分化明显

随着我国自主创新能力以及关键材料和设备的本土化水平不断提升，2012年我国电子材料、元器件及专用设备行业整体进出口逆差加速收窄，但细分行业分化明显。2011年行业贸易逆差为1563亿美元，同比下降1.7%，2012年进一步下滑至1477亿美元，同比下降5.5%，降幅比2011年增加近4个百分点。从细分行业看，2012年进出口逆差有升有降。电子器件行业逆差规模最大，小幅增长至1299亿美元；电子元件行业逆差规模最小，为35亿美元，但增速高达66.7%；电子材料行业逆差小幅回落，为38亿美元；电子专用设备行业逆差收窄幅度最大，降幅高达55.7%。

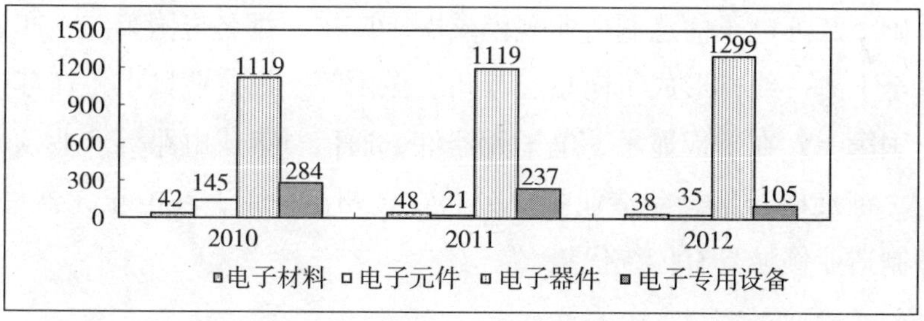

图11-14　2010-2012年我国电子材料、元器件及专用设备行业进出口贸易逆差（单位：亿美元）

数据来源：海关总署，工业和信息化部，赛迪智库，2013年9月。

3. 自主创新水平进一步提升

在国家重大科技等政策支持下，电子材料、元器件及电子专用设备行业技术创新步伐明显加快，核心技术不断突破，产业化进程加速，仅2012年国家科学

技术进步奖和技术发明奖的获奖项目就超过了10项。其中较为典型的有：6英寸区熔单晶硅生长技术取得突破，国产MEMS传声器和MOCVD正式进入市场，半浮栅晶体管器件成功研制。

四、2013年我国电子信息制造业区域发展情况

（一）长江三角洲地区电子信息产业发展状况

1. 整体发展情况

长三角地区地理范围包括上海、江苏和浙江两省一市，位于长江入海口及杭州湾三角地区，已经成为我国经济增长中最具有活力、增长潜力和竞争力的区域之一。截至2012年，长三角地区电子信息产品制造业实现主营业务收入2.75万亿元，占全国比重达到36.7%；利润总额1229.56亿元。受到电子信息制造业向内陆转移影响，近5年主营业务收入增长缓慢。

2. 产业发展特点

长三角地区是我国规模最大的电子信息制造业聚集地，产业比重占到全国总量接近四成。长三角地区的计算机、集成电路产业在全国具有突出优势，在通信、电子元器件领域也具备较强优势。其中，上海在研发和制造方面均具有强大实力，集成电路设计和制造企业全国领先，计算机制造业规模突出，通信设备制造业具有传统基础；江苏电子信息制造业规模仅次于广东，排名全国第二，产业主要分布在南京至上海一线，形成了南京、苏州、昆山等一批产业城市，江苏计算机产业规模全国第一，在平板显示、电子元器件、通信、集成电路等产业领域也具有较强实力；浙江电子信息制造业主要分布在杭州湾一带，在电子元器件及材料、通信设备制造业领域具有传统优势。

（二）珠江三角洲地区电子信息产业发展状况

2012年珠江三角洲地区规模以上电子信息制造业工业总产值为2.21万亿元，占广东的比重高达96.9%，占全国的比重为27.0%；工业增加值4674亿元，占广东的比重高达96.6%；利润总额约860亿元，占广东省比重为97.0%。

1. 整体增速趋缓

从近五年的发展情况来看，由于金融危机影响，2009 年珠三角地区电子信息制造业工业总产值只增长了 2%。在国家实施《电子信息产业调整和振兴规划》后，2010 年珠三角地区电子信息制造业迎来恢复性增长。但随后两年，受制于产业转型升级，珠三角地区电子信息制造业整体规模增长趋于缓慢，2011 年和 2012 年的增幅分别为 11.8% 和 6.3%,呈逐年下滑趋势。值得注意的是,近三年来，珠三角地区电子信息制造业增速低于我国整体水平，加上江苏、上海、北京等省市电子信息制造业的快速发展，珠三角地区电子信息制造业在全国的占比不断下滑，2012 年已降至 27.0%，比 2008 年下滑了近 4 个百分点。

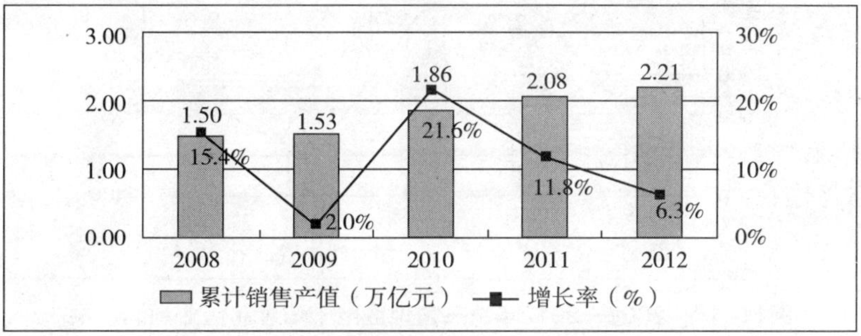

图11-15　2008—2012年珠三角地区电子信息制造业工业总产值

数据来源：广东统计年鉴，赛迪智库，2013 年 9 月。

2. 经济效益有所回升

由于转型升级影响，2011 年珠三角地区电子信息制造业经济效益出现明显下滑，工业增加值和利润总额出现不同程度负增长，这是 2000 年以来首次出现负增长。尤其是利润总额，同比减少 21.5%。为此，珠三角地区加快结构调整步伐，着力发展移动智能终端、数字视听等新一代电子信息产品，配套升级电子材料、元器件等基础产业，推动 2012 年电子信息制造业经济效益有一定程度回升，工业增加值同比增长 14.8%,利润总额同比增长 7.0%。随着结构调整进一步深入，预计珠三角地区电子信息制造业经济效益会逐步提高。

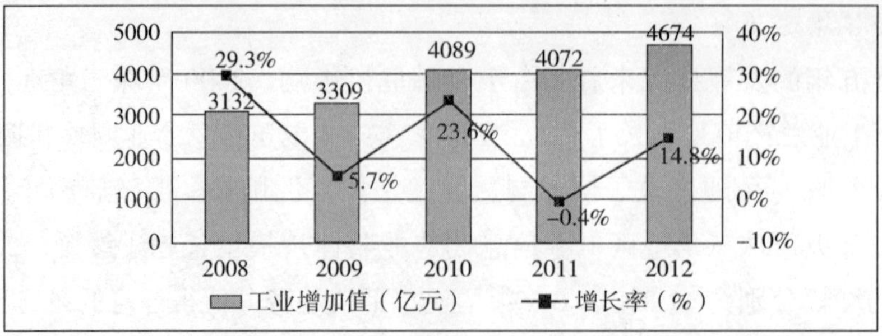

图11-16 2008—2012年珠三角地区电子信息制造业工业增加值

数据来源：广东统计年鉴，赛迪智库，2013年9月。

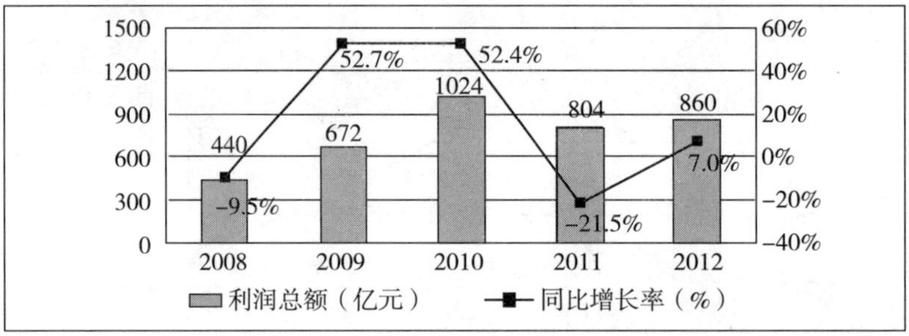

图11-17 2008—2012年珠三角地区电子信息制造业利润总额

数据来源：广东统计年鉴，赛迪智库，2013年9月。

3. 产业转移速度加快

一方面，人力成本上升、资源承载能力有限以及优惠政策到期等，电子信息制造业的部分行业属于人力密集型产业，对人力成本上升反应较为敏感；另一方面，广东省出台措施促进省内产业转移，同时我国中西部地区利用其人力资源以及环境优势，加大招商引资力度，出台了许多优惠政策，吸引沿海地区企业入驻。在双方面因素作用下，珠三角地区电子信息制造业部分企业加速向广东省其他地区以及周边省份转移。例如电子元器件产业，江西省是承接深圳市和广州市电子元器件产业转移的主要地区之一，仅2011年和2012年就有上百家企业将生产基地转移至江西省。

（三）环渤海地区电子信息产业发展状况

1. 产业集聚度高，基础雄厚，但配套能力差

环渤海地区是我国第三大电子信息产业集中区，拥有天津滨海新区、北京中

关村科技园等多个产业聚集地，产业基础雄厚，电子信息业发展远超国内大部分地区。近年来该地区电子信息制造业主营业务收入和利润额稳步增长。2012 年实现规模以上电子信息制造业销售产值 1.2 万亿元，占全国总量 14.5%；完成固定资产投资 1509.8 亿元，占全国总量 15.7%。2013 年 1—8 月实现固定资产投资 1049.7 亿元，占全国总量 15.8%，地区发展重点由单纯经济发展及工业建设向经济与环境协调发展变化。同时，该地区电子信息业受大城市对制造业的限制影响，各分支行业产业链发展都着重于某一环节，产业配套能力较差。

表 11-3　2007—2012 年环渤海地区电子信息制造业主营业务收入情况（单位：亿元）

	2007年	2008年	2009年	2010年	2011年	2012年
北京	2918.21	2466.59	2601.14	2762.45	2485.03	2650.99
天津	1962.21	1734.94	1541.8	1855.09	2173.62	2728.17
河北	182.34	255.82	263.91	406.35	471.38	560.73
辽宁	668.91	792.11	747.42	1095.13	1236.4	1281.81
山东	2804.12	3500.11	4315.15	4881.12	5471.7	5017.84
合计	8535.79	8749.57	9469.42	11000.14	11838.13	12239.54
占全国比重	18.8%	17.1%	18.5%	17.2%	7.6%	14.5%

数据来源：工业和信息化部运行监测协调局，2013 年 4 月。

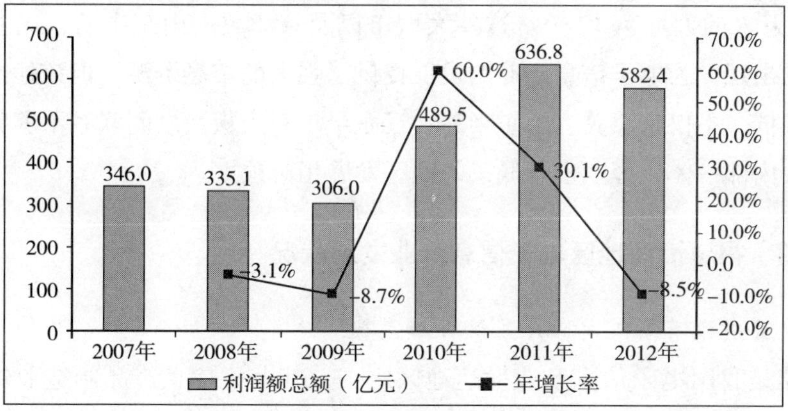

图11-18　2007—2012年环渤海地区电子信息制造业利润情况

数据来源：工业和信息化部运行监测协调局，2013 年 4 月。

2. 科技教育资源丰富，产业发展综合水平高，但经济发展体制机制不健全，市场化程度低

该地区是我国重要知识、人才密集区，为电子信息产业等高新技术产业的发展提供了智力基础，使产业发展以高技术领域为主导。但环渤海地区以京津为中心，行政指令及各种制度限制影响明显，国有经济成分显著，民营经济不活跃，体制改革相对滞后，各类要素市场发育及市场化程度较低，制约了地区经济发展。

3. 多种资源丰富，产业近期发展迅速，但水资源严重缺乏，产业发展具有隐患

环渤海经济区包括北京、天津、河北、山东、辽宁两市三省，全区域陆域面积 51.8 万平方公里，总人口 2.3 亿，占全国的 17.5%。该地区是我国东部主要出海口，也是我国与世界其他地区贸易往来的重要通道，交通便利，港口密布，能源、矿产、农产品、滩涂和海洋资源丰富，且空间组合条件好，为大规模发展电子信息产业及相关配套行业提供了便捷条件，近年来产业发展迅速。但另一方面，该地区水资源严重缺乏，2006 年人均水资源量仅为全国平均水平的 13.4%，属于严重或极度缺水的地区，严重制约了地区经济特别是电子信息产业的发展。

4. 城镇人口密集，市场潜力巨大，但经济一体化程度低

该地区拥有 200 万人以上超大城市 10 个，100—200 万人的特大城市 13 个，50—100 万人的大城市 17 个。这些大城市以及京津冀、山东半岛、沈大等城市密集区的出现，为电子信息产业的发展提供了强大的市场资源。但该地区经济一体化程度低，不仅京津冀、山东半岛、辽东半岛三大板块之间联系不够紧密，而且各板块内部一体化程度也较低，各地区发展相对独立。

（四）福厦沿海地区电子信息产业发展状况

1. 产业规模不断扩大，产业链日趋完善

福建是我国电子信息产业发达地区之一，其电子信息产品制造业销售收入居全国第六位，软件产业销售收入居全国第八位，信息化与工业化融合指数位居全国第六位。特别是福厦沿海地区，其电子信息产业已基本形成计算机及网络产品、移动通信产品、数字视听产品三大产业链，年产值占全行业约 70%；此外，还形成光电子、智能小家电、计算器等特殊产业链。2013 年 1—9 月，福建信息产品制造业累计完成产值 2883.9 亿元，同比增长 9.3%；累计完成工业销售值

2821.3 亿元，同比增长 9%；产销率 97.83%，同比基本持平；累计完成出口交货值 1453.1 亿元，占行业比重 50.4%，同比增长 5.9%；外商与港澳台投资企业累计完成产值 2250.8 亿元，占行业比重 78.1%，同比增长 8.1%。

2. 产业聚集度逐步提高

目前，福州、厦门、漳州、泉州、莆田五市的信息产品制造业产值占福建省 97%，福州、厦门两市软件业产值占全省 90%。福建沿海地区已于 2004 年成为全国首批 9 个信息产业基地之一。据不完全统计，福建全省有一定规模的电子信息企业已有 3000 多家，其中规模以上电子信息产品制造业企业 600 多家，软件企业 2000 多家；5 家电子信息产品制造业企业销售额超过百亿元，40 家企业超 10 亿元;软件产业销售额亿元以上企业 75 家,其中 10 亿元以上 7 家。2013 年 1—9 月，福州信息产品制造业累计完成产值 679.9 亿元，比 2012 年同期增长 3.9%；厦门市完成产值 1484.5 亿元，同比增长 8.5%；其他各地市中增速超过全省增速的有三明、漳州、龙岩和宁德等地，分别同比增长了 55.7%、36.8%、29.7% 和 18.7%。

3. 产业园区逐步壮大

产业集聚带动了作为载体的产业园区的不断壮大。目前，福建省已建成福州（马尾）显示器产业园、福清显示器产业园、厦门半导体照明工程产业化基地、泉州微波通信产业基地、莆田液晶显示产业基地等五个国家级产业园区。

4. 行业发展门类不断丰富

目前，福建省基本形成了福州显示器产业集群、福厦计算机及网络产品产业集群、厦门移动通信产品产业集群、厦漳数字视听产业集群、漳州智能小家电产业集群、莆田电子计算机和集成电路产业集群、福厦软件产业集群等七大产业集群，涉及骨干企业 30 多家，销售收入占全行业的 80%。

（五）中西部地区电子信息产业发展状况

近年来，在国家宏观政策引导下，电子信息制造业加速向中西部地区转移，目前已形成以重庆、成都、西安、武汉、郑州、合肥为代表的多个产值过千亿的电子信息产业发展中心，形成了一批产业亮点，为中西部地区电子信息产业高速发展奠定良好基础。

1. 整体发展情况

（1）规模逐渐扩大，比重不断提升

2012 年，中西部地区电子信息产品制造业实现主营业务收入 13497.65 亿元，占全国比重达到 16.0%；利润总额 600.4 亿元。在国家电子信息产业由东部地区向中西部转移的战略方针指引下，中西部地区近五年主营业务收入增长较快，占全国比重逐年提升，利润额增长迅速。

表 11-4　2008—2012 年中西部地区电子信息制造业主营业务收入情况（单位：亿元）

	2008	2009	2010	2011年	2012年
四川	864.5	1036.2	1343.8	2262.91	2710.64
重庆	96.4	158.7	273.7	922.25	1548.46
贵州	59.2	65.9	73.6	72.75	60.24
云南	13.9	13.8	13.9	22.63	29.46
西藏	0	0	0	0	0
陕西	243.0	224.4	273.9	398.42	471.13
甘肃	18.2	16.1	22.7	27.96	36.74
青海	1.6	0.8	1.6	19.49	18.09
宁夏	6.7	6.8	2.0	26.75	25.14
新疆	10.6	10.5	15.3	18.83	24.66
广西	126.4	102.2	217.7	321.05	609.60
内蒙古	119.0	142.8	62.5	111.37	162.01
山西	101.7	97.4	127.3	193.66	459.40
吉林	57.9	75.9	90.0	105.68	103.78
黑龙江	24.8	33.7	32.3	30.23	44.09
安徽	350.6	492.5	673.0	1072.58	1016.54
江西	236.2	376.5	580.0	1183.2	1685.27
河南	351.1	394.1	494.3	1131.72	2009.08
湖北	523.3	614.4	718.1	1204.17	1226.29
湖南	198.3	225.3	399.3	789.64	1257.03
总计	3403.5	4088.1	5414.8	9915.29	13497.65
占全国比重	6.64%	7.97%	8.47%	13.2%	16.0%
全国总量	51253.1	51312.3	63945.5	74909.16	84619.35

数据来源：工业和信息化部运行监测协调局，2013 年 4 月.

（2）产业转移初见成效

受承接产业转移及政策带动产业布局优化调整的双重影响，中西部地区近五年电子信息制造产业利润额始终保持高速增长，由东部地区向中西部转移已经取得明显成效，重庆、成都、郑州、武汉等城市正在成为新的具有国际影响力的电子信息产业基地。

（3）比重稳步提升

2013年上半年，中部和西部地区实现销售产值增长35.8%和28.6%，分别高出全国平均水平23.4和16.2个百分点；实现出口交货值增长50.3%和44.0%，分别高出全国平均水平44.5和38.2个百分点。两地区销售产值和出口交货值占全国比重17.6%和14.8%。

2. 产业发展特点

（1）地区发展特色明显

近年来，中西部地区电子信息制造产业发展速度明显加快，一些省市充分利用东北老工业基地改造和西部大开发的有利契机，加快本地区电子信息产业的发展，并已在家电、元器件、军工电子等领域形成明显的区域特色，进而带动了整个地区产业的发展。

（2）政策扶持逐步到位

近年来，国家优先安排中西部地区资源开发和基础设施建设项目，先后出台《产业转移指导目录》《科技助推西部地区转型发展行动计划（2013—2020年）》等政策，改善中西部地区投资环境，加强东部地区与西部地区的经济联合与合作，引导人才向中西部流动。

五、2013年我国电子信息制造业重点企业发展情况

（一）计算机行业重点企业

1. 联想集团有限公司

2013年一季度，联想智能手机和平板电脑的总销量首次超过PC销量。当季联想平板电脑出货量为150万台，排名全球第四，并以8%的市场份额在国内市场排名第二。二季度联想PC出货量已超过惠普，成为全球最大的PC厂商。到2013年三季度末，联想PC全年累积出货量3842.1万台，全球市场份额达17.3%。在产品创新方面，联想正在对主流的硬件产品进行跨平台融合，为智能

手机、平板、个人电脑、电视进行跨设备协同、云端服务及应用部署，未来不仅可能将其融合成平板手机、融合性电脑和一体机，甚至还会涉足汽车屏幕的整合。

2. 中国长城计算机深圳股份有限公司

2013 年一季度，公司实现营业收入 1756484.08 万元，同比增长 12.42%；实现归属于上市公司股东的净利润 395.45 万元，同比增长 6.44%。基本每股收益 0.0030 元，净资产收益率 0.14%。7 月 16 日，美国《财富》杂志（中文版）发布 2013 年度中国 500 强排行榜，长城电脑位列榜单第 61 位。7 月 24 日，广东省企业联合会、广东省企业家发布第十届 2013 年广东省企业 500 强、制造业百强以及服务业百强企业名单，长城电脑凭借自身在战略新兴产业、自主创新能力等多方面的发展，荣获广东省企业 500 强的荣誉称号。

3. 浪潮集团有限公司

2013 年二季度浪潮服务器出货量达到 6.5 万台，位列全球市场第五，这是中国服务器厂商首次进入全球前五强。浪潮在国内双路服务器市场占有率接近 20%，仅次于戴尔，双路产品成为浪潮出货量提升的重要组成。从行业角度看，互联网贡献了浪潮出货量的增量主体，浪潮在百度、阿里巴巴、奇虎等中国 Top10 互联网运营商中的出货量持续增长，在人民搜索、央视网等国家级互联网运营商占有 70% 以上份额，在移动互联网催生的手机游戏等新兴领域占有率突破 60%。领先的互联网定制产品是浪潮在该行业增长的主要因素。

（二）通信设备行业重点企业

1. 华为技术有限公司

华为技术有限公司于 1987 年创立于深圳，是全球领先的信息与通信解决方案供应商。华为致力于为电信运营商、企业和消费者等提供有竞争力的 ICT 解决方案和服务，在电信网络、企业网络、消费者和云计算等领域构筑了端到端的解决方案优势。目前，华为的产品和解决方案已经应用于 140 多个国家和地区，服务全球 1/3 的人口。2010 年，华为首次入选世界 500 强，排名第 397 位，2012 年继续入围，排名上升至 351 位。

2. 中兴通讯股份有限公司

中兴通讯成立于 1985 年，在香港和深圳两地上市，是全球领先的综合通信解决方案提供商，是国内最大的通信设备上市公司。中兴通讯拥有通信业界最完整的、端到端的产品线和融合解决方案，通过全系列的无线、有线、业务、终端产品和专业通信服务，灵活满足全球不同运营商的差异化需求以及快速创新的追求。中兴通讯系统设备已全面服务于全球高端市场的顶级运营商，为全球140多个国家和地区的电信运营商提供创新技术与产品解决方案。

3. 烽火通信科技股份有限公司

烽火通信科技股份有限公司是国家科技部认定的国内光通信领域唯一的"863"计划成果产业化基地和创新型企业，同时也是国家发改委、财政部、海关总署、国家税务总局联合认定的企业技术中心。公司由武汉邮电科学研究院1999年底转制成立，2001年烽火通信A股在上海证券交易所上市。烽火通信掌握大批光通信领域核心技术，参与制定国家标准和行业标准200多项。近年来，烽火通信承担了国家"十五攻关计划""40Gb/s SDH光纤通信设备与系统"、"自动交换光网络"、国家863计划"TbpsDWDM传输系统研制"等项目的研发与产业化，并率先实现商用，使中国光通信技术跻身全球领先水平之列。

（三）家用视听设备行业重点企业

1. TCL集团股份有限公司

2012年，TCL集团保持了稳健的收入增长态势。公司实现销售收入694.5亿元，同比增长14.32%，净利润12.7亿元。2012年华星光电的运营首年即实现规模化生产，实现收入72.37亿元，创造利润3.15亿元。

2012年，TCL实现液晶彩电产量1578.1万台。DisplaySearch数据显示，TCL电视销售量在全球液晶电视机市场的占有率从2011年的4.8%提升至2012年的5.8%，排名上升至第四位。

2. 青岛海信电器股份有限公司

2012年，海信集团实现营业收入252.52亿元，同比增长7.35%。其中，电视业务实现收入223.08亿元，同比增长4.53%；外销业务实现收入53.34亿元，同比增长25.74%；净利润16.03亿元。根据中怡康统计，2012年海信电视零售额市场占有率为14.84%，比2011年提升0.85个百分点，位居全国第一。2012年海信进行一系列产业布局，先后投资建设江门产业园，扩建平度产业园，开工新研发基地，新建南非产业园以及深圳南方管理总部。

2012 年，海信继续推进智能化战略，在智能电视云生态系统方面，推出了 Vision 人机界面交互系统，并建立了智能电视云服务平台，完善了智能电视运营体系。在液晶电视模组方面，海信主持起草国际电工委员会（IEC）液晶电视背光模组总规范标准。

3. 康佳集团股份有限公司

2012 年，康佳集团实现销售收入 183.38 亿元，同比增长 13.07%。净利润 4582.92 万元，同比增长 83.52%。国内市场实现营业收入 143.8 亿元，比 2011 年同期增长 16.0%，海外市场实现营业收入 38.1 亿元，比 2011 年同期增长 3.7%。

2012 年，康佳集团在业内率先开发出基于 Android4.0 操作系统的同步智能云电视，并且率先推出 84 寸 4k 2k 超高清系列产品，并发布同步精灵移动云、一体机、触摸屏电视等差异化产品系列。

（四）集成电路行业重点企业

1. 深圳市海思半导体有限公司

海思半导体有限公司成立于 2004 年 10 月，前身是创建于 1991 年的华为集成电路设计中心。海思公司总部位于深圳，在北京、上海、美国硅谷和瑞典设有设计分部。海思的产品包含无线网络、固定网络、数字媒体等领域的芯片及解决方案，应用于全球 100 多个国家和地区，并成功开发出 100 多款自主知识产权的芯片，申请专利 500 多项。海思近期重点发展数字媒体领域，推出网络监控芯片及解决方案、可视电话芯片及解决方案、DVB 芯片及解决方案和 IPTV 芯片及解决方案。

2. 展讯通信有限公司

展讯通信有限公司成立于 2001 年 4 月，总部位于我国上海张江高科技园区，在美国硅谷、圣地亚哥和我国的北京、深圳、天津等地设有分公司和研发中心。展讯的产品包含新一代的专用基带芯片、多媒体芯片、射频芯片、协议软件和软件应用平台，产品支持 GSM、GPRS、EDGE、TD-SCDMA、W-CDMA、HSDPA、HSUPA 等多个宽带无线通信标准，为终端制造商及产业链其他环节提供多种产品方案选择。

3. 中芯国际集成电路制造有限公司

中芯国际集成电路制造有限公司成立于 2000 年 4 月，总部位于上海，是我国内地规模最大的集成电路晶圆代工企业，向全球客户提供0.35微米到40纳米晶圆代工与技术服务。中芯国际在上海建有一座300mm晶圆厂和三座200mm晶圆厂，在北京建有两座300mm晶圆厂，在天津建有一座200mm晶圆厂，在深圳有一座200mm晶圆厂在建中，并代武汉新芯集成电路制造有限公司经营管理一座300mm晶圆厂，在美国、欧洲、日本和我国台湾地区提供客户服务和设立营销办事处，在中国香港设立了代表处。

（五）平板显示行业重点企业

1. 京东方科技集团股份有限公司

京东方科技集团股份有限公司已完整掌握了TFT－LCD的核心技术，相继推出多款全球领先的新技术和新产品，全球首发新产品超过75%。

2012年，京东方实现持续盈利，净利润达2.58亿，扣除非经常性损益后的经营业绩较去年同比大幅提升；营业总收入达258亿元，同比增长102%；毛利率跃升至平板显示行业全球前三。在中大尺寸显示屏方面，京东方出货量占全球市场份额9%，排名行业第五；在中小尺寸显示屏领域，占全球份额的11%。

2. 天马微电子股份有限公司

天马微电子股份有限公司是一家集液晶显示器的研发、设计、生产、销售和服务为一体的大型公众上市公司，已成为我国中小尺寸显示领域的领军企业。

2012年，天马微电子营业收入为43.34亿元，同比下降6.1%；净利润5442万元，同比下降46.19%；2013年上半年，公司调整自身市场定位、产线定位、客户策略与产品策略；盈利能力得到加强，企业竞争力和市场地位进一步提高。2013年上半年实现营业收入225111万元，利润总额5142万元。

3. 深圳市华星光电技术有限公司

深圳市华星光电技术有限公司的8.5代TFT-LCD生产线建设是迄今为止国内首条完全依靠自主创新、自主团队、自主建设的高世代面板线，项目总投资规模达245亿元，是深圳市建市以来单笔投资额最大的工业项目。

2012年前三季度华星光电处于量产爬坡期，2012年第四季度实现销售收入38.55亿元，全年投片量达75.34万片，销售量达到1085万片，已成为全球最大的32寸产品供应商。预计2013年可实现液晶面板和模组产品销量1800万片。

（六）太阳能光伏行业重点企业

1. 常州天合光能有限公司

常州天合光能有限公司成立于1998年，在美国纳斯达克上市。2013年，天合电池组件销售量进一步扩大，电池组件出货量达到2.2GW，同比增长38%，销售收入达到近20亿美元，并于2013年第四季度结束了自2011年第三季度以来连续亏损的局面，实现扭亏为盈。目前该公司硅片、电池片和组件产能分别达到1.2GW、2.4GW和2.4GW，产能规模位居全球前五位。在技术进步催动下，该公司的生产成本也在不断下降，截至2013年第四季度，该公司的组件生产成本已降至0.51美元/瓦，其中非硅成本已降至0.41美元/瓦，硅料成本降至0.1美元/瓦，而在2010年底其生产成本尚在1.16美元/瓦。

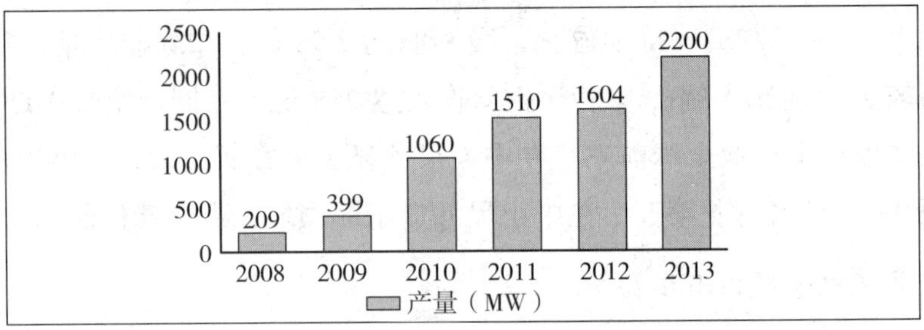

图11-19　天合光能2008—2013年组件出货量情况

数据来源：CPIA，2013年10月。

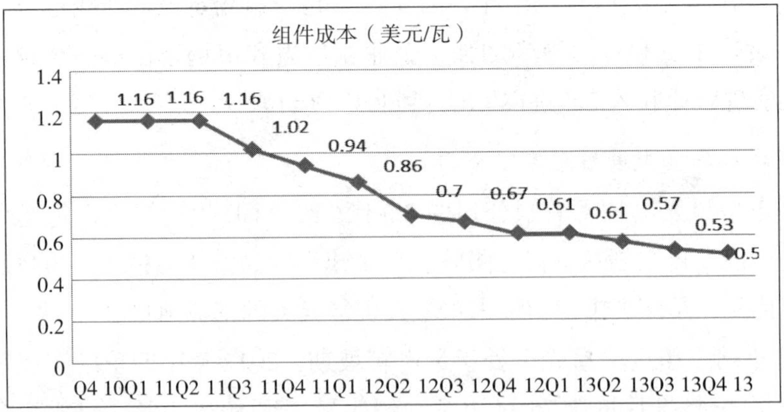

图2-4-20　天合光能2010Q4至2013Q4组件生产成本变化情况

数据来源：公司财报，2013年12月。

2. 英利绿色能源控股有限公司

英利集团创建于1987年，是目前中国最大的从硅材料到组件的完整垂直产业链企业。2013年，销售额达到近140亿元，组件出货量达到3.2GW，同比增长40%以上，约占全球光伏市场的10%。英利集团硅片、电池片和组件的产能均达到2450MW，其中保定基地1600MW，海口基地400MW，天津基地300MW，衡水基地150MW。该公司组件成本也在持续下降。多晶硅的耗硅量已从2010年的近6.5g/w下降至目前的近5g/w，组件生产成本也从2010年的近1.1美元/瓦下降至目前的0.52美元/瓦。

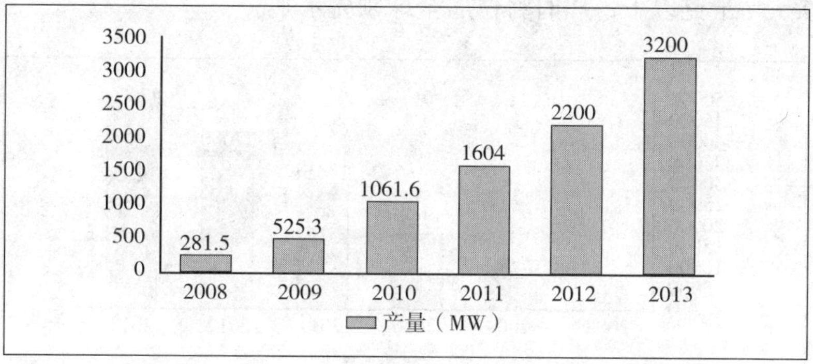

图11-21 2008—2013年英利集团组件产量增长情况

数据来源：公司财报，2013年12月。

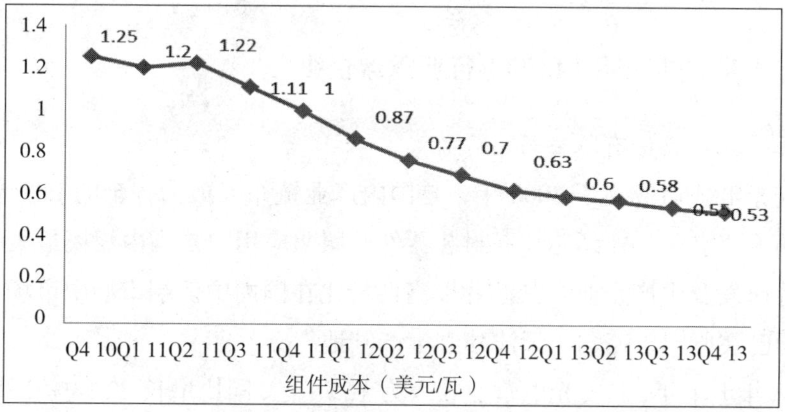

图11-22 英利集团2010Q4至2013Q4组件生产成本变化情况

数据来源：公司财报，2013年12月。

3. 江苏中能硅业科技发展有限公司

江苏中能硅业科技发展有限公司是香港上市公司保利协鑫全资控股的高纯多晶硅生产企业。该公司于 2007 年 10 月投产，目前产能达到 6.5 万吨，是全球最大的多晶硅生产企业。2012 年多晶硅产量达到 37120 吨，约占全球产量 52%，2013 年则达到近 5 万吨，约占我国总产量 62%。该公司持续推动技术进步，综合电耗已经降至 78 度 /kg.Si 左右，还原电耗降至 60 度 /kg.Si 以下，综合电耗年均下降 13%。生产成本逐步降低，目前已经降至 120 元 /kg.Si(18 美元 /kg.Si)以下。该公司中试的硅烷流化床法已经实现阶段性成功，预计产业化生产后生产成本可降至 10 美元 / 千克以下，届时将位居全球领先水平。

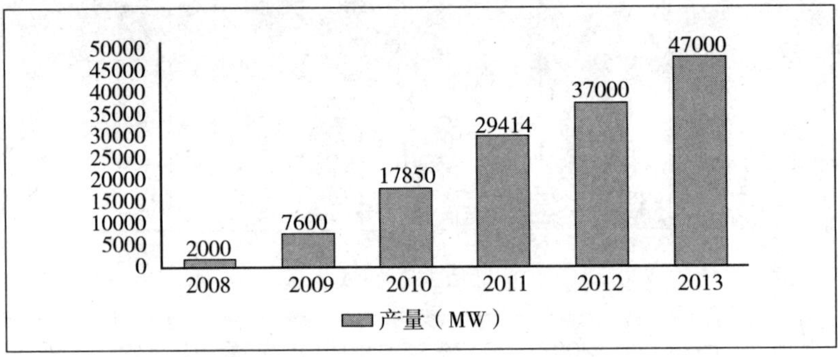

图11-23　中能产量上升趋势图

数据来源：公司财报，2013 年。

（七）半导体照明（LED）行业重点企业

1. 三安光电股份有限公司

三安光电公司成立于 2000 年，是国内产业链布局最为齐全的 LED 企业，主要产品涵盖蓝宝石、外延芯片、封装器件、照明应用，是国内规模最大的全色系 LED 芯片研发及生产企业，其芯片以高性价比在国内中低端市场中市场占有率最大。公司已在厦门、芜湖、天津建立生产基地。

2013 年上半年，三安光电营业收入为 16.74 亿，同比增长 22.13%；净利润 4.63 亿，同比下滑 0.70%。

2. 佛山国星光电股份有限公司

国星光电公司是目前国内三大 LED 封装企业之一，也是国内最大的 SMD

LED 封装企业。公司积极往 LED 产业上下游拓展，开发生产照明应用产品，设立照明分公司，并将产业链继续向上延伸到 LED 外延、芯片领域。

2013 年上半年，国星光电营业收入为 5.48 亿元，同比增长 23.12%，净利润为 4984.41 万元，同比增长 18.43%，产品综合毛利率达到 26.14%，同比增长 2.8 个百分点。

3. 东莞勤上光电股份有限公司

勤上光电公司是国内 LED 照明灯具领军企业之一，主营业务是户外照明、景观照明、室内照明、显示屏。公司 2010 年 LED 户外照明、室内照明、景观亮化市场占有率分别为 15.31%、17.54% 和 1.73%，市场地位突出。

2013 年上半年勤上光电营业收入为 4.61 亿元，同比增长 26.78%；净利润为 5459.14 万元，同比增长 20.02%，毛利率达 29.71%，与 2012 年同期基本持平。户外照明产品与景观照明产品为勤上光电的主要赢利点，2013 年上半年分别占据总销售收入的 51.9% 与 30.4%，另外，室内照明与显示屏分别占据 14.8% 与 2.9%。

（八）电子材料、元器件及仪器设备行业重点企业

1. 有研半导体材料股份有限公司

有研半导体材料股份有限公司（简称“有研硅股”）成立于 1999 年，同年在上海证券交易所挂牌上市。有研硅股是国内半导体材料行业的主导企业，开发出多领域、多品种的半导体材料系列，实现了我国硅单晶行业的九个“第一”。

2012 年有研硅股实现营业收入 4.1 亿元，同比下降 31.6%；净亏损 1.2 亿元，与 2011 年同期净利润 630 万元相比大幅下滑。进入 2013 年后，半导体材料价格趋于稳定，市场逐步回暖，有研硅股 2013 年上半年实现营业收入 2.4 亿元，同比增长 24.6%，实现扭亏为盈，净利润为 55 万元。

2. 江苏亨通光电股份有限公司

江苏亨通光电股份有限公司（简称“亨通光电”）成立于 1993 年，是专业生产各类光电线缆的国家级重点企业，已形成大规模的光棒——光纤——光缆产业链，2003 年在上海证券交易所上市。

2012 年亨通光电实现营业总收入 78.0 亿元，同比增长 16.7%，实现净利润 4.0

亿元，同比增长30.6%。截止2012年底，亨通光电总资产91.4亿元。2013年上半年实现营业收入35.9亿元，同比仅增长1.8%，净利润仅为0.8亿元，同比减少60%。

3. 吉林华微电子股份有限公司

吉林华微电子股份有限公司（简称“华微电子”）的前身是吉林市半导体器件厂，成立于1965年，现已成为中国最大的半导体功率器件制造基地之一，2001年在上海证券交易所上市。

2012年华微电子实现营业收入10.6亿元，同比减少3.9%，连续两年下滑，实现净利润0.69亿元，同比下降66.7%。截至2012年底，华微电子总资产31.1亿元。2013年上半年实现营业收入5.7亿元，比2012年同期增长3.8%，净利润0.2亿元，同比增长43.8%。

4. 北京七星华创电子股份有限公司

北京七星华创电子股份有限公司（简称“七星电子”）于2001年成立，主营业务为集成电路制造设备和电子元件，目前已经成为我国主要的电子专用设备生长企业之一，2010年在深圳证券交易所上市。

2012年七星电子实现营业收入10.1亿元，同比减少12.4%，净利润1.7亿元，同比增长5.7%。截止2012年底，七星电子的总资产为35.8亿元。2013年上半年实现营业收入4.2亿元，同比减少25.2%，净利润0.7亿元，同比减少23.0%。

六、2014年我国电子信息制造业发展环境分析

展望2014年，我国电子信息制造业面临基础领域整合和新兴热点兴起的政策环境和内外需市场不确定性增加的外部环境。

（一）政策推动基础领域整合，支持新兴热点增长

针对基础领域的关键技术能力薄弱和部分领域阶段性结构性过剩现象，政策将进一步引导行业健康持续发展。集成电路有望成为电子基础领域的重要突破口，预计2014年国家将进一步加大集成电路领域的投资和税收优惠政策出台和落实力度；在国务院《关于促进光伏产业健康发展的若干意见》（国发〔2013〕24号）

及工信部《光伏制造行业规范条件》等政策的推动下，我国光伏产业将通过兼并重组实现健康发展；推动智能终端产业链延伸，提升 TD-LTE 及 4G 智能手机及新型终端产品的研发能力；研发超高清电视等新产品，继续完善智能电视标准体系；推进数字家庭产业基地建设，不断开发新的应用。

信息消费、宽带中国、TD-LTE、物联网等新兴业态成为政策的关注点。《关于促进信息消费扩大内需的若干意见》（国发〔2013〕32 号）及《“宽带中国”战略及实施方案》（国发〔2013〕31 号）相继出台，提出了“2015 年信息消费规模超过 3.2 万亿元”及中短期宽带建设的目标，极大地促进产业发展；在 TD-LTE 专利体系不断健全的背景下，4G 牌照的发放将不断开拓 TD 产业的国内外市场;《关于推进物联网有序健康发展的指导意见》（国发〔2013〕7 号）提出“实现物联网在经济社会重要领域的规模示范应用”的目标，推动物联网成为产业新增长点。

（二）国际环境不确定性上升，内需市场规模有限

从国际上看，全球 IT 产业增长动力仍显不足。咨询机构 Gartner 曾于 2013 年初预计，2014 年全球 IT 支出增速为 4%，但其最新数据已调低至 3.1%，预计可能继续降低。2013 年 1—11 月，我国电子信息产品出口 7090 亿美元，同比增长 13%，较 2013 年前三季度分别下滑 14.7、5.8 和 1.6 个百分点。当前，虽然发达经济体总体趋于好转，但债务危机、结构性发展失衡和国内消费能力有限等潜在问题仍将拖累全球经济增长；新兴市场经济体增速明显放缓，并将面临更加严重的跨国资本流出和金融市场调整。作为出口导向型的产业，电子信息制造业出口增速受国际环境影响，逐渐步入新一轮减速区间。

亚洲地区的 IT 支出增长仍然高于世界平均水平，预计增速为 5.5%，但不排除后期调低的预期。从国内看，世界银行预计 2014 年我国经济增长速度将放缓至 7.7%，我国经济增长进入到高速难再的“后改革时期”。2013 年 1—11 月，我国电子信息产业 500 万元以上项目累计完成投资 9843 亿元，同比增长 13.2%。2013 年 8 月以来固定资产投资增速企稳回升，但目前仍低于同期工业投资增速 4.7 个百分点。徘徊复苏的国内外经济对我国电子信息制造业的投资造成负面影响，外资拉动效应减弱，社会资本处于观望态度，投资增长处于较低水平。

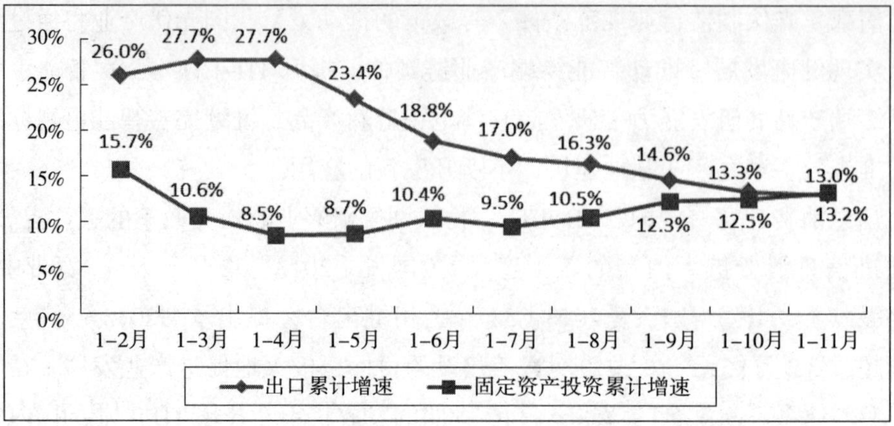

图11-24　2013年1—11月我国电子信息产品出口及固定资产投资增速

数据来源：工业和信息化部运行监测协调局，2014年1月。

（三）全球技术创新进入活跃期，我国产业技术持续突破

全球技术创新和产品形态创新进入新一轮加速期，约有近2000种前沿技术可能影响未来产业方向和布局。据Gartner《2013年新兴技术成熟度曲线》主题报告显示，物联网已经处于投资布局阶段，内存计算、云计算和企业3D打印等技术逐步成熟，有望在未来1—2年为产业带来关键性乃至颠覆性变革。可穿戴产品形态不断推陈出新，2013年智能手表GalaxyGear、谷歌眼镜、头戴显示设备Recon Snow等等纷纷面世，预计2014年可穿戴市场将达到24亿美元，年均增速为68.5%[1]。

我国在基础电子和整机领域持续取得技术突破。目前，集成电路大规模量产先进制造工艺水平达到45/40nm，32/28nm工艺有望在2014年试验线量产；平板显示方面，鄂尔多斯AMOLED生产线和合肥8.5代TFT-LCD生产线有望实现大规模量产；光伏电池转换效率继续提升；LED用MOCVD设备有望实现规模生产。随着中低端智能手机的普及，国产手机芯片及解决方案、电容屏和处理器等核心和基础配套产业化能力将大幅提升。

[1] 根据咨询机构Juniper Research预测的市场规模推算。

七、2014 年我国电子信息制造业发展趋势展望

我国电子信息产业是典型的高科技、高投资、外向型的战略性新兴产业，受国际经济环境的影响较大，也对国内的研发和投资环境有较高的敏感度。

世界银行最新报告再次下调我国经济增长速度至 7.5%，这是近年来我国 GDP 最低增速，也说明了我国经济增长进入到高速难再的“后改革时期”，国内经济转型压力剧增。

电子信息制造业也面临严峻的转型升级压力，行业竞争力两极分化态势会更加明显，但同时也突出了移动智能终端这一当前主要增长点，并且信息消费的规模也有望得到进一步扩大。因此，展望 2014 年，我国电子信息制造业的主要增长动力将来自于内生因素，整体走势基本维持现状，预计销售产值增速将维持在 11% 左右。

（一）国际市场仍旧难为产业增长提供足够动力

当前，全球经济似乎出现了部分有利于复苏的积极因素。但如经济复苏依然充满大量不确定性，短期之内市场回暖基本无望。在全球经济衰退风险增加、欧债危机持续恶化等影响下，最新《世界经济展望》报告预计，2013 年全球增长仍将处在略高于 3% 的疲弱水平。展望 2014 年，由于实体经济减速、公共财政收入增速下滑、居民实际收入增速减缓、民间投资需求疲软、国际大宗商品价格趋稳等因素叠加，预计外部经济减速态势还将持续，经济结构失衡局面难有根本好转。因此，国际市场能否回暖还是充满了不确定性，至少在短期内无法为我国电子信息制造业增长提供稳定可靠的保障。

（二）行业竞争力两极分化态势愈加明显

我国电子信息制造业行业竞争力的两极分化表现在两方面，一是体现在以智能手机为代表的移动智能终端行业与其他行业之间，之前已在经济运行基本情况和特点中有过论述。二是体现在各个主要行业内部的各个企业之间。例如，电子元件行业，重点骨干企业近年来整体收入增长不超过 10%，而歌尔声学、飞乐股

份、瑞声科技等企业均保持超过40%的销售收入增长率；电子材料行业，有相当一批企业停产或退出，而山东国瓷、通鼎光电等企业利润增长超过50%；计算机行业，方正、同方等企业经营举步维艰，正在加快兼并或重组，而联想全球市场占有率已超过15%。这反映了在国内外压力的"倒逼"机制下，产业中已有相当一批企业开始率先转型升级。2014年，这种两极分化的态势将更为明显，不断加速电子信息制造企业的优胜劣汰进程。

（三）移动智能终端成为产业主要增长点

从目前来看，虽然我国在物联网、云计算、数字家庭、新一代移动通信、下一代互联网等战略性新兴领域都作出了很多有益探索，但囿于缺乏核心关键技术和商业模式不成熟，兼具规模性和带动性的领域屈指可数，只有移动智能终端领域表现比较优秀。据统计，我国智能手机产量占全球总量比重达70%，平板计算机产量占全球总量比重超过80%；自主品牌智能手机国内市场占有率超过50%，华为、中兴、联想、宇龙等本土厂商销量跻身全球前十；海思、展讯等一批上游手机芯片企业竞争力持续增强，国产基带芯片及射频芯片年销量超过4000万套。2013年下半年，我国移动智能终端产业将以创新应用模式、完善产业生态、加强品牌建设、集约规范发展为导向，着力促进国产核心芯片及操作系统在智能手机中的应用推广，持续提升自主品牌智能手机产品的市场占有率，为电子信息制造业实现平稳增长提供重要动力。

（四）信息消费的规模有望进一步扩大

信息消费具有结构层次高、绿色无污染、带动作用强的特点，是近年来全球各国重点培育的新兴消费热点，也是我国有效扩大内需促进经济平稳较快发展的重要着力点。在《关于促进信息消费扩大内需的若干意见》的政策刺激下，信息消费有望成为内需拉动的重要增长点。智能终端在信息消费中具有平台和基础作用，既能催生消费新热点、新模式，又能受益于此而扩大产业规模。目前，智能手机网民在手机网民中占比已接近80%，用户新购手机时智能手机选购率达到72.8%；在网络视频、IPTV、数字家庭应用的推动下，智能电视的应用普及程度大幅提升，已有40%的消费者在选购电视机时会首选智能电视；信息消费概念向家庭应用领域持续延伸扩展，为视听娱乐、智能家居、远程安防、数字社区等新型信息产品及服务的增长提供了必要前提。2013年下半年，我国信息消费将以智能手机、智能电视、平板电脑、北斗导航等智能终端产品为主要载体，以消费内容不断丰富和消费模式持续创新为导向，进一步扩大消费规模、提升消费层次，为电子信息制造业实现平稳增长提供可靠途径。

第十二章　软件产业

一、2013 年我国软件产业发展状况

2013 年，促进信息消费政策逐步落地，《国务院关于印发进一步鼓励软件产业和集成电路产业发展若干政策的通知》（国发〔2011〕4 号）及其配套措施加快贯彻落实，交通、医疗、金融等领域信息化建设纵深化发展，云计算、移动互联网、大数据等新兴领域蓬勃发展。在这些因素的共同驱动下，我国软件产业保持平稳较快发展，服务化转型加快，新兴领域增势突出，中心城市持续领先发展，产业整体在国民经济中的地位和作用不断提升。

（一）产业规模保持平稳较快增长，增速收缓

2013 年 1—11 月，在宏观经济不景气和市场需求疲软的背景下，我国软件产业保持平稳增长态势，实现软件业务收入 2.84 万亿元，同比增长 24.8%，低

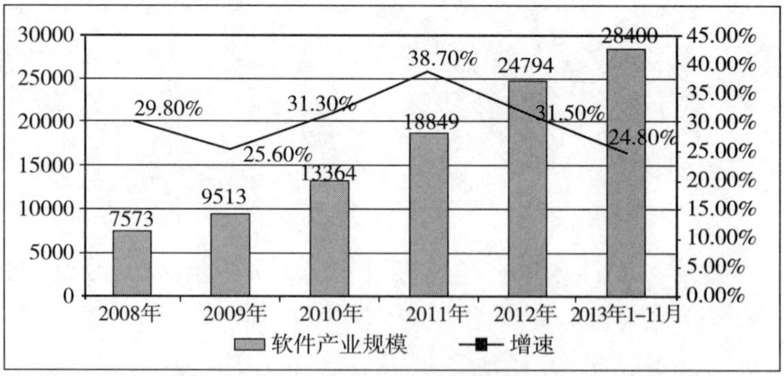

图12-1　2008年—2013年11月中国软件产业规模与年增长率

数据来源：工业和信息化部运行局。

于 2012 年同期 2.5 个百分点，比电子信息制造业增速高出 13.7 个百分点。相比于 2008 年 1—11 月，软件业务收入从 6977 亿元增长到 2.84 万亿元，5 年增长了 305.8%，年均增长 32.3%。

从软件产业月度收入情况看，2013 年，中国软件产业整体呈现“先平后上”的态势。1—11 月，软件业务收入累计增速在 23.8%—26.4% 波动，增势较为平稳。其中，受年底翘尾因素影响，10 月和 11 月增速出现连续回升，11 月增速为 30.7%，比 10 月高出 2 个百分点。相比于 2012 年，2013 年单月增速均低于上一期水平，体现产业整体增速放缓的态势。

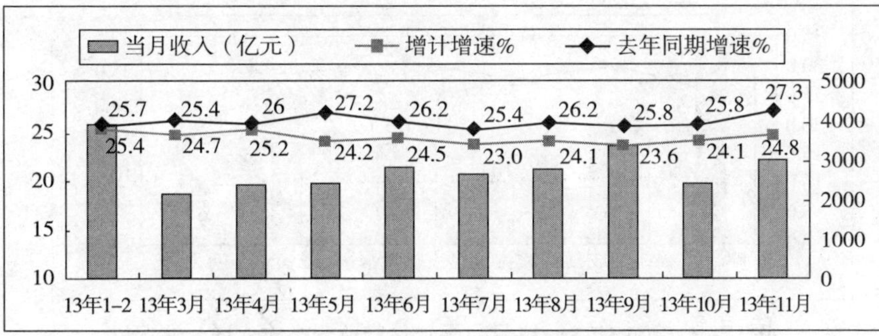

图12-2 2013年1—11月软件业务收入增长情况

数据来源：工业和信息化部，2013 年 12 月。

（二）信息技术服务类收入占比提高，软件产业服务化转型步伐加快

“十二五”以来，伴随软件服务化和两化融合的深化发展，《进一步鼓励软件产业和集成电路产业发展的若干政策》（国发〔2011〕4 号）的不断落实，IT 投资的不断加速以及新兴领域的快速发展，信息系统集成、数据处理和存储、信息技术咨询、IC 设计等信息技术服务业务增势突出，占软件产业比重不断提高，推动产业结构优化调整，从以软件产品为主导向产品和服务均衡发展的产业体系演进。

根据工业和信息化部数据，2013 年 1—11 月，我国数据处理和运营服务类收入增长突出，完成收入 4941.6 亿元，同比增长 26.5%，比全行业高出 1.7 个百分点，占全行业的比重为 17.4%；系统集成服务和信息技术咨询服务增势平稳，分别实现收入 5878.8 亿元和 3038.8 亿元，同比增长 25.5% 和 23.7%。IC 设计受

惠于有利的产业政策，实现收入823.6亿元，同比增长16.7%。以上四项信息技术服务类业务共实现收入14682.8亿元，占软件产业比重为51.7%，比2012年同期提高3个百分点。在2012年同期增速较高、基数较大等因素的作用下，嵌入式软件增速不断提高的局面在2013年下半年出现转变，1—11月实现收入4600.8亿元，同比增长16.7%，比1—10月降低9.5个百分点，比2012年同期降低18.8个百分点。软件产品保持稳步增长，实现收入9116.4亿元，增速为21.5%，低于全行业增速3.3个百分点。

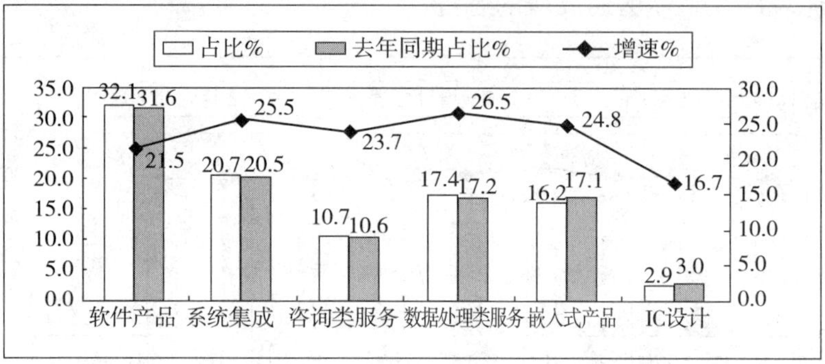

图12-3　2013年1—11月我国软件产业分类收入增长情况

数据来源：工业和信息化部，2013年12月。

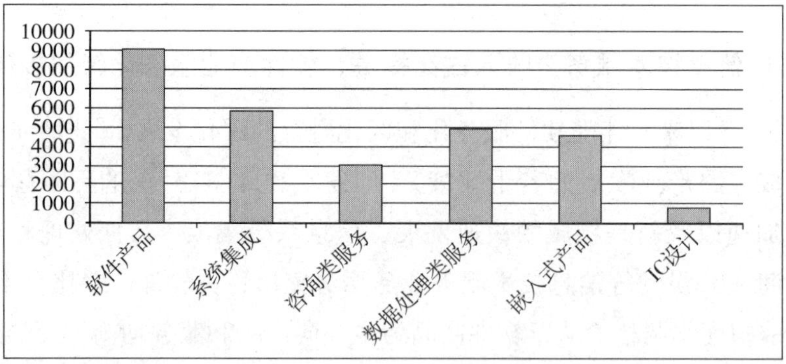

图12-4　2013年1—11月中国软件业务细分收入情况

数据来源：工业和信息化部，2013年12月。

（三）软件出口延续低增长态势，外包服务增势明显

受宏观经济形势弱势复苏、人民币汇率居高不下等因素影响，中国软件业出口虽出现好转的迹象，但仍未摆脱 2011 年下半年以来的低增长态势。2013 年 1—11 月，中国软件实现出口 371 亿美元，同比增速为 13.7%，比 2012 年高出 0.9 个百分点，但比 2011 年增速低 13.2 个百分点。其中，嵌入式软件出口延续低增长，同比增长 11.4%，比行业出口增速低 2.3 个百分点，但比 2012 年同期高出 5.6 个百分点；外包服务出口继续放缓，共完成收入 81.8 亿美元，同比增长 17.6%，比软件出口增速高出 3.9 个百分点，但比 2012 年同期低 21.7 个百分点，对软件出口增长贡献率为 22%，低于 2012 年同期 1.6 个百分点。

从 2008 年—2013 年 11 月软件出口增长情况看，中国软件出口从 2008 年的 142 亿美元增长到 2013 年 11 月的 310.7 亿美元，4 年增长了 218.8%，年均增长 21.6%。

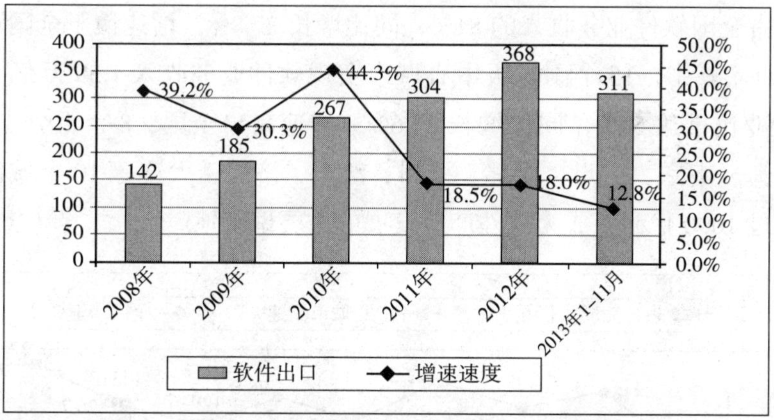

图12–5　2008年—2013年11月软件出口增长情况

数据来源：工业和信息化部历年统计数据。

从月度出口增长情况看，2013 年 1—11 月我国软件出口月度波动反复特征明显，波动区间为 10.1%—19.7%。虽然除了 5 月和 6 月我国软件出口月度增速高于 2012 年同期增速，但仍大大低于 2011 年以前 30% 以上的增速。

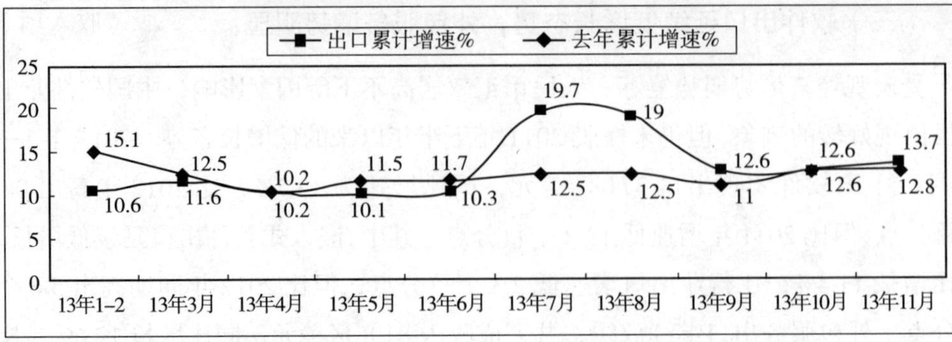

图12-6　2013年1—11月软件出口增长情况

数据来源：工业和信息化部，2013年12月。

（四）产业集聚效应进一步凸显，中心城市持续领先

2013年1—11月，我国4个直辖市和15个副省级城市实现软件业务收入2.3万亿元，占全国软件业务收入的81%，同比增长27.8%，增速快于全国平均水平3个百分点。其中，15个副省级中心城市实现软件业务收入1.59万亿元，占全国软件产业比重达56%，同比增长27.6%，增速高出全国2.8个百分点。北京、深圳、上海、南京、广州、成都、杭州、沈阳、济南、大连等10个城市软件业务规模超过1000亿元，成为软件产业发展的主要聚集地。

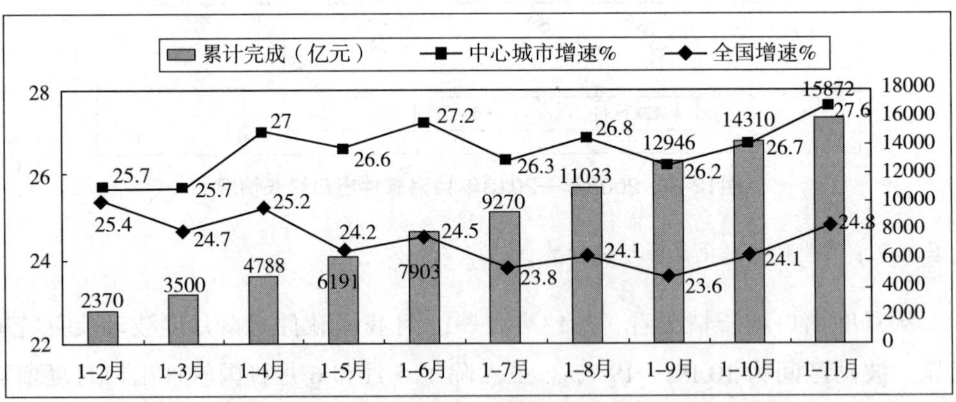

图12-7　2013年1—11月中心城市软件业增长情况

数据来源：工业和信息化部，2013年12月。

从中心城市软件产业构成情况看，2013年1—11月，15个副省级中心城市

软件产品增速为30.1%，高出全国5.3个百分点；数据处理和运营服务收入增速达31.7%，比全国增速高6.9个百分点；系统集成收入增速为30.2%，高出全国平均增速5.4个百分点。

从软件名城产业集聚情况看，2013年1—11月，南京、济南、成都、深圳、广州等5个软件名城共实现软件业务收入9154.1亿元，占全国的比重为32.2%。其中，成都市的产业集聚度排名第一，占四川省软件产业规模的比重达95.2%；深圳市排名第二，占当地软件产业规模的比重为60.3%；济南、南京、广州分别位居第三、第四、第五，占比分别为58.5%、、46.7%、32.4%。

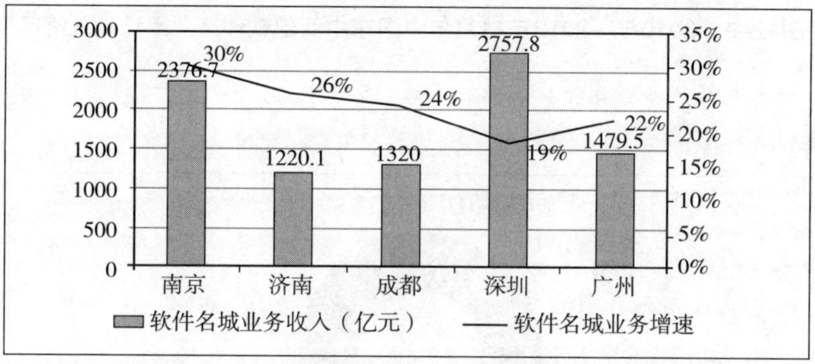

图12-8　2013年1—11月中国软件名城软件业务收入情况

数据来源：工业和信息化部，2013年12月。

（五）中部和东北地区加快增长，东部地区增速缓步回升

2013年1—11月，东北地区增长最快，实现软件业务收入2924亿元，占全国的比重为10.3%，同比增长29.9%，增速高于全国平均增速5.1个百分点，其中辽宁省增速高达32%；中部地区增长加速，完成软件业务收入1186亿元，占全国的比重为4.2%，同比增长26.9%，比2012年同期提高5.2个百分点；西部地区增长平稳，实现软件业务收入2973亿元，同比增长26.9%，占全国的比重为10.5%，增速高出全国平均增速2.1个百分点，较2012年同期降低1.9个百分点；东部地区是软件产业的发达地区，出现稳中有落态势，共完成软件业务收入2.13万亿元，占全国的比重为76%，同比增长23.7%，增速低于2012年同期3.7个百分点，其中江苏、浙江、福建等东部地区省市增速均超过30%，成为东部地区软件产业发展的重要省市。

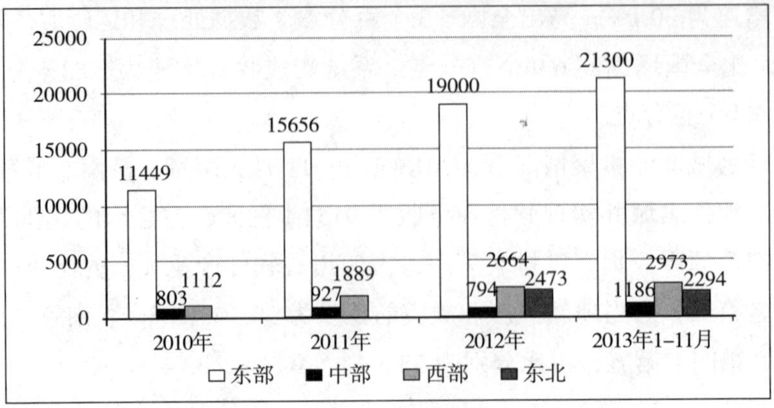

图12-9 2010年—2013年11月年中国东中西部软件产业累计收入情况

数据来源：工业和信息化部历年统计数据。

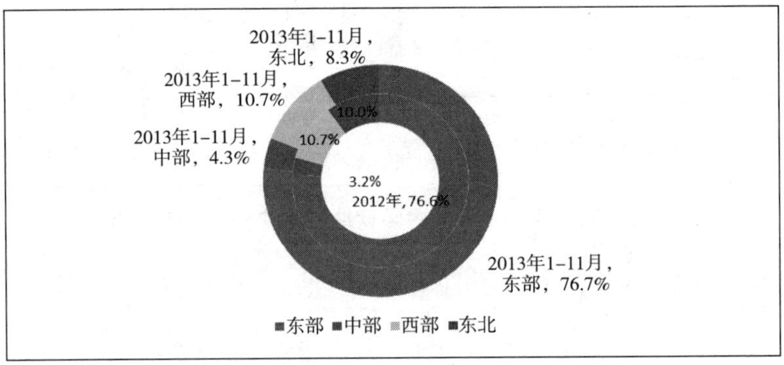

图12-10 2012年—2013年11月中国东中西部软件产业收入所占比重

数据来源：工业和信息化部历年统计数据。

二、2013 年我国软件产业重点政策解析

（一）《软件企业认定管理办法》

为加快我国软件产业发展，2000 年 6 月国务院发布了《国务院关于印发鼓励软件产业和集成电路产业发展若干政策的通知》（国发〔2000〕18 号，以下简称 18 号文件），明确提出建立软件企业认定制度。为贯彻落实 18 号文件精神，规范行业发展，原信息产业部会同教育部、科学技术部、国家税务总局制定了《软

件企业认定标准及管理办法（试行）》（信部联产〔2000〕968号，以下简称原办法），在全国建立了软件企业认定工作体系，开展了软件企业认定工作。随着信息技术的快速发展和经济社会发展需求的多元化，新一代信息技术产业技术和应用不断发展和升级，2011年1月，国务院发布了《国务院关于印发〈进一步鼓励软件产业和集成电路产业发展若干政策〉的通知》（国发〔2011〕4号，以下简称4号文件），进一步加大对软件产业的扶持，提出“提高产业发展质量和水平，培育一批有实力和影响力的行业领先企业”。为适应新形势下软件产业发展和行业管理的需要，切实落实好4号文件的有关政策措施，工业和信息化部根据《国家发展改革委关于落实进一步鼓励软件产业和集成电路产业发展若干政策工作分工的通知》，会同国家发展和改革委员会、财政部、国家税务总局联合发布了《软件企业认定管理办法》（工信部联软〔2013〕64号，以下简称《办法》）。《办法》于2013年4月1日实施。

1. 主要内容

一是采用了章节式的文体结构。原办法没有分章节，共计27条；本办法按照依法行政的需要，遵循行政许可法的要求，在结构上进行了优化和调整，共分为总则、认定条件和程序、行业规范、监督管理、附则5章26条，更为清晰、规范和易懂。

二是进一步明确了企业认定范畴。对比原办法中的“软件业务收入”，软件产品开发销售（营业）收入的范围进一步扩展，明确涵盖了信息系统集成服务、信息技术咨询服务、数据处理和存储服务等信息技术服务业务，从而将信息技术服务类企业纳入认定管理范围。

三是调整了认定工作体系。原工作体系涉及信息产业、教育、科技、税务四部门，新工作体系涉及工信、发改、财政、税务四部门。在新工作体系下，认定工作的组织管理继续由工信部门负责，其他部门根据部门职责做好相关工作；取消了授权软件企业认定机构的管理模式，进一步明确由省级产业主管部门负责管理本行政区域内的软件企业认定工作。

四是优化了认定工作程序。建立和完善了软件企业认定、公示、年审和异议处置制度，以及软件企业变化报备制度、同级部门协同工作机制，特别是进一步明确和规范了公示、备案、发证以及年审的流程和时限要求。

五是调整了认定条件和标准。软件企业的认定条件和标准与财税〔2012〕27

号文件的有关规定和条件一致，调整了软件产品开发销售（营业）收入的占比、软件产品自主开发销售（营业）收入的占比、研发费用的占比以及研发人员的占比等，进一步强化了拥有核心关键技术、知识产权以及研发环境和质量保障等要求。

六是新增了行业规范。结合软件产业发展趋势和技术产品应用特点，从规范和服务两个角度，以专章的形式新增了行业规范的内容，提出了加强诚信体系建设、推动软件行业自律、软件产品和服务符合国家相关标准和规范、鼓励软件企业创新发展以及企业经济运行数据和信息报送等要求。

七是强化了监督管理。规定了对省级主管部门、中国软件行业协会以及地方相应机构的监督管理要求，进一步明确了责任主体违规行为的监督处罚措施。

2. 影响分析

从《办法》制定和实施来看，主要对省级产业主管部门在行业管理方面产生了重大影响，进一步强化了省级软件产业主管部门在软件企业认定工作中的责任主体地位，取消了工业和信息化部授权省级软件行业协会为软件企业认定机构的做法。考虑到实际情况和做好全国软件企业认定工作的需要，省级软件产业主管部门要根据《办法》加紧研究制定本行政区域内的软件企业认定工作细则和管理制度并报备，需要认真研究如何利用好原有的认定工作体系和力量，特别是要注重发挥行业协会等地方相应机构"熟悉行业、贴近企业"的优势和作用，确保认定工作的延续性和稳步有序开展。省级软件产业主管部门还要按照《办法》有关条款规定，研究加强与同级发展改革、财政、税务部门的沟通与协调，为软件企业认定工作的顺利开展创造条件，为经认定的软件企业享受税收等优惠政策提供主动、优质的服务。

（二）《国家规划布局内重点软件企业和集成电路设计企业认定管理办法》

2012 年 8 月，国家发展改革委、工业和信息化部、财政部、商务部、国家税务总局联合发布了《关于印发〈国家规划布局内重点软件企业和集成电路设计企业认定管理试行办法〉的通知》(发改高技〔2012〕2413 号)(以下简称《办法》)，以进一步规范国家规划布局内重点软件企业和集成电路设计企业认定工作，扶持龙头骨干企业发展。

1. 主要内容

《办法》包括总则、申报条件、申报材料、认定程序、工作要求、罚则、附则7章29条，自发布之日起施行。与2005年的《国家规划布局内重点软件企业认定管理办法》相比，本次发布的《办法》与产业发展新形势、新态势相适应，进行了适当修改，主要表现在四个方面：

一是认定工作组织体系进行调整。在中央层面，工作负责部门新增了财政部，即由国家发展和改革委员会、工业和信息化部、财政部、商务部、国家税务总局5部委组成认定主管部门，组织体系得到进一步健全。在地方层面，认定机构由中央部委对应的地方相关部门组成，即各省、自治区、直辖市和计划单列市发展改革委、工业和信息化、财政、商务、税务主管部门。由地方产业主管部门直接受理企业的认定申请、材料核实等工作，突出了地方产业主管部门在认定工作中的职责作用，实际操作性更强。中国软件行业协会则配合开展政策实施情况评估等工作。

二是认定资格有效期得到延长。规划布局企业由之前的逐年认定改为每两年认定一次，企业的认定资格有效期则相应的由一年延长到两年。这一延长，对获认定企业持续享受优惠政策、实现健康稳定发展具有积极意义。

三是企业认定门槛显著提高。对第一类龙头型企业，年度软件产品开发销售（营业）收入总额的标准由1亿元提高至1.5亿元，当年不亏损的条件保持不变；对第二类特色型企业，申报标准由"在年度重点支持软件领域内销售收入前五位"转变为"在认定主管部门发布的支持领域内综合评分位居申报企业前五位"，销售收入不再是唯一的认定标准。同时，申报企业还需符合财税〔2012〕27号文规定的条件。企业认定门槛的提高，体现出我国龙头骨干企业发展规模的不断扩大和发展实力的不断增强，也与我国进一步扶持世界级龙头骨干企业发展的工作目标相一致。

四是企业认定体系更为科学。由之前以软件业务收入作为主要认定标准，转变为对申报企业依据评价指标体系进行综合评比，是《办法》最大的亮点之一。评价指标体系由研发水平、经营水平、发展潜力和支撑带动作用等4个大项及相关17个小项指标构成，考虑较为全面，表明国家对龙头企业的认定内涵更为丰富。不仅要体现在收入规模上，也注重企业的创新能力、成长性以及对上下游产业链的带动作用等。这不仅契合软件产业作为经济增长"倍增器"、发展方式"转换器"、产业升级"助推器"的产业地位，也充分体现了国家对软件企业要由做大转为做大做强的政策需求的转变。

2. 影响分析

国家规划布局内重点软件企业认定是我国支持龙头骨干企业发展的一项重要工作，也是落实“18 号文件”、“国发 4 号文件”相关政策的重要基础。此次修订，是继 2001 年《国家规划布局内的重点软件企业认定管理办法（试行）》发布、2005 年《国家规划布局内重点软件企业认定管理办法》出台后，对相关工作的又一次优化完善，相信新政策的实施和其后 2012 年国家规划布局内重点软件企业认定工作的开展，将给我国软件产业和龙头骨干软件企业的发展提供更强的驱动力。

（三）《关于执行软件企业所得税优惠政策有关问题的公告》

1. 政策背景

为落实《国务院关于印发〈进一步鼓励软件产业和集成电路产业发展若干政策〉的通知》（国发〔2011〕4 号），财政部、国家税务总局下发了《财政部 国家税务总局关于进一步鼓励软件产业和集成电路产业发展企业所得税政策的通知》（财税〔2012〕27 号），国家税务总局发布了《国家税务总局关于软件企业和集成电路企业认定管理有关问题的公告》（国家税务总局公告 2012 年第 19 号），工信部、国家发展改革委、财政部及税务总局联合下发了《软件企业认定管理办法》（工信部联软〔2013〕64 号）。然而，各地方在实际工作执行过程中，仍不断反映出一些政策层面的问题，迫切需要加以解决。为此，国家税务总局会同财政部对有关问题积极进行了研究，根据已达成的一致意见，国家税务总局制定下发了《关于执行软件企业所得税优惠政策问题的公告》（以下简称公告），主要是针对财税〔2012〕27 号文件政策层面的未尽事宜加以明确，切实解决软件企业所得税优惠政策执行过程中存在的问题。

2. 主要内容

一是该公告明确了实行核定征收的软件企业享受所得税优惠政策的相关问题。一方面，依据财税〔2009〕69 号文件的规定精神，核定征收企业不得享受企业所得税优惠，而软件企业优惠属于企业所得税优惠的一项重要内容，因此，公告明确该项优惠仅适用实行查账征收的软件企业。另一方面，对实行核定征收与查账征收方式之间进行转换的企业获利年度问题加以明确。由于核定征收企业不能享受相关税收优惠，企业所得税实行核定征收方式的年度，由于存在事实上的应纳税额，因此，视为企业获利年度的开始，此时由于企业不是查账征收企业，不能享受软件企业优惠。对于这种情况，五年减免税的优惠期起始应从核定征收的年度计算。

二是公告对财税〔2012〕27 号文件关于获利年度的概念进一步加以明确，即指企业开始生产经营后的第一个应纳税所得额大于零的纳税年度，并提出了对有关软件企业享受定期减免税的优惠期应当连续计算的要求，不得因中间发生亏损或其他原因而间断。另外，由于企业所得税定期减免税优惠属于按年度计算的优惠方式，在涉及到企业年度中间开业情形时，本着合理性原则，公告允许年度中间开业的软件企业做出选择。

三是财税〔2012〕27 号文件对 2011 年 1 月 1 日后依法成立的软件企业享受优惠问题有明确的规定，对 2010 年 12 月 31 日前依法成立的软件企业，已完成认定的，其享受优惠问题也有明确的规定，但对于 2010 年 12 月 31 日前依法在中国境内成立的软件企业，由于种种原因尚未完成认定的，其如何享受优惠问题则不够明确。为此，本着"老人老办法、新人新办法"的处理原则，公告规定对此类软件企业仍应按照《财政部 国家税务总局关于企业所得税若干优惠政策的通知》(财税〔2008〕1 号）第一条的规定及原软件企业认定办法，继续享受到优惠期满为止。

四是鉴于财税〔2012〕27 号文件自 2011 年 1 月 1 日起执行，作为财税〔2012〕27 号文件补充性质的公告，本着有利纳税人的追溯原则，公告规定的有关事宜也应自 2011 年 1 月 1 日起执行。

三、2013 年我国软件产业重点行业发展情况

（一）基础软件产业

1. 发展情况

基础软件（主要包括操作系统、数据库、中间件、办公套件）是信息产业中的关键支撑。我国基础软件起步较晚，多年来，国外基础软件所形成的技术壁垒和市场壁垒使得国产基础软件一直处于弱势。

从产品结构看，2013 年，数据库软件和中间件均同比增长 15% 左右，取得

了一定程度的发展，然而，在操作系统软件和办公套件软件领域方面，国外产品仍在遥遥领先，其中微软产品的市场份额超过 90%。

从市场结构看，国产操作系统、数据库、中间件、办公软件等主要应用在金融、政府、电信、物流、医疗、交通、税务、证券、保险等行业和领域，产品的易用性、稳定性和集成性都有了一定程度的提升。部分厂商通过深耕细分市场，逐步在高端领域取得突破。

2. 发展特点

（1）市场特点

操作系统领域，中标麒麟桌面操作系统产品已经在政务、金融、电力、教育、财税、公安、审计、交通、医疗、制造等多个行业取得深入应用。移动终端操作系统领域，开源化趋势使得国产移动终端多搭载安卓系统或安卓系统的深度优化、定制、开发的第三方操作系统，且后者的市场占有率在稳步提升。

中间件领域，市场以 IBM、甲骨文、东方通、金蝶等厂商为主。其中，IBM、甲骨文合计占据了近 70% 的市场份额，成为市场竞争的第一梯队。东方通位居第三，在国产中间件厂商中位居第一，近几年凭借国家政策支持和自身努力，市场份额逐年上升至 7%。

数据库领域，人大金仓、南大通用等国产数据库凭借稳定的产品性能和优质的服务已在电子政务、军队、电力、金融、卫生、教育等领域获得了广泛应用。国产数据库总体市场份额逐年上升。

办公套件领域，得益于政府持续推进软件正版化工作以及产品和服务不断完善和创新，国产办公套件市场认可度不断提高。

（2）技术特点

2013 年，云计算、物联网等新兴技术与应用日益成熟，为基础软件产品赋予更为丰富的内涵，促使国内基础软件厂商加大了对新兴技术的关注度以及投入力度，通过强化研发、并购合作等方式，加快推出面向新兴领域的产品和服务，在部分领域取得了关键性突破。

（3）竞争特点

全球软件产业正从原来的产品竞争向产业链竞争演进，跨国软件巨头正在不断推进软、硬一体化的垂直整合，通过并购以及一系列的举措打通产业链。在此背景下，近年来相对分散、基本上还是处于单点竞争阶段的国产基础软件也在加紧产业链上下游的资源整合，目的就是抓住新计算架构变迁的机会，从研发上积极抢占基础软件领域新的技术桥头堡，从而推动国产基础软件在应用的深度和广度上有更多的突破。

（二）工业软件产业

1. 发展情况

工业软件指专用于或主要用于工业领域，为提高工业企业研发、制造、生产管理水平和工业装备性能的软件。工业软件可以细分为生产管理类软件、产品设计研发类软件、制造过程自动控制类软件、装备嵌入式软件以及企业内部或企业间的协同平台类软件。

（1）产业规模

2012 年，我国工业软件市场规模达到 722.98 亿元，同比增长 17.3%，远远高于全球市场 5.8% 的增长速度。根据中国工业软件产业发展联盟预测，2013—2015 年我国工业软件市场将保持 17.5% 的年均复合增长率，预计到 2015 年市场规模将达到 1172.59 亿元。

（2）产业结构

根据中国工业软件产业发展联盟发布的《2013 中国工业企业信息化现状与需求调研报告》显示，2013 年我国经营管理类软件实现收入为 173 亿元，其中 ERP 软件占据半壁江山，实现收入为 85.1 亿元。产品研发类工业软件实现收入 51.2 亿元，其中 CAD、PDM、CAM 和 CAE 软件占据较大市场份额。生产控制类工业软件实现收入 17 亿元。装备嵌入式软件实现收入 3973 亿元。协同集成类工业软件实现收入 99.6 亿元，其中以协同办公软件和协同平台软件为主。

2. 发展特点

（1）规模特点

我国工业软件市场保持了高速增长的态势，产业呈现欣欣向荣的局面。不过云计算和移动互联网等新兴技术对软件业态的重塑降低了行业的整体利润率，同时中小制造业深度调整期间减小了 IT 投资，工业软件市场增速小幅放缓。

（2）结构特点

企业管理类软件领域，从大面积推广阶段转入深挖需求、按行业深耕细作阶段，产业规模进入稳定增长期。ERP 业务作为基础平台，把客户关系管理、供应链管理、办公自动化等协同类软件的功能逐步集成，并按照行业差异化整合形成针对性更强的解决方案，成为企业管理类软件市场的主流。

产品设计研发类软件领域，市场规模呈现快速增长。为了应对更加激烈的国内外市场竞争，工业企业在产品研发方面的投入持续增加，对研发周期和成效高度关注。这极大促进了高效先进的设计研发平台在企业中的应用比例和应用深度的提高。以 PDM 和 PLM 软件为代表的产品设计研发类软件在成为企业信息化投入中的比例快速提高。

生产控制类软件领域，随着国家明确新兴工业化道路，强调节能减排、绿色环保的发展路径，工业对低碳环保的精细化生产技术的需求激增，由此带来企业生产控制类软件产业规模的迅速扩大。工业控制软件可以提高制造设备的利用效率，缩短生产周期，降低能耗，提升制造过程管理水平，已经成为当前企业信息化投入的重点。

（3）市场特点

一是工业软件功能集成化趋势明显，带动市场加速融合。经营管理类软件市场和办公协同类软件市场界限逐渐模糊。产品设计研发类市场和工业控制类市场同步扩大。

二是两化深度融合带动工业软件市场的地区分布快速扩大。从应用行业方面，装备机械、钢铁、船舶汽车、石油石化、能源电力行业等工业支柱行业同时也是目前工业软件的主要消费群。

三是新兴市场方面，我国消费电子产业发展迅猛，正在形成工业软件新的主要消费市场。部分工业软件企业通过基于云计算的 SaaS 业态和咨询服务，开始开拓中小企业客户群。

（4）技术特点

一是云计算驱动工业软件技术向集成化和整体优化方向发展，形成工业云。计算能力强、信息数据集成、安全可靠的私有云计算平台，为智能工业中产品设计制造管理过程的信息化需求，提供了大平台解决方案的支持。以此为依托，工业软件技术向着功能集成、信息融合、整体优化的方向发展。

二是技术和服务本地化特点突出。软件和工业的深度融合要求工业软件企业以技术和服务，紧密结合工业企业的实际需求，解决实际问题，因此技术发展从“大而全”转向“小而美”。面向特定问题的小快灵工具和快速响应的本地服务，和工业云同步兴起，互为补充。

（三）信息技术服务产业

1. 发展情况

信息技术服务产业是软件产业和高技术服务业的重要组成部分，可分为信息系统集成服务、信息技术咨询服务、数据处理和运营服务、集成电路设计服务等。

（1）产业规模

2013 年 1—11 月，我国信息技术服务业、软件业务、嵌入式软件业务收入分别为 14690 亿元、9115 亿元、4589 亿元。信息技术服务业达到万亿量级，占软件与信息技术服务产业比重达到 51.7%。

（2）产业结构

根据工业和信息化部数据，截至 2013 年 11 月，我国信息技术服务产业构成为：信息系统集成服务实现收入 5778 亿元，同比增长 24.8%；信息技术咨询服务实现收入 3047 亿元，同比增长 26.8%；数据处理和运营服务实现收入 4942 亿元，同比增长 26.3%；IC 设计实现收入 823 亿元，同比增长 18%。

信息系统集成服务占软件和信息技术服务业总收入比重为 20.7%，信息技术咨询服务比重为 10.7%，数据处理和运营服务比重为 17.4%，IC 设计比重为 2.9%。

从 2013 年中国信息技术服务骨干上市公司的主要业务领域分布情况看，信息技术服务市场主要分布在政府、教育等机构和银行、保险、证券、电信、石化等行业领域。随着云计算服务和信息消费化趋势的加速推广，中小企业信息化市场和个人信息消费市场虽然占比较低，但成长迅速。

（3）产业创新

一是云计算产业化进程加速。国际软件公司中 Google、IBM、微软、亚马逊的云项目均已在中国落地，我国本土也兴起了百度云、华为云、阿里云等产品和服务。

二是社交服务、移动电商和支付兴起。移动互联网促进社交服务、电子商务和移动支付服务大爆发，手机终端超越电脑成为最主要的互联网入口，带动互联网金融、移动视频，地图服务等众多信息技术服务的兴起。

2. 发展特点

（1）规模特点

一是产业规模保持高速增长。2013 年 1—11 月，我国信息系统集成服务、信息技术咨询服务、数据处理和运营服务，以及 IC 设计服务共实现收入 14690 亿元，同比增长 25.9%，增速比软件与信息技术服务业整体高出约 1 个百分点，带动了产业的整体增长。

二是东北和西部地区快速发展。2013 年 1—11 月，东北和西部地区分别完成信息技术服务业务收入 1533 亿元和 1798 亿元，在全国信息技术服务业收入的比重为 10.4% 和 12.3%。

（2）结构特点

成熟的系统集成业务仍占主体，但占比从 2012 年的 20.9% 下降为 20.7%。数据处理和运营服务业务，连同信息技术咨询类收入增长突出，比重明显上升。信息技术咨询业务占比从 2012 年的 10.5% 提升为 10.7%，数据处理和运营业务占比从 2012 年的 17.1% 提升为 17.4%。这表明我国信息技术服务产业的层级正在不断提升，产业结构不断优化，产业链向高端延伸。

（3）市场特点

一是市场主体是大客户驱动。政府及事业单位、大型国有企业是用户主体，信息技术服务的市场需求体现出很明显的大客户支配的特点。政府、教育等机构和银行、保险、证券、电信、石化等中央级国有企业占据用户市场的绝对多数。相比之下，中小企业和家庭用户的需求几乎可以忽略。

二是中小企业和个人对信息化需求开始显现。在云计算 SaaS、电商和移动支付的带动下，中小企业和个人的技术服务需求逐渐释放，市场逐步扩大。

（四）嵌入式软件产业

1. 发展情况

（1）产业规模

2013 年，中国嵌入式软件产业继续保持高速发展的良好势头，前 11 个月实现产业业务收入达到 4589 亿元，同比增速虽有所下降，为 18%，但是所占比重略有上升，达到 16.2%。

（2）产业结构

在移动通信终端领域，Android 系统以开源、免费吸引中国企业大规模进入智能终端领域，迅速成长为市场的主导力量。中国自主开发的操作系统市场份额不超过 1%，均为基于 Android 操作系统的二次开发。

在消费电子领域，产品厂商多以基于开源 Android 系统的二次开发为主，国内的嵌入式软件厂商仍局限于应用软件的开发集成。

在汽车电子领域，汽车的动力控制系统、安全控制系统等核心系统产品方面均由国外企业占据主导地位，国内的企业如深圳航盛等通过本地化、性价比等优势也占据了一定的市场份额，产品大多集中在车载娱乐系统等外围产品。

在医疗电子领域，以国外优势厂商为主。但是随着中国一系列产业优惠政策的出台和实施，国内厂商通过利用新一代多核硬件、嵌入式操作系统软件等优势以及本地化产业链成本优势，开发出一系列满足市场需求的产品，并且具有良好的价格优势，如迈瑞、东软集团等国内软件企业已经在国内医疗电子市场占据了一定的市场份额。

2. 发展特点

（1）技术实力不断增强

形成了一批诸如 Linux 等具有自主创新的产品，一批面向行业领域、辐射区域的嵌入式软件平台在通信、电子、仪器控制等行业形成嵌入式软件的重大产业化应用。

（2）特定行业领域应用情况良好

在移动通信领域，尤其是手机领域，国内企业依托制造的优势，打造自产自用的软件平台，开发出一些符合国内用户习惯、应用前景良好的嵌入式软件；在数字电视领域，伴随着我国数字电视产业的快速发展，国内以长虹、TCL、创维、海尔等为代表的家电生产企业都在开发自身独立的嵌入式软件平台和应用软件。

（3）丰富电子产品带来市场需求集中释放

随着数字家庭、消费电子、医疗电子、汽车电子、工业控制电子等设备逐步走向智能化和网络化应用，电子产品在形式、功能等方面更为多样化，总体呈现出爆发性增长的发展态势，为嵌入式软件的发展带来了市场需求的集中释放。

（4）产业边界融合进程日益加快

随着芯片技术和软件技术“软硬融合”愈演愈烈，计算平台更加泛化，以

PC 为计算平台的软件逐步应用到汽车、通信、能源、医疗、家电、航空航天、安防等各种专用电子设备上，嵌入式软件以其跨设备应用特征在边界融合进程中的桥梁作用也日益凸显。

（五）云计算产业

云计算是一种基于信息网络，将信息技术资源以服务方式动态、弹性提供，用户可按需使用的计算模式和服务模式。通过云计算服务，用户无需再自己构建 IT 系统，以较为低廉的费用随时随地、按需使用服务器、存储设备、应用程序等资源。2013 年，我国云计算产业继续保持快速发展的态势，云计算应用不断深入。

1. 发展情况

2013 年，我国多项政策的发布都有利于推进和规范云计算产业发展。《关于数据中心建设布局的指导意见》规范我国数据中心，特别是大型数据中心的合理布局和健康发展。《关于促进信息消费扩大内需的若干意见》（国发〔2013〕32 号）中提出，要持续推进云计算基础设施布局，面向移动互联网、云计算、大数据等实施智能终端产业化工程，推进云计算服务商业化运营，以及支持云计算服务创新和商业模式创新。地方层面，广东、贵州等省纷纷制定云计算产业发展规划。企业层面，腾讯、华为旗下的云计算业务正式开放，中国电信和中国联通正式推出云计算品牌和产品，我国进军云计算领域的企业进一步增多，产业链日趋丰富。在良好的发展态势下，我国公有云市场规模较 2012 年增长 42%，约为 50 亿元，远高于同期国际市场平均水平。

2. 发展特点

（1）市场特点

一是产业规模偏小。2013 年中国云计算整体产业市场规模约为 1100 亿元。相比之下，全球云服务市场规模是 1310 亿美元，中国只占其中的 14%，远远不及美国的 60%。

二是服务份额偏低。我国 IT 市场重硬轻软现象比较严重，企业采购主要以硬件为主，软件和服务所占份额较低。全球云计算市场中，服务占到 50% 以上并在不断提升，硬件仅占 1/4 左右。我国 2013 年公共云服务市场为 50 亿元，不到云计算整体产业规模的 10%。

三是市场前景广阔。随着云计算本身业务成熟、服务质量和稳定性提升、商业模式清晰，用户对云计算的信任和认知程度逐渐提升，云计算的使用者将会越来越多。未来三到五年，我国云计算市场规模将超过5000亿元，前景十分广阔。

（2）产业链特点

一是产业链整体发展远落后于国外。在云计算基础硬件及基础软件环节，我国基础软硬件技术长期积弱，关键技术被国外巨头垄断。在云计算服务环节，我国IaaS服务商和PaaS服务商的数量屈指可数。在云计算运营支撑服务环节，我国拥有一批具有本土优势的运维支撑企业，但还缺少巨头企业。在云计算终端领域，我国在低端产品方面占有优势，但高端智能终端市场被国外企业牢牢掌控。

二是云服务和应用处于起步阶段。我国公共云服务的规模较小、服务能力偏弱、服务水平不高、企业实力较弱。交通、医疗、能源、制造等行业和政务信息化中云计算技术和服务应用较少。

三是产业链条支撑能力不足。核心技术方面，我国企业尚未完全掌握虚拟化、分布式存储、海量资源管理、分布式处理、并行计算等云计算关键技术。主要产品方面，相关软硬件产品和整体解决方案主要来自国外企业，国内供给能力薄弱，自主可控发展面临较大风险。标准规范方面，我国云计算标准体系尚不完备，评测认证环节缺失，技术创新缺乏协同配合，需进一步加强支撑条件建设，增强对云计算发展的促进作用。

四是大型服务商和成功案例较少。云计算市场目前尚未形成有效的评价、资格认证和准入机制，云计算市场上鱼龙混杂，缺乏大型、可信赖的服务提供商，也缺乏行业普遍认可的成功应用实践案例。

（六）互联网产业

互联网产业是指从事互联网运行服务、应用服务、信息服务、网络产品和网络信息资源的开发、生产以及其他与互联网有关的科研、教育、服务等活动的行业的总称，包括互联网接入及相关服务、互联网信息服务和其他互联网服务等3个子行业。

1. 发展情况

（1）产业规模

2013年，中国互联网产业整体保持稳步增长的良好态势，以移动互联网、电子商务O2O、大数据等为代表的新兴领域得以快速发展。根据中国互联网络信息中心的统计数据显示，截至2013年12月底，我国网民规模达6.18亿，半年共计新增网民5358万人。互联网普及率为45.8%，较2012年底提升了3.7个百分点。我国手机网民规模达5亿，较2012年底增加约8009万人，网民中使用手机上网人群占比由74.5%提升至81%，较2012年有所提升。

2013年，中国共有68家互联网企业在境内外上市，总市值达到18252亿元，环比增长16.9%,其中在美国上市46家,在中国香港上市10家,在内地上市12家。上市公司的利润率和收入增速分别为33.7%与32.8%，高于全球市值前30名互联网公司的13.5%和27%。从全球市值排名来看，我国有7家企业进入全球互联网市场前30名。

（2）产业创新

2013年，互联网的产业创新从技术创新为主逐步转变到以商业模式创新为主的时代。目前，信息内容成为移动互联网行业盈利蓝海，唯有拥有和提供好的内容，才能实现持续发展。依靠优质内容直接向用户收取费用的“内容付费”模式或将成为移动互联网领域主导模式。

2. 发展特点

（1）规模特点

虽然网民规模净增长数较为庞大，但是增长速度成回落的态势，主要原因是在互联网使用达到一定规模后，群体之间扩散传播速度减缓。从互联网普及率的绝对水平来看，我国互联网普及率仍处于较低水平，我国互联网未来还是有很大的增长空间。

（2）结构特点

一是网民通过互联网进行交流互动的习惯和方式与以往出现较大不同。2013年中国网民即时通信使用率上升较快，增至86.2%。电子邮件使用率降至42%，社交网站使用率继续下滑至45%。

二是网络新闻使用率快速下滑，微博成为网民重要的信息获取渠道。2013年微博使用比例达到70.7%，成为网民获取新闻信息的重要渠道。相比之下，网络新闻用户规模增速仅为6.7%，使用人数为4.9亿。

三是娱乐类应用增长放缓，但网络视频用户增幅明显。2013年，网络视频、网络游戏和网络文学用户使用率分别为69.3%、54.7%和44.4%，用户增长率分别为15.1%、0.7%和17.6%。

四是电子商务类应用使用率保持上升态势。2013 年网购用户增长至 3.02 亿人，较 2012 年增加 5987 万，增长率为 24.7%，使用率从 42.9% 提升至 48.9%，年增长 11.9%。网上支付用户规模达到 2.6 亿，用户年增长 3955 万，增长率为 17.9%，使用率提升至 42.1%。

（3）技术特点

近年来，互联网新技术、新业务加快创新发展，以移动互联网、云计算等为代表的互联网技术及应用发展势头强劲，带动了相关产业的创新发展。

一是搜索技术让搜索引擎为用户带来更大的价值。表现为可实现智能化和垂直化，结果更加人性化和应用化，了解用户的真正需求。

二是全面进入云计算时代。利用高速互联网的传输能力，将数据的处理过程从个人计算机或服务器移到互联网上的计算机集群中。

三是 IPv6 全面登场。IPv6 是下一代的网际网路协定，可以解决 IP 位址短缺的问题，为物联网发展扫清障碍。

（4）市场特点

互联网市场呈现出互联网企业扎堆私有化的特点，盛大网络、千方科技、搜狐、阿里巴巴、分众传媒、宇信易诚先后宣布私有化。互联网行业整体表现出信心十足，行业估值严重偏低的姿态。同时“BAT”三大巨头加快并购和资源整合，对互联网各个入口的抢夺日益激烈。

四、2013 年我国软件产业区域发展情况

（一）环渤海地区软件产业发展状况

1. 整体发展情况

（1）产业收入

2013 年 1—11 月，环渤海地区软件业务收入达到 6635 亿元，同比增长 20%。从各省市情况看，2013 年 1—11 月，北京市实现软件业务收入为 3740 亿元，同比增长 13.0%；山东省实现软件业务收入 2084 亿元，同比增长 28.6%；天津市实现软件业务收入 686 亿元，同比增长 48.5%。这三个省市软件业务收入占环渤海地区软件业务收入的 98.1%。在 2013 年 1—11 月全国软件产业前十位省市中，

环渤海地区占了两个席位，即北京和山东，分别位居第三和第五。

（2）产业结构

2013 年 1—11 月，环渤海地区新兴信息技术服务增势突出。数据处理和运营服务业务收入为 1727 亿元，占收入总额的 26%，为增速最高的细分领域。嵌入式系统软件业务实现收入 951 亿元，占比 14.3%。IC 设计业务实现收入 178 亿元，占比 2.7%。软件产品、信息系统集成服务、信息技术咨询服务增长较为平稳，分别实现收入 3101 亿元、2099 亿元和 1136 亿元，占比 46.7%、31.6% 和 17.1%。总体来看，软件产品业务和信息技术服务业务收入结构保持不变，软件产品（含嵌入式系统软件）业务收入占收入总额的 55.5%，与 2012 年比重上升接近 10 个百分点。

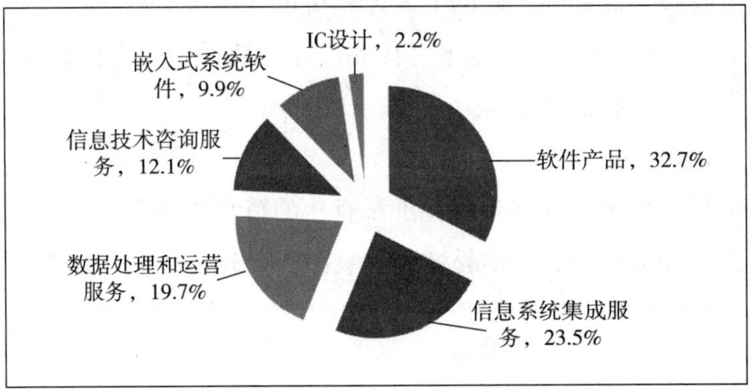

图12-11　2012年环渤海地区软件业务收入结构

数据来源：赛迪智库，2013 年 9 月。

（3）企业情况

截至 2013 年 11 月，环渤海地区共聚集 9971 家软件企业，占全国软件企业总数的 31.3%。近几年，环渤海地区软件企业实力逐渐增强，企业单体规模从 2011 年的 8852 万元 / 家提高至 2012 年的 1.07 亿元 / 家，比全国平均水平高 21.6%。环渤海地区共有 35 家企业入选 2013 年（第十二届）中国软件业务收入前百家企业，占前百家企业软件业务收入总额的 35.8%，其中浪潮集团、北大方正、航天信息、神州数码等 4 家企业名列前 10 强。拥有 58 家 2011—2012 年度规划布局内重点软件企业。环渤海地区也是全国计算机信息系统集成资质企业数量最多的地区之一。截至 2013 年 9 月，共有 1384 家企业获得计算机信息系统集成资质，占全国总数的30.6%。其中，一级资质企业107家，二级资质企业185家，三级资质企业798家。

2. 产业发展特点

（1）产业结构转型特征明显

近两年，以北京、山东为首的环渤海地区加快转型步伐，自主、高端、新兴业务发展势头强劲。以北京市为例，着重打造形成以平台型企业为龙头的新型产业价值链，移动互联网、云计算等新兴领域年均增速高达50%，产业整体规模超过千亿元。

（2）形成骨干龙头企业引领产业价值链的发展格局

着力培育骨干企业是环渤海地区发展软件产业的重要抓手，并取得了显著成绩。2012年，北京10家“做大”企业软件业务收入约达到940亿元，约占全市软件业务总收入的25.6%。山东省走出了一条“重大项目助力骨干企业培育”的发展道路，浪潮、中创软件、新北洋、万博科技等7家企业入围2011—2012年度国家规划布局内重点软件企业。

（3）平台化效应凸显

环渤海地区在云计算、移动互联网、大数据等新兴领域，市场已由产品竞争转为平台竞争。以云计算为例，百度、用友、新浪、浪潮、联想、八百客等企业均已搭建了自己的云平台，并开始提供各项云服务。截至2013年6月，百度云平台开发者注册量突破25万，个人云用户数已突破7000万。小米的MIUI操作系统平台正变成小米在智能终端领域实现差异化发展的突破口，用户量超过1000万，来自游戏、搜索、主题分成、应用商店下载等的收入单月突破千万。

3. 重点省市——北京软件与信息服务业发展情况

作为环渤海地区第一大软件产业主导城市，近年来，北京软件和信息服务业进一步向产业链的两端延伸和拓展，呈现平稳较快增长态势，继2010年产业规模突破2000亿元后，2012年又跨上了4000亿元新台阶，实现营业收入4261亿元，同比增长20.4%。其中，软件产业实现营业收入3612亿元，同比增长22.2%。全行业实现增加值1610.8亿元，同比增长6.2%，景气指数位于北京国民经济各行业之首。其中，信息技术外包增势明显，业务金额达到25.2亿美元，同比增长40.4%，占离岸服务外包执行总额的比例为70.9%。2013年1—11月，北京软件业务收入达到3740亿元，同比增长10.8%。

北京市形成“一城两园多基地”的产业发展新格局。由以前的以中关村为主要聚集地向周边多点扩散，形成中关村科学城、中关村软件园、中关村软件新园以及物联网产业基地、云计算产业基地等多个基地的“一城两园多基地”的格局。

图12-12　北京市软件产业布局

数据来源：北京市软件行业协会。

（二）长江三角洲地区软件产业发展状况

1. 整体发展情况

（1）产业收入

2012年上海、江苏、浙江的软件和信息技术服务业收入之和达到7803亿元，占全国软件和信息技术服务业收入的31.1%。特别是随着南京、苏州、杭州等城市软件产业的快速崛起，无锡、扬州、宁波等城市的不断跟进，与上海形成梯队互补的发展格局，地区产业配套能力增强，产业势能不断提升。2013年1—11月，上海、江苏、浙江的软件和信息技术服务业收入之和达到8893亿元，占全国软件和信息技术服务业收入的31.3%。

（2）产业结构

2013年1—11月，上海、江苏、浙江的软件产品收入之和为2697亿元，占全国软件产品收入的29.6%；嵌入式软件收入为2007亿元，占全国嵌入式软件收入的43.7%；信息系统集成业务收入为1493亿元，占全国信息系统集成业务收入的25.4%；信息技术咨询业务收入为751亿元，占全国信息技术咨询业务收入的24.6%；数据处理和运营业务收入为1511亿元，占全国数据处理和运营业务收入的30.6%；IC设计业务收入435亿元，占全国IC设计业务收入的52.9%。

（3）企业状况

2013年1—11月，上海、江苏、浙江三地，软件和信息技术服务业企业数量达到8432家，占全国软件和信息技术服务业企业数量的26.5%。平均单个企业创造的软件与信息技术服务业务收入为1.05亿元，比全国平均8910万元的水平高出17.8%。

2. 产业发展特点

（1）软件服务化和软硬结合趋势明显

2013年1—11月，上海市信息技术服务收入占该市软件与信息技术服务业总收入的比重达到59.9%，远高出全国平均水平。上海市、江苏省、浙江省三地在嵌入式和IC设计服务方面占比分别接近和超过全国产业的一半。软件服务化和软硬结合的趋势日趋明显，新的业态和商业模式不断涌现。

（2）产业集聚度高

从江苏省看，2013年1—11月，苏南5市完成软件业务收入占全省软件业务收入总量的九成以上。其中，南京市完成软件业务收入2377亿元，同比增长30%，占全省产业的46.7%。从浙江省看，杭州市的软件和信息技术服务业收入达到1490亿元，同比增长36%；杭州市与宁波市一起占据浙江省软件和信息技术服务业收入的96.8%。从上海市看，4个国家级软件产业基地，6个市级软件产业基地，以及一批特色产业基地，集聚了全市70%的软件企业，形成了“4+6+X”的产业布局。

（3）园区优势互补发展良好

上海市、江苏省、浙江省根据自身优势，因地制宜发展园区经济，形成优势互补的良好发展局面。上海市充分发挥在基础建设、政策配套、政府管理经济发展（尤其是涉外经济）经验等方面的优势，引进国外软件行业巨头公司带动产业升级，同时提供全面的金融服务，保障本土企业的发展。江苏和浙江则借力发展，积极建设差异化的总部经济模式。

3. 重点省市——上海软件与信息服务业发展情况

2013 年 1—11 月上海市实现软件业务收入（软件产品和嵌入式软件业务）832 亿元，在全国范围内处于较为领先的地位，产业基础雄厚扎实。

2013 年 1—11 月上海市信息技术服务业收入 1245 亿元。其中，信息系统集成服务收入 446 亿元，同比增长 21.2%；信息技术咨询服务业务收入 256 亿元，同比增长 21.9%；数据处理和运营业务收入 371 亿元，同比增长 22.4%；IC 设计业务收入 172 亿元，同比增长 13.3%。截至 2013 年 11 月，上海软件和信息服务业企业共 2100 家。

上海浦东软件园作为国家部委和上海市人民政府合作的共建项目，十多年来，经过各方努力，已经成为产业特征清晰、技术创新活跃、人力资源优秀、服务功能完善的“国家软件产业基地”和“国家软件出口基地”。

（三）珠江三角洲地区软件产业发展状况

1. 整体发展情况

（1）产业收入

珠三角地区是中国最重要的软件产业基地之一，产业集聚度较高，产业布局一体化趋势明显，以广州、深圳、珠海为中心辐射区，以国家级和省级软件和信息服务业园区为重要载体的产业布局逐步形成。2013 年前 11 个月，广东省软件产业业务收入 4573 亿元，占全国软件业务收入的比例为 16.1%。

（2）企业状况

在软件企业方面，珠三角地区共有 16 家企业入选 2013 年中国软件百家企业名单，较上一届增加了 2 家，仅次于北京，居全国第二位。16 家企业的软件业务收入合计 1193.7 亿元，占百家企业软件业务收入总和的 32.6%。其中，深圳市 7 家，广州市 5 家，珠海市 4 家，华为公司连续 11 年名列榜首。

2. 产业发展特点

（1）产业环境逐步完善，产业基础不断巩固

广东省近年来出台一系列政策措施，紧密围绕壮大产业规模和提升自主创新能力两大发展方向，完善产业环境。从产业基础设施来看，珠三角网络基础设施达到先进国家水平。

（2）产业特色优势领域进一步突破发展

珠三角地区整体软件产业优势地位突出，在嵌入式软件、行业应用软件、云计算、IC 设计等领域优势更为明显，发展实力和速度均处于国内领先水平，涌现出了腾讯、迅雷、金蝶、金山等一大批知名软件企业和龙头品牌，软件产品性能和系统能力不断提升。

（3）物联网、云计算等新兴领域成为提升产业快速发展的重要推动力

广东省和珠三角地区以物联网、云计算等新兴领域为突破口，积极抢占软件和信息技术服务业的制高点。

3. 重点省市——深圳软件与信息服务业发展情况

深圳市软件产业规模持续扩大，产业实力位居全国领先水平。2013 年前 11 个月，深圳市全年实现软件业务收入 2758 亿元，同比增长 19%，占全省（4573 亿元）、全国（28393 亿元）的比重分别达到 60% 和 9.7%，位居全国大中城市第二位。

产业结构合理，服务化趋势突出。深圳已经形成以嵌入式软件为主体，大型行业应用软件、系统集成和运维服务、IC 设计等多种业态多元化发展的产业格局。2013 年前 11 个月，深圳市以信息系统集成服务、信息技术咨询服务以及数据处理和运营服务为代表的软件服务业务收入为 945.6 亿元，占软件业务收入的比重为 34.3%，并且数据处理和运营服务增长势头强劲，全市软件产业服务化趋势日益明显。

软件人才队伍不断壮大。近年来，深圳积极克服本土软件院校较少的短板，推动和引导深圳大学、深圳职业技术学院和深圳信息技术学院等高等院校结合深圳软件企业人才需求现状，不断扩大软件专业招生规模和优化软件学科设置，建立健全深圳软件园软件人才培训服务平台，为软件人才提供入户、工种鉴定等多种政策便利，“多条腿走路”、多渠道培育软件人才。

深圳拥有深圳软件园（国家软件出口基地）、国家集成电路设计深圳产业化基地等 20 多个软件产业园区。

（四）东北地区软件产业发展状况

1. 产业整体发展情况

随着老工业基地振兴战略的实施，以及两化深度融合的推进，东北地区软件

产业得到进一步发展。尤其在工业软件、嵌入式软件和服务外包等领域，走出了独具特色的发展道路。

（1）产业收入

2013 年 1—11 月，东北三省实现软件和信息技术服务业务收入 2924 亿元，同比增长了 29.9%。总体来看，东北地区虽然增长速度略有下降，但依然远高于全国平均水平，保持快速良好的发展趋势。

（2）产业结构

2013 年 1—11 月，东北地区软件产业收入 2924 亿元中，软件产品收入达 1008 亿元，占软件产业收入比重为 35%；信息系统集成服务收入达 713 亿元，占比为 24%；信息技术咨询服务收入达 405 亿元，占比为 14%；数据处理和运营服务收入为 392 亿元，占比为 13%；嵌入式系统软件收入为 384 亿元，占比为 13%；IC 设计收入为 22 亿元，占比为 1%。

（3）政策情况

2012 年至 2013 年上半年，为配合国家《软件和信息技术服务业“十二五”发展规划》和《进一步鼓励软件产业和集成电路产业发展的若干政策》（国发〔2011〕4 号）等政策，东北地区各省市积极制定有助于推动软件和信息服务业发展的政策措施。例如，辽宁省制定了《辽宁省软件企业认定工作细则》（辽经信软件〔2013〕152 号），吉林省下发了《吉林省信息技术人才基地认定管理办法（试行）》、《全省信息专业技术人才知识更新工程（“653”工程）实施办法的通知》等政策。

2. 产业发展特点

（1）产业结构日趋优化

从各省情况看，从 2011 年至 2013 年前 11 个月，辽宁省信息服务业占软件服务业总收入由 48.0% 提高至 52%，吉林省由 52.3% 提高至 55.6%，黑龙江省由 51% 提高到 54.3%。尤其在数据处理与运营服务和信息咨询服务等高端服务环节，东北各省一直保持着极高的增速，辽宁省信息咨询服务增速达到 33.9%，数据处理和运营服务增速达到了 27.1%。

（2）重点领域优势突出

东北地区重点培养嵌入式软件、服务外包等特色领域，并形成了明显的领域优势。在嵌入式软件方面，东北地区软件企业将自主创新与传统产业改造相结合，数控机床、工业机器人、数字医疗设备、电力自控系统、石油石化、汽车电子等嵌入式系统产品在国内市场占有主导地位。在服务外包领域，大连市服务外包收入位居全国第一。

（3）新兴产业发展迅速

东北地区重视新兴产业的培育和发展。尤其是哈尔滨市政府高度重视云计算产业发展，以数据中心为核心打造云计算产业集群，力争成为全国领先的云计算重点发展城市。

3. 重点省市——大连软件与信息服务业发展情况

2013 年 1—11 月，大连市软件和信息技术服务业收入实现 1251 亿元，同比增长了 33%，占东北地区软件产业收入比重达 42.8%。至 2012 年底，大连市软件企业数量达到 1300 家，软件产业从业人员达到 13.8 万人。

大连市重视产业载体建设，建设多个产业园区促进软件产业集聚发展。如以“官助民办”的园区发展模式建设的大连软件园，极大的激发了民间企业参与园区建设和发展的积极性，有利于凝聚全社会资源促进软件产业集聚发展。目前，旅顺南路软件产业带已形成“一带多园”的格局，拥有大连软件园、七贤岭产业基地、腾飞软件园、天地软件园、东软软件园等多个软件园区，聚集了全市 80% 的企业，形成了西岗区、中山区、沙河口区等辖区的多个企业集群，推动了产业的集聚化、规模化、特色化发展。此外，大连设计城、海事大学科技园、亿达信息谷、船舶设计港等产业集聚区正在顺利建设，将为大连新增若干个软件与服务业千亿产业集群。

（五）中西部地区软件产业发展状况

1. 整体发展情况

（1）产业收入

2013 年，中西部地区软件产业快速发展势头有所减弱，截至 11 月底，实现软件业务收入 4159 亿元，同比增长 26.9%，比 2012 年低了 12.2 个百分点，占全国软件业务收入比重为 14.6%。其中中部地区持续增长乏力，实现软件业务收入 1186 亿元，同比增长 26.9%；西部地区仍然保持较高的增长速度，在全国占比稳步提升，实现软件业务收入 2973 亿元，同比增长 26.9%，在全国比重上升到 10.5%。

（2）产业结构

2013 年，中西部地区新兴信息技术服务增势突出。增速在 50% 以上的细分领域有三个，嵌入式系统软件业务实现收入 399.4 亿元，同比增长 76.8%，占比 6.1%，为增速最高的细分领域；数据处理和运营服务业务收入为 644.6 亿元，同比增长 70%，占收入总额的 17.1%；信息技术咨询服务实现收入 548 亿元，同比增长 50.8%，占比 12.6%。软件产品依然是占比最大的细分领域，实现收入 1318 亿元，同比增长 14.5%，占比 35.1%。IC 设计业务和信息系统集成服务增长较为平稳，分别实现收入 103.3 亿元和 1074 亿元，同比增长 17.5% 和 35.2%，占比 2.7% 和 26.4%。总体来看，软件产品业务和信息技术服务业务收入结构保持不变，软件产品（含嵌入式系统软件）业务收入占收入总额的 42%，与 2012 年比重持平。

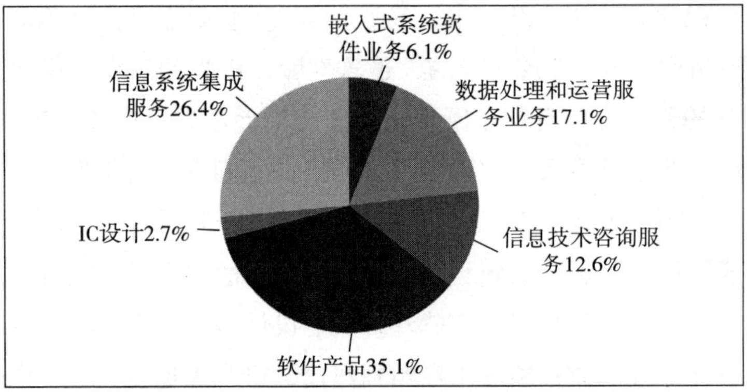

图12–13　2013年中西部地区软件产业结构

数据来源：赛迪智库，2013 年 11 月。

（3）企业情况

近几年，中西部地区软件企业实力逐步增强，企业单体规模从 2011 年的 5933 万元 / 家提高至 2012 年的 6718 亿元，但是仍然低于全国平均水平 17.1%。中西部地区共有 10 家企业入选 2013 年度软件业务收入前百家企业，占前百家企业软件业务收入总额的 7.6%，拥有 16 家 2011—2012 年度规划布局内重点软件企业。中西部地区也是全国计算机信息系统集成资质企业数量较多的地区之一。截至 2013 年 11 月，共有 938 家企业获得计算机信息系统集成资质，占全国总数的 27.5%。其中，一级资质企业 37 家，二级资质企业 148 家，三级资质企业 753 家。

2. 产业发展特点

（1）中心城市带动作用明显

成都、西安、重庆三个城市软件业务收入占中西部地区的80%。在中心城市的带动下，中西部地区的软件产业持续快速增长，并在信息安全和数字新媒体等领域处于全国领先地位，涌现出一大批优秀企业。

（2）后发优势强劲，产业承接能力强

中西部地区以“低成本”打造自身在软件产业链中的竞争力，软件产业经历了一个从无到有、从满足国内市场到参与国际分工的发展历程，积极融入全球性竞争与整合浪潮，众多跨国企业在该地区设立研发中心，并开展软件与服务外包业务。同时，中西部地区引进更多的创新要素，学习国外知识创新经验，为持续自主创新奠定良好的基础，不断增强核心实力，正在超越低端锁定，转变产业链中的角色。

（3）服务外包竞争力突出

中西部地区凭借资源丰富、人力要素成本低、市场潜力大的优势，在服务外包领域呈现出强大的竞争力。成都、重庆和西安均被评为软件产品出口基地和服务外包示范城市。

3. 重点省市——成都软件与信息服务业发展情况

截至2013年11月，成都软件和信息技术服务业实现收入2640亿元，同比增长32%。其中，软件业务收入1320亿元，同比增长24%，占西部地区软件业务收入的31.7%，居中西部之首，在全国15个副级城市中排名第4。此外，产业结构优化升级，呈现出“服务化”趋势。信息系统集成、信息技术咨询服务、数据处理运营服务和IC设计分别实现收入267亿元、132亿元、315亿元和47亿元，占软件业务收入比例超过57.7%。嵌入式系统软件呈现较为突出的增长态势，实现收入45亿元，同比增长达到78.5%。

成都软件和信息技术服务业企业呈现出规模化、高端化发展特征，认证企业数量、从业人员持续增加。截至2013年11月，全市累计认证软件企业1020家，比2012年底减少83家，累计登记软件产品4709个，新增940个，软件企业和软件产品分别占全省总数的91.7%和97.5%，从业人员规模约23万。

成都数字新媒体快速扩张，2013年上半年，聚集了国内外企业220余家。其中，游戏动漫产业占全国市场比重达到7.4%，是中国数字游戏产业的五大聚集区之一。2013 年，成都软件服务外包产业以超过 30% 的复合增长率快速增长，数百家国内外知名企业落户成都。此外，成都的信息安全产业规模仅次于北京，位列全国第二。

五、2013 年我国软件产业重点企业发展情况

（一）东软集团股份有限公司

1. 总体发展情况

东软集团 1991 年创立于中国东北大学，主营业务包括行业解决方案、产品工程解决方案及相关软件产品、平台及服务等。东软在中国建立了 6 个软件研发基地、8 个区域总部，在 40 多个城市建立营销与服务网络，在美国、日本、欧洲、中东都设有子公司。目前，公司在政府和企业信息化、电信、能源、金融、医疗、汽车电子等行业和领域都处于市场领先地位。

东软 2013 财年前三个季度实现营业收入 48.8 亿元，较 2012 年同期增长 10%；实现净利润 2.82 亿元，较 2012 年同期增长 4.2%。

2. 企业发展策略

东软加强针对移动互联网、城商行、智能交通、媒体及其他新兴业务领域的市场开拓力度，整合公司在政府及企业信息化、电信、交通、医疗卫生等领域的综合优势，构建面向“智慧城市”的整体解决方案。

（1）业务创新

在健康管理服务领域，东软创新采用线上、线下相结合的健康管理服务模式，拓展新的服务业态，先后与沈阳、洛阳、佛山等 14 个城市建立“健康城市”战略合作关系。

（2）全球化发展战略

在国际业务方面，东软加大市场开拓力度，积极发展战略合作伙伴，在智能终端领域构建策划、咨询和系统设计等上游工程能力，在汽车电子、智能家庭、IT 产品等业务领域积极尝试商业模式创新，与重点客户的合作更加深入和紧密。

（3）技术创新

东软公司重视对研发的投入，加强了对新型医疗体制改革、3G 建设、智能电网、物联网、三网融合等领域的业务规划与研发策划，部署研发了下一代应用

软件技术融合平台SaCa产品家族，包括社区网络应用平台SaCa.SNAP、多终端应用商店平台SaCa.AppMart、Web Widget框架SaCa.WWF等，有力地推动了公司B2B2C、G2B2C创新应用的快速构建及基于互联网的多元化商业模式创新。

（二）上海宝信软件股份有限公司

1. 总体发展情况

上海宝信软件股份有限公司（简称宝信软件）主要从事计算机、自动化、网络通讯系统及软硬件产品的研究、设计、开发、制造、集成，及相应的外包、维修、咨询等服务。

2012年宝信软件实现营业收入36.38亿元，比2011年同期增长15.67%，实现净利润2.61亿元，比2011年同期增长6.28%，全年实现经营性净现金流5635万元。截至2013年第三季度，实现营业收入22.83亿元，比2012年同期下降13.82%；实现净利润2.23亿元，比2012年同期下降2.19%。

2. 企业发展策略

宝信软件在新一轮发展规划中明确战略定位，以数字化提升企业竞争能力，以智能化构筑社会美好未来，成为中国领先的工业软件行业应用解决方案和服务提供商。主要体现在“两个聚焦＋三个链环”的发展模式：

（1）聚焦云计算和物联网战略

2012年宝钢私有云建设初步建成，已具备云计算服务能力和核心技术的实践经验，以此为基础，宝信在2013年全方位推进云计算项目，开始对外提供服务，形成宝信的云计算业务模式。

（2）聚焦业务和客户

宝信软件在新战略规划中将调整业务结构，更加聚焦工业软件领域的行业应用软件（非嵌入式工业软件）和相关服务，适度发展可规模化销售的硬件产品业务，重点发展面向先进制造业、现代服务业的行业应用解决方案和产品。

（3）三大链环互动模式

宝信软件的商业模式坚持工程——服务——产品三大链环互动模式，逐步调整业务占比结构。新一轮规划期中宝信将更加强调“提能力”和“促转型”，总体策略是通过巩固现有市场、提升技术能力、构建营销网络、实施投资并购、开展业务转型等路径，支撑战略目标的实现。

（三）百度在线网络技术（北京）有限公司

1. 总体发展情况

百度是全球最大的中文搜索引擎，不断为网民提供基于搜索引擎的各种产品。

百度2012年总营收为223.06亿元，比2011年增长53.8%；实现营业利润为110.51亿元，同比增长45.9%。2013年一季度、二季度和三季度，百度分别实现营业收入59.69亿元，75.61亿元和88.92亿元。2013年前三季度综合，百度的搜索市场份额达到63.52%。

2. 企业发展策略

（1）自主创新战略

2009年，百度推出全新的框计算技术概念，并基于此理念推出百度开放平台，帮助更多优秀的第三方开发者利用互联网平台自主创新、自主创业，在大幅提升网民互联网使用体验的同时，带动起围绕用户需求进行研发的产业创新热潮，对中国互联网产业的升级和发展产生巨大的拉动效应。

（2）并购、合作战略

百度先后收购爱奇艺、PPS视频，并将PPS视频业务与爱奇艺进行合并成为中国最大的网络视频平台。百度收购91无线，从而增强在移动端的竞争力。

六、2014年我国软件产业发展环境分析

（一）全球经济弱势复苏导致外需增长乏力

2014年，世界主要经济体的经济基本面趋向好转，但仍面临经济下行的风险，包括欧元区面临的金融风险，美联储缩减购债规模可能导致金融市场动荡，新兴市场经济体由于增长前景减弱和信贷弱化可能经历更长时间的经济下滑。国际货币基金组织（IMF）在最新的《世界经济展望》报告中预测，2013年全球增长仍将处在略高于3%的水平，2014年全球增长为3.75%，均比上一次的预测低0.25个百分点。IMF同时预计，美国经济受惠于房地产市场复苏和宽松的金融状况，增速将从2013年的1.75%加快到2014年的2.75%；日本2013年经济增长受通融性政策影响将达2%，2014年经济增长受全球市场需求疲软影响增速将下降到1.25%；欧元区2013年仍处于经济衰退阶段，2014年，在主要领域政策实施的

拖延、复苏延迟的基数效应等因素推动下，经济增长将上升到略低于1%的水平；巴西、俄罗斯、印度、中国、南非等新兴市场经济国家2013年将增长5%，2014年增长5.5%，均低于上次预测0.25个百分点。IMF还预测，中国2013—2014年经济增长率平均将为7.75%，比上一次预测分别下调0.25和0.5个百分点。外部经济的不景气尤其是作为国际市场消费主体的美国、欧盟等发达经济体复苏缓慢，将直接导致外部需求增长乏力，使中国软件产业出口市场需求萎缩，软件企业市场开拓面临较大困难。

（二）国内经济延续低增长态势

2014年，中国经济增长机遇与挑战并存，仍面临着下行的风险。一方面，大型公共项目建设的加快、新型城镇化的逐步展开、信息消费等新消费需求的释放、固定资产投资和居民消费需求的逐渐活跃、结构改革政策效应的逐步显现等都将为中国经济增长带来机遇。另一方面，全球经济持续疲软、经济转型调整、内需增长乏力、通胀压力抬头、CPI和PPI持续背离导致的政策调控难度加大、信贷快速增长、脱媒现象增加、人民币升值等都是中国经济增长面临的重要挑战。在增长、调结构、促改革政策逐步实施以及经济发展活力逐步增强等推动下，预计2014年中国经济将出现企稳回升的势头。经济合作暨发展组织（OECD）在最新的《全球经济展望》报告中，将中国2013年经济增长率预估从之前的8.5%下调至7.8%，主要原因是全球经济增长乏力导致中国内需走软。OECD同时预测，随着财政政策和货币政策支持力度升温，中国经济增长率到2014年将回升至8.4%。宏观经济回暖将为软件产业发展营造良好的外部环境。

（三）利好产业政策密集出台

2014年是各项软件产业政策加速落地实施的重要时期，将为中国软件产业发展营造良好环境。2011年颁布的《进一步鼓励软件产业和集成电路产业发展的若干政策》（国发〔2011〕4号）已进入实质推进期，国家发展改革委、财政部、工业和信息化部、海关总署、国家税务总局等二十余个部门积极推动4号文件实施细则和配套措施的制定，各级地方政府加快制定和完善扶持政策，将使产业发展真正受惠。《软件和信息技术服务业“十二五”发展规划》实施已进入第四年，在中期评估基础上，将加速推进规划所提出的10项发展重点和8项重大工程的实施以及保障措施的落实。

为了适应新兴领域快速发展的需要，产业政策更加聚焦物联网、云计算等新兴领域。2013 年 2 月，国务院发布了《关于推进物联网有序健康发展的指导意见》，对未来我国物联网发展提出新的目标，并提出六大措施来为物联网发展保驾护航，从政策层面为物联网产业的发展框定一个蓝图。2013 年 8 月，国务院发布了《关于促进信息消费扩大内需的若干意见》（国发〔2013〕32 号），提出全面推进三网融合以加快信息基础设施的优化升级，并提出拓展云计算、物联网、移动互联网等新兴信息服务业态，培育信息消费需求。《“宽带中国”战略及实施方案》（国发〔2013〕31 号）也对云计算等新兴领域发展予以支持。

七、2014 年我国软件产业发展趋势展望

2013 年以来，受外部经济不景气影响，中国软件产业保持平稳增长，增速出现回落，但高于电子信息制造业增速，同时软件出口面临较大挑战，延续低位增长。

展望 2014 年，中国软件产业既面临金融等领域国内信息化投资加速、云计算等新兴领域活力不断释放、产业政策带动效应逐步显现、IT 消费需求旺盛、软件服务化转型加快等机遇，又面临国内外经济形势不景气、国际竞争加剧、国内恶性竞争频繁发生等挑战。整体来看，2014 年中国软件产业整体将保持平稳增长，规模持续扩大，产业服务化深入发展，并在内外需市场开拓方面将出现较大困难。

（一）产业保持平稳增长，总产值有望突破4万亿元

宏观经济的弱复苏使全球 IT 支出面临增速下降的风险。鉴于美元汇率波动和全球 PC 市场需求萎缩，知名市场调研机构 Gartner 分别下调 2013 年和 2014 年全球 IT 支出增速。Gartner 预测，2014 年全球 IT 支出将达 3.8 兆美元，同比增长 3.1%。受 IT 消费化持续影响，中国 IT 支出将达 2.13 万亿人民币，同比增长 6.73%，为相关企业带来大量的业务机会。

尽管市场需求疲软，2011 年 1 月国务院颁发的“4 号文”加速落实以及《关于促进信息消费扩大内需的若干意见》（国发〔2013〕32 号）逐步落地，将优化中国软件产业发展环境，拓宽产业的发展空间。2012 年中国软件产业规模达 2.5

万亿元，2013 年 1—11 月达到 2.84 万亿元，2014 年中国软件产业规模则有望达到 4 万亿元，在全球软件产业中的地位将进一步提升。

（二）信息化投资加速带动，软件服务化深入发展

国内信息化建设正步入深度应用的新阶段，金融、医疗、电力、建筑等行业信息化投资正值高峰期，成为推动信息技术服务市场持续增长的重要驱动因素。金融行业对 IT 系统需求迅速增长，预计在近两三年新增约 20 亿元交易系统需求；医疗行业将产生大量卫生医疗系统信息化建设的 IT 采购项目；电力信息化投资增速预计达 20% 以上。

2013 年以来，信息技术咨询服务、数据处理和存储服务等服务类收入增速放缓，进入平稳增长新阶段，但收入总额占软件业务收入比重持续上升，从 2012 年同期的 49% 提高到当前的约 52%。从城市发展看，中心城市在信息技术服务业务方面领跑全国，成为服务类收入增长的重要引擎。百度、腾讯、用友等 IT 企业纷纷加快服务化转型，将信息技术服务作为实现可持续发展的重要途径。

2014 年，智慧城市建设将加速推进交通、城市管理、安防、医疗等领域信息技术服务的需求；云计算服务、基于物联网的服务、基于移动互联网的服务等新兴市场需求将不断释放。预计信息技术服务将继续保持平稳增长，占总收入的比重将达 50% 以上。

（三）新兴领域加速发展，成为产业发展的新引擎

云计算、移动互联网、大数据、地理信息等新兴领域伴随应用逐步落地，进入加速发展期，活力不断释放，成为产业发展的新动力。2014 年我国云计算将实现快速增长，年均增长率将达 70% 以上；政策持续加码信息安全，预计“十二五”期间，信息安全行业仍将保持 30% 左右复合增长，内网安全市场正值加速发展期；移动终端功能的完善和渗透率的提升，将推动移动互联网消费级市场和企业级移动应用市场在未来 2—3 年进入高速发展阶段；数据的爆发式增长将为大数据业务提供一个巨大的市场，我国本土数据库、商业智能分析等领域厂商将获益。同时，新型智能设备等领域也将为软件和信息技术服务业提出新需求。

企 业 篇

第十三章　2013年我国中小企业取得的主要进展

一、2013 年我国中小企业发展背景

（一）国际背景

1. 世界经济复苏缓慢制约外需市场

2013 年，全球经济增长缓慢，全球经济尚未在金融危机影响下恢复，整体环境不容乐观。作为世界主要消费市场的美国经济复苏进程反复，欧洲主权债务危机尚未完全消除，欧美各国的财政紧缩政策导致总需求受到抑制，新兴市场尚未成熟，极大地制约了全球市场的增长空间，全球贸易持续低迷。据 WTO 预计，2013 年世界货物贸易量增长 3.3%，低于过去 20 年 5.3% 的平均水平。其中，发达经济体出口和进口均增长 1.4%，发展中国家出口增长 5.3%，进口增长 5.9%[1]。

表 13–1　2011—2014 年世界经济增长形势（%）

国家与地区	2011	2012	2013	2014
世界经济	4.0	3.2	3.3	4.0
发达国家	1.6	1.2	1.2	2.2
美国	1.8	2.2	1.9	3.0
欧元区	1.4	–0.6	–0.3	1.1
日本	–0.6	2.0	1.6	1.4
新兴市场和发展中国家	6.4	5.1	5.3	5.7

注：2013 年和 2014 年数据为预测值。

数据来源：IMF,《世界经济展望》2013 年 4 月。

[1]　数据来源：商务部：《中国对外贸易形势报告（2013年春季）》。

以美国为例，虽然近年来在开发页岩气、制造业回归等一系列战略下经济有所回升，但是美国财政悬崖问题一直没有得到根本解决。2013 年 10 月 1 日，美国历史上第三次因为政府债务上限问题而导致政府“关门”。据估测，每次政府“关门”都将导致美国经济增长率 0.1%—0.3% 的损失。每次债务上限提高都将演化成新一轮民主党和共和党的政治争斗。由于在通过减少开支还是通过加税来平衡公共财政方面，两党观点难以达成一致，导致美国国债评级存在下调的可能，由此随时可能引起新一轮的经济波动。2013 年影响世界经济增长的众多因素中，欧元区经济复苏乏力是最大的风险因素。继意大利、希腊之后，西班牙等国也面临爆发主权债务危机的风险。同时，英国持续威胁退出欧盟，也为欧债危机的解决投下了阴影。欧债危机严重影响了全球资本市场的稳定，使得中国企业海外投资面临较高风险。

发达国家日益严重的贸易保护主义以及来自新兴市场国家的竞争冲击抑制了我国的传统出口优势，中小企业出口面临国际市场收缩的严峻局面。全球四大会计师事务所之一的安永会计师事务所董事长兼首席执行官詹姆斯·特利认为，2013 年以来，多种形式的“保护主义”都有抬头的迹象，而且存在爆发“贸易战”、“监管战”、“货币战”的可能。这些风险给我国中小企业实施“走出去”战略增加了变数。

2. 人民币持续升值冲击中小企业出口

人民币持续升值，对中小企业出口造成了冲击。人民币对美元汇率处于长期升值通道中，截至 2013 年 8 月，人民币对美元汇率中间价再创 2005 年汇改以来新高，报 6.17。2013 年以来，人民币兑美元中间价已连续 26 次创汇改以来新高，累计升幅达 2.26%，远超 2012 年 1.03% 的全年升幅。在我国财政赤字已经扩大、货币政策调整空间有限等不利的国内经济条件下，人民币升值会严重制约中国出口增长，对于中小企业、尤其是外向型、劳动密集型中小企业的发展无疑影响巨大。

表 13–2　2013 年 1—8 月美元兑人民币汇率

时间	2013/1	2013/2	2013/3	2013/4	2013/5	2013/6	2013/7	2013/8
汇率	6.28	6.28	6.27	6.25	6.2	6.17	6.17	6.17

数据来源：国家统计局。

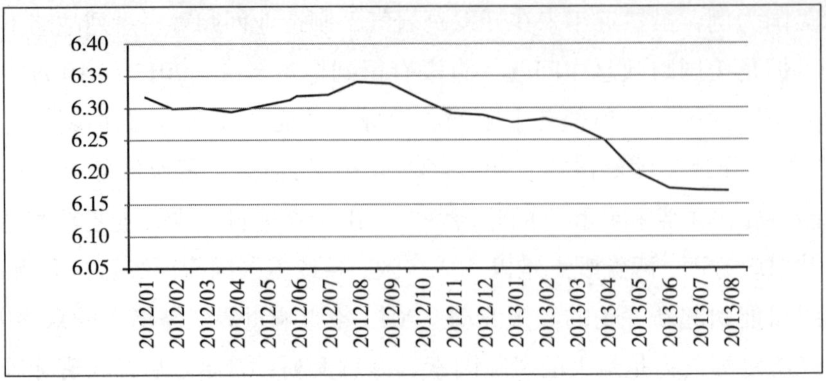

图13-1 人民币汇率走势图

数据来源：国家统计局。

2013 年上半年，中国外贸数据表现一直较为低迷，6 月甚至一度出现了进出口“双降”的情况。2013 年三季度，随着发达经济体经济复苏的进程推进，我国外贸转型升级步伐加快，各项政策逐步显效，2013 年三季度中国外贸进出口形势有所好转，国际市场初步呈现回暖迹象，在 7 月出口超预期增长后，随着 8 月同比增长 8.3% 这一数据的支撑，全国进出口进一步企稳回升态势明显。据海关统计，2013 年 1—5 月，我国进出口总值 10.51 万亿元人民币（折合 16762.5 亿美元），扣除汇率因素同比（下同）增长 10.9%。其中出口 5.51 万亿元人民币（折合 8785.6 亿美元），增长 13.5%；进口 5 万亿元人民币（折合 7976.9 亿美元），增长 8.2%；贸易顺差 5079.4 亿元人民币（折合 808.7 亿美元）。8 月，我国进出口总值 2.18 万亿元人民币（折合 3528.5 亿美元），增长 7.1%。其中出口 1.18 万亿元人民币（折合 1907.3 亿美元），增长 7.2%；进口 1 万亿元人民币（折合 1621.2 亿美元），增长 7%；贸易顺差 1768.8 亿元人民币（折合 286.1 亿美元），扩大 8.3%。2013 年前 8 个月中国外贸进出口总额超过 2.7 万亿美元，同比增长 8.3%。

表 13-3 2013 年 1—8 月我国外贸出口额同比增长情况

时间	出口额（当月同比）	时间	出口额（当月同比）
2013/1	24.97	2013/5	0.93
2013/2	21.77	2013/6	–3.09
2013/3	9.99	2013/7	5.12
2013/4	14.62	2013/8	7.16

资料来源：wind 数据库。

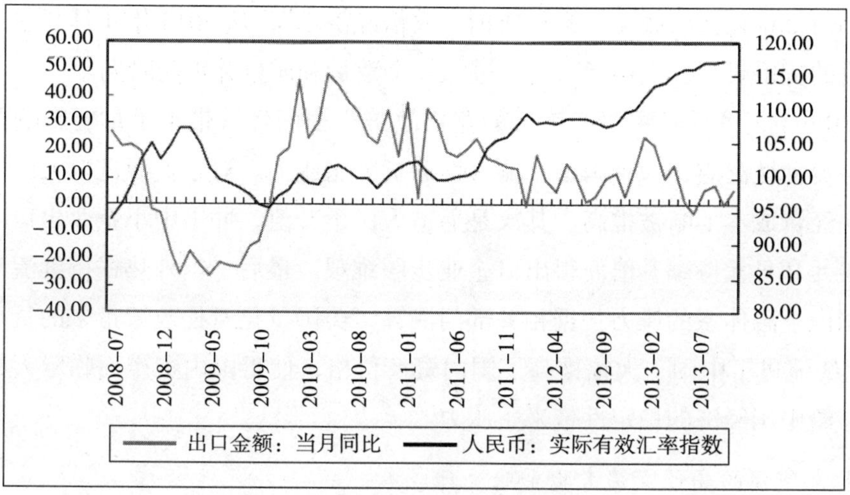

图13-2　中国出口金额当月同比状况

数据来源：国家统计局。

3. 美欧日量化宽松政策加大国内通胀压力

为了走出国际金融危机泥沼，刺激本国经济，美国、欧洲、日本等世界主要经济体纷纷推出宽松的货币政策，2013 年各国基本延续了这一政策脉络。在英国央行一直实行低利率和量化宽松的扩张性货币政策刺激下，2013 年第一季度，英国经济实现 0.3% 的正增长，第二季度增长 0.7%，经合组织 9 月初将 2013 年英国经济增长预期由 0.8% 上调至 1.5%[1]。虽然英国经济各项指标已经出现好转，但英国央行依然维持了宽松的货币政策。同样，继 QE1、QE2 之后，2013 年，美国延续了 2011 年 9 月推出的 QE3 量化宽松政策，2013 年 9 月，美联储的货币政策会议并没有按照此前所宣称的采取措施逐步退出宽松政策，而是继续维持目标利率在 0% 到 0.25% 不变，每个月购买 850 亿美元债券的资产采购项目的宽松政策。这种超出各界预期的决策行为反映了美国政府对未来经济前景的不确定情况下对于退出量化宽松政策的犹豫不决。相对于美国退出宽松政策的犹豫态度，日本政府则坚定不移地继续实施其货币宽松政策。从 2000 年到 2006 年，日本央行就已经开创了世界上第一个使用非常货币政策（量化宽松）刺激经济的先例，2010 年 10 月开始，日本央行又开始实施新的综合性量化宽松货币政策。到 2011 年，基于日本国内地震海啸、福岛核泄漏事故以及国际欧债危机的冲击，日本政

[1]　数据来源：《经济参考报》，2013年9月26日。

府更加倚重量化宽松政策，推行所谓“安倍经济学”，从 2013 年 4 月开始采取更加激进的货币政策，宽松货币政策进入一个数量和质量并重的时期。

2013 年，世界各主要经济体的宽松政策为中国经济带来了重要影响。首先是全球流动性泛滥，为中国带来输入性通货膨胀压力。对于资源进口大国的中国来说，经营成本不断被推高。其次是逼迫人民币升值，冲击中小企业出口。人民币对美元和日元持续升值使得出口企业步履维艰。最后，国外热钱持续流入，加大了国内金融体系的压力。据相关部门测算，美国量化宽松政策带来的货币增量约有 1/3 流进了中国，大幅推高了国内资产价格，使得国内资产面临巨大的泡沫压力，给中国经济的稳定性带来了压力。

4. 大宗商品高位震荡考验企业生产成本

2013 年，世界主要经济体的量化宽松政策导致全球流动性泛滥，由于这些国家的货币均为国际货币，伴随流动性泛滥的是以国际货币计价的国际大宗商品价格连续处于高位，拉高了国内企业的经营成本。虽然 2011 年以来国际大宗商品市场开始了去泡沫化进程，但是表现方式是价格缓慢回落，目前依然处于是高位震荡的状态。以黄金、石油为代表的强势品种依然处于历史相对高位，制造业面临原料的高成本压力并没有得到彻底缓解。未来美国货币政策继续宽松与随着经济回升美元走强，这两种力量继续角力的结果会最终决定大宗商品的价格走势。

5. 国际政治不稳定因素犹存风险不可忽视

2013 年，在全球经济低迷的同时，国际政治冲突风险因素同样不可忽视。朝韩摩擦、叙利亚战争、日本右翼化加速等不稳定因素依然存在。美国继续实施“重返亚太”战略，印度民族主义抬头，南海和东海岛屿争端等均对我国营造稳定的外部环境造成了挑战。为了转移国内的矛盾，西方国家继续在全球推行干涉主义，不仅制裁伊朗和朝鲜的老问题会长期存在，继利比亚战争之后，美欧又对叙利亚举起干预大棒，更加强化了全球不稳定性。以美国为首的西方势力不仅采用军事力量输出影响，还存在发动更猛烈的经济金融战争的可能，通过向全球输出通胀转移风险、施压人民币单边升值冲击中国外贸等经济手段来实现政治目标。国际局势不稳定因素的存在，干扰了国际资源市场和国际投资的稳定性，使得经济交往风险加大，使刚刚开始“走出去”的我国中小企业面临更多变数。

（二）国内背景

1. 宏观经济增速下滑但有企稳迹象

在复杂的国内外因素影响下，中国经济面临着中长期经济增长下滑的压力，告别了以往多年 10% 以上的增长率，增长速度处于 7%—8%。承接 2012 年增速下滑的趋势，2013 年上半年，宏观经济继续维持在缓慢下降通道中，GDP 增长率为 7.5%。但随着中央政府出台的一系列稳增长举措逐渐显效以及调结构取得初步成效，2013 年三季度以来中国经济企稳回暖迹象越来越明显，综合多方预测观点，2013 年中国经济 GDP 增长率有望维持在 7.6%—7.8%[1]。

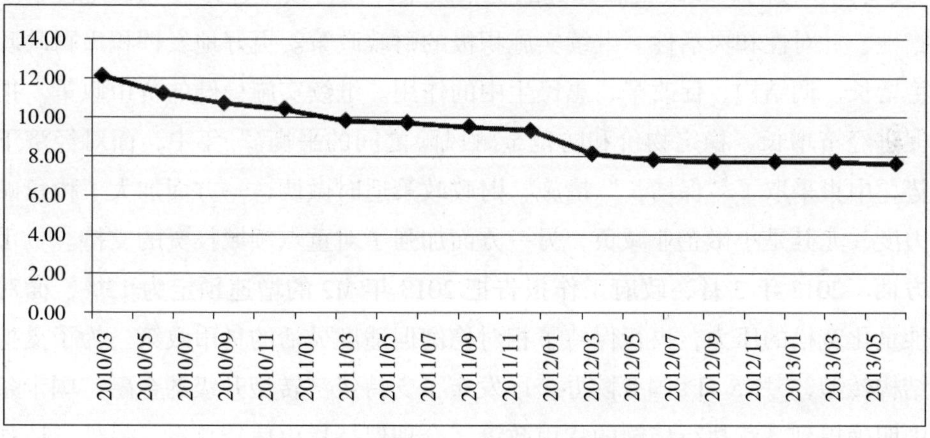

图13–3　中国GDP累计同比增长情况

数据来源：国家统计局。

从具体经济数据来看，国家统计局发布的数据显示，8 月工业生产者出厂价格（PPI）环比由降转升，环比涨幅 0.1%，自 2013 年 4 月以来首次出现同比上涨。工业生产者购进价格环比也出现自 3 月份以来的首次上涨，涨幅为 0.1%。数据的变化显示中国经济开始企稳。9 月，这一企稳趋势得到进一步确认。汇丰公布数据显示，9 月汇丰制造业 PMI 初值为 51.2，这是该指数自 8 月重返扩张区间（终值 50.1）后，再度大幅回升，并创下 6 个月新高。最新数据显示经济增长动能进一步稳固。经济稳中有升有助于改革的深化及推进，从而促进经济的可持续发展。汇丰 PMI 连续两个月回升，而分项指数中各项主要指标也纷纷走高，新订单指数创下 6 个月高点，产出指数为 5 个月高点，新出口订单指数 6 个月来首次

[1]　亚洲银行2013年10月1日将中国经济增长率预测下调至7.6%。IMF10月发布的《世界经济展望》报告中，将中国2013年和2014年经济增长率下调到7.6%和7.3%，比其7月的预测值分别降低0.2和0.4个百分点。

回到扩张区间，采购库存2013年以来也首次回到荣枯线以上。作为经济先行指标，PMI持续反弹表明经济企稳回升势头明显，而7月、8月投资、出口、消费和工业生产增速等宏观数据纷纷回暖也进一步印证了经济增长正在企稳。但需要注意的是，虽然三季度开始经济有企稳的趋势，但中国经济转型是一个艰巨曲折的长期过程，未来若干年内，经济将保持在8%以下的适度增长速度范围内。

2. 宏观经济政策组合保持基本稳定

2013年，宏观政策总体保持稳定，基本维持了积极的财政政策和稳健的货币政策组合。2013年3月的政府工作报告中，为2013年的宏观政策定了基调："继续实施积极的财政政策和稳健的货币政策，保持政策连续性和稳定性，增强前瞻性、针对性和灵活性。继续实施积极的财政政策。更好地发挥积极财政政策在稳增长、调结构、促改革、惠民生中的作用。继续实施稳健的货币政策。把握好促进经济增长、稳定物价和防范金融风险之间的平衡。"年中，面对经济下滑趋势，中央采取了"保增长"措施，财政政策适时微调，一方面加大了税负减免的力度，尤其是小微企业减负，另一方面加强了对重点领域投资的支持。货币政策方面，2013年3月，政府工作报告把2013年M2的增速预定为13%，面对全球性量化宽松的压力，央行保持了相对稳健但适度灵活的货币政策。为了支持经济结构转型，7月5日，国务院办公厅发布了支持经济转型升级的金融"国十条"。其中明确提到继续执行稳健的货币政策，合理保持货币信贷总量。另外，还强调要"盘活存量资金，用好增量资金，加快资金周转速度，提高资金使用效率"。9月29日，央行发布货币政策委员会2013年第三季度例会内容，称在继续实施稳健的货币政策的同时，着力增强政策的针对性、协调性，适时适度进行预调微调。

3. 工业增长放缓但效益趋于稳定

近年来，工业生产增长缓慢，工业经济回升力度不足。从2012年初到2013年上半年，工业增加值增速一直处于下降通道中，虽然三季度有企稳迹象，但还有待进一步观察。2013年上半年，轻重工业处于双双回落状态，工业投资和民间投资也处于下降状态，工业增长动力不足。工业投资7.66万亿元，同比增长16.2%（低于固定资产投资增速3.9个百分点），增速同比回落7.6个百分点，比一季度回落1个百分点。民间工业投资也出现明显回落，2012年始终保持在30%左右的高位，2013年1—5月已回落至21.2%。制造业投资和民间投资低迷的状况反映出当前经济内生增长乏力。

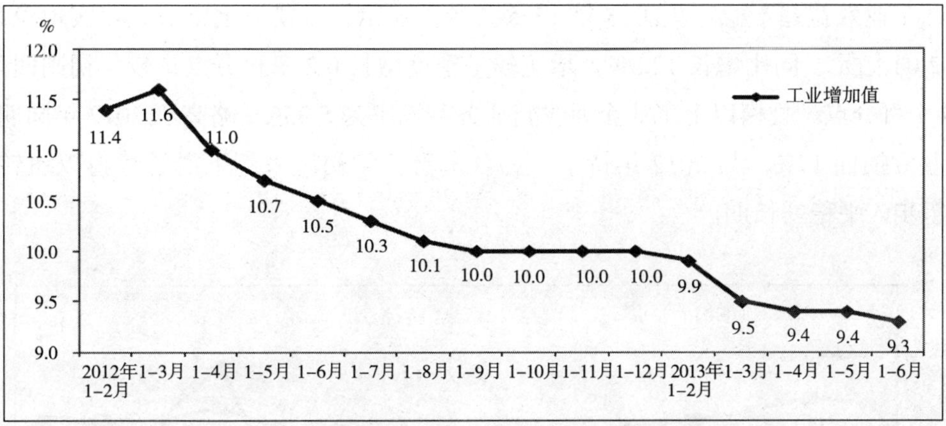

图13-4　2012年1月—2013年6月工业增加值增速

数据来源：国家统计局。

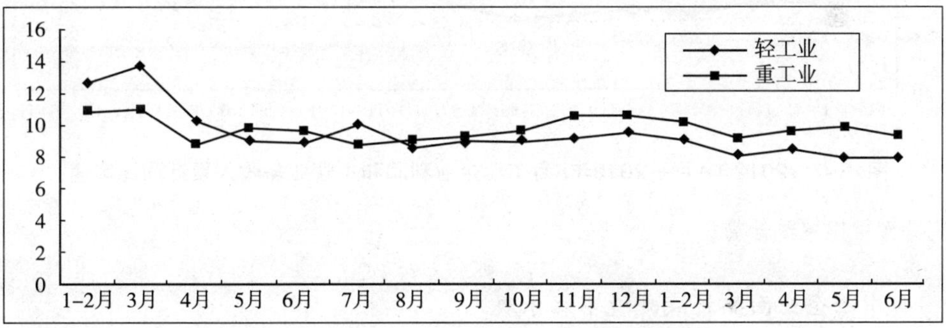

图13-5　2012年1月—2013年6月轻重工业增速

数据来源：国家统计局。

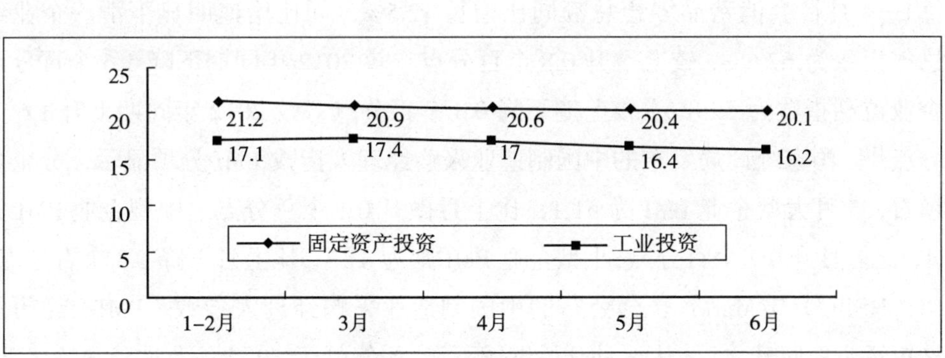

图13-6　2013年固定资产投资和工业投资累计增速（%）

数据来源：国家统计局。

工业效益趋于稳定。2013 年 1—5 月数据显示，规模以上工业企业实现净利润 2.08 亿元，同比增长 12.3%，增速较一季度增长 0.2 个百分点，较年初则回落 4.9 个百分点。规模以上工业企业主营业务利润率为 5.35%，略高于 2012 年同期；企业亏损面 17%，与 2012 年持平。综合来看，年初以来的下滑趋势得以扭转，有望步入平稳增长期。

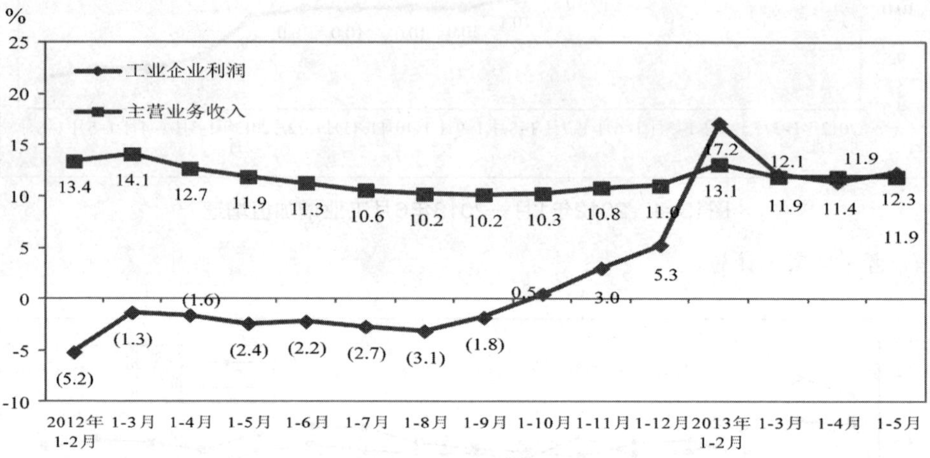

图13-7　2012年1月—2013年5月工业企业利润和主营业务收入累计同比增速

数据来源：国家统计局。

4. 中小企业面临挑战处境不容乐观

2013 年上半年，我国经济运行虽然基本保持平稳，但在外部市场收缩、内需增长缓慢的背景下，中小企业面临着前所未有的增长压力。

1—4 月社会消费品零售总额同比增长 12.5%，同比增速明显下滑。企业经营景气指数为 62.6%，较上季升 0.8 个百分点，较 2012 年同期下降 1.6 个百分点。企业盈利指数为 52.8%，较上期下降 0.4 个百分点，较 2012 年同期上升 1.6 个百分点[1]。国家统计局发布的中国制造业采购经理人指数 PMI 分项显示，分企业规模看，5 月大型企业 PMI 为 51.1，比上月微升 0.1 个百分点；中型企业 PMI 为 51.4，比上月升 0.7 个百分点；小型企业 PMI 则为 47.3，比上月下降 0.3 个百分点。汇丰（HSBC）与 Markit 联合公布的中国制造业采购经理人指数（PMI）经历了年初短暂企稳回升之后，从 4 月开始继续下滑，始终处于 50 这一荣枯分水岭之下，5 月终值创下为 49.2 的新低后，6 月终值继续下行，为 48.2，7 月创近 10 个月最

[1]　数据来源：2013 年第 1 季度中国人民银行企业家问卷调查报告。

低位达到 47.7；虽然 8 月以后指标开始回升，但企稳态势还需巩固，经济是否真正企稳回升还存在争议，有待进一步观察。官方小企业 PMI 和更加侧重中小企业的汇丰数据走势一致，凸显中小企业经营的处境不容过分乐观。

表 13–4　汇丰 PMI 指标

时间	汇丰PMI	时间	汇丰PMI
2011/1	54.5	2012/6	48.2
2011/2	51.7	2012/7	49.3
2011/3	51.8	2012/8	47.6
2011/4	51.8	2012/9	47.9
2011/5	51.6	2012/10	49.5
2011/6	50.1	2012/11	50.5
2011/7	49.3	2012/12	51.5
2011/8	49.9	2013/1	52.3
2011/9	49.9	2013/2	50.4
2011/10	51.0	2013/3	51.6
2011/11	47.7	2013/4	50.4
2011/12	48.7	2013/5	49.2
2012/1	48.8	2013/6	48.2
2012/2	49.6	2013/7	47.7
2012/3	48.3	2013/8	50.1
2012/4	49.3	2013/9	51.2
2012/5	48.4		

数据来源：Wind 资讯。

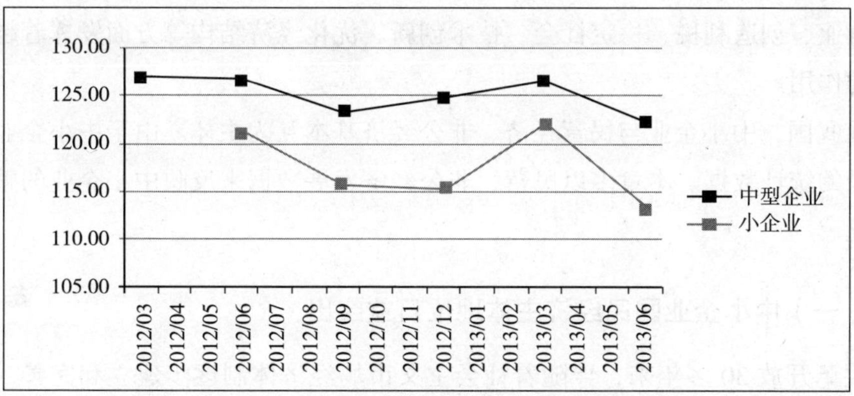

图13–8　中型和小型企业企业景气指数

数据来源：wind 资讯。

需要关注的是，小企业面临情况要比中型企业更为严峻。人民银行发布的中型和小型企业的景气指数以及汇丰制造业中型和小型企业 PMI 中，小型企业指标均低于中型企业，显示小型企业的严峻处境更值得关注。

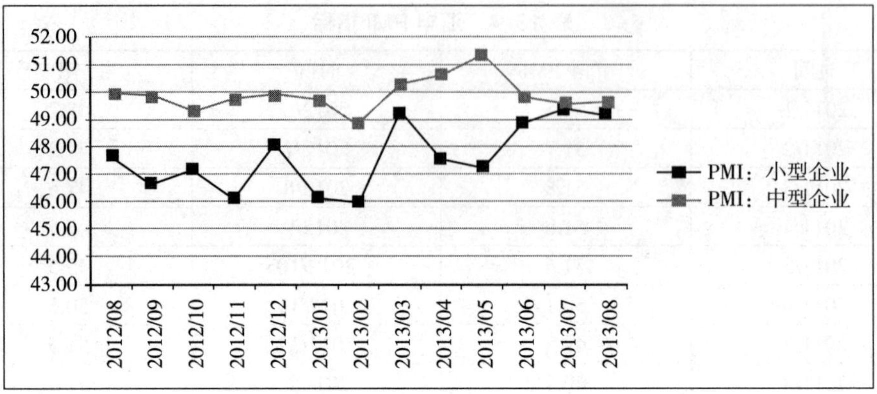

图13–9　制造业中型和小型企业PMI

数据来源：wind 资讯。

二、2013 年我国中小企业发展状况

2013 年是深入贯彻落实《国务院关于进一步支持小型微型企业健康发展的意见》（国发〔2012〕14 号）的第一年，也是"扶助小微企业专项行动计划"的实施年。2013 年我国中小企业发展延续了近年来的良好发展势头，在发展经济、吸纳就业、创造利税、稳定社会、技术创新、优化经济结构等方面发挥着越来越重要的作用。

在我国，中小企业与民营经济、非公经济基本互为主体。由于中小企业缺乏全口径的统计数据，本章多以民营、非公经济发展数据来反映中小企业的整体发展状况。

（一）中小企业国民经济主体地位日益突出

改革开放 30 多年来，伴随着社会主义市场经济体制逐步建立和完善，我国中小企业从无到有，从小到大，由弱到强，不断成长壮大，已经成为国民经济的重要组成部分，发挥着不可替代的作用。2013 年，我国中小企业数量继续稳步增加，素质不断提高，活力明显增强，发展迈上了新台阶。基于促进中小企业健康发展对完善我国社会主义市场经济体制、稳定社会就业、促进公平竞争、增强经济活力等方面具有重要经济和社会意义，党中央、国务院相继出台了一系列扶持政策并推进贯彻落实，使中小企业发展环境不断优化，发展地位不断增强，发展空间进一步拓展。

1. 中小企业规模不断扩大，效益不断提升

在党中央、国务院一系列方针政策指引下，2013 年我国中小企业延续了快速发展势头。据国家工商总局统计，截至 2012 年底，全国登记注册的私营企业 1085.72 万户，注册资金总额为 31.1 万亿元，同比分别增长 12.2% 和 20.59%；私营企业的数量和注册资金规模在近五年呈稳定增长态势，中小企业规模实力不断增强。据测算，2013 年，我国中小企业总量已达到 1300 万家以上，占企业总数的 99% 以上（波士顿咨询 2013 年 10 月的数据为 99.7%），已经真正成为中国企业的主体。

我国中小企业规模扩大的同时，经济效益同步改善。2012 年，非公有制工业企业主营业务实现收入 64.4 万亿元，同比增长 13.0%，增幅比同期规模以上工业企业高 2.0 个百分点；全年实现利润总额 3.9 万亿元，占规上工业企业的 70.9%；同比增长 9.7%，增幅比同期规上工业企业利润高 4.4 个百分点。

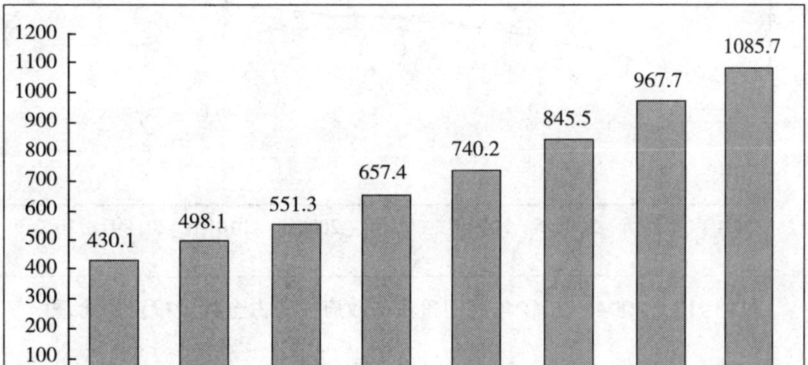

图13-10　2005—2012年私营企业户数（万户）

数据来源：全国工商联《中国民营经济发展形势分析报告（2012—2013）》。

2. 中小企业在国民经济中的比重不断上升

改革开放以来，我国中小企业的发展速度远高于全国经济增长速度，在国民经济中的比重不断上升。

第一，中小企业数量所占比重快速提高。从 2007 年 6 月底到 2012 年 6 月底，私营企业数量和注册资本（金）量在内外资企业总数和注册资本（金）总额所占比重，分别从 59.4%、25.1% 增长到 78.4%、36.9%，反映了中小企业在国民经济中的地位和作用明显提高。根据 2008 年第二次全国经济普查，在工业企业法人单位中，与中小企业高度重合的非公有制企业有 168.8 万个，占全部企业数量的 88.7%。在规模以上工业企业中，截至 2012 年底，我国非公有制工业企业共有 30.6 万家，占全部规模以上工业企业总数的 91.6%[1]。

第二，民间投资所占比重继续增长。截至 2012 年底，民间资本固定资产投资共完成 22.4 万亿元，同比增长 24.8%，增速比全国固定资产投资平均增速高 4.2 个百分点；民间资本固定资产投资的比重首次突破全国固定资产投资的 60%，达 61.4%。其中，工业民间固定资产投资 11.5 万亿元，同比增长 26.6%，占民间固定资产投资的 51.3%。中小企业为主体的民间资本对拉动投资、促进经济增长做出了重大贡献[2]。

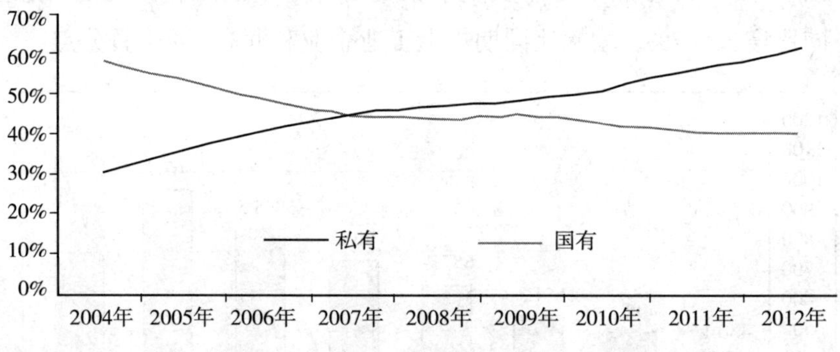

图13-11　2004—2012年民间投资与政府投资占全社会投资的比重

资料来源：wind 数据库。

[1] 数据来源：国家工商总局：《党的十七大以来全国内资企业发展分析（2007 年6 月—2012 年6 月）》。
[2] 数据来源：国家工商总局：《2012年全国市场主体发展》。

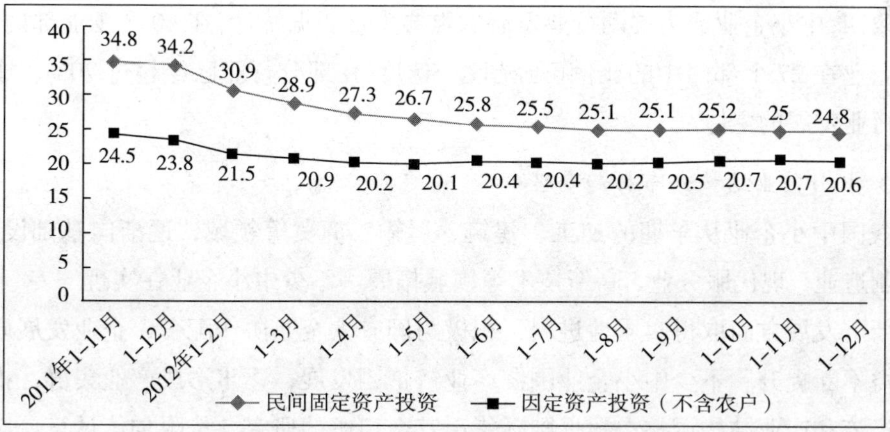

图13–12　2011—2012年民间固定资产投资与固定资产投资增速

数据来源：国家统计局。

第三，中小企业工业拉动实体经济发展。2012—2013 年，中小企业在 GDP 中的比重已经超过了 60%[1]。以中小企业为主体的非公有制规模以上工业企业 2012 年增加值累计增速为 14.9%，高于国有工业企业的 6.4% 和全部工业企业 10.0% 的平均水平。截至 2012 年底，中小工业企业的数量、从业人员、资产总额、主营收入、利润总额税金总额以及产值和出口总值等主要指标占工业企业比重全部高于 50%。中小工业企业已经成为工业企业名副其实的构成主体，对实体经济拉动作用明显。

表 13–5　2012 年非公有制工业企业主要指标占工业企业比重

指 标	全部工业企业	非公有制企业	比重（%）
企业数量（家）	333470	305575	91.6
从业人员（万人）	9273	7092	76.5
资产合计（亿元）	744920	417996	56.1
主营收入（亿元）	915915	643558	70.3
利润总额（亿元）	55578	39396	70.9
税金总额（亿元）	40939	20633	50.4
销售产值（亿元）	903885	648155	71.7
出口总值（亿美元）	20489	17927	87.5

数据来源：国家统计局和海关总署。

[1]　波士顿咨询集团（BCG）2013年10月推出的报告《ahead of the curve:lessons on technology and growth from small business lesders》中显示中国中小企业占GDP比例为60%。

第四,中小企业成为推动行业发展的重要力量。据统计,在 40 个工业部门中,中小企业在 27 个部门中的比例已经超过 50%,在部分行业已经超过 70%,成为推动行业发展的主体[1]。

3. 中小企业结构分布日趋合理

我国中小企业从早期的加工、建筑、运输、商贸等领域,逐渐向基础设施、先进制造业、现代服务业、高新技术等领域拓展。不少中小企业在实现“专、精、特、新”发展方面取得实质性进展,积极与国有大企业协作配套,企业发展质量和效益不断提升。不少中小企业围绕产业链抱团发展,逐步形成产业集群,推动地区经济和产业结构调整。根据国际货币基金组织的研究,按附加值计算,以中小企业为主体的我国私营企业的资本回报率比国有企业高 50%,比国有控股企业高 33%,比国有参股企业高 24%[2]。

首先,中小企业行业分布更趋合理。根据全国工商联数据,2011—2012 年,私营企业户数增长最快的六个行业分别是交通运输业,仓储和邮政业,金融业,农林牧渔业,住宿和餐饮业,文化、体育和娱乐业。第三产业户数增长 10.6%,占全部私营企业增长户数的 83.1%,继续保持了高速增长。

其次,中小企业地区分布更趋合理。根据全国工商联数据,从私营企业的地区分布来看,私营企业数量最多的前五个地区均处于东南沿海地区,也是我国经济最发达的地区。与 2011 年底的数据进行对比,私营企业户数增长最快的五个地区依次为贵州、青海、重庆、广西、西藏,增长率依次为 54.7%、27.5%、21.2%、20.5% 和 19.2%,全部处于我国的西部地区。西部地区的中小企业的增长速度继续领跑全国。

4. 中小企业成为解决就业的主渠道

近年来,我国就业形势较为严峻,而中小企业的快速发展,形成了巨大的劳动力需求,吸纳了绝大部分劳动力的增量和存量转移,极大缓解了就业压力。目前,中小企业提供了 80% 以上的城镇新增就业岗位,吸纳 80%以上的农村转移劳动力,在帮助城市困难群体就业、吸纳农村大量剩余劳动力、解决大学毕业生就业等方面起着不可替代的作用。当前,随着我国工业化进程的稳步推进,大量劳动力从第一产业向第二、三产业转移,中小企业已经成为就业压力的缓冲器、社会

[1] 数据来源:国家发改委:《“十五”经济体制改革回顾》。
[2] 数据来源:2010年中国中小企业发展论坛大会报告《应落实政策支持中小企业发展》。

和谐的助推器，对社会稳定起着越来越大的作用。

据《2012 年统计年鉴》，2007—2012 年，城镇就业人员中，国有单位从业人数年均增长率仅有 1.1%，而私营企业从业人数年均增长 10.8%。中小企业成为解决新增就业的主力军。截至 2012 年底，私营企业投资者人数 2200.1 万人，同比增长 10.8%；从业人员 9096 万人，同比增长 8.7%。非公有制工业企业从业人员 7092 万人，同比增长 1.9%，占工业企业从业人员的 76.5%。根据 2008 年第二次全国经济普查，在工业企业法人单位中，中小企业提供了城镇 65.5% 以上的就业岗位[1]。据美国波士顿咨询公司(BCG)2013 年 10 月出版的中小企业报告显示，中国中小企业占工作岗位总数比例已经达到 82%[2]。

5. 中小企业是推动技术创新的重要载体

大约 70% 的技术创新、65% 的国内发明专利和 80% 以上的新产品均来自中小企业，中小企业发挥了技术创新的主体作用。无论是电子信息、生物医药、新材料、新能源等高新技术领域，还是在信息咨询、创意设计、现代物流等新兴服务业，非公有制企业的创新都十分活跃。世界银行的研究指出，在中国目前的国家创新体系中，国有企业和科研院所是创新活动的主体；但在未来，中国实现成功的技术赶超要更多地依靠民营部门，中小企业作用不可小觑[3]。

6. 中小企业成为对外开放的生力军

随着外贸经营权的放开，中小外贸企业发展迅速，出口增长迅猛，已成为对外开放的一支生力军，作用越来越大。2012 年我国民营企业出口总额达 7699 亿元，同比增长 21.1%，高于整体增幅 13.2 个百分点，占比达到 37.6%，急速攀升 4.1 个百分点。同时，中小企业纷纷到境外投资兴业，成为我国实施“走出去”战略的新生力量。统计数据显示，截至 2011 年底，中国民营企业对外直接投资的比重，已经达到当年中国对外投资总量的 44%，在某些具体领域，活跃程度已超过国有企业，成为对外投资的一支新兴力量[4]。

7. 中小企业成为支撑县域经济的主体

中小企业的税收增长明显高于全国平均水平，2008—2012 年中小企业税收增长率五年来一直保持在 30% 以上，对国家财政贡献不断上升。中小企业已经

[1] 数据来源：国家统计局：《第二次全国经济普查主要数据公报》，2009年12月25日。
[2] 数据来源：BCG：ahead of the curve:lessons on technology and growth from small business lesders,China, October 2013。
[3] 来源：世界银行研究报告《中国：促进以企业为主体的创新》，2009年5月14日。
[4] 数据来源：德勤会计师事务所。

成为全国大多数地市县的经济主体力量，例如，浙江温州市中小企业纳税占全市工商税收的80%左右。

8. 中小企业是推动产业集群发展的重要力量

近年来，以中小企业高度集聚为特征的产业集群发展迅速。如广东省的大沥铝材、西樵纺织；福建省的晋江鞋业、南安建材；浙江省的永康五金、温州打火机等。部分产业集群已成为我国的重要制造业基地，产品在全国占有很高市场份额。浙江温州的打火机和眼镜出口占全国的90%，低压电器产值占全国1/3；嵊州的领带产量占全国的80%。以中小企业为主体的产业集群有力地推动了农村现代化和城镇化进程。在广东珠三角的404个建制镇中，以产业集群为特征的专业镇有1/4。不少产业集群在全国已占有举足轻重的地位，如大沥的铝材产量已占到全国的40%以上，中山古镇的灯饰销量已占到全国的60%以上，不少中小企业已成为当地经济发展的龙头。

（二）中小企业经营压力依旧，但程度有所减缓

经济下滑给中小企业带来了较大经营压力，虽然中小企业整体经营平稳，但部分企业面临经营困难。据工信部在全国进行的劳动密集型中小企业调研数据显示，参与调研的中小企业中，“生产经营发展良好，步入快速增长”的占16%，“生产经营情况正常，保持平稳增长”的占46.4%，“生产经营遇到困难，增速放缓”的占9.8%，“生产经营困难严重，出现停滞甚至下滑”的占7.8%。

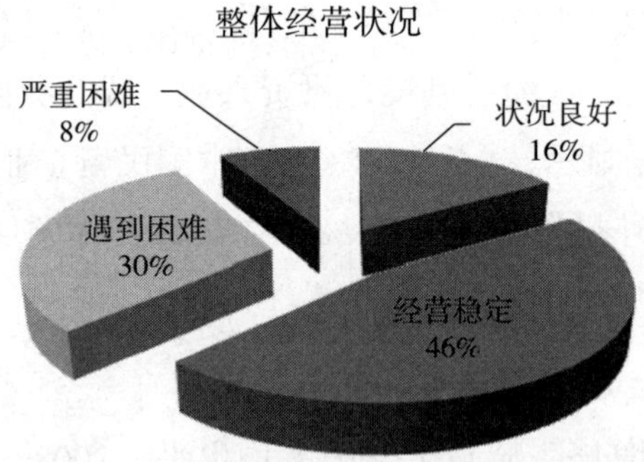

图13-13　我国中小企业经营情况

数据来源：赛迪智库中小企业所。

从具体行业来看，不同行业中经营遇到困难和严重困难的企业占比情况如下表：

表 13-6　不同行业经营困难企业占比

行业	经营遇困难企业占比
批发	44.4%
零售	9.1%
餐饮	50.0%
纺织	41.7%
鞋帽	46.2%
木材加工	33.3%
家具制造	75.0%
金属制品	39.1%
专业设备	38.9%
电气机械	24.0%
通信设备	45.5%
工业总体	38.9%

数据来源：赛迪智库中小企业所。

一直以来困扰中小企业的融资难和人工成本上涨问题使得中小企业经营压力持续居高不下。现有的金融资源和体制无法满足我国中小企业的旺盛融资需求，中小企业很难在现有商业银行系统获得贷款，于是纷纷转向小贷公司等渠道。根据德勤在西南的市场调研结果，在被访的已成为小贷公司客户的 50 多个小微企业主中，超过 95% 曾向银行申请贷款，但仅有 45% 成功[1]。根据央行数据，截至 2013 年 3 月底，全国共有小额贷款公司 6555 家，贷款余额 6357 亿元，全年新增贷款 434 亿元。德勤预计，2013 年全国小贷公司贷款余额将达 8289 亿元。虽然小贷公司规模发展迅速，但依然远远不能满足中小企业的需求。另一方面，融资贵问题依然突出。中小企业民间融资成本普遍在 20% 以上，即使在商业银行成功融资，成本也普遍在基准利率基础上上浮 20%—30%。

中小企业普遍面临成本上涨的问题，部分制造业受此影响甚至陷入经营困局。一方面，劳动者生活成本上涨倒逼员工工资上涨，中小企业劳动力成本上升显著。据统计局数据，2013 年 5 月全国居民消费价格总水平比 2012 年同期上涨 2.4%，其中，食品和房租上涨明显，推动劳动者生活成本持续上升。另一方面，随着“刘易斯拐点临近”，“劳动力无限供给”特征正在逐步消退，劳动力成本已进入长期上涨通道。按照国务院 2012 年批转的人力资源和社会保障部等部门制定的《促

[1]　资料来源：德勤中国金融服务业卓越中心，《中国小额贷款公司面临的挑战和应对之道》。

进就业规划（2011—2015年）》规定，2011—2015年，我国最低工资标准年均增长率要大于13%。继2012年全国最低工资标准平均上调22%之后，2013年，已颁布最低工资标准的上海、深圳、北京、贵州等18个省市平均上涨超过15%，廉价劳动力时代已一去不复返。

表13–7　2013年各地最低工资标准

地区	月最低工资标准	小时最低工资标准	调整时间
上海	1620	14	2013年4月1日
深圳	1600	14.5	2013年3月1日
广东	1550	15	2013年5月1日
新疆	1520	15.2	2013年6月1日
天津	1500	15	2013年4月1日
江苏	1480	13	2013年7月1日
浙江	1470	12	2013年1月1日
北京	1400	15.2	2013年1月1日
山东	1380	15.5	2013年3月1日
辽宁	1300	13	2013年7月1日
山西	1290	14	2013年4月1日
河南	1240	11.7	2013年1月1日
江西	1230	12.3	2013年4月1日
广西	1200	10.5	2013年2月7日
甘肃	1200	12.7	2013年4月1日
四川	1200	12.5	2013年7月1日
陕西	1150	11.5	2013年1月1日
贵州	1030	11	2013年1月1日

数据来源：中国社会科学院。

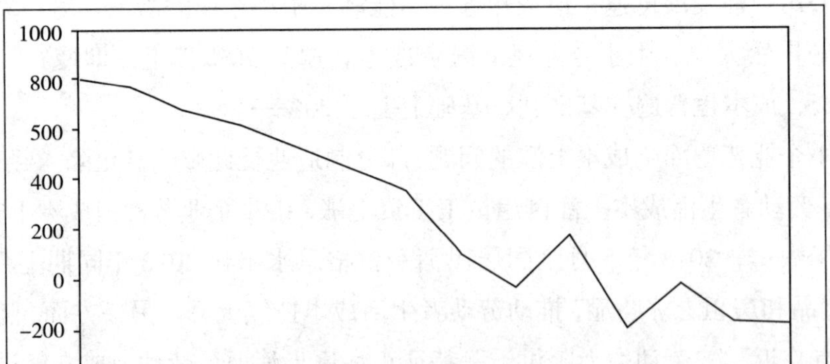

图13–14　每年新增劳动力人口的数量预测（单位：百万）

数据来源：中国社会科学院。

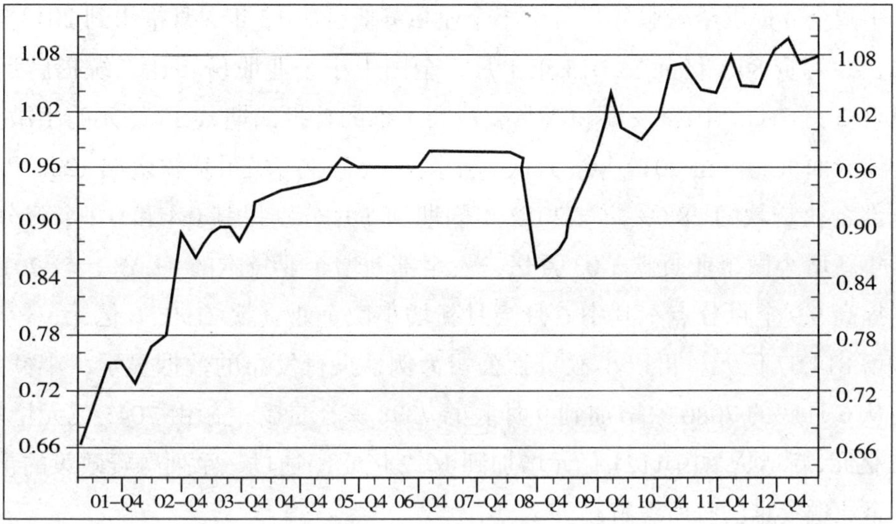

图13–15 我国求人倍率数据

注：求人倍率是劳动力市场在一个统计周期内有效需求人数与有效求职人数之比。当求人倍率大于1，说明职位供过于求；如果求人倍率小于1，说明职位供不应求。
数据来源：Wind资讯。

（三）政策扶持效应逐渐显现，政策环境不断优化

随着《扶助小微企业专项行动实施方案》正式发布及相关配套政策的深化落实、《关于做好2013年减轻企业负担工作的通知》的深化落实、“营改增”政策受惠面的逐渐扩大以及2013年小微企业专项行动计划的启动实施，一系列政策将逐渐显效，中小企业的发展环境将愈加完善。为切实鼓励扶持中小企业发展，各级政府陆续出台一系列涉及到融资、税收等方面的中小企业扶持政策，大力完善中小企业发展的市场环境和政策环境。提高营业税和所得税起征点、减少各项行政审批费用、提高小微企业财政专项资金规模、扶持个体户转型升级为企业、小微企业创业基地标准厂房建设用地试点、完善中小企业公共服务平台网络、各种专项扶助行动等一系列政策举措的不断推出和落实，使中小企业发展环境日益优化，效果不断显现。

针对中小企业融资难问题，各级政府采取多种措施，扩充融资渠道，缓解中小企业的融资压力。自2008年银监会发布《关于银行建立小企业金融服务专营机构的指导意见》以来，已有100多家商业银行设立了不同形式的专营机构，专

门为小微企业提供金融服务[1]。中小企业私募债自2012年5月推出到2013年12月底，共筹资84.1亿元。2013年1月，全国中小企业股份转让系统揭牌运营。2013年3月7日，国家发展和改革委员会主推的首批四期共35亿元的小微企业扶持债券面世。截至2013年6月底，全国小微企业人民币贷款余额12.25万亿，占全部企业贷款的28.6%，较2012年同期和5月分别提高0.4和0.2个百分点。上半年新增小微企业贷款1.03万亿，占全部新增企业贷款的42.6%，较2012年同期提高9.9个百分点；其中6月当月新增小微企业贷款2190.56亿元，较5月底多增814.07亿元。再以小额贷款公司为例，央行发布的数据显示，小额贷款公司从6月底的7086家增加到9月底的7398家，贷款余额由7043亿元增加到7535亿元,新增贷款由1121亿元增加到1612亿元 。通过一系列融资政策的帮扶，中小企业融资难已有所缓解。

面对2013年上半年的经济下滑局面，国务院推出多种“稳增长”措施，对中小企业予以扶持。2013年7月国务院总理李克强主持召开国务院常务会议决定，从8月1日起，将对小微企业中月销售额不超过2万元的增值税小规模纳税人和营业税纳税人，暂免征收增值税和营业税，并抓紧研究相关长效机制。这项政策是继2011年《增值税暂行条例实施细则》和《营业税暂行条例实施细则》提高增值税和营业税起征点之后的又一重大举措,大幅减轻了小微型企业的税收负担。同时，会议还决定制定出台便利通关办法，整顿进出口环节经营性收费，减少行政事业性收费，支持外贸综合服务企业为中小民营企业出口提供融资、通关、退税等服务，极大地优化了中小企业外贸出口环境。8月8日发布的《国务院办公厅关于金融支持小微企业发展的实施意见》提出11项措施缓解小微企业融资难，包括加快设立小微企业创业投资引导基金、扩大小微企业增信集合债券试点规模、清理规范涉及企业的基本银行服务费用等。四川、河南、河北等地也结合地区特色制定了区域促进中小企业发展的政策文件，设置中小企业专项基金、建立中小企业服务平台等。伴随着这些措施的实施，中小企业将迎来新的机遇。2013年9月李克强主持召开国务院常务会议，进一步下放了75项行政审批事项。至此，新一届政府取消和下放的行政审批事项已达221项，激发了市场活力，有利于众多中小企业进入更多市场领域。

[1] 尚福林：《推动小微企业金融服务转型升级》。

三、2013年我国中小企业发展存在的问题

2013年中小企业发展中存在的问题，既有以往一直存在的阶段性老问题，也有一些新的长期趋势性苗头，需引起各方关注。

（一）既有老问题

1. 融资难融资贵问题依然存在

虽然在各方推出的支持措施下中小企业融资难问题有所缓解，但融资难和融资贵短期内依然难以根除。工信部进行的涵盖全国26个省市的中小企业调研数据显示，融资难、贵依然是中小企业面临的首要难题。

表13-8 我国中小企业面临困难排序

项目	排序
融资难、融资贵	1
招工难、留人难	2
市场竞争压力加大	3
订单不足	4
企业间支付拖欠	5

数据来源：赛迪智库中小企业所。

2013年4月工业和信息化部中小企业发展促进中心公布的《小微企业融资发展报告：中国现状及亚洲实践》显示，有59.4%的小微企业表示，其借款成本在5%至10%之间，更有四成以上的小微企业表示借款成本超过10%。在融资成本方面，31.8%的小微企业认为向银行贷款的成本最高，也占比最高。

2. 人工成本上升问题制约企业发展

用工成本高是中小企业普遍面临的问题，尤其是对传统劳动密集型中小企业而言，是其面临的首要个性化问题。既有公开数据显示，继2012年各省市最低工资标准平均上涨20%以上，从目前各省颁布的最低工资水平来看，2013年仍保持了15%以上的增速。企业人工成本中员工社保负担极为突出，已达到工资总额的32%。另外，企业普遍反映的“招人难、留人难”问题的本质是企业不能提供具有外部竞争性的员工薪酬，究其根本还是用工成本问题。

3. 技术创新保障体制尚未构建

一方面是缺乏充分的研发资金。调研数据显示[1]，有56.8%和54.2%的创业型、创新型中小企业认为，企业在技术创新过程中面临的最重要的困难是缺乏研发资金；另一方面是科技创新型人才缺乏。调研发现，有46.7%的企业认为缺乏技术人员。由于中小企业普遍未形成较为规范的人力资源管理制度和社会劳动保障体系，也未构建科技人才引进和培养机制，对于优秀科技创新人才的吸引力较小。

4. 公共服务支撑体系建设有待完善

继2011年和2012年工信部分别确认了首批99家和第二批208家国家中小企业公共服务示范平台后，2013年继续确认第三批共计300家中小企业公共服务示范平台，中小企业服务体系建设已经取得一定成绩，但是仍然存在问题。一方面，服务种类不够丰富，服务功能有待提高。现有平台多集中在信息查询、技术交流、技术培训等方面，而相对缺乏新型的技术咨询、融资服务、工业设计等服务。另一方面，平台资源整合缓慢。中小企业服务组织水平参差不齐，服务覆盖面不广，在一定区域范围内尚未形成服务资源共享机制。

调查发现，24.3%的企业从未接受过服务机构服务，主要原因包括以下方面："不了解机构的服务信息"为首要原因，占38%的比例；"获得服务的成本高、不够便捷"也是重要原因，占23%；"附近没有服务机构"占14%，表明中小企业服务体系覆盖面还需要进一步提升。

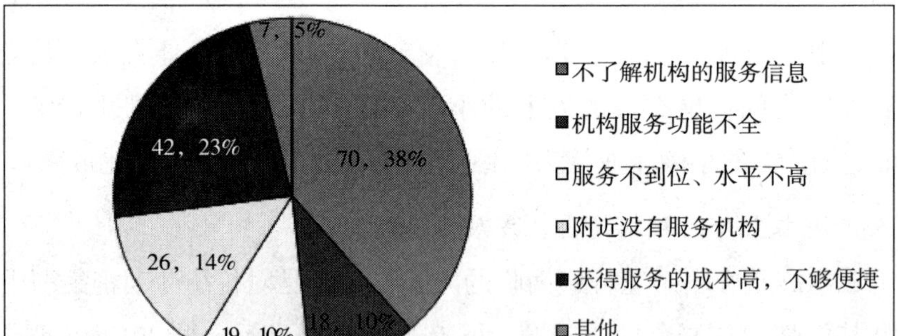

图13-16 企业未接受过服务机构服务的主要原因

数据来源：赛迪智库中小企业所。

[1] 工信部于2012年6月20日—8月10日在全国开展创新型、创业型、劳动密集型中小企业调研，共在14个省市回收中小企业调研问卷2634份，其中有效问卷1933份。

5. 企业技术水平较低，创新普遍不足

根据调研情况显示，有自主创新技术的企业占比45%，无自主创新的企业占比55%，企业技术创新普遍不足，过半企业无自主技术。

技术创新的障碍因素排序为研发技术投入不足、缺乏技术人员、研发能力不足、市场前景把握不准、缺乏专项资金支持、缺乏针对性技术服务支撑。

表13–9 影响企业技术创新的各项因素排序

项目	排序
研发技术投入不足	1
市场前景把握不准	3
缺乏技术人员、研发能力不强	2
缺乏针对性技术服务支撑	5
缺乏技术标准	8
知识产权保护成本高	7
缺乏产学研合作渠道资源	6
缺乏资金支持	4

数据来源：赛迪智库中小企业所。

6. 大企业拖欠账款情况依然严重

相对于大企业而言，中小企业处于弱势地位。大量小企业围绕着大企业，充当其原材料、配件供应、代加工者角色，大企业拖欠中小企业账款严重影响着中小企业的正常经营，使其资金链条压力巨大。尤其是近年来，在市场收缩的情况下，大企业更倾向于利用自身优势地位拖欠中小企业货款，转嫁其经营压力。根据2013年6—9月进行的覆盖29个省（区、市）和5个计划单列市的17000多家中小微企业调研数据显示，资金拖欠情况愈加严重。

（1）从规模上看，小企业被拖欠问题更为突出

调研数据显示，57.99%的调研企业存在被采购方拖欠货款的情况；42.01%的调研企业表示不存在被拖欠货款情况。不同规模企业均呈现相似特点，小型企业被拖欠情况最为突出，存在拖欠的占调研企业数的60.26%。

表 13-10 调研企业被采购方拖欠货款的情况

合计			微型企业		小型企业		中型企业	
拖欠情况	样本量	占比（%）	样本量	占比（%）	样本量	占比（%）	样本量	占比（%）
存在拖欠	9855	57.99	986	53.7	6784	60.26	2085	53.46
不存在拖欠	7139	42.01	850	46.3	4473	39.74	1815	46.54
合计	16994	100	1836	100	11257	100	3900	100

数据来源：赛迪智库中小企业所。

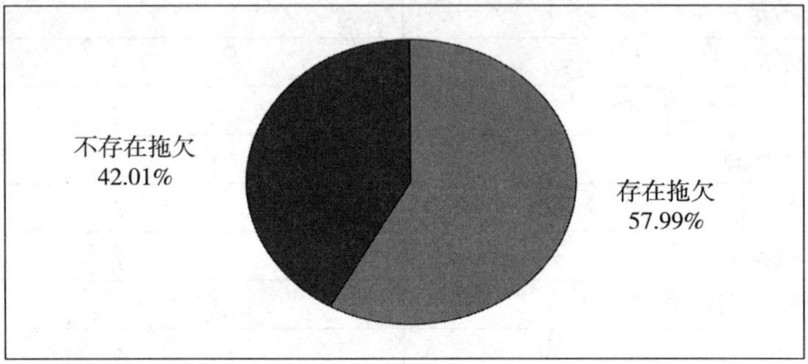

图13-17 调研企业被采购方拖欠货款的情况

数据来源：赛迪智库中小企业所。

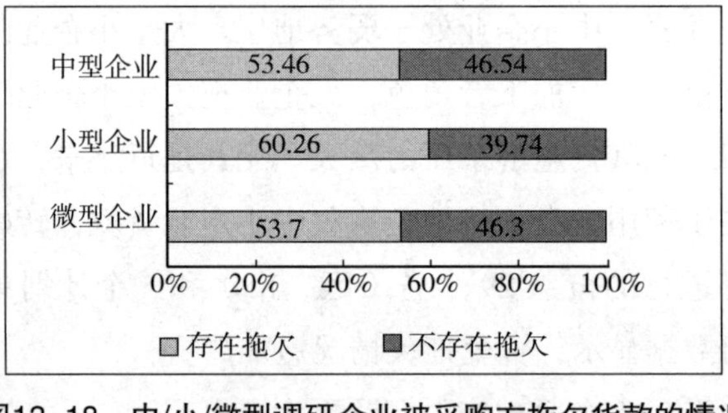

图13-18 中/小/微型调研企业被采购方拖欠货款的情况

数据来源：赛迪智库中小企业所。

（2）从不同行业看，拖欠货款发生率普遍超过 50%

从行业情况看，只有纺织行业调研企业存在被采购方拖欠货款的占比不到 50%，其他行业存在拖欠的企业比例均超过 50%，拖欠情况最突出的是机械、建材、电子、化工行业，存在拖欠的企业占比均超过 60%，分别达到 67.22%、65.33%、64.58%、61.87%。

表 13-11　从不同行业看调研企业被采购方拖欠货款的情况（%）

行业	存在拖欠	不存在拖欠
全国	57.99	42.01
化工	61.87	38.13
冶金	59.84	40.16
有色	54.36	45.64
建材	65.33	34.67
轻工	53.22	46.78
纺织	43.61	56.39
医药	53.54	46.46
机械	67.22	32.78
汽车	55.76	44.24
电子	64.58	35.42

数据来源：赛迪智库中小企业所。

（3）从地区看，不同地区存在拖欠的企业占比均超过 50%

从地区情况看，所有省市调研企业中存在货款拖欠的企业占比均超过 50%。拖欠情况最突出的是四川、江苏、山西、深圳、湖北等省，存在拖欠的企业占比均超过 60%，分别达到 66.43%、64.67%、62.96%、62.83%、61.87%。

表 13-12　从重点地区看调研企业被采购方拖欠货款的情况

地区	存在拖欠问题	不存在拖欠问题
全国	57.99	42.01
河北	57.56	42.44
山西	62.96	37.04
内蒙古	52.58	47.42
辽宁	57.64	42.36
江苏	64.67	35.33
山东	55.26	44.74
湖北	61.87	38.10
广东	54.80	45.20
重庆	51.42	48.58
四川	66.43	33.57
陕西	52.95	47.05
大连	50.76	49.24
深圳	62.83	37.17

数据来源：赛迪智库中小企业所。

（二）苗头性新问题

1. 中小企业发展局面短期困境恐将常态化

当前，在内外多重因素叠加下，中小企业尤其是劳动密集型中小企业面临巨大困境。据2012年6—8月进行的涵盖2600家中小企业的抽样调查显示，家具、服装、通讯设备等劳动密集型行业中小企业的困难面分别高达75%、46.2%、45.5%。劳动力成本上升、能源、原材料价格上涨、市场订单不足是其所面临的主要困难。

分析这些困境背后的原因，均不具备短期内改变趋势的可能，劳动密集型中小企业面临的生存困境恐将长期化。首先，随着人口红利的逐渐消失、最低工资标准上调，以及《社会保险法》和新《劳动合同法》的强化落实，劳动力成本已经步入长期上升通道。2004年至今，制造业工人的平均工资上涨了150%以上，预计还将以每年10%—20%的速度攀升。其次，过剩的流动性导致资源要素价格短期内也难以大幅下降。2004年至今土地价格上升逾70%[1]，2007—2011年，国内大宗商品平均价格上涨51%，小麦、玉米等软性商品价格上涨60%，金属价格上涨19%[2]。美国以及日欧的宽松政策还将会对资源要素价格产生推升作用。最后，导致市场订单不足的外需市场不振还将持续。美国经济复苏进程反复、欧洲深陷主权债务危机泥沼，主要国际市场需求的萎缩在短期内难以改变。

2. 出口不振背后的"中国制造"竞争力下滑

2010年1季度至今，我国中小企业进出口增速出现持续下滑趋势。导致我国中小企业出口困境的外部原因是国际市场需求下滑、贸易保护主义加剧，而更深层的内在原因是我国制造业国际竞争力下降。以对美国出口为例，2004—2008年平均每年27%的高增速现已下降到2012年上半年的9.2%，而同期美国进口增速仅仅从8%下降到了6%[3]。一方面，受劳动力成本上升和人民币升值等因素的共同影响，中国制造的传统优势——低廉的劳动力成本、土地成本和汇率优势正在不断弱化。以人民币币值为例，从2010年5月至今已经形成标准的长期上升通道，为外向型中小企业出口带来巨大压力。另一方面，以东南亚国家为代表的新兴市场以更加低廉的成本优势对中国制造造成了巨大冲击。随着这些国家工业

[1] 数据来源：海关总署、华尔街日报。
[2] 安永报告：《超越增长——势在必行：提供中国生产率》，2012年9月。
[3] 资料来源：美国商务部。

基础不断完善、产业工人队伍不断成熟、配套设施不断健全，中国制造的传统优势将丧失殆尽。

更值得关注的是，传统优势弱化的同时，中国制造的新优势尚未构建。在新工业革命面临突破的大背景下，以“增材制造”等为代表的新技术的运用与推广势必重塑全新的业态模式，对中国制造业在技术创新、知识产权保护、质量控制、研发设计、咨询服务等环节提出更高要求。

3. 转型升级名义下的“重转轻升”认识偏差

虽然各方面更加重视推动中小企业转型升级，但是对于转型升级的政策内涵、战略方向和发展路径，仍存在认识不足与理解方面的偏差。比如，当前许多地方政府将产业转移等同于产业转型升级，政策取向片面重视产业转移而非真正的转型升级。

产业转移并不等同于转型升级。通过产业转移实现企业转型升级的发展思路更多的是缓解困境之策，不是长期解决之道。首先，作为产业承接地的中西部地区所具有的成本优势也正在逐渐弱化，东盟国家或将在十年内取代中国。如果一味只重视产业转移，继续延续已有的发展方式，将会错过转型升级的最佳时机。其次，产业转移有可能会出现“低附加值传统产业移出，高技术高附加值产业未进入”的“空心化”现象，并不能从根本上解决问题。将“转地区、转行业”简单地作为企业转型升级的手段，未能切中“高效率、高附加值”的企业转型升级关键，其真正意义上的促进作用恐将有限。

4. 减负背景下“税未降、费大增”的不良倾向

中小企业承担的税收和非税收费用增长迅速，甚至大幅超过了企业利润。2012年国务院发展研究中心调研发现，在工业企业利润下滑30%—40%的情况下，所调研各省的税收增长仍然达到两位数以上，表明企业税收负担过重。

更值得关注的是，2012年以来，受宏观经济下行压力和房地产调控的影响，为了保证预期的财政收入，不少地方加大征收各种非税收费。2013年前三季度，天津、安徽、广东等省份的非税收入增幅分别比税收收入增幅高出40%、30%和18%，这折射出中小企业财税优惠政策落实的现实困境：一部分行政性收费“变脸”为经营性收费，导致中小企业负担不降反增，征费方式隐性化趋势初显；“小且散”（如管理类、登记类和证照类等）的行政事业性收费减少了，“大且重”的费种（如河道工程维护管理费、水资源费、劳动保险费等）并未减，“避重就轻”

的结构性问题较为突出，企业减负效果有限。

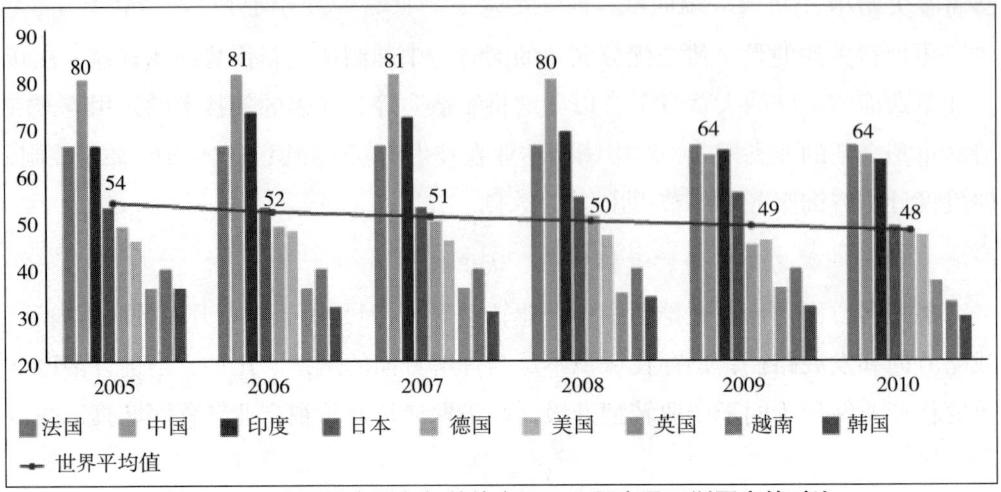

图13-19　中国综合税负与其他主要工业国家及亚洲国家的对比

注：数字表示综合税负与企业净利润的比值，单位：%

数据来源：世界银行。

5. 中小企业自身瓶颈约束下转型升级步伐缓慢

与大企业相比，中小企业转型升级面临着更为薄弱的基础，转型升级面临的突出难题不解决势必拖累经济转型的整体大局。

一是中小企业转型升级缺乏足够的物质基础。中小企业转型升级的终极目的是围绕效率和效益构建内生发展动力，但这一过程所必须的设备改造、技术升级、质量提升、品牌构建等离不开前期的投入。目前，困境下的中小企业处于生存的临界点，“贫困化发展”状态[1]短期无法摆脱，“去实业化”现象[2]依然严重，中小企业缺乏内部积累能力，无力完成投入——产出的逻辑循环。

二是中小企业转型升级缺乏明确的方向认识。目前，中小企业转型升级的必要性虽成为共识，但对于众多中小企业甚至是各级主管部门而言，转型升级更多的是一个非常宽泛的概念，转型升级的重点方向、具体路径尚缺乏一个统一的认识，转型升级路线图的缺失严重制约了转型升级的进程。

[1]　“贫困化发展”状态是指中小企业处于“拼人力、拼成本、拼数量、拼环境”的低层次竞争，呈现出低质量、低效率、低效益的一种发展状态。

[2]　“去实业化”现象是指过去几年，在宽松的货币政策及不稳定的物价背景下，我国经济生活中出现的一种不合理的现象，即由于投资实业的投资回报率和回收周期问题，一些企业主无心做实业，都想进行炒房、炒矿、炒钱(放贷)赚快钱的投机行为。中小企业“去实业化”现象反映了企业对传统发展模式的信心缺失。

三是中小企业转型升级缺乏明确的突破口。转型升级是一个方向正确但过程复杂的选择，不可能一蹴而就，但立足中小企业现实，从何处突破才能牵一发而动全身，既具操作性又能为平稳进入进程下一阶段打下坚实基础还不甚明了。

四是中小企业转型升级缺乏系统的环境保障。中小企业转型升级不啻于凤凰涅槃，在进程的初期需要一个宽松的环境支撑，要可以暂时容忍就业、税收等方面贡献下降的短暂阵痛，要可以获取资金、技术、市场等方面的系统支持。但中小企业一直游离于社会主流资源的支持之外，承载着吸纳就业、活跃经济、促进出口、贡献利税等太多责任，在自生自灭中艰难前行。没有系统的环境保障，转型升级必将困难重重。

（三）中小企业破解问题的突破口

1. 转换观念，政策出发点由“保生存”转为“促发展”

随着内外环境的变化，我国劳动密集型中小企业原来固守多年的优势正在慢慢弱化，在多重压力下陷入困境似乎成为必然。能否摆脱路径依赖，依托创新、调整模式、转型升级，通过提升技术和质量水平，树立自身品牌，提高附加价值以提高竞争力，既是摆脱当前危机的途径，也是未来持续发展、提升价值链层级的基础。可以说，劳动密集型中小企业面临的不是生存问题，而是发展问题。停滞不前只会愈发艰难，只有发展才能解决生存问题。

对劳动密集型中小企业而言，政策扶持的立足点应是促发展而非保生存，应是创造环境、引导发展而非一味庇护。针对劳动密集型中小企业的特征，政策的着力点应直指要害：一是降低用工成本，尤其是员工社保成本。在推广实施新增岗位补贴、在岗培训补贴政策的基础上，探索实施劳动密集型中小企业以社会保险费抵扣企业所得税政策试点。二是增强创新能力，提升价值链地位。引导鼓励劳动密集型中小企业加强技术改造，加大研发投入力度，提高信息化水平，有效提升自主创新能力。

2. 多管齐下，提升中国制造业中小企业国际竞争力

推动中国制造业从单纯成本优势向技术、质量和品牌优势转变，离不开中小企业自主创新能力和高端制造能力的提升。因此，要有针对性地在扩充融资渠道、加强技术研发、优化创新环境方面重点施治。资金方面，着力于发挥财政资金的杠杆效应，以财政资金撬动社会资本的方式来加大对中小制造企业技术研发的支

持力度；技术方面，积极落实研发费用加计扣除等鼓励创新政策，强化与高校、科研机构开展合作，优势互补，构建制造业技术创新体系；环境方面，大力促进生产性服务业发展，建立先进制造业人才引进、培养和激励机制，建立行业培训平台，优化公平竞争和知识产权保护，为企业营造良好的外部环境。

3. 统一认识，尽快制定中小企业转型升级路线图

战略清晰和落地是关键。明确促转型的目的不仅是停留在保增长层面，更重要的是实现增长方式的转变。通过对我国不同地区不同行业具有代表性的转型升级成功案例的调研，找准切入点，采取有效手段推动中小企业整体从“转地区、转行业”的初级阶段深入到以自主研发和技术创新为支撑点的实质化阶段。尽快研究制定中小企业转型升级路线图，明确转型升级的推进阶段、目标衔接、关键突破口和保障手段，在实施分地域、分阶段、分层次的深化转型战略基础上，确立清晰的转型升级路径。有针对性地引导企业转变竞争战略、发展模式、国际化路线等，走科学管理、创新驱动、集约高效、环境友好的高端发展道路。

中小企业转型升级要围绕质量、效率和效益三个核心，立足现存问题，寻找现阶段突破口。

加大税负减免，为转型升级积累物质基础。推动中小企业转型升级要放眼长远，多予少取。当务之急是在现有政策基础上继续加大税费减免力度，降低当期负担，培养长远利基，为转型升级积累必要的物质基础。

支持技术升级，为转型升级构建技术基础。当前的着力点，一是着力于设备技术改造，提升中小企业基础生产条件，提高加工制造精度和效率，提升生产能效比和产品质量水平；二是大力提升中小企业信息化水平，两化深度融合是最具操作性和实效性的切入点。

依托集群效应，为转型升级提供协同基础。发挥集群的协同效应，依托产业集群发展，中小企业能大幅降低转型升级的综合成本，提供更好的转型升级条件，将企业升级与区域产业升级融为一体，降低升级的系统风险。

加强专业服务，为转型升级营造环境基础。依托专业平台，加强中小企业信息、技术、市场等全方位服务。立足中小企业实际，提高服务的针对性。强化落实，协调各政府部门，确保政策落地，优化中小企业转型升级系统环境。

推进行业准入，为转型升级提供市场基础。在加大政府采购支持力度的基础上，进一步营造公平市场环境，打破既有利益格局，放开中小企业行业准入限制，

扩大中小企业市场发展空间。当前重点是解决准入“细则不细”的问题，让政策落地。

4. 狠抓落实，提升政策效用，切实为中小企业减负

加强政策执行力是关键。要继续深化落实既有促进中小企业发展的政策，结合各地中小企业发展的特色和困难，中央及地方要积极出台相关配套细化减负政策，提高政策内容的针对性和可操作性，扩大受惠企业范围，找准政策落地抓手。深入研究政策落实环节出现的各种可能问题，加快建立中小企业减负的“一把手工程”和考核监督激励机制。加大清理取消和减免部分涉企收费力度，从源头上避免税费问题的“隐形”与“变形”。探索中小企业减税减费政策绩效评估机制，借鉴欧盟“中小企业测试”制度，运用系统量化手段客观衡量小微企业所承受的税费负担。

第十四章　2013年我国中小企业重点政策解析

党中央、国务院历来高度重视中小企业的发展问题。针对当前中小企业普遍存在的新情况、新问题，2012 年国务院出台了《关于进一步支持小型微型企业健康发展的意见》（国发〔2012〕14 号，以下简称国发 14 号文件），从八个方面提出了 29 条政策措施，措施具体，力度之大，是前所未有的。为了落实国发 14 号文件，我国在 2012 年还出台了多项扶持中小企业发展的政策，主要体现在鼓励民资、创新创业、专项资金、产业政策等领域，有效推动了我国中小企业的蓬勃发展，受到了广大中小企业的欢迎。

一、国发 14 号文件

（一）出台背景

当前中小企业特别是小型微型企业在拉动就业、科技创新、促进经济增长、社会安全稳定等方面具有重要的作用，对国民经济和社会发展亦具有特殊的战略意义。党中央、国务院一直高度重视中小企业发展，近年来特别是 2008 年国际金融危机以来，出台了《国务院关于进一步促进中小企业发展的若干意见》（国发〔2009〕36 号，以下简称国发 36 号文件）等一系列政策措施，相关部门制定了 36 个配套文件，各地出台的配套措施和实施办法达 200 多件，使广大中小企业活力十足，率先实现企稳回升，在帮助我国应对国际金融危机冲击、保持国内经济健康发展方面发挥了不可估量的作用。2010 年下半年以来，由于受国内外复杂多变的经济形势影响，主要是国际市场下滑、出口订单减少的问题，也有原材料、劳动力成本上涨以及汇率、利率提高、融资更加困难的问题，广大中小企业又面临市场压力大、用工成本上升、融资困难等困境。同时，之前的国发36号文件的部分政策也已到期。面对新形势、新情况，为帮助中小企业特别是小型微型企业应对难关，提振信心，发展经济，增强可持续发展能力，国务院出台了国发14号文件[1]。

（二）考虑因素

当前中小企业，尤其小型微型企业发展面临重大问题，党中央、国务院领导高度重视。温家宝总理专门赴浙江等地调研，研究支持中小企业发展的政策；李克强总理在安徽等地调研时，多次强调要改善中小企业发展环境；张德江委员长也在2011年11月、12月分别主持召开部分省市中小企业工作座谈会和领导小组会议，听取地方和部门意见建议，研究部署工作，要求有关部门研究制定政策措施。

作为中小企业的政府主管部门，工业和信息化部责无旁贷，积极落实国务院领导批示，研究提出一揽子政策文件，先后三次汇同其他部委组成十几个调研组，分赴二十多个省（区、市）调研，了解企业发展困难和问题，广泛听取中国中小企业协会、全国工商联、地方经信委（中小企业局）和中小企业典型代表的意见及建议，对照客观情况，梳理国发36号文件情况，研究进一步的扶持政策和措施。时任国务院总理温家宝在2011年10月12日的国务院常务会议中，研究确定支持小型微型企业发展的九条金融财税政策。2012年2月1日，再次召开国务院常务会议，研究制定一揽子支持政策。根据国务院会议精神，国发14号文件以小型微型企业为重点，进一步突出了政策的针对性，这也是国务院首次专门针对小型微型企业出台的文件[2]。

国发14号文件在缓解融资困难、推动创新发展、支持开拓市场、加大财税支持、提高管理水平、加强公共服务、促进集聚发展等方面，提出了29条政策措施。可以说，国发14号文件与国发36号文件相互联系、重点突出、明确具体、各有侧重、指向性强，既帮助广大中小企业解决困难，又注重引领企业增强核心竞争力，还提出了支持中小企业长期平稳健康发展的长效机制。

[1] 参见“工业和信息化部支持小微企业发展答问”，http://www.nywb.com.cn/zhuce/ask/275.html。
[2] 参见“工业和信息化部支持小微企业发展答问”，http://www.nywb.com.cn/zhuce/ask/275.html。

（三）主要措施

1. 为缓解小型微型企业融资困难，国发 14 号文件提出了五方面的政策措施

（1）拓宽小微企业融资渠道。国发 14 号文件提出了推进多层次债券市场建设，加快场外市场建设，扩大集合票据、集合债券、集合信托和短期融资券发行规模，发展私募股权投资和创业投资，提供设备融资租赁服务，发展贷款保证保险和信用保险等措施。同时，支持小企业上市融资、发行债券，鼓励小型微型企业采取质押、商业保理、典当等多种方式融资。

（2）通过对符合条件的小金融机构继续执行较低存款准备金率、建立小企业信贷奖励考核制度、落实差异化监管政策、适当提高对小型微型企业不良贷款的容忍度、完善小企业贷款呆账核销规定、支持商业银行发行专项用于小型微型企业贷款的金融债等措施，鼓励金融机构扩大对小型微型企业的信贷服务。

（3)推动小金融机构的发展。国发 14 号文件提出了适当放宽民间资本、外资、国际组织资金参股设立小金融机构的条件；适当放宽小额贷款公司单一投资者持股比例限制；鼓励银行业金融机构到中西部设立村镇银行；引导小金融机构增加服务网点，向县域和乡镇延伸；符合条件的小额贷款公司可根据有关规定改制为村镇银行等政策措施。

（4）通过开展商业银行服务收费检查，清理纠正金融服务不合理收费等，规范对小型微型企业的融资服务。

（5）鼓励担保机构提高对小型微型企业的担保业务规模，降低担保收费；积极发展再担保机构，强化分散风险、增加信用功能;加快推进企业信用体系建设。

2. 为推动小型微型企业转型升级，国发 14 号文件提出四项具体措施

（1）在加强企业技术创新方面，一方面支持企业技术改造，中央预算内投资扩大安排用于中小企业技术进步和技术改造资金规模，重点支持小型企业开发和应用新技术、新工艺、新材料、新装备；另一方面是提升创新能力，完善企业研究开发费用所得税前加计扣除政策，实施中小企业创新能力建设计划，加快新技术和先进适用技术在小型微型企业的推广应用。另外，要进一步提高小型微型企业知识产权创造、运用、保护和管理水平，加大对侵犯知识产权和制售假冒伪劣产品的打击力度，维护市场秩序，保护创新积极性。

（2）在加快企业结构调整方面，一方面通过积极支持创新型、创业型和劳动

密集型的小型微型企业发展，鼓励小型微型企业发展现代服务业、战略性新兴产业、现代农业和文化产业，走"专精特新"和与大企业协作配套发展的道路；实施创办小企业计划，努力扩大社会就业；支持劳动密集型企业稳定就业岗位，推动产业升级，加快调整产品结构和服务方式。另一方面，加快淘汰落后产能，严格控制高污染、高能耗和资源浪费严重的小型微型企业发展，防止落后产能异地转移；综合运用多种手段，支持小型微型企业加快淘汰落后技术、工艺和装备。

（3）在提升企业管理水平方面，一方面通过支持管理创新，实施中小企业管理提升计划，帮助和引导小型微型企业加强财务、安全、节能、环保、用工等管理；另一方面提高质量管理水平，加强质量诚信体系建设，推广先进的质量管理理念和方法，严格执行国家标准和进口国标准。此外，要加强人力资源开发，拓宽用工渠道，实施国家中小企业银河培训工程和企业经营管理人才素质提升工程；对小型微型企业新招用高校毕业生给予培训费补贴和社会保险补贴。

（4）在拓展企业发展空间方面，一方面通过鼓励小型微型企业创新营销和商业模式，运用电子商务、信用销售和信用保险，大力拓展经营领域；另一方面建设集中采购分销平台，支持小型微型企业通过联合采购、集中配送，降低采购成本。此外，要营造有利于企业开拓市场的环境，改善通关服务，简化加工贸易内销手续，开展集成电路产业链保税监管模式试点。在促进企业集聚发展方面，需要规划建设小企业创业基地、科技孵化器、商贸企业集聚区等，各类园区要集中建设标准厂房，积极为小型微型企业提供生产经营场地；对新创办三年内租用经营场地和店铺的小型微型企业，给予一定比例的租金补贴。

3. 在促进中小企业长期平稳较快发展方面，国发 14 号文件的具体措施如下

国发 14 号文件明确强调，要把支持小型微型企业健康发展作为我国巩固和扩大应对国际金融危机冲击成果、保持我国经济平稳较快发展的一项战略举措。明确提出了完善结构性减税政策，研究进一步支持小型微型企业发展的税收制度；完善涉企收费维权机制；研究制定防止大企业长期拖欠小型微型企业资金的政策措施；拓宽民间投资领域，促进民间投资便利化、规范化；建立和完善小型微型企业统计调查、监测分析和定期发布制度等长效机制；完善小型微型企业职工社会保障政策等五点措施。这些措施这对于促进小型微型企业长期平稳健康发展，完善社会主义市场经济体制，增强经济发展活力，实现全面建设小康社会的战略目标具有重要意义。

二、《关于大力支持小型微型企业创业兴业的实施意见》

（一）出台背景

为贯彻落实《国务院关于进一步支持小型微型企业健康发展的意见》（国发14号文件），结合实际，制定具体办法，以便加大对小型微型企业的扶持力度，创造有利于小型微型企业发展的良好环境，工业和信息化部、财政部、国家工商行政管理总局三部委在2012年7月12日联合出台了《关于大力支持小型微型企业创业兴业的实施意见》。

（二）意见内容

1. 关于自主创业

《实施意见》明确支持符合法律法规规定条件的各类人员自主创业，以多种形式设立市场主体，允许其进入法律法规未明确禁止准入的行业和领域。对申请从事法律、行政法规或者国务院决定规定在登记前须取得前置许可的经营项目，并且已取得前置许可的，依法及时予以登记。

2. 关于非货币形式出资问题

《实施意见》提出，我国将鼓励投资者依法以股权、债权、知识产权等非货币形式评估作价出资和增资，支持以不需要办理权属登记的自有技术作为公司股东的首次出资。同时，对小型微型企业免征企业注册登记费、税务发票工本费、海关监管手续费和货物原产地证明书费等行政事业性收费。

3. 小企业创业基地方面

《实施意见》提出，在“十二五”期间，国家重点支持3000家小企业创业基地建设。鼓励各地优先安排小企业创业基地用地指标；鼓励社会各类投资主体参与小企业创业基地建设；鼓励各类专业服务机构进驻小企业创业基地提供服务。

4. 财政资金支持方面

《实施意见》提出，逐年加大中小企业发展专项资金支持力度，重点支持小企业创业基地建设、小型微型企业的创业兴业项目，将资金总规模的80%以上用于小型微型企业和改善服务环境。国家中小企业发展基金重点引导地方、创业投资机构及其他社会资金支持处于初创期的小型微型企业。中小企业信用担保资金重点支持中小企业信用担保机构为小型微型企业创业兴业开展的融资担保业务。鼓励有条件的地区设立创业基金。

5. 融资方面

《实施意见》要求，各级中小企业主管部门要积极开展中小企业上市和集合债、集合票据、集合信托发行等中小企业直接融资培训及咨询服务。通过召开融资服务洽谈会、推介会等多种形式，组织小型微型企业与商业银行、券商、风险投资商等各类融资机构进行项目对接，推动融资机构和小型微型企业加强合作。各级工商行政管理部门要积极开展动产抵押、股权出质、注册商标专用权质押登记，完善相关工作机制，提供高效便捷的服务，指导小型微型企业利用抵押、质押担保进行融资，进一步拓宽小型微型企业的融资渠道。

6. 信用评级制度建设方面

我国将促进适合小型微型企业特点的信用评级制度建设，构建守信受益、失信惩戒的信用约束机制，增强中小企业信用意识，不断提高小型微型企业融资信用等级，提高小型微型企业的融资能力。

三、《关于安排政府性资金对民间投资主体同等对待的通知》

《国务院关于鼓励和引导民间投资健康发展的若干意见》(国发〔2010〕13号)规定，各级人民政府有关部门安排的政府性资金，包括财政预算内投资、专项建设资金、创业投资引导资金，以及国际金融组织贷款和外国政府贷款等，要明确规则、统一标准，对包括民间投资主体在内的各类投资主体同等对待。为了做好贯彻落实工作，国家发展改革委、财政部于2012年6月1日出台此通知。

（一）充分认识鼓励和引导民间投资健康发展的重要意义

改革开放以来，我国民间投资迅速发展壮大，目前已经占到全社会固定资产投资的60%以上，尤其是中小企业作为促进国民经济发展的一支生力军，在促进市场繁荣、提供就业岗位、推进结构调整、增强经济活力等方面都发挥着重要作用，成为推动国民经济平稳较快发展的积极力量。政府要从坚持和完善社会主义初级阶段基本经济制度的高度出发，充分认识鼓励和引导民间投资健康发展的重要意义，对符合政府性资金支持方向的民间投资主体同等对待，鼓励和引导民间资本参与公共服务、基础设施和扶贫开发等领域的投资。

（二）明确安排政府性资金支持民间投资发展的主要方式

政府在安排财政预算内投资和专项建设资金时，根据法律法规和有关政策规定，对于符合条件的民间投资项目，主要采取投资补助、贷款贴息等方式予以支持，资金的财务管理按照国家有关规定执行。

政府在安排创业投资引导基金时，对于在中国境内设立、依照国家有关规定备案、包括民间投资在内的各类创业投资企业，均可以采用参股、融资担保和跟进投资等方式进行扶持。要坚持市场化运作，通过与社会资本共同发起设立创业投资企业等方式，积极引导民间投资。

国务院有关部门按照国家相关规定安排国际金融组织和外国政府贷款。符合贷款条件的民间投资项目，可按规定程序申请使用国际金融组织和外国政府贷款，由财政部门和转贷银行进行转贷。

（三）安排政府性资金要对民间投资主体同等对待

政府在安排政府性资金时，要根据法律法规和有关政策规定，明确规则、统一标准，对民间投资主体同等对待，不得单独对民间投资主体设置附加条件。

与政府性资金管理和使用有关的规章制度、标准定额、发展规划、产业政策等，要按照《中华人民共和国政府信息公开条例》要求予以公开，便于民间投资主体准确获取相关信息。政府要依照政府性资金管理的相关规定，对各类投资主体提出的政府性资金申请进行认真审核。审核内容、审核标准、审核程序、审核规则等方面的具体要求应一视同仁。对于符合有关规定、通过审核的民间投资项目，在安排政府性资金时不得歧视。

（四）积极加强政府性资金的监督管理

政府要督促各类投资主体认真执行政府性资金管理的各项规定，确保政府性资金使用的规范、安全、有效。各级发展改革、财政等部门依据职能分工，对使用政府性资金的项目进行监督检查。使用政府性资金要依法接受审计、监察等部门的监督。政府要认真贯彻落实《国务院关于鼓励和引导民间投资健康发展的若干意见》(国发〔2010〕13号)和本通知要求，抓紧制订和修改完善本地区、本部门负责安排的政府性资金具体管理办法，明确规则、统一标准、同等对待、公开透明，为民间投资健康发展创造良好环境。

四、《关于印发进一步鼓励和引导民间资本进入科技创新领域意见的通知》

(一)出台背景

改革开放以来，我国民营企业快速发展，尤其是中小企业作为促进国民经济发展的一支生力军，民间资本持续增长，在促进科技成果转化、产业转型升级，培育发展战略性新兴产业、加快经济发展方式转变中发挥了重要作用。当前，50%的国家科技重大专项、90%的国家科技支撑计划、35%的863计划项目都有企业(包括民营企业)参与实施，说明民间资本已经成为科技投入的重要来源，民营企业已经成为自主创新的重要力量。科技工作始终把支持和鼓励民间资本进入科技创新领域作为一项重要任务。为贯彻落实《国务院关于鼓励和引导民间投资健康发展的若干意见》(国发〔2010〕13号)，进一步鼓励和引导民间资本进入科技创新领域，提升民营企业技术创新能力，促进广大中小企业投资和民营企业健康发展，2012年6月18日科技部出台了此通知。

(二)具体政策措施

1. 深化国家科技计划管理改革，进一步加大对民营企业技术创新的支持力度

(1)鼓励更多的民营企业参与国家科技计划。切实落实国家科技计划管理改革的各项政策措施，在计划管理的各个环节为民营企业提供便利，鼓励其通过平等竞争牵头承担或与高等院校、科研院所联合承担国家科技重大专项和973计划、863计划、支撑计划、科技惠民计划等国家科技计划项目。支持有实力的民营企业联合高等院校、科研院所等组建产业技术创新战略联盟，组织实施产业带动力强、经济社会影响力大的国家重大科技攻关项目和科技成果产业化项目，依靠科技创新做强做大。经科技部审核的产业技术创新战略联盟，可作为项目组织单位

参与国家科技计划项目的组织实施。

（2）大力扶持小型微型民营科技企业发展。星火计划、火炬计划、科技惠民计划、科技型中小企业技术创新基金、农业科技成果转化资金、科技富民强县专项等要进一步发挥对小型微型民营科技企业发展的抚育扶持作用，创新支持方式，扩大资助范围，加大支持力度，激发小型微型民营科技企业的技术创新活力。

（3）创新国家科技计划资助方式。综合运用科研资助、风险补偿、偿还性资助、创业投资、贷款贴息等方式，激励民营企业加大科技投入。继续探索和实践国家科学基金与有实力的企业设立联合基金，以企业需求为导向资助研发活动。

（4）鼓励民营企业参与国家科技计划的制定和管理。在确定国家科技计划的重点领域和编制项目指南时，要充分听取民营企业的意见，反映民营企业的重大技术需求。吸收更多来自民营企业的技术、管理、经营等方面的专家参加国家科技计划的立项评审、结题验收等工作。鼓励民间资本对国有单位承担的国家科技计划项目进行前瞻性投入，参与过程管理，分担风险，共享收益。

（5）支持民营企业参与国际科技合作。发挥政府间科技合作机制和国际创新园、国际联合研发中心、国际技术转移中心的作用，推动国内优势民营企业与国外一流机构建立稳定互利的合作关系，以人才引进、技术引进、研发外包等方式开展国际科技合作与交流。

2.汇聚科技资源，进一步增强民营企业持续创新能力

（1）加快推进民营企业研发机构建设。在布局建设国家和地方工程（技术）研究中心、工程实验室、重点实验室等产业关键共性技术创新平台时，支持有条件的行业大型骨干民营企业发展综合性研发机构和海外研发机构，提高其利用全球创新资源和参与国际分工协作的能力。在实施创新人才推进计划等相关工作中，引导一批拥有核心技术或自主知识产权的优秀科技人才向民营企业流动和集聚。进一步加强民营企业工程技术人才的继续教育。积极探索设立专项资金，吸引和带动民间资本，鼓励和引导有条件的中小型民营科技企业自建或与科研院所、高等院校共建技术（开发）中心和中试示范基地。

（2）支持民办科研机构创新发展。完善政策法规，鼓励民间资本兴办科研机构，探索建立符合自身特点和发展需要的新型体制机制，面向市场和新兴产业发展需求开展技术研发、成果转化和技术服务。对瞄准国际前沿开展源头性技术创新的民办科研机构加大扶持力度，鼓励其牵头或参与承担国家科技计划项目，引

进和培养优秀创新人才，创建国际一流研究开发条件和平台，在重大原创性技术方面取得突破，努力掌握新兴产业和行业发展话语权。符合条件的民办科研机构，可按照程序申请成为国家重点实验室或工程技术研究中心。研究制定民办科研机构进口科研仪器设备的税收优惠政策。

（3）促进公共创新资源向民营企业开放共享。推进工程技术研究中心、重点实验室、大型科学仪器设备中心、分析测试中心、实验动物中心等创新平台的资源共享，加大先进实验仪器设备和设施、科技文献、科学数据的开放力度，针对民营企业急需解决的技术问题，提供个性化的服务和分析测试方案，提高民营企业的科技创新效率。对公共创新资源实行开放共享运行的补贴政策。

（4）搭建民间资本与国家科技计划成果的信息对接平台。建立国家科技成果转化项目库，统筹国家财政性资金资助形成的科技成果信息资源，除涉及国家安全、重大社会公共利益和商业秘密外，科技成果的相关信息向社会公开，鼓励民间资本投资科技成果转化和产业化项目。

（三）促进科技和金融结合，进一步拓宽民间资本进入科技创新领域的渠道

（1）大力引导民间资本开展科技创业投资。切实发挥科技型中小企业创业投资引导基金的杠杆带动作用，与地方规范设立和运作的创业投资引导基金形成上下联动的引导体系，运用阶段参股、风险补助和投资保障等方式，支持民间资本创办或参股科技创业投资机构，支持以民间资本为主体的科技创业投资健康发展。启动国家科技成果转化引导基金，鼓励地方参照设立相关基金，采取设立创业投资子基金、贷款风险补偿和绩效奖励等方式，支持和引导民间资本参与科技成果转化。

（2）推动民营科技企业进入多层次资本市场融资。支持和指导民营科技企业进行股份制改造，建立现代企业制度，规范治理结构。完善科技管理部门和证券监管部门的信息沟通机制，支持符合条件的民营科技企业在主板、中小企业板和创业板上市。加快推进中关村非上市公司股权转让试点，为非上市民营科技企业的产权转让、融资提供服务。

（3）支持民间资本通过发行债券产品和设立科技金融专营机构等方式开展科技投融资活动。鼓励地方科技管理部门和国家高新区组织发行中小型科技企业集合债券、集合票据、私募债券以及信托产品等债券产品，并引导民间资本合法合规投资。鼓励和支持民间资本与地方科技管理部门、国家高新区共同设立科技小额贷款公司、科技担保公司、科技融资租赁公司等专业机构。

（4）加强和完善技术产权交易机构的融资服务功能。建立技术产权交易机构联盟和统一规范的交易标准流程，以技术产权交易机构为平台，为民营企业提供技术产权交易、股权转让、知识产权质押物流转等服务。

（5）发挥民间资本在促进科技和金融结合试点中的重要作用。各试点地区要作为引导民间资本进入科技创新领域的先行区，制定出台政策措施，统筹协调科技资源、金融资源和民间资本，建设多层次、多元化、多渠道的科技投融资体系，支持小型微型民营科技企业发展。

（四）落实和完善政策，进一步营造有利于民营企业创新创业的发展环境

（1）为民营企业的科技创新落实各项扶持政策。经认定的民营高新技术企业享受所得税优惠政策。规范企业研发费用归集方法，对民营企业开发新技术、新产品、新工艺发生的研究开发费用，落实加计扣除政策。民营企业的技术转让所得，享受所得税优惠政策。

（2）落实民间资本参与创业投资的税收政策。创业投资企业采取股权投资方式投资于未上市的中小高新技术企业2年以上的，可以按照其投资额的70%在股权持有满2年的当年抵扣该创业投资企业的应纳税所得额。

（3）健全完善科技中介服务体系。加快发展生产力促进中心、科技企业孵化器、大学科技园、技术转移机构、科技金融服务中心等各类科技中介服务机构，逐步建立一批具有分析测试、创业孵化、评估咨询、法律、财务、投融资等功能的综合服务平台，实现组织网络化、功能社会化、服务产业化，为民营企业提供技术开发、创业辅导、信息咨询和融资支持等服务，为民间资本投资科技成果（项目）搭建对接平台，协助初创期的企业解决各种困难，提高科技创业和民间投资的成功率。继续实施国家对科技企业孵化器、大学科技园的税收扶持政策。

（4）推进国家高新区建设。实施国家高新区创新发展战略提升行动，推动国家自主创新示范区加大先行先试力度并适时推广成功经验，在高新区聚焦具有明确优势的战略性新兴产业，积极打造具有国际竞争力的创新型产业集群，将高新区建设成为民营企业创新创业和民间资本进入科技创新领域的重要平台和基地。

（5）各级科技管理部门、国家高新区要进一步解放思想、统一认识、创新工作方法，破除制约民间资本进入科技创新领域的思想观念和体制机制障碍，切实把民营企业作为技术创新的主体，把民间资本作为推动全社会科技进步的重要力量，努力营造良好的创新创业环境。要面向民营企业进一步加大科技工作大政方针、科技计划申报、科技经费管理和使用、科技资源开放共享、科技税收政策、科技和金融结合等方面的宣传、培训和服务，支持民营企业不断提高技术创新能力，促进民间资本健康发展，加快推进创新型国家建设。

第十五章　2014年我国中小企业发展面临的形势

一、2014 年国内外经济环境展望

（一）世界经济形势仍错综复杂，复苏缓慢

从 2008 年 9 月至今，国际金融危机爆发已过去五年。目前世界经济形势仍错综复杂，发达经济体刚出现一些好转迹象，新兴经济体又面临较大下行压力。

美国经济向好。2013 年 8 月美国商务部的数据显示，美国第二季度国内生产总值（GDP）增长 2.5%，增幅是第一季的两倍多，主要得益于第二季出口以两年来最快速度增长。美国第二季度经济增速快于预估水平，意味着经济加速增长的势头或将延续至下半年。第二季度企业利润较第一季度增长了 2.6%，表明企业应该有条件在未来几个月增添雇员并增加投资。第二季度政府支出下降 0.9%，仍是经济增长所面临的最大拖累。2013 年 9 月 9 日，全美商业经济协会（NABE）发布 9 月美国经济形势展望指出，美国经济将加速扩张，预计通胀调整后 GDP 增速将在 2013 年三季度和 2014 年前三季度分别达 2.3% 和 3.0%，2013 年四季度 GDP 将同比增长 1.9%。

欧盟失业率仍居高位，但消费者信心回升。2013 年 8 月 30 日欧盟统计局公布的数据显示，欧元区 7 月份失业率为 12.1%，与 6 月份持平，仍处于纪录高位。当月欧盟国家整体失业率为 11.0%。数据显示，欧元区 7 月份失业率居纪录高位 12.1%，符合市场预期，7 月份欧元区失业人数环比减少 1.5 万人，但不足以拉低失业率；失业人数同比增长 100.8 万人。7 月欧盟失业人数共计 2665.4 万人，环比降低 3.3 万人，同比增长 99.5 万人。欧元区成员国中，失业率最高的是希腊，5 月份失业率高达 27.6%。其次为西班牙，7 月份失业率为 26.3%。欧洲年轻人

失业率问题仍然严峻。7月份欧盟年龄在25岁以下的年轻人失业人数为556万人，失业率高达23.4%；欧元区年轻人失业人口达350万人，失业率高达24.0%。5月份希腊年轻人失业率高达62.9%，为欧盟成员国最高；紧随其后是西班牙，7月份年轻人失业率为56.1%。

不过，欧盟委员会发布的报告显示，消费者对欧洲经济的信心持续回升。8月份，欧元区经济景气指数连续第四个月上升，升至2012年4月以来最高点95.2，高于预期93.5。欧盟8月份经济景气指数环比上升3.1点至98.1点，创两年来新高。欧盟委员会指出，欧元区和欧盟经济信心持续上升的主要原因是，“工业、服务业与零售业三大行业消费者和管理者信心明显改善”。

大部分新兴经济体继续保持较快增长，但面临的内外部不确定性增大。汇丰银行发布2013年8月份汇丰新兴市场指数（EMI，由16个新兴经济体的PMI加权所得）为50.7，为3月份以来首次上升。其中七月份指数49.5是自2009年4月份以来首次跌破50.0，反映全球新兴经济体发展并不顺畅。发达经济体持续的宽松货币政策对一些新兴市场国家的跨境资本流动已经形成压力，将增大这些国家制定宏观政策的难度，中长期内带来输入型通胀压力的几率也不容忽视。

（二）中国经济增速放缓，经济结构加快调整

中国正处在转型升级的关键阶段，当前经济发展的基本面是好的，经济运行总体是平稳的。受多重因素影响，中国经济增长速度有所放缓。2013年一季度，中国经济增速从2012年四季度的7.9%下滑到7.7%，二季度又下行至7.5%，消费、投资以及外贸增速呈下行态势，中央财政收入出现多年来少有的负增长。面对经济下行压力，党中央、国务院坚持稳中求进的工作总基调，采取了一系列创新性的政策措施，统筹稳增长、调结构、促改革，保证了经济平稳运行。政府以转变政府职能为核心，大力推进行政管理体制改革。2013年以来已取消和下放了200多项行政审批事项，通过简政放权，为各类企业营造公平竞争的环境，激发市场主体创造活力。扩大了“营改增”试点范围，积极推动利率市场化进程、铁路等基础设施投融资体制、资源性产品价格、政府购买公共服务等领域改革。保持宏观经济政策稳定，调整财政支出结构，加大对中西部地区、结构调整、保障民生的支持，对小微企业实行税收优惠。从2013年8月1日起，对小微企业中月销售额不超过2万元的增值税小规模纳税人和营业税纳税人暂免征收增值税和营业

税，这将使符合条件的小微企业享受与个体工商户同样的税收政策，为超过600万户小微企业带来实惠，直接关系几千万人的就业和收入。

这些举措，使中国经济运行呈现企稳向好势头。从2013年7月、8月情况看，制造业经理人采购指数（PMI）、工业生产者出厂价格指数（PPI）、工业增加值、进出口、用电量、货运量等主要指标普遍回升，实体经济活跃，城镇就业继续扩大，物价总水平保持稳定，市场信心增强，社会预期向好。这种稳中有进的发展态势为中小企业健康发展创造了良好的外部环境。

（三）技术创新与商业模式创新融合，带给中小企业新的发展机遇

创新是人类社会进步的动力，创新永不止步。涉及中小企业的创新既有技术和产品领域的，如3D打印、云计算、物联网、移动互联网的蓬勃发展，有利于降低中小企业运营成本，拓展市场机会；也有商业模式、管理模式方面的。总体来看，互联网的发展与金融业务模式创新的融合是目前对中小企业影响面最广的创新之一。中小企业融资难是世界性难题，由来已久，解决这一问题不能局限在传统模式，只能依靠不断的创新。2012年4月，美国通过JOBS（Jumpstart Our Business Act）法案，从法律上明确规定“中小企业可以通过众筹融资（crowdfunding，即通过互联网为投资项目募集股本金，替代传统的证券发行业务）方式获得股权融资”。据美国研究机构Massolution统计：2012年北美“众筹融资”总额比2011年增长105%，已达到16亿美元。受股权“众筹融资”在美国合法化的影响，世界各地“众筹融资”增长迅速：欧洲增长了65%，达到9.45亿美金，2012年全球约有100万个项目成功筹集到27亿美金。Massolution预计，2013年北美“众筹融资”规模将有望达到37亿美元。

在中国也有越来越多的中小企业从互联网金融的快速发展中获益。以阿里贷款为代表的主要服务小微企业的网络贷款模式正在形成对银行传统贷款模式的补充。阿里小微金融服务集团创新金融事业部发布的报告显示，一季度新增获贷企业超过2.5万家，单季完成贷款笔数超过110万笔，同比增幅超过50%；新增的120亿元贷款，平均单笔贷款约11000元。截至2013年一季度末，其累计服务小微企业已经超过25万家。此外，以“拍拍贷”为代表的P2P模式也为中小企业开辟了新的融资渠道。互联网金融借助大数据、移动互联网等新技术为资金供求双方提供了低成本的、高效的服务模式。

二、2014年我国中小企业发展政策趋势展望

（一）中小企业财政扶持力度将进一步加强

1. 2013年财政扶持取得显著效果

鉴于中小企业在国民经济中的重要地位，全国各级政府纷纷加大对中小企业的财政扶持力度，积极促进中小企业健康发展。2013年中央财政中用于中小企业的专项资金规模已经由2008年的49.9亿上升到150亿元，国家中小企业发展基金的设立工作正在有序推进。2013年科技部通过科技型中小企业技术创新基金共扶持科技型中小企业创新项目6425项，支持金额共计43.2亿元，效果显著。除此之外，2012年以来中央财政已拨付30余亿元专项资金用于中小企业的技术改造，重点针对中小企业的科研成果产业化、加大节能减排等，帮助中小企业解决转型升级过程中的重点、难点问题。

2. 2014年财政扶持政策展望

预计2014年，针对中小企业的财政扶持政策将会进一步延续，财政政策的支持力度、扶持范围有望进一步扩大。2014年工信部、财政部、国家发改委等国家主管部门一方面将重点监督检查2013年以来针对中小企业出台的各项财政扶持政策的落实情况，另一方面还会针对中小企业发展面临的新问题、新情况及时出台新的财政扶持措施，并组织地方各级主管部门积极落实。为此，预计中小企业各级主管部门有望进一步加大对中小企业的扶持资金投入，进一步扩大中小企业相关领域的扶持资金规模，解决中小企业在转型升级过程中面临的重难点问题，鼓励中小企业实现创新发展。

综合考虑各方面因素，2014年针对中小企业的财政扶持政策预计将围绕以下几个方面展开：

（1）充分利用财政政策的导向性功能，促进中小企业健康发展。在中小企业转型升级的关键环节加大财政资金的扶持力度，帮助中小企业实现技术升级，转变发展方式，进一步完善支持小微企业发展的长期性的财政扶持政策。

（2）加大专项资金的扶持力度。在现有中央财政设立的科技型中小企业技术

创新基金、中小企业发展专项资金、中小企业国际市场开拓资金等专项财政基金的基础上，进一步扩大资金规模，在中小企业创新、技术升级和科技成果转化等转型升级的关键环节，加大财政政策的扶持力度。

（3）完善中小企业信用担保的财政政策体系。积极运用财政手段加大对服务中小企业担保机构的政策性扶持力度，引导担保机构加大对中小企业的担保支持，对担保机构为中小企业担保出现的损失给予财政补贴，通过采取业务奖励或者保费补贴等方式，引导担保机构扩大针对中小企业的融资担保业务规模，同时降低对中小企业担保的收费标准。

（4）落实政府采购政策，扩大中小企业的市场空间。通过在政府采购中为中小企业预留采购份额、给予评审优惠等措施，引导鼓励广大中小企业尤其是小微企业参与到政府采购中。

（5）促进就业政策的落实，鼓励吸纳就业。对中小企业吸纳新增就业给予社保费用财政补贴，对中小企业进行的职业培训也给予政策性补贴。

（二）中小企业金融扶持政策细则将更加完善

1. 2013 年金融扶持政策取得成效

2013 年，中央明确加大对中小企业的金融支持力度。根据人民银行的统计，截至 2013 年 6 月底，全国主要金融机构、外资银行、小型农村金融机构人民币小微企业贷款余额已达 12.25 万亿元，占全部企业贷款的 28.6%，同比增长 12.7%，其增速与同期大、中型企业的贷款增速相比分别高 2.3 个和 1.9 个百分点。另一方面，通过对中小企业的税收减免、准备金税前提取、担保费用财政补贴以及资本金注入等措施，提高了信用担保机构和再担保机构为中小企业尤其是小微企业提供融资担保服务的积极性。2012 年以来，中央财政已经安排 14 余亿元专项资金用于对中小企业信用担保业务的财政支持，目前已对全国 560 余家中小企业信用担保机构的近 4500 亿元贷款担保给予财政扶持，直接受惠中小企业达 17 万户，其中小微企业 12 万户。根据银监会的统计，截至 2012 年底，全国融资担保行业共有 8590 家法人机构，同比增速 2.2%，年底在保余额共达 21704 亿元，全年实现增长 16.4%。其中，中小企业的融资性担保余额达 11445 亿元，同比增速达 15.3%。2013 年 8 月，中央出台《国务院办公厅关于金融支持小微企业发展的实施意见》（国办发〔2013〕87 号），进一步明确加大对小微企业进行金融扶持的方向以及具体措施，为全面营造良好的小微企业金融发展环境打下了坚实的政策基础。

2. 2014 年金融扶持政策展望

预计 2014 年中国人民银行、工业和信息化部、国家发展改革委、科技部、财政部、税务总局、银监会、证监会、保监会等各主管部门将围绕 2013 年 8 月出台的《国务院办公厅关于金融支持小微企业发展的实施意见》（国办发〔2013〕87 号）陆续出台本部门具体针对小微企业发展的金融扶持配套政策，小微企业发展面临的金融环境有望得到全面改善。

综合考虑各方面因素，预计 2014 年金融扶持政策的着力点将重点体现在以下几个方面：

（1）扩大对中小企业的信贷规模。各级主管部门将积极推动银行等金融机构加大对中小企业的信贷支持，确保对中小企业的贷款增速不低于各项贷款平均水平、增量不低于上年同期水平；对金融机构开展的中小企业融资服务提高风险容忍度，实行差异化监管，引导金融机构加大中小企业贷款投放。

（2）加大对小微企业金融服务的政策性扶持。对金融机构开展的小微企业金融服务给予政策性扶持，在总体风险可控的前提下，引导各类金融机构重点针对小微企业开展工作，加强对符合条件的银行发行小微企业债券给予政策支持，完善针对担保机构的扶持政策，引导并鼓励担保机构加大对中小企业的支持力度，完善小微企业贷款的风险补偿机制。

（3）丰富小微企业的金融服务方式。在中小企业现有金融服务模式的基础上，积极探索新的中小企业金融服务模式，大力发展中小企业知识产权融资、订单质押、产业链融资、产业集群融资、股权质押，针对网络融资日益成为中小企业融资新模式的发展现状，建立相应的新的监管措施，保证网络融资等新的融资模式健康发展。

（三）中小企业税费负担减免政策将持续推进

1. 2013 年税收减负取得成效

2013 年是对中小企业减免税费负担的重要一年，财政部、国家税务总局、工信部、国家发展改革委等中小企业相关主管部门积极出台针对中小企业的税费优惠政策。2013 年 8 月国务院常务会议决定对小微企业月销售额不超过 2 万元的增值税小规模纳税人和营业税纳税人暂免征收增值税和营业税，直接惠及全国600余万户小微企业，预计全年将为企业减税120余亿元。同时，在全国范围内扩大“营改增”试点范围，将现代服务业和交通运输业的“营改增”试点在全国范围内推开，并不断扩大试点的行业范围，预计全年有望为企业减免税收负担1200余亿元。另一方面，2013年中央进一步减低和减免涉企行政事业性收费，全面清理规范针对中小企业的收费行为，从2012年至2013年9月，累计免征或取消中小企业340余项涉企行政事业性收费，金额累计近300亿元。

2. 2014年结构性减免税费政策展望

预计2014年，为了落实国务院对各级政府部门转变政府职能的要求，财政部将会同工信部、国家税务总局等部门进一步全面落实现有针对中小企业的各项减免税费措施，有望再清理、规范、取消一批不合规的涉企行政事业性收费，在涉及中小企业转型升级、技术研发成果转化等关键环节，进一步加大税收减免力度，切实降低中小企业的经营负担，优化中小企业尤其是小微企业发展的税收环境，促进中小企业健康发展。

综合考虑各方面因素，预计2014年减免税费政策的着力点将重点体现在以下几个方面：

（1）完善产业导向功能的税收政策。从事环境保护、节能减排以及农林牧渔等领域的中小企业有望获得更大程度的税收优惠；对于在国家重点扶持领域进行经营的中小企业，以及能够综合利用符合国家产业政策导向的产品进行生产活动的中小企业，其获得的税费减免力度将进一步加大。

（2）金融机构小微企业贷款业务相关税费有望获得减免。为了优化小微企业面临的金融环境，金融机构对小微企业进行贷款环节的相关税费将获得减免；对于专门从事“三农”领域小微企业贷款的金融机构，税收优惠政策执行期限有望进一步延长；金融机构对小微企业贷款损失准备金税前扣除的优惠政策将延长其有效期。

（3）优化中小企业融资性担保机构的税收环境。对于政策性中小企业信用担保机构、在担保机构从事小微企业担保贷款业务取得的收入，凡符合条件的都可以享受税收优惠政策，同时指导地方税收主管部门认真履行职责，全面优化担保机构发展的税收环境，为我国中小企业担保行业的快速发展打下良好的制度基础。

（四）中小企业服务体系相关政策将日益完善

1. 2013 年服务体系建设取得成效

中小企业数量占全国企业总数的 99% 以上，对于量大面广的中小企业，需要一套功能完善的中小企业服务体系才能够有效促进其健康发展，因此构建中小企业服务体系一直都是政府政策的重要组成部分。2012 年国务院出台了《关于进一步支持小型微型企业健康发展的意见》（国发〔2012〕14 号），明确提出“要大力推进服务体系建设，到 2015 年，支持建立和完善 4000 个为小型微型企业服务的公共服务平台，重点培育认定 500 个国家中小企业公共服务示范平台，发挥示范带动作用。实施中小企业公共服务平台网络建设工程，支持各省（区、市）统筹建设资源共享、服务协同的公共服务平台网络”。同时，中小企业相关主管部门又出台了 60 个配套政策，32 个省（区、市）出台了实施意见。为落实中小企业服务体系相关政策，截至 2013 年 9 月，工信部实施的中小企业公共服务平台网络建设工程已经支持了 20 个省搭建互联互通、资源共享的中小企业公共服务平台网络，成为中小企业获得便捷服务的重要渠道。其中，首批启动建设的 10 个省已经带动中小企业相关服务资源 1757 家，直接与中小企业开展对接服务活动 4.9 万余次，年服务中小企业已达 39 万余家[1]。目前工信部分两批共认定了 307 家国家中小企业公共服务示范平台。

2. 2014 年服务体系政策展望

预计 2014 年，随着中小企业的财政、税收、金融等优惠政策日益完善细化，中小企业服务体系相关政策将成为政府出台中小企业扶持政策的重点领域，政策的着力点将重点体现在以下几个方面：

（1）国家中小企业公共服务示范平台将享受更多的优惠政策。目前国家中小企业公共服务示范平台中只有技术类服务平台能够享受到较大力度的税收优惠政策，其他类型的示范平台在为中小企业提供服务时所能享受的优惠政策则极为有限，这种情况有望在 2014 年得到显著改善。

（2）云计算服务将成为服务体系建设的重要内容。随着云计算服务中小企业获得越来越多的认可，以及云计算服务提供商提供云计算服务的能力日趋成熟，云计算服务有望成为服务体系相关优惠政策的重要着力点。

[1] 数据来源：工信部总工程师朱宏任在中国中小企业高峰论坛上的致辞，2013年9月25日。

（3）中小企业公共服务平台网络建设标准将进一步细化完善。由于当前平台网络建设项目存在前期准备不够充分，方案分解和细化不够深入，运营管理制度跟不上等问题，统一平台网络的建设标准，规范提供服务的内容，明确平台在整合资源、实现互联互通上的制度安排将成为服务体系政策的重要内容。

（五）中小企业专项资金政策落实方式将不断创新

2013年，中央财政关于中小企业方面的专项资金如科技型中小企业技术创新基金等主要采取无偿资助、贷款贴息等方式。2014年，中央财政中小企业专项资金在规模继续保持快速扩大的同时，将不断探索新的资金支持方式，调整资金扶持重点，同时指导地方不同特色的中小企业产业发展资金创新财政资金的支持手段，提高资政资金的使用效率。

预计2014年，中小企业专项资金的支持方式将进一步探索创投引导基金的模式，通过引导和撬动社会资本流向中小企业领域，通过杠杆效应扩大中小企业的可用资本规模，重点将体现在以下几个方面：

（1）扩大科技型中小企业创业投资引导基金运作模式的运用范围，撬动更多创业投资资本向科技型中小企业进行投资。鉴于科技部设立的国家首只创业投资引导基金——科技型中小企业创业投资引导基金，2012年底第一批六家引导基金阶段参股项目的资金退出工作都已顺利完成，标志着引导基金阶段参股的运作模式已经成功，因此2014年以该模式运作中小企业专项资金的比例有望进一步扩大。

（2）在战略新兴产业领域通过新兴产业创投计划参股创投基金促进中小企业发展。新兴产业创投计划参股创投基金工作由国家发改委会同财政部于2009年正式启动，截至2012年底，中央财政已参股了102支创投基金，财政资金运作效果良好，2014年战略新兴产业领域中小企业专项资金以此方式运作的情况将越来越多。

（3）国家中小企业发展基金将以市场化的运作方式全面进入实施阶段。2013年国家中小企业发展基金管理办法已经拟定完成，正在等待国务院审批。根据2012年出台的《国务院关于进一步支持小型微型企业健康发展的意见》（国发〔2012〕14号）要求，国家中小企业发展基金将采用市场化方式运作，预计2014年将全面进入市场化运作的实施阶段，初创期的小微企业有望从中获益。

（六）差异化的中小企业扶持政策将陆续出台

2013年工业和信息化部作为全国中小企业的主管部门已经明确表示将重点培育一批创新型、创业型和劳动密集型小微企业，引导企业走“专精特新”发展道路[1]。预计2014年在承接历年中小企业扶持政策的基础上，扶持政策将进一步深化和细化，更加聚焦于小微企业，并在现有中小企业普适性的扶持政策基础上，根据不同类型中小企业的不同特征，不断出台更具体更具差异化的扶持政策，政策的针对性和着力点更加具体有效。这不仅是量大面广的中小企业的客观需求，也是政府经济调控能力日益提高的具体表现。基于中小企业在国民经济中发挥不可替代的重要作用，政府扶持政策越发倾向于扶持中小企业，随着相关政策的不断完善，“差别对待、分类扶持”将成为下一阶段中小企业扶持政策的显著特征。

因此，随着中小企业普适性优惠政策的不断完善，预计2014年更具针对性的差异化扶持政策将陆续出台。具体来看，中小企业可以根据自身不同的资本结构、发展阶段等特征分为创新型中小企业、创业型中小企业、劳动密集型中小企业等，而不同类型的中小企业的政策需求并不一致。创新型中小企业最为需要的是鼓励研发、加速创新成果转化类的优惠政策，政策着力点应为鼓励创新、提升技术类的资金补助或信息服务；创业型中小企业需要的优惠政策更多侧重于优化创业环境，减少创业的制度阻力，加快创业审批，以及创业启动资金优惠等方面；劳动密集型中小企业需要的是降低劳动力成本、优化生存环境等优惠政策。

[1] 数据来源：工信部总工程师朱宏任在“2013厦门市中小企业服务博览会”开幕式上的致辞，2013年5月9日。

第十六章 2014年我国中小企业发展趋势展望

一、对2014年我国中小企业发展形势的基本判断

当前，我国中小企业面临复杂多变的国际国内环境，既有困难挑战，更有发展机遇，但总体稳定向好的趋势没有改变。总的来看，2014年，我国中小企业发展有利因素居多，发展形势将逐渐趋好。

从国际因素看，全球经济仍处于危机后的调整期，国际环境充满复杂性和不确定性，发达国家实行“再工业化”战略，重视高端制造业发展，同时对实体经济投入大量精力，造成我国中小企业外贸形势严峻，出口相对优势逐渐减弱。加上国内原材料、劳动力成本大幅提升，出口产品价格与周边成本低廉国家相比已无多大优势，中小企业，特别是劳动密集型中小企业面临着巨大的转型升级压力。

从国内看，随着原有竞争优势、增长动力逐渐削弱，国民经济运行处于寻求新的平衡过程中。2008年国际金融危机爆发以来，我国大力推进“两化融合”，提升中小企业信息化水平和技术水平，提高企业产品质量和经营效益，逐渐取得成效。总体来看，我国中小企业仍面临着诸多困难：一是内需外需不振、市场竞争加剧，企业订单不足问题依然突出；二是企业成本不断提高，盈利状况持续低迷；三是资金回笼周期延长，流动资金短缺，融资难制约企业发展；四是产业层次低、技术含量少，节能减排和转型升级压力空前加。

为促进中小企业健康发展，为中小企业转型升级提供缓冲期，近年来，国家出台了一系列政策，在市场准入、财税支持、金融扶持、技术创新等方面加大了支持力度，扶持中小企业，减轻企业负担，帮助中小企业提升管理水平。2012年，中小企业发展专项资金规模达到141.7亿元。减少审批项目数百项，实施减、免

税政策真正降低企业税费负担。推进产业深度转移，使中小企业发展空间逐步拓展。引导中小企业转型升级，克服成本优势削弱带来的利润空间缩小压力，鼓励中小企业进入战略性新兴产业发展，鼓励中小企业提高自主创新能力，打造企业核心竞争力。因此，考虑到外部经济环境逐渐向好的转变，以及国家政策对中小企业转型升级、增强企业核心竞争力的扶持力度不断加大，2014 年，我国中小企业总体将呈现向好态势，企业数量将会继续增加，实现由亏转盈，步入稳步发展的轨道。

（一）国民经济运行总体平稳，中小企业发展环境尚好

2013 年上半年，我国国民经济总体保持了较快的增长态势，国民经济发展总体平稳。全国规模以上工业增加值按可比价格计算同比增长 9.3%。分经济类型看，国有及国有控股企业增加值同比增长 5.2%，集体企业增长 5.0%，股份制企业增长 10.9%，外商及港澳台商投资企业增长 7.4%。分轻重工业看，重工业增加值同比增长 9.6%，轻工业增长 8.4%。分行业看，41 个工业大类行业增加值全部实现同比增长。固定资产投资（不含农户）181318 亿元，同比名义增长 20.1%（扣除价格因素实际增长 20.1%）。社会消费品零售总额 110764 亿元，同比名义增长 12.7%（扣除价格因素实际增长 11.4%）。进出口总额 19977 亿美元，同比增长 8.6%；出口 10528 亿美元，增长 10.4%；进口 9449 亿美元，增长 6.7%。中小企业外部经济环境呈现出不断向好态势，将为中小企业经济复苏提供坚实基础。

（二）中小企业利润空间持续受到挤压，转型升级压力加大

当前，国际经济复苏进程缓慢，中小企业外贸压力较大，尤其是竞争激烈的轻工、纺织、机械、电子等传统行业，缺乏核心竞争力，主要依靠低成本、低价格竞争，市场压力空间加大。中小企业承受着产能严重过剩、经济增长放缓的市场倒逼压力，亟待加快转型升级步伐。

从需求状况看，市场收缩压缩中小企业增长空间。国家统计局数据显示，2013 年 7 月，全国工业生产者出厂价格同比下降 2.3%，环比下降 0.3%。工业生产者购进价格同比下降 2.2%，环比下降 0.4%。1—7 月，工业生产者出厂价格同比下降 2.2%，工业生产者购进价格同比下降 2.3%。这表明我国制造业正处在实质性产能过剩的阶段，需求不旺，市场收缩。从企业成本看，人工成本上升制约

中小企业发展。2013 年，贵州、北京、浙江、河南、陕西、广东最低工资标准分别提高 10.8%、11.1%、12.2%、14.8%、15% 和 19.2%。人工成本的上升与招工难现象并存，加剧了中小企业经营困难。与此同时，中小企业转型升级还面临着自主创新能力弱，技术实力差，技术人员缺乏，公共技术资源难以获得等压力，亟需政策扶持，给予适当的缓冲期，帮助企业稳步实现转型升级，摆脱经营困境。

（三）中小企业经济指标将逐渐触底回升

受金融危机影响，加之我国中小企业成本优势逐渐削弱，中小企业一度出现大面积亏损情形。2013 年上半年我国经济运行基本保持平稳，但在外部市场收缩、内需增长缓慢、要素成本上升的背景下，中小企业发展面临的压力加大。在国家扶持政策和国民经济总量稳步提升的带动下，中小企业发展逐渐止住颓势，亏损情形逐渐减弱。

从整体环境看，我国企业发展环境处于逐渐向好趋势。根据国家统计局的数据，2013 年 8 月，中国制造业采购经理指数（PMI）为 51.0%，比上月上升 0.7 个百分点，连续 11 个月位于临界点以上。从企业规模看，大型企业 PMI 为 51.8%，比上月上升 1.0 个百分点；中型企业 PMI 为 49.6%，与上月持平；小型企业 PMI 为 49.2%，比上月下降 0.2 个百分点。2013 年 8 月，构成制造业 PMI 的 5 个分类指数普遍上升。生产指数为 52.6%，比上月上升 0.2 个百分点。新订单指数为 52.4%，比上月上升 1.8 个百分点。调查显示，反映制造业外贸情况的新出口订单指数为 50.2%，比上月上升 1.2 个百分点，重返临界点以上；进口指数为 50.0%，比上月上升 1.6 个百分点，位于临界点。2013 年二季度企业景气指数为 120.6，比一季度低 5.0 点，但仍明显高于 100 的景气临界值，企业运行仍处在景气区间。其中，反映企业当前景气状态的即期企业景气指数为 117.0，比一季度低 2.0 点；反映企业未来景气预判的预期企业景气指数为 123.0，比一季度低 6.9 点。二季度，企业家信心指数为 117.0，比一季度低 5.4 点。

2013 年 1—7 月，全国规模以上工业企业实现利润总额 30032.2 亿元，比 2012 年同期增长 11.1%，增速与 1—6 月持平。在规模以上工业企业中，国有及国有控股企业实现利润总额 8331.9 亿元，比 2012 年同期增长 5.5%；集体企业实现利润总额 430.6 亿元，增长 0.3%；股份制企业实现利润总额 17491.2 亿元，增长 9.2%；私营企业实现利润总额 9439.3 亿元，增长 15.4%。由数据可知，2013

年1—7月，私营企业实现利润总额增长速度明显快于规上企业平均水平，也远高于国有控股企业增长速度。这表明，私营企业经济状况逐渐向好。

（四）新型城镇化建设将为中小企业提供发展空间

新型城镇化是当前乃至未来相当长一段时间内我国经济发展的主要任务之一，是实现全面建成小康社会目标、实现我国现代化建设进程的大战略，是推动我国经济持续健康发展的重要动力。新型城镇化是与工业化、信息化和农业现代化相协调发展，通过服务业发展和科技进步推动产城融合，实现城镇带动的统筹城乡发展和农村文明延续的城镇化。所谓产城融合即将工业化与城镇化紧密结合，工业化发展是推动城镇化的主要动力和经济支撑，城镇化为工业化提供发展基础和空间。这就意味着，新型城镇化的发展离不开工业化进程的不断推进，也就与中小企业发展密切相关。城镇化率的提升将为中小企业发展提供广阔的空间，同时也为中小企业提供大批就业人员，缓解中小企业用工压力。

近十年来，中国城镇化进程明显加快，城镇化率每年大约提高1个百分点，并在2011年首次超过50%。预计到2020年，中国城镇化率将超过60%。城镇化率不断提升，意味着房地产业的蓬勃发展，带动数十个行业的发展，这就为中小企业提供了巨大的发展空间。同时，城镇化率的提高，伴随着居民生活水平的大幅改善，居民收入水平的提高，将为中小企业的产品提供庞大的需求，改善中小企业盈利状况，实现转亏为盈。

（五）政策环境不断改善，融资难得以缓解

尽管中小企业面临的压力较大，但国家扶持中小企业发展政策密集出台，对促进中小企业健康发展直起到关键作用。近年来，为改善中小企业发展环境，提升中小企业创新能力，我国出台了多项政策。如2003年出台的中小企业促进法，非公经济36条，民间投资36条等。特别是2012年出台的国发14号文，提出了29条政策措施，既考虑当前小微企业的困难，又注重引导企业自身的动力，还提出了支持企业长期平稳发展的长效机制。把缓解融资难和中小企业的环境，与中小企业的转型升级结合起来，使中小企业的融资环境得到进一步的改善。银监会提出“两个不低于”目标，即中小企业贷款总额不低于上年总额，中小企业贷款增速不低于上年增速。虽然实现了中小企业银行贷款份额不断提升，但总量仍

无法满足广大中小企业的需求。

党的十八大报告指出，要改进小微企业金融服务，推动不同类型、不同规模的金融机构改革创新和规范发展。加快发展民营金融机构，鼓励社会资金参与中小金融机构的重组改造、稳步发展各种所有制金融企业。2013 年 7 月 1 日，国务院办公厅印发了《关于金融支持经济结构调整和转型升级的指导意见》，提出要进一步优化主板、中小企业板、创业板市场制度安排等方面的制度，以及将中小企业股份转让系统试点扩大至全国等要求。在这些政策扶持下，中小企业资本市场融资得到长足发展，截至 2013 年 6 月，中小企业板共有上市公司 701 家，发行总股本 2700 亿股，总流通股本 1800 亿股，上市公司总市值达到 30392.55 亿元，流通总市值达到 19179.91 亿元。创业板共有上市公司 355 家，总发行股本 728.64 亿股，总流通股本 356.65 亿股，上市公司总市值 11117.68 亿元，流通总市值 5346.31 亿元。2013 年 5 月，“新三板”实有挂牌公司已达 212 家，总股本达 58.19 亿股。到 2013 年 7 月，“新三板”企业已增至 237 家。此外，各地纷纷打造“新四板”，即区域性股权交易市场，以成长型、潜力型企业为对象，准入门槛大大降低，更加便利中小企业上市融资。与此同时，民间金融“阳光化”趋势明显。在信贷配给约束下，主流的现代金融体系对部分中小企业和个人的融资要求过高，造成大量资金难以有效配置，而民间资金又难以进入主流金融体系。资金需求者因为资信水平等原因，难以满足贷款条件，转而寻求民间借贷。因此，正规金融体系的信贷配给约束促成了民间金融的产生和发展，也造就了民间金融与中小企业的共生局面。数据显示，截至 2013 年 3 月底，全国共有小额贷款公司 6555 家，贷款余额 6357 亿元。有关机构预计，2013 年全国小贷公司贷款余额将达 8289 亿元。

综上所述，随着国际经济逐渐复苏，国内经济筑底回升，中小企业发展环境不断改善，政策扶持效果突显，预计 2014 年中小企业发展总体向好。但由于我国中小企业依靠传统规模扩张和低成本优势竞争的方式无法延续，利润空间屡遭挤压，中小企业面临着巨大的转型升级压力。因此，2014 年，我国中小企业将在稳中有升的基础上，经历痛苦的转型过程，亟需更多的政策扶持保障企业生存和发展。

二、促进我国中小企业应对挑战的对策建议

（一）努力推进中小企业转型升级

2014年，我国中小企业将面临更为紧迫的转型升级压力，国际经济形势虽然整体向好，但对企业产品质量和技术含量要求越来越高，单纯依靠成本优势的发展模式无以为继，必须走自主创新、增强核心竞争力之路。因此，必须充分利用各类政策资源，引导和支持中小企业技术改造、技术创新和管理提升，促进中小企业提高劳动生产率，提高中小企业运用新一代信息技术优化生产工艺、管理流程的能力，加快产业转移，提高员工素质。引导中小企业持续加大研发投入，通过引进技术、消化再吸收、集成创新等方式提升自身技术水平，打造核心竞争力。引导中小企业加快调整产品结构，优化产品线配置，形成优势互补、要素需求互补、产品市场互补的产品格局，确保企业利润空间。鼓励中小企业培育自主品牌，培养自主知识产权，鼓励企业到国外设立分支机构，把握最新技术国际发展趋势，利用国际资源、国外市场增强企业自身经营活力，提升产品出口质量、档次和附加值，力争在国际市场拥有稳定的市场基础。

（二）完善扶持政策，缓解中小企业成本压力

针对当前小微型企业税费负担过重、用工成本大幅上升等问题，亟需完善扶持政策，抓好落实。继续减少行政审批，降低税费负担，扩大税收优惠政策的适用主体范围。清理不合理收费，切实减轻企业负担。完善企业社会保障扶持政策，降低企业用工负担。借鉴美国以社会保险费抵扣企业所得税政策，按当年缴纳的员工社会保险额中20%抵免企业所得税，并在未来三年内逐步提高抵免比例。对于产品有市场、发展有前景但暂时无盈利的中小企业比照上述抵免所得税政策给予相应财政补贴。同时，加大税费减免政策执行力度。落实国家出口退税政策，协助劳动密集型中小企业准确及时退税，提高增值税和营业税起征点政策率。引导中小企业有序从东部地区向中西部和东北地区转移，充分发挥中西部、东北地区土地、劳动力、原料、能源等比较优势，降低生产经营成本，提高产品市场竞争力。

（三）大力发展民间金融，切实缓解中小企业融资压力

将严厉打击非法融资与强化监管机制、规范民间金融发展结合起来，发挥政府导向作用，引导民间资本进入实体经济领域，促进中小企业健康快速发展。鼓励民间金融创新经营方式，赋予合法身份，纳入金融体系。便利民间金融形式如各种基金会、私人钱庄、企业集资等取得合法形式，鼓励民间资本以股份合作等方式进入正规金融机构。鼓励民间资本成立地方中小金融机构，专门为中小企业融资服务。对农村信用社进行股份制、股份合作制改造，吸纳民间资本成立农村合作银行或农村商业银行，充分挖掘社会资本潜力，增强中小企业融资服务能力。建立个人和企业征信报告制度，充分挖掘和利用民间融资备案信息，完善个人和企业征信报告内容，为民间金融机构和银行体系提供完备数据材料。建立和完善民间金融行业自律协会，制定同业公约，加强行业管理，协调与监管机构、金融机构之间的关系。探索民间金融保险制度，采取适当方式建立政策性存款保险机构，对民间金融机构的自愿投保行为负责，对呆账、坏账给予一定比例的赔付，增强民间金融机构的相对竞争优势，提高金融资源配置效率，促进社会资本良性循环。改善中小企业金融环境，形成民间金融与中小企业共荣发展局面。完善中小企业金融扶持政策，创新金融产品和融资模式，强化配套服务，创造有利于中小企业转型成长的金融环境，增强企业发展实业，引导民间金融在支持实体经济发展的同时实现自身快速发展壮大。

（四）健全中小企业资本市场融资渠道

在当前中小企业缺乏抵质押物、信贷渠道不畅，中小金融系统尚不完善的背景下，大力发展多层次的资本市场是拓宽中小企业融资渠道的必要途径。建立并完善中小企业专有的直接融资法律、法规体系，明确相关主体的权、责、利，明晰入市条件，严格监督和惩罚制度。坚持严进严出，择优选取上市企业，建立健全股份转让系统，完善退市制度。引导中小企业建立现代企业制度，完善财务管理体制，将解决企业融资难问题和促进中小企业资本市场健康发展结合起来。将“新四板”作为满足本地区中小企业直接融资需求的主要工具，稳步发展，逐步完善相关制度，提高市场容量。利用“新四板”选取本区域内有潜力、有技术、自主创新能力强的优质企业，帮助企业实现区域内挂牌融资，增强企业实力。扩大“新四板”试点地区范围，探索区域间股权交易互融互通机制，形成风险互补、

相辅相成的“新四板”发展格局。促进主板、中小企业板、创业板、“新三板”和“新四板”等各层次资本市场各司其职、良性互动、协调发展。按准入门槛高低，中小企业资本市场从主板以下呈金字塔结构，主板作为塔尖供全国的优质企业上市融资，中小板、创业板作为中间层为主板输送后备企业，“新三板”和“新四板”作为基层市场应满足最大多数企业融资需求，为中小板、创业板培育优质企资源。要完善转板和退市制度，既为优质企业提供绿色通道，又要杜绝不良企业的投机行为，形成可上可上、有机互动的中小企业资本市场体系。

（五）完善中小企业公共服务体系

以促进中小企业转变发展方式为重点，按照社会化、专业化、市场化发展方向，着力构建骨干服务队伍和公共服务平台，健全服务网络，优化资源配置，培育试点示范，提高服务的质量和有效性，为中小企业的持续健康发展提供强有力的支撑。不断加大投融资服务，创新融资服务产品，促进银保企合作。引导担保机构为小企业提供担保服务。帮助中小企业完善信用管理，提高融资能力。加快公共服务平台建设，为中小企业提供工业设计、研发、质量检验检测、仪器设备共享等服务。开展产学研对接活动，帮助中小企业解决共性技术难题，推动科研成果的产业化。帮助中小企业应用节能减排新技术、新工艺。引导中小企业运用先进管理方法，提高管理水平。推广先进的质量管理方法和产品标准，帮助中小企业提高产品质量，加快品牌建设。通过组织开展各类展览、展会活动，帮助中小企业寻求新的市场空间。帮助中小企业运用电子商务技术，开拓国内外市场，完善营销网络。

产 业 篇

第十七章　2013年我国战略性新兴产业取得的主要进展

国务院《关于加快培育和发展战略性新兴产业的决定》（以下简称《决定》）、《“十二五”国家战略性新兴产业发展规划》（以下简称《规划》）发布以来，我国战略性新兴产业保持了较快的发展速度，成为国民经济发展的重要引领力量。特别是在国内外经济形势十分复杂的背景下，战略性新兴产业总体上实现了逆势增长，为稳增长、调结构做出了重要贡献。

一、产业规模显著扩大，引领带动作用日益增强

我国战略性新兴产业的规模不断扩大，在整体经济中的比重持续提高，较好地发挥了稳定经济增长、促进产业结构调整的作用。新一代信息技术产业快速推进，2013 年上半年信息消费规模达 1.38 万亿元，微信用户 4.9 亿户，智能手机、智能电视销量增幅均超过 25%，我国已成为全球最大的信息消费市场。节能环保产业发展迅速，2012 年节能服务业实现产值 1653 亿元，同比增长 32.2%；环保装备产业产值达 1879 亿元，同比增长 19.6%。生物产业迈上新台阶，近年来我国生物产业保持年均 22% 以上的高速增长，2012 年的总体产值规模估计达到 2.4 亿元。高端装备制造业加快发展步伐，2012 年海洋工程装备接单金额 85 亿美元，约为 2010 年的 2.5 倍。新能源产业规模持续扩大，2013 年上半年多晶硅产量 3.1 万吨，占全球约 27%；电池组件产量 11.5GW，占全球约 67.5%；2012 年陆上风电新增装机容量 1590 万千瓦，占全球新增装机容量的 35%。新材料产业规模不断壮大，2012 年新材料产业规模突破 1 万亿元，稀土功能材料、先进储能材料、

光伏材料、有机硅、超硬材料、特种不锈钢、玻璃纤维及其复合材料等产能居世界前列。新能源汽车产销量增长较快，2013 年上半年，我国共生产新能源汽车 5885 辆，同比增长 56.3%，销售新能源汽车 5889 辆，同比增长 42.7%。

在部分地区，战略性新兴产业已成为当地经济发展的先导性支柱产业。2013 年一季度，上海市的战略性新兴产业规模突破万亿元大关，总产值已占全市工业总产值的 24% 左右，大规模集成电路、新型显示、下一代网络、物联网、云计算、智能制造装备、民用航空、卫星导航、新能源高端装备、智能电网、新能源汽车与汽车电子等 11 个专项工程有序推进。2013 年 1—4 月，合肥市战略性新兴产业增加值同比增长 17%。2013 年 1—5 月，南通市海洋工程、新能源等制造业新兴产业同比增长 25.1%，高于全市平均增速 9.2 个百分点。2013 年上半年，武汉市战略性新兴产业完成产值 980 亿元，增长 25%。2013 年 1—7 月，成都市 620 户规模以上七大战略性新兴产业企业共完成增加值 475.25 亿元，同比增长 7.2%。

二、创新能力明显提升，重点领域取得重大突破

战略性新兴产业的技术创新成果不断涌现，一大批核心关键技术的研发取得重大突破。新一代信息技术产业领域，分时长期演进增强型（TD-LTE-Advanced）制式被国际电信联盟确定为第四代移动通信国际标准，采用申威 1600 处理器和全套国产软件的神威蓝光千万亿次计算机处于国际先进行列，22 纳米 CMOS 关键技术先导研发取得突破性进展。节能环保产业领域，大型城市污水处理、垃圾焚烧发电、除尘脱硫方面已具备自行设计、制造关键设备及成套化的能力，工业一般废水治理、烟气净化、工业废渣综合利用等技术已达到国际先进水平。生物产业领域，人用甲型 H1N1 流感疫苗和抗肿瘤新药、戊肝疫苗研制取得突破，干细胞部分科研成果已达到国际领先水平，自主研发的高速医用光学相干断层影像仪（OCT），分辨率比现有眼部超声高 10 倍以上，首台 64 层螺旋 CT 研制成功。高端装备制造业领域，载人航天、载人深潜、北斗卫星导航等实现重大突破，新一代重型军用运输机运—20 实现首飞，第六代深水半潜式钻井平台“981”号正式开钻，首台高压直喷天然气发动机成功研制，首套国产大型枢纽机场行李处理系统投入使用。新能源产业领域，光伏电池制造达到世界先进水平，多晶硅冶炼技术日趋成熟，6.5MW 海上风机正式下线，首台国产化 AP1000 三代核电技术反

应堆厂房用燃料装卸料机投入使用，核二级泵全部完成样机研制，蒸发器等第三代核电关键部件国产化取得重大突破。新材料产业领域，建设了全球第一条超材料生产线，在世界范围内申请2210件核心技术专利，占该领域专利申请总量的85%；自主开发的钽铌铍合金、非晶合金、高磁感取向硅钢等生产技术达到或接近国际水平；高端金属结构材料、新型无机非金属材料和高性能复合材料保障能力增强;光效达276lm/W的白光功率型LED刷新行业纪录。新能源汽车产业领域，新能源汽车动力电池技术的可靠性、安全性等方面有较大提升。

三、产业化应用持续扩大，企业商业模式不断创新

国家持续加大应用推广力度，战略性新兴产业的产业化进程不断加快。新一代信息技术产业领域，三网融合和移动互联网等新应用缩短了消费者更换信息终端的周期。龙芯、飞腾、申威等国产CPU已成功用于“星云”、“天河一号”、“神威蓝光”等国产千万亿次高性能计算机中。国产操作系统服务器版已基本满足行业应用要求，已在国家重点行业（如金融、电力、交通等）得到广泛应用。百度、阿里云、腾讯、奇虎等企业云计算服务平台建设中采购国产率超过60%。两条自主品牌的8.5代TFT-LCD生产线顺利实现量产，国内首条线性OLED照明生产线正式投产，自主地面数字电视国际标准在老挝、古巴、柬埔寨等国家得到推广应用。节能环保产业领域，高炉炉顶压差发电、纯烧高炉煤气发电、低热值煤气燃气轮机、纯低温余热发电等高效节能技术和装备得到广泛推广，大型燃煤锅炉烟气脱硫装备已实现产业化，水处理设备集成化和药剂生产水平不断提高，膜技术在多种难处理工业废水的应用取得进展，各类物理、化学和物化处理技术已广泛应用于工程实践。“十城万盏”37个试点城市已实施示范工程超过2000项，应用LED灯具超过600万盏，年节电超过5亿度。生物产业领域，高性能医学影像技术产业化进程加快，生物芯片成像、声光谱成像、光学功能成像、高光谱成像等多个医学光学成像领域建立了具有自主知识产权的方法和仪器。生物制造快速发展，玉米芯纤维素制乙醇等生物炼制技术已实现商业化。生物基材料及化学品的微生物合成技术部分进入商业化阶段。一批实现生物催化转化合成的精细化学品，基本具备了商业化开发的条件。高端装备制造业领域，中低速磁悬浮列车下线，已投入运行的高速列车达800余列。第六代3000米深水半潜式钻井平

台交付使用。自主研发的“地下矿无人驾驶电机车运输技术”正式投入产业化运行。新能源产业领域，光伏电池制造产业市场占有率位居世界前列，形成了包括硅材料及硅片、光伏电池及组件、逆变器及控制设备的完整制造产业体系。国产1.5MW和2.0MW级风电机组已成为国内市场主流机型。截至2013年6月，投入商业运行的核电机组数量已达17台，总装机容量达14745兆瓦。新材料产业领域，高纯硅、碳化硅材料、钛合金、碳纤维、高模量聚乙烯、生物基降解塑料、纳米绿色印刷材料等关键材料实现规模化生产。建成首条T800碳纤维生产线，在国内高性能碳纤维产业化方面实现零的突破。新能源汽车产业领域，至2012年底，新能源汽车在25个示范城市共推广示范车辆27400余辆，共计建成174座充（换）电站、8100多个充电桩（站外充电桩），分散充电桩、集中充电桩与换电站三种方式都得到应用。西安、宝鸡、咸阳、榆林、汉中市甲醇汽车试点实施方案通过备案审查，将尽快启动甲醇汽车试点运营。

产业的商业模式创新取得较大成效。行业龙头企业、技术平台和产业基地不断促进制造业与现代服务业的融合，推动了产业体系的重构。如2013年4月三家通信运营商、湖南银联及部分电子商务服务企业联合发起湖南省移动电子商务产业联盟，通过整合利用研发、人才、运营、服务和市场等产业发展资源，打造产业合作平台，助推“数字湖南”加快发展。产用结合的商业模式创新对新一代信息技术发展起到了很好的示范作用。

四、空间发展格局初具形态，区域产业集聚特征明显

结合区域传统产业基础和资源禀赋特征，我国的战略性新兴产业空间发展格局已经初具形态。长三角、环渤海、西北与西南地区已成为我国战略性新兴产业的四大增长极。长三角地区是我国新兴产业发展的核心区，集中了我国60%的光伏企业，在物联网、云计算、海洋工程等领域均有较强实力。环渤海地区汇聚了大量科教资源，在新一代信息技术、航空航天、节能环保等领域有较快发展。中西部地区形成以武汉、长沙、成都、重庆、西安、宝鸡、咸阳为主体，电子信息、光电子、硅基新材料等为主导的新兴产业格局。其中，西南地区成为我国重要的硅材料基地和核电装备制造基地，西北地区集聚了我国90%以上的风电项目和太阳能光伏发电项目。珠三角地区战略性新兴产业全面领先，在节能环保、新能

源汽车、移动互联网等领域具有特色优势。总体看，东部沿海地区和经济发达地区的新兴产业较为集中，中部和西部的新兴产业集中度较低。

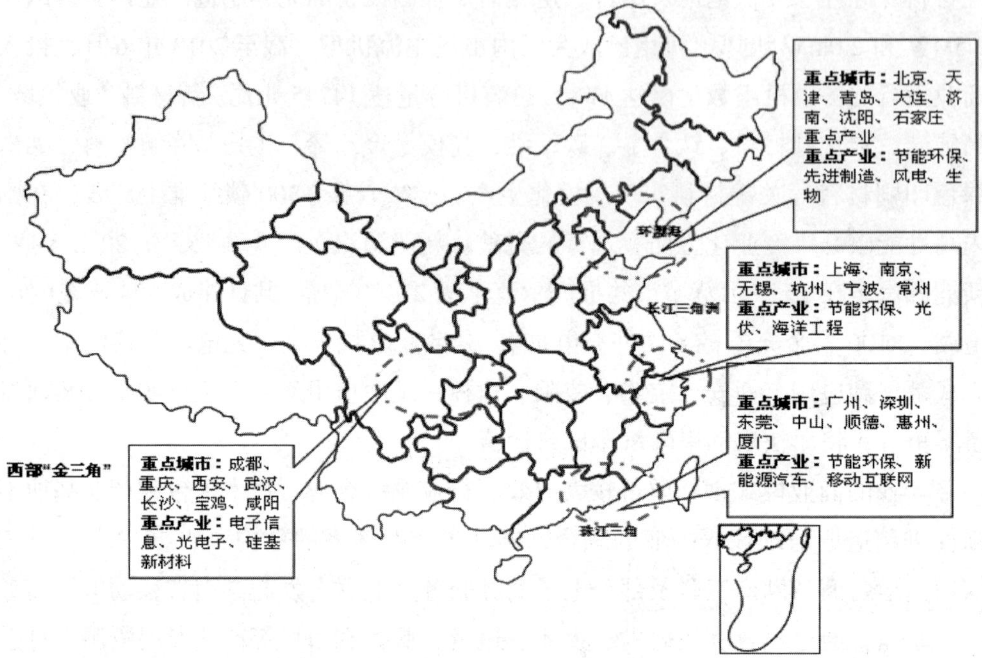

图17-1　我国新兴产业总体格局

从省级行政区域看，各省市确定的新兴产业发展重点总体上与国家确定的七大领域相近，并对一些领域予以强化。如上海定位于先进制造中心，确定了高端装备制造、新一代信息技术、生物、新能源、新材料等产业，突出了上海市在临港、智能装备、生物医药等产业的优势基础；山东、江苏两省分别提出了大力发展海洋产业；北京、天津突出了新一代信息技术的产业优势，将其作为新兴产业发展重点；广西壮族自治区在新兴产业规划中提出了养生长寿健康产业。

表 17-1　全国各省区市战略性新兴产业发展重点

地区	省份	发展重点
华东	山东	新材料产业、新一代信息技术产业、新能源产业、新能源汽车、节能环保、新医药和生物产业、海洋开发产业、高端装备制造产业
	江苏	新能源产业、新材料产业、生物技术和新医药产业、节能环保产业、物联网和云计算产业、新一代信息技术和软件产业、高端装备制造产业、新能源汽车产业、智能电网产业、海洋工程装备产业
	安徽	电子信息产业、节能环保产业、新材料产业、生物产业、新能源产业、高端装备制造产业、新能源汽车产业、公共安全产业
	浙江	生物产业、海洋新兴产业、新能源汽车产业、核电关联产业、物联网产业、高端装备制造业、新能源产业、节能环保产业、新材料产业
	福建	新一代信息技术、生物与新医药、新材料、新能源、节能环保、高端装备制造、海洋高新产业
	上海	新一代信息技术产业、高端装备制造产业、生物产业、新能源、新材料产业、节能环保产业、新能源汽车产业
华南	广东	高端新型电子信息产业、新能源汽车产业、半导体照明（LED）、生物产业、高端装备制造产业、节能环保产业、新能源产业、新材料产业
	广西	节能环保产业、先进装备制造业、新材料产业、新能源产业、生物医药产业、养生长寿健康产业、海洋产业、新能源汽车产业、新一代信息技术产业、生物农业
	海南	生物技术和新医药、电子信息、新能源、汽车和装备制造、新材料、海洋高技术、节能环保、新能源汽车、高技术服务业、文化创意产业
华中	湖北	新一代信息技术产业、高端装备制造产业、新材料产业、生物产业、节能环保产业、新能源产业、新能源汽车产业
	湖南	先进装备制造产业、新材料产业、文化创意产业、生物产业、新能源产业、信息产业、节能环保产业
	河南	新一代信息技术产业、生物产业、新能源产业、新能源汽车产业、新材料产业、节能环保产业、高端装备制造产业
	江西	光伏、风能与核能、新能源汽车及动力电池、航空制造、半导体照明、金属新材料、非金属材料、生物、绿色食品、文化及创意
华北	北京	新一代信息技术产业、生物产业、节能环保产业、新材料产业、新能源汽车产业、新能源产业、航空航天产业、高端装备制造产业
	天津	航空航天、新一代信息技术、生物技术与健康、新能源、新材料、节能环保、高端装备制造
	河北	新能源、新一代信息、生物、新材料、高端装备制造、节能环保、新能源汽车、海洋经济
	山西	新能源产业、新材料产业、节能环保产业、高端装备制造产业、现代煤化工产业、生物产业、煤层气产业、新一代信息技术产业、新能源汽车产业
	内蒙古	新能源、新材料、节能环保、高端装备制造、生物技术、煤清洁高效利用、新能源电动汽车、新一代信息技术

（续表）

地区	省份	发展重点
西北	宁夏	新能源产业、新材料产业、先进装备制造业、生物产业、节能环保产业、新一代信息技术产业
	新疆	新兴能源产业、新材料产业、先进装备制造业、生物产业、信息产业、节能环保产业、清洁能源汽车产业
	青海	新能源、新材料、节能环保产业、高端装备制造产业、生物产业
	陕西	高端装备制造业、新一代信息技术产业、新能源产业、新材料产业、生物产业、节能环保产业、新能源汽车产业
	甘肃	新材料产业、新能源产业、生物产业、信息技术产业、先进装备制造产业
西南	四川	新一代信息技术产业、新能源产业、高端装备制造产业、新材料产业、生物产业、节能环保产业
	云南	现代生物产业、光电子产业、高端装备制造业、节能环保产业、新材料产业、新能源产业
	贵州	新材料产业、生物产业、高端装备制造业、节能环保产业、新能源产业、新一代信息技术产业、新能源汽车产业
	西藏	暂无
	重庆	新一代信息产业、高端装备制造、节能与新能源汽车、节能环保、新材料、生物、新能源
东北	辽宁	高端装备制造、新能源、新材料、新医药、信息、节能环保、海洋、生物技术、精细化工
	吉林	生物化工产业、新能源汽车产业、生物医药产业、电子信息产业、新材料产业、新能源产业、先进装备制造产业、节能环保产业、旅游产业、文化产业
	黑龙江	新能源产业、新材料产业、高端装备制造产业、生物产业、新一代信息技术产业、节能环保产业

资料来源：各省区市“十二五”战略性新兴产业发展规划、“十二五”工业发展规划、“十二五”规划纲要（暂未包含港澳台地区）。

四分位图可以更加直观地反映各省区市的产业选择，在四分位图中，排在前两位的为优先发展领域，颜色最深，排在后面的领域依次次之。分领域看，仅有两个省份将节能环保作为最优先发展的领域，有六个省份将其排在最后；新一代信息技术为热门领域，有13个省份将新一代信息技术作为优先发展领域；较多省份重视发展生物产业，将其作为较重点领域；有七个省份将高端装备产业作为最优先发展领域，多集中在中部地区；有11个省份将新能源产业作为最优先发展领域，多集中在北部地区；有11个省份将新材料作为优先发展领域；将新能源汽车作为重点发展领域的省份较少，且多集中在东部地区。

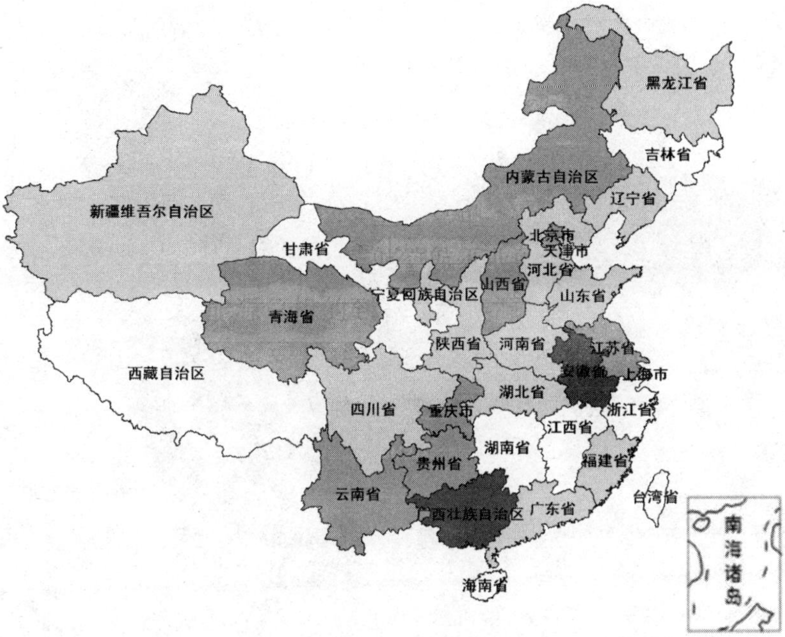

图17-2　节能环保产业四分位图

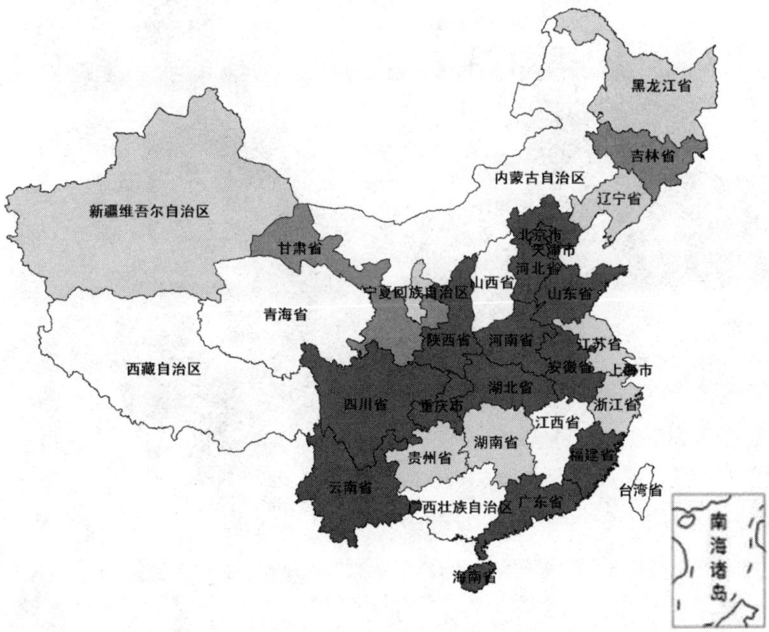

图17-3　新一代信息技术产业四分位图

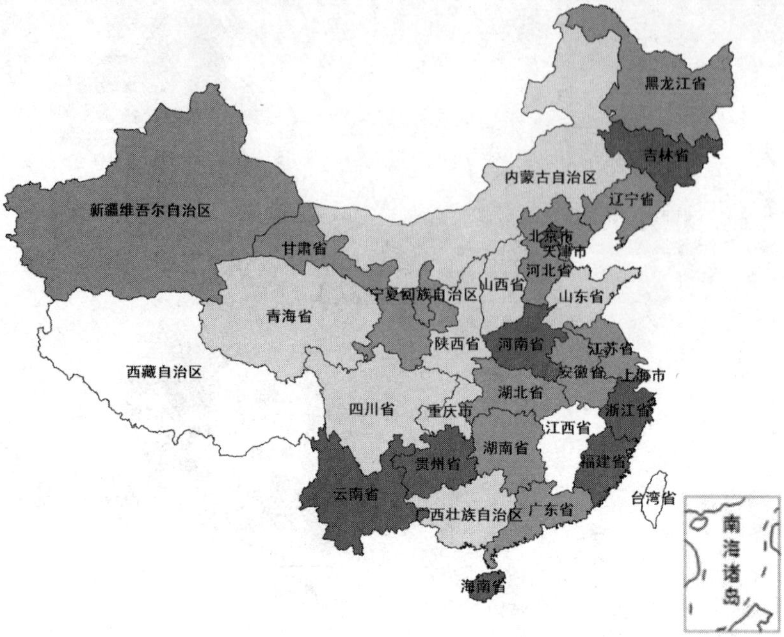

图17-4 生物产业四分位图

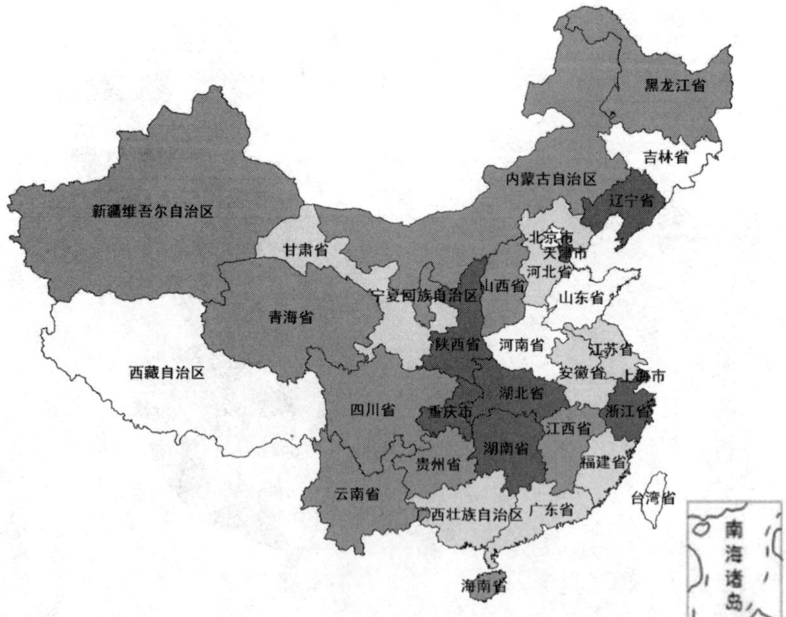

图17-5 高端装备产业四分位图

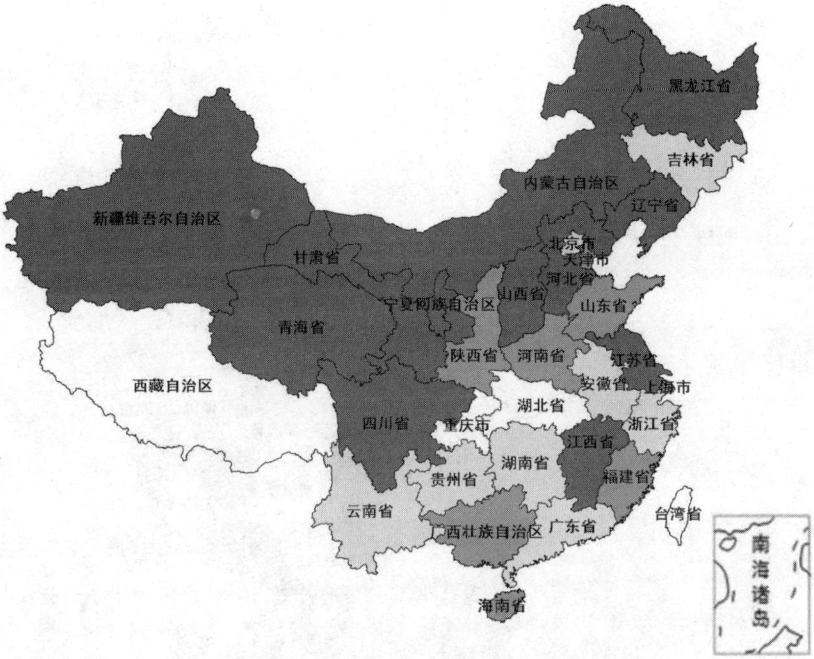

图17-6　新能源产业四分位图

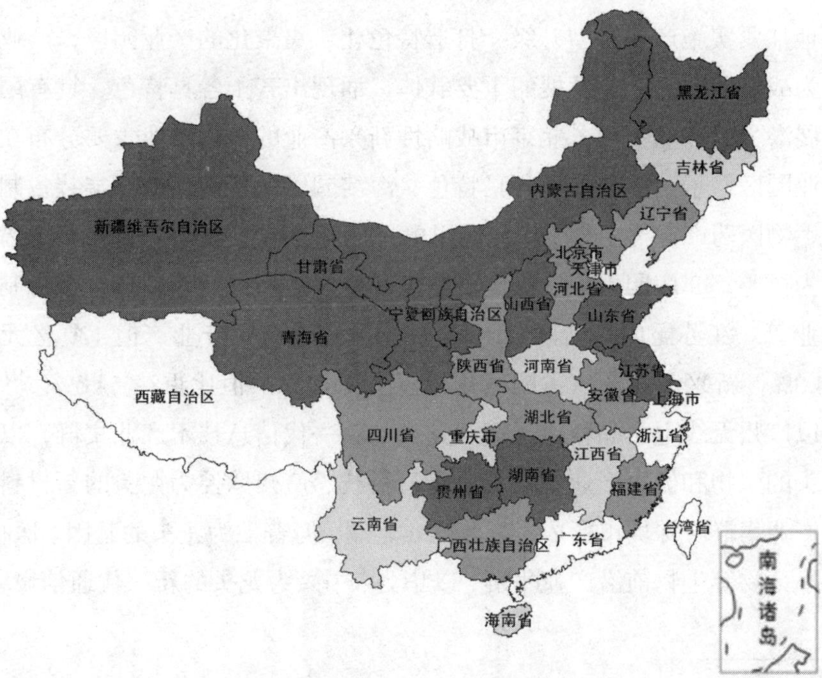

图17-7　新材料产业四分位图

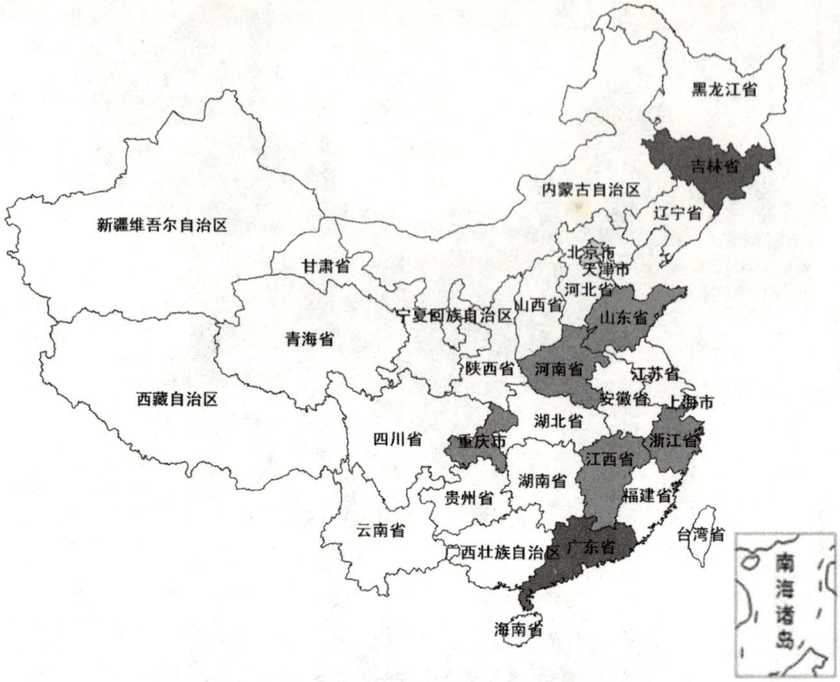

图17-8　新能源汽车产业四分位图

各地加紧实施产业转型升级，打造特色化、集聚化的产业园区，产业园区和基地成为战略性新兴产业发展的重要载体，涌现出若干各具特色、具有国际竞争力和发展潜力的产业集群。北京市战略性新兴产业的核心企业主要分布在中关村各个产业园区，子园区和基地各具特色，海淀园以电子信息、高端装备制造、新材料和生物医药产业为主导，丰台园以电子信息、生物医药、先进制造、新材料、新能源为核心，亦庄园重点发展电子信息、生物医药、汽车制造、装备制造四大主导产业等。江苏昆山高新区 2013 年一季度完成新兴产业产值 130 亿元，同比增长 84.8%，新兴产业产值占园区规模以上工业总产值比重达 54.6%。[1] 广州市形成了以广州无线电、晶科电子等为龙头的新一代信息技术产业集群，以广药集团为龙头的生物和健康产业集群，以金发科技、广州数控为龙头的新材料与高端制造业产业集群。深圳市形成了以华大、迈瑞、海普瑞为龙头的基因、医疗器械、生物技术药物等生物前沿产业集群，以华为、中兴为龙头的新一代通信设备集群。

[1]　刘宝亮：《新兴产业持续升温 空间格局初步形成》，《中国经济导报》2013年7月30日。

武汉市形成了以人福医药为代表的生物产业集群和以烽火通信为代表的新能源产业集群。各地依托优势特色资源，高起点规划、高水平建设、高定位发展，初步展现了区域产业集聚的发展态势。我国战略性新兴产业发展将在此空间布局基础上不断优化，未来一个时期，产业集聚发展的效应还将进一步强化。

五、宏观政策环境不断完善，产业发展支撑力度加大

近年来，“十二五”国家战略性新兴产业发展规划以及各相关领域专项规划、各地区的战略性新兴产业规划相继发布实施。2013 年，各部委相继出台多项配套政策。财政部和国家发展改革委联合发布了《战略性新兴产业发展专项资金管理暂行办法》，明确规定设立专项资金支持战略性新兴产业创业投资。国家知识产权局印发《2013 年战略性新兴产业知识产权工作计划》，明确了 2013 年战略性新兴产业知识产权工作要点。国家发展改革委公布《战略性新兴产业重点产品和服务指导目录》和《战略性新兴产业分类（2012）》，进一步明确了战略性新兴产业的范围和重点。此外，《国务院关于推进物联网有序健康发展的指导意见》、《加快推进传感器及智能化仪器仪表产业发展行动计划》、《半导体照明节能产业规划》等一批指导行业发展的专门性政策文件陆续出台，也为各行业发展提供了有力保障。

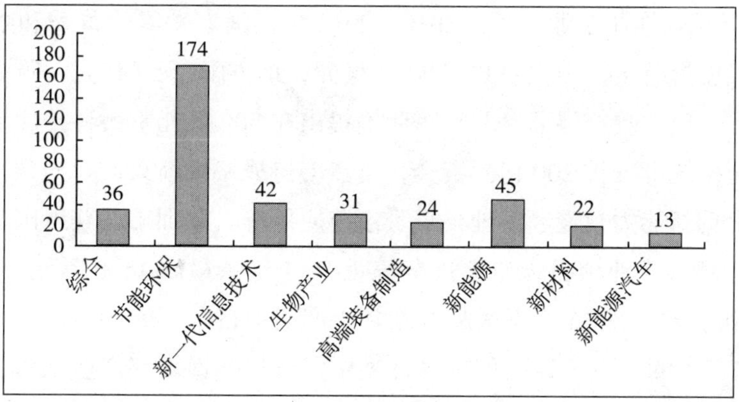

图17-9　2011年1月—2013年6月战略性新兴产业分领域政策发布情况

分省看，各省、市、区都出台了专门的战略性新兴产业发展规划，或在工业“十二五”发展规划和“十二五”规划纲要中明确了战略性新兴产业的发展重点

和发展目标。如福建、江西、贵州、陕西、重庆等省市发布了战略性新兴产业发展规划，吉林、黑龙江、湖南、广东、四川、甘肃等地制定了培育发展战略性新兴产业行动计划或方案，辽宁和四川等省制定了战略性新兴产业发展指导目录。据不完全统计，2011 年以来中央和地方政府共发布与战略性新兴产业相关的政策近 400 项，涉及技术创新、产业环境、体制机制等不同方面。

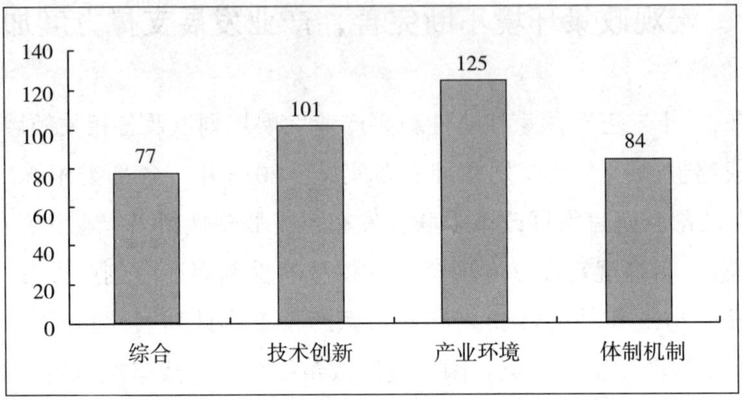

图17-10　2011年1月—2013年6月战略性新兴产业分类别政策发布情况

对战略性新兴产业的资金支持力度也逐步加大。国家层面，通过实施重大创新发展工程，战略性新兴产业专项资金支持了 5.5 代 OLED 生产线、千万亿次计算机、昆明长水机场行李分拣系统、国家基因库等一大批战略性新兴产业重点项目。通过参股创业投资基金，按市场化的运行方式引导社会力量，扶持战略性新兴产业领域创业企业发展。2010—2012 年，国家发展改革委和财政部新批复了 102 只创投基金，中央财政安排 51 亿元，地方配套 52 亿元，吸引社会资本约 200 亿元。地方政府层面，北京市明确提出在 500 亿元重大科技成果转化和产业项目资金中统筹安排 200 亿元资金，重点支持战略性新兴产业的共性技术研发及产业化、创新能力建设、基地建设、示范应用等。深圳市对获得国家和省级资助的战略性新兴产业项目，专项资金按照 1∶1 给予最高 1500 万元的配套补助。2013 年，四川省安排 65 个重大战略性新兴产业项目，年度计划投资额同比增加 94%。[1] 江苏省的重点工业投资项目计划中安排战略性新兴产业项目 224 项，占项目总数的 51.4%，总投资达 2854.5 亿元。

[1] 刘宝亮：《新兴产业持续升温 空间格局初步形成》，《中国经济导报》2013年7月30日。

第十八章　2013年我国战略性新兴产业重点政策解析

自2009年国务院提出战略性新兴产业以来，在2010年通过了《国务院关于加快培育和发展战略性新兴产业的决定》，针对七个领域提出发展规划。经过近三年的发展，战略性新兴产业得到长足进步，有力提升了我国自主创新能力，增强了产业国际竞争力，为打造中国经济升级版奠定了坚实的基础。本章从财政、税收、金融、创新四个方面对促进战略性新兴产业发展的有关政策措施进行系统梳理。

一、促进战略性新兴产业发展的财政政策

中央和地方政府积极应对战略性新兴产业的发展机遇和挑战，纷纷提出多项财政政策，发挥不同财政政策效应，有针对性地加大投资力度，改变传统资金投资模式，形成新的绩效评价体系，以财政政策大力支持战略性新兴产业发展。

（一）设立专项资金政策

专项资金政策是指中央或地方根据公共财政资金的支出原则面向战略性新兴产业单独设立的专项资金。一是设立研发专项基金，重点关注战略性新兴产业领域基础科学的研究，通过创新研究引领重大关键技术研发、重大产业创新发展工程、重大应用示范工程等，以及带动创新成果产业化。二是设立推广应用专项资金或专项基金，加快对一些成熟的高效能产品、节能产品和环保产品的推广应用，加快新产品投入市场。三是设立创业投资专项资金，发挥市场机制，完善股权投

资环境，发挥监管作用，带动社会资金投向创业企业发展战略性新兴产业，扩大战略新兴产业的投资规模。在政府专项资金或专项基金的使用过程中，需要以产业项目引进和建设成效为导向，以奖代投，发挥资金引导效应，将小项目向产业项目集中，重点支持产业园区建设，支持产业聚集发展。

专栏1 部分地区专项资金（专项基金）政策

北京市在公共财政资金中单独设立新兴产业创投基金，重点支持电子信息、新材料、生物医药、新能源与环保、信息服务业、高技术服务业四支创业投资基金，基金总规模将达到15亿元。

安徽省预计在“十二五”期间共设立25亿元战略性新兴产业专项资金引导战略性新兴产业的发展，另外，投入产业发展资金25亿元支持全省产业转型升级，培育和发展战略性新兴产业。

黑龙江省在公共财政资金中设立产业发展专项资金，重点支持战略性新兴产业的发展，直接用于项目建设，同时，设立高新技术产业和新型工业化专项资金，鼓励企业进行技术改造，发展高新技术项目。

山东省设立战略性新兴产业专项资金，重点用于支持产业园区建设，推进产学研一体化，鼓励企业进行技术改造。

广东省在“十二五”期间设立战略性新兴产业专项资金30亿元，创新发展模式，重点支持产业核心技术研发以及重大核心装备的研制工作，加快战略新兴产业的培育与发展。

江西省新余市根据《新余市加快经济发展优惠办法》要求，在财政资金中单独设立战略性新兴产业发展基金，并将税收地方留存部分中的一定比例纳入专项基金，支持战略性新兴产业发展。

浙江省嘉兴市从本级财政中共设立25亿元专项资金，重点支持新一代信息技术、新材料、新能源、节能环保等领域战略性新兴产业的培育和发展，做大做强战略性新兴产业。

（二）政府采购政策

我国政府采购政策促进战略性新兴产业发展主要集中在新能源和节能环保产业等方面。2004年12月，财政部、国家发改委联合发布《节能产品政府采购实施意见》(财库〔2004〕85号)，制定了《节能产品政府采购清单》，其中列举了轻型汽车、复印机、打印机、木地板、电视机等 14 类产品，涉及 81 家企业和 856 个型号。文件要求各级国家机关事业单位和社团组织使用财政资金进行采购时，在技术、服务等指标同等条件下，应该优先采购节能产品采购清单中的产品。同时强调今后将逐步扩大清单范围并实行动态管理，及时调整和更新。2006 年 11 月，国家环保总局和财政部联合发布了《环境标志产品政府采购实施意见》(财库〔2006〕90 号，制定了首批《环境标志产品政府采购清单》，要求 2007 年 1 月 1 日起首先在中央一级预算单位和省级(含计划单列市)预算单位实行，2008 年 1 月 1 日起全面实施。2007 年 7 月，国务院颁布了《国务院办公厅关于建立政府强制采购节能产品制度的通知》(国办发〔2007〕51 号)，规定各级政府机构使用财政性资金进行政府采购活动时，在技术、服务等指标满足采购需求的前提下，要优先采购节能产品，对部分节能效果、性能等达到要求的产品实行强制采购，以促进节约能源、保护环境，降低政府机构能源费用开支。建立节能产品政府采购清单管理制度，明确政府优先采购的节能产品和政府强制采购的节能产品类别，指导政府机构采购节能产品，科学制定节能产品政府采购清单。

(三)财政补贴政策

政府通过财政补贴政策，改变资源配置结构和供需结构的政府支出，发挥少量资金的引导效应，拉动社会资本和民营资本投入到战略性新兴产业的发展，放大财政资金的效用。财政补贴既可以向企业发放，也可以向消费者发放，包括投资补贴、产出补贴和消费补贴等方式。同时，将财政补贴作为奖励，鼓励企业在战略性新兴产业发展过程中的研发投入，鼓励采购战略性新兴产业产品，鼓励地方政府引入战略性新兴产业等。

专栏 2　部分地区财政补贴政策

广东省对于单个项目，省财政支持额度原则上不低于 500 万元、不高于 5000 万元，且省财政补助额度不超过该项目资金总投入的 30%。特殊支持项目补助资金由省财政厅、省科技厅报省政府批准后另行确定。[1]

浙江省嘉兴市对具有核心竞争优势的市级战略性新兴产业示范区建设主体单位，经认定后每年补助 500 万元，连续三年专项用于示范区建设，对获得国家和

[1] 来源：《广东省战略性新兴产业核心技术攻关专项资金管理暂行办法》(粤财工〔2011〕313号)。

省级战略性新兴产业示范区（基地）称号的建设主体单位分别一次性奖励300万元和200万元。平台形成地方新增财政贡献在100万元、200万元和300万元以上的，对创新平台主体单位分别一次性奖励30万元、60万元和90万元。对经审定的总投资在1亿元（含，下同）以上的战略性新兴产业项目（其中设备投资额不低于50%，下同），按设备实际投资额的6%给予一次性补助，最高补助500万元。对经审定的总投资在5亿元以上的战略性新兴产业项目，自竣工投产后，在享受上述设备投资补助的基础上，再对企业年新增地方财政贡献，前3年给予全额扶持，后3年给予50%的扶持，专项用于企业创新投入。对涉及战略性新兴产业领域并具有自主知识产权的关键部件制造、整机制造和系列制造项目，按实际设备投资额的10%给予一次性补助，最高补助300万元。[1]

江苏省常州市武进区对新设立的新兴服务业企业，凡填补区内空白的，一次性奖励5万—30万元，推动总部进驻。全国知名服务业企业（品牌）或跨国性公司在武进设立区域性总部的，给予引进者一次性奖励10万—30万元。企业建设独立电子商务应用平台以及建设市场前景好、技术含量高的电子商务产业化项目，经认定核准的，给予一次性10万—50万元奖励。传统生产性企业分离成立独立法人的电子商务等新兴服务业企业，经认定，给予一次性奖励5万—10万元。[2]

湖北省黄石市积极争取中央财政补助资金，2009年，市财政争取国家对太阳能光伏发电两批补助资金共7070万元，2010年争取国家补助资金6764万元，累计争取国家补助资金1.38亿元，有效弥补了光电应用的初始投入不足，促进了光伏发电应用。积极争取湖北省新兴产业发展激励性资金，2011年，市财政共争取项目资金227万元，分别对黄石太阳能光伏发电、黄金山垃圾发电等项目给予激励，有力促进了黄石新兴产业的发展。江西省新余市加大引进和培养战略性新兴产业人才的投入，市财政安排战略性新兴产业人才招聘资金10万元，安排高新区高层次人才创业园资金30万元。同时，投入大量资金，帮助新余学院建设成为光伏人才培养基地，为光伏产业工人技能培训落实培训资金。[3]

---

[1] 来源：《嘉兴市级战略性新兴产业发展专项资金管理办法》（嘉财企〔2011〕400号）。

[2] 《关于加快发展新兴服务业的实施意见》（武政发〔2011〕93号）。

[3] 财政部：《各地财政大力支持战略性新兴产业发展.》，2011年10月31日。

（四）财政担保政策

政府运用财政担保政策，倡导风险投资向战略性新兴产业发展倾斜，一方面可以对战略性新兴产业的有关项目提供直接财政担保，另一方面也可以对支持战略性新兴产业发展的融资担保企业提供一定的资金补贴、公用经费或者是专款资助。

专栏 3　部分地区财政担保政策

山东省通过多种形式信用担保加大对战略性新兴产业企业融资担保力度，通过知识产权抵押和产业基金手段鼓励企业上市融资，缓解企业融资难的现象。

黑龙江省鼓励担保机构创新投入模式，建立创业投资引导基金，提升担保机构的风险承担能力，通过担保降低银行和金融机构风险，鼓励金融机构投入战略性新兴产业发展。

江苏省新余市通过全市各级财政多方筹措担保资金，为战略性新兴产业提供融资担保。

二、促进战略性新兴产业发展的税收政策

税收是政府引导和支持战略性新兴产业发展的一个重要手段。我国目前为了鼓励高科技企业的发展，引导企业加大研发，鼓励企业自主创新，针对流转税、所得税和其他税收制定了一些优惠政策，包括免征营业税、减征或免征所得税，暂免征收房产税、土地税等。一是针对战略性新兴产业产品的特点，对于缺乏进项税抵扣的产品，实行增值税部分减免。二是对节能产品和环保产品的应用推广项目减免营业税，鼓励企业清洁生产，实现节能减排。三是对于战略性新兴产业的新产品，鼓励市场消费，减免部分消费品的消费税。四是根据我国战略性新兴产业的发展情况，及时调整出口退税目录，进一步完善退税政策，增强行业竞争力。五是对于战略性新兴产业的企业，研发费用进行一定的扣除，或者针对产品制定所得税优惠目录。

（一）企业所得税政策

我国支持战略性新兴产业发展的企业所得税减免政策包括直接减免和间接减

免两种方式。直接减免政策主要针对战略性新兴产业相关的科研设备投入与技术研发转让等领域，国家税务总局对符合条件的高新技术企业按15%税率征取企业所得税，对符合条件的软件企业和集成电路企业，实行“两免三减半”的企业所得税优惠政策。间接减免政策主要是为了鼓励企业投入战略性新兴产业的技术研发、加快设备更新换代，企业的固定资产因技术进步而更新的可以缩短折旧年限，或者加速折旧；同时，从事符合条件的环境保护、节能节水项目企业所得税“三免三减半”。资源综合利用企业所得税减计入收入，按90%计入企业当年收入总额，符合条件的高新技术企业的研究开发费用可以在计算应纳税所得额时加计扣除。此外，研发费用的1.5倍所得税抵扣，即如果企业投入研发费用1000万元，所得税抵扣或少缴纳1500万元。

（二）增值税政策

我国战略性新兴产业增值税优惠政策主要涉及生物医药、节能环保、新能源、新一代信息技术领域。一是生物医药领域，对卫生防疫站调拨生物制品和药械，可按照小规模商业企业4%的增值税征收率征收增值税，对卫生防疫站调拨或发放的由政府财政负担的免费防疫苗不征收增值税[1]。二是节能环保领域，对环保产品、污水处理劳务等企业，免征增值税，对以工业废气为原料生产的高纯度二氧化碳产品等企业，以及以农林剩余物为原料生产加工的综合利用产品，实行增值税即征即退政策。三是新能源产业领域，对利用风力生产的电力企业所实现的增值税，实行即征即退50%的政策，对销售自产的综合利用生物柴油的企业，实行增值税先征后退政策。四是新一代信息技术领域，对自行开发生产的软件产品和集成电路产品按17%征税后，对实际税负超过3%的部分，实行即征即退政策。[2]

（三）营业税政策

我国战略性新兴产业的营业税减免政策重点减免企业因从事技术开发、技术转让、技术咨询和技术服务等相关业务所取得的收入所产生的营业税，从而有利于战略性新兴产业相关企业在初创时期节省起步资金，加快高端技术产品市场化的速度。如符合条件的科技企业孵化器（高新技术创业服务中心）自用以及无偿

[1] 来源：《国家税务总局关于卫生防疫站调拨生物制品及药械征收增值税的批复》（国税函〔1999〕191）。
[2] 来源：《关于资源综合利用及其他产品增值税政策的通知》（财税〔2008〕156号）。

或通过出租等方式提供给孵化企业使用的房产、土地，免征房产税和城镇土地使用税；对其向孵化企业出租场地、房屋以及提供孵化服务的收入，免征营业税。免征单位和个人从事技术开发、技术转让、技术咨询和技术服务所产生的营业税。

（四）其他税收政策

在三大税种的基础上，我国也出台了一系列消费税、个人所得税、关税政策，通过鼓励消费、引导市场需求促进企业和个人从事战略性新兴产业创新。一是对消费节能汽车、新能源汽车减免消费税。二是对教育、技术、文化、卫生、体育、环境保护等方面的奖金，免征个人所得税。三是降低消化吸收国外先进设备或技术的成本，促进我国战略性新兴产业跨越发展，如承担国务院确定的科技重大专项项目的企业进口所需国内不能生产的关键设备零部件及原材料，免征进口关税和进口环节增值税，有力推进了我国科学技术研发的进程。

专栏4　部分地区其他税收政策

江苏省常州市武进区实施税收返还。年上缴营业税和所得税总额在10万元以上（含10万元）的新办新兴服务业企业（包括支付平台），经认定后，上缴的营业税和所得税区财政留成部分给予全额奖励，所需缴纳的地方性综合规费实行先征后奖。[1]

浙江省嘉兴市对经认定的重大创新成果产业化项目，项目产业化形成新增地方财政贡献300万元以上且研究开发费用已实行税前加计扣除，对产业化项目实施单位按税务部门认定的研发费用加计扣除额的10%给予补助，补助时间不超过两年，单个项目最高补助200万元。[2]

三、促进战略性新兴产业发展的金融政策

高效的金融支持是加快发展战略性新兴产业的关键环节。我国积极加快制定金融政策支持战略性新兴产业的培育和发展，银行机构放宽信贷限制，创新业务流程，对战略性新兴产业实施优惠利率政策。证券机构鼓励优质资产优先上市，

[1] 来源：《关于加快发展新兴服务业的实施意见》（武政发〔2011〕93号）。
[2] 来源：《嘉兴市级战略性新兴产业发展专项资金管理办法》（嘉财企〔2011〕400号）。

适当放宽债券发行条件，发展风险投资基金，积极培育战略性新兴产业。保险机构积极开发新型科技险种，拓展保险服务领域，为发展战略性新兴产业提供重要保障。

（一）加大信贷投资力度

针对战略性新兴产业这个新领域，金融信贷应发挥其主要融资渠道的作用，加大资金投放力度，以满足战略性新兴产业在研发、生产、销售全产业链的资金需求，通过金融中介服务机构的桥梁作用，联合银行、基金、信托、企业共同发展战略性新兴产业。一是设立贷款风险补偿基金，给予中小型科技类企业提供一定的利息风险补偿。二是结合战略性新兴产业不同领域的不同特征及其发展阶段制定不同的信贷策略，向金融机构战略性新兴产业信贷投入给予政策支持。三是鼓励金融机构创新信贷模式，针对领域的特殊性开展专利（软件著作权）等知识产权质押、股权质押、预期收益质押等无形资产抵押贷款。四是提升创新服务水平，为企业提供财务咨询、融资咨询、投资理财、融资租赁服务等多样性的金融服务，完善商业金融机构的信用品种体系，多种形式发展信贷，支持战略性新兴产业培育和发展。

（二）设立新兴产业发展基金

新兴产业发展基金是由金融投资机构发起的主要用于战略性新兴产业投资的基金项目，通过产业基金等方式支持战略性新兴产业发展，改变地方政府发放地方政府债的单一融资模式，推动我国经济发展方式转变及地方经济的可持续发展。

专栏5　宁海战略性新兴产业发展基金

2013年10月28日华瑞国投（北京）投资基金管理有限公司与宁海县人民政府、佳业基金管理有限公司等签署战略合作协议，就宁海战略性新兴产业发展基金的发起达成一致。

宁海战略性新兴产业发展基金的发起，标志着金融投资机构之投资方向随着我国产业结构调整正在发生重大转变，通过产业基金等方式支持区域基金及实体经济发展，从而改变地方政府发放地方政府债的单一融资模式，推动我国经济发展方式转变及地方经济的可持续发展。

宁海战略性新兴产业发展基金将主要用于当地政府产业园区的基础设施及

"宁波青年科技创业总部基地"项目的投资建设。此次发起产业发展基金规模为一期50亿元，可随地方政府及产业园区需求进行增发。

（三）设立私募股权投资中心

私募股权投资（Private Equity，简称"PE"），是指对非上市企业进行的权益性投资，并以策略投资者的角色积极参与投资标的的经营与改造，通过上市、并购或管理层回购等方式，出售持股获利。私募股权投资的资金，一般采取非公开发行的方式，向有风险辨别和承受能力的机构或个人募集。在国家鼓励战略性新兴产业发展的形势下，私募股权投资开始青睐这一新兴领域，对战略性新兴产业的创新行为具有非常重要的促进作用，从根本上解决新兴产业发展中的风险问题，同时能够吸引更多民间资本投入创新领域。

专栏6　江苏股权交易中心

江苏股权交易中心经江苏省人民政府授权批准设立，是江苏省唯一为非上市中小企业全面提供股权、债权融资服务的区域性股权交易市场，主要为非上市公司提供股权、债权等金融产品的登记、托管、挂牌、交易、结算、过户和定向增资等金融增值服务。

江苏股权交易中心将为江苏中小微企业、高新技术企业开辟新型全方位的融资渠道，有效解决其融资难的问题；为广大企业提供股份合理流动、资源优化配置的市场化交易平台，使区域内中小微企业首先受益，从而带动跨区域的资本流动，更好地服务地方实体经济。

股权交易中心的建立为江苏有发展后劲、有科技含量、有良好市场前景的企业，尤其是中小企业提供一个新的场外市场融资平台，为创业投资基金、股权投资基金提供一个新的退出渠道。

（四）发展风险投资基金

发挥政府资金的引导效应，整合社会和民营资本，联合金融机构、风险投资资金共同设立战略性新兴产业风险投资基金，支持战略性新兴产业重点企业上市融资，在境内外市场交易股权融资，鼓励企业适量发展集合票据融资。

表 18-1 部分省市战略性新兴产业金融支持政策

地区	重点领域	金融政策
北京	新能源汽车、风能、太阳能、生物医药	银企直联模式，接力贷、商圈和园区贷的系列金融产品
广东	高端新型电子信息、新能源汽车、半导体照明(LED)	引进一揽子创投基金，同时推进担保、信贷、碳金融交易等金融服务
湖北	新能源、节能环保、电动汽车、新材料、生物医药、信息产业	建立了“投贷结合机制”，形成了“跟投”、“跟贷”等服务模式
浙江	生物、新能源、装备制造、节能环保、海洋、新能源汽车、物联网、新材料及核电	合同能源贷款、环保贷、政购通、知识产权质押贷款、创投贷和集合融通等科技金融产品。
辽宁	装备制造业、新能源产业、新材料产业、信息产业、海洋产业、和高技术服务业	小额贷款公司、对科技型企业的企业债券融资予以贴息支持、租金按揭贷款、商圈贷款、速贷通、展业通、好融通等系列科技金融服务

四、促进战略性新兴产业发展的创新政策

战略性新兴产业具有投资风险大、创新要素密集、国际竞争激烈、强烈依赖知识产权等特征。通过开展平台建设、多渠道协同支持，推动创新成果产业化、加快产业链和创新链的有效整合，激发创新活力，提高战略性新兴产业的创新能力，加快产学研用步伐。

（一）创新平台建设

加快战略性新兴产业科技创新平台建设是创新人才培养的需要，是创新团队建设的需要，是提升共性技术研发的需要，是战略性新兴产业发展的需要，是打造中国经济升级版的需要。一是依托现有创新平台，整合现有创新平台功能，鼓励创新平台向企业和个人开放。二是鼓励企业开展产学研合作，进一步加强与高等院校和科研机构的合作，加快建设一批国家级、省级重点实验室、工程技术中心、产业技术公共研发平台，提高原始创新和集成创新能力，推动产学研合作。三是建立科技成果转化激励机制，支持高等院校和科研机构向本地企业转移自主创新成果，以科技成果出资入股方式实施的转化项目，可以给予一定奖励和报酬，持股人享受相应的股份权益；科技成果以技术转让方式进行转化的，可以给予一定

的奖励和报酬。企业自行实施或以合作方式实施转化的，可以从实施该项成果销售收入中提取奖励和报酬。

表 18–2 国家科技创新平台名录

名称	所属部门
国家重点实验室	科技部
省部共建国家重点实验室培育基地	科技部
国家工程技术研究中心	科技部
国家工程实验室	发改委
国家工程研究中心	发改委
国家地方联合工程研究中心/工程实验室	发改委
企业技术中心	发改委
国家国际科技合作基地	科技部
互联网创新平台联盟	教育部

专栏 7 合芜蚌自主创新综合试验区创新平台[1]

合肥创新平台位于合肥国家科技创新试点市示范核心区内，面积 6.6 平方公里，包括科技创新公共服务和应用技术研发中心、科研集群基地、孵化基地、产业基地。科技创新公共服务和应用技术研发中心与孵化基地于 2009 年 6 月启动建设，占地面积 308 亩，总投资 16.35 亿元，主要功能是围绕“研发、转化、交易、服务”这一主线，提供科技创新成果展示与交易服务、科技创新人才服务、省市区科技创新“一站式”服务、战略性新兴产业公共技术服务平台、共性技术研发中心以及科技金融、知识产权等各类科技中介等服务，建成服务全省、辐射全国的区域科技创新平台服务的总窗口、信息资源集聚的总后台、高新技术及成果交易的总枢纽。

孵化基地主要包括动漫与服务外包产业基地、大学科技园和公共安全产业基地，预计将于 2011 年 6 月全面建成投入使用，目前已有 87 家科技型企业先期入驻，计划年内引入企业 300 家，到 2012 年培育基地企业产值过 50 亿元，培育 100 家高新技术企业，解决 4 万至 5 万大学生就业。

[1] 《87家科技型企业入驻合肥创新平台》，《合肥日报》，2011年4月19日。

（二）多渠道协同支持

以企业为主体，整合企业、政府、创新中介服务机构、金融机构、个人等创新参与者的主要资源，设立战略性新兴产业创新研发资金，支持以企业为主体的多渠道协同创新体系设立。鼓励高校和科研院所技术创新资源向企业转移，加快成果产业化、市场化步伐。探索战略性新兴产业创新模式和创新机制，在核心技术和关键技术领域，促进创新参与者有组织地协同创新工作，建立战略性新兴产业创业联盟，形成知识产权成果共享机制，提高产业竞争力。

表 18–3 主要战略性新兴产业联盟

名称	领域
中国光伏产业联盟	新能源
国家半导体照明工程研发及产业联盟	新能源
中关村云计算产业联盟	新一代信息技术
WAPI产业联盟	新一代信息技术
中关村物联网产业联盟	新一代信息技术
语音产业联盟	新一代信息技术
中关村节能环保产业联盟	节能环保
中国低碳产业联合会	节能环保
河南省高端装备产业技术创新战略联盟	高端装备制造
广东先进装备制造产业技术创新联盟	高端装备制造
中央企业电动车产业联盟	新能源汽车
北京新能源汽车产业联盟	新能源汽车
中关村核心区生物工程和新医药产业联盟	生物

专栏 8 深海工程与舰船技术协同创新中心 [1]

哈尔滨工程大学牵头组建“深海工程与舰船技术协同创新中心”，组织大连理工大学、天津大学、华南理工大学等 6 所学校的相关学科在人才培养、学科建设、科学研究等方面开展协同创新工作，明确高校的定位，更好地服务、支撑船舶与海洋工程行业的发展。同时，中国船舶工业集团公司、中国船舶重工集团公司等企业将依托 6 所高校的智力支持，提升自主创新能力、增强发展后劲，争取早日实现我国成为造船强国的奋斗目标。计划通过高技术船舶科研计划、海洋工

[1] 《哈工程牵头组建协同创新中心共研“深海工程与舰船技术”》，《黑龙江日报》，2012年12月2日。

程装备科研项目、高端装备制造科研项目、燃气轮机重大专项等项目，在“十二五”期间向中心投入各类研发经费10亿元。

（三）创新成果保护

战略性新兴产业是抢占未来竞争制高点的重要手段，在战略性新兴产业的培育和发展中，核心和关键技术的突破会产生一批亟需保护的知识产权。一是加快国内外知识产权布局工作，处于世界领先水平的优势专利要在具有市场潜力的海外国家提前布局。二是加大国内战略性新兴产业知识产权保护力度，打击侵犯知识产权行为，广泛开展市场监督，以信息技术开展网络监督和监管。三是研究知识产权的动向，对国内外战略性新兴产业的专利情况进行检索分析，掌握产业发展的技术瓶颈，为研究机构提供支持，提高技术开发成功率。

专栏9 黑龙江省战略性新兴产业知识产权保护[1]

将战略性新兴产业创新成果保护工作纳入地方法规、政府规章和规范性文件。加强科技政策、产业政策和知识产权政策的衔接协调，强化科技专项、战略性新兴产业集聚区和创新成果之间的综合联系，突出创新成果对战略性新兴产业技术创新、产业发展和技术进步的促进作用。完善创新成果保护协作体系，强化相关部门定期沟通和重大案件会商、通报制度，加强工作衔接和配合，健全知识产权行政与司法的联合执法协调机制和资源共享机制。推动有条件的行业建立创新成果保护联盟，支持联盟企业开展集体维权，建立创新成果保护自律机制和纠纷应对机制。充分发挥举报投诉热线监督作用，畅通举报渠道，探索建立网上举报投诉平台，逐步建立由政府、企业、行业组织、研发机构和服务机构共同参与的维权援助体系。

（四）创新成果信息统计

确定战略性新兴产业成果统计指标体系，确定战略性新兴产业创新成果信息统计试点，逐步推广月报、季报、年报工作。整合统计渠道，统一建立健全的战略性新兴产业综合信息平台，开展数据收集、加工、分析、展示、交易等多项工作，完善创新成果信息统计数据库，在战略性新兴产业7大领域、24个重点方向、

[1] 黑龙江省委办公厅：《关于加强战略性新兴产业知识产权工作的实施意见》，2013年11月26日。

152个子方向建立专题信息数据库，提供全方位的数据服务。

专栏10 国家知识产权局建立战略性新兴产业专利统计发布机制

作为战略性新兴产业统计监测的重要组成部分，专利统计发布机制的建立将有助于创新主体全面掌握战略性新兴产业的发展态势，同时为决策部门制定支持和引导产业快速健康发展政策提供了参考依据。

战略性新兴产业专利统计报告对战略性新兴产业的国内及国外来华发明专利申请和授权整体增长情况、国内外比例以及各产业的发展状况进行了详细研究，总结并分析了专利申请和授权的主要特点，并提出了相关建议。

（五）创新人才培养

深入实施人才战略。坚持培养与引进并举，切实落实好各项人才政策，加快海外人才引进，培养战略性新兴产业关键领域紧缺人才，多渠道、多形式地吸引国内外优秀人才从事战略性新兴产业创业发展。加大人才创业扶持力度，鼓励各类人才利用专利、专有技术等科技成果、创办科技型企业，政府各相关部门要在资金、用地、人力资源、科技信息等方面给予支持。加大科学技术奖励力度，在科学技术奖励中设立特等奖，对在技术创新和科技成果产业化中做出突出贡献的人员给予重奖，营造科技创新的良好氛围。

注重培养新兴产业领军人才，加强人才队伍建设。一是完善创新环境，为创新人才提供良好的科研氛围，鼓励科研人员从事原始创新。二是提高科技人才收入，使科研人员收入与社会支出相匹配。三是建立科研人才专业晋升渠道，改变传统“行政化”体系。四是鼓励优秀中青年人才参加重大工程实践，培养其独立承担、组织项目的能力。五是组织专业培训、技术研讨等，鼓励领军人才将知识经验向青年传援。六是培养复合型人才，鼓励学科交叉培养、优化专业配置。

专栏11 部分地区人才政策

福建省2012年从省级就业专项资金中划拨1500万元，作为省级战略性新兴产业引导资金，重点支持软件人才引进和培养、软件公共服务平台建设，促进软件产业加快发展。同时，在为重点企业培训紧缺技术工种和落实培训经费直补企业政策上，将向战略性新兴产业倾斜。[1]

[1] 来源：《福建省加快战略性新兴产业发展实施方案》（闽政〔2011〕104号）。

广东省继续实施南粤杰出人才培养工程，打造“珠江学者”品牌工程，建立产学研用联合培养专门人才的新机制。建设省专业技术人员继续教育示范基地，加快推进专业技术人员知识更新工程。调整优化高校学科专业设置，支持有条件的高校增设与战略性新兴产业有关的学科专业。编制高层次创新型人才引进目录，深入实施创新科研团队和领军人才引进计划，引进千名高层次科技创新人才。以高新区、留学人员创业园、战略性新兴产业基地为依托，探索建立高层次人才集聚实验区。建立跨区域人才交流合作服务平台。进一步完善省引进高层次人才“一站式”服务专区。[1]

[1] 来源：《关于贯彻落实国务院部署加快培育和发展战略性新兴产业的意见》（粤府〔2011〕87号）。

第十九章 2014年我国战略性新兴产业发展趋势展望

2013年中国战略性新兴产业总体呈现良好发展态势，保持了相对较快的增长速度。展望2014年，全球经济将延续缓慢复苏的态势，而中国转经济、调结构也进入攻坚期和深水区，战略性新兴产业有望迎来快速发展的最佳契机，成为引领经济增长的重要引擎。

一、2014年战略性新兴产业总体形势判断

（一）全球多领域新技术的融合创新步伐加快，将不断扩大战略性新兴产业的市场空间

新一代信息技术与各行业的深度融合将催生新的技术和应用模式。基于半导体技术的个人化基因测序仪引发基因测序技术革命；互联网的IPv6技术与建筑物的传感器联网实现建筑节能管理；卫星导航技术与移动互联网等产业融合，构建出一个新的时空服务体系；物联网、高性能计算等技术的交叉融合使“云制造”成为可能并创新了“制造即服务”的商业模式……各个产业领域的边界区域模糊，带来新的市场需求和技术创新突破，多领域融合的集群发展态势将日趋明显。

新技术的快速推广和多领域应用将不断扩大新兴产业的市场空间。光纤传感器在石油和天然气、航天航空、生物医学中将被大量应用，具有极大的市场发展空间；石墨稀材料有望在动力电池、LED散热板、涂料等方面取得突破，各国正在积极推动其商业化进程；3D打印技术将延伸至生物医疗、新能源、节能环保、汽车以及教育等多个领域，据国际快速制造行业权威报告预期，到2016年，3D打印产业将达到31亿美元，2020年将达到52亿美元……应用市场的不断拓展

成为新兴产业发展的重要推动力量。

（二）国家进一步加强对新兴产业发展的政策支持，战略性新兴产业呈快速增长的态势

国家将落实并完善支持战略性新兴产业发展的相关政策，有序推进《“十二五”国家战略性新兴产业发展规划》、《高端装备制造业“十二五”发展规划》、《物联网“十二五”发展规划》等规划，进一步落实促进战略性新兴产业发展的有关政策，用好战略性新兴产业发展专项资金。同时，加大对战略性新兴产业的资金支持力度。2014 年，国家有望制定出台金融支持服务战略性新兴产业的规划和金融政策措施，协调金融系统内外关系，并建立金融和科技的对接平台，为新兴产业项目和专利技术提供评估、定价、交易等服务。

一批示范工程的相继启动将保持新兴产业较快的发展速度。除了已经启动的应用示范工程，如云计算创新发展试点、新能源汽车示范项目、智慧城市建设等，2014 年将启动国家物联网重大应用示范工程区域试点工作，系统推进区域物联网发展及应用。依托本土市场的示范应用和推广，不仅将带动战略性新兴产业的技术创新，也将加速一批新技术的产业化进程，为战略性新兴产业开辟一条以内需为引领、以创新为依托的快速发展道路。

（三）新兴产业的空间集聚效应将进一步强化，园区成为新兴产业发展的核心载体

各地具有一定优势的战略性新兴产业有望进一步集聚提升。山东打造了海洋工程、工程机械、电工电气等一批高端装备行业；甘肃的风能、光能、生物质能等新能源建设步入快车道；广州形成了以广州无线电、晶科电子等为龙头的新一代信息技术产业集群；深圳形成了基因、医疗器械、生物技术药物等生物前沿产业集群……中央引导战略性新兴产业统筹布局并规范其发展的政策效应正在逐步显现，地方的优势新兴产业初具规模，预计 2014 年新兴产业的空间集聚效应将进一步强化。

园区将成为引领战略性新兴产业规模化发展的重要载体。据统计，2013 年前三季度，广州首批 24 个战略性新兴产业基地完成投资 640 亿元，形成了超 6000 亿元的产业规模，其中花都纯电动汽车等 4 个基地的产业规模超过 1000 亿元；青岛则加快“千万平米”产业园区建设，国际创新园、青岛信息谷园区初具规模，

重点园区相继开工，新引进企业拉动软件业务收入增长30亿元。随着园区建设步伐加快，配套工程逐渐完善、公共服务能力显著提升，将吸引更多高新技术企业入园，成为带动工业转型升级、推动新兴产业发展的重要载体和骨干力量。

二、节能环保产业发展展望

（一）节能环保产业产品将向高端化、成套化方向发展

目前，我国在节能环保常规技术产品方面已经成熟，但在高端技术产品方面仍较为缺乏，如湿式静电除尘设备、脱硫脱硝一体化设备、高浓度难降解设备、高可靠性垃圾渗滤液处理设备等。因此，国家将重点支持发展一批先进的设备，给予相应的技术开发、产品生产方面的优惠政策，促进节能环保设备产业逐步从低端初级产品向高端产品的方向发展，促进重大节能环保装备的国产化、自主化，提高自主知识产权装备占比。未来，具有研发实力的国内节能设备、污染治理设备、资源综合利用设备骨干龙头企业将面临广阔的发展机遇，也将促进市场和行业秩序的进一步整合与规范。

（二）节能环保服务业将成为产业新的增长点

"十二五"期间，我国提出了单位GDP能耗下降16%的目标。然而，到2012年，我国的单位GDP能耗仅下降了5.5%，远远没有达到进度的要求，而2013年上半年全国单位GDP能耗下降3.4%，整体目标并未达到，节能减排已经成为"十二五"后两年巨大的压力。而这在客观上将促进节能环保服务业的发展，节能服务产业有望再度进入快速发展的黄金期，在此形势下，节能服务产业无疑赢得了巨大的发展空间。

（三）"走出去"将成为我国节能环保企业重要投资方向

目前，发展中国家对中等技术水平、较高性价比的节能环保产品与服务有较高需求，而我国环保企业在"走出去"方面已经具备了比较好的技术和产品储备，在传统的工程建设、环保设备及产品制造等方面具有较强优势。在满足国内需求的同时，拓宽海外节能环保市场，将成为我国很多节能环保企业重要的战略选择。预计我国将围绕企业的国际合作出台相关支持政策，重点支持国内节能环

保装备企业开拓国际市场，鼓励国内企业和研发机构在境外设立研发机构，推动节能环保装备由单机或成套设备出口向海外投资或工程总承包带动环保装备出口转变等。

三、新一代信息技术产业发展展望

（一）企业将加速推进产业链上下游整合

为顺应单一产品竞争向全产业链整合能力竞争转变的趋势，国内部分新一代信息技术企业正在加快向产业链上下游延伸。彩电厂商加快向液晶面板、操作系统、数字内容服务等领域延伸和拓展。海思半导体通过芯片设计等核心技术开发，增强了华为智能终端的竞争力，华为智能终端已成为仅次于三星、苹果的全球第三大智能手机厂商，占全球市场份额的5%。未来，新一代信息技术产业国内外竞争将更加激烈，我国主要龙头企业将加速延伸产业链以及价值链，通过整合外部资源提高综合竞争力。

（二）更加激烈的国家竞争将进一步冲击产业发展

经过30多年发展，我国新一代信息技术产业与发达国家间的竞争已从“合作共赢”的垂直分工向水平分工转变，特别是与美国之间，围绕通信设备、集成电路、基础软件、移动互联网、云计算领域的竞争日趋激烈。同时，在上游元器件基础领域，我国仍难以摆脱对日本的依赖；韩国三星、LG等企业在巩固集成电路、液晶面板等领域的竞争优势基础上，扩大产业链竞争范围，将对我国新一代信息技术厂商构成严重威胁。除此之外，我国新一代信息技术产业还将面临日益复杂的国际贸易环境，知识产权的专利诉讼将会被发达国家广泛使用。

（三）信息技术升级带来新需求，为产业转型发展带来新动力

从概念炒作走向应用落地，我国云计算、物联网、大数据将实现快速增长；政策持续支持信息安全，预计信息安全行业仍将保持30%左右复合增长，内网安全市场正值加速发展期；数据的爆发式增长将为大数据业务提供一个巨大的市场，我国本土数据库软件、商业智能分析等领域厂商获得新机遇。同时，移动互联、移动支付、新型智能设备等领域也将为软件和信息技术服务业提出新需求。

四、生物产业发展展望

（一）供给与需求同步释放，生物产业进入快速增长期

国家高度重视生物产业发展，将其作为重点培育发展的战略性新兴产业之一。日前出台的《生物产业发展规划》指明了未来十年我国生物产业发展的方向、目标和主要任务，提出 2013 年—2015 年，生物医药产值年均增速达到 20% 以上。预计到“十二五”末期，全球销量排名前 100 位的药物品种中，生物医药将会从目前的 10 多种上升到 50 种左右。

随着生命科学和生物技术的发展和应用，技术突破推动生物产业加快发展。当前，治疗性疫苗和抗体、转基因动植物新品种、生物基材料等新产品的推广应用正在加速新一代生物产业多点突破；生物技术与计算机、成像、网络、移动通信等新技术融合，生物产业内涵和外延不断丰富。[1] 近期全球大量生物专利药将要过期，为我国生物仿制药带来加快发展的重大机遇，有利于我国生物制药企业缩小技术差距、积累生产经验。英国知名的行业分析公司 Datamonitor 的研究显示，到 2015 年，生物仿制药的全球市场规模将由 2010 年的 2.43 亿美元增长到 37 亿美元。

在产业技术突破的同时，生物产业的市场需求也不断释放。我国“人口红利”正在衰减，随着收入水平的提升和人口结构变化，人们对于卫生和健康的需求不断提升，对生物产品的技术和安全性提出更高要求。化石能源的价格不断攀升，对环境的破坏也日渐加剧，政府也将加大对清洁能源开发使用的支持力度，生物能源需求加大。[2] 国务院发布的生物产业发展规划强调，“为保障人口健康、粮食安全和推进节能减排，必须加快新型药物、作物新品种、绿色种植技术、生物燃料和生物发电、生物环保技术、生物基产品等开发培育和推广应用”。

（二）国际合作持续深化，承接国际生物产业转移步伐加快

生物产业国际竞争格局发生调整和变化。发达国家受金融危机影响，高投入、

[1] 发展改革委员会高技术司：《生物产业发展特点及趋势展望》，《宏观经济管理》2013年第　期。
[2] 尹晶：《生物产业:经济增长的重要力量》，《中国科技投资》2013。

高风险的生物产业受到冲击，生物产业的创新资源及产业要素加速向新兴经济体转移。我国生物产业发展基础已经形成，承接发达国家生物产业高端环节转移具备有利的支撑条件和外部环境。同时，美、日等发达国家和印、巴等新兴经济体都高度重视生物产业发展，纷纷谋求在新格局下抢占生物产业竞争的有利地位。

随着生物医药技术的巨大突破和医药产业发展环境的不断变化，医药产业自身的创新格局及体系正发生深刻变化。跨国公司原有的研发模式面临越来越大压力，纷纷采用研发外包及研发中心转移的方式降低风险。世界各大医药企业如罗氏、诺和诺德、拜耳、赛诺菲一安万特、百时美施宝贵都相继在我国进行投资并建立大型的生产研发销售中心。多数企业都在亚太地区建立了自己的全球研究中心和跨国研究中心，截至 2011 年，全球制药巨头在中国建立了 23 个研发中心，其中包括 12 个全球研发中心。

（三）政策激励作用进一步发挥，产业结构不断优化

国家和地方政府支持生物产业发展的政策文件密集出台，科技专项、资金、项目有力推动了行业发展。2009 年 6 月，国务院办公厅印发了《关于促进生物产业加快发展若干政策的通知》，加大对生物产业发展的政策支持。2012 年底，国务院印发《生物产业发展规划》，明确了生物产业的发展目标和任务。近年来，随着中央医药制造、生物质能等相关领域生产质量管理规范深入实施[1]，地方政府也纷纷出台促进生物产业发展实施意见及政策措施。总体看，全国已然形成有利于生物产业加快发展的政策环境。

产业集中度进一步提升，产业结构将持续优化。《关于加快医药行业结构调整的指导意见》提出，基本药物主要品种销售居前 20 位企业所占市场份额应达到 80% 以上；《关于加快推进现代农作物种业发展的意见》提出，大力推动种子企业兼并重组。在上述政策引导下，可以预期未来国内兼并重组活动还将更加活跃。剔除自然灾害和游资炒作因素，生物医药、生物制造等领域的企业继续受人民币持续升值和原材料价格居高不下的影响，成本也将不断攀升。与此同时，国家对药价严格管控，使得制药企业利润空间被大大挤压。这种双向压力将对生物产业产生倒逼机制，一些竞争实力较弱的企业将被市场淘汰。

---

[1] 发展改革委员会高技术司：《生物产业发展特点及趋势展望》，《宏观经济管理》2013年第7期。

五、高端装备制造业发展展望

（一）高端装备制造业将进入快速增长周期

首先是工信部、科技部等主要部委相继围绕高端装备制造业出台了相关规划、政策，如工信部出台《高端装备制造业“十二五”发展规划》、科技部出台《智能制造科技发展“十二五”专项规划》、《服务机器人科技发展“十二五”专项规划》等，并加大了对高端装备制造中关键共性技术的研发投入力度。这些规划、政策的逐步落实都将促进高端装备制造业的健康快速发展。

其次是地方政府对高端装备制造业高度重视，如浙江省出台《浙江省高端装备制造业发展规划(2010—2015年)》，明确了清洁高效发电设备、大型石化及煤化工成套设备等16个重点领域的发展目标，并要求全省装备制造业投资增幅不低于工业投资增幅、机器装备投入占工业投资的比重不低于40%。

最后是装备制造类企业为提升市场竞争能力，将加快转型升级步伐。如西安重装集团在“十二五”规划中提出，“产业由修造向专业转变，产品由低端向高端转变，技术由仿造向创新转变，管理由粗放向精细转变，市场由内部向外部转变”，致力于将西安重装集团打造成“技术领先化、质量品牌化、市场国际化、服务高效化”的高端装备制造企业集团。

结合《高端装备制造业“十二五”发展规划》，预计2014年我国高端装备制造业的销售收入将超过4.5万亿元，在装备制造业中的占比将提高到11%以上。

（二）若干领域有望取得技术和市场突破

在航空装备领域，C919大型客机将在2013年底到2014年上半年期间下线，2014年实现首飞，2016年完成适航取证并投放市场。据悉，C919目前已获235架订单，国外客户包括美国及东南亚国家。未来国际航空市场对C919这种机型的需求预计将达到2万架，国内20年内需求也将会有3000架甚至更多。[1]

在卫星及应用领域，依托我国逐年攀升的汽车销量和庞大的移动电话用户群

[1] 数据来源：http://www.chinabidding.com/zxzx-detail-213783501.html。

体，卫星导航的市场潜力巨大，已经成为我国继移动通讯、互联网之后信息产业的第三个增长极。随着收入水平提高，消费不断升级，加上我国自主研制的北斗卫星导航系统的逐步建立，卫星导航市场有望保持高速增长态势。

在轨道交通装备领域，我国的高速铁路发展迅速。以高速动车组车体部件为例，最初用市场换技术，通过引进消化吸收，目前已经具备了竞争海外市场的能力，可以向发达国家批量出口具有我国自主知识产权的高铁关键技术部件。而其他国家也纷纷提出了发展高铁的规划或项目，如美国加州和巴西已将高铁纳入议事日程，泰国、澳大利亚、伊朗、越南等也在考虑发展高铁，这些都为中国高铁“走出去”创造了机会。

在海洋工程装备领域，中海油预计 2014 年将迎来建设最高峰，预计建成油气产能 1340 万方。海洋油气开发战略加速，催生了海洋工程装备市场需求的不断扩大，有专家预测，“十二五”期间我国海洋工程装备年均市场容量有望达到 120 亿元。巨大的市场吸引了众多企业——中海油着力推进海洋工程设备的国产化，中石化计划每年投入数十亿元用于包括海工装备在内的石油工程装备更新，中远船务由修船转身海工装备制造，中集来福士、大连船舶重工、外高桥造船等在海洋工程装备制造上开始崭露头角。这些企业将成为海洋工程装备领域技术突破的主角，引领海洋工程装备的发展。

在智能制造装备领域，《关于推进工业机器人产业发展的指导意见》出台在即，我国工业机器人将迎来战略发展期，预计我国市场将在 2014 年超越日本，成为世界最大的机器人市场。为此，国内机器人企业加快发展步伐，比如新松公司生产的机器人产品已经成功出口全球 13 个国家和地区，其在建的杭州高端装备园将与沈阳智慧园一起成为南北两大数字化高端装备基地，投产后产能将达到 15000 台机器人 / 每年，首期产能达到 5000 台机器人 / 每年。

（三）高端人才匮乏将成为制约产业发展的关键瓶颈

高端装备制造业良好的发展势头将对高端装备制造的相关人员需求造成“井喷式”增长，但高端装备制造业人才却相对匮乏。中国机械工业企业管理协会对 2012 年装备制造领域急需、紧缺、专门人才培养培训情况开展调查研究显示，装备制造业急需的管理类人才 12276 人，专业技术类人才 19332 人，技能类人才

242010人。[1] 虽然国家、地方、企业都对人才培养给予高度重视，但鉴于人才培养的周期较长，因此与高端装备制造业的需求相比，人才供给将出现较大的缺口。首先是科技创新人才短缺，缺少具有世界先进核心技术的研发领军人才和团队，以及经验丰富、技能精湛，能把先进科技转化为显示装备的高技能人才。[2] 其次是高级蓝领短缺，如高级镗工、铣工、车工、钣金工、安装工、氩弧焊工、机械技工等技术人才存在较大缺口，制约高端研发技术的具体化和实现。而且很多行业中高级蓝领还存在年龄结构偏高的问题，有断档之忧。鉴于此，一方面要通过海外引进人才解决产业急需的紧缺人才，另一方面要加大高等职业教育的投入力度，多管齐下，为高端装备制造业的健康可持续发展提供坚实的人才队伍保障。

六、新能源产业发展展望

（一）新能源产业总体保持较快发展势头

总体看，我国新能源产业发展势头良好，已形成较大规模和较完整的产业链条。未来一段时期，这种快速发展的势头仍将持续。按照《风电发展“十二五”规划》的目标，到2015年，我国投入运行的风电装机容量将达到1亿千瓦，年发电量达到1900亿千瓦时，风电发电量在全部发电量中的比重超过3%，海上风电装机容量达500万千瓦；基本形成完整的具有国际竞争力的风电设备制造产业体系，形成3—5家具有国际竞争力的整机制造企业和10—15家优质零部件供应企业。按照《生物质能发展“十二五”规划》的目标，到2015年生物质年发电量将达780亿千瓦时，生物质供气达220亿立方米，出现一批技术创新能力强、规模较大的新型生物质能企业，形成较为完整的生物质能产业体系。按照《太阳能发电发展“十二五”规划》的目标，到2015年太阳能发电装机容量达2100万千瓦以上，年发电量达250亿千瓦时，全产业链竞争力明显提高。

（二）太阳能发电形势有所好转但不容乐观

2013年以来，政策上的众多利好刺激了太阳能发电行业，尤其是光伏发电产业发展形势好转，行业运行总体情况趋稳，多晶硅产量逐月回升，部分电池企

[1] 《装备制造业人才缺口近30万 尤以技能类人才最为紧缺》，来源：From http://www.cut35.com/info/11726.html。
[2] 周爱军：《高端装备制造业紧缺人才需求预测研究——基于河北的数据分析》，《商场现代化》2012年。

业经营状况有所好转，国内光伏市场稳步扩大。2013年上半年，我国多晶硅产量达3.1万吨，约占全球总产量的27%，同比下降25%，进口量3.9万吨，同比持平；全国新增光伏装机量2.8GW，累计装机量已超10GW。但是从大环境看，太阳能发电行业无序发展、关键技术差距明显、配套体系不健全、国际竞争压力有增无减、贸易环境恶化趋势未根本改变等问题依然突出存在，行业发展的阶段性困境在短期内难以根本破解，发展前景不容乐观。

（三）新能源发电并网难题仍将困扰产业发展

新能源并网难题存在许多现实原因。从并网机制上看，尽管国家出台了一系列鼓励新能源发电的政策措施，也制定了很多理顺并网机制等具体办法，规定了新能源并网的标杆电价，但尚未形成一套完善细致的政策体系，因此短期内还无法彻底解决新能源发电并网的难题。从技术手段上看，我国仍然缺少新能源并网的技术和设备，一些核心技术如储能技术等还未完全掌握，智能终端和关键设备的芯片和元器件无法自主生产制造，主要依赖进口。从投资回报上看，我国电网建设面临的任务繁重，既要满足广大国土面积的电网覆盖需求，也面临大量老旧电网改造需求，以及因为快速城市化产生的电网改线、地上改地下需求，电力供需不平衡而产生的特高压输变电网建设需求等多方面压力。加之由于我国自然地理形势复杂，地貌和气候多样，电网建设投资巨大，短期内无法投入足够资金用于智能电网建设，且从投资的投入产出分析上看，建设智能电网也并非当前最为急迫的任务。

（四）基础设施规划和建设速度滞后将制约新能源产业发展

基础设施建设需要大量资金，也需要考虑投入产出比和实际市场效益。目前我国各大城市在城市总体规划中普遍没有针对新能源基础设施的专门安排，各新能源发展专项规划中也没有将基础设施建设提到应有的高度加以重视，这造成了我国目前新能源产业基础设施建设缺乏统一、明确的规划引导，产业链环节上的各个企业成为基础设施建设的主力军，这无形中加重了企业负担，也导致新能源基础设施建设呈现无序状态，建设速度缓慢。这突出体现在生物质能产业上。由于生物质资源具有分散性和季节性，集中收集和运输难度大，因此目前主要依靠人工、小型机械和通用型交通工具，缺乏完整的集散物流体系和专用设备，收储运效率低，不能满足规模化发展的需求。同时，我国生物质能从业企业主要是能源转化设备提供商，其本身（或前身）也大多是锅炉生产企业，较少涉及原料收储运环节，造成这一环节的市场“真空”和全产业链的发展脱节。加之我国生物质资源地域性较强，很多地方在生物质产业发展上形成了地方性，各种装备、设备和技术标准也配合资源特性来生产和制定，这有碍形成全国统一的专业化市场，不利于提高生物质能产业化程度，可持续发展能力不足。

七、新材料产业发展展望

（一）推广应用将成为新材料产业能否成功的关键

当前新材料产业快速发展已经成为既定现实，然而新材料产业门类非常广泛，国内外竞争也十分激烈，新材料被研发之后，能否顺利产业化关键在于能否被下游企业或者消费者所接受。对于新事物而言，新的使用必然带来新的风险，例如在光伏产业中的薄膜技术，虽然在实验室已经取得很好的效果，但真正走向市场并被市场接受还有一段距离。同样，在一些新材料领域，一些企业面临巨大的国际竞争压力，在同样的产品面前，消费者更愿意选择国际知名品牌，但是调查表明，国际产品往往并不代表更好的质量、更好的售后服务。近年来，我国新材料产业有过辉煌和成功，但是很多新兴产品并没有取得成功，原因是政府和企业更愿意从供给端解决产业发展问题，对于需求端的关注则不够。事实上，在地方调研中，一些企业负责人直言，他们更希望政府能够给消费者进行消费补贴，从而带动整个行业的发展，而不止是某个企业的发展。

（二）巨大的市场需求依然是行业发展的重要推手

未来各种材料需求市场还非常大，会成为新材料行业发展的重要推力。以稀土功能材料为例，随着国家白炽灯发展战略路线图制定、国家节能环保以及消费电子支持政策的增加等，相信会对稀土发光材料、稀土永磁材料的发展产生巨大推动作用。半导体材料方面，我国制造业所用半导体的80%都依靠进口，高新科技芯片和先进芯片几乎100%依靠进口。未来随着产业结构的调整，以及新能源、节能环保、智能电网、物联网和新一代信息技术的发展，相信半导体关键材料的自给率会大幅度提高，高纯度、大尺寸、低缺陷、高性能、低成本的半导体材料将会陆续由国内企业予以生产。稀有金属材料方面，按照新材料“十二五”规划以及未来下游产业的发展态势，预计高纯稀有金属及靶材，大规格钼电极、高品质钼丝、高进度钨窄带等将会得到快速发展。高品质钢方面，核电大型锻件、特厚钢板、超临界锅炉用钢、高温高压转子材料将会得到快速发展，高性能不锈钢、高强汽车板、高标准轴承钢、齿轮钢、工磨具钢、高温合金及耐蚀合金等材料也会得到快速发展。轻型合金材料方面，航空航天业的蓬勃发展将会对该类材料产生更加广泛的需求，随着能源危机的到来，新能源汽车越来越受到人们的青睐，电缆是轻型铝合金的另一潜在巨大需求领域，所以该领域未来发展潜力非常大。有机硅材料也是如此，据统计有机硅年均增长速度一般是 GDP 增速的 1.5—2 倍。因此可以预见，我国有机硅行业在未来一段时间内还将保持快速增长的态势。

（三）过剩与整合还将成为行业发展的热门议题

在当前工业转型升级的关键时期，各地政府都把新材料产业作为产业转型升级的重要突破口，而由此所导致的产业结构雷同以及重复建设必将不可避免，例如辽宁新材料产业规划将工程塑料作为未来的发展重点，而吉林也将新型工程塑料作为发展重点，黑龙江将要发展的也是这些产业门类，上海也将聚氨酯等高分子材料作为未来产业重点。稀土功能材料也是如此，北京、江西、内蒙都将其作为发展重点。事实上在地方政府强力支持下，我国的新材料市场近似于一个垄断竞争的市场。每一个大型企业背后都有一个强大的地方政府做后盾，产业雷同现象明显，产业竞争力加剧。但正如光伏材料行业一样，在各地迅猛投资、扩张产能的推动下，必然会带来产品价格下跌，上游原材料价格上升，接下来就是大量企业倒闭，行业将进入乱后而治的整合期，一批存活下来的企业将成为国内的龙头企业，垄断竞争模式将演变为寡头垄断模式。

八、新能源汽车产业发展展望

（一）产业规模增长将进一步加快

东风、广汽、一汽、北汽、上汽及长安六大集团均计划投资建设新能源汽车工厂，总产能将达到 94 万辆，其中部分车型已经面市，而东风、一汽等企业的大量产能将在 2014 年相继投放。如东风投资 25 亿元的东风乘用车新能源汽车工厂正式开工建设，预计2014年底全面建成投产，计划产能为16万辆；一汽投资44亿元的新能源汽车工厂即将在2014年实现量产，并拥有20万辆产能；北汽将在大兴建设一个年产15万辆的新能源汽车的新工厂，首款车型将在2014年推出。

表 19-1　主要车企投资建设新能源汽车工厂情况

企业	规划产能（万辆）	投资金额（亿元）	投产车型
东风	16	24	风神S530、BSGS30、BSG混动
北汽	15	——	e系列电动车
一汽	20	44	奔腾B50纯电动轿车等
上汽	22.5	20	荣威750混动和E50纯电动等
长安	20	43	奔奔mini、CX30 HEV等
广汽	——	——	传祺GA混动版、GS5纯电动车等

（二）新补贴政策的影响将在2014年集中体现

新补贴政策在2013年9月出台，其实质影响将在2014年集中体现为以下几个方面：一是乘用车会加快投放市场。新补贴政策规定，2013年可以按照最高6万元的补贴补给乘用车。但考虑到有效期所剩不多，加上车企准备的时间，能够享受2013年补贴政策的车型几乎可以忽略不计。2013年、2014年新能源乘用车补贴每年减少10%，虽然2014年支持力度略有下滑，但对车市会起到一定的刺激作用。二是公交电动化趋势明朗。对新能源公交车这三年的补贴金额不变，以便鼓励新能源公交车在城市中更多地使用，并争取2015年年底实现新能源汽车保有量50万辆的目标。由于柴油公交车造成的PM2.5污染是一辆轿车的几百倍，政府有意优先发展大中型公共客车，这样将有助于加快城市公交的电气化进程，从而为降低噪声污染、尾气污染作出贡献。三是车企将更加注重核心技术革新。从技术导向来看，国家放弃以电池容量而改为以行驶里程为标准，可以看出政府有意推动电池行业和车企进行技术革新，希望他们从电容量和整车质量上进行改进。

（三）政府采购仍将是重点，私人市场进展缓慢

2013年7月12日，国务院总理李克强主持召开国务院常务会议，要求政府

公务用车、公交车要率先推广使用新能源汽车，并同步完善配套设施。9 月最新出台的补贴政策明确要求，在试点城市，政府机关、公共机构等领域车辆采购要向新能源汽车倾斜，新增或更新的公交、公务、物流、环卫车辆中新能源汽车比例不低于 30%。而对于私人购车来说，价格过高、充电设施供给不足、产品选择性少、安全性存疑、售后服务体系不健全等问题仍将成为私人购车的主要顾虑，如果这些问题得不到解决，购买补贴也只能起到辅助作用。因此，2014 年新能源汽车的发展仍将依靠加大政府采购力度，通过产业链诱导出与之相关的要素市场、关联市场及配套设施、服务市场。

国际篇

第二十章　2013年世界工业发展综述

一、总体状况

2013 年，全球经济形势有所好转，世界工业整体实现温和扩张。发达国家工业生产稳定复苏，新兴国家工业生产增速进一步放缓。随着全球贸易形势和产业转移出现新的动向，世界工业格局正在深化调整，发展仍然面临着诸多挑战。据国际货币基金组织（IMF）发布的最新《世界经济展望报告》，2013 年全球经济增长率为 2.9%，2014 年为 3.6%。受新订单激增、工厂雇佣人数增加等因素推动，全球制造业活动以两年来最快速度增长。2013 年全球制造业 PMI 值一直呈现持续扩张态势。2013 年 10 月，全球制造业 PMI 指数由 1 月的 50.2 升至 52.1，

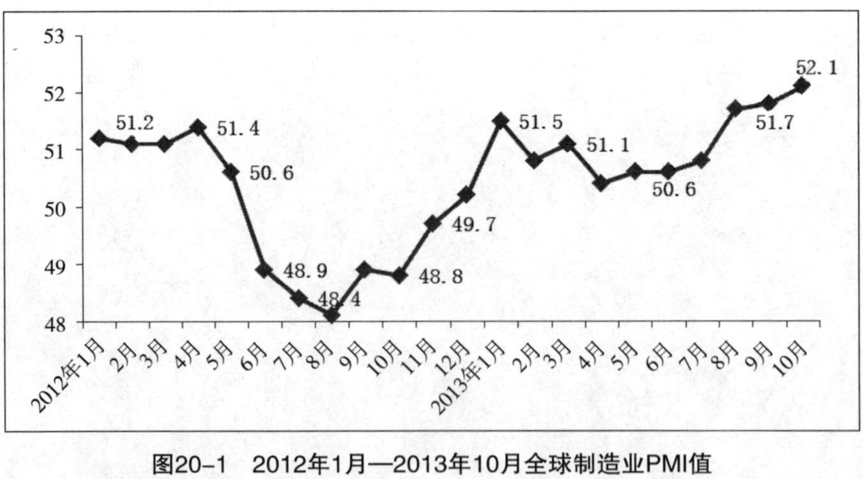

图20-1　2012年1月—2013年10月全球制造业PMI值

数据来源：JP 摩根，2013 年 11 月。

连续 11 个月高于 50 的景气荣枯分界线，达到 2011 年 5 月以来最高水平，显示全球制造业扩张动能持续增强。联合国工业发展组织发布的全球制造业定期报告显示，全球制造业呈现温和上升趋势，产业复苏主要源于欧洲国家的工业化需求提升，全年制造业产值有望增长 2.7%。虽然全球经济增长还面临着很大的不确定性，但是在主要经济体推出的一系列鼓励制造业发展的政策措施带动下，全球制造业将保持温和复苏势头。

2013 年以来，发达经济体制造业复苏势头有所加快。美国工业生产上半年虽有波动，但从 6 月开始，美国制造业恢复扩张态势。8 月美国制造业 PMI 指数升至 53.9，创 3 月份以来新高，整体经济连续 51 个月增长。在一系列经济政策的刺激下，日本经济有所好转，制造业实现了适度增长。3 月日本制造业 PMI 指数回升至 50 以上，6 月远高于全球各主要经济体，7 月虽有所下降，但仍然高于 50。9 月上升到 52.5，扩张速度触及 2011 年初地震和核泄漏以来的最高水平。随着海外需求的回暖和内需逐渐稳定，欧元区经济复苏稳定，制造业 PMI 指数保持上升趋势。2013 年 8 月，欧元区制造业 PMI 值升至 51.4, 创下近 26 个月以来的新高。新兴经济体方面,金砖国家经济增长呈现放缓趋势,工业增速明显下滑。2013 年中国工业增长趋缓态势明显,1—9 月,规模以上工业增加值同比增长 9.6%。巴西工业略有改善，9 月巴西制造业 PMI 指数出现连续两个月反弹升至 49.9。印度制造业持续保持低迷状态，9 月制造业 PMI 指数为 49.6，已连续两个月位于 50 以下。南非第一季度制造业信心指数为 42，制造业下滑严重。

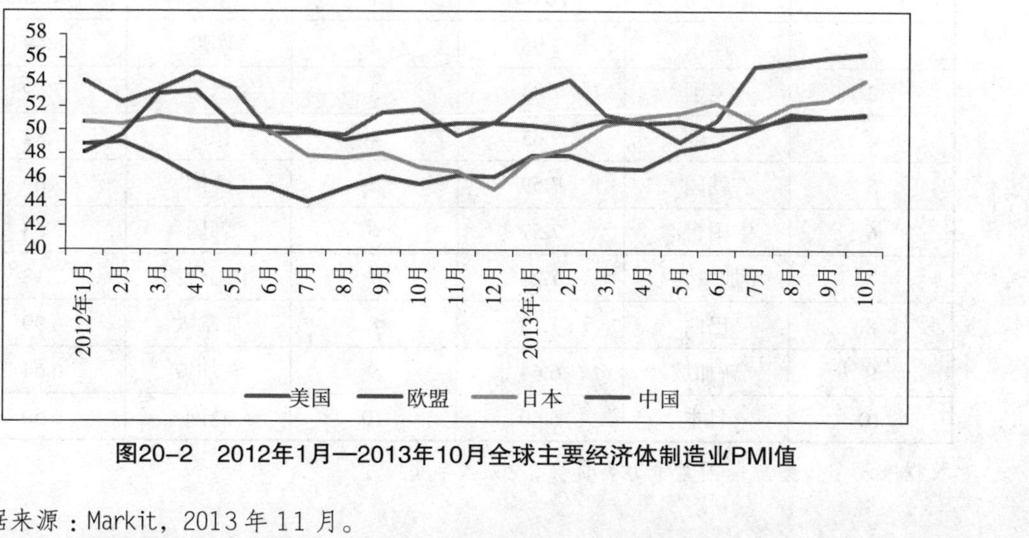

图20-2　2012年1月—2013年10月全球主要经济体制造业PMI值

数据来源：Markit，2013 年 11 月。

二、主要特征

（一）新兴经济体推动全球制造业新格局

全球制造业竞争格局正在发生翻天覆地的变化。美国、德国和日本等老牌制造业中坚力量在维持其竞争优势方面将面临中国等新兴国家的挑战。较之其他新兴经济体，中国成为发达国家强有力的竞争对手。德勤全球制造业组与美国竞争力委员会最新发布的《2013 全球制造业竞争力指数》显示，无论是在 2013 年还是五年后，中国都将稳居全球第一。报告还显示，未来五年发达国家的名次都会下跌。目前列于榜单前十的其他两大发达国家的竞争力将在五年后有所下降；新兴国家将崛起占据前三名，中国居冠，印度和巴西则分占第二、三名；其中巴西从第八名跃居第三，是未来五年之间预期上升最快的国家。另外，越南也挤进前十名榜内，成为第十大最具竞争力国家。随着全球产业转移步伐的不断加快，新兴经济体正在成为跨国公司投资的热点地区，并推动全球制造业格局深刻变革。

表 20–1　2013 年全球制造业竞争力指数排名

2010年			2015年*		
排名	国家	指数分值	排名	国家	指数分值
1	中国	10.00	1	中国	10.00
2	德国	7.98	2	印度	8.49
3	美国	7.84	3	巴西	7.89
4	印度	7.65	4	德国	7.82
5	韩国	7.59	5	美国	7.69
6	中国台湾	7.57	6	韩国	7.63
7	加拿大	7.24	7	中国台湾	7.18
8	巴西	7.13	8	加拿大	6.99
9	新加坡	6.64	9	新加坡	6.64
10	日本	6.60	10	越南	6.50

数据来源：德勤与美国竞争力委员会，2013 年 11 月。

（二）大宗商品价格持续疲软，原材料产业面临冲击

在全球经济增长不佳、市场风险偏好降温等因素综合作用下，2013 年以来大宗商品价格总体趋向疲软。3 月份国际货币基金组织编制的初级产品价格指数（PCPI）比 1 月下跌 2.2%，比 2012 年同期下跌 9.1%。随着中东紧张局势的缓和，国际油价出现大幅回落，9 月纽约油价下跌 4.4%。有色金属方面，受补库存和投融资需求增加影响，2013 年以来有色金属各品种价格均呈回落态势。虽然进入三季度后，在美国经济预期乐观、欧洲经济企稳和中国制造业数据向好影响下，有色金属价格明显回稳，但多个品种依然面临供应过剩局面，价格继续承压，市场真正转旺有待投资活动和消费信心的稳步复苏。全球经济弱势增长对国际商品价格支撑力度不足，世界主要矿产资源生产和出口国实施各种资源税、碳税、出口税等也抬高了矿产品的生产和交易成本。在大宗商品价格持续下跌的冲击下，全球原材料行业受到明显冲击，去库存压力大增。

（三）全球外国直接投资下降趋势明显

近年来，全球外商直接投资下滑趋势明显。2012 年全球外国直接投资下降了 18%，达 1.35 万亿美元。联合国贸发会议发布的《2013 年世界投资报告》指出，在全球 FDI 增长出现反复的过程中，发展中国家在吸收外国直接投资方面走在了前面。报告显示，2012 年，发展中国家吸收 FDI 有史以来首次超过发达国家，占全球总流量的 52%。而发达国家 FDI 流入量在 2012 年下降了 32%，降至 5610 亿美元，接近过去十年来的最低水平。同时，发达国家的对外投资下降到了接近 2009 年低谷的水平。在经济前景不确定的背景下，发达国家的跨国公司不得不对新的投资持观望态度甚至撤回国外资产，而不是进行积极的国际扩张。2012 年，38 个发达国家中有 22 个国家的对外直接投资下降，降幅为 23%。贸发组织预测，2013 年全球外国直接投资仍将接近 2012 年的水平，其上限为 1.45 万亿美元。全球外国直接外资流量可能在 2014 年攀升至 1.6 万亿美元，在 2015 年达到 1.8 万亿美元。虽然全球经济增速放缓，中国在投资环境和竞争力方面仍保持优势，仍是跨国企业看中的最重要的新兴市场。2013 年 1—9 月，欧盟、美国和日本对华投资同比增长 23%、21.3% 和 5.62%，三大经济体对华投资仍保持稳定态势。

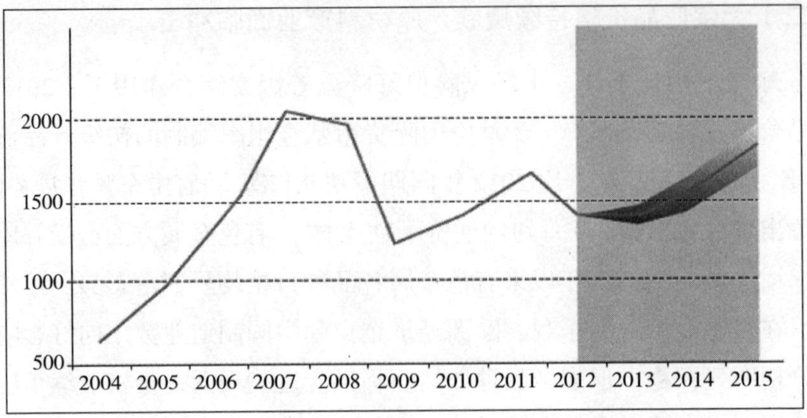

图20-3　2004—2015年全球直接外资流量及预测

数据来源：联合国贸易和发展会议《2013年世界投资报告》，2013年11月。

（四）全球贸易小幅上涨，自由贸易区建设进程加速

随着全球经济的回暖，全球贸易小幅上涨。世贸组织预测，2013年世界货物贸易量将增长3.3%。经合组织公布数据显示，与2012年四季度相比，2013年一季度全球主要经济体货物贸易增长加快，其中G7国家一季度货物贸易总量增长了1.3%，金砖国家货物贸易总量增长了2.8%。进入2013年，波罗的海干散货指数(BDI)一直在800点一线振荡徘徊，到第三季度，波罗的海干散货运价指数开始大幅上涨，由7月的1000点左右大升1倍至10月初的2000点左右。BDI指数大幅上升表明全球货物对航运需求上升，国际贸易活跃。汇丰控股于2013年10月9日公布的研究报告也显示，未来一段时期内全球主要经济体基础设施建设投资将保持平稳，助推全球贸易持续增长，并预计在2030年之前，全球贸易每年平均增速可达4.5%，同期全球生产总值GDP年均增速为4%。与此同时，全球自由贸易区谈判加速，跨太平洋伙伴关系协议(TPP)、EPA、跨大西洋贸易与投资伙伴协议(TTIP)等区域自由贸易谈判正成为发达国家推动全球贸易格局重构的重要途径。随着全球自贸区建设步伐的加快，全球贸易总额有望持续增长。

（五）绿色工业发展迅猛，技术创新引领全球制造业发展

2013年，全球绿色工业发展步伐加快，节能环保产业继续保持快速发展势头。各大汽车厂商纷纷推出新的电动车车型，全球新能源汽车继续保持快速发展

势头。以美国和中国为例，1—8 月，美国市场插电式电动车累计销量为 58662 辆，同比增长 131.8%；上半年，中国生产新能源汽车 5885 辆，同比增长 56.3%，其中纯电动汽车 5111 辆，插电式混合动力 774 辆。在太阳能光伏产业方面，根据 NPD Solarbuzz 最新研究报告，2013 年二季度和三季度太阳能光伏安装量之和超过了 17GW，创下了年中季度光伏需求量的新纪录。与此同时，随着新一轮产业技术革命的加速推进，全球智能制造取得明显突破，工业机器人产业发展迅速，到 2025 年，全球机器人产业市场规模将达到每年 500 亿美元的规模。3D 打印技术正在汽车、航空航天、医疗等领域获得广泛应用。随着 3D 打印、人工智能、新材料、新一代信息技术等一系列关键技术的成熟和产业化，技术创新正在深刻改变传统的生产模式。

（六）跨国公司“本土化”操作赢得市场

跨国公司在投资海外的生产和经营活动中，要获得收益，就要实施本地化策略，以适应东道国的经济、文化和政治环境。本土化是跨国公司由嵌入到融合进东道国经济社会体系的主要方式。跨国公司本土化运作，包括生产本土化、营销本土化、人力资源本土化、合作伙伴本土化、研发本土化和资本运作本土化。国际金融危机爆发后，美欧等国家纷纷削减消费支出，向出口推动型和制造业带动型增长模式转变，全球市场竞争日益激烈。以中国为代表的新兴经济体具有庞大的消费潜力和市场规模，正在由投资驱动型增长向消费驱动型增长转变。因此，越来越多的跨国公司把满足东道国市场消费需求作为对外直接投资的主要战略动机，依靠其品牌、管理、营销、专利、专有技术等优势占领东道国市场赚取利润。为了获取资源、占领市场、击败竞争对手，跨国公司的国际产业转移由单纯的加工组装等低价值链的环节或单个项目，转向研发、生产、营销、采购等高价值环节和整体产业链转移，并对最终产品随时调整，以更好地符合东道国市场的需要，满足东道国消费者的需求。如不少跨国药企将研发中心、生产中心转移到中国，如“辉瑞 + 海正”、“默沙东 + 先声”式的合作等，以此推进本土化进程。

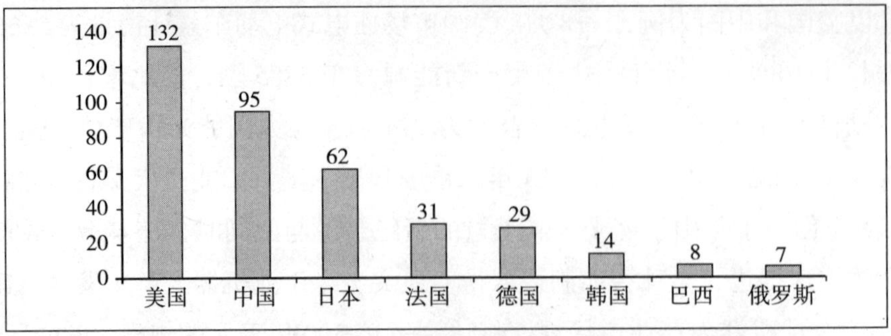

图 20-4　2013 年全球主要国家入选世界 500 强企业数量

数据来源：美国《财富》杂志，2013 年 11 月。

表 20-2　2013 年世界 500 强企业行业分布

排名	行业名称	上榜公司总数	排名	行业名称	上榜公司总数
1	银行：商业储蓄	54	27	工业机械	6
2	炼油	43	28	食品生产	5
3	车辆与零部件	32	29	保健：保险和管理医保	5
4	采矿、原油生产	25	30	网络、通讯设备	5
5	食品店和杂货店	24	31	食品、消费产量	5
6	人寿与健康保险（股份）	23	32	娱乐	4
7	电信	20	33	饮料	4
8	公用设施	18	34	食品：饮食服务业	3
9	金属产品	17	35	铁路运输	3
10	电子、电气设备	16	36	批发：电子、办公设备	3
11	财产与意外保险（股份）	14	37	建材、玻璃	3
12	能源	13	38	半导体、电子元件	3
13	航天与防务	12	39	烟草	3
14	贸易	12	40	批发：食品	3
15	化学品	10	41	信息技术服务	3
16	制药	10	42	船务	2
17	工程与建筑	10	43	建筑和农业机械	2
18	其他	10	44	财产与意外保险（互助）	2
19	计算机、办公设备	9	45	管道运输	2
20	专业零售	8	46	油气设备与服务	2
21	批发：保健	7	47	保健：医疗设施	2
22	综合商业	7	48	服装	2
23	人寿与健康保险（互助）	7	49	网络服务和零售	2
24	邮件、包裹及货物包装运输	7	50	家居、个人用品	2
25	航空	6	51	计算机软件	2
26	多元化金融	6	52	批发商：多元化	2

数据来源：美国《财富》杂志，2013 年 11 月。

第二十一章　2013年主要发达经济体工业发展动态

一、美国

（一）发展概况

美国是世界上最发达的工业国家，其石油、天然气、铜、铝、乙烯、汽车、飞机等主要工业产品的产量均居世界前列，并在信息技术、航空航天、生物工程技术、核能和新材料等领域的研制与开发方面处于世界领先水平。近年来，在奥巴马政府一系列重振制造业政策的推动下，美国工业实现了缓慢复苏。美联储公布的数据显示，自 2013 年 2 月以来，美国工业生产已经连续出现了 9 个月的下滑，直到 2013 年 7 月美国工业生产实现环比增长 0.5%。从 2013 年 6 月开始，美国制造业恢复扩张态势。10 月制造业 PMI 指数为 56.4, 创下 2011 年 4 月以来新高，

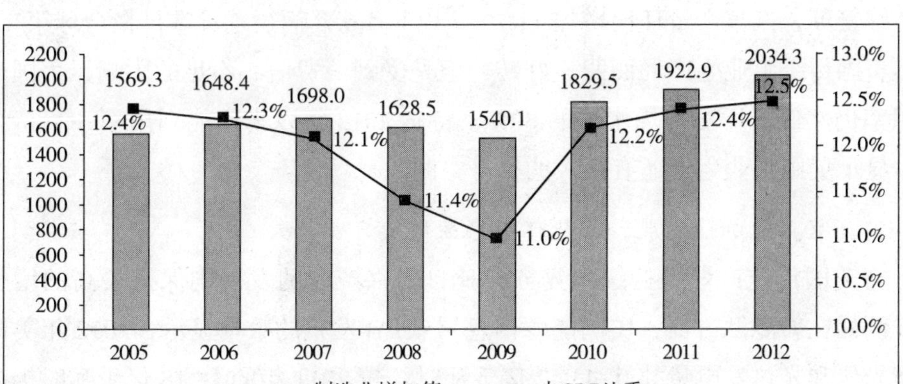

图20-1　2005—2012年美国制造业增加值及占比（单位：十亿美元）

数据来源：美国经济分析局（BEA），2014 年 2 月。

连续5个月实现扩张，制造业复苏势头强劲。虽然美国经济目前存在一些不确定因素，但是奥巴马总统新的任期仍将推动重振制造业作为美国的政策重点，持续加强对美国制造业创新的投入力度，美国制造业的扩张势头将会持续。

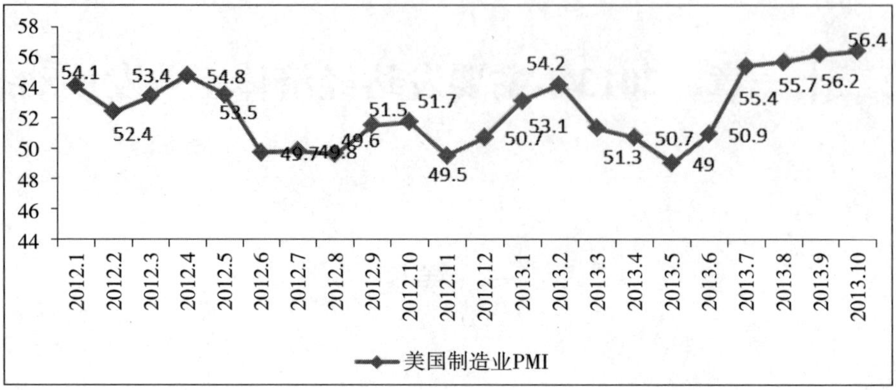

图21-2　2012年7月—2013年10月美国制造业PMI值

数据来源：美国供应管理协会，2013年11月。

1. 传统工业持续复苏，产能利用率仍然处于较低水平

2012年，美国主要工业产品的产量比2010年有所增加。美国粗钢产量为8860万吨，同比上涨2.5%，钢厂平均产能利用率接近80%，高于2011年的75%。在页岩气革命的推动下，美国石油产量持续增长，美国国内原油日产量增加77万桶，达到640万桶，同比增长13.8%，达15年来最高水平。美国汽车产业持续复苏，汽车产量环比增加11.7%，以864.6万辆超越日本排在全球第二位。虽然美国传统工业生产局面明显好转，但是受到消费信心不足的影响，美国产能利用率仍然低于历史平均水平的80%，特别2013年以来产能利用率一直持续偏低，显示美国工业生产还有很大的提升空间。

2. 新兴产业加速发展，节能环保产业规模日益壮大

与美国传统产业保持缓慢复苏相比，新兴产业的发展则保持较高的增长速度。例如在新能源方面，美国能源信息署(EIA)发布的数据显示，2012年美国太阳能光伏和光热发电量共计43.42亿千瓦时，较2011年的18.18亿千瓦时提高了约139%。在生物医药方面，美国是生物制药的发源地，在世界上占绝对领先地位。2011年前500强企业中12家制药企业产值总计高达2957亿美元。美国是当今

环保市场最大国家，占全球环保产业总值的 1/3。为进一步推动节能产业的发展，美国持续加强节能补贴力度，从 2013 年开始节能车抵税减免将从 7500 美元调高到 1 万美元，势必将进一步促进美国新能源汽车产业的发展。《2012 年全球新能源汽车产业发展研究报告》显示，2012 年前三季度，美国新能源汽车售出 31081 辆，同比增长 19978 辆，增长率为 179.93%，新能源汽车销售总量居全球首位。2012 年，纯电动汽车在美国销售 14687 辆，占全球纯电动汽车销量的比重为 26%。

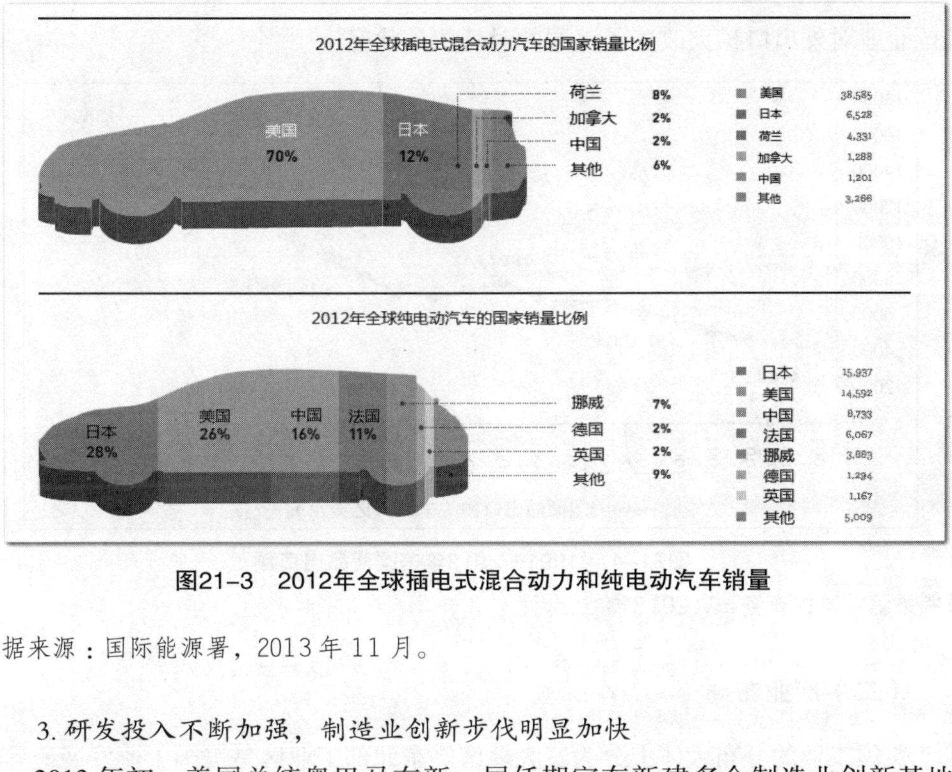

图21-3　2012年全球插电式混合动力和纯电动汽车销量

数据来源：国际能源署，2013 年 11 月。

3. 研发投入不断加强，制造业创新步伐明显加快

2013 年初，美国总统奥巴马在新一届任期宣布新建多个制造业创新基地，大力提高美国制造业的创新能力。奥巴马政府在 2014 年预算中为美国商务部提供 10 亿美元投资成立制造业创新国家网络，每个研究所将作为产业集群缩小基础研究与产品开发之间的差距，聚拢企业、大学和社区学校以及联邦机构共同投资技术领域。在政府的大力支持下，美国在一些重要科技领域，如柔性制造、极端制造、机器人技术、纳米技术以及微电机系统等领域取得了重要研究成果，推动了制造业创新步伐不断加快。

4. 出口持续增加，贸易逆差持续缩减

近年来，在出口倍增计划的大力推动下，美国商品出口持续增长，贸易逆差有所缓解。据美国商务部统计，2012 年美国货物进出口额为 38218.5 亿美元，同比增长 3.6%。其中，出口 15464.6 亿美元，同比增长 4.5%；进口 22753.9 亿美元，同比增长 3.1%。贸易逆差 7289.4 亿美元，同比增长 0.2%。进入 2013 年，美国对外贸易情况持续好转。美国 6 月贸易逆差环比下降 22.4%，缩小至 342 亿美元，低于预期的 435 亿美元，创下 2009 年 10 月以来最低水平。石油进口持续下降和美国企业对外出口扩大改善了美国的对外贸易状况。

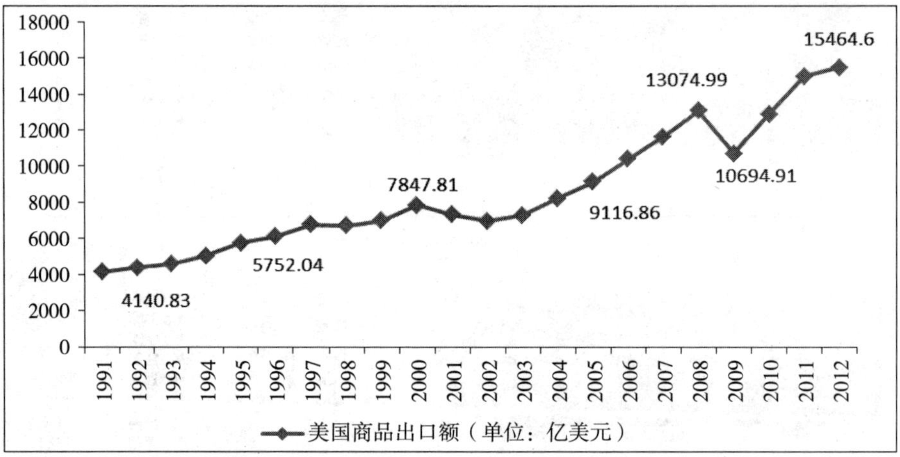

图21-4　1991—2012年美国商品出口额

数据来源：美国商务部，2013 年 11 月。

（二）产业布局

美国工业的分布大体上分为三大地区。东北部工业区是美国工业发展最早的地区，全国的钢铁、机械、汽车、化工等传统工业大部分集中分布在这里。南部工业区过去以农业为主。由于该区域地价便宜，劳动力充足，环境污染较东北部小，美国工业逐渐由东北部向南部发展，形成美国新兴的石油、飞机、宇航、电子等工业基地。太平洋沿岸的狭窄平原和谷地，是西部工业区的集中地带，宇航、电子、信息技术等新兴工业发展较快。近年来，由于新兴市场国家劳工成本以及国际物流成本上升，越来越多的传统制造业开始向成本更低的美国南部地区集聚，南部地区制造业呈现快速发展势头。

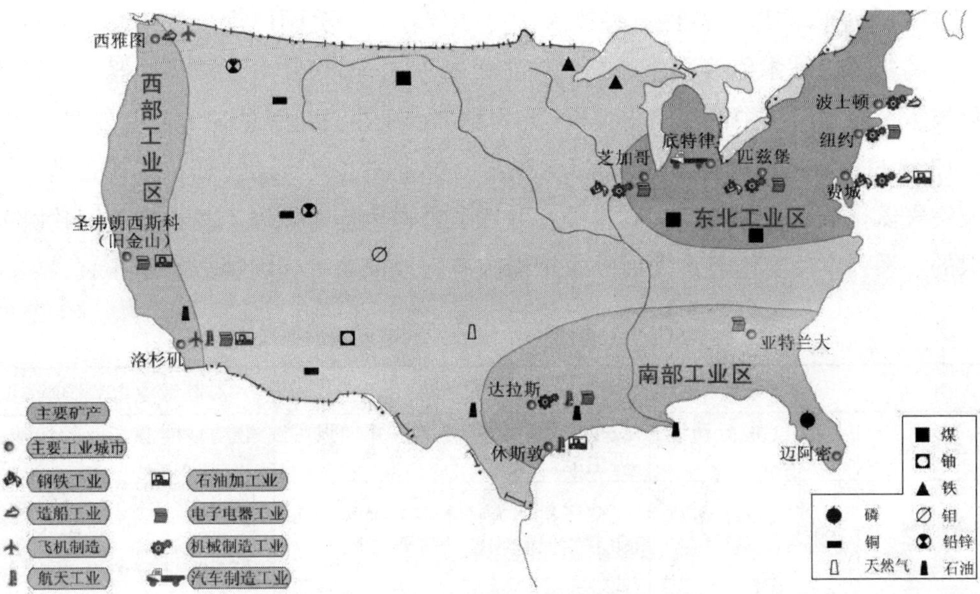

图21-5　美国主要工业区和城市分布图

数据来源：赛迪智库，2013 年 11 月。

（三）政策动向

20 世纪 80 年代以来，面对欧洲和日本制造业的激烈竞争，美国政府采取了积极措施不断推动科技创新，大力发展高科技产业，维持了全球制造业强国的地位。2008 年国际金融危机的爆发对美国经济造成了巨大的冲击，一大批制造业企业陷入破产边缘。为推动美国经济复苏，奥巴马政府把政策重点放在重振制造业上，推出了一系列政策措施。2010 年 8 月，美国通过了《制造业促进法案》，美国政府拟从 7 个方面破解制造业发展难题。2011 年 6 月，提出先进制造伙伴计划，加强对新兴制造技术的投资，提高美国制造业的全球竞争力。2012 年 2 月，美国总统执行办公室国家科技委员会在“美国先进制造业国家战略计划”中围绕中小企业、劳动力、伙伴关系、联邦投资以及研发投资等提出五大目标和具体建议。2012 年 4 月 5 日，奥巴马签署了《2012 年促进创业企业融资法》，旨在通过放宽金融监管要求来鼓励美国小微企业融资，扶植企业成长并创造就业机会，为美国中小企业的成长提供了更加宽松的市场空间。2013 年 2 月，奥巴马在国情咨文演讲中表示，计划建设一个包含 15 个制造创新中心的全国性网络，专注于

3D 打印和基因图谱等各种新兴技术。2013 年 3 月，美国白宫科技政策办公室发布了《机器人技术路线图：从互联网到机器人》，该路线图总结了机器人和自动化技术在美国经济中的战略重要性，并勾勒出一个富有远见的研究和开发路线图。2013 年 6 月 25 日，奥巴马公布了美国第一份全国气候行动计划，其核心是减少温室气体排放大户发电厂的碳排放，并加强可再生能源发展。总之，美国政府采取的一系列推动实体经济发展的政策措施有力地推动了美国制造业复苏。

表 21–1　2009—2013 年美国重振制造业的重要政策措施

时间	标题	主要内容	对制造业重要影响
2013.6	美国气候行动计划	减少发电厂的碳排放，并加强可再生能源发展	推动新能源产业的快速发展
2013.3	机器人技术路线图	强调了机器人技术在美国制造业和卫生保健领域的重要作用	提出了未来5到15年制造业机器人所要解决的关键能力
2013.3	2013年总统贸易政策议程	继续推进五年出口翻番计划、跨太平洋战略经济伙伴协定谈判、跨大西洋贸易与投资伙伴协定谈判等工作重点	打开美国出口市场和维护美国在国际贸易领域的领导地位
2013.2	美国制造业创新网络计划	计划建设一个包含15个制造创新中心的全国性网络，专注于3D打印和基因图谱等新兴技术	利用高科技全面提升美国制造业，将美国转变成全球的高科技中心
2012.3	美国先进制造业国家战略计划	围绕中小企业、劳动力、伙伴关系、联邦投资以及研发投资等提出五大目标和具体建议	促进美国先进制造业的发展
2012．1	美国国情咨文	提出再工业化和制造业回流的发展战略	推动美国制造业的回归
2011.11	美国制造业复兴计划	从投资、贸易、劳动力和创新等方面提出了促进美国制造业复兴的四大目标及相应的对策措施	确定美国保持制造业全球竞争力的路径
2011.6	先进制造伙伴计划	创造高品质制造业工作机会以及对新兴技术进行投资	提高美国制造业全球竞争力
2011.2	美国创新战略：确保经济增长与繁荣	新的创新战略提出了五个新的行动计划	在美国重点优先领域实现突破
2010.8	制造业促进法案	大规模投资清洁能源、道路交通、改善宽带服务，消减企业部分关税	破解制造业发展难题
2010．3	出口倍增计划	推动美国在未来五年实现出口总额翻一番	扩大美国制造业出口

（续表）

时间	标题	主要内容	对制造业重要影响
2009.11	美国“再工业化”战略	促进制造业增长，让美国回归实体经济	推动美国制造业回归
2009.2	美国复兴与再投资法	高达7872亿美元的经济刺激计划	拉动美国国内消费市场，提高新能源产能

数据来源：赛迪智库，2013年11月。

（四）发展趋势

1. 美国制造业将持续保持复苏态势

2013年以来，美国经济持续增长，第二季度GDP按年率增长1.7%，大大超过预期。美国总统奥巴马在新一届任期宣布新建多个制造业创新基地，大力提高美国制造业的创新能力。在页岩气革命的推动下，美国能源价格持续走低，制造业生产成本大大缩减，美国制造业产业链正向低端延伸。同时，美国将推动低碳经济、下一代新能源、智慧地球等发展战略的实施。在美国一系列重要政策的推动下，美国工业生产虽然有所波动，但是制造业持续扩张，众多跨国企业将加大美国本土生产力度，未来美国制造业复苏态势将日益明显。

2. 智能制造持续引领生产方式变革

近年来，美国以3D打印、智能机器人等高新技术创新继续推动本土制造业重振。2013年美国成功利用3D打印技术制造出了枪支和人造耳朵，并有望投入生产。机器人研发目前已经在军事、工业、生物医疗等领域取得多项实质性突破。2013年3月，美国发布《机器人技术路线图：从互联网到机器人》，强调了机器人技术在美国制造业和卫生保健领域的重要作用，同时也描绘了机器人技术在创造新市场、新就业岗位和改善人们生活方面的潜力。在新一轮产业技术革命的带动下，美国技术创新不断取得新的成果，而随着智能制造业技术的引入，美国制造业生产方式将发生深刻变革，智能化、服务化、高端化将成为美国制造业发展的新的特点。

3. 节能环保产业推动工业持续转型

美国环保产业在环境服务业、环保设备等领域具有较强的竞争力。进入新世纪以后，为了缓解对进口石油的高度依赖，美国政府开始加强节能立法，并制定相关政策。奥巴马上台后，把能源政策的重心转向开发全新能源，在关注节能问题的同时还注重减少能源污染，使节能环保成为其新能源战略中的一大亮点。美国总统奥巴马在2009年宣布，将在未来10年内投资1500亿美元用于清洁能源产业，包括发展下一代生物燃料和燃料基础设施建设，扩大可再生能源项目的商业规模，向智能电网过渡，并为相关公司提供税收优惠。与此同时，奥巴马政府还大幅增加太阳能、风能和地热能等可再生能源的产量，以使美国到2012年时10%的电力源自于清洁的可再生能源，到2025年这一额度将增至25%。在美国相关政策的支持下，节能环保产业正在推动美国工业持续转型。

4. 制造业吸引外资能力不断增强

为提高美国制造业吸引资本和投资的能力，美国政府正在通过调整税收政策来降低美国制造业的税收负担，并使暂时性减税措施永久化。美国商务部公布最新数据显示，2012年美国吸引的外来投资持续超过对外投资，达到了4.4万亿美元。与此同时，在美国政府的重振制造业战略的推动下，流向制造业的外商直接投资明显提高。一些具有重要影响的跨国公司纷纷调整目前的全球生产布局，加大对美国的投资力度，并将部分生产基地回迁本国。而新兴国家也持续加强对美国制造业的投资，如中国对美国制造业的投资就出现了明显上涨趋势。随着美国制造业吸引外资水平的提升，美国制造业正在持续复苏。

5. 页岩气革命推动制造业回流美国

水力压裂技术在21世纪的广泛运用，使美国得以开发深层石灰岩中的油气资源。一些专家预测，美国和加拿大所蕴藏的油气资源，可以使美国获得能源独立。最近虽然油价不停攀升，但在工业生产中能够替换石油的天然气的价格则在美国创下历史新低。水力压裂技术使大量天然气被开采出来，本来用于进口天然气的基础设施，现在转来用于出口。由于在石油天然气页岩开采技术上的先发优势，现在北美大陆生产的天然气远远超过其他任何一个大陆。国际能源署称，到2020年,美国将成为世界上最大的石油生产国。埃克森美孚公司预测,到2025年,北美将成为能源净出口地区。美国国内能源价格走低和自给率提高，以及国际油价上涨导致国际间运输成本升高。这两个因素降低了美国制造业的成本，相对提高了美国的产业竞争力，推动了部分制造业回流美国。

（五）企业动态

在世界500强企业中，有179家是美国公司，占1/3强；在排名前10位的大公司中，有 6 家公司的总部在美国。美国的跨国公司目前在全球建立了大约 2.3 万个分公司，对全球经济特别是全球贸易有着举足轻重的影响力。例如苹果、Google、微软等通过产品创新、商业模式创新掌控移动通信价值链，IBM、Google 等掌控云计算价值链。2013 年以来，随着美国制造业的复苏，跨国企业回流美国的趋势不断加快。以苹果公司、通用电气、惠普等为代表的一些公司已经将部分生产线从中国转移回美国。中小企业一直是美国经济发展与创造就业的引擎，对于美国的经济与社会发展发挥着决定性作用。目前这类企业占到美国企业总数的 99%、私营部门就业人数的 2/3 以及经济产出总量的一半。

二、欧盟

（一）总体情况

欧洲生产总值在世界各洲中居首位，其中工业生产总值占世界比重较大。欧洲煤、铁开采量占世界总开采量的 30% 以上，汞、钾盐均占 60% 以上，其主要工业部门是钢铁、机械、化学、食品。汽车、船舶、飞机、发电设备、农机、电子器材等产量占世界 40%。自从 2008 年经济危机爆发以来，欧洲工业发展出现了明显下降。欧盟统计局数据显示，欧元区 2012 年国内生产总值同比下降 0.6%，欧盟 2012 年 GDP 同比下降 0.5%。进入 2013 年以后，欧洲经济逐渐显现了改善迹象。2013 年 11 月 14 日，欧盟统计局最新统计数据显示，欧元区 GDP 第三季度环比增长 0.1%，同期欧盟 GDP 环比增长 0.2%，均为连续第二个季度增长。欧元区和欧盟 2013 年第三季度经济环比增速虽与第二季度相比有所放缓，但并未影响欧洲经济整体复苏态势。欧洲经济能依然保持复苏势头，主要源自德国和英国的良好表现。数据显示，德国经济 2013 年第三季度增长 0.3%，英国经济则实现 0.8%的增长。

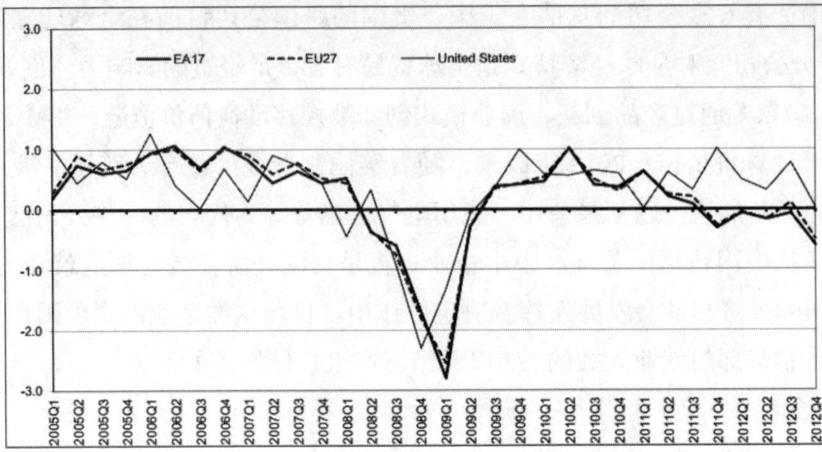

图21-6　欧盟27国、欧元区17国的GDP增长率

数据来源：赛迪智库，2013 年 11 月。

2013 年 11 月 4 日数据编撰机构 Markit 公布的数据显示，欧元区 10 月制造业继续提振，因新订单连续第四个月增加，尽管激烈竞争削弱了欧元区工厂的提价空间。欧元区 10 月制造业采购经理人指数（PMI）终值确认为 51.3，一如市场预期，略好于 9 月 51.1 的水平，并逼近 8 月所创 51.4 这一 26 个月高位。其中，欧元区 10 月制造业产出指数终值为 52.9，与初值一致，好于 9 月终值 52.2；10 月制造业 PMI 产出物价指数终值为 50.5，较初值 50.7 略有收缩，但好于 9 月终值 50.3 的水平。

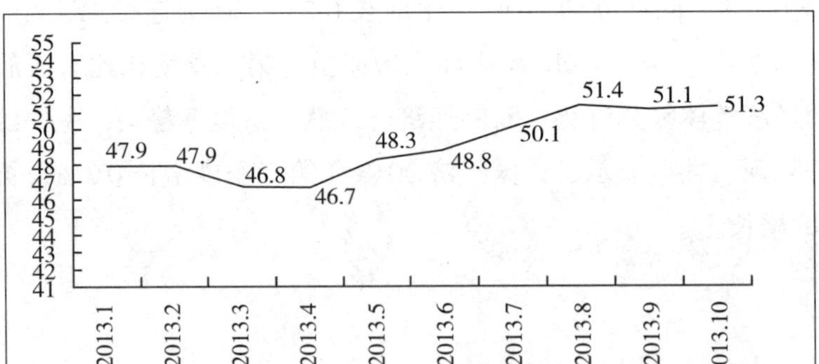

图21-7　2013年1—10月欧元区制造业PMI指数

数据来源：Markit，2013 年 11 月。

1. 现状特点

（1）工业发展很不平衡

虽然形式上欧洲已经形成了一个统一的经济体，但是这个经济体的发展极不平衡，而且每一个经济体都有各自的政策和发展目标，这导致了欧盟工业发展呈现区域不平衡的特点。其中，2012 年德国制造业仍然保持了欧盟领头羊的地位，但是法国和意大利制造业却持续呈现萎缩趋势。

（2）制造业出口渐回升

由于欧盟制造业非常重视产品质量、创新和为下游用户创造价值，因而出口呈现出积极恢复的势头。2013 年 8 月，欧元区和欧盟制造业出口订单指数分别为 –21.3 和 –20.9，分别较上月上升 2.6 和 3.8，显示制造业出口前景看好。主要成员国中，德国、英国、法国、荷兰等均有所上升。当月制造业出口订单指数下降的主要成员国为西班牙和意大利。

（3）汽车产业复苏缓慢

金融危机以来，汽车业遭到重创，至今仍然复苏缓慢。2012 年，欧盟乘用车销量 1205 万辆，同比下跌 8.2%，创 20 年来最大跌幅。根据欧洲汽车工业协会公布的数据，2013 年以来西欧汽车市场继续衰退，乘用车新车注册数 298.95 万辆，同比下跌 9.8%。自从 2007 年以来，欧洲汽车销量已经下滑近 25%。

（4）企业竞争力持续下滑

笼罩在债务危机的阴影之下，欧盟入围《财富》世界 500 强的企业数量逐渐减少。《财富》世界 500 强企业排行榜显示，2011 年欧盟共有 172 家企业入围，2012 年则为 161 家，而 2013 年共有 155 家企业入围，比 2012 年减少了 6 家。英、法、德三国的企业数量之和从 2012 年的 91 家下滑到了 87 家。

（5）劳工市场仍然疲软

经济危机凸显了大多数欧盟成员国尤其是南欧国家劳动力市场运转不灵的问题。欧盟统计局数据显示，2013 年 9 月，欧元区失业率达到 12.2%，与 8 月持平，仍是欧盟统计局 1995 年开始发布这一数据以来最高值。9 月，欧盟 28 国失业率为 11.0%，高于 2012 年 9 月的 10.6%。

2. 政策动向

进入 21 世纪以来，欧盟一共制定了两个中长期工业发展战略。2000 年，欧盟在葡萄牙首都里斯本通过了首份十年经济发展规划，故又被称作“里斯本战略”。

2010 年 6 月 17 日，“欧洲 2020 战略”在欧盟峰会上通过。这是欧盟历史上第二份十年经济发展规划。之后，欧盟制定了《全球化时代的统一工业政策》。在经历债务危机后，2012 年欧盟确定了工业的核心地位，计划通过统一的工业政策提高欧盟竞争力，实现可持续发展。2013 年以来公布的政策主要有《欧盟空间工业政策》、《欧盟新电子产业战略》、《绿色基础设施战略》、《清洁燃料战略》、《创业 2020 行动计划》、《汽车 2020 行动计划》等。

3. 发展趋势

（1）工业扩张势头将加快

根据对 2013 年 Markit 制造业 PMI 走势的分析，截至 10 月份欧盟制造业已连续第四个月实现扩张。另外，欧盟和欧元区的制造业出口订单指数逐渐回归长期平均水平以上并将继续保持下去。而根据对固定资本总规模变化的分析，2013 年相比于 2012 年基本保持一致，这对制造业的扩张是有力的支撑，并且欧盟消费者信心指数以及经济景气指数持续上扬。欧洲经济复苏的信号已然显现。预计 2014 年欧盟制造业将实现 2011 年欧债危机爆发以来最快增长。

（2）汽车行业将略微增长

2012 年 11 月，欧盟出台了《汽车 2020 行动计划》。欧盟希望通过支持汽车工业的振兴与产业升级来推动更多相关中小企业的发展，创造更多的高技能就业岗位。欧盟汽车市场自 2013 年 7 月开始逐步复苏。2014 年，预计欧盟汽车市场将温和反弹。经济条件和财政框架的改善将为汽车产量的适度提高创造条件，预计 2014 年欧盟汽车产量将增长 2.6%。

（3）德国引领欧洲工业增长

支撑德国经济微弱增长的主要动力是私人消费。2014 年私人消费在就业形势稳定的情况下会大体保持 2013 年的水平。从中期来看，随着欧债危机的结束，欧元区经济体结构调整取得成效，欧元区将走出衰退，重新进入增长轨道。根据德国经济顾问委员会 2013 年 11 月向政府提交的年度经济评估报告，预计 2014 年德国经济将增长 1.6%。

（4）低碳经济推动工业绿色转型

欧盟在《欧洲 2020 战略》提出，将加大在节能减排、发展清洁能源等领域的投入，将低碳产业培育成未来经济发展的支柱产业。欧盟加大对低碳经济的投资将会促进欧盟经济的可持续发展，并将创造更多的投资机会和就业机会。预计到2020年，欧盟仅再生能源行业的就业人数就可达280万，比2005年翻一番。

（二）重点国别

1. 德国

德国是欧洲第一、世界第三经济强国。汽车及其配套工业、机械设备制造工业、电子电气工业及化工业是德国四大支柱产业，也是德国出口的优势所在。2008年国际金融危机以来，欧盟整体经济形势持续低迷，德国经济也出现了波动。2012年德国经济明显放缓，尤其在第四季度出现了全球金融危机爆发以来的最大萎缩，环比下降了0.6%。2013年一季度德国经济增速下滑了1.4%，德国工业在一季度也出现短暂下滑。但是进入2013年第三季度以来，德国工业出现了明显的改善。2013年11月4日Markit公司公布的最新制造业PMI数据显示，受产出和订单水平的提振，德国10月PMI终值升至51.7，为连续第四个月处于荣枯线50的上方，表明制造业持续复苏。2013年德国工业呈现的特点包括工业产品竞争力强，出口规模保持增长，就业人数稳定增长，制造业生产后劲足以及关注新工业变革，加强工业核心竞争力。

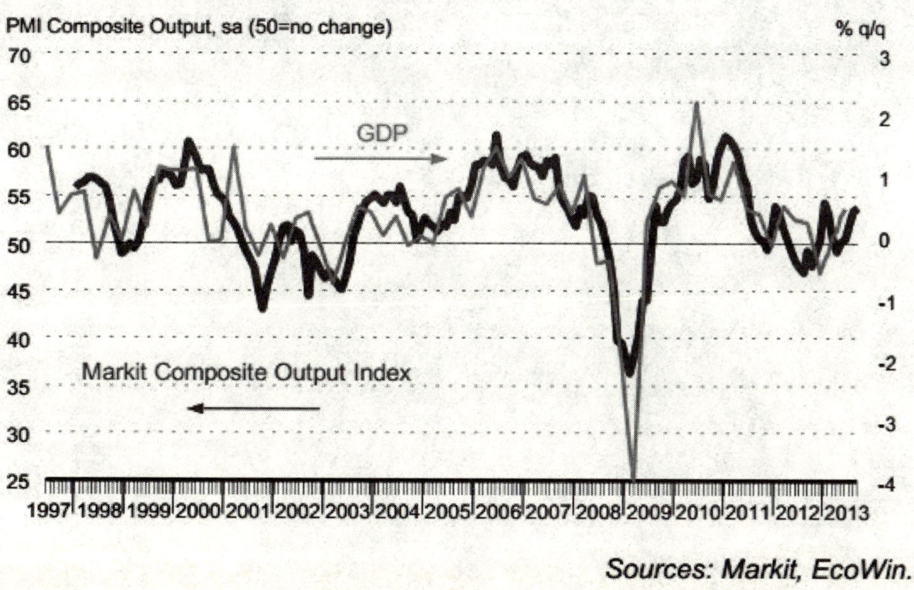

图21-8　1997—2013年德国生产指数和GDP增长指数对比

数据来源：Markit，2013年11月。

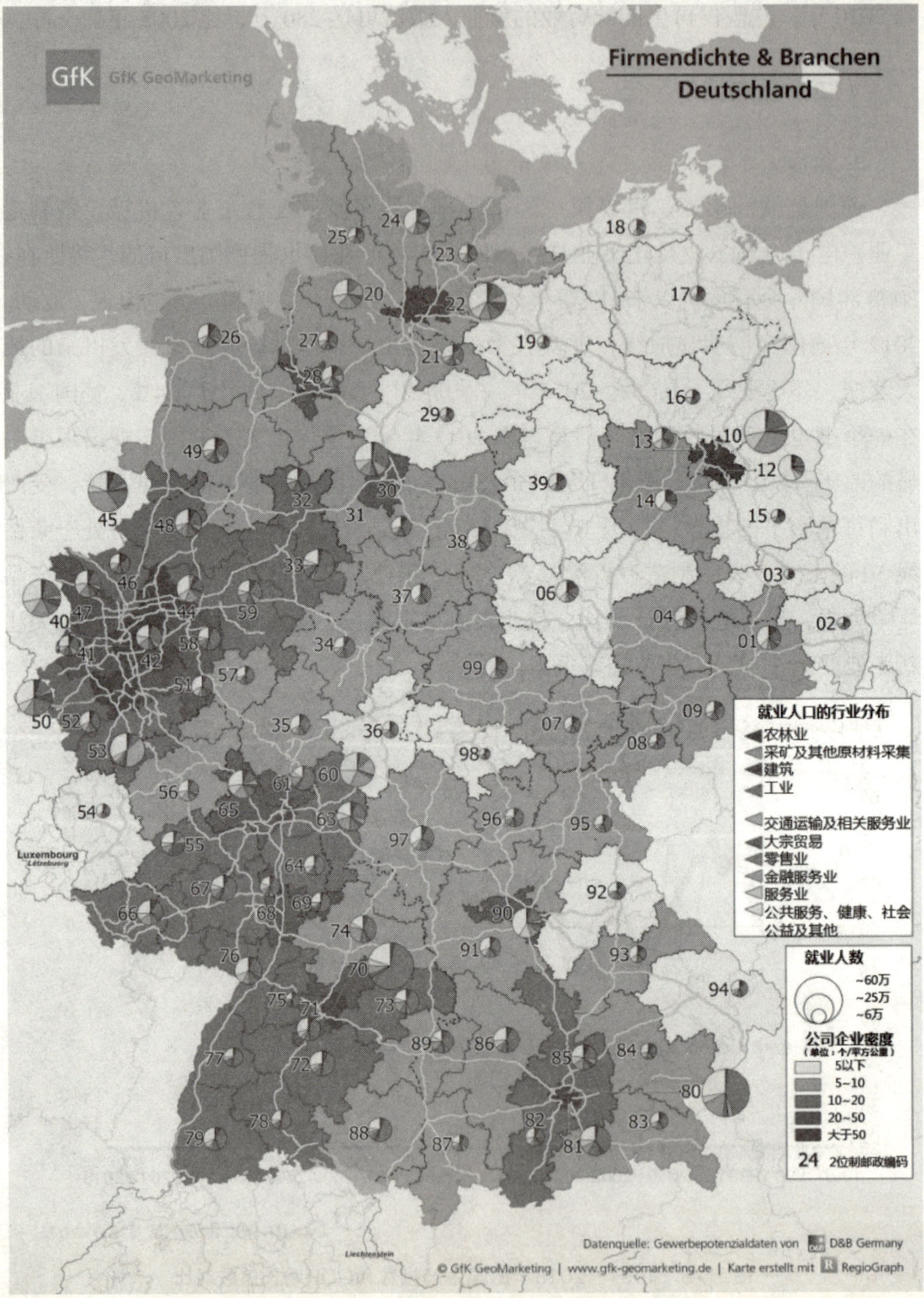

图21-9　德国就业人口的行业分布和公司密度

数据来源：D&BGermany，2013年11月。

由于历史发展和资源禀赋的原因，德国各地区的工业区域布局情况存在一定差异。相对而言，西部和南部等原西德地区发展水平较高，但总体区域分布基本上处于相对均衡的水平，这主要归功于德国在实施产业布局政策方面所采取的财政补贴政策，促进了德国产业布局的合理化发展。

德国采取的是社会市场经济模式，也称为政府引导型市场经济，主要特点是自由竞争与政府控制并存、经济杠杆与政府引导并用、经济增长与社会福利并重。德国国家宏观调控政策对其工业的成功有着重要影响。下表列出了德国政府近年来较为重要的工业政策措施。

表 21-2　近年来德国工业相关政策措施

时间	标题	主要内容
2013.4	德国工业4.0	主要分为两大主题，一是“智能工厂”，重点研究智能化生产系统及过程，以及网络化分布式生产设施的实现；二是“智能生产”，主要涉及整个企业的生产物流管理、人机互动以及3D技术在工业生产过程中的应用等。
2010.7	德国高技术战略2020	重点关注气候/能源、健康/营养、交通、安全和通信五大需求领域，并着眼于应对各个需求领域的最重要挑战来确定“未来项目”，以开发和引领世界新的未来市场。
2009.8	电动汽车国家发展计划	这项计划耗资5亿欧元。德国政府计划投入1.15亿欧元在8个地区试验推广电动汽车，1.7亿欧元研发为电动汽车提供动力的电池并优先研制国内产品。
2009.6	低碳经济战略	包含6个方面的内容：环保政策要名副其实；各行业能源有效利用战略；扩大可再生能源使用范围；可持续利用生物质能；汽车行业的改革创新以及执行环保教育、资格认证等方面的措施。

数据来源：赛迪智库，2013 年 11 月。

2. 法国

法国主要工业部门有矿业、冶金、汽车制造、造船、机械制造、纺织、化工、电器、动力工业、日常消费工业、食品工业和建筑业等。新兴工业如核能、石油化工、海洋开发、军工、航空和宇航等部门均有较快发展。核电设备能力、石油和石油加工技术居世界第二位，仅次于美国。航空和宇航工业，仅次于美国、俄罗斯居第三位。钢铁工业、纺织业占世界第六位。随着第三产业的发展，工业在国民经济中的比重有逐步下降的趋势。金融危机发生以来，法国经济遭受重创。法国全国统计和经济研究所公布的数据显示，法国经济 2012 年第四季度下降 0.3%，投资和消费均有所下滑。进入 2013 年，情况仍没有好转。2013 年第一季度，法国国内生产总值环比萎缩 0.2%。随着全球经济环境改善，法国国内生产总值第二季度环比增长 0.5%，但是第三季度又重新出现了 0.1% 的萎缩，显示出法国经济离真正复苏还有很长的路要走。法国工业 2013 年呈现的特点包括工业产出增长缓慢、对外贸易持续下滑以及航空工业成为增长点。

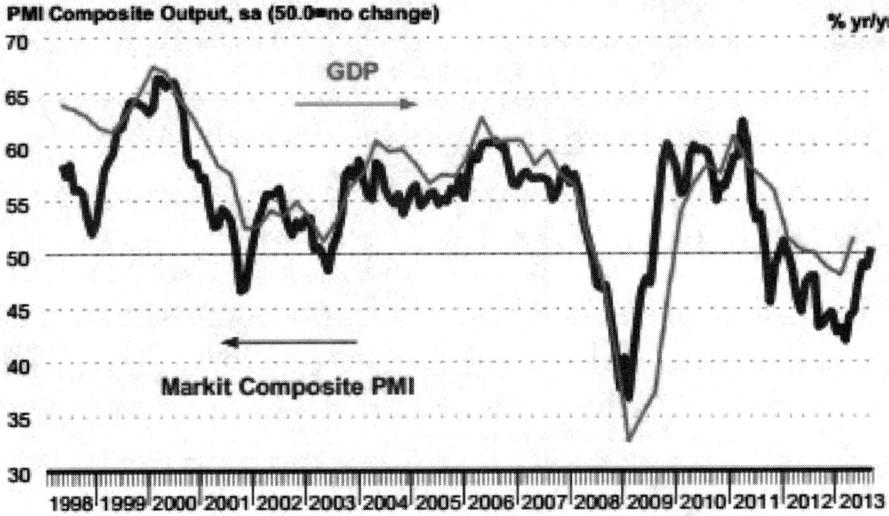

图21-10　1998—2013年法国制造业PMI与GDP增速对比

数据来源：Markit。

法国工业区主要分布在巴黎盆地，洛林铁矿和里尔煤矿间的钢铁工业区，地中海延岸的福斯—马赛工业区。有机械、钢铁、有色冶金、石化、电力、核能、航空航天等工业。工业中心有巴黎（汽车、飞机等），敦刻尔克和福斯（钢铁），马赛（造船、炼铝）。汽车工业主要集中在巴黎、里昂、斯特拉斯堡、圣艾蒂安；航空航天工业主要分布在巴黎、图卢兹、波尔多、马赛、特尔贝斯等；电力工业在布列塔尼、卢瓦尔河流域和罗讷河地区比较集中；化学工业主要有里昂、巴黎、南锡等传统化学工业中心。法国非常重视工业发展，在国家层面出台了多项综合发展战略，针对新能源汽车、风电、光伏发电、潮汐能发电以及生态工业等重点行业颁布了多项政策措施。

表 21–11　近年来法国分行业工业政策

行业	时间	出台政策、计划或措施	政策内容/效果/影响
工业	2013.9	新工业法国	重振计划涵盖了多个重要工业领域，总体可以归为能源转型、医疗健康、数码技术、交通运输四大类。共包括34个具体项目。
新能源汽车行业	2012.10	电动汽车“伊尔茨曼项目”	将购买一辆电动汽车可享受7000欧元（约合9036美元）环保津贴的政策延长至2013年，同时把优惠对象扩大至企业和公共机构用车。
	2012.7	法国汽车行业提振计划	法国政府将把电动汽车的补贴从5000欧元上调至7000欧元，同时将混合动力汽车的补贴从2000欧元上调至4000欧元。
	2009	电动汽车和可充电混合动力汽车发展计划	法国启动了这一计划显示了法国政府发展低碳汽车的决心

数据来源：赛迪智库，2013 年 11 月。

3. 英国

英国主要工业有采矿、冶金、化工、机械、电子、电子仪器、汽车、航空、食品、饮料、烟草、轻纺、造纸等。生物制药、航空和国防是英国工业研发的重点，也是英国最具创新力和竞争力的行业。英国是欧盟成员国中能源资源最丰富的国家，主要有煤、石油、天然气、核能和水力等，但主要工业原料依靠进口。近年来英国政府强调提高能源利用效率和发展可再生能源，确立了建设低碳经济的目标。从英国统计数据来看，在 2012 年 4 个季度中，前两个季度经济总量出现明显萎缩，第三季度虽受奥运会带动有所好转，无奈不足以扭转英国经济的颓势。第四季度的经济状况继续出现负增长。英国经济在 2012 年底再次倒退到萎缩的道路上来。进入 2013 年以后，头两个季度英国经济仍处于衰退的威胁之中，但是进入第三季度以后，经济开始出现复苏势头。2013 年第三季度 ,40% 以上的英国企业实现新增客户。2013 年 7 月国际货币基金组织曾预测 2013 年英国经济增长 0.9%,10 月将预测提高到 1.4%。英国工业 2013 年呈现的特点包括工业产出率逐渐恢复、对外贸易额逐渐增加以及汽车行业成为增长点。

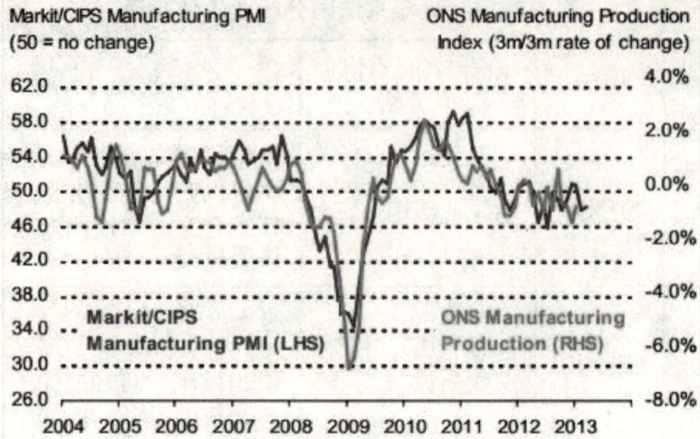

图21-12　2004—2013年英国制造业PMI和产出指数

数据来源：Markit。

英国工业区主要包括英格兰东北区域、英格兰西北区域、约克郡与恒伯区域、英格兰西密德兰、英格兰东密德兰区域、东英格兰区域、伦敦、英格兰东南区域、英格兰西南区域等。

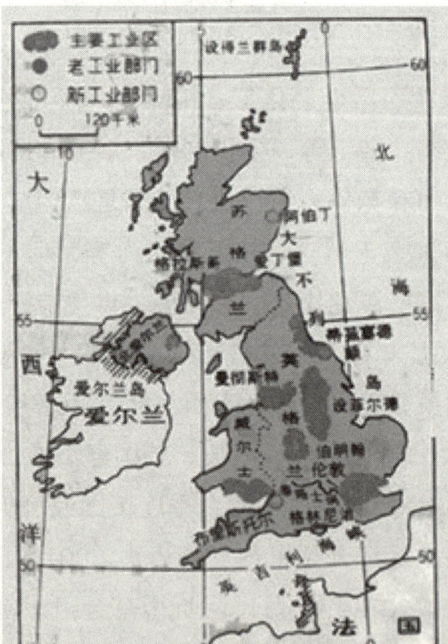

图21-13　英国主要工业区分布图

数据来源：赛迪智库整理，2013 年,11 月

英国政府在2003年首次以政府文件的形式提出低碳经济概念，推出了一系列具有开创性的政策法规和配套措施，将低碳经济视为未来国家竞争力的核心所在，并希望借此重塑国际政治经济地位。尤其在金融危机后，英国希望通过推行一系列政策来实现绿色发展，助推经济复苏。

表21–3　近年来英国推动工业发展的主要政策

时间	标题	主要内容
2012.11	2012能源法案	支持低碳式发电，计划到2020年将总发电规模提高两倍
2012.8	碳披露政策	企业将对外披露他们的温室气体排放信息
2012.4	碳捕捉与储存招标计划	投入10亿英镑鼓励发展碳捕捉与储存技术
2011.8	绿色经济转型计划	以政府投资为主导，大力促进商用技术的研发推广
2010.10	国家基础设施规划	加强资金投入，支持低碳经济的科技基础设施建设
2010.4	绿色产业振兴计划	发展和普及电动车，建设更多风力电场
2009.7	低碳工业战略	将核能发展作为向低碳能源经济过渡的主要部分
2009.7	可再生能源战略	加强对可再生能源电力、热力和交通运输燃料的利用，确保到2020年英国能源供应的15%来自可再生能源
2009.7	英国低碳转换计划	这项计划是英国到2020年的行动路线图,它要求所有方面都向低碳化发展

数据来源：赛迪智库，2013年11月。

三、日本

（一）发展概况

日本作为亚洲最大的发达经济体，经过战后快速发展，在电子制造和汽车工业等领域具备了明显的竞争实力。受日本大地震后恢复工业生产、日元贬值、量化宽松政策的影响，日本产业结构在保持传统优势的同时，逐渐向产业服务化和绿色化方向发展。日本一批全球知名企业近两年也经历了经营状况恶化、亏损严重等问题。

进入2013年以来，在一系列经济政策的刺激下，日本经济有所好转，制造业实现了适度增长，但是由于世界金融危机影响仍未能完全化解，日本国内债务问题严重，东日本大地震后恢复发展问题依然突出，以及日本国内人口老龄化等问题，以出口导向型为主的日本经济复苏前景尚不明朗。2012年国内生产总值（以现价计算）为4755727亿日元。日本制造业增加值占GDP比例一直稳定在20%左右，2011年制造业生产总值为870867亿日元。制造业增加值随全球经济恢复有所上升。日本首相安倍晋三2012年底上台之后，出台了一系列经济刺激政策，对日本经济发展和制造业整体改善起到了积极的作用。日本制造业PMI指数自2012年6月起一直位于50的分界线下方，2013年这一数据开始回升，但直到3月才回升至50以上。

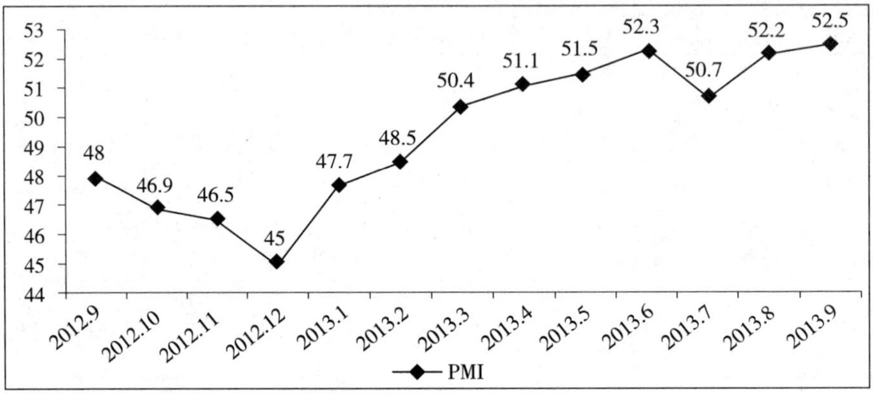

图21-14　2012年9月—2013年9月日本制造业PMI指数

数据来源：汇丰银行，2013年10月。

从2013年日本经济产业省公布的工业生产指数来看，日本国内工业部分生产指数从1月的88.8上升至5月的92.2，又小幅回落至89.4。然而1—7月日本生产能力指数连续下降，从98降至96.7。这一下降可能与日本国内企业生产经营状况调整、国外市场波动有关。2013年消费者信心指数大幅回升。在政策刺激下，2013年上半年民间消费上涨势头明显增强。但7月份之后，增长有所放缓，公众对产业复苏拉动工薪和就业恢复的信心已有所回落。受日本货币政策和日元贬值影响，日本2013年上半年的出口额大幅上升。产品方面，汽车及零部件以及合成树脂原料等有机化合物的出口均实现了增长。日本企业早已开始借日元贬值势头采取降价手段，抢占海外市场，这对中韩两国工业出口造成较强冲击。日本失业率自2012年8月开始小幅下降，2013年6月降至近五年的最低值3.9%。日本领取工薪的劳动者2013年7月份整体现金所得比2012年同期增长0.4%。日本国内工资水平的上涨使其制造业在人力成本上的竞争力有所削弱，也成了日本企业开拓海外市场、向东南亚和拉美等新兴市场投资建厂的驱动力之一。

（二）产业布局

日本工业结构已超越重工业时代，以附加值高、消耗资源少的技术密集型产业为主导。随着IT技术的世界性变革，日本产业结构逐渐向技术信息化和产业服务化方向发展。汽车、电子、机械、化工等产业作为日本的传统强势产业，一直在全球范围内处在重要地位。但近年来，由于国内经济衰退、经营目标失误以及创新缓慢等原因，日本制造业相继减产，传统行业竞争力优势不再，发展缓慢。尽管如此，日本汽车、航天、机器人、电子信息、新材料等行业领域仍在全球产业分工体系中居于重要地位。

从地理分布来看，日本工业主要集中于太平洋带状工业区，包括该地区沿岸的东京湾、骏河湾、伊势湾、大阪湾和濑户内海等海域狭长地带。该地带占全国总面积的20%，集中了全国人口的60%以上以及9个百万人口以上的大城市，占据全国工业产值的70%、钢铁工业产值和化学工业产值的80%左右。日本战后经济起飞过程中主要形成了北海道、八户、常磐、鹿岛、东海、关东内陆、北陆、大分和有明海沿岸工业区等9个中小工业区。日本工业区分布的一个最显著特点是沿海地区分布。该工业布局特点与日本地理条件、区位优势、自然禀赋情况以及对外贸易在日本经济中的地位有关。太平洋沿岸工业带曾为日本大大节省了能源资源的物流运输费用，经济效益十分明显。

（三）政策概述

在遭遇全球性金融危机、欧债危机以及地震灾害后，日本政府为实现经济复苏，积极调整国内产业政策，陆续出台了新产业振兴政策来推动工业发展。日本先后出台多项经济刺激政策，力图将日本经济发展低迷不振，企业亏损等问题彻底解决。"安倍经济学"已成为日本自2012年底以来一系列新刺激政策的代名词。政策实施以来，不仅为金融市场重新带来生机，从近期数据来看也让企业和消费者现状有所改善。当前，日本国内正在研究酝酿提高消费税政策措施。与此同时，日本加大力度投入科技研究。日本文部科学省专家工作小组日前通过了开发下一代超级计算机的计划，计划开发的下一代超级计算机性能相当于日本最快的超级计算机"京"的100倍。下一代超级计算机将被应用到更加广泛的领域之中，为新药开发、防灾减灾等作出贡献。

表 21-4 近年来日本主要扶持工业发展的政策措施

时间	标题	主要内容	对制造业重要影响
2013.4	日本新经济增长战略2013	将医疗和健康产业作为未来日本新经济增长战略的重心	从医疗产业促进日本经济的发展
2013.1	日本央行实施量化宽松政策	取代此前1%的通胀率目标，维持基准利率在0—0.1%区间不变	提供货币政策刺激制造业复苏
2012.7	日本再生战略	提出今后将重点投资节能环保、健康医疗和农林渔业三个领域	提高日本制造业全球竞争力
2010.6	新经济增长战略	战略指出要着重拓展有望带来额外增长的六大领域：环境及能源、医疗及护理、旅游、科学技术、促进就业及人才培养	确定日本保持制造业全球竞争力的领域
2009.5	工业复兴与创新战略法案	主要包括生产力提高支持计划和业务重振公共组织两部分，旨在企业重建，承接新企业和提高生产力	推动日本制造业的重振
2006.1	IT新改革战略	推进IT结构的改革里，以真正有效地利用为目标	日本IT领域实现突破

数据来源：赛迪智库，2013 年 11 月。

（四）发展趋势

1. 日本工业短期内复苏前景堪忧

2012 年以来，由于全球经济环境恶化，日本震后重建的拉动作用逐渐减弱，日本工业生产遭受打击，制造业持续萎缩。日本经济产业省的数据显示，日本 2012 年 9 月工业生产环比下降 4.1%，降幅大超预期，且为连续第三个月下降。日本经济产业省组织的调查显示，接受问卷调查的制造商将 10 月工业生产环比预估下调至下降 1.5%。日本 2012 年三季度实际国内生产总值较前季萎缩 0.9%，为三季度以来首见萎缩。2013 年以来安倍政府提出多项经济刺激政策，但是因日本公共债务风险加大，人口老龄化趋势，中日钓鱼岛争端对中日贸易以及整个亚洲供应链冲击，加之全球经济不确定因素依然存在，未来日本工业增长前景不乐观，短期内仍将持续衰退。

2. 以汽车和电子为代表的传统行业有望恢复发展

汽车和电子行业对日本工业的发展发挥着重要作用，但是随着新兴国家的工业发展,全球市场竞争日趋激烈,日本汽车和电子行业的风光不在。因“购岛闹剧”引发的中日紧张局势导致2012年日本汽车和电子产品销售大幅下跌，对日本企业业绩产生负面影响。2013年日本两大电子消费巨头东芝和松下先后进行了战略调整，其中东芝预计未来两年将电视和个人电脑部门成本削减3亿美元，并扩充NAND闪存生产。松下则计划扩大锂电池业务,并且逐渐退出等离子电池面板。2012年受日本汽车在华销售大跌的影响，日本日产、本田、丰田三大汽车品牌在中国都削减产能，但目前销量证明日本汽车产业在危机公关中取得了较好的效果，产业发展前景依然良好。虽然全球经济增长未来仍然面临更多复杂形势，但在日本政策推动和国际市场升温的影响下，日本工业发展有望回升，预计日本汽车和电子行业等传统行业将会走出衰退，扭转当前低迷状态。

3. 新兴产业将成为未来日本制造业复兴的关键

日本工业发展面临电子制造、汽车、机械等传统领先行业深受重创的局面，日本政府加大对新能源、低碳环保、新一代技术等新兴产业领域的投资和扶持力度。日本政府推出的一系列政策包括“环境能源技术创新计划”、“低碳社会行动计划”、“新经济成长战略”、“为扩大利用太阳能发电的行动计划”、“海洋基本计划”等，并提出在2020年完成机器人登月、2030年将宇航员送上月球的目标。日本正式通过可再生能源激励政策。日本政府对住宅太阳能光伏系统在2012—2013年的预算为830亿日元。日本政府希望在2020年实现太阳能发电量2800万千瓦的目标。

4. 日本跨国企业开始新一轮战略投资部署

索尼、夏普、松下等日本企业在中国和韩国电子信息产业迅速发展的竞争下盈利能力大幅下滑，受盈利水平下滑的影响，日本主要家电企业已经开启全球裁员。中日岛屿争端的加剧也促使日本跨国企业开始进行新一轮的全球调整步伐。以汽车行业为例，日产汽车公司投资约20亿美元，在墨西哥建设年产60万辆汽车的新厂。新厂预计2013年末投产，届时日产在墨西哥的汽车年产量可达130万辆，超过公司在日本国内的产量。墨西哥也将成为日产汽车覆盖全美地区的出口据点。越南、泰国、印尼等国家也成为日本重点制造业企业投资的重要对象国。

（五）企业动态

日本拥有的世界500强企业数量基本保持不变，从2011年的67家增加到2012年的68家。排名世界前50位的日本工业企业有丰田汽车、日立和日产汽车三家。丰田汽车在2012年的全球销量超越通用汽车和大众荣登榜首。在世界前100名中，日本有12家企业，其中制造业7家。在最新的东洋经济发布的日本200家主要企业前一年度业绩净利润排行榜中，上榜并位于前列的企业中以金融服务和综合商社类企业为主，制造业企业中，丰田汽车位于榜首，索尼、新日铁、日本航空等企业也有入围。在新一轮政策的刺激与推动下，日本制造业企业正在积极改善自身经营状况，但目前为止整体企业改观幅度依然有限，企业经营战略和国际实力仍有待提高。

第二十二章　2013年主要新兴经济体工业发展动态

一、巴西

（一）发展概况

巴西位于南美洲东部，幅员辽阔，是拉美第一大国，世界第五大国。巴西拥有拉丁美洲最为完善的产业体系，经济实力居拉美首位。2008 年金融危机爆发以来，巴西经济增速一路下滑。2012 年，巴西经济增速放缓至 0.9%，为 2009 年以来的最低增幅，远远低于其他金砖国家。受国内经济增长乏力的影响，巴西产品的需求量减少，工业生产萎缩。2012 年，巴西工业产值和其占 GDP 的比重同比分别下降 2.7% 和 0.8%。2013 年以来，巴西经济复苏仍不见起色，第一季度环比仅增长 0.6%。在巴西政府出台的减免汽车税、机械设备工业产品税、减少服

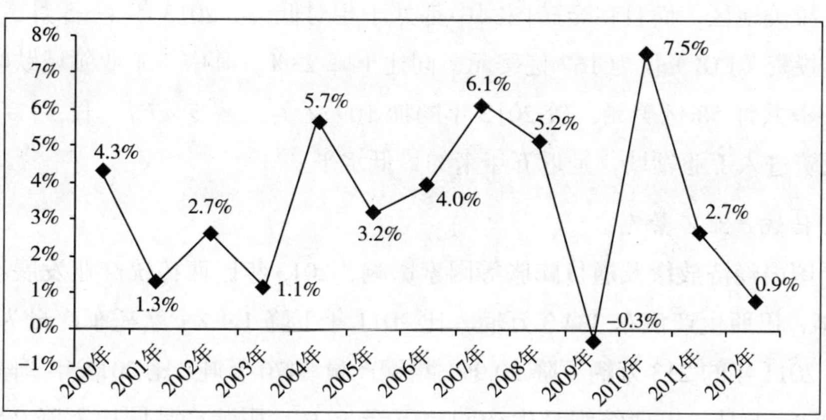

图22-1　2000—2012年巴西GDP增长率

数据来源：世界银行，2013 年 11 月。

装业工资税等一系列经济刺激政策的作用下，工业生产有所恢复，2013 年上半年巴西工业生产累计增长为 1.9%，其中，第二季度工业生产同比增长 4.3%。

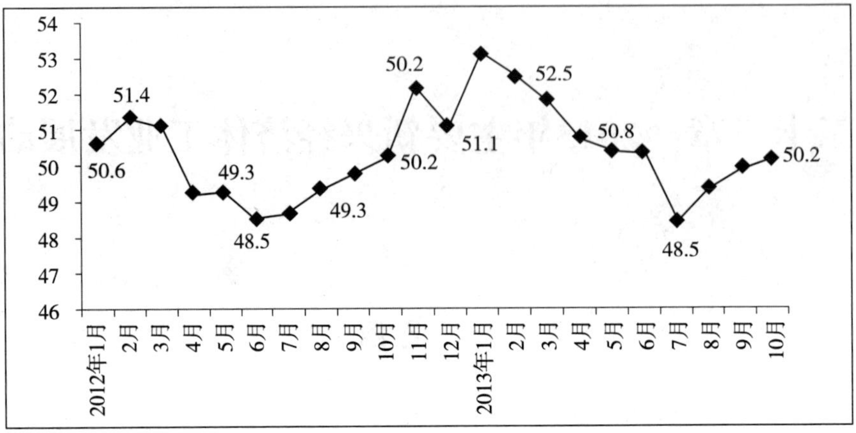

图22-2　2012年1月—2013年10月巴西制造业PMI值

数据来源：汇丰银行，2013 年 11 月。

1. 工业投资严重萎缩

国内宏观经济前景不明朗、融资成本高昂、基础设施薄弱等因素对巴西吸引外资产生很大影响。同时，一些大规模建设项目招标进度滞后也导致企业投资信心严重不足。近年来，巴西国内生产总值中的固定资产投资率持续下降，从 2010 年的 19.5%下降到 2012 年的 18.1%，跌至五年内的最低值。巴西的投资率不仅在拉美地区，而且在金砖国家中都处于相对低位。2013 年 1—5 月，巴西外国直接投资（FDI）仅为 167 亿美元，同比下降 23%。其中，工业领域跌幅最大，吸收外资共计 58 亿美元，较 2012 年同期 109 亿美元减少 47%，仅 35% 的外国直接投资进入工业领域，是近五年来的最低水平。

2. 传统产业不景气

受国内经济放缓及通货膨胀等因素影响，2013 年巴西传统产业发展不景气。2012 年，巴西生产汽车 334.3 万辆，比 2011 年下降 1.9%；摩托车产量为 169 万辆，较 2011 年的 213 万辆下降 20.9%；粗钢产量 3470 万吨，比 2011 年下降 1.5%。2013 年 1—5 月，巴西纺织品生产同比下降 4.6%，服装产品同比下降 2.5%。由于页岩气大规模开采，美国天然气价格从 2008 年的每百万英热单位（BTU）9 美元剧降至 2012 年的 1.82 美元。受美国天然气价格下跌影响，巴西陶瓷、玻璃和石化等以天然气为主要能源的产业竞争力也大幅下降。

3. 出口大幅下滑

由于占据巴西出口 65% 以上的铁矿石、大豆、玉米等大宗商品价格大幅下跌，巴西出口额大幅下滑；再加上巴西对燃料等石油产品的进口增加，导致巴西外贸 2013 年前 7 个月出现自 1999 年以来的首次同期逆差。2013 年上半年，出口总额为 1140 亿美元，同比下降了 0.7%，进口总额达到 1175 亿美元，同比增长了 8.4%。2013 年 1—7 月，巴西对外贸易逆差为 49.8 亿美元，为 1993 年以来同期最差。

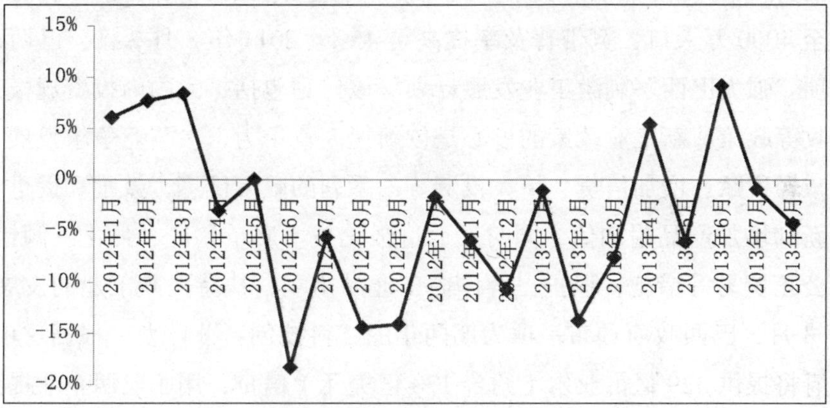

图22-3　2012年1月—2013年8月巴西出口增速

数据来源：巴西统计局，2013 年 11 月。

（二）产业布局

第二次世界大战后，巴西外国投资增加，重工业比重增大，工业结构趋向多元化。东南部沿海是殖民者最早入侵的地方，工业基础好，巴西工业主要集中在该地带。里约热内卢和圣保罗位于巴西东南部沿海地区，气候条件适宜，对外交通便利，是巴西人口分布最密集的地区，经济发展速度快。因此，巴西的重工业主要分布在圣保罗、里约热内卢等地区。其中，圣保罗邻近的米纳斯吉纳斯州是丰富的铁、锰、镍等矿区以及咖啡、棉花、甘蔗等产区，附近水力资源丰富，为其发展提供了有利条件。在近海地区库巴唐建有大型炼油厂和钢铁联合企业，城市周围形成了一些新的工业区。巴西钢铁业主要集中在东南部，粗钢产量占生产总量的 93.5%；在此之外，南部占 3.9%，北部占 2.6%。钢铁生产主要分布在巴西27个州中的9个州。其中，米那斯吉纳斯州占37.4%，里约热内卢州占21.9%，圣埃斯皮里图州占16.9%，圣保罗州占17.3%，南里奥格兰德州占2.5%，巴西利亚州占1.7%，巴拉那州占1.4%，帕拉伊巴州占0.7%，塞阿拉州0.35%。

（三）政策动向

2008年国际金融危机后，罗塞夫政府经济政策侧重于放松银根和减税等刺激措施，希望用内需来抵御外部危机。2010年5月，巴西政府正式启动《全国宽带计划》，目标是降低上网费用，到2014年使上网人数增长3倍，将宽带用户数提高至4000万人口，宽带普及率提高至45%。2011年8月2日，巴西政府公布了一项“强大巴西”刺激工业发展计划。该计划包括扩大国内投资规模，减少企业税收等政策。新工业政策的核心是创新提高竞争力，参与竞争求发展，为此将通过减轻税赋、增加信贷、扩大投资等一系列的政策优惠，鼓励和促进企业的技术创新和增加产品附加值，同时又通过强化技术质量认证、强化反倾销手段、反对不公正贸易等措施，保护巴西国内工业品市场，扶持民族工业的发展进步。2013年3月，巴西政府颁布一项为期两年的“科技创新”计划。根据这项计划，巴西政府将提供329亿雷亚尔（约合170亿美元）信贷，用于巴西企业提高技术创新能力。这笔信贷投资主要用于七个具有战略意义的经济部门，即农牧业、能源、石油天然气、医疗卫生、航空航天与国防、信息技术以及可持续发展。2013年7月9日，巴西参议院批准了出口加工区入驻鼓励政策。最新鼓励政策下调了出口额占企业收入的比例。其中，软件或信息技术企业的出口额占净收入的50%即可入驻出口加工区，其他行业企业出口额需占净收入60%以上，所有入驻出口加工区的企业可享受与其他国家自由贸易协定下的出口免税政策。

（四）发展趋势

1. 工业竞争力短期难以提升

受国内外经济环境的制约，2013年巴西经济增长乏力，通货膨胀高企，建立在内需基础上的经济增长显得难以为继。同时，巴西工业受国际市场波动影响较大，制造业多以初级加工品为主，不利于本国工业竞争力的提升。2013年7月4日，巴西全国工业联合会发布报告称，2013年巴西经济增长为2%，其中，工业仅增长1%。再加上巴西央行的不断加息，增加了企业的融资成本，降低了企业的投资意愿。在全球经济复苏乏力、内部缺乏资源的条件下，巴西工业增长前景不容乐观。

2. 巴西外贸形势仍然严峻

在发达经济体经济复苏疲弱、中国经济增速放缓、国际大宗商品价格繁荣景象不在的背景下，全球能源、原材料新增需求放缓。外部需求的减少对巴西出口产生了全方位影响，即便是最具竞争力的出口产品，如铁矿、蔗糖、大豆等，也遭遇了国际市场价格的下跌。以资源出口为主的巴西受到冲击，出口前景难以乐观。随着各大经济体经济增速放缓，全球保护主义势头不断上升，巴西贸易前景十分严峻。

3. 绿色工业发展势头迅猛

为了降低过度开采等给自然带来的灾难，巴西政府积极采取措施，开展低碳经济。近年来，巴西在矿业和能源产业的投资逐年增加。目前在巴西的 27 个州中已经有 23 个州建立了开发生物柴油的技术网络。同时，巴西政府推出各种信贷优惠政策、设立专项信贷资金等一系列金融支持政策。巴西正利用自身的独特优势，借助新技术减少对传统能源的依赖，在新技术新能源的利用上实现节能减排，积极发展绿色工业。

（五）企业动态

2013 年，在美国《财富》杂志世界 500 强排行名单中，巴西共有 8 家企业上榜，除 JBS 公司排名较 2012 年有所上升，其他几家上榜企业排名都有不同程度下降。近年来，巴西政府逐步实行相对开放的能源政策，同时加大对能源基础设施的投资，使能源公司的盈利空间增大，竞争力不断增强。如 2013 年入围世界 500 强的巴西国家石油公司年利润为 11034 百万美元，是巴西排名最靠前的企业。

二、印度

（一）发展概况

印度位于亚洲南部，是南亚次大陆最大的国家，也是世界上经济发展最快的国家之一。印度产业多元化，主要工业包括纺织、食品加工、化工、制药、钢铁、水泥、石油和机械等。2008 年金融危机以来，印度经济增速出现持续放缓。2012—2013 财年增速仅为 5%，为 10 年内最低水平。2013 年以来，经济复苏仍不见起色。2013 年第一季度，印度经济增速降至 4.8%。进入 2013 年以来，印度制造业持续萎缩。2013 年 7 月，印度汇丰制造业 PMI 降至 50.1，为连续第三个月下滑，显示制造业增长几近停滞。

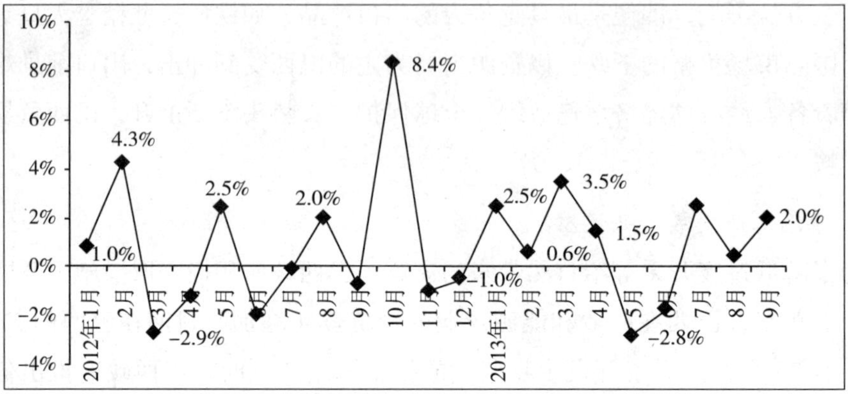

图22-4　2012年1月—2013年9月印度工业生产指数同比增速

数据来源：印度统计局，2013 年 11 月。

1. 传统产业发展较快，新兴产业发展趋缓

近年来，印度传统产业发展迅速。2012 年，针织服装在印度国内服装市场占有率为 50%，占印度出口服装比例为 45%。印度针织服装的年复合增长率达到 9%—10%。2012 年，印度粗钢产量增长率超过包括中国在内的所有主要产钢国，1—11 月印度粗钢产量 6859.5 万吨，同比增长 4.3%，为世界第四大钢生产国。与此同时，由于经济增速减缓，印度新兴产业发展势头趋缓。2012 年，印度光伏总装机量约 1GW。2013 年 7 月，印度光伏装机量为 79.6 兆瓦，高于前三个月的总装机量。在信息技术产业，在 2012—2013 年度，印度电信业的 FDI 同比骤减 81.64%，降至 165.4 亿印度卢比。

2. 工业企业债台高筑，跨国公司收缩阵线

近年来，印度经济增长持续放缓，工业企业负债经营。根据瑞士信贷刚刚发布的调查报告，2012 财年，印度工业企业债务总额高达 1020 亿美元，同比增长 15%。印度的工业企业多数负债经营，包括信实公司和 Essar 集团等知名企

业，其中，信实公司负债高达180亿美元。2012年11月，印度电力集团Lanco Infratech计划为新项目从中国融资20亿美元。由于缺乏增长以及盈利能力，很多西方公司正出售其在印度的投资。其中包括英杰华集团和纽约人寿保险公司。此外，韩国钢铁制造商浦项综合制铁公司和美国零售商沃尔玛连锁公司在内的一系列知名外国公司也在取消、收缩或者推迟其在印度的计划。

3. 经济环境低迷，吸引外资能力减弱

自2013年初以来，印度经济增速放缓的同时外商投资水平也急剧下滑。2012年印度的外国直接投资同比下降了13.5%，从2011年的315亿美元下降到2012年的273亿美元。2012—2013年度，印度电信业的FDI同比骤减81.64%，降至165.4亿印度卢比（约合16.2亿元人民币）。为应对经济减速，2013年8月，印度联邦内阁批准一项提案，在此前批准包括电信和国防建设等12个部门外商投资规则之外，放宽了多品牌零售行业外商投资限制。

（二）产业布局

印度独立之初，工业高度集中在少数沿海大城市，仅孟买、加尔各答和阿默达巴德所在的三个邦，工业产值占全国的70%以上。近年，工业过分集中的状况已有改善。目前，印度有五个比较重要的工业区域：一是以加尔各答为中心的工业区。这里是全国最早形成的工业区，麻纺织和机械是本区的两大工业部门，产值分别占全国的40%和30%。二是以孟买—浦那为中心的工业区。劳动力比重与加尔各答区相当，产值较大。该区棉纺织工业占全国的30%，此外，机械、化工、炼油等产业近来也有较快的发展。三是以阿默达巴德为中心的工业区。规模相当于加尔各答的一半，以传统工业为主。四是以马德拉斯—班加罗尔为中心的工业区。它是发展最快的工业区，规模已接近于加尔各答区。区内集中了电力、飞机制造、造船、炼油等工业部门，轻、重工业并举。五是以那格浦尔为中心的工业区，是20世纪50年代发展起来的重工业区，有印度的“鲁尔区”之称。

（三）政策动向

近年来，印度政府采取一系列措施吸引外国投资流入，发展制造业，加快实施重大项目，促进基础设施建设，强化金融市场并推进税制改革，以促进本国经济稳定增长。为了加快制造业的发展，印度政府于2011年11月发布《国家制造业政策》，制定了2025年前着力推进制造业发展的中长期规划，其中的重大举措就是建立一批国家投资与制造园区（NIMZs）。根据该规划，到2022年，力争制造业占国内生产总值的比重从当前的16%至少提高到25%，并新创造1亿个工作岗位。2013年4月，印商工部颁布NIMZs设立指南，就NIMZs的申请程序、中央和地方政府角色、土地获取和资金来源、运作机制等方面作了详细说明。

外资政策是印度政府实施的各项鼓励制造业发展措施中的重要一环。2013年以来，印政府针对多个领域放宽外资上限，简化审批程序，以加大市场开放力度，努力吸引外资，挽救经济颓势。外资政策改革涉及电信、保险、石油、天然气和国防等重点行业。2013年4月，印商工部集中梳理了2012—2013财年印外商直接投资(FDI)政策的各项调整，颁布了2013年FDI政策汇编，并于4月5日起生效。印政府还决定从8月1日起将出口商的利率补贴从目前的2%提高到3%，并扩大该补贴计划的覆盖行业。相关部门将做好出口商利率补贴的支付工作。

（四）发展趋势

1. 工业增速面临下行压力较大

目前，印度的基础设施相当薄弱，并且低于国际标准，甚至还不及其他一些新兴经济体。印度的交通运输网络、港口和机场设施较为落后，无法满足目前的经济需求，而且多数基础设施经常出现电力中断现象。从短期来看，由于印度国内基础设施落后，工业领域投资减少，将大幅减少对各行业的投资率；从长期来看，印度落后的基础设施建设制约工业和贸易发展。由于印度制造业主要是面向内需，随着印度经济的不景气，印度制造业发展前景不容乐观。

2. 工业基础设施建设投资将持续升温

印度经济发展主要依靠内需拉动，靠国内消费繁荣工业。随着工业快速发展，印度政府越来越感到基础设施建设滞后对工业发展的制约，这不仅拖累了工业发展，也对吸引外资带来不利影响。农村住房和工业基础设施建设项目是拉动工业的主要力量。印度政府因此决定加大基础设施建设的力度，计划在2012—2017年期间，投资1万亿美元用于基础设施建设，兴建一批大型电信、电力、道路、港口、机场、铁路项目。印度政府通过扩大内需，不仅使国内基础设施建设有了进一步提高，同时也利于缓解压力，促进工业增长。

3. 纺织产业发展势头强劲

一直以来，印度纺织品服装在梭织领域有较强的竞争力。研究顾问公司 Wisedge 一项报告指出，印度针织制品未来将呈现两位数的增长趋势，该行业将在印度纺织服装业中扮演更为重要的角色。印度纺织服装业一直以无纺布为基础，消费者喜好的转变助推了印度针织服装的快速发展。随着印度着手提升竞争力，不断整理技术上的创新，印度轻工行业将具备竞争力，未来发展势头强劲。

（五）企业动态

2013 年，由于印度经济缺乏增长、卢比疲弱、盈利能力差等原因，印度企业经营困难。在 2013 年《财富》公布的世界 500 强公司中，印度的企业上榜数量仅有 8 家，而且排名较 2012 年几乎都有不同程度的下降，仅印度斯坦石油公司排名上升。随之，很多跨国公司出售其在印度的投资。苏格兰皇家银行 2013 年 8 月宣称将向一家当地银行出售部分其印度资产，作为其退出非主业投资战略的一部分。印度销售量最大的电力设备制造商巴拉特重型电力 2013 年 8 月 5 日公布疲弱业绩之后，公司股票下滑 19%。不仅如此，为印度电力、基础设施行业以及其他重工业提供资本货物的多数公司以及在印度的跨国公司，例如德国西门子、法国阿尔斯通，都面临疲弱的业绩。

三、俄罗斯

（一）发展概况

俄罗斯是世界第二科技强国，是世界第一军工强国。同时，俄罗斯也是矿产资源和能源过剩的国家，是世界最大的矿产、能源生产大国。2012 年，受全球经济增速放缓，内部结构性缺陷没有得到根本改善的影响，俄罗斯经济增速下滑。俄罗斯国内生产总值为 3.4 万亿美元，经济增速减至 13 年来最低的 3.4%。2013 年上半年，俄罗斯经济增速进一步降至 1.7%。工业方面，2012 年，俄罗斯工业生产增长 2.6%，其中，汽车、航空、电子和制药业为主要增长部门。2013 年上半年，俄罗斯工业生产增长 0.1%，其中，制造业零增长。

1. 工业投资严重萎缩

2012 年，俄罗斯固定资产投资增速降至 6.7%。2013 年 1—7 月，俄工业生产零增长，其中，一季度停滞，二季度增长 0.3%。2013 年 7 月，俄罗斯工业生产环比下降 0.9%，同比下降 0.6%。目前，市场产品价格下降，企业 14% 的生产能力闲置。2013 年 1—5 月，工业品出口下降 4.8%。2013 年 1—6 月，企业固定资产投资下降 1.4%。

2. 海外投资增强

受基础设施重点项目的拉动，2012 年俄远东和西伯利亚的各联邦主体吸引外国直接投资呈上升趋势。其中，阿穆尔州吸引外国直接投资 5.59 亿美元，同比增长 33.3%，图瓦共和国为 2.33 亿美元，同比增长了 13 倍。此外，后贝加尔和滨海边疆区吸引外资增幅同比上升了 80%。2013 年一季度，俄罗斯吸引外资达 604 亿美元，同比增长 65.4%。其中，外国直接投资 63 亿美元，同比增长 63.2%。

3. 对外贸易增速大幅回落

2012 年，在世界经济复苏脆弱的背景下，外部需求疲软，对以能源出口为主的俄对外贸易带来负面影响。俄罗斯海关局统计数据显示，2012 年俄对外贸易总额 8372 亿美元，同比仅增长 1.8%，其中出口 5247 亿美元，同比增长 1.6%；

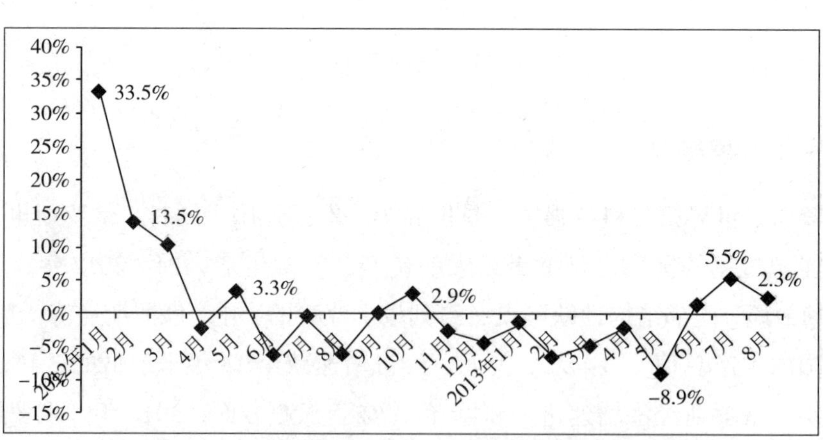

图22-5　2012年1月—2013年8月俄罗斯出口增长率

数据来源：Wind 数据库，2013 年 11 月。

进口 3126 亿美元，同比增长 2.2%，实现贸易顺差 2122 亿美元，较 2011 年微增

13 亿美元。2013 年上半年，俄罗斯对外贸易总额 4046 亿美元，同比减少 0.5%。其中，出口 2539 亿美元，下降 2.7%，进口 1507 亿美元，增长 3.4%，对外贸易顺差同比缩减 10.5%。

4. 新能源汽车得到大力推广

为了减缓传统能源汽车给城市带来的污染，俄罗斯大力发展新能源汽车。2013 年 6 月 27 日，俄罗斯工贸局汽车领域战略创新分委会宣布，在关税同盟伙伴达成协议后，俄罗斯计划在 2013 年对进口纯电动汽车实行零关税。随着关税降低和日产、雷诺等电动汽车品牌进入俄罗斯，俄罗斯的电动汽车销量将达到每年 1000 辆的水平。在电动汽车保障设施方面，到 2013 年底俄罗斯将设立 300 个电动汽车充电站。除莫斯科外，2013 年俄还将在圣彼得堡、喀山、索契、新西伯利亚和叶卡捷琳堡等城市推广快速汽车充电站，同时计划在位于莫斯科的俄斯科尔科沃创新中心普及推广绿色交通模式，在该创新园区内电动汽车将成为主要的交通手段。

（二）产业布局

俄罗斯工业建立在丰富矿产资源的基础上，工业主要是大型重工业、森林工业、军事工业。在欧洲部分，有莫斯科和圣彼得堡工业中心。在西伯利亚地区，以石油、机械、森林工业和军事工业为主。圣彼得堡工业区以石油化工、造纸造船、航空航天、电子为主。莫斯科工业区以汽车、飞机、火箭、钢铁、电子为主。乌拉尔工业区以石油、钢铁、机械为主。

（三）政策动向

俄罗斯一直非常重视工业发展，颁布了一系列产业发展政策，尤其是最近两年俄罗斯政府加大了对工业领域的政策扶持力度。目前俄已制定 5 个工业发展国家规划（2020—2030 年），涉及航空、造船业、电子、制药和医疗器械、提高行业竞争力等。2012 年 11 月，俄罗斯政府正式批准了《2015—2025 年俄罗斯无线电子工业发展规划》。在该项规划框架内主要发展生产武器、军工和特种设备所需的特殊电子产品。在专业电子方面，将发展用于航空工业和能源领域设备的微电子元器件。在家用电器或普通消费类电子产品领域，将主要专注于进口替代。2012 年 12 月，俄罗斯联邦政府批准了 2020 年前“发展工业和提高工业竞争力”国家规划。该规划包括 17 个分项计划，涵盖了所有工业发展的基本方向，其中包括汽车制造业、机床制造业、机械制造业、冶金业、轻工业、化学工业等。2013 年联邦政府投资 11.4 亿卢布发展轻工业，大部分将用于补贴贷款利率，其中 6.4 亿卢布用于资助原料贷款，2.25 亿卢布用于资助技术改革贷款，其余资金将用于向市场推动产品、原材料领域的科研以及新技术。2013 年 7 月 25 日，俄政府又批准了经济刺激方案，刺激中小企业发展、提高投资积极性，包括使用联邦福利基金和退休基金对基础设施建设项目提供融资、解决融资难的问题、整体提升商业环境以及解决与入世相关的行业问题。

（四）发展趋势

1. 工业有望实现微弱复苏

由于受目前欧洲地区经济低迷导致的外需不旺、潜在产出量限制等不利因素影响，过度倚重能源经济的俄罗斯在能源市场回暖的情况下，本币卢布升值，导致产品价格上涨，竞争力下降。2013 年上半年，俄罗斯经济增速由 2012 年同期的 4.5% 降至 1.4%。目前投资环境和市场氛围并无明显改善，加之预算收入减少，给俄投资和工业增长带来了不利影响。为了促进工业增长，俄政府制定了包括增加基础设施建设投资、扶持中小企业发展等一系列经济刺激措施，如果上述政策措施能及时到位，俄罗斯工业有望恢复增长。

2. 绿色工业发展前景良好

近年来，为了更好地保护自然环境，创造新的就业机会，俄罗斯开始积极发展应用先进清洁能源技术，优化本国能源消费结构，通过国家的政策扶持，大力发展绿色低碳经济。2012 年，俄罗斯用于环保和资源合理利用方面的固定资本投资额达到 1160 亿卢布（约合 38 亿美元），其中约 70% 的投资为企业自筹资金，超过 83 亿卢布的投资用于购买废料加工技术设备和资源的合理利用。此外，俄罗斯的大型矿产开发企业不断增加对环保研发领域的投入。俄已经批准 2012 年至 2020 年国家环境保护计划，旨在发展“绿色经济”，减少企业对环境的污染。

3. 国防工业进入全新发展阶段

作为军事大国，俄罗斯国防工业刚刚踏上复兴之路。2011 年以来，俄罗斯经济在能源和武器装备出口的带动下强势复兴，为国防工业改革提供了有力的物质保障。2011 年 10 月，俄罗斯总理普京提出在未来 10 年投资 3 万亿卢布用于国防工业。2012 年，俄罗斯政府进一步加大采购力度，国防部武器装备采购总额已达到 231 亿美元。2013 年 9 月，俄罗斯宣布将于近期建立三个国防工业综合体集团公司，分别是火箭航天联合公司、通信与侦查自动化控制系统集团和航空航天国防集团。在俄罗斯政府大力支持下，国防工业有望进入全新发展阶段。

（五）企业动态

根据 2013 年世界 500 强企业排名数据，俄罗斯共有 7 家企业入选，与 2012 年持平。其中，除俄罗斯联邦储备银行之外，另外 6 家均为石油、天然气等能源企业。随着俄罗斯经济的稳步发展，俄中小企业在提高国家竞争力、吸引就业、运用创新成果等方面日益展现出巨大的灵活性与重要性，俄罗斯政府对本国中小企业的发展也予以有力的政策倾斜。目前，俄罗斯中小企业服务基础设施网络已初具规模，已建成数千个基础设施项目，其中包括众多科学技术园、小企业孵化器，向中小企业提供专业性和综合性服务。俄罗斯的中小企业在促进本国经济自由化、促进创新领域、满足劳动力就业的市场需求、稳定市场价格以及促进国内市场需求等方面发挥着重要的作用。

四、南非

南非属于中等收入发展中国家，也是非洲经济最发达的国家，其国内生产总值占非洲国内生产总值的 20% 左右。南非以矿产资源丰富闻名，是世界五大矿产资源国之一。2008—2012 年，南非经济增长率平均略高于 2%。

（一）发展概况

近年来，南非工业发展迅猛，2011 年成为金砖五国的一员。南非制造业门类齐全，技术先进。主要产品有钢铁、金属制品、化工、运输设备、机器制造、食品加工、纺织、服装等。受全球金融危机影响，南非工业增加值有所下降。2011 年，工业复苏态势明显，工业增加值逼近 500 亿美元，已连续五年超过 450 亿美元。2012 年，南非制造业对 GDP 的贡献达到 12%。由于 2013 年 4 月和 5 月的相对快速增长，2013 年第二季度制造业达到了 3.1% 的增长。2013 年 6 月，南非制造业同比增速仅为 0.4%，显示出该国内需和外需的疲软。

1. 工业增长乏力

2013 年上半年，南非经济增长乏力，呈现下滑趋势。据南非统计局发布的最新数据，2013 年第一季度，南非 GDP 增长率为 0.9%，低于 2012 年第四季度 2.1% 的增幅，为 2009 年以来增幅最低的一个季度。2013 年第二季度，南非消费者信心指数由一季度的 –7 提高到 1，仍远低于 1994 年以来的平均指数 6。同时，传统支柱产业的采矿、能源等行业出现明显衰退，拖累了该国工业的增长。2013 年第二季度，南非失业率达 25.6%，环比增长 0.4 个百分点，是 2012 年第三季度以来的最高水平，制造业就业岗位减少了 1.8 万个。

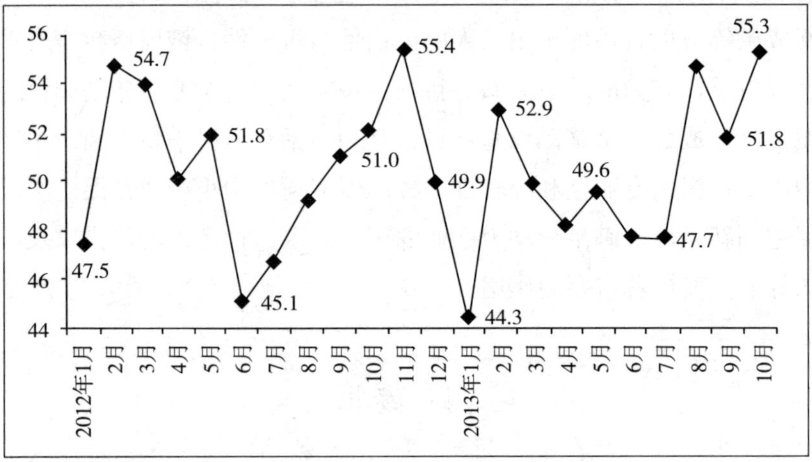

图22-6　2012年1月—2013年10月南非制造业PMI值

数据来源：汇丰银行，2013 年 11 月。

2. 出口增长缓慢

受国外市场需求不足、国内供应体系出现问题、南非矿业罢工事件等因素的共同影响，南非出口市场萎靡。2012 年南非进口增长 15%，出口增长不到 1%，全年贸易逆差达到 1177 亿兰特。2013 年 6 月，南非贸易赤字 7.71 亿兰特，环比减少 33.2 亿兰特。其中，出口 682.1 亿兰特，环比增长 3.4%，进口 759.2 亿兰特，环比减少 2%。

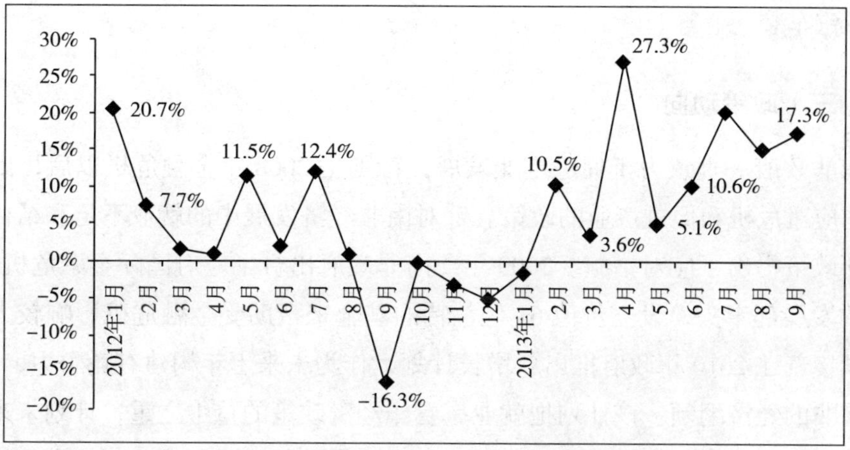

图22-7　2012年1月—2013年9月南非出口同比增速

数据来源：南非纳税服务部，2013年11月。

3. 就业形势严峻

南非失业率长期保持在25%左右的高位，创造就业一直是政府经济政策的核心目标。由于南非工人罢工、兰特贬值、企业管理成本过高，2013年南非失业率高企。南非统计局季度劳动力调查报告显示，2013年第二季度，南非失业率为25.6%，环比增加0.4个百分点，是2012年第三季度以来的最高水平。2013年8月，全球顶级铂金出产商南非英美铂金矿业公司称将削减4800个岗位，裁减3300个工人。

（二）产业布局

南非工业集中于几个大城市及其周围地区，而广大黑人居住地及城镇则没有稍有规模的产业。长期以来，南非工业集中于四个地区，威瓦斯兰工业区、德班工业区、伊丽莎白港工业区和开普敦工业区。这些地区只占全国面积的3%，却拥有全国73%的工厂，生产全国80%的工业品，有76%的工人。其中，威瓦斯兰工业区为南非最大的工业区，产品约占全国工业成品的40%，主要有机械工业（以制造矿用机械为主）、服装工业、钻石工业及日用品工业等。开普敦工业区是为利用港口输入原料便利而兴起的工业区，有纺织工业、服装工业、汽车装配业及炼油工业，工业产品约占全国的15.5%。德班工业区以造船工业、化学工业、炼油工业为主，占全国产品的15%。伊丽莎白港工业区主要有轮胎工业、制鞋工业及汽车装配业等。

（三）政策动向

南非政府一直致力于促进产业发展，特别是2008年金融危机以后，出台了一系列应对危机和促进产业的政策。针对南非经济发展中的就业不足和结构性问题，新政策提出了应对措施。2009年，南非政府出台了应对国际金融危机框架。由财政发展部牵头，设立价值61亿兰特的基金来帮助受金融危机影响较大的企业。紧接着在2010年政府推出新增长计划，作为未来十年构建有竞争力、公平、和谐南非的经济纲领。该计划把就业率看作经济政策的重中之重，计划未来十年新增500万个岗位。南非政府还采取积极措施鼓励外资流入，包括加大基础设施投入力度，颁布新《经商指南》吸引外资，颁布《企业投资计划》刺激制造业和旅游业发展，颁布为期5年总额63亿兰特的投资奖励计划等。2012年，为进一步实现新增长计划，推进南非工业的发展，南非政府颁布了发展南非特别经济工业区（SEZ）政策。在已建立的三个临海工业区基础上，向内陆扩展。所有的SEZ将统一管理，对能增加就业的制造业和深加工行业给予更多的补贴。与此同时，南非商务工业部也以新增长计划为纲领，发表了2013—2015产业政策行动计划II（IPAP），是一份基础政策和行政指南。在新能源领域，2013年5月2日，南非贸工部发布了南非电动车发展规划。该规划包括政府为发展电动车产业而采取的一系列战略性措施，如加大宣传、刺激消费和给予投资支持等。从南非出台的一系列产业政策可以看出，南非政府不断拓宽产业道路，推进工业生产向内陆转移，鼓励投资和制造业深加工的发展，提高就业率和中小企业数量。

（四）发展趋势

1. 制造业有望平稳增长

美国和欧洲是南非制造业的主要贸易伙伴，目前美国经济稳定复苏，欧洲制造业实现微弱复苏，南非制造业已经将目光转向充满机遇的非洲其他国家市场。南非经济研究所最新调查显示，2013年第三季度，南非制造业信心指数增加至37。为促进制造业发展，提升制造业竞争力，南非贸工部推出金额达57.5亿兰特的制造业竞争力提升计划。中国是南非最大的贸易伙伴，一批有实力的中资制造企业纷纷落户南非。从全球产业转型的大趋势来看，南非与中国完成产业的转移和承接，将会有助于南非制造业实现平稳增长。

2. 出口将保持在低速增长水平

出口约占南非 GDP 的 30%，对南非经济具有举足轻重的影响。欧盟是南非最大的制成品市场，目前南非对欧洲的出口约占南非总出口的 20%。欧洲因债务危机减少从南非的进口，必然对南非出口造成不利影响。目前，南非总出口的 15%—16% 进入非洲大陆国家，其中大部分是南部非洲发展共同体国家。南非出口到非洲国家的包括了制造业的相关产品，以及金融和电信业在内的服务行业。南非大力开拓非洲市场所取得成果也在一定程度上为弥补欧美市场需求下降发挥了积极作用。

3. 绿色工业成未来工业发展方向

南非的工业发展正由传统模式向绿色工业经济转型，南非政府已经出台一系列鼓励措施包括对环保和绿色经济企业的政策倾斜和税收优惠，鼓励私营企业投资绿色经济。此外，对于污染严重的企业和过度开采稀缺资源的企业，征收惩罚性税收。在南非政府推出的“可再生能源保护价格”、“可再生能源财政补贴计划”、“可再生能源市场转化工程”、“可再生能源凭证交易”以及“南非风能工程”等一系列财政措施支持下，南非绿色工业将得到快速发展。

（五）企业动态

在南非跨国企业中，工业部门占了绝大多数，特别是制造业和矿产业。2011 年公布的发展中国家最有影响力的跨国公司中，南非有 7 个公司上榜。其中，南非英美公司、德比尔斯联合矿业公司已成为全球采矿业巨头。南非酿酒公司跻身世界最大酿酒企业之列。萨皮公司是全球最大造纸企业之一。移动运营商 MTN 的业务不仅覆盖全非洲，在欧洲、美洲和亚洲也占有一定市场份额。进入 2013 年，南非企业破产数量不断减少。2013 年 8 月，南非破产的公司数量为 203 家，同比减少 15.8%，其中 19 家为被迫破产，184 家为主动破产。分行业来看，金融、保险、房地产和商业服务领域的破产公司数量最多，占 39.4%。

第二十三章　2013年世界重点行业发展动态

一、电子信息

电子信息产业是当今世界上最具竞争力的战略性产业。20 世纪 90 年代以来，以通信、计算机及软件产业为主体的世界电子信息产业在激烈竞争和产业结构升级中高速发展。近年来，随着各国经济和全球信息化建设的发展，全球电子信息产业继续保持高速增长。云计算正引发全球第三次信息技术革命，电子信息产业正在重新洗牌。2012 年全球电子信息产品制造业产销增速进一步放缓，仅为 1.54%，各类细分产品产值增速均不超过 5 %。据拓墣产业研究所的预计，2013 年全球 ICT 产值将达到 13190 亿美元，比 2012 年的 12856 亿美元增长 2.6%，约新增 334.2 亿美元。

从全球电子信息产业发展格局来看，美国依然是全球最大的电子信息产品市场，但是近年来出现了下滑趋势。市场调研机构 NPD Group 的统计数据显示，美国消费电子产品 2012 年的销售额约为 1430 亿美元，比 2011 年减少 2%，连续两年出现下滑。日本电子信息产业持续萎缩，日本电子信息产业协会公布的数据显示，2013 年 1—8 月，日本电子信息主要产品总产值为 72526.6 亿日元，同比下降 9.3%，其中消费电子设备总产值 5109.6 亿日元，同比大幅下降 37.9%。新兴国家市场正在成为带动全球电子信息产业发展的新引擎。2013 年中国 ICT 产业继续保持快速发展势头，并呈现智能、节能、效能三大趋势，其中低价智能手机、手机与通讯芯片、智能电视、触控面板、LED 照明、电子商务成为六大产业亮点。中国有望在 3 — 5 年之内超过美国，成为全球第一大电子产品市场。

从重点行业发展情况来看，未来 3 年，电子元器件、电子数据处理设备、无线通信设备和消费类电子产品仍将占据世界电子产品份额的前四位。2011 年上述 4 种电子产品所占比例分别为 30.40%、27.98%、15.97% 和 8.62%。其中，控制与仪器设备和无线通信产品所占份额增长最快，均提高 0.2 个百分点。未来 3 年，世界主要电子产品所占份额的比重将基本保持稳定，变化幅度不大。

目前，全球新一代信息技术集成化、融合化、多样化演进趋势日益突出，技术升级换代速度快，新兴增长点多且拉动性大，促使旧有垄断格局开始瓦解、新兴格局逐步形成。在技术层面，网络的高速、泛在和融合发展为新型移动智能终端的快速兴起提供了基础条件，对传统的 WinTel 体系产生了巨大冲击。以苹果 iOS 和谷歌 Android 为代表的开放式、跨终端操作系统在智能手机、平板电脑等领域得到广泛应用，成为产业竞争新的制高点，ARM 架构下的低功耗芯片改变了世界芯片产业的竞争格局。基于软件、内容和终端的产业链整合正在成为推动产业增长的新引擎，以移动互联网、云计算、物联网为核心派生出的大批新兴应用快速兴起，在满足消费者日新月异需求的同时，也进一步刺激了新需求的出现。产品和市场分类日益细化，不仅催生了大量的商业模式创新，更促使一批以满足消费者用户体验为主业方向的新兴企业蓬勃发展，如 Facebook、Twitter 等，推动产业竞争格局多元化。

二、装备制造

2013 年上半年，世界装备工业生产指数处于不断震荡调整中，3 月份达到上半年最大值，二季度有所回落，其中，中国指数为 277.9，较上个月回落 1.7；美国 94.4，较上个月回落 8.4 点；南非 97.1，较上个月回落 6.2。除此之外，其他国家均有不同程度的提高。其中，德国生产指数为 109.5，较一季度提高 10.2；日本为 94.0，较上个月提高 6.2；法国、韩国、印度和英国分别为 80.7、131.9、101.2 和 82.2，较上个月分别提高 8.8、0.5、16.0 和 1.3 点。

2013 年上半年，美、中、日、德装备工业销售收入累计 31724 亿美元，同比增长 1.0%。其中，汽车行业销售收入 10977 亿美元，同比增长 2.3%，增速比一季度回落 4.3 个百分点，拉动装备工业销售收入增长 0.8 个百分点；非汽车行业销售收入 20747 亿美元，同比增长 0.3%，拉动装备工业销售收入增长 0.2 个百分点。分国别看，中国装备工业完成销售收入 15092 亿美元，同比增长 15.5%，增速较一季度提高 2.5 个百分点；美国完成销售收入 7381 亿美元，同比增长 8.3%，增速较一季度回落 5.1 个百分点；日本完成销售收入 4823 亿美元，同比下降 31.3%，降幅较一季度扩大 1.3 个百分点；德国完成销售收入 4427 亿美元，同比下降 1.9%，降幅较一季度收窄 4.3 个百分点。

从主要分行业销售额规模看，汽车行业销售额最大，实现销售收入 10977 亿美元，同比增长 2.3%；电工电器行业销售收入 6154 亿美元，下降 19.4%；石化通用行业销售收入 1900 亿美元，增长 7.2%；重型矿山行业销售收入 1875.6 亿美元，增长 14.3%；仪器仪表行业销售收入 1250 亿美元，下降 2.2%；机床工具行业销售收入 878 亿美元，增长 6.3%。

三、原材料

2013 年世界经济继续缓慢复苏，发达经济体总体趋于好转，新兴经济体增长明显放缓，世界经济总体仍处于政策刺激下的脆弱复苏阶段。在此背景下，全球石化行业增长趋缓，原油价格震荡；钢铁行业继续增长但伴随价格持续震荡走低；有色供需增加，建材地域分化，稀土逐步形成多元化供给格局。

从国别来看，随着页岩气革命的加速推进，美国原材料行业保持复苏势头，原油产量持续上升，建材行业持续增长，在新材料领域保持全球的领先地位。随着欧盟工业的缓慢复苏，欧盟原材料行业实现了微弱增长。2013 年 1—8 月欧盟粗钢产量 1.09 亿吨，占全球粗钢产量的 10.4%。欧盟的水泥工业持续下降。在新材料领域，欧盟继续保持在航空航天材料等领域的竞争优势。日本钢铁产量持续增长，2013 年 1—8 月，日本粗钢产量达到 0.73 亿吨。日本开始加大对稀土资源的勘探力度，并在纳米技术与材料、实用材料及尖端材料领域持续加强研发力度。由于市场需求持续低迷导致新兴国家原材料产能过剩严重。

从重点行业发展来看，2013 年，全球粗钢产量呈现增长态势。1—8 月纳入统计的 64 个国家粗钢产量为 10.5 亿吨，较 2012 年同比增长 2.5%。在石化领域，原料原油供应增长趋缓，全球肥料短期供需平衡，烃加工业预计前景乐观。受产能过剩的制约，全球铜、铅、铝、锌等有色金属产业生产增长缓慢。在建材领域，2012—2013 年，水泥工业全球化趋势日渐成型，各地区水泥市场冷暖不一，新兴市场的水泥工业快速崛起，亚洲、拉丁美洲等需求增长稳健。全球玻纤行业有望走出谷底进入新一轮景气周期。在稀土领域，全球多个稀土资源国加大了稀土项目的开发力度，目前全球共有429个稀土项目在进行，全球稀土市场逐步形成多元化供给格局。随着发达国家技术创新不断取得新突破，全球新材料领域继续保持快速增长，总体呈现交叉联合化、区域集中化、民营化、绿色低碳化的四大发展趋势。

四、消费品

2013年以来，美日等发达国家经济的温和复苏带来了全球制造业产出增速的反弹。在制造业的复苏过程中，消费品工业起到了重要的推动作用。从同比增速看，消费品工业的10大行业中纺织、烟草两个行业的同比增速低于制造业平均水平，其中家具、木材加工、服装三个行业的表现尤为显著。同时，10大行业中只有食品与饮料、纺织、服装三个行业的同比增速较1季度相比有所回落，其他7个行业的增速水平均有不同程度的提高。从环比增速看，尽管10个行业中只有烟草、家具两个行业的增速超过制造业平均水平，但10个行业中仍然有5个行业的产出水平较1季度相比增加，烟草、家具两个行业的增长尤其明显。

表23-1　2013年2季度全球主要消费品行业产出增速

行业	同比增速	环比增速
食品与饮料	2.9%	0.4%
烟草	4.6%	7.7%
纺织	4.0%	–1.5%
服装	3.7%	–2.1%
皮革与鞋帽	4.6%	–0.6%
木材加工（不含家具）	4.3%	–1.4%
造纸	1.6%	0.9%
印刷与出版	–2.1%	–0.5%
橡胶与塑料制品	3.2%	0.6%
家具及其他制造业	5.1%	1.9%
整个制造业	2.2%	1.0%

数据来源：UNIDO，2013年11月。

在全球经济复苏与消费品工业生产增速的反弹过程中，以金砖国家为代表的新兴经济体及其他发展中国家与发达国家消费品工业的发展态势有所不同。发达经济体消费品工业的复苏较制造业整体相比比较缓慢。2012 年第四季度，10 大消费品行业中只有食品与饮料、木材加工、家具及其他制造业三个行业的产出增速高于整个制造业增速平均水平，其他行业产出增速均不同程度低于整个制造业平均水平。进入 2013 年，这一局面依然没有得到好转，其中，服装行业的产出增速与整个制造业平均增速的差距进一步拉大。与整个制造业的缓慢回暖有所不同的是，新兴经济体消费品行业的产出增速提升是喜忧参半。2012 年第四季度新兴经济体 10 大消费品行业中仅有 4 个行业的产出增速高于制造业平均水平的 6.8%，其他 6 个行业的产出增速均低于制造业平均水平。进入 2013 年以后，形势有所好转。

第二十四章　2014年世界工业发展趋势展望

一、世界工业将持续复苏，全球制造业扩张步伐加快

在全球经济逐步回暖的带动下，2013 年世界工业整体呈现温和扩张，全球制造业扩张动能明显增强。受新订单激增、工厂雇佣人数增加等因素推动，全球制造业活动以两年来最快速度增长。由于欧盟工业实现微弱复苏，全球制造业扩张呈现温和上升趋势。但是在供给方面，世界工业领域的产能过剩问题依然严峻，重点工业领域投资乏力，主要工业产品产能提升明显不足。在需求方面，发达国家的消费信心虽然有所提升，房地产缓慢复苏，但是失业率居高不下继续影响需求增长。在发达经济体加大财政削减、主要经济体量化宽松政策的负面效果逐渐显现以及各国扶持措施逐渐弱化的影响下，世界工业面临着较大的挑战。预计 2014 年世界工业将持续目前的复苏状态，增长速度将有所提升，全球制造业 PMI 指数仍将保持在 50 以上，制造业扩张动能明显增强。

二、发达国家扩张动能增强，新兴国家工业增速放缓

在全球经济复苏依然乏力的影响下，主要经济体工业生产将持续低迷。美国经济增长日益稳固，但是受到政府财政削减计划的影响，私营部门的投资活力下降明显，预计 2014 年美国制造业扩张势头放缓，工业生产将呈现不稳定状态。日本新政府推出大规模财政刺激计划，持续推动货币宽松政策促使日元急速贬值，但是随着经济刺激政策负面效果的显现，预计 2014 年日本工业生产将有所放缓，

再次回到收缩区间。欧盟各国持续加强财政紧缩，经济下行趋势有所减缓，2013年7月以来，欧盟制造业实现了持续扩张，但是受失业率高企的影响，需求提升缓慢，预计2014年欧盟工业增长将有所加快，但是仍然维持在较低的水平。中国新一届政府持续推动改革，简化政府职能，推动市场机制的完善，并成立中国（上海）自由贸易区，但是受产能过剩和投资回报下降的制约，中国工业将加快转型升级步伐，预计2014年中国工业增速将出现一定幅度的下滑，但仍处于平稳较快增长区间。受出口下滑以及大宗商品价格下跌的影响，预计2014年印度、巴西、俄罗斯、南非等新兴经济体的工业增速也将持续目前的下滑态势。

三、产业发展出现明显分化，产业融合趋势日益凸显

以钢铁、纺织、化工、汽车等为代表的全球传统产业在经历了产业结构优化升级之后盈利能力明显增强，特别是发达国家房地产市场的回暖将使全球传统产业扭转持续恶化的局面，并且随着页岩气革命的持续推动，能源成本价格将持续下滑，预计2014年传统产业的转型步伐加快，增长速度将有所提升。由于前期扩张速度过快和发达国家财政紧缩而降低对新兴产业的补贴力度，新能源产业发展面临着一系列的挑战，特别是随着全球新兴产业领域贸易争端加剧，预计2014年以太阳能光伏、风电为代表的全球新能源产业增速有所放缓。随着各国加强对环境保护的重视，特别是中国出台了一系列促进节能环保产业和新能源汽车产业发展政策措施，预计2014年全球节能环保和新能源汽车产业将继续保持快速增长态势。另一方面，随着信息技术的发展和广泛应用，传统意义上的制造业与服务业之间的边界越来越模糊，两者呈现一种互动融合发展趋势。如微软并购诺基亚加剧了全球IT产业的上下游的融合。产业融合发展的趋势将对世界工业发展产生重要的影响。

四、全球贸易将维持弱势增长，贸易争端日益加剧

2013年以来，全球经济形势有所好转，发达国家消费信心有所提升，全球贸易增长出现了小幅回升态势。但是随着网络安全争端、知识产权调查等贸易保

护措施的隐蔽化和长期化，发达国家的非关税措施日益增多。欧盟对华光伏产业征收反倾销关税以及随之引发的中欧贸易争端对全球自由贸易造成了一定的冲击。发达经济体的贸易保护对国际贸易健康发展的威胁上升，对全球贸易增长带来负面影响。此外，发达国家持续推动货币贬值对新兴国家的出口造成持续压力，导致新兴国家出口增长大幅放缓，预计 2014 年全球贸易仍将维持弱势增长态势，发达经济体与新兴经济体的贸易争端将会加剧，新兴经济体间的贸易额进一步增长，贸易不平衡问题仍将持续。

五、跨国投资并购日益活跃，产业双向转移趋势明显

联合国贸发会议最新发布的报告显示，发达国家的外国投资出现下降，2013 年外国直接投资接近 2012 年的水平。与此同时，受新兴国家劳动力成本和资源条件的限制，跨国公司正在开展全球新一轮战略布局，全球产业转移出现新一轮的回流趋势。苹果、英特尔、福特等大型跨国企业不断加强对美国本土的投资力度。中国欧盟商会发布调查报告称，22% 的在华欧盟企业正考虑将投资转向中国以外的市场。与此同时，以中国为代表的新兴国家加强了相互投资力度，全球低端产业继续向印尼、越南、墨西哥等低成本国家转移。随着全球产业格局调整步伐的加快，预计 2014 年全球跨国企业投资兼并重组将日益频繁，全球产业双向转移的趋势日益明显。

后 记

当前我国工业发展的内外部环境正在发生深刻变化，党的十八届三中全会对全面深化改革作出重大部署，为我国工业转型升级、加快推进新型工业化增添了重要动力。由中国电子信息产业发展研究院赛迪智库编撰完成的《2013—2014 年中国工业发展蓝皮书》，旨在较为全面展现 2013 年我国工业发展的基本情况，对 2014 年我国新型工业化发展趋势作出展望。

本书由罗文担任主编，宋显珠、王鹏担任副主编。全书共计 50 余万字，分为前言、综合篇、行业篇、企业篇、产业篇和国际篇六个部分，各篇章供稿人和部门分工如下：前言（罗文）；综合篇第一章（工业经济研究所）、第二章（工业经济研究所）、第三章（产业政策研究所）、第四章（工业科技研究所）、第五章（信息化研究中心）、第六章（工业节能与环保研究所）、第七章（工业安全生产研究所）；行业篇第一章（装备工业研究所）、第二章（原材料工业研究所）、第三章（消费品工业研究所）、第四章（电子信息产业研究所）、第五章（软件与信息服务研究所）；企业篇（中小企业研究所）；产业篇（规划研究所）；国际篇（世界工业研究所）。

本书在研究和编写过程中得到了工业和信息化部各级领导和专家的大力支持与指导，在此致以诚挚的感谢！在本书编著过程中，参考和引用了大量统计数据、背景资料等，在此向相关行业协会、企业一并致谢。